D1754524

Mark Pieth

Strafrecht
Besonderer Teil

Mark Pieth

Strafrecht
Besonderer Teil

2. Auflage

Helbing Lichtenhahn Verlag

Bibliographische Information der Deutschen Nationalbibliothek

Die Deutsche Nationalbibliothek verzeichnet diese Publikation in der Deutschen Nationalbibliographie; detaillierte bibliographische Daten sind im Internet unter http://dnb.d-nb.de abrufbar.

Alle Rechte vorbehalten. Dieses Werk ist weltweit urheberrechtlich geschützt. Insbesondere das Recht, das Werk mittels irgendeines Mediums (grafisch, technisch, elektronisch und/oder digital, einschliesslich Fotokopie und Downloading) teilweise oder ganz zu vervielfältigen, vorzutragen, zu verbreiten, zu bearbeiten, zu übersetzen, zu übertragen oder zu speichern, liegt ausschliesslich beim Verlag. Jede Verwertung in den genannten oder in anderen als den gesetzlich zugelassenen Fällen bedarf deshalb der vorherigen schriftlichen Einwilligung des Verlags.

ISBN 978-3-7190-3970-7

© 2018 Helbing Lichtenhahn Verlag, Basel
www.helbing.ch

Vorwort

Dieses Buch richtet sich sowohl an Studierende als auch an Praktiker. Es setzt die Reihe der Basler Strafrechtslehrbücher fort[1]. Obwohl es bewusst konzis gehalten ist, wird besonderes Gewicht auf den Kontext und die historischen Hintergründe der einzelnen Fragestellungen gelegt. Auch Praktiker mögen diesem Zugang etwas abgewinnen, weil er die Themen auf das Wesentliche reduziert. Weniger praxis- oder prüfungsrelevante Themen werden bewusst beiseitegelassen.

Das Buch steht in engem Zusammenhang mit einem traditionellen Praxiskommentar[2], dem neu aufgelegten Allgemeinen Teil von Trechsel/Noll[3] und einem Übungsbuch[4], an denen der Autor mitgewirkt hat. Auf diese Werke wird immer wieder Bezug genommen.

Dieses Vorwort gibt mir Gelegenheit, all jenen zu danken, die massgeblich zum Entstehen der zweiten Auflage beigetragen haben, namentlich Herrn Stefan Mbiyavanga, BLaw, Herrn Dr. David Mühlemann, Frau Marlen Schultze, MLaw, Advokatin und Frau Ebru Sen, MLaw. Mein ganz besonderer Dank aber gebührt Frau lic. iur. Rebekka Gigon, die während eines Jahres die Verantwortung für die Organisation und die technische Ausführung des Projektes innehatte. Sie hat mit ihrem Engagement das Buch erst möglich gemacht. Mein Dank geht auch an Frau Stephanie Giese, MLaw vom Helbing Lichtenhahn Verlag, die mit ihrer umsichtigen Betreuung dieses Buches wesentlich zur effizienten Publikation beigetragen hat.

Basel, im April 2018   Mark Pieth

---

1   Gless, S., Internationales Strafrecht, Grundriss für Studium und Praxis, 2. Aufl., Basel 2015; Seelmann, K./Geth, C., Strafrecht, Allgemeiner Teil, 6. aktualisierte Aufl., Basel 2016; Pieth, M., Wirtschaftsstrafrecht, Basel 2016; Ders., Schweizerisches Strafprozessrecht, Grundriss für Studium und Praxis, 3. überarbeitete Aufl., Basel 2016; Ders., Strafrechtsgeschichte, Basel 2015.
2   Trechsel, S./Pieth, M. (Hrsg.), Schweizerisches Strafgesetzbuch: Praxiskommentar, 3. Aufl., Zürich/St. Gallen 2018.
3   Trechsel, S./Noll, P./Pieth, M., Schweizerisches Strafrecht, Allgemeiner Teil I, 7. Aufl., Zürich 2017.
4   Pieth, M./Eymann, S./Zerbes, I., Fallsammlung Strafrecht BT, Übungsfälle zum Besonderen Teil mit Lösungsvorschlägen, 2. Aufl., Basel 2014.

Inhaltsübersicht

Vorwort	V
Abkürzungsverzeichnis	XXXV
Literaturverzeichnis	XLVII
Materialien	LXXVII
Einleitung	1
Erster Teil Straftaten gegen Individualinteressen	7
Kapitel 1 Straftaten gegen die Person	9
Kapitel 2 Straftaten gegen das Vermögen	134
Zweiter Teil Straftaten gegen Kollektivinteressen	207
Kapitel 1 Einführung	209
Kapitel 2 Straftaten gegen die öffentliche Ordnung	211
Kapitel 3 Straftaten gegen den Staat	286
Kapitel 4 Straftaten gegen die Rechtspflege	309
Kapitel 5 Amts- und Berufspflichten	339

Introduction

Inhaltsverzeichnis

Vorwort	V
Abkürzungsverzeichnis	XXXV
Literaturverzeichnis	XLVII
Materialien	LXXVII
Einleitung	1
Erster Teil **Straftaten gegen Individualinteressen**	7
Kapitel 1 **Straftaten gegen die Person**	9

I. Straftaten gegen Leib und Leben	9
A. Tötungsdelikte	9
1. Einführung	9
2. Leben und Tod	10
a) Beginn des Lebens	10
aa) Schutz des Embryos	10
bb) Geburt	10
b) Tod	11
3. Systematik der Tötungsdelikte	12
a) Tatbestände	12
b) Kriminologisches	13
4. Vorsätzliche Tötung (Art. 111)	14
a) Objektiver Tatbestand	14
b) Subjektiver Tatbestand	14
c) Konkurrenzen	15
5. Mord (Art. 112)	15
a) Elemente des Grundtatbestandes	15
b) Qualifikationsmerkmal	15
aa) Historischer Wandel	15
bb) Aktuelle Regelung	16
cc) Strafdrohung und Konkurrenzen	18
6. Totschlag (Art. 113)	19
a) Affekt	19
b) Unter grosser seelische Belastung	19
c) Beteiligung und Strafzumessung	20

Inhaltsverzeichnis

7.	Tötung auf Verlangen und Verleitung und Beihilfe zur Selbsttötung	20
	a) Einführung	20
	b) Tötung auf Verlangen (Art. 114)	20
	aa) Objektiver Tatbestand	20
	bb) Subjektiver Tatbestand	21
	c) Verleitung und Beihilfe zur Selbsttötung (Art. 115)	21
	aa) Objektiver Tatbestand	21
	bb) Subjektiver Tatbestand	21
8.	Sterbehilfe	22
	a) Einführung	22
	aa) Aktive Sterbehilfe für moribunde Personen?	22
	bb) Begriffliches zur Sterbehilfe	23
	(1) Aktive Sterbehilfe	23
	(2) Indirekte aktive Sterbehilfe	23
	(3) Passive Sterbehilfe	23
	cc) Zur Bedeutung der Sterbehilfe in der Schweiz	24
	b) Strafrechtliche Beurteilung der Sterbehilfe	25
	c) Reformbestrebungen	25
9.	Kindstötung (Art. 116)	26
10.	Fahrlässige Tötung (Art. 117)	26
B.	**Schwangerschaftsabbruch (Art. 118–121)**	**27**
1.	Aus der Geschichte der Geburtenkontrolle	27
2.	Die Abtreibungsdebatte der Gegenwart	29
3.	Geltendes Recht	30
	a) Strafbarer Schwangerschaftsabbruch (Art. 118)	30
	b) Strafloser Schwangerschaftsabbruch (Art. 119)	31
	aa) Fristenlösung	31
	bb) Indikationenlösungen	32
	c) Ordnungsvorschriften	32
	d) Vorbereitung und Versuch	32
C.	**Körperverletzung**	**33**
1.	Einführung	33
	a) Bedeutung der Körperverletzung	33
	b) Statistiken	35
	c) System der Körperverletzungsdelikte	35
2.	Einfache Körperverletzung (Art. 123 Ziff. 1 Abs. 1)	36
	a) Tatbestandsmässigkeit	36
	aa) Objektiver Tatbestand	36
	(1) Tatobjekt: Mensch	36
	(2) Tathandlung	36
	(a) Gesundheitsschädigung	36
	(b) Körperschädigung	37

	bb)	Subjektiver Tatbestand	37
b)		Rechtfertigungsgründe	37
	aa)	Einwilligung des Verletzten	37
	bb)	Ärztlicher Heileingriff	38
	cc)	Züchtigungsrecht?	39

3. Privilegierung gemäss Art. 123 Ziff. 1 Abs. 2   39
4. Qualifikationen durch die Begehungsweise (Art. 123 Ziff. 2)   39
    a) Gefährliche Körperverletzung (Art. 123 Ziff. 2 Abs. 2)   39
       aa) Gift   39
       bb) Waffe   40
       cc) Gefährlicher Gegenstand   40
    b) Körperverletzung an Wehrlosen, Sorgeberechtigten und Partnern (Art. 123 Ziff. 2 Abs. 3–6)   40
5. Qualifikationen vom Erfolg her (Art. 122)   40
    a) Lebensgefährliche Körperverletzung   41
    b) Bleibender Schaden   42
    c) Andere schwere Schädigung   42
    d) Subjektiver Tatbestand   42
6. Genitalverstümmelung (Art. 124)   43
    a) Internationales Recht   43
    b) Umsetzung im nationalen Recht   43
       aa) Tatobjekt   43
       bb) Tathandlung   44
       cc) Einwilligung?   44
       dd) Auslandstaten   44
       ee) Verjährung   44
7. Privilegierung: Tätlichkeit (Art. 126)   44

D. Gefährdung des Lebens und der Gesundheit   45
    1. Risiko als Anknüpfungspunkt strafrechtlicher Zurechnung?   45
       a) Vorverlagerung des Strafrechts   45
       b) Risikostrafrecht?   46
    2. Überblick über die Tatbestände   47
    3. Lebensgefährdung (Art. 129)   48
       a) Objektiver Tatbestand   48
          aa) Unmittelbare Gefahr   48
          bb) Für das Leben   48
       b) Subjektiver Tatbestand   48
          aa) Vorsatz   49
          bb) Skrupellosigkeit   49
       c) Konkurrenzen   49
    4. Aussetzung (Art. 127)   49
       a) Objektiver Tatbestand   49

		aa)	Garantenstellung	49
		bb)	Hilflose Person	50
		cc)	Gefahr	50
		dd)	Tathandlung	50
			(1) Aussetzen	50
			(2) Im Stiche lassen	50
	b)	Subjektiver Tatbestand		51
	c)	Konkurrenzen		51
5.	Unterlassen der Nothilfe (Art. 128)			51
	a)	Hilfeleistungspflicht des Verletzers		51
		aa)	«Wer einem Menschen, den er verletzt hat»	51
		bb)	«nicht hilft»	51
		cc)	Zumutbarkeit	51
	b)	Allgemeine Hilfeleistungspflicht		52
	c)	Behinderung der Nothilfe		52
6.	Raufhandel und Angriff			52
	a)	Raufhandel (Art. 133)		53
	b)	Angriff (Art. 134)		53
7.	Gewaltdarstellungen (Art. 135)			53
	a)	Ratio legis		53
	b)	Objektiver Tatbestand		54
		aa)	Objekt des Verbots	54
			(1) Darstellung über bestimmte Medien	54
			(2) Grausamkeiten gegen Menschen und Tiere	54
			(3) Verletzung der Menschenwürde	55
		bb)	Tathandlungen	55
	c)	Schutzwürdiger kultureller oder wissenschaftlicher Wert		55

II. Straftaten gegen die Freiheit — 56

A. Rechtsgut und Systematik — 56

B. Nötigung (Art. 181) — 57
  1. Objektiver Tatbestand — 57
     a) Nötigungsmittel — 57
        aa) Gewalt — 57
        bb) Androhung ernstlicher Nachteile — 58
        cc) Andere Beschränkung der Handlungsfreiheit — 58
     b) Nötigungserfolg — 60
  2. Subjektiver Tatbestand — 60
  3. Rechtswidrigkeit — 60

C. Zwangsheirat (Art. 181*a*) — 61

D. Freiheitsberaubung, Entführung und Geiselnahme — 62
  1. Revision von 1981 — 62

	2.	Freiheitsberaubung (Art. 183 Ziff. 1 Abs. 1)	62
		a) Objektiver Tatbestand	62
		b) Subjektiver Tatbestand	63
		c) Rechtswidrigkeit	63
	3.	Entführung	63
		a) Entführung Widerstandsfähiger (Art. 183 Ziff. 1 Abs. 2)	63
		b) Entführung Widerstandsunfähiger (Art. 183 Ziff. 2)	64
	4.	Geiselnahme (Art. 185)	65
		a) Grundtatbestand (Art. 185 Ziff. 1 Abs. 1)	65
		aa) Objektiver Tatbestand	65
		bb) Subjektiver Tatbestand	65
		b) «Trittbrettfahrer»-Tatbestand (Art. 185 Ziff. 1 Abs. 2)	66
	5.	Qualifikationen	66
		a) Qualifikationen zu Art. 183 (Art. 184)	66
		b) Qualifikationen zu Art. 185 (Art. 185 Ziff. 2 und 3)	66
		c) Abgrenzung der Lösegeldentführung und der Geiselnahme	66
E.	Drohung (Art. 180)		67
	1.	Objektiver Tatbestand	67
	2.	Subjektiver Tatbestand	67
F.	Menschenhandel (Art. 182)		67
	1.	Reformgeschichte	67
	2.	Objektiver Tatbestand	68
		a) Handel treiben	68
		b) Notlagebestimmte Zustimmung	68
	3.	Subjektiver Tatbestand	69
G.	Verschwindenlassen (Art. 185bis)		69
	1.	Hintergrund	69
	2.	Tatbestände	70
		a) Freiheitsentzugstatbestand (Abs. 1 lit. a)	70
		aa) Objektiver Tatbestand	70
		(1) Beteiligung des Staats und politischer Organisationen	70
		(2) Freiheitsentzug	71
		(3) Auskunftsverweigerung	71
		bb) Subjektiver Tatbestand	71
		b) Informationstatbestand (Abs. 1 lit. b)	71
	3.	Zuständigkeit	71
	4.	Weiteres	71
III.	**Straftaten gegen die sexuelle Integrität**		**72**
A.	Reformgeschichte und Hintergründe		72

Inhaltsverzeichnis

1.	Vom Schutz der «Moralität» zum Schutz der sexuellen Selbstbestimmung	72
2.	Kritik und weitere Revisionen nach 1992	74

B. System der Sexualdelikte — 75

C. Straftatbestände zum Schutz Minderjähriger und Abhängiger — 75
 1. Zur Geschichte des Jugendschutzes — 75
 2. Ablehnung der Pädophilie — 77
 3. Sexuelle Handlungen mit Kindern (Art. 187) — 78
  a) Objektiver Tatbestand — 78
   aa) Opfer (Ziff. 2 und 3) — 78
   bb) Tathandlung — 79
  b) Subjektiver Tatbestand und Fahrlässigkeitsstrafdrohung (Ziff. 4) — 80
  c) Abgrenzung Vorbereitung – Versuch — 80
  d) Konkurrenzen — 81
  e) Verjährung — 81
 4. Sexuelle Handlungen mit Abhängigen — 81
  a) Art. 188 — 81
  b) Art. 192 — 82
  c) Art. 193 — 82

D. Straftatbestände zum Schutze der sexuellen Freiheit — 83
 1. Vorbemerkungen — 83
 2. Sexuelle Nötigung (Art. 189) — 85
  a) Objektiver Tatbestand — 85
   aa) Opfer — 85
   bb) Nötigungsmittel — 85
   cc) Abgenötigtes Verhalten — 86
   dd) Kausalität — 87
  b) Subjektiver Tatbestand — 87
  c) Strafdrohung — 87
 3. Vergewaltigung (Art. 190) — 87
  a) Objektiver Tatbestand — 87
   aa) Opfer — 87
   bb) Täter — 87
   cc) Tathandlung — 88
    (1) Nötigungsmittel — 88
    (2) Duldung des Beischlafs — 88
    (3) Kausalzusammenhang — 88
  b) Subjektiver Tatbestand — 88
  c) Qualifikationen — 88
  d) Konkurrenzen — 89
 4. Schändung (Art. 191) — 89
  a) Opfer — 89

		b)	Tathandlung	90
	E.	Wirtschaftliche Ausbeutung der Sexualität		90
		1.	Prostitution	90
			a) Prostitution und Kriminalpolitik	90
			b) Förderung der Prostitution (Art. 195)	91
			aa) Der Prostitution zuführen (lit. a und b)	92
			bb) Die Handlungsfreiheit beeinträchtigt (lit. c)	92
			cc) Festhalten in der Prostitution (lit. d)	92
			c) Menschenhandel (Art. 182)	92
		2.	Jugendprostitution (Art. 196)	93
		3.	Pornografie (Art. 197)	93
			a) Schutzgut	93
			b) «Weiche» Pornografie	95
			aa) Schutz Jugendlicher (Abs. 1)	95
			bb) Schutz vor Belästigung (Abs. 2)	95
			c) «Harte» Pornografie	95
	F.	Weitere Sexualdelikte		96
		1.	Sexuelle Belästigung (Art. 198)	96
			a) Problematik	96
			b) Tatbestandserfordernisse	97
		2.	Exhibitionismus (Art. 194)	97

IV. Straftaten gegen den Geheim- und Privatbereich   97

A.	Persönlichkeitsschutz durch Strafrecht		97
B.	Straftaten gegen die Ehre		98
	1.	Allgemeines	98
		a) Praktische Bedeutung und die Interessenlage	98
		b) Strafrechtlicher Ehrbegriff	100
		aa) Faktischer oder normativer Ehrbegriff?	100
		bb) Inhaltlicher Schutzbereich des Ehrbegriffs	101
		cc) Ehrverletzung und Wahrheit	104
		c) System der Ehrverletzungstatbestände	105
	2.	Üble Nachrede (Art. 173)	105
		a) Objektiver Tatbestand	105
		aa) Träger der Ehre	105
		(1) Verstorbene?	105
		(2) Juristische Personen und Personengesellschaften?	106
		(3) Grenzen des Ehrenschutzes	107
		bb) Tathandlung	107
		(1) «Bei einem anderen»	107
		(2) «eines unehrenhaften Verhaltens oder anderer Tatsachen»	107

			(3) «beschuldigt oder verdächtigt»	109
		b)	Subjektiver Tatbestand	109
		c)	Entlastungsbeweis	109
			aa) Problemlage	109
			bb) Struktur des Entlastungsbeweises	110
			(1) Zulässigkeit (Ziff. 3)	110
			(2) Konkrete Erfordernisse des Entlastungsbeweises	111
			(a) Wahrheitsbeweis (Ziff. 2, erster Teilsatz)	111
			(b) Gutglaubensbeweis (Ziff. 2, zweiter Teilsatz)	111
			cc) Verhältnis zu den klassischen Rechtfertigungsgründen	113
	3.	Verleumdung (Art. 174)		114
	4.	Beschimpfung (Art. 177)		114
		a)	Objektiver Tatbestand	114
		b)	Subjektiver Tatbestand	114
		c)	Entlastungsbeweis	114
		d)	Provokation und Retorsion (Abs. 2 und 3)	115
	5.	Konkurrenzen		115
	6.	Verjährung (Art. 178 Abs. 1)		115
C.	Straftaten gegen den Geheim- und Privatbereich			115
	1.	Überblick über den strafrechtlichen Geheimnisschutz		115
		a)	Zur Bedeutung des Geheimnisses in unserer Gesellschaft	115
		b)	Schutz des Geheimnisses im geltenden Recht	117
			aa) Privatsphäre	117
			bb) Privatgeheimnis	117
			cc) Wirtschaftsgeheimnis	118
			dd) Amts- und Staatsgeheimnis	118
		c)	Übersicht über die Tatbestände zum Schutz des Geheim- und Privatbereichs im StGB	119
	2.	Schutz des Privatbereichs		120
		a)	Hausfriedensbruch (Art. 186)	120
			aa) Objektiver Tatbestand	120
			(1) Tatobjekt: «Haus»	120
			(2) Tathandlung	121
			bb) Subjektiver Tatbestand	122
			cc) Konkurrenzen	122
		b)	Schutz des Schriftgeheimnisses (Art. 179)	122
			aa) Grundtatbestand (Abs. 1)	122
			bb) Verwertungstatbestand (Abs. 2)	123
		c)	Vertraulichkeit des Wortes (Art. 179bis und 179ter)	123

		aa)	Einführung	123
		bb)	Abhören und Aufnehmen fremder Gespräche (Art. 179bis)	123
		cc)	Unbefugtes Aufnehmen von Gesprächen (Art. 179ter)	124
		dd)	Verwertungstaten	124
	d)	Strafrechtlicher Schutz des «Rechts am eigenen Bild» (Art. 179^{quater})		124
		aa)	Tatobjekt	125
		bb)	Tathandlung	125
		cc)	Verwertungshandlungen	125
	e)	Rechtfertigung		125
	f)	Inverkehrbringen von Abhör- und Aufnahmegeräten (Art. 179^{sexies})		126
3.	Schutz des eigentlichen Geheimnisses			127
	a)	Strafrechtlicher Geheimnisbegriff		127
	b)	Verletzung des Fabrikations- oder Geschäftsgeheimnisses (Art. 162)		128
		aa)	Tatobjekt	128
		bb)	Tathandlungen	128
	c)	Verletzung des Amtsgeheimnisses (Art. 320)		128
		aa)	Täter	129
		bb)	Geheimnis	129
		cc)	Tathandlung: offenbart	129
		dd)	Rechtfertigungsgründe	129
	d)	Verletzung des Berufsgeheimnisses (Art. 321)		130
		aa)	Einführung	130
		bb)	Objektiver Tatbestand	130
			(1) Verpflichtete Berufsgruppen	130
			(2) Geheimnisbegriff	130
			(3) Tathandlung	131
		cc)	Subjektiver Tatbestand	131
		dd)	Rechtfertigungsgründe	131
	e)	Berufsgeheimnis in der medizinischen Forschung (Art. 321bis)		132

Kapitel 2 Straftaten gegen das Vermögen 134

I. Einleitung 134

A. Geschütztes Rechtsgut 134

B. Systematik 135

C. Bedeutung 136

II. Straftaten gegen das Eigentum ... 137
A. Aneignungsdelikte ... 137
1. Einführungsfall ... 137
2. Unrechtmässige Aneignung (Art. 137) ... 137
   - a) Grundtatbestand? ... 137
   - b) Objektiver Tatbestand ... 138
     - aa) Tatobjekt ... 138
       - (1) Sache ... 138
       - (2) Fremd ... 139
       - (3) Beweglich ... 139
     - bb) Tathandlung ... 139
       - (1) Aneignungswille ... 139
         - (a) Dauernde Enteignung ... 139
         - (b) Mindestens vorübergehende Zueignung ... 140
         - (c) Substanz oder Sachwert? ... 140
       - (2) Willensbetätigung ... 141
   - c) Subjektiver Tatbestand ... 141
   - d) Subsidiarität und Strafdrohung ... 142
3. Veruntreuung (Art. 138) ... 142
   - a) Sachveruntreuung (Art. 138 Ziff. 1 Abs. 1) ... 142
     - aa) Objektiver Tatbestand ... 142
       - (1) Tatobjekt ... 142
       - (2) Tathandlung ... 143
     - bb) Subjektiver Tatbestand ... 143
   - b) Wertveruntreuung (Art. 138 Ziff. 1 Abs. 2) ... 143
     - aa) Objektiver Tatbestand ... 144
       - (1) Tatobjekt ... 144
       - (2) Tathandlung ... 145
     - bb) Subjektiver Tatbestand ... 145
     - cc) Qualifikation (Ziff. 2) ... 145
4. Diebstahl (Art. 139) ... 145
   - a) Objektiver Tatbestand ... 146
     - aa) Tatobjekt ... 146
     - bb) Tathandlung ... 146
       - (1) Gewahrsam ... 146
         - (a) Herrschaftsmöglichkeit ... 146
         - (b) Herrschaftswille ... 147
       - (2) Bruch fremden Gewahrsams ... 147
       - (3) Begründung neuen Gewahrsams ... 148
   - b) Subjektiver Tatbestand ... 148
     - aa) Vorsatz ... 148
     - bb) Aneignungsabsicht ... 148
     - cc) Absicht unrechtmässiger Bereicherung ... 149
   - c) Qualifikationen ... 149

				aa)	Gewerbsmässigkeit (Ziff. 2)	149
				bb)	Bandenmässigkeit (Ziff. 3 Abs. 2)	149
				cc)	Bewaffnet (Ziff. 3 Abs. 3)	150
				dd)	Generalklausel (Ziff. 3 Abs. 4)	150

      5. Raub (Art. 140)   150
          a) Grundtatbestände   150
              aa) Eigentlicher Raub (Art. 140 Ziff. 1 Abs. 1)   151
                  (1) Objektiver Tatbestand   151
                      (a) Qualifizierte Nötigung   151
                      (b) Diebstahl   152
                  (2) Subjektiver Tatbestand   152
              bb) Räuberischer Diebstahl (Art. 140 Ziff. 1 Abs. 2)   153
          b) Qualifizierter Raub (Art. 140 Ziff. 2–4)   153
              aa) Bewaffneter Raub (Ziff. 2)   153
              bb) Besonders gefährlicher Täter (Ziff. 3)   153
              cc) Lebensgefährlicher Raub (Ziff. 4)   154
          c) Konkurrenzen   154

B. Entziehungs- und Schädigungsdelikte   154
      1. Sachentziehung (Art. 141)   154
          a) Objektiver Tatbestand   155
              aa) Tatobjekt   155
              bb) Tathandlung   155
              cc) Erfolg   155
          b) Subjektiver Tatbestand   156
      2. Unrechtmässige Verwendung von Vermögenswerten (Art. 141bis)   156
          a) Ratio legis   156
          b) Objektiver Tatbestand   156
              aa) Tatobjekt   156
              bb) Tathandlung   157
          c) Subjektiver Tatbestand   157
      3. Sachbeschädigung (Art. 144)   158
          a) Objektiver Tatbestand   158
              aa) Tatobjekt   158
              bb) Tathandlung   158
          b) Subjektiver Tatbestand   159
          c) Qualifikationen   159
          d) Konkurrenzen   160
      4. Antragsdelikte   160

C. Computerdelikte   160
      1. Folgen der «digitalen Revolution»   160
      2. «Hacking» (Art. 143bis)   161
          a) Haupttatbestand nach Abs. 1   162
              aa) Objektiver Tatbestand   162

		(1)	Tatobjekt	162
		(2)	Tathandlung	162
	bb)	Subjektiver Tatbestand		163
b)	Vorbereitungstatbestand nach Abs. 2			163
3.	Datenbeschädigung (Art. 144bis)			163
	a)	Computersabotage (Ziff. 1)		163
		aa)	Objektiver Tatbestand	163
			(1) Tatobjekt	163
			(2) Tathandlung	164
		bb)	Subjektiver Tatbestand	164
		cc)	Qualifikation (Ziff. 1 Abs. 2)	164
	b)	Virentatbestand (Ziff. 2)		164
		aa)	Objektiver Tatbestand	164
		bb)	Subjektiver Tatbestand	165
		cc)	Qualifikation (Ziff. 2 Abs. 2)	165
		dd)	Konkurrenzen	165
4.	«Datendiebstahl» (Art. 143)			165
	a)	Objektiver Tatbestand		165
		aa)	Tatobjekt	165
		bb)	Tathandlung	166
	b)	Subjektiver Tatbestand		167

III. Straftaten gegen das Vermögen überhaupt — 167

A. Betrug (Art. 146) — 167

1. Einführung — 167

2. Grundtatbestand — 169

a)	Objektiver Tatbestand			169
	aa)	Arglistige Täuschung		169
		(1)	Tatsachen	169
		(2)	Vorspiegeln oder Unterdrücken	169
		(3)	Bestärken eines bestehenden Irrtums	170
		(4)	Arglist	170
			(a) Opferselbstverantwortung	170
			(b) Lügengebäude und Machenschaften	171
			(c) Einfache Lügen	171
	bb)	Irrtum		172
	cc)	Vermögensverfügung		172
		(1)	Prozessbetrug	173
		(2)	Motivationszusammenhang	173
	dd)	Vermögensschaden		174
		(1)	Vermögensbegriff	174
		(2)	Schaden	175
			(a) Objektive Schadensberechnung	175
			(b) Individueller Schadenseinschlag?	175

				(c)	Soziale Zweckverfehlung?	176

- (c) Soziale Zweckverfehlung? 176
- (d) Vermögensgefährdung 178
- b) Subjektiver Tatbestand 178
- c) Konkurrenzen 179
- 3. Qualifikation und Privilegierung 179

B. Betrugsähnliche Delikte 180
   1. «Computerbetrug» (Art. 147) 180
      a) Objektiver Tatbestand 180
         aa) Tathandlung 180
            (1) durch unrichtige oder unvollständige Verwendung von Daten 181
            (2) durch unbefugte Verwendung von Daten 181
            (3) oder in vergleichbarer Weise 181
         bb) Erfolg 182
         cc) Alternative: eine Vermögensverschiebung unmittelbar darnach verdeckt 182
      b) Subjektiver Tatbestand 182
      c) Konkurrenzen 182
   2. Check- und Kreditkartenmissbrauch (Art. 148) 183
      a) Objektiver Tatbestand 183
         aa) Tatobjekt 183
         bb) Tathandlung 184
         cc) sofern Schutzmassnahmen getroffen 184
      b) Subjektiver Tatbestand 185
      c) Strafdrohung und Qualifikation 185
      d) Konkurrenzen 185
   3. Sozialversicherungsbetrug (Art. 148a) 186
   4. Warenfälschung (Art. 155) 186
      a) Objektiver Tatbestand 187
         aa) Ware 187
         bb) Tathandlung 187
      b) Subjektiver Tatbestand 187
      c) Subsidiarität 187

C. Erpressung (Art. 156) 188
   1. Konzept und Abgrenzungen 188
   2. Grundtatbestand (Ziff. 1) 189
      a) Objektiver Tatbestand 189
         aa) Nötigung 189
         bb) Vermögensverfügung und Schaden 190
      b) Subjektiver Tatbestand 190
      c) Rechtswidrigkeit 190
   3. Qualifikationen (Ziff. 2–4) 191
      a) Ziff. 2: Gewerbsmässigkeit und Wiederholung 191

b) Ziff. 3: Räuberische Erpressung		191
c) Ziff. 4: Makrokriminalität		191
4. Konkurrenzen		191
D. Wucher (Art. 157)		192
1. Grundtatbestand (Ziff. 1 Abs. 1)		192
a) Objektiver Tatbestand		192
aa) Unterlegenheitsverhältnis		192
bb) Offenbares Missverhältnis von Leistung und Gegenleistung		193
cc) Ausbeuten		194
b) Subjektiver Tatbestand		194
2. Nachwucher (Ziff. 1 Abs. 2)		194
3. Qualifikation (Ziff. 2)		194
4. Konkurrenz		194
E. Ungetreue Geschäftsbesorgung (Art. 158)		194
1. Einführung		194
2. «Treubruchtatbestand» (Ziff. 1)		195
a) Grundtatbestand		195
aa) Objektiver Tatbestand		195
(1) Täter		195
(2) Treuepflicht		196
(3) Tathandlung: die Pflichtverletzung		196
(4) Erfolg: der Schaden		197
bb) Subjektiver Tatbestand		197
b) Qualifikation (Ziff. 1 Abs. 3)		197
3. «Missbrauchstatbestand» (Ziff. 2)		198
4. Konkurrenzen		198
F. Hehlerei (Art. 160)		198
1. Einführung		198
a) Rechtsgut und Strafgrund		198
b) Hehlerei als kulturelles Phänomen		199
2. Grundtatbestand (Ziff. 1)		200
a) Objektiver Tatbestand		200
aa) Täter		200
bb) Tatobjekt		200
(1) Sache		200
(2) durch eine strafbare Handlung gegen das Vermögen erlangt		200
(3) unmittelbar		201
cc) Tathandlungen		201
b) Subjektiver Tatbestand		202
3. Qualifikation (Ziff. 2)		202
4. Konkurrenzen		202

	G. Geringfügige Vermögensdelikte (Art. 172ter)	202
IV.	Kapitalmarktdelikte	203
	A. Kontext	203
	B. Leges Americanae	203
	C. Rechtsgut	204
V.	Konkurs- und Betreibungsdelikte (Art. 163–171bis)	205

Zweiter Teil   Straftaten gegen Kollektivinteressen — 207

Kapitel 1   Einführung — 209

Kapitel 2   Straftaten gegen die öffentliche Ordnung — 211

I.	Gemeingefahr und öffentliche Gesundheit	211
	A. Begriff der Gemeingefahr	211
	1. Kontext	211
	2. «Gemeingefahr»	212
	B. Vorsätzliche Brandstiftung (Art. 221)	213
	1. Objektiver Tatbestand	213
	a) Feuersbrunst	213
	b) Schadensfeuer oder Gemeingefahr	213
	aa) zum Schaden eines anderen	213
	bb) gemeingefährliche Brandstiftung	214
	2. Subjektiver Tatbestand	215
	3. Qualifikation (Abs. 2)	215
	4. Versicherungsbetrug	215
	5. Weitere Konkurrenzen	216
	C. Fahrlässige Verursachung einer Feuersbrunst (Art. 222)	216
	D. Weitere gemeingefährliche Straftaten (eine Auswahl)	217
	1. Explosionsdelikte (Art. 223–226)	217
	2. Gefährdung durch Kernenergie etc. (Art. 226bis und 266ter)	217
	a) Art. 226bis	218
	b) Art. 226ter	218
	3. Gefährdung durch Verletzung der Regeln der Baukunde (Art. 229)	219
	4. Gefährdung durch gentechnisch veränderte oder pathogene Organismen (Art. 230bis)	220
	5. Verbreiten menschlicher Krankheiten (Art. 231)	221

II. Straftaten gegen den Rechtsverkehr — 222

- A. Geldfälschungsdelikte — 223
    1. Systematik und Bedeutung — 223
    2. Geldfälschung (Art. 240) — 224
        - a) Objektiver Tatbestand — 224
            - aa) Tatobjekt: Geld — 224
            - bb) Tathandlung — 224
        - b) Subjektiver Tatbestand — 225
        - c) Privilegierung (Abs. 2) — 225
        - d) Weltrechtsprinzip (Abs. 3) — 225
    3. Geldverfälschung (Art. 241) — 225
    4. In Umlaufsetzen falschen Geldes (Art. 242) — 226
        - a) Tatbestand — 226
        - b) Konkurrenzen — 226
- B. Urkundendelikte — 227
    1. Urkundenschutz — 227
        - a) Fälschung – Täuschung — 227
        - b) Wesen des Urkundenschutzes — 227
    2. Urkundenbegriff — 227
        - a) Anforderungen an die Schrifturkunde — 227
            - aa) Schrift — 228
                - (1) Text — 228
                - (2) auf Dauer mit der Unterlage verbunden — 228
                - (3) Ausdruck eines menschlichen Gedankens — 228
            - bb) Beweiseignung — 228
                - (1) Tatsachen von rechtlicher Bedeutung — 228
                - (2) bestimmt und geeignet — 228
                    - (a) bestimmt — 228
                    - (b) geeignet — 229
            - cc) Erkennbarkeit des Ausstellers — 229
        - b) Beweiszeichen als Urkunden — 229
        - c) Aufzeichnungen auf Bild- und Datenträgern — 230
    3. Urkundenfälschung (Art. 251) — 232
        - a) Aufbau des Tatbestands — 232
        - b) Urkundenfälschung im eigentlichen Sinne (Ziff. 1 Abs. 2) — 232
            - aa) Objektiver Tatbestand — 232
                - (1) Fälschen — 232
                - (2) Verfälschen — 233
                - (3) Blankettfälschung — 233
            - bb) Subjektiver Tatbestand — 234
        - c) Falschbeurkundung (Ziff. 1 Abs. 2 *in fine*) — 234
            - aa) Strafgrund der Falschbeurkundung — 234
            - bb) Definition der Falschbeurkundung — 235

			cc)	Abgrenzung Falschbeurkundung und schriftlicher Lüge	235
			dd)	Tathandlungen	236
			ee)	Subjektiver Tatbestand	236
		d)	Gebrauchmachen (Ziff. 1 Abs. 3)		237
		e)	Konkurrenzen		237
	4.	Urkundenunterdrückung (Art. 254)			237

III. Straftaten gegen den öffentlichen Frieden — 237

A. Vorbemerkung — 237

B. Landfriedensbruch (Art. 260) — 238
1. Problematik des Tatbestandes — 238
2. Objektiver Tatbestand — 239
    - a) Zusammenrottung — 239
    - b) Öffentlich — 239
    - c) Mit vereinten Kräften Gewalttätigkeiten begangen — 239
        - aa) Gewalttätigkeiten — 239
        - bb) mit vereinten Kräften — 240
    - d) Tathandlung: Teilnahme — 240
3. Subjektiver Tatbestand — 241
4. Strafausschlussgrund (Abs. 2) — 242
5. Konkurrenz — 242

C. Rassendiskriminierung (Art. 261bis) — 242
1. Hintergrund — 242
2. Konvention von 1965 (CERD) — 243
3. Lehrstück der Gesetzgebung? — 244
4. Rechtsgut und Rechtfertigung — 245
5. Objektiver Tatbestand — 245
    - a) Tatobjekt: diskriminierte Gruppe — 245
    - b) Öffentlich — 246
    - c) Unterschiedliche Diskriminierungsperspektiven — 247
        - aa) Rassistische Propaganda — 247
            - (1) Rassistische Hetze (Abs. 1) — 247
            - (2) Öffentliches Verbreiten von Ideologien (Abs. 2) — 247
            - (3) Propagandaaktionen (Abs. 3) — 248
        - bb) Angriffe auf die Menschenwürde (Abs. 4) — 248
            - (1) Kollektivbeleidigung (Abs. 4 Teil 1) — 248
            - (2) Revisionismustatbestand (Abs. 4 Teil 2) — 249
        - cc) Leistungsverweigerung (Abs. 5) — 250
6. Subjektiver Tatbestand — 251
7. Konkurrenzen — 251
8. Verfahren — 251

D.	Strafbare Vorbereitungshandlungen (Art. 260bis)	252
1.	Kontext	252
2.	Teilrevision «Gewaltdelikte»	252
3.	Rechtsgut	253
4.	Voraussetzungen der Strafbarkeit	253
	a) Objektiver Tatbestand	253
	aa) Bezugstaten	253
	bb) Strafbares Verhalten	253
	(1) Planmässig	253
	(2) Konkret	254
	(3) Technische oder organisatorische Vorkehrungen	254
	(4) Art und Umfang zeigen, dass er sich anschickt	254
	b) Subjektiver Tatbestand	254
	c) Versuch?	254
	d) Strafbefreiender Rücktritt (Abs. 2)	254
E.	Kriminelle Organisation (Art. 260ter)	255
1.	Einführung	255
	a) Noch weiter ins Vorfeld zurück	255
	b) Gesetzgebungsgeschichte	255
	c) Definition des organisierten Verbrechens	257
	d) Kritik	258
2.	Tatbestand	259
	a) Objektiver Tatbestand	259
	aa) Organisation	259
	bb) Geheimhaltung	261
	cc) Organisationszweck	261
	dd) Tathandlung	262
	b) Subjektiver Tatbestand	263
3.	Rechtfertigung	264
4.	Rücktrittsprivileg (Ziff. 2)	264
5.	Auslandstat (Ziff. 3)	264
6.	Konkurrenzen	264
F.	Finanzierung des Terrorismus (Art. 260^quinquies)	265
1.	Einführung	265
2.	Tatbestand	268
	a) Objektiver Tatbestand	268
	b) Subjektiver Tatbestand	268
	aa) Absicht, ein Gewaltverbrechen zu finanzieren	268
	bb) nur dolus directus (Abs. 2)	269
3.	Einschränkungen	269
	a) «Legitime Gewaltanwendung»? (Abs. 3)	269

		b) «Völkerrechtskonforme Gewaltverbrechen» (Abs. 4)	270
		c) Rechtfertigung?	270
	4.	Weiteres	270
	5.	Konkurrenzen	270
G.	Reformbestrebungen		271
	1.	Die Entwicklung der Praxis	271
	2.	Art. 260ter VE	272
	3.	Art. 260^{sexies} VE	272

IV. Völkermord, Verbrechen gegen die Menschlichkeit und Kriegsverbrechen — 273

- A. Entwicklung des Völkerstrafrechts — 273
    1. International — 273
    2. National — 275
- B. Allgemeine Bestimmungen (zwölfter Titel^{quater}) — 276
    1. Täterschaft und Teilnahme — 277
        a) «JCE I» — 277
        b) «JCE II» — 277
        c) «JCE III» — 277
    2. Vorgesetztenhaftung (Art. 264k) — 278
    3. Handeln auf Befehl (Art. 264l) — 278
    4. Weltrechtsprinzip (Art. 264m) — 279
    5. Immunität (Art. 264n) — 279
- C. Völkermord und Verbrechen gegen die Menschlichkeit (zwölfter Titel^{bis}) — 280
    1. Völkermord (Art. 264) — 280
        a) Objektiver Tatbestand — 280
            aa) Täter — 280
            bb) Tatobjekt: die geschützten Gruppen — 280
            cc) Tathandlungen — 280
        b) Subjektiver Tatbestand — 281
        c) Strafdrohung und Verjährung — 281
        d) Konkurrenzen — 281
    2. Verbrechen gegen die Menschlichkeit (Art. 264a) — 282
        a) Objektiver Tatbestand — 282
            aa) Täter — 282
            bb) Angriff — 282
            cc) Einzeltaten — 282
        b) Subjektiver Tatbestand — 283
        c) Qualifikationen und Privilegierung — 283
- D. Kriegsverbrechen (zwölfter Titel^{ter}) — 284
    1. Anwendungsbereich (Art. 264b) — 284

		2. Abgrenzung der Zuständigkeit von Zivil- und Militärgerichtsbarkeit	284
		3. Tatbestände im Überblick	285

Kapitel 3 Straftaten gegen den Staat 286

I. Straftaten gegen die Existenz des Staates 286
  A. Einführung 286
    1. Problematik 286
    2. Aufbau 287
  B. Hochverrat (Art. 265) 288
  C. Landesverrat (Art. 266, 266bis und 267) 289
    1. Art. 266 289
    2. Art. 266bis 290
    3. Art. 267 291
  D. Verbotener Nachrichtendienst (Art. 272–274) 291
    1. Politischer Nachrichtendienst (Art. 272) 292
    2. Wirtschaftlicher Nachrichtendienst (Art. 273) 293
      a) Bedeutung und Rechtsgut 293
      b) Objektiver Tatbestand 294
        aa) Geheimnis 294
        bb) Empfänger 294
        cc) Tathandlung 294
      c) Subjektiver Tatbestand 295
      d) Rechtfertigung 295
  E. Verbotene Handlungen für einen fremden Staat (Art. 271) 295
    1. Bedeutung 295
    2. Grundtatbestand (Ziff. 1) 296
      a) Objektiver Tatbestand 296
        aa) Handlungen, die einer Behörde oder einem Beamten zukommen 296
        bb) Weitere Tatbestandselemente 296
        cc) ohne Bewilligung 297
      b) Subjektiver Tatbestand 297
      c) Entführung (Ziff. 2) 297

II. Straftaten gegen die öffentliche Gewalt 298
  A. Widersetzungstatbestände 298
    1. Einführung 298
      a) Begriff des Amtsträgers 298
      b) Amtshandlung 299
      c) Widerstandsrecht 299

		2.	Gewalt und Drohung gegen Behörden und Beamte (Art. 285)	300
			a) Grundtatbestand (Ziff. 1)	300
			aa) Objektiver Tatbestand	300
			(1) Hinderung einer Amtshandlung durch Gewalt oder Drohung	300
			(2) Nötigung zu einer Amtshandlung	300
			(3) Tätlicher Angriff	300
			bb) Subjektiver Tatbestand	301
			b) Qualifikationen (Ziff. 2)	301
			aa) Passive Teilnahme an einer Zusammenrottung	301
			bb) Aktive Teilnahme an der Gewaltanwendung	301
		3.	Hinderung einer Amtshandlung (Art. 286)	301
			a) Objektiver Tatbestand	301
			b) Subjektiver Tatbestand	302
			c) Konkurrenzen	302
		4.	Amtsanmassung (Art. 287)	302
			a) Objektiver Tatbestand	302
			b) Subjektiver Tatbestand	303
	B.	Ungehorsamstatbestände		303
		1.	Ungehorsam gegen amtliche Verfügungen (Art. 292)	303
			a) Objektiver Tatbestand	303
			aa) Amtliche Verfügung	303
			bb) Tatbestandsmässiges Verhalten	304
			b) Subjektiver Tatbestand	304
		2.	Veröffentlichung amtlicher geheimer Verhandlungen (Art. 293)	304
			a) Einführung	304
			b) Objektiver Tatbestand	307
			c) Subjektiver Tatbestand	307
			d) Privilegierung	307
	III.	Störung der Beziehungen zum Ausland		307

Kapitel 4 Straftaten gegen die Rechtspflege   309

	I.	Veranlassung unbegründeter Strafverfolgung		309
		A. Falsche Anschuldigung (Art. 303)		309
			1. Direkte falsche Anschuldigung (Ziff. 1 Abs. 1)	309
			a) Objektiver Tatbestand	309
			aa) Behörde	309
			bb) Tathandlung	310
			b) Subjektiver Tatbestand	311
			2. Indirekte falsche Anschuldigung (Ziff. 1 Abs. 2)	311

		3.	Konkurrenzen	311
	B.	Irreführung der Rechtspflege (Art. 304)		311
		1.	Anzeige einer nicht begangenen Straftat (Ziff. 1 Abs. 1)	311
		2.	Selbstbezichtigung (Ziff. 1 Abs. 2)	312
		3.	Subjektiver Tatbestand	312
II.	Verletzung prozessualer Wahrheitspflichten			312
	A.	Falsche Beweisaussage der Partei (Art. 306)		312
		1.	Objektiver Tatbestand	312
			a) Verfahren	312
			b) Beweisaussage einer Partei	313
			c) Zur Sache falsch aussagt	313
		2.	Subjektiver Tatbestand	313
		3.	Qualifikationen	313
	B.	Falsches Zeugnis, falsches Gutachten, falsche Übersetzung (Art. 307)		313
		1.	Objektiver Tatbestand	313
			a) Gerichtliches Verfahren	313
			b) Beweismittelqualität	313
			c) Tathandlung	314
		2.	Subjektiver Tatbestand	314
		3.	Versuch?	315
		4.	Rücktritt von der vollendeten Tat (Art. 308 Abs. 1)	315
III.	Behinderung der Strafrechtspflege			315
	A.	Begünstigung (Art. 305)		315
		1.	Verfolgungsbegünstigung (Abs. 1, Variante 1)	316
		2.	Vollzugsbegünstigung (Abs. 1 Variante 2)	316
		3.	Subjektiver Tatbestand	316
		4.	Selbstbegünstigung	317
IV.	Geldwäscherei			317
	A.	Einleitung		317
		1.	Vorgeschichte: Betäubungsmittelhandel	317
		2.	Was ist Geldwäscherei?	318
		3.	Internationale Harmonisierung	319
		4.	Schweizerische Gesetzgebungsgeschichte	320
		5.	Kritik	321
		6.	Finanzaufsichtsrecht	322
			a) Definition der Finanzintermediäre	322
			b) Aufsichtsinstanzen	323
			c) Pflichten	324
		7.	Strafrecht: Rechtsgut?	325

B. Tatbestand der Geldwäscherei (Art. 305bis) ... 326
   1. Grundtatbestand (Ziff. 1) ... 326
      a) Objektiver Tatbestand ... 326
         aa) Täter ... 326
         bb) Tatobjekt: Vermögenswerte, die aus Verbrechen oder qualifiziertem Steuervergehen herrühren ... 326
            (1) Vermögenswerte ... 326
            (2) aus Verbrechen ... 327
                (a) Grenzfälle ... 327
                (b) Modalitäten ... 328
                (c) Beweisprobleme ... 329
            (3) Herrührt ... 329
         cc) Strafbares Verhalten ... 330
            (1) Vereitelung der Einziehung, der Herkunftsermittlung und der Auffindung ... 330
            (2) geeignet, die Einziehung zu vereiteln ... 330
            (3) Unterlassen? ... 332
      b) Subjektiver Tatbestand ... 332
   2. Schwere Fälle (Ziff. 2) ... 332
      a) Als Mitglied einer Verbrechensorganisation (lit. a) ... 333
      b) Bandenmässigkeit (lit. b) ... 333
      c) Gewerbsmässigkeit (lit. c) ... 333
   3. Auslandsvortat (Ziff. 3) ... 333
   4. Konkurrenzen ... 334
C. Mangelnde Sorgfalt bei Finanzgeschäften (Art. 305ter Abs. 1) ... 334
   1. Einführung ... 334
   2. Objektiver Tatbestand ... 335
      a) Täter ... 335
      b) Strafbares Verhalten ... 336
   3. Subjektiver Tatbestand ... 337
   4. Verjährung und Konkurrenzen ... 337
D. Melderecht (Art. 305ter Abs. 2) ... 337

Kapitel 5   Amts- und Berufspflichten ... 339

  I. Überblick ... 339

  II. Missbrauch des Amtes ... 339

    A. Amtsmissbrauch (Art. 312) ... 339
       1. Objektiver Tatbestand ... 339
          a) Täter ... 339
          b) Tathandlung ... 340
             aa) Amtsgewalt ... 340

		bb) Missbrauch	340
	2.	Subjektiver Tatbestand	341
	3.	Konkurrenzen	341
B.	Ungetreue Amtsführung (Art. 314)	341
	1.	Objektiver Tatbestand	341
		a) Täter	341
		b) Bei einem Rechtsgeschäft	342
		c) Tathandlung und Erfolg	342
	2.	Subjektiver Tatbestand	343
	3.	Konkurrenzen	343

III. Bestechung und Bestechlichkeit (Art. 322ter–322decies)   343

    A. Einführung   343
        1. «Geben und Nehmen»   343
        2. Schädigungspotential   344
        3. Begriff und Rechtsgut   345
        4. Vom Tabu zum Alltagsthema   346
        5. Musterfall der Ko-Regulierung   347
        6. Gesetzgebungsgeschichte   348
    B. Bestechung Schweizerischer Amtsträger (Art. 322ter)   349
        1. Objektiver Tatbestand   349
            a) Täter   349
            b) Amtsträger (Art. 110 Abs. 3 und Art. 322ter)   349
                aa) Beamte   349
                bb) Mitglieder einer Behörde   350
            c) Tathandlung   350
                aa) Leistung   351
                    (1) nicht gebührender Vorteil   351
                    (2) anbietet, verspricht oder gewährt   351
                bb) Gegenleistung   352
                cc) Äquivalenzverhältnis   353
        2. Subjektiver Tatbestand   353
        3. Rechtfertigung oder Schuldausschluss wegen Nötigung?   353
    C. Bestechlichkeit (Art. 322quater)   354
    D. Vorteilsgewährung und Annahme (Art. 322quinquies und 322sexies)   354
        1. Kriminalpolitische Notwendigkeit   354
        2. Gelockerte Unrechtsvereinbarung   354
        3. Drittbegünstigung, Belohnung?   355
    E. Bestechung fremder Amtsträger (Art. 322septies)   356
        1. Aktive Bestechung fremder Amtsträger (Abs. 1)   357
            a) Täterschaft   357

				b)	Fremder Amtsträger	357
				aa)	Amtsträgerbegriff	357
				bb)	Autonomer Begriff	357
			c)	Tathandlung		358
				aa)	Leistung	358
				bb)	Gegenleistung	358
		2.	Passive Bestechung fremder Amtsträger (Abs. 2)			359
	F.	Privatbestechung				359
		1.	Gesetzgebungsgeschichte			359
		2.	Rechtsgut?			360
		3.	Tatbestände			360
		4.	Der «leichte Fall»			361
	G.	Verjährungsrechtliche Fragen				362

Stichwortverzeichnis   363

Abkürzungsverzeichnis

a.A.	andere Ansicht
aArt.	alte Fassung Artikel
ABB	ASEA Brown Boveri
Abs.	Absatz
AG	Arbeitsgruppe/Aktiengesellschaft
AGE	Entscheidungen des Appellationsgerichts Basel-Stadt
AIA	Automatischer Informationsaustausch
AIDS	Acquired Immunodeficiency Syndrome
AKW	Atomkraftwerk
AJP	Aktuelle Juristische Praxis
AML	Anti-Money Laundering
ANC	African National Congress
Appl. No.	Application Number
AppGer BS	Appellationsgericht Basel-Stadt
Art.	Artikel
AS	Amtliche Sammlung
AT	Allgemeiner Teil
AU	Afrikanische Union
Aufl.	Auflage
BAG	Bundesamt für Gesundheit
BankG	Bundesgesetz über die Banken und Sparkassen vom 8. November 1934 (Bankengesetz), SR 952.0
BauAV	Verordnung über die Sicherheit und den Gesundheitsschutz der Arbeitnehmerinnen und Arbeitnehmer bei Bauarbeiten (Bauarbeitenverordnung) vom 29. Juni 2005, SR 832.311.141
BaZ	Basler Zeitung
BB	Bundesbeschluss
BBC	British Broadcasting Corporation
BBl	Bundesblatt
Bd.	Band
BE	Bern
BEHG	Bundesgesetz über die Börsen und den Effektenhandel (Börsengesetz) vom 24. März 1995, SR 954.1
BetmG	Bundesgesetz über die Betäubungsmittel und die psychotropen Stoffe vom 3. Oktober 1951 (Betäubungsmittelgesetz), SR 812.121
betr.	betreffend
BezGer	Bezirksgericht
bezgl.	bezüglich
BFS	Bundesamt für Statistik

BG	Bundesgesetz
BG-KKE	Bundesgesetz über internationale Kindesentführung und die Haager Übereinkommen zum Schutz von Kindern und Erwachsenen vom 21. Dezember 2007, SR 211.222.32
BG-RVUS	Bundesgesetz zum Staatsvertrag mit den Vereinigten Staaten von Amerika über gegenseitige Rechtshilfe in Strafsachen vom 3. Oktober 1975, SR 351.93
BGE	Entscheidungen des Schweizerischen Bundesgerichts
BGer	Bundesgericht (und unveröffentlichter Entscheid des Bundesgerichts)
BGH	Bundesgerichtshof (Deutschland)
BGHSt	Bundesgerichtshof in Strafsachen (Deutschland)
BGÖ	Bundesgesetz über das Öffentlichkeitsprinzip der Verwaltung vom 17. Dezember 2004, SR 152.3
BJ	Bundesamt für Justiz
BJM	Basler Juristische Mitteilungen (Zeitschrift)
BL	Basel-Landschaft
BöB	Bundesgesetz über das öffentliche Beschaffungswesen vom 16. Dezember 1994, SR 172.056.1
BRD	Bundesrepublik Deutschland
BS	Basel-Stadt
BSK	Basler Kommentar
Bsp.	Beispiel
Bst.	Bestimmung
BstGer	Bundesstrafgericht
BStP	Bundesgesetz über die Bundesstrafrechtspflege vom 15. Juni 1934 (aufgehoben am 1. Januar 2011), AS 50 685
BT	Besonderer Teil
BÜPF	Bundesgesetz betreffend die Überwachung des Post- und Fernmeldeverkehrs vom 6. Oktober 2000, SR 780.1
BV	Bundesverfassung der Schweizerischen Eidgenossenschaft vom 18. April 1999, SR 101
BZIG	Bundesgesetz über die Zusammenarbeit mit den internationalen Gerichten zur Verfolgung schwerwiegender Verletzungen des humanitären Völkerrechts vom 21. Dezember 1995, SR 351.20
bzw.	beziehungsweise
c.	contra
ca.	circa
Causa Sport	Die Sport-Zeitschrift
CCC	Constitutio Criminalis Carolinae
CD	Compact Disc
CERD	Convention on the Elimination of All Forms of Racial Discrimination/Committee on the Elimination of Racial Discrimination
CETS	Council of Europe Treaty Series

CHF	Schweizer Franken
CIA	Central Intelligence Agency
CMO	President's Commission on Organized Crime (USA)
CoE	Council of Europe (Europarat)
CP	code pénal suisse (vgl. StGB)
CPF	Nouveau Code Pénal vom 22. Juli 1992 (Frankreich)
CPI	Codice Penale vom 22. September 1988 (Italien)
CS	Credit Suisse
CSR	Corporate Social Responsibility
D StGB	Strafgesetzbuch in der Fassung der Bekanntmachung vom 13. November 1998 (BGBl. I S. 3322), das durch Artikel 5 Absatz 18 des Gesetzes vom 10. Oktober 2013 (BGBl. I S. 3799) geändert worden ist (Deutschland)
d.h.	das heisst
DBG	Bundesgesetz über die direkte Bundessteuer vom 14. Dezember 1990, SR 642.11
DDR	Deutsche Demokratische Republik
Ders.	derselbe
Dies.	dieselbe(n)
Digma	Zeitschrift für Datenrecht und Informationssicherheit
Doc.	document
DSG	Bundesgesetz über den Datenschutz vom 19. Juni 1992, SR 235.1
E/E.	Entwurf/Erwägung
E-BEHG	Entwurf zum Bundesgesetz über die Börsen und den Effektenhandel
EADS	European Aeronautic Defence and Space Company
ebda.	ebenda
EBK	Eidgenössische Bankenkommission (seit 2009 FINMA)
ed.	editor
EDA	Eidgenössisches Departement für Äusseres
EDI	Eidgenössisches Departement des Innern
EG	Europäische Gemeinschaft/Einführungsgesetz
EGMR	Europäischer Gerichtshof für Menschenrechte
EJCPR	European Journal on Criminal Policy and Research
EJPD	Eidgenössisches Justiz- und Polizeidepartement
EKF	Eidgenössische Kommission für Frauenfragen
EMRK	Europäische Konvention zum Schutze der Menschenrechte und Grundfreiheiten vom 4. November 1950, i.Kr. getreten am 28. November 1974 (Europäische Menschenrechtskonvention), SR 0.101
EpG	Bundesgesetz über die Bekämpfung übertragbarer Krankheiten des Menschen (Epidemiengesetz) vom 18. Dezember 1970, SR 818.101
erl.	erläuternd

ESBK	Eidgenössische Spielbankenkommission
ESÜ	Europäisches Übereinkommen über die Anerkennung und Vollstreckung von Entscheidungen über das Sorgerecht für Kinder und die Wiederherstellung des Sorgerechts, vom 20. Mai 1980, i.Kr. seit 1. Januar 1984, SR 0.211.230.01
et al.	et alia
etc.	et cetera
ETS	European Treaty Series
EU	Europäische Union
EuGRZ	Europäische Grundrechte-Zeitschrift
evtl.	eventuell
f./ff.	folgende/fortfolgende
FamPra.ch	Die Praxis des Familienrechts (Zeitschrift)
FATF	Financial Action Task Force on Money Laundering (= GAFI)
FAZ	Frankfurter Allgemeine Zeitung
FBI	Federal Bureau of Investigation
FCPA	Foreign Corrupt Practices Act
FCZ	Fussballclub Zürich
FDP	Freisinnig-Demokratische Partei der Schweiz, Die Liberalen
FIFA	Fédération Internationale de Football Association
FinfraG	Bundesgesetz über die Finanzmarktinfrastrukturen und das Marktverhalten im Effekten- und Derivatehandel vom 19. Juni 2015 (Finanzmarktinfrastrukturgesetz), SR 958.1
FGM	Female Genital Mutilation
FINMA	Eidgenössische Finanzmarktaufsicht
FMedG	Bundesgesetz über die medizinisch unterstützte Fortpflanzung vom 18. Dezember 1998 (Fortpflanzungsgesetz), SR 810.11
Fn	Fussnote
fp	Forumpoenale (Zeitschrift)
FS	Festschrift/Freiheitsstrafe
G7/G8	Group of 7/8
G20	Group of 20
GA	Goltdammer's Archiv für Strafrecht
GAFI	Groupe Action Financière Internationale (= FATF)
GBI	Gewerkschaft Bau und Industrie
GesKR	Zeitschrift für Gesellschafts- und Kapitalmarktrecht
GRECO	Group d'Etats contre la corruption (Conseil de l'Europe)
GTG	Bundesgesetz über die Gentechnik im Ausserhumanbereich (Gentechnikgesetz) vom 21. März 2003, SR 814.91
GwG	Bundesgesetz über die Bekämpfung der Geldwäscherei und der Terrorismusfinanzierung im Finanzsektor vom 10. Oktober 1997, SR 955
GwV-ESBK	Verordnung der Eidgenössischen Spielbankenkommission über die Sorgfaltspflichten der Spielbanken zur Bekämpfung der

	Geldwäscherei und der Terrorismusfinanzierung (Geldwäschereiverordnung ESBK) vom 24. Juni 2015, SR 955.021
GwV-FINMA	Verordnung der Eidgenössischen Finanzmarktaufsicht über die Verhinderung von Geldwäscherei und Terrorismusfinanzierung (Geldwäschereiverordnung-FINMA) vom 3. Juni 2015, SR 955.033.0
H.i.O.	Hervorhebung im Original
h.L.	herrschende Lehre
HesÜ	Übereinkommen über den internationalen Schutz von Erwachsenen vom 13. Januar 2000, i.Kr. seit 1. Juli 2009, SR 0.211.232.1
HFG	Bundesgesetz über die Forschung am Menschen vom 30. September 2011 (Humanforschungsgesetz), SR 810.30
HksÜ	Übereinkommen über die Zuständigkeit, das anzuwendende Recht, die Anerkennung, Vollstreckung und Zusammenarbeit auf dem Gebiet der elterlichen Verantwortung und der Massnahmen zum Schutz von Kindern vom 19. Oktober 1996, i.Kr. seit 1. Juli 2009 (Haager Kindesschutzübereinkommen), SR 0.211.231.011
HKÜ	Übereinkommen über die zivilrechtlichen Aspekte internationaler Kindesentführung vom 25. Oktober 1980, i.Kr. seit 1. Januar 1984, SR 0.211.230.02
HIV	Humane Immundefizienz-Virus
HMG	Bundesgesetz über Arzneimittel und Medizinprodukte vom 15. Dezember 2000 (Heilmittelgesetz), SR 812.21
Hrsg.	Herausgeber
i.e.S.	im engeren Sinn
i.Kr.	in Kraft
i.S.	in Sachen
i.S.v.	im Sinne von
i.V.m.	in Verbindung mit
IAEA	Internationale Atomenergie-Agentur
ibid.	ibidem (am selben Ort)
ICC	International Criminal Court/International Chamber of Commerce
ICTR	International Criminal Tribunal for Rwanda
ICTY	International Criminal Tribunal for the former Yugoslavia
IFF	Illicit Financial Flows
IG	Interessengemeinschaft
IJO	Internationale Journalistenorganisation
IKRK	Internationales Komitee vom Roten Kreuz
ILC	International Law Commission
inkl.	inklusive
insb.	insbesondere

Interpol	International Criminal Police Organization/Internationale kriminalpolizeiliche Organisation
IOC	International Olympic Committee (Internationales Olympisches Komitee)
IS	Islamischer Staat
IMG	Internationaler Militärgerichtshof von Nürnberg
IMTFE	International Military Tribunal for the Far East
IP	intellectual property
IPRG	Bundesgesetz über das Internationale Privatrecht vom 18. Dezember 1987, SR 291
JCE	Joint Criminal Enterprise
Jg.	Jahrgang
Jusletter	Jusletter. Juristische Internetzeitschrift, www.weblaw.ch/jusletter
JZ	Juristenzeitung
K.O.	Knockout
KassGer	Kassationsgericht
KEG	Kernenergiegesetz vom 21. März 2003, SR 732.1
KKJPD	Konferenz der Kantonalen Justiz- und Polizeidirektorinnen und -direktoren
KMG	Bundesgesetz über das Kriegsmaterial (Kriegsmaterialgesetz) vom 13. Dezember 1996, SR 514.51
krit.	kritisch
KSzW	Kölner Schrift zum Wirtschaftsrecht (Zeitschrift)
KYC	Know your customer
KZ	Konzentrationslager
LG	Landgericht
lit.	litera
Ltd.	Limited company
LTTE	Liberation Tigers of Tamil Eelam
m.w.H.	mit weiteren Hinweisen
medialex	Zeitschrift für Medienrecht
MESICIC	Mechanism for Follow-Up on the Implementation of the Inter-American Convention against Corruption
Mio.	Million/Millionen
MROS	Meldestelle Geldwäscherei
MStG	Militärstrafgesetz vom 13. Juni 1927, SR 321.0
N	Note, Randziffer
n.Chr.	nach Christus
n.F.	neue Fassung
NaP	Natrium Pentobarbital
NAP	Nationaler Aktionsplan
NBFI	non-bank financial institution
NCCT	Non-Cooperative Countries and Territories
NFI	non-financial institution

NJW	Neue Juristische Wochenschrift
No.	number
NR	Nationalrat
Nr.	Nummer
NS	Nationalsozialismus
NStZ	Neue Zeitschrift für Strafrecht
NZZ	Neue Zürcher Zeitung
Ö-StGB	Bundesgesetz vom 23. Jänner 1974 über die mit gerichtlicher Strafe bedrohten Handlungen (Strafgesetzbuch), BGBl. Nr. 60/1974 (Österreich)
OAS	Organization of American States
OECD	Organisation for Economic Co-operation and Development (Organisation für wirtschaftliche Zusammenarbeit und Entwicklung)
OECD WGB	OECD Working Group on Bribery (in International Business Transactions)
OGer	Obergericht
ÖJZ	Österreichische Juristen-Zeitung
OK	Organisierte Kriminalität
OGH	Oberster Gerichtshof (Österreich)
OHG	Bundesgesetz über die Hilfe an Opfer von Straftaten vom 23. März 2007 (Opferhilfegesetz), SR 312.5
OR	Bundesgesetz betreffend die Ergänzung des Schweizerischen Zivilgesetzbuches (Fünfter Teil: Obligationenrecht) vom 30. März 1911, SR 220
OWiG	Gesetz über Ordnungswidrigkeiten in der Fassung der Bekanntmachung vom 19. Februar 1987, BGBl. I S. 602 (Deutschland)
PACI	Partnering Against Corruption Initiative
PEP's	Politically Exposed Persons
PIN	Persönliche Identifikationsnummer
PK	Praxiskommentar (Trechsel, S./Pieth, M. [Hrsg.], Schweizerisches Strafgesetzbuch: Praxiskommentar, 3. Aufl., Zürich/St. Gallen 2018)
PKK	Partiya Karkerên Kurdistan (Arbeiterpartei Kurdistan)
PKS	Polizeiliche Kriminalstatistik
PLO	Palestine Liberation Organization
Pra	Die Praxis (Zeitschrift)
PTT	Post-, Telefon- und Telegrafenbetriebe
PUK	Parlamentarische Untersuchungskommission
pvs	persistent vegetative state
RAF	Rote Armee Fraktion
Rec.	Recommendation
recht	Zeitschrift für juristische Weiterbildung und Praxis
Res.	Resolution

resp.	respektive
RGSt	Reichsgericht in Strafsachen (Deutschland)
RK-N	Kommissionen für Rechtsfragen des Nationalrates
Römer Statut	Römer Statut des Internationalen Strafgerichtshofs vom 17. Juli 1998, i.Kr. seit 1. Juli 2002, SR 0.312.1
RR	Rechtshilfeverfahren
RSDA	Revue suisse de droit des affaires et du marché financier (Zeitschrift) (auch SZW)
RVOV	Regierungs- und Verwaltungsorganisationsverordnung vom 25. November 1998, SR 172.010.1
RVUS	Staatsvertrag zwischen der Schweizerischen Eidgenossenschaft und den Vereinigten Staaten von Amerika über gegenseitige Rechtshilfe in Strafsachen vom 25. Mai 1973, i.Kr. seit 23. Januar 1977, SR 0.351.933.6
S./s.	Seite/siehe
s.o.	siehe oben
s.u.	siehe unten
SAMW	Schweizerische Akademie der Medizinischen Wissenschaft
SAV	Schweizerischer Anwaltsverband
SBG	Bundesgesetz über Glücksspiele und Spielbanken (Spielbankengesetz) vom 18. Dezember 1998, SR 935.52
SCSL	Special Court for Sierra Leone (Spezialgerichtshof für Sierra Leone)
SemJud	Semaine judiciaire (Zeitschrift)
SIA	Schweizerischer Ingenieur- und Architektenverein
sic!	Zeitschrift für Immaterialgüter-, Informations- und Wettbewerbsrecht
SIT	Siemens Industrial Turbomachinery
SJ	La Semaine Judiciaire
SJZ	Schweizerische Juristenzeitung
SK	Strafkammer
SNB	Schweizerische Nationalbank
SO	Solothurn
sog.	sogenannt
SR	Systematische Sammlung des Bundesrechts
SRO	Selbstregulierungsorganisation
SRVG	Bundesgesetz über die Sperrung und die Rückerstattung unrechtmässig erworbener Vermögenswerte ausländischer politisch exponierter Personen vom 18. Dezember 2015, SR 196.1
SS	Schutzstaffel der Nationalsozialistischen Deutschen Arbeiterpartei
ST	Schweizer Treuhänder (Zeitschrift)
St.	Sankt (Saint)

StGB	Schweizerisches Strafgesetzbuch vom 21. Dezember 1937, SR 311
StGer BS	Strafgericht Basel-Stadt
StHG	Bundesgesetz über die Harmonisierung der direkten Steuern der Kantone und Gemeinden vom 14. Dezember 1990, SR 642.14
StPO	Schweizerische Strafprozessordnung vom 5. Oktober 2007, SR 312.0
StrR	Strafrecht
StSG	Strahlenschutzgesetz vom 22. März 1991, SR 814.50
StV	Strafverteidiger (Zeitschrift)
SUVA	Schweizerische Unfallversicherungsanstalt
SVG	Strassenverkehrsgesetz vom 19. Dezember 1958, SR 741.01
SVP	Schweizerische Volkspartei
SWI	Swissinfo
SZIER	Schweizerische Zeitschrift für internationales und europäisches Recht
SZK	Schweizerische Zeitschrift für Kriminologie
SZW	Schweizerische Zeitschrift für Wirtschafts- und Finanzmarktrecht (auch RSDA)
TI	Transparency International
TPF	Tribunal pénal federal
TPG	Bundesgesetz über die Transplantation von Organen, Geweben und Zellen vom 8. Oktober 2004 (Transplantationsgesetz), SR 810.21
u.	unten/und
u.a.	unter anderem
u.H.a.	unter Hinweis auf
UEFA	Union of European Football Associations
UN, UNO	United Nations/United Nations Organization (Vereinte Nationen)
UNCAC	United Nations Convention against Corruption (Übereinkommen der Vereinten Nationen gegen Korruption) vom 31. Oktober 2003, i.Kr. seit 24. Oktober 2009, SR 0.311.56
UNICEF	United Nations International Children's Emergency Fund (Kinderhilfswerk der Vereinten Nationen)
UNO-Pakt II	Internationaler Pakt über bürgerliche und politische Rechte vom 16. Dezember 1966, SR 0.103.2
UNSC	United Nations Security Council (Sicherheitsrat der Vereinten Nationen)
UNTOC	Übereinkommen der Vereinten Nationen gegen die grenzüberschreitende organisierte Kriminalität vom 15. November 2000, i.Kr. seit 26. November 2006, SR 0.311.54
US/USA	United States/United States of America (Vereinigte Staaten von Amerika)

Abkürzungsverzeichnis

USD	United States Dollar
ÜStGes	Übertretungsstrafgesetz vom 15. Juni 1978, 253.100 (Basel-Stadt)
usw.	und so weiter
UWG	Bundesgesetz gegen den unlauteren Wettbewerb vom 19. Dezember 1986, SR 241
v.	versus
v.a.	vor allem
v.Chr.	vor Christus
V-Leute	Verbindungs- oder Vertrauensleute
VBF	Verordnung über die berufsmässige Ausübung der Finanzintermediation vom 18. November 2009, SR 955.071
VBS	Eidgenössisches Departement für Verteidigung, Bevölkerungsschutz und Sport
VE	Vorentwurf
vgl.	vergleiche
VIH	Virus de l'immunodéficience humaine
VOBG	Verordnung über die Offenbarung des Berufsgeheimnisses im Bereich der medizinischen Forschung vom 14. Juni 1993, SR 235.154
vol.	volume
vs.	versus
VS	Kanton Wallis
VSB	Vereinbarung über die Standesregeln zur Sorgfaltspflicht der Banken
VStrR	Bundesgesetz über das Verwaltungsstrafrecht vom 22. März 1974, SR 313.0
VUV	Verordnung über die Verhütung von Unfällen und Berufskrankheiten (Verordnung über die Unfallverhütung) vom 19. Dezember 1983, SR 832.30
WEF	World Economic Forum
WHO	World Health Organization (Weltgesundheitsorganisation)
WiStR	Wirtschaftsstrafrecht
WMD	Weapons of mass destruction
WOZ	Die Wochenzeitung
WTC	World Trade Center
WTO	World Trade Organization (Welthandelsorganisation)
WZG	Bundesgesetz über die Währung und die Zahlungsmittel vom 22. Dezember 1999, SR 941.10
z.B.	zum Beispiel
ZBJV	Zeitschrift des Bernischen Juristenvereins
ZBl	Schweizerisches Zentralblatt für Staats- und Verwaltungsrecht

ZertES	Bundesgesetz über Zertifizierungsdienste im Bereich der elektronischen Signatur (Bundesgesetz über die elektronische Signatur) vom 19. Dezember 2003, SR 943.03
ZGB	Schweizerisches Zivilgesetzbuch vom 10. Dezember 1907, SR 210
ZGRG	Zeitschrift für Gesetzgebung und Rechtsprechung in Graubünden
ZH	Zürich
Ziff.	Ziffer
ZISG	Bundesgesetz über die Zusammenarbeit mit dem Internationalen Strafgerichtshof vom 22. Juni 2001, SR 351.6
zit.	zitiert
ZPO	Schweizerische Zivilprozessordnung vom 19. Dezember 2008, SR 272
ZR	Blätter für Zürcherische Rechtsprechung
ZStrR	Schweizerische Zeitschrift für Strafrecht
ZSR	Zeitschrift für Schweizerisches Recht
ZStW	Zeitschrift für die gesamte Strafrechtswissenschaft
ZWR	Zeitschrift für Walliser Rechtsprechung

Literaturverzeichnis

ACKERMANN, J.-B., Grundlagen des Schweizerischen Wirtschaftsstrafrechts, Tatbestandsmässigkeit, Geldwäschereistrafrecht, in: Ackermann/Heine (Hrsg.), Wirtschaftsstrafrecht der Schweiz, Hand- und Studienbuch, Bern 2013, 3 ff., 83 ff., 407 ff.

ACKERMANN, J.-B., Unterlassungsrisiken in der Unternehmensleitung am Beispiel der Geldwäscherei, in: Ackermann/Hilf (Hrsg.), Geldwäscherei – Asset Recovery, 6. Schweizerische Tagung zum Wirtschaftsstrafrecht, Zürich 2012, 133 ff.

ACKERMANN, J.-B., Submissionskartell als Betrug am Staat? Aspekte des Eingehungsbetrugs, in: Ackermann/Donatsch/Rehberg (Hrsg.), Wirtschaft und Strafrecht, in: FS Schmid, Zürich 2001, 291 ff.

ACKERMANN, J.-B., Kommentar Einziehung, organisiertes Verbrechen und Geldwäscherei, Bd. I, Zürich 1998

ACKERMANN, J.-B., Geldwäscherei – Money Laundering. Eine vergleichende Darstellung des Rechts und der Erscheinungsformen in den USA und der Schweiz, Zürich 1992

ACKERMANN, J.-B./D'ADDARIO DI PAOLO, G., Kriminelle Organisation als Geldwäschereivortat?, fp 3/2010, 177 ff.

ACKERMANN, J.-B./HEINE, G. (Hrsg.), Wirtschaftsstrafrecht der Schweiz, Hand- und Studienbuch, Bern 2013

ACKERMANN, J.-B./SCHRÖDER, K., Gen-«Mais» als Gefahr? – Zum rechtlichen Gefährdungsbegriff, insbesondere in Art. 230bis StGB, in: FS Richli, Zürich 2006, 1 ff.

ACKERMANN, J.-B./STREBEL, E., Rechtsprechungsübersicht, ius.full 6/2008, 77 ff.

AEBI-MÜLLER, R. E./EICKER, A./VERDE, M., Verfolgung von Versicherungsmissbrauch mittels Observation – Grenzen aus Sicht des Privat-, des öffentlichen und des Strafrechts, in: Jusletter vom 3. Mai 2010

AENIS, L./MÜHLEMANN, D., Zur Qualifikation von E-Mails als Urkunde, Digma 4/2013, 164 ff.

ALBRECHT, P., Sexuelle Handlungen mit Kindern: Versuch oder straflose Vorbereitung, AJP 2005, 751 ff.

ALBRECHT, P., Schwangerschaftsabbruch: kriminalpolitische und rechtstheoretische Anmerkungen zur Fristenregelung, ZStrR 4/2002, 431 ff.

Ambos, K., Internationales Strafrecht. Strafanwendungsrecht – Völkerstrafrecht – Europäisches Strafrecht – Rechtshilfe, 3. Aufl., München 2011

Amman, M., Sind Phishing-Mails strafbar?, AJP 2006, 195 ff.

Arzethauser, M., Die Vorteilsgewährung bzw. die Vorteilsannahme nach dem revidierten Schweizerischen Korruptionsstrafrecht unter besonderer Berücksichtigung der unteren Begrenzung der Strafbarkeit im Rahmen der Sozialadäquanz und der freiwilligen Mitfinanzierung öffentlicher Aufgaben, Basel 2001

Arzt, G., Steuerdelikte als Vortat – Verkommt der Kampf gegen Geldwäscherei zum Vorwand? Kritik aus der Wissenschaft, ST 2011, 268 ff.

Arzt, G., Siemens: Vom teuersten zum lukrativsten Kriminalfall der deutschen Geschichte, in: FS Stöckel, Berlin 2010, 15 ff.

Arzt, G., Kriminelle Organisation (StGB Art. 260bis), in: Schmid (Hrsg.), Kommentar Einziehung – Organisiertes Verbrechen – Geldwäscherei, 2. Aufl., Zürich 2007, 303 ff. (zit. Arzt 2007 [Kommentar])

Arzt, G., Über Korruption, Moral und den kleinen Unterschied, recht 2001, 41 ff.

Arzt, G., Das missglückte Strafgesetz – am Beispiel der Geldwäschegesetzgebung, in: Diedrichsen/Dreier (Hrsg.), Das missglückte Gesetz, 8. Symposium der Kommission «Die Funktion des Gesetzes in Geschichte und Gegenwart», Göttingen 1997, 17 ff. (zit. Arzt 1997 [Das missglückte Strafgesetz])

Arzt, G., Wechselseitige Abhängigkeit der gesetzlichen Regelung der Geldwäscherei und der Einziehung, in: Trechsel (Hrsg.), Geldwäscherei – Prävention und Massnahmen zur Bekämpfung, Zürich 1997, 25 ff. (zit. Arzt 1997)

Arzt, G., Lehren aus dem Schneeballsystem, in: FS Miyazawa, Baden-Baden 1995, 519 ff. (zit. Arzt 1995 [Schneeballsystem])

Arzt, G., Geldwäscherei: komplexe Fragen, recht 1995, 131 ff. (zit. Arzt 1995)

Arzt, G., Das Schweizerische Geldwäschereiverbot im Lichte amerikanischer Erfahrungen, ZStrR 106/1989, 160 ff.

Arzt, G., Zur Revision des StGB vom 9.10.1981 im Bereich der Gewaltverbrechen, ZStrR 100/1983, 257 ff. (zit. Arzt 1983 [Revision StGB])

Arzt, G., Anmerkung zu BGE 105 IV 330 (betr. Regressverbot bei Mitwirkung an Brandstiftung), recht 1983, 24 ff. (zit. Arzt 1983)

Auer, C., Veröffentlichung amtlicher geheimer Verhandlungen (Art. 293 StGB) versus Pressefreiheit (Art. 10 EMRK) – Kritische Bemerkungen zum Entscheid SK-Nr. 87/2006 des Obergerichts des Kantons Bern betreffend die Anwendung von Art. 293 StGB, ZBJV 145/2009, 65 ff.

BÄHLER, R., Fotografen und Videojournalisten als Störer. Polizeikräfte im unfriedlichen Ordnungseinsatz gegenüber der Informations- und Medienfreiheit, Medialex 2015, 27 ff.

BÄHLER, R., Der Retweet-Button, meine 157 Follower und ich, Medialex 2014, 1 ff.

BALLEYGUIER, D., Der Finanzplatz darf nicht in Verruf geraten, plädoyer 5/2005, 16 ff.

BALMELLI, M., Die Bestechungstatbestände des Schweizerischen Strafgesetzbuches, Basel 1996

BANNENBERG, B./BAUER, P., Amoktaten. Phänomenologie und Hintergründe. Rechtsmedizin 2017/27, 154 ff.

BANNENBERG, B., Verhinderung schwerer Schulgewalt – Fallstudie einer Amoktat, in: FS Heinz, Baden-Baden 2012, 371 ff.

BARBEZAT, A., La mise en danger par les organismes génétiquement modifiés, sous l'angle de l'art. 230bis CP, ZStrR 4/2011, 363 ff.

BASSE-SIMONSOHN, D. M., Effizientere Geldwäschereibekämpfung der Schweizer Banken und Effektenhändler mit der neuen Sorgfaltspflichtvereinbarung (VSB 08)?, recht 2008, 75 ff.

BAUMANN, F., Geldwäscherei in Fiskalsachen – Versuch am untauglichen Objekt?, in: Ackermann/Hilf (Hrsg.), Geldwäscherei – Asset Recovery, 6. Schweizerische Tagung zum Wirtschaftsstrafrecht, Zürich 2012, 105 ff.

BAZZI, C., Internationale Wirtschaftsspionage, eine Analyse des strafrechtlichen Abwehrdispositivs der Schweiz, Zürich 2015

BECCARIA, C., Über Verbrechen und Strafen, Nach der Ausgabe von 1766 übersetzt und herausgegeben von Wilhelm Alff, Frankfurt a.M. und Leipzig 1998 (zit. Beccaria/Alff 1766/1998)

BECK, U., Risikogesellschaft – Auf dem Weg in eine andere Moderne, Frankfurt 1986

BECKER, J., Die Entwicklung des Systems der Geldwäschereibekämpfung in der Schweiz auf nationaler und internationaler Ebene seit 1990, Bremen 2010

BECKERS, P., Ermittlungen und Beweissicherung – mit Auslandsbezug und im Ausland, in: Knierim/Rübenstahl/Tsambikakis et al. (Hrsg.), Ermittlungen im Unternehmen, Heidelberg et al. 2013, 269 ff.

BEGLINGER, F., Revision Art. 231 StGB (Verbreiten menschlicher Krankheiten) – Entwurf des Bundesrats: mutlose und auf HIV fixierte Kosmetik, AJP 2011, 320 ff.

BEHNISCH, U., Steuerstrafrecht, in: Ackermann/Heine (Hrsg.), Wirtschaftsstrafrecht der Schweiz, Hand- und Studienbuch, Bern 2013, 829 ff.

BEHNISCH, U./OPEL, A., Die steuerrechtliche Rechtsprechung des Bundesgerichts im Jahre 2010, ZBJV 148/2012, 23 ff.

BERNARD, F., Lois contre le terrorisme et état de droit, SemJud 2016 II, 177 ff.

BERNASCONI, P., Finanzunterwelt, Zürich 1988

BERNASCONI, P., Die Geldwäscherei, Vorschlag eines neuen Art. 305bis StGB, Lugano 1986

BERNSMANN, K., Überlegungen zur tödlichen Notwehr bei nicht lebensbedrohlichen Angriffen, ZStW 104/1992, 290 ff.

BESOZZI, C., Organisierte Kriminalität, in: Pieth et al. (Hrsg.), Gewalt im Alltag und organisierte Kriminalität, Bern et al. 2002, 71 ff.

BETZ, K./PIETH, M., Globale Finanzflüsse und nachhaltige Entwicklung: Auch eine Folge von «Panama»?, ZSR 135/2016 I, 353 ff.

BINDER, H., Der juristische und psychiatrische Massstab bei der Beurteilung der Tötungsdelikte, ZStrR 67/1952, 310 ff.

BIRCHER, D./SCHERLER, S., Missbräuche bei der Vergabe öffentlicher Bauaufträge, Bern et al. 2001

BLACK, J., Decentring Regulation: Understanding the Role of Regulation and Self-Regulation in a «Post-Regulatory» World, Current Legal Problems, vol. 54/2001, 103 ff.

BLATTNER, L. R., Der leichte Fall der Privatbestechung – mehr Fragen als Antworten, fp 1/2017, 39 ff.

BOMMER, F., Die strafrechtliche Rechtsprechung des Bundesgerichts im Jahre 2008, ZBJV 146/2010, 141 ff.

BOMMER, F., Strafzwecke im Völkerstrafrecht, in: Münk (Hrsg.), Die Vereinten Nationen sechs Jahrzehnte nach ihrer Gründung. Bilanz und Reformperspektiven, Bern 2008, 29 ff.

BOMMER, F., Grenzen des strafrechtlichen Vermögensschutzes bei rechts- und sittenwidrigen Geschäften, Bern 1995

BONUCCI, N., Article 12, in: Pieth/Low/Bonucci (Hrsg.), The OECD Convention on Bribery – A Commentary, 2. Aufl., Cambridge et al. 2014, 534 ff.

BOOG, M., Die Rechtsprechung des Bundesgerichts zum Begriff des Vermögensschadens beim Betrug, Basel et al. 1991

BORN, C., Risikofaktor Art. 293 StGB. Der grosse Ermessensspielraum der Gerichtsinstanzen bei der Interessenabwägung setzt die Medien einem hohen Risiko aus, Newsletter medialex 6/2016, 72 ff.

BRAUN, R., Anlagebetrug aus strafrechtlicher Sicht – Problemfelder und Lösungsansätze, fp 2/2010, 103 ff.

BRUN, M., Cyberbullying – aus strafrechtlicher Sicht, recht 2016, 100 ff.

BRUNNER, M., Die Brandstiftung und die fahrlässige Verursachung einer Feuersbrunst im Sinne von Art. 221 StGB und Art. 222 StGB, unter besonderer Berücksichtigung der Rechtsprechung im Kanton Zürich, Zürich 1986

BÜCHLER, A., Zwangsehen in zivilrechtlicher und internationalprivatrechtlicher Sicht, Rechtstatsachen – Rechtsvergleich – Rechtsanalyse, FamPra.ch 2007, 725 ff.

CAPUS, N., Wann ist riskantes Geschäften kriminell?, ZStrR 3/2010, 258 ff.

CAPUS, N., Schweizerische Geldwäschebekämpfung mittels Selbstregulierung: Die Einführung einer neuen Steuerungsmethode, ZStW 114/2002, 696 ff.

CARLEN, L., Rechtsgeschichte der Schweiz, 4. Aufl., Bern 1988

CASSANI, U., L'extension du système de lutte contre le blanchiment d'argent aux infractions fiscales: Much Ado About (Almost) Nothing, RSDA 2/2015, 78 ff.

CASSANI, U., L'infraction fiscale comme crime sous-jacent au blanchiment d'argent: considérations de lege ferenda, RSDA 1/2013, 12 ff.

CASSANI, U., Grenzüberschreitende Korruption – Internationale Zuständigkeit der schweizerischen Strafjustiz, in: Ackermann/Wohlers (Hrsg.), Korruption in Staat und Wirtschaft, 4. Zürcher Tagung zum Wirtschaftsstrafrecht, Zürich 2010

CASSANI, U., Sur qui tombe le couperet du droit pénal?: responsabilité personnelle, responsabilité hiérarchique et responsabilité de l'entreprise, in: Thévenoz et al. (Hrsg.), Journée 2008 de droit bancaire et financier, Genève 2009, 53 ff.

CASSANI, U., Le train des mesures contre le financement du terrorisme: une loi nécessaire?, SZW 6/2003, 293 ff.

CASSANI U., Le blanchiment d'argent, un crime sans victime?, in: FS Schmid, Zürich 2001, 393 ff.

CASSANI, U., Le droit pénal suisse face à la corruption de fonctionnaires, plädoyer 3/1997, 44 ff.

CASSANI, U., Crimes ou délits contre l'administration de la justice: Art. 303–311 CP, in: Schubarth (Hrsg.), Kommentar zum schweizerischen Strafrecht, Bern 1996

CASSANI, U., Les représentations illicites du sexe et de la violence, ZStrR 4/1993, 428 ff.

CASSANI, U./CHERBULIEZ, M., L'assistance au décès, in: Bondolfi/Haldemann/Maillard (Hrsg.): La mort assistée en arguments, Genève 2007, 227 ff.

CESONI, M. L., Criminalité organisée: des représentations sociales aux définitions juridiques, Genf 2004

CESONI, M. L., Le domaine des marchés publics de la construction: un secteur vulnérable aux pratiques de corruption, in: Queloz/Borghi/Cesoni (Hrsg.), Processus de corruption en Suisse, Basel et al. 2000, 123 ff.

CHRIST, T./VON SELLE, C., Basel Art Trade Guidelines, Basel Institute on Governance, Working Paper No. 12, Basel 2012

CLERC, F., Grundzüge des schweizerischen Strafrechts, Allgemeiner Teil, Basel 1943, 29 f.

CORBOZ, B., Les infractions en droit suisse, Volume I, 3. Aufl., Bern 2010 (zit. Corboz I 2010)

CORBOZ, B., Les infractions en droit suisse, Volume II, 3. Aufl., Bern 2010 (zit. Corboz II 2010)

COTTIER, M., Zivilrechtlicher Kindesschutz und Prävention von genitaler Mädchenbeschneidung in der Schweiz, Rechtsgutachten, Basel 2008 (zit. Gutachten Cottier 2008)

COTTIER, R., Der Begriff der Gemeingefahr und seine Verwertung in den Vorentwürfen zu einem schweizerischen Strafgesetzbuche, Freiburg i.Üe. 1918

DAAMS, C. A., Criminal Asset Forfeiture, Nijmegen 2003

DANNACHER, M., Diktatorengelder in der Schweiz. Einziehung und Herausgabe von unrechtmässig erworbenen Vermögenswerten politisch exponierter Personen, Basel 2012

DELAQUIS, E., Bemerkungen zu den gemeingefährlichen Verbrechen und Vergehen des Schweizerischen Strafgesetzbuches, ZStrR 57/1943, 106 ff.

DEMKO, D., Die Strafbarkeit der Freier von Zwangsprostituierten – gangbarer Weg oder Irrweg im Kampf gegen Zwangsprostitution?, ZStrR 3/2010, 279 ff.

DEMKO, D., Strafrechtliche Aspekte im Kampf gegen Versklavung und Menschenhandel auf internationaler Ebene und in der Schweiz, ZStrR 3/2009, 177 ff.

DE CAPITANI, W., Geldwäscherei, SJZ 94/1998, 97 ff.

DELNON, V./HUBACHER, M., Geldwäscherei und Teilkontamination, ZStrR 3/2016, 326 ff.

DE VRIES REILINGH, J., La répression des infractions collectives et les problèmes liés à l'application de l'article 260ter CP relatif à l'organisation criminelle, notamment du point de vue de la présomption d'innocence, ZBJV 138/2002, 285 ff.

DIETZI, H., Der Bankangestellte als eidgenössisch konzessionierter Sherlock Holmes? – Der Kampf gegen die Geldwäscherei aus der Optik des Ersten Rechtskonsulenten einer Grossbank, in: Pieth (Hrsg.), Bekämpfung der Geldwäscherei: Modellfall Schweiz?, Basel 1992, 67 ff.

DONATSCH, A., Strafrecht III, Delikte gegen den Einzelnen, 10. Aufl., Zürich 2013

DONATSCH, A. et al., Klausuren und Hausarbeiten im Strafrecht und Strafprozessrecht, 4. Aufl., Zürich 2008 (zit. Donatsch et al. 2008 [Fallbuch])

DONATSCH, A./FLACHSMANN, S./HUG, M./WEDER, U., zu Art. 187–200, in: Donatsch (Hrsg.), StGB Kommentar, 19. Aufl., Zürich 2013

DONATSCH, A./THOMMEN, M./WOHLERS, W., Strafrecht IV, Delikte gegen die Allgemeinheit, 5. Aufl., Zürich et al. 2017

DONGOIS, N., Quelle répression pénale en cas de transmission du VIH par voie sexuelle?, ZStrR 1/2015, 42 ff.

DUPUIS, M./EMMENEGGER, B./GISLER, B., anmachen – platzanweisen, Soziologische Untersuchung zu sexueller Belästigung in der höheren Ausbildung, Bern 2000

EGGER-TANNER, C., Die strafrechtliche Erfassung der Geldwäscherei. Ein Rechtsvergleich zwischen der Schweiz und der Bundesrepublik Deutschland, Zürich 1999

EHRENSTRÖM, P., A la recherche des «symboles extrémistes» en droit pénal suisse et allemand, in: Jusletter vom 18. Juni 2007

EICKER, A., Die hypothetische bzw. fingierte Einwilligung als Begrenzung der strafrechtlichen Arzthaftung, fp 7/2014, 238 ff.

EICKER, A., Ist die im Ausland geäusserte Bereitschaft, in der Schweiz illegal erlangte Daten anzukaufen, wirklich als Staatsschutzdelikt verfolgbar?, in: Jusletter vom 10. Januar 2011

EICKER, A., Zur Strafbarkeit des Kopierens und Verkaufens sowie des Ankaufens von Bankkundendaten als schweizerisch-deutsches Tatgeschehen, in: Jusletter vom 30. August 2010

EL-GHAZI, M., Der neue Straftatbestand des sexuellen Übergriffs nach § 177 Abs. 1 StGB n.F., ZIS 3/2017, 157 ff.

ENGI, L., Die «selbstsüchtigen Beweggründe» von Art. 115 StGB im Licht der Normentstehungsgeschichte, in: Jusletter vom 4. Mai 2009

EPINEY-COLOMBO, E., Juges et magistrats face au harcèlement obsessionnel (stalking): quelle protection en droit Suisse?, in: «Justice – Justiz – Giustizia» 4/2011, 467 ff.

ESER, A., «Sozialadäquanz»: eine überflüssige oder unverzichtbare Rechtsfigur?, in: FS Roxin, Berlin 2001, 199 ff.

ESER, A., Die strafrechtlichen Sanktionen gegen das Eigentum, Würzburg 1969

ESTERMANN, J., Organisierte Kriminalität in der Schweiz, Luzern 2002

ESTERMANN, J., Nutzlose Strafnormen, verfehlte Anwendung, Recht im Spiegel der NZZ, NZZ Nr. 200 vom 30.8.2002, 15

EXQUIS, D./NIGGLI, M. A., Recht, Geschichte und Politik, Eine Tragikkomödie in vier Akten über das Rechtsgut bei Leugnung von Völkermord und Verbrechen gegen die Menschlichkeit (Art. 261bis Abs. 4 zweite Satzhälfte StGB), zugleich Anmerkungen zu BGE 129 IV 95, AJP 2005, 424 ff.

FACINCANI, N./WYSS, D., Vermögensschaden bei Kreditgeschäften; Vermögensschaden durch Vermögensgefährdung, Erfordernis der Stoffgleichheit, (Bemerkungen zu BGer 6B_173/2014), fp 8/2015, 328 ff.

FATEH-MOGHADAM, B., Religiöse Rechtfertigung? Die Beschneidung von Knaben zwischen Strafrecht, Religionsfreiheit und elterlichem Sorgerecht, Rechtswissenschaft Zeitschrift für rechtswissenschaftliche Forschung 1/2010, 115 ff.

FERRARA, N./SALMINA, E., Die Weissgeldstrategie wird zum Strafrecht, Bern 2016

FINGERHUTH, T., BGE-Praxis – II/2011, fp 6/2011, 376 ff.

FISCHER, B., Was heisst hier Vergewaltigung?, in: Broschüre Demokratische Juristinnen Basel (Hrsg.), Sexualstrafrecht aus feministischer Sicht, Teil I: Straftaten gegen die sexuelle Integrität und Selbstbestimmung der Frau, Vertrieb: Nottelefon für vergewaltigte Frauen, Basel 1988

FIOLKA, G./WEISSENBERGER, P., Rechtmässige Nötigung trotz rechtswidriger Nötigungsmittel?, fp 4/2010, 237 ff.

FORSTER, M., Die strafrechtliche Verantwortlichkeit des Unternehmens nach Art. 102 StGB, St. Gallen 2006

FORSTER, M., Terroristischer Massenmord an Zivilisten als «legitimer Freiheitskampf» (im Sinne von Art. 260^{quinquies} III) kraft «Analogieverbot»?, ZStrR 3/2006, 331 ff.

FORSTER, M., Zur Abgrenzung zwischen Terrorismus und militanten «politischen» Widerstandskämpfern im internationalen Strafrecht, ZBJV 141/2005, 213 ff.

FORSTER, M., Die Strafbarkeit der Unterstützung (insbesondere Finanzierung) des Terrorismus, Al-Qaida, ETA, Brigate Rosse – das schweizerische Antiterrorismus-Strafrecht auf dem Prüfstand, ZStrR 4/2003, 423 ff.

FRANK, F., Art. 260ter StGB als verbrecherische Vortat des Art. 305bis StGB?, in: Jusletter vom 15. März 2010

FRIEDRICHSEN, G., Zwischenruf «Kachelmann-Prozess hätte nicht geführt werden dürfen», ZRP 2011, 246 f.

FUCHS, H./REINDL-KRAUSKOPF, S., Strafrecht, Besonderer Teil I: Delikte gegen den Einzelnen (Leib und Leben, Freiheit, Ehre, Privatsphäre, Vermögen), 2. Aufl., Wien 2003

GEIGER, R., Organisationsmängel als Anknüpfungspunkt im Unternehmensstrafrecht: aufgezeigt am Beispiel Geldwäschereibekämpfung im Private Banking einer Bank-AG, Zürich 2006

GERNY, D., Zweckmässigkeit und Problematik eines Gewaltdarstellungsverbotes im schweizerischen Strafrecht, Basel 1994

GESSLER, D., Insolvenzstrafrecht, in: Ackermann/Heine (Hrsg.), Wirtschaftsstrafrecht der Schweiz, Hand- und Studienbuch, Bern 2013, 457 ff.

GETH, C., Passive Sterbehilfe, Basel 2010

GIANNINI, M., Anwaltliche Tätigkeit und Geldwäscherei, Zur Anwendbarkeit des Geldwäschereitatbestandes (Art. 305bis StGB) und des Geldwäschereigesetzes (GwG) auf Rechtsanwälte, Zürich 2005

GIGER, B., Zirkumzision – ein gesellschaftliches und strafrechtliches Tabu, fp 2/2012, 95 ff.

GISIN, M., Phishing und Skimming, Die Strafbarkeit aktueller Deliktsformen im elektronischen Zahlungsverkehr (Masterarbeit, MAS Forensics), Luzern 2007

GLESS, S., Internationales Strafrecht, Grundriss für Studium und Praxis, 2. Aufl., Basel 2015

GLESS, S./GETH, C., Anmerkung zu BGH 3 StR 90/08, Urteil vom 19.6.2008 (Verjährungsbeginn bei Bestechung und Bestechlichkeit), StV 4/2009, 182 ff.

GLESS, S./SEELMANN, K., Intelligente Agenten und das Recht, Baden-Baden 2016

GLOOR, D./MEIER, H., Tötungsdelikte im sozialen Nahraum – Ein von Behörden und Forschung vernachlässigtes Thema, FamPra.ch 2009, 946 ff.

GODENZI, G., Strafbare Beteiligung am kriminellen Kollektiv, Eine Explikation von Zurechnungsstrukturen der Banden-, Organisations- und Vereinigungsdelikte, Zürich 2015

GODENZI, G., Strafbare Beweisverwertung? Auswirkungen der Art. 179bis ff. StGB auf die Beweisverwertung im Strafverfahren, AJP 2012, 1243 ff.

GODENZI, G., Gesetzliche Massnahmen gegen Zwangsheiraten: Vernehmlassung eröffnet, fp 1/2009, 57 f.

GODENZI, G., Private Beweisbeschaffung im Strafprozess. Eine Studie zu strafprozessualen Beweisverboten im schweizerischen und deutschen Recht, Zürich 2008

GODENZI, G./BÄCHLI-BIÉTRY, J., Tötungsvorsatz wider Willen? – Die Praxis des Bundesgerichts bei Raserdelikten, in: Schaffhauser (Hrsg.), Jahrbuch zum Strassenverkehrsrecht, St. Gallen 2009, 561 ff.

GODENZI, G./WOHLERS, W., Die strafrechtliche Verantwortlichkeit des Compliance Officers: Prüfstein der Geschäftsherrenhaftung?, in: Cavallo (Hrsg.), liber amicorum für Andreas Donatsch, Zürich 2012, 223 ff.

GRABER, C. K., Der Anwalt als Finanzintermediär, Anwaltsrevue 2000, 23 ff.

GRABER, C. K., Geldwäscherei, Bern 1990

GRAF, D. K., Einmanngesellschaften und ungetreue Geschäftsbesorgung, in: Jusletter vom 20. April 2015

GRIMM, A./VLCEK, M., Liberalisierung für das Aufnehmen von Telefongesprächen im Geschäfts- und Bankenverkehr, Revision Art. 179^{quinquies} StGB, AJP 2004, 534 ff.

GRÜNEWALD, A., Das vorsätzliche Tötungsdelikt, Tübingen 2010

GUYAZ, A., L'incrimination de la discrimination raciale, Bern 1996

HABERMAS, J., Wahrheitstheorien, in: FS Schulz, Weinsberg/Württ 1973, 211 ff.

HACKENFORT, M., Jenseits des Vorsatzes – Eine Untersuchung zu kognitiven Ursachen von regelwidrigem Verhalten im Radverkehr, in: Schwarzenegger/Nägeli (Hrsg.), Fünftes Zürcher Präventionsforum – Raser, Risikofahrer und andere kriminelle Verkehrsteilnehmer, Zürich 2012, 171 ff.

HAFFKE, B., «Die Legitimation des staatlichen Strafrechts zwischen Effizienz Freiheitsverbürgung und Symbolik», in: FS Roxin, Berlin 2001, 955 ff.

HAFTER, E., Schweizerisches Strafrecht, Besonderer Teil, Berlin 1937

HAFTER, E., Homosexualität und Strafgesetzgeber, ZStrR 43/1929, 37 ff.

HAGENSTEIN, N., O tempora, o mores! oder keine Macht den Killerspielen, AJP 2010, 1293 ff.

HASSEMER, W., Perspektiven einer neuen Kriminalpolitik, StV 1995, 483 ff.

HASSEMER, W., Innere Sicherheit im Rechtsstaat, StV 1993, 664 ff.

HASSEMER, W., Kennzeichen und Krisen des modernen Strafrechts, ZRP 1992, 378 ff.

HASSEMER, W., Einführung in die Grundlagen des Strafrechts, 2. Aufl., München 1990

HASSEMER, W., Theorie und Soziologie des Verbrechens, Frankfurt am Main 1973/1980

HÄRING, D., Bundesgericht, Strafrechtliche Abteilung, BGE 134 IV 210 (Urteil 6B_4/2008) i.S. C. gegen Staatsanwaltschaft des Kantons Thurgau, Beschwerde in Strafsachen, AJP 2008, 1596 ff.

HÄRING, D., Eventualvorsätzliche schwere Körperverletzung durch ungeschützten Sexualkontakt einer HIV-infizierten Person. Straflose Mitwirkung an fremder Selbstgefährdung, wenn das Opfer um die Infektion weiss, Entscheidbesprechung BGE 131 IV 1 ff., AJP 2006, 372 ff.

HEFENDEHL, R./VON HIRSCH, A./WOHLERS, W., Die Rechtsgutstheorie, Baden-Baden 2003

HEIMANN, F., High-level reporting: overcoming extortion, in: Pieth (Hrsg.), Collective Action: Innovative Strategies to Prevent Corruption, Zürich/St. Gallen 2012, 209 ff.

HEIMANN, F./PIETH, M., Confronting Corruption, New York 2018

HEIMGARTNER, S., Kriminalisierung der Zirkumzision?, in: FS Killias, Bern 2013, 747 ff.

HEINE, G., Entwendete und staatlich angeklagte Bankdaten: viel Lärm um nichts?, ASA 79/2010, 524 ff.

HEINE, G., Das kommende Unternehmensstrafrecht (Art. 100^{quater} f.), ZStrR 1/2003, 24 ff.

HEINE, G., Korruptionsbekämpfung im Geschäftsverkehr durch Strafrecht? Internationale Entwicklungen und rechtsvergleichende Befunde, ZBJV 138/2002, 533 ff.

HEINSOHN, G./STEIGER, O., Die Vernichtung der weisen Frauen. Hexenverfolgung, Kinderwelten, Bevölkerungswissenschaft, Menschenproduktion, Beiträge zur Theorie und Geschichte von Bevölkerung und Kindheit, 5. Aufl., München 1985

HELMY, M., Bewegung und Linke, in: Helmy/Wüthrich (Hrsg.), Freii Sicht uff Basel, Zürich 1982, 68 ff.

HERZOG, F., Gesellschaftliche Unsicherheit und strafrechtliche Daseinsvorsorge, Heidelberg 1998

HESS, M., Zur Geheimhaltungspflicht des Sozialarbeiters, ZöF 72 1975, 51 ff.

HIESTAND, E., Strafrechtliche Risiken von Vergütungszahlungen (Retrozessionen etc.) im Vermögensverwaltungsgeschäft, insbesondere mit Blick auf die Privatbestechung nach Art. 4a UWG, Zürich 2014

HILF, M., Wirtschaftslenkungsstrafrecht, in: Ackermann/Heine (Hrsg.), Wirtschaftsstrafrecht der Schweiz, Hand- und Studienbuch, Bern 2013, 765 ff.

HOHL, K./STANKO, E., Complaints of rape and the criminal justice system: Fresh evidence on the attrition problem in England and Wales, European Journal of Criminology 12 (3) 2015, 324 ff.

HOLENSTEIN, D., Umsetzung der revidierten Empfehlungen der FATF/GAFI, Steuerrevue 2013/04, 252 ff.

HÖRNLE, T./HUSTER, S., Wie weit reicht das Erziehungsrecht der Eltern? Am Beispiel der Beschneidung von Jungen, JZ 7/2013, 328 ff.

HUG, D., Whistleblowing et secrets pénalement protégés: quels risques pour le lanceur d'alerte en Suisse?, ZStrR 1/2013, 1 ff.

Hug, M., Observation durch Privatdetektive im Sozialversicherungsrecht, in: Cavallo et al. (Hrsg.), Liber amicorum für Andreas Donatsch, Zürich 2012, 681 ff.

Hurtado Pozo, J., Droit pénal, Partie spéciale, Genf 2009

Ignor, A., Geschichte des Strafprozesses in Deutschland 1532–1846: von der Carolina Karls V. bis zu den Reformen des Vormärz, Paderborn 2002

Jäger, H., Strafgesetzgebung und Rechtsgüterschutz bei Sittlichkeitsdelikten: eine kriminalsoziologische Untersuchung, Stuttgart 1957

Jean-Richard-dit-Bressel, M., Strafrecht in a nutshell, Zürich/St. Gallen 2015 (zit. Jean-Richard 2015)

Jean-Richard-dit-Bressel, M., Das Desorganisationsdelikt, Art. 102 Abs. 2 StGB im internationalen Kontext, Zürich/St. Gallen 2013 (zit. Jean-Richard 2013)

Jean-Richard-dit-Bressel, M., Eigenmacht und Ohnmacht des ungetreuen Bankdirektors. Zur strafrechtlichen Erfassung von auftragswidrigen Eingriffen in Kundenkonten durch Mitglieder des Kaders einer Bank, recht 2008, 237 ff. (zit. Jean-Richard 2008)

Jenal, F., Indirekte Sterbehilfe, ZStrR 1/2016, 100 ff.

Jenny, G., Die strafrechtliche Rechtsprechung des Bundesgerichts im Jahre 2002 – (ohne Entscheide betreffend die internationale Zusammenarbeit in Strafsachen) veröffentlicht im Band 128, ZBJV 140/2004, 713 ff.

Jenny, G., Aktuelle Fragen des Vermögens- und Urkundenstrafrechts, ZBJV 1988, 393 ff.

Jenny, G./Kunz, K.-L., Bericht und Vorentwurf zur Verstärkung des strafrechtlichen Schutzes der Umwelt, Basel 1996

Jenny, G./Schubarth, M./Albrecht, P., Kommentar zum schweizerischen Strafrecht, Besonderer Teil, Bd. 4: Delikte gegen die sexuelle Integrität und gegen die Familie, Bern 1997

Jonas, H., Against the Stream: Comments on the Definition and Redefinition of Death, in: Jonas (Hrsg.), Philosophical Essays, From Ancient Creed to Technological Man, Chicago/London 1974, 132 ff.

Jositsch, D., Der Begriff der Schädigung öffentlicher Interessen in Art. 314 StGB, AJP 2013, 1000 ff.

Jositsch, D., Whistleblowing und Korruptionsbekämpfung, in: Wohlers (Hrsg.), Neuere Entwicklungen im schweizerischen und internationalen Wirtschaftsstrafrecht, Zürich 2007, 97 ff.

Jositsch, D., Der Straftatbestand der Privatbestechung (Art. 4a i.V.m. Art. 23 UWG), sic! 12/2006, 829 ff.

Jositsch, D., Terrorismus oder Freiheitskampf? – Heikle Abgrenzungsfragen bei der Anwendung von Art. 260^{quinquies} StGB, ZStrR 4/2005, 458 ff. (zit. Jositsch 2005 [ZStrR])

Jositsch, D., Möglichkeiten und Grenzen der strafrechtlichen Korruptionsbekämpfung in der Schweiz, ZStrR 3/2005, 241 ff.

Jositsch, D., Das Schweizerische Korruptionsstrafrecht, Art. 322ter bis Art. 322^{octies} StGB, Zürich et al. 2004

Jositsch, D., Der Tatbestand des Anfütterns im Korruptionsstrafrecht, ZStrR 1/2000, 53 ff.

Jositsch, D./Brunner, C., Whistleblowing als Rechtfertigungsgrund, AJP 2012, 482 ff.

Jositsch, D./Drzalic, J., Die Revision des Korruptionsstrafrechts, AJP 2016, 349 ff.

Jositsch, D./Murer Mikolàsek, A., Der Straftatbestand der weiblichen Genitalverstümmelung, AJP 2011, 1290 ff.

Jositsch, D./von Rotz, M., Die Entstehung und Entwicklung des Straftatbestands gegen Rassendiskriminierung (Art. 261bis StGB) aus einem rechtspolitischen Blickwinkel, in: GRA Stiftung gegen Rassismus und Antisemitismus (Hrsg.), Gedanken zur Rassismus-Strafnorm, 20 Jahre Art. 261bis StGB, Zürich/St. Gallen 2016, 37 ff.

Kaiser, R., Die Bestechung von Beamten unter Berücksichtigung des Vorentwurfs zur Revision des Schweizerischen Korruptionsstrafrechts, Zürich 1999

Kersten, A., Financing Terrorism – A Predicate Offence to Money Laundering?, in: Pieth (Hrsg.), Financing Terrorism, Dordrecht et al. 2002, 49 ff.

Killias, M., The Emergence of a New Taboo: The Desexualisation of Youth in Western Societies since 1800, EJCPR 4/2000, 459 ff.

Killias, M., Korruption: Vive La Repression! – Oder was sonst? Zur Blindheit der Kriminalpolitik für Ursachen und Nuancen, in: FS Schneider, Berlin/New York 1998, 239 ff.

Killias, M., Die vergessene Entkriminalisierung der Jugendlichen und ihrer Eltern, Bemerkungen zur hängigen Revision von Art. 191 StGB, SJZ 83/1987, 373 ff.

Killias, M., Jugend und Sexualstrafrecht, Diss. Zürich 1979

Killias, M./Kuhn, A., Schuldverhaft für Kreditkarten-Schulden: Versuch einer verfassungskonformen Auslegung von Art. 148 rev. StGB, in: FS Rehberg, Strafrecht und Öffentlichkeit, Zürich 1996, 189 ff.

Killias, M./Markwalder, N./Kuhn, A./Dongois, N., Grundriss des Allgemeinen Teils des Schweizerischen Strafgesetzbuchs, 2. Aufl., Bern 2017

KILLIAS, M./REHBINDER, M., «Sexualdelikte und Strafrechtsreform»: Sind die Reformer irrational?, ZBJV 119/1983, 291 ff.

KIM, S. B., Gelddelikte im Strafrecht, Zürich 1991

KINZING, J., Die Strafbarkeit von Stalking in Deutschland – ein Vorbild für die Schweiz?, recht 2011, 1 ff.

KISTLER, M., La vigilance requise en matière d'opérations financières, Zürich 1994

KLÄSER, J., Steuervergehen als Vortat der Geldwäscherei, in: Jusletter vom 13. November 2017

KÖCK, E., Die strafrechtliche Behandlung «vorgeburtlichen Lebens», ÖZJ 2011, 546 ff.

KOHLBACHER, U., Beweiszeichen als Urkunden im schweizerischen Strafrecht: ein Beitrag zur Reform der Urkundendelikte, Basel et al. 1991

KONOPATSCH, C., Whistleblowing in der Schweiz – Mitteilung an die Presse als ultima ratio, Neue Zeitschrift für Wirtschafts- und Steuerstrafrecht 2012, 217 ff.

KONOPATSCH, C., Nr. 5 Bundesgericht, Strafrechtliche Abteilung, Urteil vom 3. November 2009 i.S. X. gegen Y. – 6B_516/2009, fp 1/2011, 13 ff.

KRAUSS, D., Wer bekommt Schuld? Wer gibt Schuld?, in: Heine/Pieth/Seelmann (Hrsg.), Gesammelte Schriften von Detlef Krauß, Zürich 2011

KRAUSS, D., Gift im Strafrecht, Abschiedsvorlesung an der Humboldt Universität zu Berlin vom 16.2.1999

KRAUSS, D., Die strafrechtliche Problematik der Erschleichung kantonaler Subventionen, in: FS Vischer, Zürich 1983, 47 ff.

KRAUSS, D., Das Unrechtsbewusstsein, Studie an zwei Gerichtsurteilen, in: Bönner/de Boor (Hrsg.), Unrechtsbewusstsein, aus der Sicht des Täters, aus der Sicht des Richters, Basel 1982, 30 ff.

KRAUSS, D., Der Schutz der Intimsphäre im Strafprozess, in: FS Gallas, Berlin 1973, 365 ff.

KRAUSS, D., Erfolgsunwert und Handlungsunwert im Unrecht, ZStW 76/1964, 19 ff.

KREIS, G. (Hrsg.), Die Geschichte der Schweiz, Basel 2014

KRONENBERG, S., Der Bandenbegriff im schweizerischen Strafrecht, fp 1/2011, 50 ff.

KRÜGER, M., Stalking in allen Instanzen – Kritische Bestandsaufnahme erster Entscheidungen zu § 238 StGB, NStZ 2010, 546 ff.

KUDLICH, H./OĞLAKCIOĞLU, M. T., Wirtschaftsstrafrecht, 2. Aufl., Heidelberg et al. 2014

KUDLICH, H./TEPE, I., Das Tötungsmotiv «Blutrache» im deutschen und im türkischen Strafrecht, GA 2008, 92 ff.

KUHLEN, L., Fragen einer strafrechtlichen Produkthaftung, Heidelberg 1989

KUNZ, K.-L., Jugendgewalt im Blickpunkt von Öffentlichkeit und Jugendstrafrecht, SZK 2/2012, 17 ff.

KUNZ, K.-L., Fahrlässige HIV-Übertragung nach Risikokontakten, fp 1/2009, 44 ff.

KUNZ, K.-L., Massnahmen gegen die organisierte Kriminalität. Eine Fallstudie praktischer Kriminalpolitik, plädoyer 1/1996, 32 ff.

KUNZ, K.-L., Neuer Straftatbestand gegen Rassendiskriminierung – Bemerkungen zur bundesrätlichen Botschaft, ZStrR 2/1992, 154 ff.

KUNZ, K.-L., AIDS und Strafrecht: die Strafbarkeit der HIV-Infektion nach schweizerischem Recht, ZStrR 1/1990, 39 ff.

KUNZ, K.-L., Ausländerkriminalität in der Schweiz – Umfang, Struktur und Erklärungsversuch, ZStrR 106/1989, 373 ff.

KUNZ, K.-L./Singelnstein, T., Kriminologie, 7. Aufl., Bern 2016

LEE, J. H., Die Beteiligung des Strafverteidigers an der Geldwäscherei, Basel 2006

LENZ, S./MÄDER, W., Grenzüberschreitende Korruption. Die Anwendbarkeit des schweizerischen Unternehmensstrafrechts aus Sicht der Praktiker, fp 1/2013, 33 ff.

LEU, N./PARVEX, D., Das Verbot der «Al-Qaïda» und des «Islamischen Staats». Eine kritische Würdigung unter besonderer Berücksichtigung der Strafbarkeit djihadistischer Propaganda und der vereitelten Ausreise in ein Konfliktgebiet, AJP 2016, 756 ff.

LEVI, M./GILMORE, W., Terrorist Finance, Money Laundering and the Rise and Rise of Mutual Evaluation: A New Paradigm for Crime Control, in: Pieth (Hrsg.), Financing Terrorism, Dordrecht et al. 2002, 87 ff.

LOEPFE, C., Lehren aus dem Fall Swissair. Auswertung in einem Doktorandenseminar der Universität St. Gallen, ST 9/2003, 715 ff.

LOGNOWICZ, D., Hausfriedensbruch – Der konkludente Wille des Berechtigten bei öffentlich zugänglichen Räumen, AJP 2012, 208 ff.

LÜDERSSEN, K., Primäre oder sekundäre Zuständigkeit des Strafrechts, in: FS Eser, München 2005, 163 ff.

LÜTHI, W., Zur neueren Rechtsprechung über Delikte gegen den Staat, in: FS Thormann, ZStrR 69/1954, 298 ff.

LÜTHY, R./SCHÄREN, S., Neuerungen im Kapitalmarktstrafrecht, AJP 2012, 499 ff.

MACALUSO, A./MOREILLON, L./QUELOZ, N., Commentaire Romand, Code pénal II, Art. 111–392 CP, Basel 2017 (zit. CR CP II-Autor 2017)

MAIHOLD, H., Strafrecht Allgemeiner Teil. Fragen, Fälle und Lösungen zur Prüfungsvorbereitung, 3. Aufl., Basel 2013

MATTEOTTI, R./MANY, S., Erhöhung der Strafrisiken für Banken und ihre Mitarbeiter infolge Einführung der Steuergeldwäscherei, in: Jusletter vom 23. Februar 2015

MEIER, Y., Zwangsheirat – Rechtslage in der Schweiz, Rechtsvergleich mit Deutschland und Österreich, Bern 2010

MEILI, A., Der Geheimnisschutzartikel Art. 293 StGB im Lichte der neuen Gerichtspraxis, medialex 2000, 135 ff.

MÉTILLE, S./AESCHLIMANN, J., Infrastructures et données informatiques: quelle protection au regard du code pénale suisse?, ZStrR 3/2014, 283 ff.

MONFRINI, E., The Abacha Case, in: Pieth (Hrsg.), Recovering Stolen Assets, Bern 2008, 41 ff.

MOODY-STUART, G., Grand Corruption, Oxford 1997

MOOSMAYER, K., Compliance: Praxisleitfaden für Unternehmen, München 2010

MOSBACHER, A., Nachstellung – § 238 StGB, NStZ 2007, 665 ff.

MÖSCH PAYOT, P./PÄRLI, K., Der strafrechtliche Umgang mit HIV/Aids in der Schweiz im Lichte der Anliegen der HIV/Aids-Prävention: Status quo, Reflexion, Folgerungen, Teil 1: Die schweizerische Rechtsprechung: empirische und dogmatische Analyse, AJP 2009, 1261 ff.

MÜHLEMANN, D., Interne Untersuchungen, Mitarbeiterbefragungen: Selbstbelastungsfreiheit und strafprozessuale Verwertbarkeit, Zürich/St. Gallen 2018

MÜLLER, J. P./SCHEFER, M., Grundrechte in der Schweiz, 4. Aufl., Bern 2008

MÜLLER BRUNNER, R./SCHLATTER, C., Zuschauen ist kein Landfriedensbruch, plädoyer 1/2013, 11 ff.

NADELHOFER DO CANTO, S., Millionenbusse gegen Alstom-Tochter wegen ungenügender Vorkehren gegen Bestechung, GesKR 2012, 129 ff.

NADELHOFER DO CANTO, S., Vermögenseinziehung bei Wirtschafts- und Unternehmensdelikten (Art. 70 f. StGB), Zürich et al. 2008

NADELHOFER, S., Geldwäscherei und Einziehung: Risiken für Anwälte, SJZ 102/2006, 345 ff.

NÄGELI, G., Hehlerei, Zürich 1984

NAUCKE, W., Die Anfänge des wirtschaftlichen Vermögens- und Schadensbegriffs beim Betrug, in: FS Kargl, Berlin 2015, 333 ff.

NEUGEBAUER, G., Grundzüge einer ökonomischen Theorie der Korruption, Basel 1978

NIGGLI, M. A., Der Wunsch nach lückenloser Strafbarkeit, fragmentarischer Charakter des Strafrechts und die Tücken des Zusammenspiels von Zivil- und Strafrecht – zur geplanten Revision von Art. 141bis StGB, AJP 2010, 1155 ff.

NIGGLI, M. A., Rassendiskriminierung. Ein Kommentar zu Art. 261bis StGB und Art. 171c MStG, 2. Aufl., Zürich 2007

NIGGLI, M. A., Fälschung von Geld, amtlichen Wertzeichen, amtlichen Zeichen, Mass und Gewicht: Art. 240–250 sowie Art. 327 und 328 StGB, Bern 2000

NIGGLI, M. A., Zur Unschärfe des Strafrechts, seiner Bedeutung und Bedeutung von Rechtsgütern, ZStrR 1/1999, 84 ff.

NIGGLI, M. A., Das Verhältnis von Eigentum, Vermögen und Schaden nach schweizerischem Strafgesetz: dargelegt am Beispiel der Sachbeschädigung nach geltendem Recht und dem Entwurf 1991, Zürich 1992

NIGGLI, M. A./BERKEMEIER, A., Zur Frage der Strafbarkeit weiblicher Genitalverstümmelung gemäss den Typen I und IV, Rechtsgutachten, Freiburg 2007 (zit. Gutachten Niggli/Berkemeier 2007)

NIGGLI, M. A./HEER, M./WIPRÄCHTIGER, H. (Hrsg.), Basler Kommentar, Schweizerische Strafprozessordnung, Basel 2014 (zit. BSK StPO-Autor 2014)

NIGGLI, M. A./MAEDER, S., Beischlaf, parlamentarische Vorstösse und andere erregende Dinge. Zur angestrebten Revision des Vergewaltigungstatbestandes Art. 190 StGB, AJP 2016, 1159 ff.

NIGGLI, M. A./RIKLIN, F., Skript Strafrecht BT, 10. Aufl., 2007/2008, § 17 – Bestechung/Korruption (zit. Niggli/Riklin 2007/2008 Skript Strafrecht BT)

NIGGLI, M. A./WIPRÄCHTIGER, H. (Hrsg.), Basler Kommentar, Strafrecht, Art. 1–392, 4. Aufl., Basel 2018 (zit. BSK-Autor 2018) [in Vorbereitung]

NIGGLI, M. A./WIPRÄCHTIGER, H. (Hrsg.), Basler Kommentar, Strafrecht I, Art. 1–110, 3. Aufl., Basel 2013 (zit. BSK-Autor 2013)

NIGGLI, M. A./WIPRÄCHTIGER, H. (Hrsg.), Basler Kommentar, Strafrecht II, Art. 111–392, 3. Aufl., Basel 2013 (zit. BSK-Autor 2013)

NOLL, P., Schweizerisches Strafrecht, Besonderer Teil, Zürich 1983

OMLIN, E., Intersubjektiver Zwang & Willensfreiheit: eine Darlegung strafrechtlicher Zwangs- und Tatmittel unter besonderer Berücksichtigung von Drohung, List und Gewalt, Basel 2002

OSWALD, S., Phishing, Betrug oder betrügerischer Missbrauch einer Datenverarbeitungsanlage?, Bundesamt für Polizei, fedpol, August 2006

OTTINGER, H., Treten an Ort bei der Falschbeurkundung, fp 1/2010, 46 ff.

PAHUD DE MORTANGES, R., Schweizerische Rechtsgeschichte, Ein Grundriss, 2. Aufl., Zürich/St. Gallen 2017

PETERMANN, F. T., Rechtliche Überlegungen zur Problematik der Rezeptierung und Verfügbarkeit von Natrium-Pentobarbital, AJP 2006, 439 ff.

PERRIN, B., La répression de la corruption d'agents publics étrangers en droit pénal suisse, Basel 2008

PFLAUM, S., Revision des Kursmanipulationstatbestandes. Kritische Bemerkungen zur geplanten Änderung des Börsengesetzes in Bezug auf Art. 40a E-BEHG, GesKR 2012, 83 ff. (zit. Pflaum 2012a)

PFLAUM, S., Differenzierungsbedarf bei der Tathandlung des Kursmanipulationstatbestandes, AJP 2012, 966 ff. (zit. Pflaum 2012b)

PFLAUM, S./WOHLERS, W., Kurs- und Marktmanipulation: Straf- und aufsichtsrechtliche Relevanz der Manipulation von Börsenkursen, GesKR 2013, 523 ff.

PIETH, M., Die Neuregelung der Privatbestechung, fp 4/2017, 241 ff. (zit. Pieth 2017a)

PIETH, M., Günter Stratenwerth – Begründer und Kritiker des modernen Strafrechts, ZStrR 3/2017, 229 ff. (zit. Pieth 2017b)

PIETH, M., Schweizerisches Strafprozessrecht, 3. Aufl., Basel 2016 (zit. Pieth StPO 2016)

PIETH, M., Wirtschaftsstrafrecht, Basel 2016 (zit. Pieth WiStrR 2016)

PIETH, M., Strafrechtsgeschichte, Basel 2015 (zit. Pieth Strafrechtsgeschichte 2015)

PIETH, M., Anwendungsprobleme des Verbandsstrafrechts in Theorie und Praxis, Erfahrungen aus der Schweiz, KSzW 2015 I, 223 ff.

PIETH, M., Ist der FIFA noch zu helfen?, ZSR 2015 I, 135 ff. (zit. Pieth 2015b)

PIETH, M., Die Fifa Reform, Zürich/St. Gallen 2014

PIETH, M., Introduction; The Responsibility of Legal Persons; Seizure and Confiscation; Jurisdiction; Money Laundering; in: Pieth/Low/Bonucci (Hrsg.), The OECD Convention on Bribery – A Commentary, 2. Aufl., Cambridge et al. 2014, 3 ff., 212 ff., 305 ff., 322 ff., 422 ff.

PIETH, M., Geheimdienstliche Methoden im Alltagsstrafverfahren, plädoyer 2/2013, 20 f. (zit. Pieth 2013 [plädoyer])

PIETH, M., Korruptionsstrafrecht, in: Ackermann (Hrsg.), Wirtschaftsstrafrecht der Schweiz, Bern 2013, 677 ff. (zit. Pieth 2013 [Korruptionsstrafrecht])

PIETH, M. (Hrsg.), Collective Action: Innovative Strategies to Prevent Corruption, Zürich/St. Gallen 2012 (zit. Pieth 2012 [Collective Action])

PIETH, M., Der Einfluss des internationalen Rechts auf das Schweizer Strafrecht, ZSR 2012 II, 233 ff.

PIETH, M., Stehen internationale Sportverbände über dem Recht?, in: Jusletter vom 14. März 2011

PIETH, M., Harmonising Anti-Corruption Compliance, Zürich/St. Gallen 2011 (zit. Pieth 2011 [Harmonising])

PIETH, M., Co-Regulierung im Wirtschaftsstrafrecht, in: FS Hassemer, Heidelberg 2010, 891 ff.

PIETH, M., Das OECD-Übereinkommen über die Bekämpfung der Bestechung ausländischer Amtsträger im internationalen Geschäftsverkehr, in: Dölling (Hrsg.), Handbuch der Korruptionsprävention, für Wirtschaftsunternehmen und öffentliche Verwaltung, München 2007, 566 ff. (zit. Pieth 2007 [Handbuch der Korruptionsprävention])

PIETH, M., Multi-stakeholder initiatives to combat money laundering and bribery, in: Brütsch/Lehmkuhl (Hrsg.), Law and Legalization in Transnational Relations, New York 2007, 81 ff.

PIETH, M., Die internationale Entwicklung der Geldwäschebekämpfung, in: Mülhausen/Herzog (Hrsg.), Geldwäschebekämpfung und Gewinnabschöpfung, München 2006, 36 ff. (zit. Pieth 2006 [Beck Handbuch])

PIETH, M., Criminalising the Financing of Terrorism, Journal of International Criminal Justice December 2006, 1074 ff.

PIETH, M., Risikomanagement und Strafrecht: Organisationsversagen als Voraussetzung der Unternehmenshaftung, in: Sutter-Somm et al. (Hrsg.), Risiko und Recht, Festgabe zum Schweizerischen Juristentag 2004, Basel 2004, 597 ff.

PIETH, M., The Private Sector becomes active: The Wolfsberg Process, in: Clark/Burrell (Hrsg.), A Practitioner's Guide to International Money Laundering Law and Regulation, London 2003, 267 ff.

PIETH, M., Die strafrechtliche Verantwortung des Unternehmens, ZStrR 4/2003, 353 ff. (zit. Pieth 2003 [ZStrR])

PIETH, M., Staatliche Intervention und Selbstregulierung der Wirtschaft, in: FS Lüderssen, Baden-Baden 2002, 317 ff. (zit. Pieth 2002 [FS Lüderssen])

PIETH, M., Financing Terrorism – Criminal and Regulatory Reform/Financing of Terrorism: Following the Money, in: Pieth (Hrsg.), Financing Terrorism, Dordrecht et al. 2002, 1 ff. und 115 ff. (zit. Pieth 2002 [Financing Terrorism])

PIETH, M., Zur Einführung: Geldwäscherei und ihre Bekämpfung in der Schweiz, in: Pieth (Hrsg.), Bekämpfung der Geldwäscherei – Modellfall Schweiz?, Basel 2002, 1 ff.

PIETH, M., Bedingte Freiheit, Disziplinierung zwischen Gnade und Kontrolle, Basel et al. 2001

PIETH, M., Korruptionsgeldwäsche, in: FS Schmid, Zürich 2001, 437 ff. (zit. Pieth 2001 [FS Schmid])

PIETH, M., Internationale Harmonisierung von Strafrecht als Antwort auf transnationale Wirtschaftskriminalität, ZStW 109/1997, 756 ff.

PIETH, M., Die Bestechung schweizerischer und ausländischer Beamter, in: FS Rehberg, Zürich 1996, 233 ff. (zit. Pieth 1996 [FS Rehberg])

PIETH, M., Die verjährungsrechtliche Einheit gemäss Art. 71 Abs. 2 StGB bei Bestechungsdelikten, BJM 1996, 57 ff.

PIETH, M., «Das zweite Paket gegen das Organisierte Verbrechen», die Überlegungen des Gesetzgebers, ZStrR 3/1995, 225 ff.

PIETH, M., Die Bekämpfung des organisierten Verbrechens in der Schweiz, ZStrR 3/1992, 257 ff. (zit. Pieth 1992 [ZStrR])

PIETH, M. (Hrsg.), Bekämpfung der Geldwäscherei – Modellfall Schweiz?, Basel 1992 (zit. Pieth 1992 [Bekämpfung der Geldwäscherei])

PIETH, M., Abwehrstrategien im Kampf gegen Drogenhandel und organisierte Kriminalität, in: Hanns-Seidel-Stiftung. Institut für Auswärtige Beziehungen (Hrsg.), 9. Internationale Fachtagung zum Thema Demokratie in Anfechtung und Bewährung – zur Problematik von organisierter Kriminalität, Terrorismus und Drogenbekämpfung, London 1992, 128 ff. (zit. Pieth 1992 [Abwehrstrategie])

PIETH, M., Gefährliche Strategiespiele, in: Jehle/Galerie Littmann (Hrsg.), Drogen – Welt in Trance, Basel 1991, 51 ff.

PIETH, M./AIOLFI, G., The Private Sector becomes active: The Wolfsberg Process, Journal of Financial Crime 11 (2003), 4, 359 ff.

PIETH, M./EYMANN, S., Combating the Financing of Terrorism – the «Guantanamo Principle», in: Pieth/Thelesklaf/Ivory (Hrsg.), Countering Terrorist Financing, The Practitioner's Point of View, Bern et al. 2009, 163 ff.

PIETH, M./EYMANN, S./ZERBES, I., Fallsammlung Strafrecht BT, Übungsfälle zum Besonderen Teil mit Lösungsvorschlägen, 2. Aufl., Basel 2014

PIETH, M./FREIBURGHAUS, D., Die Bedeutung des organisierten Verbrechens in der Schweiz, Bericht im Auftrag des Bundesamtes für Justiz, EJPD, Bern 1993

PIETH, M./ZERBES, I., Geheimnisschutz. Vom Grundrecht zum Instrument wirtschaftlicher Machtsicherung, in: FS Schnyder, Zürich 2018, 1241 ff.

PIETH, M./ZERBES, I., Sportverbände und Bestechung: Sachgerechte Grenzen des Korruptionsstrafrechts?, ZIS 2016, 619 ff.

Pieth, R., Schamstrafen zum Wohl der Volksseele, plädoyer 6/2004, 14 f.

Pilloud, N., L'octroi d'un avantage, art. 322^{quinquies} CP, in: Jusletter vom 9. Juli 2012, 1 ff.

Pini, M., Risk Based Approach – ein neues Paradigma in der Geldwäschereibekämpfung (unter spezieller Berücksichtigung der Geldwäschereiverordnung der EBK), Zürich 2007

Pohlreich, E., Aktuelle Entwicklungen bei der strafrechtlichen Bewertung sogenannter «Ehrenmorde» in der Türkei, ZIS 2011, 734 ff.

Portmann, W./Stöckli, J.-F., Schweizerisches Arbeitsrecht, 3. Aufl., Zürich/St. Gallen 2013

Prittwitz, C., Die Rolle des Strafrechts im Menschenrechtsregime, in: Pilgram et al. (Hrsg.), Einheitliches Recht für die Vielfalt der Kulturen?: Strafrecht und Kriminologie in Zeiten transkultureller Gesellschaften und transnationalen Rechts, Wien/Berlin 2012, 23 ff.

Prittwitz, C., Strafrecht als propria ratio, in: FS Roxin, Berlin 2011, 23 ff.

Prittwitz, C., Begrenzung des Wirtschaftsstrafrechts durch die Rechtsgutslehre, sowie die Grundsätze der ultima ratio, der Bestimmtheit der Tatbestände, des Schuldgrundsatzes, der Akzessorietät und der Subsidiarität, in: Kempf/Lüderssen/Volk (Hrsg.), Die Handlungsfreiheit des Unternehmens – Wirtschaftliche Perspektiven, strafrechtliche und ethische Schranken, Berlin 2009

Prittwitz, C., Perfektionierte Kontrolldichte und rechtsstaatliches Strafrecht, in: Beulke et al. (Hrsg.), Das Dilemma des rechtsstaatlichen Strafrechts – Symposium für Bernhard Haffke zum 65. Geburtstag, Berlin 2009, 185 ff. (zit. Prittwitz 2009 [Symposium Haffke])

Prittwitz, C., Strafrecht und Risiko: Untersuchungen zur Krise von Strafrecht und Kriminalpolitik in der Risikogesellschaft, Frankfurt am Main 1993

Prittwitz, C./Günther, K., Individuelle und kollektive Verantwortung im Strafrecht, in: FS Hassemer, Heidelberg 2010, 331 ff.

Queloz, N./Borghi, M./Cesoni, M. L., Processus de corruption en Suisse. Résultats de recherche – Analyse critique du cadre légal et de sa mise en oeuvre – Stratégie de prévention et de riposte, Basel et al. 2000

Rackow, P., Der Tatbestand der Nachstellung (§ 238 StGB) Stalking und das Strafrecht, GA 2008, 552 ff.

Radaković, D., Crimes of the superior: the concept of superior responsibility applied before the ICTY and ICTR and compared with the ICC statute, Basel 2007

Reinwald, U., Änderungen im Börsengesetz – eine Übersicht, GesKR 2011, 518 ff.

RIKLIN, F., Die neue Strafbestimmung der Rassendiskriminierung: Art. 261bis StGB, Medialex 1995, 36 ff.

RIKLIN, F., Die Nichtzulassung zum Entlastungsbeweis gemäss Art. 173 StGB: namentlich bei Vorverurteilungen durch die Medien, in: FS Schweizerische Kriminalistische Gesellschaft, Bern 1992, 297 ff.

RIKLIN, F., Zum Straftatbestand des Art. 229 StGB (Gefährdung durch Verletzung der Regeln der Baukunde), Baurecht 1985, 44 ff.

RIEDO, C., «Eine Urkunde, über die er nicht allein verfügen darf» – Bemerkungen zur Urkundenunterdrückung nach Art. 254 StGB, AJP 2003, 917 ff.

ROBERT, C. N., Le «faux intellectuel» privé, un titre pénalement très contesté, SemJud 1983, 417 ff.

ROELLI, B., Die Kernenergiedelikte im Schweizerischen Strafgesetzbuch, ZStrR 2/2006, 208 ff.

ROSE-ACKERMAN, S., Corruption; A Study in Political Economy, New York et al. 1978

ROTH, M., Wir betreten den Kunstmarkt, Zürich/St. Gallen 2015

ROTH, R., Risques collectifs et délits de mis en danger collectif, in: Festschrift zum 50jährigen Bestehen der Schweizerischen Kriminalistischen Gesellschaft, Aktuelle Probleme der Kriminalitätsbekämpfung, Bern 1992, 249 ff.

ROULET, N., Das kriminalpolitische Gesamtkonzept im Kampf gegen das organisierte Verbrechen, Basel 1997

ROULET, N., Organisiertes Verbrechen: Tatbestand ohne Konturen, plädoyer 5/1994, 24 ff.

RUCKSTUHL, N., Art. 321bis StGB: Das Berufsgeheimnis in der medizinischen Forschung, Basel et al. 1999

RÜPING, H./JEROUSCHEK, G., Grundriss der Strafrechtsgeschichte, 6. Aufl., München 2011

RÜTSCHE, B., Eugenik und Verfassung – Regulierung eugenischer Wünsche von Eltern im freiheitlichen Rechtsstaat, ZBl 111/2010, 297 ff.

SASSÒLI, M., Le Génozide rwandais, la justice militaire suisse et le droit international, SZIER 2002, 151 ff.

SATZGER, H., Internationales und Europäisches Strafrecht: Strafanwendungsrecht, Europäisches Straf- und Strafverfahrensrecht, Völkerstrafrecht, 7. Aufl., Baden-Baden 2016

SATZGER, H., Bestechungsdelikte und Sponsoring, ZStW 115/2003, 469 ff.

SCHAUB, L., Die unrechtmässige Verwendung anvertrauten Gutes – ein Beitrag zur Auslegung von Art. 140 Ziffer 1 Absatz II StGB, Basel 1978

SCHEFER, M., Öffentlichkeit und Geheimhaltung in der Verwaltung, in: Epiney/Hobi (Hrsg.), Die Revision des Datenschutzgesetzes – La révision de la loi sur la protection des données, Zürich 2009

SCHIB, K., Die Geschichte der Schweiz, 5. Aufl., Thayngen-Schaffhausen 1980

SCHILD-TRAPPE, G., Die Evolution der Geldwäschereinormen in der Schweiz – im Rückblick eine Kulturrevolution?, recht 1999, 211 ff.

SCHLEIMINGER METTLER, D., Rassistische Beschimpfung versus Rassendiskriminierung am Beispiel von «Drecksasylant», fp 7/2014, 307 ff.

SCHLEIMINGER METTLER, D., Rassendiskriminierung in der Öffentlichkeit, Bemerkungen zu BGE 130 IV 111, AJP 2005, 237 ff.

SCHMID, G. A., Istanbul-Protokoll: Das Werkzeug gegen Folter, plädoyer 4/2017, 26 f.

SCHMIDT, J., Zur Strafbarkeit von Doping im Sport – Perspektiven für einen Anti-Doping-Tatbestand, in: Eckner/Kempin (Hrsg.), Recht des Stärkeren – Recht des Schwächeren, Zürich 2005, 1 ff.

SCHMID, N., Zu den neuen Bestimmungen des Strafgesetzbuches in Art. 58 f., 260ter und 305ter Abs. 2 (Einziehung; Organisiertes Verbrechen; Melderecht des Financiers), ZGRG 1/1995, 2 ff.

SCHMID, N., Computer- sowie Check- und Kreditkarten-Kriminalität: ein Kommentar zu den neuen Straftatbeständen des schweizerischen Strafgesetzbuches, Zürich 1994

SCHMID, N., Anwendungsfragen der Straftatbestände gegen die Geldwäscherei, vor allem StGB Art. 305bis, in: SAV (Hrsg.), Geldwäscherei und Sorgfaltspflicht, Zürich 1991, 111 ff.

SCHMID, N./LÖTSCHER, B., Die Subsumption des Eigenhandels mit Rohwaren unter den Begriff der Finanzintermediation im Sinne des GWG, AJP 2002, 1266 ff.

SCHORSCH, E., Kurzer Prozess? Ein Sexualstraftäter vor Gericht, Hamburg 1991

SCHÖBI, F., Der Schuldverhaft ist abgeschafft, Bemerkungen eines Zivilrechtlers zu Artikel 59 Absatz 3 BV, recht 1998, 185 ff.

SCHUBARTH, M., Die Bedeutung der neuen Retrozessionsentscheidung des Bundesgerichts für das Konzernstrafrecht, in: Jusletter vom 17. Dezember 2012

SCHUBARTH, M., Einziehung ohne Anlasstat?, Grenzen der Einziehung des «pretium sceleris», ZStrR 2/2010, 215 ff.

SCHUBARTH, M., Dopingbetrug, recht 2006, 222 ff.

SCHUBARTH, M., Insidermissbrauch – zur Funktion und zum Hintergrund eines neuen Straftatbestandes, in: Gedächtnisschrift für Peter Noll, Zürich 1984, 303 ff.

SCHUBARTH, M., Kommentar zum schweizerischen Strafrecht, Besonderer Teil, Bd. 3: Delikte gegen die Ehre, den Geheim- oder Privatbereich und gegen die Freiheit, Art. 173–186 StGB, Bern 1984 (zit. Schubarth 1984 [Kommentar])

SCHUBARTH, M., Kommentar zum schweizerischen Strafrecht, Besonderer Teil, Bd. 1: Delikte gegen Leib und Leben, Art. 111–136 StGB, Bern 1982 (zit. Schubarth 1982 [Kommentar])

SCHUBARTH, M., Reformbedürftigkeit der Vorschriften über die Aneignungsdelikte?, Bern 1972

SCHUBARTH, M./ALBRECHT, P. (Hrsg.), Kommentar zum schweizerischen Strafrecht, Besonderer Teil, Bd. 2: Delikte gegen das Vermögen: Art. 137–172, Bern 1990 (zit. Schubarth/Albrecht 1990 [Kommentar])

SCHUBARTH, M./PETER, H., Die Bedeutung der Swissair-Urteile des Bezirksgerichtes Bülach für das Konzernstrafrecht, SZW 2008, 455 ff.

SCHUBARTH, M./VEST, H., in: Schubarth (Hrsg.), Delikte gegen den öffentlichen Frieden, Stämpflis Handkommentar, Bern 2007 (zit. Schubarth/Vest 2007 [Kommentar])

SCHÜNEMANN, B., Das Strafrecht im Zeichen der Globalisierung, GA 2003, 299 ff.

SCHÜRMANN, F., Das vergessene Portemonnaie, recht 1988, 28 ff.

SCHÜRMANN, F., Der Begriff der Gewalt im schweizerischen Strafgesetzbuch, Basel 1985

SCHULTZ, H., Die Delikte gegen Leib und Leben nach der Novelle 1989, ZStrR 4/1991, 395 ff.

SCHULTZ, H., Marksteine in der Weiterbildung des Rechts durch die strafrechtliche Rechtsprechung des Bundesgerichts, in: FS Bundesgericht, Basel 1975, 231 ff.

SCHULTZ, H., Der strafrechtliche Schutz der Geheimsphäre, SJZ 67/1971, 301 ff.

SCHWAIBOLD, M., Ehrverletzung «Hochstaplerin» (Die eingebildete Astronautin, 3), Urteilsanmerkung zum Entscheid des Bundesgerichts vom 22. April 2014, Strafrechtliche Abteilung, i.S. X gegen Oberstaatsanwaltschaft des Kantons Zürich und A., 6B_8/2014, fp 4/2014, 198 ff.

SCHWAIBOLD, M., Stoll gegen die Schweiz 1:6, fp 3/2008, 180 ff.

SCHWARZENEGGER, C., Weiche Pornographie im Internet und in der Mobiltelefonie (Art. 197 Ziff. 1 StGB) – Prävention, Jugendschutz durch altersbegrenzten Zugang (adult verification systems) und die Verantwortlichkeit der Provider, in: Schwarzenegger/Nägeli (Hrsg.), Viertes Zürcher Präventionsforum – Illegale und schädliche Inhalte im Internet und in den neuen Medien – Prävention und Jugendschutz, Zürich 2012, 33 ff.

SCHWARZENEGGER, C., Selbstsüchtige Beweggründe bei der Verleitung und Beihilfe zum Selbstmord (Art. 115 StGB), in: Petermann (Hrsg.), Sicherheitsaspekte der Sterbehilfe, St. Gallen 2008, 81 ff.

SCHWARZENEGGER, C., Das Mittel zur Suizidbeihilfe und das Recht auf den eigenen Tod, Schweizerische Ärztezeitung 2007 (Heft 19), 843 ff.

SCHWOB, R., Retrozessionen: Betrachtungen zur strafrechtlichen Relevanz für eine Bank, ZStrR 2/2012, 121 ff.

SCHWOB, R., «Tax Crimes» als Vortaten zur Geldwäscherei? – «Je mehr die Gesetze und Befehle prangen, desto mehr gibt es Diebe und Räuber», ST 2011, 281 ff.

SEELMANN, K., Unternehmensstrafbarkeit: Ursachen, Paradoxien und Folgen, in: FS Schmid, Zürich 2001, 169 ff.

SEELMANN, K., Kein Diebstahl an Betäubungsmitteln möglich? – BGE 122 IV 179 ff., recht 1997, 35 ff.

SEELMANN, K./GETH, C., Strafrecht Allgemeiner Teil, 6. Aufl., Basel 2016

SIDLER, M., Widersetzlichkeit und Beamtennötigung im schweizerischen Strafrecht, Zürich 1974

SOWADA, C., Der strafrechtliche Schutz am Beginn des Lebens, GA 2011, 389 ff.

SPITZ, P., Art. 4a, in: Jung/Spitz (Hrsg.), Stämpflis Handkommentar: Bundesgesetz gegen den unlauteren Wettbewerb (UWG), 2. Aufl., Bern 2016

STANKO, E., The Attrition of Rape Allegations in London: A Review, London Metropolitan Police Service 2007

STRASSER, O., Verbrecherischer Erlös nach Geldwäschereigesetz. Was heisst «aus einem Verbrechen herrühren» nach Art. 9 Abs. 1 lit. a Ziff. 2 GwG?, ST 2010, 614 ff.

STRATENWERTH, G., Schweizerisches Strafrecht, Allgemeiner Teil I: Die Straftat, 4. Aufl., Bern 2011

STRATENWERTH, G., Neuere Strafgesetzgebung – eine Philippika, ZStrR 2/2009, 114 ff.

STRATENWERTH, G., Zukunftssicherung mit den Mitteln des Strafrechts?, ZStW 105/1993, 679 ff.

STRATENWERTH, G., Raub und Geiselnahme, Urteilsanmerkung zu BGE vom 10.7.1987 = Pra 1987, Nr. 272, recht 1988, 97 ff.

STRATENWERTH, G., Zur Abgrenzung von Lösegeldentführung (StrGB Art. 184 Abs. 2) und Geiselnahme (StrGB Art. 185), ZStrR 103/1986, 312 ff.

STRATENWERTH, G., Zum Straftatbestand des Missbrauchs von Insiderinformationen, in: FS Vischer, Zürich 1983, 667 ff.

STRATENWERTH, G., Urkundendelikte unter dem Aspekt der Wirtschaftskriminalität, SJZ 76/1980, 1 ff.

STRATENWERTH, G., Sterbehilfe, ZStrR 95/1978, 60 ff.

STRATENWERTH, G., Gewerbsmässigkeit im Strafrecht, in: Walder/Trechsel (Hrsg.), Lebendiges Strafrecht, Festgabe Schultz, ZStrR 94/1977, 88 ff.

STRATENWERTH, G./BOMMER, F., Schweizerisches Strafrecht, Besonderer Teil II: Straftaten gegen die Gemeininteressen, 7. Aufl., Bern 2013

STRATENWERTH, G./JENNY, G./BOMMER, F., Schweizerisches Strafrecht, Besonderer Teil I: Straftaten gegen Individualinteressen, 7. Aufl., Bern 2010

STRATENWERTH, G./WOHLERS, W., Schweizerisches Strafgesetzbuch, Handkommentar, 3. Aufl., Bern 2013

STUCKI, D., Die Strafbarkeit von «Phishing» nach StGB, in: Jusletter vom 9. Januar 2012

SUTER, C./REMUND, C., Infractions fiscales, blanchiment et intermédiaires financiers, GesKR 1/2015, 54 ff.

SUTTER-SOMM, T./HASENBÖHLER, F./LEUENBERGER, C. (Hrsg.), Kommentar zur Schweizerischen Zivilprozessordnung (ZPO), 3. Aufl., Zürich 2016 (zit. ZPO Komm-Bearbeiter 2016)

TAG, B., Strafrechtliche Beurteilung eines HIV-Tests ohne Informed Consent, in: FS Killias, Bern 2013, 789 ff.

TAG, B., Sterbehilfe – betrachtet im Lichte des Strafrechts, Vom Recht auf einen menschenwürdigen Tod oder: darf ich sterben, wann ich will?, in: Fuchs/Kruse/Schwarzkopf (Hrsg.), Menschenbild und Menschenwürde am Ende des Lebens, Heidelberg 2010, 153 ff.

TAG, B./TAUPITZ, J./TRÖGER, J. (Hrsg.), Drittmitteleinwerbung – Strafbare Dienstpflicht?, Heidelberg 2004

THOMAS, S., Soziale Adäquanz und Bestechungsdelikte, in: FS Jung, Baden-Baden 2007, 973 ff.

THOMMEN, M., Opfermitverantwortung beim Betrug, ZStrR 1/2008, 17 ff.

THORMANN, P., Zur Situation der Frau als Opfer einer Vergewaltigung, in: Kilias/Schuh (Hrsg.), Sexualdelinquenz, Reihe Kriminologie, Band 9, Zürich 1991, 127 ff.

TIEDEMANN, K., Wirtschaftsstrafrecht. Einführung und Allgemeiner Teil, 5. Aufl., Köln/München 2017

TIEDEMANN, K., Entwicklungstendenzen der strafprozessualen Rechtskraftlehre unter besonderer Berücksichtigung des ausländischen Rechts, Tübingen 1969

TRECHSEL, S., Zur Verfolgungspflicht des Kommandanten im Völkerstrafrecht, in: FS Donatsch, Zürich 2012, 201 ff.

TRECHSEL, S./NOLL, P./PIETH, M., Schweizerisches Strafrecht, Allgemeiner Teil I, 7. Aufl., Zürich 2017

TRECHSEL, S./PIETH, M. (Hrsg.), Schweizerisches Strafgesetzbuch: Praxiskommentar, 3. Aufl., Zürich/St. Gallen 2018 (zit. PK-Autor 2018)

TRECHSEL, S./PIETH, M. (Hrsg.), Schweizerisches Strafgesetzbuch: Praxiskommentar, 2. Aufl., Zürich/St. Gallen 2013 (zit. PK-Autor 2013)

TRECHSEL, S./SCHLAURI, R., Weibliche Genitalverstümmelung in der Schweiz, Rechtsgutachten, Zürich 2004 (zit. Gutachten Trechsel/Schlauri 2004)

TRIFFTERER, O./AMBOS, K., Commentary on the Rome Statute of the International Criminal Court, 3. Aufl., München 2016

TRUNZ, M./WOHLERS, W., Hooliganismus-Bekämpfung: Kann die Schweiz von England lernen?, Causa Sport 2011, 176 ff.

TSCHIGG, R., Die Einziehung von Vermögenswerten krimineller Organisationen, Bern 2003

VANOLI, O., Stalking, Ein «neues» Phänomen und dessen strafrechtliche Erfassung in Kalifornien und in der Schweiz, Zürich 2009

VEST, H., Allgemeine Vermögensdelikte, in: Ackermann/Heine (Hrsg.), Wirtschaftsstrafrecht der Schweiz, Hand- und Studienbuch, Bern 2013, 261 ff.

VEST, H., Zur Auslegung des Revisionismustatbestands der Vorschrift über Rassendiskriminierung (Art. 216bis Abs. 4, 2. Alternative), AJP 2006, 122 ff.

VEST, H., Anwendungsprobleme im Bereich der Geldwäscherei, SJZ 100/2004, 53 ff.

VEST, H., Probleme des Urkundenstrafrechts, AJP 2003, 883 ff.

VEST, H., Genozid durch organisatorische Machtapparate, Baden-Baden 2002

VEST, H., Bundesgericht, Kassationshof, 28.6.2000, H. c. Staatsanwaltschaft des Kantons Basel-Stadt, BGE 126 IV 113, Nichtigkeitsbeschwerde, AJP 2001, 1464 ff.

VEST, H., Zum Verhältnis zwischen Bürgerkrieg und Völkermord in Ruanda, SJZ 96/2000, 258 ff. (zit. Vest 2000 [SJZ])

VEST, H., Zur Leugnung des Völkermordes an den Armeniern 1915 – Eine politisch noch immer und strafrechtlich wieder aktuelle Kontroverse, AJP 2000, 66 ff. (zit. Vest 2000 [AJP])

VEST, H., Bundesgericht, Kassationshof, 20.10.1999, X. c. Staatsanwaltschaft des Kantons Zürich und Y., BGE 125 IV 242, Nichtigkeitsbeschwerde (vgl. auch BGE 125 IV 255), AJP 2000, 1168 ff.

VEST, H., «Organisierte Kriminalität» – Überlegungen zur kriminalpolitischen Instrumentalisierung eines Begriffs, ZStrR 2/1994, 121 ff.

VEST, H., Landfriedensbruch – Zufallsjustiz gegen Oppositionelle, SJZ 84/1988, 247 ff.

VEST, H./SAGER, C., Die bundesrätliche Botschaft zur Umsetzung der Vorgaben des IStGH-Statuts – eine kritische Bestandsaufnahme, AJP 2009, 423 ff.

VEST, H./ZIEGLER, A./LINDENMANN, J./WEHRENBERG, S. (Hrsg.), Die völkerstrafrechtlichen Bestimmungen des StGB. Kommentar, Zürich/St. Gallen 2014 (zit. Vest et al. 2014)

VILLARD, K., La compétence du juge pénal suisse à l'égard de l'infraction reprochée à l'entreprise, Genf et al. 2017

VOLCKER, P. A./GOLDSTONE, R. J./PIETH, M., Independent Inquiry Committee into the United Nations Oil-for-Food Programme, Manipulation of the Oil-for-Food Programme by the Iraqi Regime, 27.10.2005 (zit. Volcker/Goldstone/Pieth 27.10.2005)

VOLLMER, T., Prävention statt Regulierung – Das Nationale Programm Jugendmedienschutz und Medienkompetenzen, in: Schwarzenegger/Nägeli (Hrsg.), Viertes Zürcher Präventionsforum – Illegale und schädliche Inhalte im Internet und in den neuen Medien – Prävention und Jugendschutz, Zürich 2012, 109 ff.

VON TROTHA, T., Zur Entstehung von Jugend, Kölner Zeitschrift für Soziologie und Sozialpsychologie, Jg. 34/1982, 254 ff.

VORMBAUM, T., Einführung in die moderne Strafrechtsgeschichte, Berlin Heidelberg 2011

WALDBURGER, R./FUCHS, S., Steuerdelikte als Vortaten zur Geldwäscherei, IFF Forum für Steuerrecht 2014/2, 111 ff.

WEBER, P./WIEDERKEHR, R., Bundesgericht, Kassationshof, 25.9.2002, in Sachen A., B., C., etc. c. Staatsanwaltschaft des Kantons Aargau (BGE 129 IV 6), Nichtigkeitsbeschwerde, AJP 2003, 432 ff.

WEHRLE, S., Fahrlässige Beteiligung am Vorsatzdelikt: Regressverbot?, Basel et al. 1986

WERMELINGER, A., Urteil der 4. Kammer des Europäischen Gerichtshofs für Menschenrechte vom 25. April 2006, Rechtssache Stoll gegen Schweiz, Individualbeschwerde Nr. 69698/01, digma 2006, 181 ff.

WESEL, U., Geschichte des Rechts in Europa, Von den Griechen bis zum Vertrag von Lissabon, München 2010

WIESNER-BERG, S., Anonyme Kindesabgabe in Deutschland und der Schweiz, Zürich 2009

WIPRÄCHTIGER, H., Das geltende Sexualstrafrecht – eine kritische Standortbestimmung, ZStrR 3/2007, 280 ff.

WIPRÄCHTIGER, H., Aktuelle Praxis des Bundesgerichts zum Sexualstrafrecht, ZStrR 2/1999, 122 ff.

WOHLERS, W., Finanz- und Kapitalmarktstrafrecht, in: Ackermann/Heine (Hrsg.), Wirtschaftsstrafrecht der Schweiz, Hand- und Studienbuch, Bern 2013, 355 ff. (zit. Wohlers 2013a)

WOHLERS, W., Insiderhandel und Kursmanipulation – Prüfstein der Frage, wie weit sich Strafrechtsnormen an den Realitäten des Marktes zu orientieren haben, ZStW 125/2013, 443 ff. (zit. Wohlers 2013b)

WOHLERS, W., Bemerkungen zu Urteil des AppGer BS vom 1. November 2011 i.S. X. gegen Staatsanwaltschaft Basel-Stadt, Landfriedensbruch; öffentliche Zusammenrottung, fp 5/2012, 277 ff.

WOHLERS, W., Die Stoffgleichheit von Vermögensschaden und angestrebter Bereicherung beim Betrug, Zugleich Besprechung von BGer, Urteil v. 13.6.2008, 6B_4/2008 (BGE 134 IV 210 m. Bespr. Häring, AJP 2008, 1596), fp 2/2009, 115 ff.

WOHLERS, W., Zwangsehen in strafrechtlicher Sicht, FamPra.ch 2007, 752 ff.

WOHLERS, W., Geldwäscherei durch die Annahme von Verteidigerhonoraren – Art. 305bis StGB als Gefahr für das Institut der Wahlverteidigung, ZStrR 2/2002, 197 ff.

WOHLERS, W./GIANNINI, M., Vorschüsse, ein Minenfeld für Strafverteidiger, plädoyer 6/2005, 34 ff.

WOHLERS, W./GODENZI, G., Die Knabenbeschneidung – ein Problem des Strafrechts?, Zürich/St. Gallen 2014

ZIMMERLIN, S., Stalking – Erscheinungsformen, Verbreitung, Rechtsschutz, Sicherheit & Recht 2011, 3 ff.

ZERBES, I., zu § 9 Ö StGB, in: Triffterer/Rosbaud/Hinterhofer (Hrsg.), Salzburger Kommentar zum (Ö)StGB, Wien 2014 (zit. Zerbes 2014a)

ZERBES, I., Article 1, in: Pieth/Low/Bonucci (Hrsg.), The OECD Convention on Bribery – A Commentary, 2. Aufl., Cambridge et al. 2014, 59 ff. (zit. Zerbes 2014b)

ZIEGLER, A./WEHRENBERG, S./WEBER, R. (Hrsg.), Kriegsverbrecherprozesse in der Schweiz – Procès de criminels de guerre en Suisse, Zürich et al. 2009 (zit. Ziegler et al. 2009)

Materialien

Abkommen über die Zusammenarbeit zwischen der Schweizerischen Eidgenossenschaft einerseits und der Europäischen Gemeinschaft und ihren Mitgliedstaaten andererseits zur Bekämpfung von Betrug und sonstigen rechtswidrigen Handlungen, die ihre finanziellen Interessen beeinträchtigen (mit Schlussakte)

(zit. Botschaft des Bundesrates, BBl 2004 6503)

Anwendung und Wirkung der Zwangsmassnahmen im Ausländerrecht, Bericht der Geschäftsprüfungskommission des Nationalrates auf der Grundlage einer Evaluation der Parlamentarischen Verwaltungskontrolle vom 24. August 2005, Stellungnahme des Bundesrates vom 15. Februar 2006

(zit. Stellungnahme des Bundesrates, BBl 2006 2579)

Bank of International Settlements, Basel Committee on Banking Supervision, Prevention of Criminal Use of the Banking System for the Purpose of Money-Laundering, December 1988

(zit. Basel Statement of Principles)

Basel Art Trade Guidelines 2012, Basel Institute on Governance, Working Paper Series No 12 (Thomas Christ und Claudia von Selle)

Bericht des Bundesrates, Palliative Care, Suizidprävention und organisierte Sterbehilfe, Bern Juni 2011

(zit. Bericht des Bundesrates vom Juni 2011)

Bericht der Kommission für Rechtsfragen des Nationalrats zur Parlamentarischen Initiative «Aufhebung von Art. 293 StGB» vom 23. Juni 2016 (BBl 2016 7329)

Botschaft zur Genehmigung des Übereinkommens des Europarats zur Verhütung und Bekämpfung von Gewalt gegen Frauen und häuslicher Gewalt (Istanbul-Konvention) vom 2. Dezember 2016

(zit. Botschaft des Bundesrates, BBl 2017 185)

Botschaft zur Änderung des Strafgesetzbuchs und des Militärstrafgesetzes (Umsetzung von Art. 123c BV) vom 3. Juni 2016

(zit. Botschaft des Bundesrates, BBl 2016 6115)

Botschaft zum Finanzmarktinfrastrukturgesetz (FinfraG) vom 3. September 2014

(zit. Botschaft des Bundesrates, BBl 2014 7483)

Botschaft zur Genehmigung der Änderungen des Römer Statuts des Internationalen Strafgerichtshofs betreffend das Verbrechen der Aggression und die Kriegsverbrechen Botschaft des Bundesrates vom 19. Februar 2014

(zit. Botschaft des Bundesrates, BBl 2014 2045)

Botschaft zur Genehmigung und zur Umsetzung des Internationalen Übereinkommens zum Schutz aller Personen vor dem Verschwindenlassen vom 29. November 2013

(zit. Botschaft des Bundesrates, BBl 2014 453)

Botschaft über die Änderung des Strafgesetzbuchs (Korruptionsstrafrecht) vom 30. April 2014

(zit. Botschaft des Bundesrates, BBl 2014 3591)

Botschaft zur Umsetzung der 2012 revidierten Empfehlungen der Groupe d'action financière (GAFI) vom 13. Dezember 2013

(zit. Botschaft des Bundesrates, BBl 2014 605)

Botschaft zum Bundesgesetz über das Verbot der Gruppierungen «Al-Qaïda» und «Islamischer Staat» sowie verwandter Organisationen vom 12. November 2014

(zit. Botschaft des Bundesrates, BBl 2014 8925)

Botschaft zur Änderung des Strafgesetzbuchs und des Militärstrafgesetzes (Umsetzung von Art. 121 Abs. 3–6 BV über die Ausschaffung krimineller Ausländerinnen und Ausländer) vom 26. Juni 2013

(zit. Botschaft des Bundesrates, BBl 2013 5975)

Botschaft zur Genehmigung des Übereinkommens des Europarats zum Schutz von Kindern vor sexueller Ausbeutung und sexuellem Missbrauch (Lanzarote-Konvention) sowie zu seiner Umsetzung (Änderung des Strafgesetzbuchs) vom 4. Juli 2012

(zit. Botschaft des Bundesrates, BBl 2012 7571)

Botschaft zum Bundesgesetz über Massnahmen gegen Zwangsheiraten vom 23. Februar 2011

(zit. Botschaft des Bundesrates, BBl 2011 2185)

Botschaft über die Genehmigung und die Umsetzung des Übereinkommens des Europarates über die Cyberkriminalität vom 18. Juni 2010

(zit. Botschaft des Bundesrates, BBl 2010 4697)

Botschaft über die Änderung von Bundesgesetzen zur Umsetzung des Römer Statuts des Internationalen Strafgerichtshofs vom 23. April 2008

(zit. Botschaft des Bundesrates, BBl 2008 3863)

Botschaft zum UNO-Übereinkommen gegen Korruption vom 21. September 2007

(zit. Botschaft des Bundesrates, BBl 2007 7349)

Botschaft zur Volksinitiative «für die Unverjährbarkeit pornographischer Straftaten an Kindern» und zum Bundesgesetz über die Verfolgungsverjährung bei Straftaten an Kindern; Änderung des Strafgesetzbuches und des Militärstrafgesetzes vom 27. Juni 2007

(zit. Botschaft des Bundesrates, BBl 2007 5369)

Botschaft zur Änderung des Schweizerischen Strafgesetzbuches (Streichung von Art. 161 Ziff. 3 StGB) vom 8. Dezember 2006

(zit. Botschaft des Bundesrates, BBl 2007 439)

Botschaft über das Fakultativprotokoll vom 25. Mai 2000 zum Übereinkommen über die Rechte des Kindes betreffend den Verkauf von Kindern, die Kinderprostitution und die Kinderpornographie und über die entsprechende Strafrechtsrevision des Tatbestandes des Menschenhandels vom 11. März 2005

(zit. Botschaft des Bundesrates, BBl 2005 2807)

Botschaft über die Genehmigung und die Umsetzung des Strafrechts-Übereinkommens und des Zusatzprotokoll des Europarates über Korruption (Änderung des Strafgesetzbuches und des Bundesgesetzes gegen den unlauteren Wettbewerb) vom 10. November 2004

(zit. Botschaft des Bundesrates, BBl 2004 6983)

Botschaft zur Genehmigung der bilateralen Abkommen zwischen der Schweiz und der Europäischen Union, einschliesslich der Erlasse zur Umsetzung der Abkommen («Bilaterale II») vom 1. Oktober 2004

(zit. Botschaft des Bundesrates, BBl 2004 5965)

Botschaft zum Bundesgesetz über die Öffentlichkeit der Verwaltung vom 12. Februar 2003

(zit. Botschaft des Bundesrates, BBl 2003 1963)

Botschaft betreffend die Internationalen Übereinkommen zur Bekämpfung der Finanzierung des Terrorismus und zur Bekämpfung terroristischer Bombenanschläge sowie die Änderung des Strafgesetzbuches und die Anpassung weiterer Bundesgesetze vom 26. Juni 2002

(zit. Botschaft des Bundesrates, BBl 2002 5390)

Botschaft über das Römer Statut des Internationalen Strafgerichtshofs, das Bundesgesetz über die Zusammenarbeit mit dem Internationalen Strafgerichtshof und eine Revision des Strafrechts vom 15. November 2000

(zit. Botschaft des Bundesrates, BBl 2001 391)

Botschaft über die Änderung des Schweizerischen Strafgesetzbuches und des Militärgesetzes (Strafbare Handlungen gegen die sexuelle Integrität/Verjährung bei Sexualdelikten an Kindern und Verbot des Besitzes harter Pornografie) vom 10. Mai 2000

(zit. Botschaft des Bundesrates, BBl 2000 2943)

Botschaft zu einem Bundesgesetz über die Währung und die Zahlungsmittel vom 26. Mai 1999

(zit. Botschaft des Bundesrates, BBl 1999 7258)

Botschaft über die Änderung des Schweizerischen Strafgesetzbuches und des Militärstrafgesetzes (Revision des Korruptionsstrafrechts) sowie über den Beitritt der Schweiz zum Übereinkommen über die Bekämpfung der Bestechung ausländischer Amtsträger im internationalen Geschäftsverkehr vom 19. April 1999

(zit. Botschaft des Bundesrates, BBl 1999 5497)

Botschaft betreffend das Übereinkommen über die Verhütung und Bestrafung des Völkermordes sowie die entsprechende Revision des Strafrechts vom 31. März 1999

(zit. Botschaft des Bundesrates, BBl 1999 5327)

Botschaft betreffend die Änderung des Rechtshilfegesetzes und des Bundesgesetzes zum Staatsvertrag mit den USA über gegenseitige Rechtshilfe in Strafsachen sowie den Bundesbeschluss über einen Vorbehalt zum Europäischen Übereinkommen über die Rechtshilfe vom 29. März 1995

(zit. Botschaft des Bundesrates, BBl 1995 III 1)

Botschaft über die Änderung des Schweizerischen Strafgesetzbuches und des Militärstrafgesetzes (Revision des Einziehungsrechts, Strafbarkeit der kriminellen Organisation, Melderecht des Financiers) vom 30. Juni 1993

(zit. Botschaft des Bundesrates, BBl 1993 III 277)

Botschaft zu einem Bundesgesetz über die Börsen und den Effektenhandel (Börsengesetz, BEHG) vom 24. Februar 1993

(zit. Botschaft des Bundesrates, BBl 1993 1369)

Botschaft über den Beitritt der Schweiz zum Internationalen Übereinkommen von 1965 zur Beseitigung jeder Form von Rassendiskriminierung und über die entsprechende Strafrechtsrevision vom 2. März 1992

(zit. Botschaft des Bundesrates, BBl 1992 III 269)

Botschaft über die Änderung des Schweizerischen Strafgesetzbuches und des Militärstrafgesetzes (Strafbare Handlungen gegen das Vermögen und Urkundenfälschung) sowie betreffend die Änderung des Bundesgesetzes über die wirtschaftliche Landesversorgung (Strafbare Handlungen gegen das Vermögen und Urkundenfälschung) sowie betreffend die Änderung des Bundesgesetzes über die wirtschaftliche Landesversorgung (Strafbestimmungen) vom 24. April 1991

(zit. Botschaft des Bundesrates, BBl 1991 II 969)

Botschaft über die Änderung des Schweizerischen Strafgesetzbuches (Gesetzgebung über Geldwäscherei und mangelnde Sorgfalt bei Geldgeschäften) vom 12. Juni 1989

(zit. Botschaft des Bundesrates, BBl 1989 II 1061)

Botschaft über die Änderung des Schweizerischen Strafgesetzbuches und des Militärstrafgesetzes (Strafbare Handlungen gegen Leib und Leben, gegen die Sittlichkeit und gegen die Familie) vom 26. Juni 1985

(zit. Botschaft des Bundesrates, BBl 1985 II 1009)

Botschaft über die Änderung des Schweizerischen Strafgesetzbuches (Insidergeschäfte) vom 1. Mai 1985

(zit. Botschaft des Bundesrates, BBl 1985 II 69)

Botschaft über die Änderung des Schweizerischen Strafgesetzbuches und des Militärstrafgesetzes (Gewaltverbrechen) vom 10. Dezember 1979

(zit. Botschaft des Bundesrates, BBl 1980 I 1241)

Botschaft des Bundesrates an die Bundesversammlung über die Verstärkung des strafrechtlichen Schutzes des persönlichen Geheimbereichs vom 21. Februar 1968

(zit. Botschaft des Bundesrates, BBl 1968 I 585)

Botschaft des Bundesrates an die Bundesversammlung über eine Teilrevision des Schweizerischen Strafgesetzbuches vom 20. Juni 1949

(zit. Botschaft des Bundesrates, BBl 1949 I 1249)

Botschaft des Bundesrates an die Bundesversammlung zu einem Gesetzesentwurf enthaltend das schweizerische Strafgesetzbuch vom 23. Juli 1918

(zit. Botschaft des Bundesrates, BBl 1918 IV 1)

Botschaft des Bundesrates an die Bundesversammlung betreffend die Ergebnisse der Haager Konferenz vom 22. Mai 1900

(zit. Botschaft des Bundesrates, BBl 1900 III 1)

Bundesamt für Statistik (BFS), Polizeiliche Kriminalstatistik (PKS), Jahresberichte 2012–2016 (Nr. 2017–0122-D)

Bundesbeschluss über die Genehmigung des Übereinkommens des Europarats zur Verhütung und Bekämpfung von Gewalt gegen Frauen und häuslicher Gewalt vom 16. Juni 2017 (BBl 2017 4275)

(zit. Bundesbeschluss vom 16.6.2017, BBl 2017 4275)

Bundesgesetz über die Bekämpfung der Geldwäscherei und der Terrorismusfinanzierung im Finanzsektor (Geldwäschereigesetz, GwG) vom 10. Oktober 1997 (SR 955.0)

Bundesgesetz über das Verbot der Gruppierungen «Al-Qaïda» und «Islamischer Staat» sowie verwandter Organisationen vom 12. Dezember 2014 (SR 122)

Bundesgesetz über die Harmonisierung der Strafrahmen im Strafgesetzbuch, im Militärstrafgesetz und im Nebenstrafrecht, Vorentwurf vom 8. September 2010

(zit. Harmonisierungsvorlage 2010)

Die Revision des Schweizerischen Korruptionsstrafrechtes, Gutachten erstattet von Prof. Dr. iur. Mark Pieth, unter Mitarbeit von Dr. iur. Marco Balmelli, Dezember 1997

(zit. Gutachten Pieth/Balmelli 1997)

EJPD, Schlussbericht der Arbeitsgruppe «Sicherheitsprüfungen und Korruption», Bern Oktober 1996

(zit. Schlussbericht 1996)

Erläuternder Bericht zur Änderung des Strafgesetzbuchs und des Militärstrafgesetzes (Umsetzung von Art. 123c BV) von März 2015

(zit. erl. Bericht März 2015)

Erläuternder Bericht über die Änderung des Strafgesetzbuchs und des Militärstrafgesetzes (Korruptionsstrafrecht) vom 15. Mai 2013

Erläuternder Bericht zum Bundesgesetz über die Harmonisierung der Strafrahmen im Strafgesetzbuch, im Militärstrafgesetz und im Nebenstrafrecht

(zit. erl. Bericht zur Harmonisierungsvorlage 2010)

Erläuternder Bericht zu den Vorentwürfen der Expertenkommission für die Revision des Strafgesetzbuches für die Änderung des Strafgesetzbuches betreffend die Strafbaren Handlungen gegen Leib und Leben, gegen die Sittlichkeit und gegen die Familie und der entsprechenden Bestimmungen des Militärstrafgesetzes, Januar 1977

(zit. Vorentwurf 1977)

Europarat, Konvention des Europarates über Geldwäsche, Terrorismusfinanzierung sowie Ermittlung, Beschlagnahme und Einziehung von Erträgen aus Straftaten vom 16. Mai 2005 (SEV-Nr. 198)

FATF, International Standards on Combating Money Laundering and the Financing of Terrorism & Proliferation, The Financial Action Task Force Recommendations, updated June 2017

(zit. FATF 40/2012)

FATF Country review Switzerland 2016: Anti-money laundering and counter-terrorist financing measures – Switzerland, Fourth Round Mutual Evaluation Report, FATF, Paris 2016

KGGT 2015, Schweizerische Eidgenossenschaft, Bericht über die nationale Beurteilung der Geldwäscherei- und Terrorismusfinanzierungsrisiken in der Schweiz, Bericht der interdepartementalen Koordinationsgruppe zur Bekämpfung der Geldwäscherei und der Terrorismusfinanzierung (KGGT), Juni 2015

Richtlinie (EU) 2015/849 des Europäischen Parlaments und des Rates vom 20. Mai 2015 zur Verhinderung der Nutzung des Finanzsystems zum Zwecke der Geldwäsche und der Terrorismusfinanzierung, zur Änderung der Verordnung (EU) Nr. 648/2012 des Europäischen Parlaments und des Rates und zur Aufhebung der Richtlinie 2005/60/EG des Europäischen Parlaments und des Rates und der Richtlinie 2006/70/EG der Kommission (Amtsblatt der Europäischen Union L 141/73)

Stooss, C., Schweizerisches Strafgesetzbuch: Vorentwurf, Amtliche Ausgabe Juli 1894

(zit. Stooss VE 1894)

Übereinkommen des Europarats zur Verhütung und Bekämpfung von Gewalt gegen Frauen und häuslicher Gewalt vom 11. Mai 2011 (Istanbul Konvention) (SEV-Nr. 210). Für die Schweiz: Bundesbeschluss über die Genehmigung des Übereinkommens vom 16. Juni 2017 (BBl 2017 4275)

Übereinkommen des Europarates zum Schutz von Kindern vor sexueller Ausbeutung und sexuellem Missbrauch vom 25. Oktober 2007 (Lanzarote-Konvention) (SEV-Nr. 201). Für die Schweiz: von der Bundesversammlung genehmigt am 27. September 2013, Schweizerische Ratifikationsurkunde hinterlegt am 18. März 2014, in Kraft getreten für die Schweiz am 1. Juli 2014 (SR 0.311.40)

UN International Convention for the Suppression of the Financing of Terrorism, UN Doc. A/RES/54/109, 9 December 1999 (für die Schweiz: Internationales Übereinkommen zur Bekämpfung der Finanzierung des Terrorismus. Abgeschlossen in New York am 9. Dezember 1999, i.Kr. seit 23. Oktober 2003, SR 0.353.22)

Vereinbarung über die Standesregeln zur Sorgfaltspflicht der Banken (VSB 16) zwischen der Schweizerischen Bankiervereinigung einerseits und den unterzeichnenden Banken andererseits vom 1. Juni 2015

(zit. VSB 2016)

Verordnung des EDI über die Meldung von Beobachtungen übertragbarer Krankheiten vom 1. Dezember 2015 (SR 818.101.126)

Verordnung über die Bekämpfung der Geldwäscherei und der Terrorismusfinanzierung (Geldwäschereiverordnung, GwV) vom 11. November 2015 (SR 955.01)

Materialien

Verordnung der Eidgenössischen Spielbankenkommission über die Sorgfaltspflichten der Spielbanken zur Bekämpfung der Geldwäscherei (Geldwäschereiverordnung ESBK, GwV-ESBK) vom 24. Juni 2015 (SR 955.021)

Verordnung der Eidgenössischen Finanzmarktaufsicht über die Verhinderung von Geldwäscherei und Terrorismusfinanzierung (Geldwäschereiverordnung-FINMA, GwV-FINMA) vom 3. Juni 2015 (SR 955.033.0)

Verordnung über Massnahmen gegenüber Personen und Organisationen mit Verbindungen zu Usama bin Laden, der Gruppierung «Al-Qaïda» oder den Taliban vom 2. Oktober 2000 (SR 946.203)

Vorentwurf und erläuternder Bericht des EJPD, BJ vom Juni 2017 über die Genehmigung und Umsetzung des Übereinkommens des Europarates zur Verhütung des Terrorismus mit dem dazugehörigen Zusatzprotokoll und Verstärkung des strafrechtlichen Instrumentariums gegen Terrorismus und organisierte Kriminalität

(zit. EJPD, BJ VE und erl. Bericht Juni 2017)

Zusatzprotokoll zum Übereinkommen des Europarats zur Verhütung des Terrorismus vom 22. Oktober 2015

Weitere Materialien finden sich im Vollzitat im Text und in den Anmerkungen. Alle Hinweise auf Gesetzesartikel ohne Nennung des Gesetzes beziehen sich auf Artikel des Schweizerischen Strafgesetzbuches vom 21. Dezember 1937.

Einleitung

Der «Allgemeine Teil» des Strafrechts befasst sich mit den Grundvoraussetzungen der strafrechtlichen Zurechnung und den Prinzipien des Sanktionenrechts. Der «Besondere Teil», das «Zweite Buch» des StGB, enthält die Straftatbestände. Es werden im Einzelnen die strafbaren Verhaltensweisen definiert und die Strafdrohungen festgelegt.

Garantietatbestände

Die sog. «Garantietatbestände» gehören zu den wichtigsten Errungenschaften der Aufklärung: Aus dem Grundsatz «keine Strafe ohne Gesetz» (Art. 1) ergibt sich seit der bürgerlichen Revolution, dass dem frei verantwortlichen Menschen bereits zum Zeitpunkt seines Handelns zweifelsfrei bekannt sein muss, was erlaubt und was strafrechtlich verboten ist. Bestraft wird nicht länger aufgrund einer, wie immer vorgestellten, göttlichen Gerechtigkeit, noch aufgrund einer opportunistischen absolutistischen Staatsraison. Das auf Vorstellungen des *contrat social* zurückgehende Rationalitätsgebot verlangt den Bezug des Strafrechts zur Schädigung eines (oder mehrerer) Mitmenschen oder doch zum ernstzunehmenden Risiko einer Schädigung. Einem *ex ante* präzise definierten Strafrecht wird eine Appellfunktion unter prinzipiell vernunftbegabten Menschen zugeschrieben[5].

Zur Rechtsgutslehre

Sogleich drängt sich allerdings die Frage auf, ob ein Kriterium existiert, das es erlaubt zu definieren, welche Verhaltensweisen strafwürdig sind. Klassischerweise wird als Antwort auf die Rechtsgutstheorie verwiesen. Ihr Ursprung geht ins frühe 19. Jahrhundert zurück[6]. Mit dem Anspruch, einen «idealen Schutzkatalog»[7] zu entwickeln, wird aber heute noch gerungen. Die Leistungsfähigkeit der Rechtsgutstheorie bleibt umstritten[8]. Grundsätzlich enthält sie eine systemkritische («systemtranszendente»[9]) und eine systemimmanente Dimension.

---

5   Beccaria/Alff 1766/1998, 61; dazu Pieth Strafrechtsgeschichte 2015, 50.
6   Stratenwerth 2011, 67 ff. u.V.a. Birnbaum (1834); dazu vgl. Vormbaum 2011, 55 f.
7   Hassemer 1973/1980, 63.
8   Stratenwerth 2011, 68 f.; Ders. 1993, 683.
9   Hassemer 1973/1980, 19 ff.

Die systemkritische Rechtsgutslehre

Bei der systemkritischen Dimension stehen die Legitimationsfunktion und das Begrenzungsinteresse im Vordergrund. Vorab wird die Forderung nach einer rationalen Begründung des Strafbedürfnisses für jeden Tatbestand erhoben. Strafrecht und Ethik stehen dabei in einem schwierigen Spannungsverhältnis. Strafrecht sollte durch ethische Wertungen getragen sein, ja es sollte gerade das «ethische Minimum»[10] wiedergeben. Allerdings ist «moralische Verwerflichkeit» allein keine ausreichende Basis für die Strafbarkeit[11]. Schon früh wurde der Bezug zu einem (drohenden oder eingetretenen) objektiv feststellbaren Schaden an Gütern von Mitmenschen oder der Allgemeinheit verlangt[12].

Ein für alle Zeiten festgeschriebener Katalog strafbarer Verhaltensweisen existiert aber nicht. Der Rechtsgüterkatalog ist historisch wandelbar und er beruht auf «vorrechtlichen Massstäben»[13]. Er wird durch eine gesellschaftliche Verständigung ermittelt. Dabei spielen empirische Bezüge[14] zwar eine Rolle, in der Regel ist aber die Wahrnehmung der Realität durch die Bevölkerung entscheidender als wissenschaftliche Erhebungen. Allerdings darf sich eine Rechtsgutstheorie auch nicht einfach auf die schlichte Wiedergabe von «de facto vorherrschenden Moralvorstellungen» reduzieren lassen[15], wenn sie ihre kritische Funktion bewahren will.

Insgesamt kann die Reform des Sexualstrafrechts von 1991/92 als erfolgreiche Anwendung einer systemkritischen Rechtsgutsbetrachtung gewertet werden[16]: An die Stelle diffuser Kollektivgüter wie die «öffentliche Sittlichkeit» oder Begriffe wie «Unzucht» hat der Gesetzgeber die Tatbestände auf konkrete Individualschädlichkeit bezogen. Ins Zentrum traten der Jugendschutz, Abwehr von Gewalt und Menschenhandel[17]. Ebenfalls unter Berufung auf die Rechtsgutstheorie gelang es, den Schwangerschaftsabbruch zu liberalisieren[18].

In anderen «Kampfzonen» hat sich die kritische Funktion der Rechtsgutstheorie weniger konsequent durchsetzen können: Bis ins 20. Jahrhundert hinein hat sich zwar kontinuierlich die Erkenntnis etabliert, dass die Selbstschädigung nicht strafwürdig ist. Allerdings hat es zur Strafbefreiung des Betäubungsmittelkonsums bisher noch nicht wirklich gereicht. Zudem sind neue Tatbestände geschaffen worden, bei denen das Drittschädigungspotential zumindest empirisch nicht nachgewiesen ist (so der Besitz von Gewaltdarstellungen gemäss Art. 135 Abs. 1bis und von verbotener Pornografie gemäss Art. 197 Abs. 5).

---

10 Stratenwerth 2011, 66 u.H.a. Georg Jellinek (1908).
11 Ebda.
12 Hassemer (1973/1980, 25) u.V.a. den «Schadenszauber» gemäss Art. 109 der *Constitutio Criminalis Carolinae* (CCC) von 1532.
13 Hassemer 1973/1980, 121 ff.; Stratenwerth 2011, 67.
14 Hassemer 1973/1980, 89 ff., 221 ff.
15 Stratenwerth 2011, 66.
16 Vgl. für Deutschland bereits Jäger 1957; vgl. unten S. 72.
17 Vgl. Art. 187 f., 189 ff. und aArt. 196 (heute: Art. 182).
18 Pieth Strafrechtsgeschichte 2015, 98 u.V.a. Wesel 2010, 586 ff.; dazu unten S. 27 ff.

Sodann ist das Verhältnis von Individual- zu Kollektivgütern weiterhin ungeklärt. Während einzelne Autoren einen klaren Gegensatz sehen und für Kollektivgüter andere Massstäbe anlegen möchten[19], verlangt eine andere Schule, dass sich Universalrechtsgüter aus Individualrechtsgütern ableiten lassen[20]. Bei genauerem Hinsehen behaupten Exponenten dieser Position aber eine generelle Wechselbeziehung zwischen Individual- und Kollektivgütern[21]. Auch Individualgüter müssen sich demnach als Schutzgüter im kollektiven Interesse darstellen lassen. Im Übrigen sind (fast) alle Kollektivgüter auch als Summe zumindest abstrakter Übergriffe gegen Individualinteressen darzustellen:

> Auch der so heftig kritisierte Insidertatbestand (das Ausnutzen von vertraulichen Informationen durch Manager und andere Insider einer Aktiengesellschaft oder einer Genossenschaft zum persönlichen Vorteil auf dem Kapitalmarkt)[22] lässt sich durchaus als Gefährdung des Vermögens uneingeweihter Anleger an der Börse und ähnlichen Märkten darstellen. Dass ein Schaden des konkreten Anlegers nicht nachweisbar ist, stellt die Strafwürdigkeit nicht wirklich in Frage: Seit eine breite Schicht von Publikumsanlegern ihr Erspartes zur Börse trägt und mehr noch, seitdem unsere Altersvorsorge im Wesentlichen vom Funktionieren der Kapitalmärkte abhängig ist, kann man es sich nicht leisten, dass sich einzelne Eingeweihte auf Kosten der Gesamtheit der übrigen Marktteilnehmer bereichern. Dass uns die USA dessen erst belehren mussten[23], ist zwar peinlich, macht die Erkenntnis aber nicht unrichtig. In den USA setzte die breite Publikumsbeteiligung an den Kapitalmärkten ganz einfach früher ein. Das Rechtsgut der Börsendelikte kann abstrakt und kollektiv als das «Funktionieren der Kapitalmärkte» oder konkreter als die Gefährdung des Vermögens der Marktteilnehmer umschrieben werden. Die vor Kurzem vollzogene Verlagerung der betreffenden Tatbestände aus dem StGB hinaus ins Börsengesetz und kurz danach ins Finanzmarktstrukturgesetz (FinfraG)[24] steht für eine Umwertung: Im Zentrum steht nun neu das abstrakte Rechtsgut.

An ihre Grenzen stösst die Rechtsgutstheorie wo sich der Bezug zu Individualrechtsgütern – wie etwa im Umweltrecht – nur mit Mühe herstellen lässt oder wo die «Funktionalisierung von den Individualrechtsgütern her»[25] bewusst vermieden wird: Stratenwerth schlägt vor, bei essentiellen Bedrohungen künftigen Lebens überhaupt die klassische anthropozentrische Betrachtungsweise, die mit dem Primat der Individualrechtsgüter verhängt ist, aufzugeben und die Gesamtinteressen von Mensch und Natur ins Zentrum zu stellen[26]. Was von der systemkritischen Funktion der Rechtsgutstheorie in jenen extremen Bereichen bleibt, ist, dass sie uns auffordert, handfeste

---

19 Vgl. bereits Tiedemann 1969, 119; Ders. 2007, 22 f.
20 Hassemer 1973/1980, 233; Ders. 1992, 383.
21 Hassemer 1973/1980, 80 f.
22 Krit. Schubarth 1984, 303 ff.; Stratenwerth 1983, 667 ff. sowie unten S. 204.
23 Zum Einwand der «lex americana»: Zur Entstehungsgeschichte (aArt. 161 wird in der vorliegenden Auflage nicht mehr behandelt) vgl. Corboz I 2010, 465; Donatsch 2013, 304; BSK-Niggli/Wanner 2013, Art. 161bis N 7; Wohlers 2013a, 362 m.w.H. und unten S. 203 f.
24 Art. 154 und 155 Bundesgesetz über die Finanzmarktinfrastrukturen und das Marktverhalten im Effekten- und Derivatehandel (Finanzmarktinfrastrukturgesetz, FinfraG) vom 19.6.2015 (SR 958.1); Botschaft des Bundesrates, BBl 2014 7483; Pieth WiStrR 2016, 121.
25 In Anlehnung an Hassemer 1992, 383.
26 Stratenwerth 1993, 688 ff.; dazu Pieth 2017b, 229 ff.

Interessen zu benennen, die uns veranlassen zum Strafrecht zu greifen. Es wäre stossend, auf das härteste Mittel gerade dort zu verzichten, wo die Bedrohung (insb. für den Fortbestand aller höheren Lebewesen) am grössten ist.

Die systemimmanente Funktion der Rechtsgutslehre

Neben dem systemkritischen Anspruch hat die Rechtsgutslehre eine nicht zu unterschätzende intrasystematische Bedeutung. Sie liefert wesentliche Auslegungsgesichtspunkte: Aus den Grundgedanken[27] der Normen, der *ratio legis*, lässt sich Entscheidendes über das Verhältnis der Tatbestände ableiten. Die Rechtsgutslehre ermöglicht eine wertungsmässige Abstufung der Tatbestände im Verhältnis zueinander und damit eine Anwendung des Verhältnismässigkeitsprinzips. Schliesslich liefert sie Hilfsmittel für dogmatische Fragen[28], wie die Entscheidung, ob echte oder unechte Konkurrenz zwischen zwei Tatbeständen vorliegt.

Ultima ratio und Akzessorietät des Strafrechts

Es wurde bereits angedeutet, dass das Strafrecht als das schärfste Mittel des Rechts gilt. Die Auffassung, dass das Strafrecht die *ultima ratio* sei und nur subsidiär zu anderen Mitteln einzusetzen sei, gehört zum dogmatischen Gemeingut: Wo der Markt es richtet, braucht es keine Intervention[29]. Als Interventionsmittel kommen sodann subsidiär verwaltungs- und zivilrechtliche Massnahmen in Frage. Schliesslich besteht, je nach Rechtsordnung, als milderes Mittel zum Strafrecht gelegentlich eine besondere verwaltungsstrafrechtliche Reaktionsebene. Erst wenn sie alle versagen oder von Anfang an als untauglich erscheinen, ist es zulässig, zum Strafrecht zu greifen[30].

Dabei versteht sich, dass das Strafrecht nicht ein Fremdkörper im Rechtssystem sein kann. Es verstärkt zivil- und öffentlich-rechtliche Reaktionsweisen lediglich. Es ist prinzipiell akzessorisch zu anderen Rechtsgebieten[31].

> Daran ändern auch strafrechtliche Gerichtsentscheide nichts, in denen – wie im Mannesmann-Prozess – Strafrichter dem Zivilrecht eine etwas andere Deutung geben als die klassischen Zivilrechtler. Allemal legen sie Zivilrecht aus[32].

Es ist in der Vergangenheit über die Frage gestritten worden, ob das Strafrecht – zumal gegenüber verwaltungsrechtlicher Intervention – wirklich immer das schärfste Mittel ist[33]. Inzwischen haben verschiedene Autoren, insb. für das Wirtschaftsstrafrecht, eine

---

27 Stratenwerth 2011, 72 ff.; Stratenwerth/Jenny/Bommer 2010, 19.
28 Hassemer 1973/1980, 57 ff., 208 f.
29 Hassemer 1995, 489; Ders. 1992, 383; für die Schweiz: Killias et al. 2017, 29.
30 Prittwitz 2012, 56 ff.; Ders. 2011, 23 ff.
31 Lüderssen 2005, 163 ff.; vgl. auch Ackermann 2013, 11 f. und Pieth WiStrR 2016, 5.
32 So aber BGH 50, 331 ff.; dazu Kudlich/Oğlakcıoğlu 2014, 159 ff.; Tiedemann 2017, N 263 f.; Pieth WiStrR 2016, 115. Entgegen der Ansicht von Prittwitz (2012, 57) handelt es sich nicht um einen Fall, in dem sich das Strafrecht vom Aktienrecht lossagt.
33 Fragen aufgeworfen hatte bereits Tiedemann 1969, 145; krit. Prittwitz 2012, 23 ff.; Ders. 2011, 58.

«holistische Betrachtungsweise»³⁴ aller Sanktionen angeregt. Haffke zieht ein schlankes, gezieltes Strafrecht der «perfektionierten Kontrolldichte» des Verwaltungsrechts vor³⁵. Das Kriminalstrafrecht wird von den Kritikern einer holistischen Perspektive als ein *aliud* zu anderen rechtlichen Reaktionen betrachtet, da es zu gesellschaftlicher Ächtung und, bei Individuen, zu Freiheitsverlust führen kann³⁶. Diese Überhöhung des Strafrechts gegenüber dem Ordnungswidrigkeitenrecht und anderen Alternativen wird aber durch die jüngst ausgefällten maximalen Geldstrafen und Vermögenskonfiskationen etwa nach deutschem Ordnungswidrigkeitengesetz (OWiG)³⁷ in Frage gestellt: Kann eine derart hohe Sanktion noch als blosse Verwaltungssanktion betrachtet werden? Zudem trifft der dadurch möglicherweise ausgelöste Ausschluss von Vergabeverfahren oder Exportrisikogarantien ein Unternehmen mindestens so hart wie die klassische Strafe. Diese Beispiele belegen, dass der *ultima ratio*-Gedanke, zumindest im Rahmen des Wirtschaftsstrafrechtes, in einen Gesamtkontext gestellt werden muss; auch das ist eine Konsequenz der Akzessorietät des Strafrechts zur weiteren Rechtsordnung³⁸.

Systematik

Es hat sich bereits aus diesen abstrakten Überlegungen ergeben, dass eine zwingende Systematik der Straftatbestände nicht ersichtlich ist³⁹. Trotzdem erlaubt eine grobe Einteilung nach Rechtsgütern einen sinnvollen Aufbau des Lehrbuchs, der sich weitgehend am Gesetz orientiert. Dieser Text wird sich zunächst mit Individualrechtsgütern befassen und in einem zweiten Teil die Straftaten gegen Kollektivinteressen erörtern.

Besonderer Teil I: Straftaten gegen Individualinteressen	
Straftaten gegen die Person	
Art. 111–136	Leib und Leben
Art. 180–186	Freiheit
Art. 187–200	Sexuelle Integrität
Art. 173–179[novies], 162, 320–321bis	Ehre, Geheim- und Privatbereich
Straftaten gegen das Vermögen	
Art. 137–144bis	Eigentum
Art. 146–160, 172ter	Vermögen überhaupt

---

34 Pieth 2010, 891 ff.; Ders. 2002 (Selbstregulierung), 317 ff.
35 Haffke 2001, 955 ff.; dazu auch Prittwitz 2009 (Symposium Haffke), 185 und Ders. 2011, 23 ff.
36 Abermals Prittwitz 2011, 53 ff., 58.
37 So etwa gegenüber der Firma Siemens wegen Auslandsbestechung in der Höhe von insgesamt 1.2 Milliarden Euro in Deutschland und den USA.
38 Pieth 2010, 897 f.
39 Stratenwerth/Jenny/Bommer 2010, 17 ff.

Besonderer Teil II: Straftaten gegen Kollektivinteressen	
Straftaten gegen die öffentliche Ordnung	
Art. 213–220	Familie
Art. 221–239	Gemeingefahr und öffentliche Gesundheit
Art. 240–257	Rechtsverkehr
Art. 258–263	Öffentlicher Frieden
Art. 264–264n	Verbrechen gegen die Menschlichkeit
Straftaten gegen den Staat	
Art. 265–302	Strafrechtlicher Staatsschutz
Art. 303–311	Rechtspflege
Art. 312–322^{decies}	Amts- und Berufspflichten

Erster Teil Straftaten gegen Individualinteressen

Kapitel 1   Straftaten gegen die Person

I. Straftaten gegen Leib und Leben
A. Tötungsdelikte
1. Einführung

Glaubt man den Medien oder der Kriminalliteratur, sind Tötungsdelikte überaus häufig. Dabei sind sie im Vergleich zu anderen Delikten durchaus selten[40], doch stellen sie wie kein anderes Delikt das Sicherheitsgefühl der Bevölkerung in Frage. Tötungsdelikte sind denn auch der klassische Kern des Strafrechts[41]. Der Mensch ist vor vorsätzlichen wie fahrlässigen Übergriffen auf Leib und Leben, vor Verletzungen wie vor Gefährdungen geschützt. Art. 260bis schützt selbst vor der Vorbereitung der schwersten Angriffe auf das menschliche Leben. Das «Recht auf Leben»[42] nimmt zwar in der Rechtsordnung einen zentralen Stellenwert ein[43], selbst das Leben ist aber weit davon entfernt, absolut geschützt zu sein. Es muss sich Einschränkungen durch das Notwehrrecht[44], das Kriegsvölkerrecht[45] oder auch die Zulässigkeit der Selbsttötung[46] gefallen lassen.

Es mag sodann selbstverständlich erscheinen, doch muss es betont werden: Jedes menschliche Leben ist schützenswert, auch das durch Krankheit akut gefährdete. Auf Problemfälle ist im Rahmen der Erörterung der Todesdefinition[47] und der Sterbehilfe[48] zurückzukommen.

Der lebende Mensch ist vor Übergriffen anderer Menschen geschützt. Obwohl es sich bei den Tötungsdelikten um so zentrale Normen handelt, ist die Definition des Lebens aber in vielem diskussionsbedürftig.

---

40 Zu den Statistiken unten S. 13.
41 Vgl. nur etwa Art. 130 ff. *Constitutio Criminalis Carolinae* (CCC) von 1532.
42 Art. 6 UNO-Pakt II; Art. 2 EMRK; Art. 10 BV.
43 Müller/Schefer 2008, 45.
44 Gemäss der klassischen Lehre, zumal in Deutschland, wäre es, wenn zur Abwehr eines unmittelbar bevorstehenden Angriffs kein milderes Mittel zur Verfügung steht und die Verletzung nicht in einem allzu krassen Missverhältnis zum geschützten Rechtsgut stände, in extremis sogar zulässig, den Angreifer rechtmässig zu töten (BGH 1 StR 249/79 vom 24.7.1979 [Schulhoffall]); krit. bereits Bernsmann 1992, 291; vgl. auch Trechsel/Noll/Pieth 2017, 121 ff.; Stratenwerth/Wohlers 2013, Art. 15 N 7.
45 Gless 2015, N 91 ff.; BSK-Schwarzenegger 2013, Art. 111 N 10.
46 S.u. S. 20.
47 Wie etwa den «*permanent vegetal status*».
48 S.u. S. 22 ff.

2. Leben und Tod

a) Beginn des Lebens

Der Schutz des Lebens durch die Tötungsdelikte beginnt mit der **Geburt**.

aa) Schutz des Embryos

Der **Embryo** ist durch separate Regeln (Art. 118–121) geschützt. Allerdings weichen sie von den Tötungsdelikten erheblich ab, weil sie den Interessen der Mutter ebenso wie denjenigen des Nasziturus Rechnung tragen müssen. Wir werden die Fristenlösung ebenso wie die Notstandsregeln für die Zeit nach der 12. Schwangerschaftswoche diskutieren müssen[49]. Bereits hier ist anzumerken, dass weder die fahrlässige Tötung noch die vorsätzliche oder fahrlässige Verletzung des Embryos (sei es etwa durch das Verhalten der Mutter oder etwa auch einen ärztlichen Kunstfehler[50]) strafbar sind.

Probleme bereitet haben Fälle, in denen sich die Verletzung des Embryos (z.B. durch Nebenwirkungen von Medikamenten) **erst nach der Geburt auswirkt** (sei es, dass das lebend geborene Kind stirbt oder schwer behindert zur Welt kommt). Das Landgericht Aachen hat im sog. Contergan-Fall darauf abgestellt, dass sich die Einwirkung auf Mutter und Embryo durch Medikamente erst nach der Geburt auf das nun bereits lebende Kind ausgewirkt habe. Gestützt auf diese Überlegung hat es die Tötungs- und Körperverletzungstatbestände für anwendbar erklärt[51]. Demgegenüber wird von der Lehre überwiegend eine **Sperrwirkung** der Abtreibungstatbestände angenommen, die das Thema endgültig regeln sollen[52]. Wollte man den Schutz des Nasziturus vor fahrlässigen Übergriffen verbessern, bedürfte es einer Änderung der Abtreibungsbestimmungen, die aber aus anderen Gründen rechtspolitisch wenig sinnvoll wäre[53]: Es würde insb. dazu führen, dass das Strafrecht sich nachhaltig in den Lebenswandel der Schwangeren einmischt (Strafbarkeit der werdenden Mutter wegen exzessiven Alkohol- oder Tabakkonsums?).

bb) Geburt

Während das Zivilrecht für seine Belange (z.B. Erbrecht) gemäss Art. 31 Abs. 1 ZGB auf die vollendete Geburt abstellt, setzt der strafrechtliche Schutz nach übereinstimmender Auffassung bereits mit dem **Beginn der Geburt** ein[54]. Das ergibt sich aus dem Tatbestand der Kindstötung (Art. 116), der das Kind auch schon während der Geburt schützt. Bei der natürlichen Geburt wird dabei auf das Einsetzen der **Eröffnungswehen** abgestellt, während bei der künstlich eingeleiteten Geburt der **Beginn**

---

49 S.u. S. 27 ff.
50 BGE 119 IV 207.
51 LG Aachen vom 18.12.1970, JZ 1971, 507 ff. (509); vgl. auch BGHSt 31, 348.
52 Schubarth 1982 (Kommentar), Vor Art. 111 N 15; BSK-Schwarzenegger 2013, Vor Art. 111 N 31; Stratenwerth/Jenny/Bommer 2010, 25 f.; dazu auch BGE 119 IV 207 und unten S. 31.
53 BSK-Schwarzenegger 2013, Vor Art. 111 N 33.
54 Schwer nachzuvollziehen aber der Fall des Grenzwächters, der einer hochschwangeren Migrantin medizinische Hilfe verweigerte: NZZ vom 8.12.2017, 13: «Grenzwächter schuldig gesprochen».

des Eingriffs massgebend sein soll[55]. Uneinigkeit besteht einzig über die Frage, ob hier bereits die Narkose oder die chirurgische Öffnung des Uterus[56] die entscheidende Schwelle darstellt. Geschützt ist das Kind durch die Tötungsnormen jedenfalls bereits vor Einsetzen der Atmung[57].

b) Tod

Infolge der Fortschritte der Intensivmedizin und insb. der Reanimationstechniken ist neben den klassischen Herz-Kreislauftod der **Hirntod** getreten: Da Hirnzellen bei Durchblutungsstörungen schneller absterben als Körperzellen, kommt es immer wieder vor, dass das Hirn zwar irreversibel ausgefallen ist, die Körperfunktionen aber noch aufrechterhalten werden können. Natürlich ist es widersprüchlich, von «lebenden Toten» zu sprechen. Andererseits ist diese Sichtweise verständlich, wenn – wie im Fall des Erlanger Unfallopfers Marion P. – die hirntote Schwangere bis zur Entbindung durch Kaiserschnitt weiter körperlich funktionstüchtig erhalten wird[58].
1968 hatte die Harvard School of Medicine den Tod neu definiert: Nach der neurologischen Definition des Todes ist der Mensch tot, «wenn die Funktionen seines Hirns einschliesslich des Hirnstamms irreversibel ausgefallen sind»[59].
Die Regelung im Transplantationsgesetz (TPG), der Transplantationsverordnung sowie den medizinisch-ethischen Richtlinien der Schweizerischen Akademie der Medizinischen Wissenschaft (SAMW) lassen erkennen, dass es bei der neuen Todesfeststellung auch um die Klärung der Zulässigkeit der **Transplantation von Organen** geht. Angesichts der erheblichen Interessen an Organspendern kann der Gegensatz zwischen Lebenserhaltung und Todesfeststellung zu schweren Konflikten führen. Es versteht sich auch, dass damit bei der Todesfeststellung eine stark opportunistische Komponente hinzugetreten ist[60]. Die wichtigste Sicherung nimmt die Feststellung des Todes *lege artis* ein: Die Transplantationsverordnung (Art. 7) verweist dabei auf die medizinisch-ethischen Richtlinien der SAMW und deren Protokolle[61]. Während die Kriterien der Todesfeststellung nicht umstritten sind, hat die Regelung zur Zustimmung zur Organentnahme im Vernehmlassungsentwurf der SAMW von 2017 zu erheblichen Kontroversen geführt, da die Regelung im Zweifelsfalle gegen die Organspende ausfällt.
Als besonders problematisch erweisen sich Fälle, in denen vermutlich irreversible Schäden vorliegen, Menschen aber auf Dauer im Wachkoma verharren («*persistent vegetative state*» [pvs])[62]. Nach der Definition des TPG's sind sie nicht als «tot» einzustufen, sie kön-

---

55   Donatsch 2013, 1; BSK-Schwarzenegger 2013, Vor Art. 111 N 27; Stratenwerth/Jenny/Bommer 2010, 25 f.; Stratenwerth/Wohlers 2013, Art. 111 N 1.
56   So BSK-Schwarzenegger 2013, Vor Art. 111 N 28; Stratenwerth/Jenny/Bommer 2010, 26; a.A. PK-Trechsel/Geth 2018, Vor Art. 111 N 3 (mit der Narkose).
57   Anders aber noch Schubarth 1982 (Kommentar), Vor Art. 111 N 9.
58   Die Weltwoche vom 3.11.1994, 25 ff.: «Wenn Tote sterben».
59   Vgl. Art. 9 Abs. 1 Transplantationsgesetz vom 8.10.2004 und SAMW, Feststellung des Todes mit Bezug auf Organtransplantationen vom 24.5.2011, 3; vgl. auch PK-Trechsel/Geth 2018, Vor Art. 111 N 4.
60   Jonas 1974, 132 ff.
61   Für Details siehe BSK-Schwarzenegger 2013, Vor Art. 111 N 35 ff.
62   BSK-Schwarzenegger 2013, Vor Art. 111 N 38 und 56 ff.

nen jahrelang im appallischen Zustand bleiben. Es wird angenommen, dass manche Komapatienten die Umwelt wahrnehmen[63]. Hat der Patient für den Fall eine Patientenverfügung abgegeben oder liegen andere Indizien für seinen mutmasslichen Willen vor, muss dieser Wille befolgt werden. Fehlt es an einer Patientenverfügung nach Art. 370 ff. ZGB, sollen vertretungsberechtigte Personen nach dem mutmasslichen Willen und den objektiven Interessen des Patienten entscheiden. Ist der mutmassliche Wille bekannt, geht er vor. Bei urteilsunfähigen Kindern entscheiden die gesetzlichen Vertreter nach Kindeswohl[64].

3. Systematik der Tötungsdelikte

a) Tatbestände

Das Gesetz formuliert zunächst mit Art. 111 einen Grundtatbestand («Wer vorsätzlich einen Menschen tötet, ohne dass eine der besonderen Voraussetzungen der nachfolgenden Artikel zutrifft»). Die Rechtsfolge ist fünf bis zwanzig Jahre Freiheitsstrafe. Art. 112 und 113 unterscheiden sich von Art. 111 durch die Motivation und die Gemütslage: Mord wird angenommen bei besonders skrupellosem Handeln, namentlich wenn der Beweggrund des Täters, der Zweck der Tat oder die Ausführung besonders verwerflich sind. Es geht allerdings nicht um ein allgemeines Charakterurteil über den Täter an sich, sondern um eine Qualifikation der in der Tat zum Ausdruck kommenden Motive. Die Problematik der Unschärfe der Abgrenzung zwischen Tötung und Mord ist dadurch abgemildert worden, das nunmehr seit der Revision von 1990 auf Mord nicht mehr zwingend lebenslängliche Freiheitsstrafe steht (neu: lebenslängliche Freiheitsstrafe oder Freiheitsstrafe nicht unter zehn Jahren).
Totschlag, Art. 113, wird demgegenüber bei objektiv nachvollziehbaren schweren Konfliktlagen angewandt: Das Gesetz verlangt, dass der Täter «in einer nach den Umständen entschuldbaren heftigen Gemütsbewegung oder unter grosser seelischer Belastung gehandelt hat». Der Strafrahmen reicht von einem Jahr bis zu zehn Jahren Freiheitsstrafe. Weitere privilegierte Fälle der Tötung enthalten Art. 114 (Tötung auf Verlangen), Art. 116 (Kindstötung) sowie die Verleitung oder Beihilfe zum Selbstmord in Art. 115. Art. 117, schliesslich, stellt die fahrlässige Tötung unter Strafe. Der Strafrahmen reicht von Geldstrafe bis zu drei Jahren Freiheitsstrafe.

Tötungsdelikte		
Vorsätzliche Tötungsdelikte	Vorsätzliche Tötung	Art. 111
	Mord	Art. 112
	Totschlag	Art. 113
	Tötung auf Verlangen	Art. 114
	Verleitung und Beihilfe zum Selbstmord	Art. 115
	Kindstötung	Art. 116
Fahrlässige Tötungsdelikte	Fahrlässige Tötung	Art. 117

---

63 Vgl. NZZ vom 10.11.2017, 49 ff.: «Zwischen Leben und Tod».
64 PK-Trechsel/Geth 2018, Vor Art. 111 N 6a.

b) Kriminologisches

Auch wenn Tötung und Tötungsversuche statistisch gesehen seltene Vorfälle sind, sorgen sie für erhebliche Verunsicherung. Die Medien berichten eingehend sowohl von den Ereignissen wie auch von den Strafprozessen.

Der **polizeilichen Kriminalstatistik** des BFS von 2009–2016 ist zu entnehmen, dass die Anzeigen wegen vorsätzlicher Tötung im Durchschnitt 49 Personen pro Jahr betrafen (ca. 40% weniger als in den Jahren 2000–2004)[65]. Dabei richten sich die Taten in vielen Fällen gegen frühere oder aktuelle Partner/-innen[66]. Es versteht sich, dass die Tötung bzw. der Tötungsversuch vielfach nur das extreme Ende einer langen Geschichte von Gewalt gegen Partner/-innen ist. Noch immer ist das Bewusstsein für diese Zusammenhänge gerade auch bei den Behörden wenig ausgeprägt[67]. Zudem ist davon auszugehen, dass die Opfer bei misslungenen Tötungsversuchen eine geringe Anzeigebereitschaft aufweisen[68].

Die **Verurteilungen** wegen Mord schwanken von 1990–2016 zwischen 13 und 36 pro Jahr; die Zahlen für Totschlag im gleichen Zeitraum zwischen 1 und 14 pro Jahr. Die Zahl der Verurteilungen aus Art. 111 ist im Langjahresdurchschnitt von ca. 40 Verurteilungen pro Jahr bis auf gegen 80 Urteile pro Jahr angewachsen.

Insgesamt ergibt sich eine geringe Dunkelziffer und eine hohe Aufklärungsrate bei den zentralen Tötungsdelikten, auch wenn immer wieder spektakuläre Indizienprozesse Fragen aufwerfen[69] und gelegentlich zu Wiederaufnahmeverfahren führen[70].

Das Spektrum der Tatmotive ist weit. Es reicht vom planmässigen Vorgehen (Killer, Fanatiker[71], Terroristen) über Sexualtäter[72], Amokläufer[73], überraschte Räu-

---

65   Bundesamt für Statistik (BFS), 19 Kriminalität und Strafrecht, polizeilich registrierte Tötungsdelikte 2009–2016, innerhalb und ausserhalb des häuslichen Bereichs, 22.1.2018.
66   Vgl. etwa BFS, PKS, Jahresbericht 2016, Abbildung 15, Häusliche Gewalt: Beziehung zwischen geschädigter und beschuldigter Person; vgl. auch NZZ vom 16.2.2005, 51: «Starke Zunahme bei den Gewaltdelikten».
67   Gloor 2009, 946 ff.; vgl. auch die Medienartikel: Die Weltwoche vom 6.5.1993, 41: «Mordsmässig gefährlich ist's daheim in der guten Stube» oder Brigitte Nr. 16/95, 117 ff.: «Das ganz normale Grauen».
68   BFS, Tötungsdelikte in der Partnerschaft, Polizeilich registrierte Fälle 2000–2004, Neuchâtel 2008, 10.
69   So der Rheinfelder Mordprozess (BaZ vom 22.11.2008) oder der «Katzenseefall», dazu: NZZ vom 3.10.2013, 16: «Warum sollte ich meine Frau umbringen?».
70   Fall Zwahlen (Die Weltwoche vom 15.4.1993, 45); ambivalent aber der Urner-Fall «Walker», in dem der Freispruch des OGer vom BGer aufgehoben und der Fall zur Neubeurteilung als Mord zurückgewiesen wurde (BGer 6B_824/2016; 6B_844/2016; 6B_946/2016; 6B_960/2016 und NZZ vom 29.4.2017, 15: «Falscher Freispruch»; vgl. inzwischen Urner Urteil: NZZOnline vom 22.1.2018).
71   Vgl. zum Mord an Hanns-Martin Schleyer vom 18.10.1977: NZZ am Sonntag vom 6.10.2013, 23; zum Urteil gegen den Sadisten Wirt, der in Konzentrationslagern gefoltert hatte: NZZ vom 3.7.2017, 11.
72   So der Mord an Lucie, vgl. NZZ vom 19.10.2012, 15.
73   Vgl. den Täter von Zug, der 14 Politiker und sich selbst umbrachte: BaZ vom 28.9.2001; NZZ vom 6.2.2003, 11; vgl. auch etwa den Amoklauf von Düsseldorf: Süddeutsche Zeitung vom 11./12.3.2017, 10: «Angriff mit der Axt»; Bannenberg/Bauer 2017, 153 ff.

ber[74], Ausraster[75] bis hin zur bereits erwähnten häuslichen Gewalt oder Racheakten an Ex-Partnern[76]. Hinzu kommen Fälle, die sich einer einfachen rationalen Erklärung ganz entziehen[77]. Das Spektrum schliesslich der fahrlässigen Tötung erstreckt sich über fast alle Lebensbereiche (zu denken ist an Unfälle auf dem Bau, an Ski- und Bergunfälle, Strassenverkehrsdelikte, Schiffbruch[78], ärztliche Kunstfehler usw.).

4. Vorsätzliche Tötung (Art. 111)

Der Grundtatbestand tritt zurück, falls die Spezifika des Mordes oder der privilegierten Tatbestände vorliegen.

a) Objektiver Tatbestand

Jedes Verhalten, das kausal zum Todeseintritt beiträgt, ist relevant[79]. Dabei gelten die allgemeinen Regeln der objektiven Zurechnung des Allgemeinen Teils (Adäquanzmassstab, Risikosteigerung, Risikozusammenhang[80]).

b) Subjektiver Tatbestand

Sowohl der direkte wie der Eventualvorsatz sind ausreichend.
Ein Lehrstück des Vorsatzbegriffs ist die wechselnde Praxis zu den **Raserfällen**[81]. Während das Bundesgericht eine Zeit lang dazu neigte, Eventualvorsatz anzunehmen[82], scheint es in neuerer Zeit die Anforderungen an den Vorsatz heraufzusetzen[83]. Dabei ist die Vorsatzdiskussion bei Raserfällen lediglich eine Variante der Ableitung der Willenskomponente aus dem Wissen bzw. des Vorsatzes insgesamt aus objektiven Kriterien: Wer mit einer Schusswaffe auf den Oberkörper einer Person schiesst, wer mit einem Hammer einem Menschen heftig auf den Kopf schlägt, wer jemanden im Winter in die Aare wirft etc. rechnet damit, dass das Opfer zu Tode kommt[84]. Ge-

---

74 BGer 6B_342/2015; 6B_198/2012.
75 NZZ am Sonntag vom 24.2.2008, 31: «Tod aus dem Sturmgewehr» oder NZZ vom 5.11.2016, 22: «Schuldig des Totschlags – kein Mord»; NZZ vom 21.8.2009, 37: «Parkplatzstreit».
76 BGer 6B_271/2015; 6B_73/2015; 6B_877/2014; 6B_592/2014; 6B_136/2014.
77 Vgl. die drei jungen Männer, die eine junge Frau töteten, weil sie ihnen «lästig» wurde: BaZ vom 26.3.1993, 16; oder das «unbegreifliche Tötungsdelikt von Küssnacht»: NZZ vom 28.3.2017, 17: «Eine teuflische Tat» *(actio libera in causa?)*; NZZ vom 29.9.2017, 24: «Fall Rupperswil im März vor Gericht».
78 NZZ vom 12.2.2015, 22: «16 Jahre Freiheitsstrafe für Kapitän Schettino».
79 Donatsch 2013, 8; BSK-Schwarzenegger 2013, Art. 111 N 5 (zum Problem der HIV-Ansteckung); Stratenwerth/Jenny/Bommer 2010, 27; Stratenwerth/Wohlers 2013, Art. 111 N 5.
80 Seelmann/Geth 2016, 44 ff.; Stratenwerth 2011, 165 ff.
81 Godenzi/Bächli-Biétry 2008; BSK-Schwarzenegger 2013, Vor Art. 111 N 7.
82 BGE 130 IV 58; 125 IV 242 [252].
83 BGE 136 IV 76; allerdings erneut Annahme eventualvorsätzlicher Tötung in BGer 6B_461/2012 und 6B_457/2012 (Schönenwerd); bei einem Selbstunfall dagegen fahrlässige Tötung (Strafgericht BL, BaZ vom 29.3.2012).
84 Donatsch 2013, 8; Stratenwerth/Jenny/Bommer 2010, 28; Stratenwerth/Wohlers 2013, Art. 111 N 6.

nauso kann bei Personen, die innerorts oder sonst an unübersichtlichen Stellen Autorennen veranstalten aus dem objektiven Verhalten *in extremis* auf Vorsatz geschlossen werden. Im Übrigen ist die Problematik durch die Aufnahme eines besonderen Gefährdungstatbestandes für Raser ins SVG (Art. 90 Abs. 3 SVG) mit einer Strafdrohung von Freiheitsstrafe bis zu vier Jahren teilweise entschärft worden. Für Aufsehen gesorgt hat das Berliner-Urteil, das sich mit einem nächtlichen Autorennen in der Innenstadt mit tödlichem Ausgang auseinanderzusetzen hatte. Erstinstanzlich wurden die Täter, die mit 140–160 km/h durch eine Einkaufsstrasse fuhren und einen unbeteiligten Fahrer töteten, wegen Mordes zu lebenslänglicher Freiheitsstrafe verurteilt[85].

Auch beim Sachverhaltsirrtum gelten die allgemeinen Regeln: Erhebliche Abweichungen vom Kausalverlauf, die den Adäquanzmassstab verlassen, sind relevant im Sinne von Art. 13[86].

c) Konkurrenzen

Die vorsätzliche Tötung nach Art. 111 geht der fahrlässigen Tötung (Art. 117), der Körperverletzung (Art. 122 f.) und der Gefährdung von Leib und Leben (Art. 127 f.) vor. Die versuchte Tötung kann aber in echter Konkurrenz zur Körperverletzung stehen.

5. Mord (Art. 112)

a) Elemente des Grundtatbestandes

Mord setzt vorab die zu Art. 111 genannten Merkmale des Grundtatbestandes voraus. Mit Stratenwerth[87] – und entgegen Trechsel/Geth[88] – ist davon auszugehen, dass *dolus eventualis* reicht.

b) Qualifikationsmerkmal

Hinzu treten allerdings die besonders qualifizierenden Mordmerkmale. Die Mordqualifikation ist nach Schweizer Recht enger als im deutschen oder österreichischen Recht. Entsprechend wird der Tatbestand seltener angewandt[89].

aa) Historischer Wandel

Im Vorentwurf 1918 (VE 1918) schlug Stooss zunächst einen Katalog von Einzelmerkmalen, analog zum deutschen Recht vor:

> «aus Mordlust, aus Habgier, um die Begehung eines anderen Vergehens zu verdecken oder zu erleichtern, mit besonderer Grausamkeit, heimtückisch, durch Feuer, Sprengstoffe oder andere Mittel, die geeignet sind, Leib und Leben vieler Menschen zu gefährden».

---

85 Vgl. etwa den Bericht in NZZ vom 28.2.2017, 22: «Ein Urteil zur Abschreckung» (man beachte, dass in Deutschland ein anderer Mordbegriff besteht).
86 Donatsch 2013, 9.
87 Stratenwerth/Jenny/Bommer 2010, 29 ff.; Stratenwerth/Wohlers 2013, Art. 212 N 6 und auch BGE 112 IV 65.
88 PK-Trechsel/Geth 2018, Art. 112 N 3.
89 In nur etwa 20% der Tötungsfälle gegenüber 40% in Deutschland.

Demgegenüber zog der Schweizer Gesetzgeber von 1937 eine Generalklausel vor. An die Stelle einzelner Merkmale (Feuer, Gift etc.) sollte eine **Gesamtbetrachtung** treten. Die Lösung von 1937/1941 lautete:

> «Hat der Täter unter Umständen oder mit einer Überlegung getötet, die seine besonders verwerfliche Gesinnung oder seine Gefährlichkeit offenbaren, so wird er mit lebenslänglichem Zuchthaus bestraft».

Es geht klar daraus hervor, dass sich hier die Vertreter der Tätertypenlehre im Anschluss an die moderne Schule von Liszt's und die *défense sociale* von Grammatica durchgesetzt hatten: Besonders deutlich wird dies daran ersichtlich, dass bis in die Botschaft des Bundesrates von 1985 und auch neuere Bundesgerichtsentscheide[90] hinein der Mördertyp, in Anlehnung an die Charakterisierung durch den Psychiater Binder[91], als ein Mensch umschrieben wird, der

> «skrupellos, gemütskalt, krass, und primitiv-egoistisch, ohne soziale Regungen, der sich daher zur Verfolgung seiner eigenen Interessen rücksichtslos über das Leben anderer Menschen hinwegsetzt»[92].

Die Problematik dieser Formulierung lag gerade darin, dass sie ein Lebensführungs- oder generalisiertes Charakterurteil zuliess: Zur Gesinnungsbewertung wurden Elemente aus dem Vorleben, aber auch aus dem Verhalten nach der Tat unter Einschluss der Verteidigungsstrategie im Prozess beigezogen. Im Zentrum stand die Gefährlichkeit des Täters[93].

Der revidierte Text von 1990 dient dazu, das Prinzip der Tatschuld wiederherzustellen: Nur solche Indikatoren für besondere Skrupellosigkeit sind nunmehr relevant, die in der Tat zum Ausdruck kommen. Im Übrigen wurde die bisher als alternatives, schuldunabhängiges Element behandelte besondere Gefährlichkeit gestrichen. Auch sie muss Ausdruck besonderer Skrupellosigkeit sein, etwa wenn eine terroristische Vereinigung, wie die *Brigate Rosse*, Repräsentanten des italienischen Staates entführt und ermordet[94], weil in der Tat «die grobe Missachtung des menschlichen Lebens» zum Ausdruck kommt.

bb) Aktuelle Regelung

Das nunmehr geltende Recht enthält eine **Generalklausel** und drei **Regelbeispiele**:

> «Handelt der Täter besonders skrupellos, sind namentlich sein Beweggrund, der Zweck der Tat oder die Art der Ausführung besonders verwerflich ...».

Die Regelbeispiele wurden zwar von der **Praxis** mit Elementen konkretisiert, die aus dem Fundus der alten Typologie entstammen. Für eine besonders verwerfliche Gesinnung sollen insb. folgende Motive sprechen: Habgier, Rache, extremer Egoismus[95],

---

90 BGE 127 IV 10, E. 1a; 120 IV 265, E. 3a.
91 Binder 1952, 313 ff.
92 Botschaft des Bundesrates, BBl 1985 II 1009 [1022].
93 Stratenwerth/Jenny/Bommer 2010, 30.
94 Vgl. den Logiaccono-Prozess: Pra 1992 Nr. 220.
95 BGer 6B_592/2014 (dabei kulturelle Erwägungen abgelehnt).

Eliminationsabsicht[96], Berufskillertum, Mordlust, Gefühlskälte oder politische Beweggründe[97]. Die Art der Ausführung ist aber nicht als Rückfall in die alte «Gefährlichkeitstheorie» gedacht: vielmehr soll sich die besondere Grausamkeit oder die Heimtücke in der Ausführung der Tat manifestieren[98].

Entscheidend ist, dass nun eine **Gesamtwürdigung** aller äusseren und inneren Umstände, soweit sie in der Tat selbst zum Ausdruck kommen, stattfindet[99]. Im Vordergrund steht die ausserordentlich krasse Geringschätzung des menschlichen Lebens bei gleichzeitiger rücksichtsloser Verfolgung eigener Interessen[100]. Daher gilt typischerweise die Tötung eines Menschen, um – etwa nach der Verübung eines Raubs oder einer anderen schweren Straftat – den Tatort so schnell und unbehelligt wie möglich zu verlassen, als Mord[101].

Diverse **Sonderfragen** haben sich in der Praxis ergeben: klassisch ist in der historischen Rechtsprechung der «Giftmord». Das Bundesgericht (und mit ihm die Lehre) hat es aber abgelehnt, bei Verwendung von Gift automatisch auf Mord zu schliessen[102].

Für erhebliche Debatten hat sodann die Frage gesorgt, inwiefern der abweichende ethnische Hintergrund erschwerend oder mildernd berücksichtigt werden solle. Insbesondere bei Blutrache oder sog. *«honour-killings»* orientiert sich der Täter oftmals an kulturellen Normen des Heimatlandes anstelle derjenigen des Gastlandes. Allerdings richtet er sich unter Umständen nach überkommenen Normen seiner Heimat, die zum Teil längst auch dort nicht mehr dem staatlichen Recht entsprechen (so etwa die Divergenz zwischen der anatolischen *Scharia* und türkisch-staatlichem Recht[103]).

Vorab gilt es, jene Fälle auszuscheiden, in denen nur scheinbar der kulturelle Hintergrund massgebend scheint:

> Vitali Kalojew, der bei der Kollision zweier Flugzeuge über dem Bodensee seine Frau und seine beiden Kinder verlor, tötete den damals diensthabenden Fluglotsen. Allerdings, wie sich aus den Gerichtsberichten ergibt, nicht aus Rache. Der «urban geprägte Architekt mit Hochschulabschluss»[104] drehte durch, als der Fluglotse sich weigerte, mit ihm zu sprechen. Das Gericht verurteilte ihn wegen vorsätzlicher Tötung bei schwer verminderter Schuldfähigkeit zu 5 ¼ Jahren Freiheitsstrafe[105].

---

96 Versuchte Anstiftung zu Mord übers Internet, um Unterhalt einzusparen: BGer 6B_136/2014.
97 BGE 141 IV 61; 127 IV 10; 117 IV 369; 115 IV 8; dazu PK-Trechsel/Geth 2018, Art. 112 N 9 ff.; Stratenwerth/Jenny/Bommer 2010, 31.
98 Vgl. Donatsch 2013, 10; BSK-Schwarzenegger 2013, Art. 112 N 9–25; Stratenwerth/Jenny/Bommer 2010, 29 ff.; Stratenwerth/Wohlers 2013, Art. 112 N 4 f.; PK-Trechsel/Geth 2018, Art. 112 N 2.
99 BSK-Schwarzenegger 2013, Art. 112 N 8; Stratenwerth/Jenny/Bommer 2010, 31; Stratenwerth/Wohlers 2013, Art. 112 N 3; dabei kann auch erst das Zusammentreffen mehrerer belastender Umstände zur Mordqualifikation führen: PK-Trechsel/Geth 2018, Art. 112 N 5.
100 BGer 6B_877/2014; 6B_592/2014; 6B_136/2014; BSK-Schwarzenegger 2013, Art. 112 N 12.
101 BGer 6B_198/2012.
102 BGE 118 IV 122 (Freiburger Apotheker-Fall); Donatsch 2013, 13; BSK-Schwarzenegger 2013, Art. 112 N 23; Stratenwerth/Jenny/Bommer 2010, 233; PK-Trechsel/Geth 2018, Art. 112 N 19.
103 Krauß 1982, 30 ff. (Krauß gesammelte Schriften 2011, 87 ff.).
104 NZZ am Sonntag vom 30.11.2005, 32.
105 NZZ vom 9.11.2007, 57.

Ebenfalls nur scheinbar in die Kategorie der «Ehrenmorde» fallen die Fälle, in denen der Täter seinen krassen Egoismus auslebt[106].

Verschiedene Male wurden von Schweizer Gerichten aber Fälle der Tötung zur «Wiederherstellung der Familienehre» als Mord eingestuft[107]. In beiden referierten Fällen stellte das Gericht klar, dass der Grund für die Mordqualifikation in der «ethischen Qualifikation des Beweggrundes» und nicht in der Herkunft liege. Im Fall BGE 127 IV 10 wollte der Verurteilte die Macht über die Tochter behalten und sie mit dem Tode bestrafen, weil sie sich nicht fügte.

In der deutschen Literatur hat sich eine breitere Diskussion ergeben, allerdings wird typischerweise darauf verwiesen, dass ein allfälliger kultureller Einschlag allenfalls im Rahmen der Schuld (Verbotsirrtum, evtl. verminderte Schuldfähigkeit[108]) berücksichtigt werden kann[109]. Am klarsten hat sich das BGer bisher wohl im Fall 6B_621/2012 gegen «kulturell verbrämte» Morde gewandt: Die Schwiegermutter, die versucht hatte, zum Mord an der Schwiegertochter anzustiften, wurde (entgegen der Vorinstanz, die Anstiftung zum Tötungsversuch angenommen hatte) wegen versuchter Anstiftung zum Mord zu sieben Jahren Freiheitsstrafe verurteilt[110]. Während in Pakistan im Alltag «Ehrenmorde» nach wie vor häufig vorkommen[111], bemüht sich die Justiz darum, «Ehrenmorde» als Mord zu behandeln. Weltweit wird gegen «Ehrenmorde» vorgegangen[112].

cc) Strafdrohung und Konkurrenzen

Für Mord war nach dem kantonalen Recht die Todesstrafe vorgesehen. Sie wurde im eidgenössischen Strafrecht zunächst durch die zwingend lebenslängliche Freiheitsstrafe ersetzt. Seit der Reform von 1990, wurde die Strafdrohung auch für die schwerste der Taten gegen Individuen flexibler gestaltet. Nunmehr ist anstelle von lebenslänglich auch zeitige Freiheitsstrafe nicht unter 10 Jahren möglich. In der Praxis werden bei Mord selten lebenslängliche Strafen[113], demgegenüber aber weit häufiger Strafen in der Höhe von 12, 14 oder 16 Jahren ausgesprochen[114].

---

106 So der Pakistani, der seine Schweizer Ehefrau umbrachte, die er nur aus «einbürgerungstechnischen» Gründen geheiratet hatte: NZZ vom 30.11.2006, 19: «Pakistaner muss für Mord 18 Jahre ins Zuchthaus» (Geschworenengericht Bellinzona). Ähnlich der Entscheid des OGer ZH vom 26.11.2012: «Strafreduktion für Beil-Mord an Tochter» (von 17 auf 13 ½ Jahren, ohne die Mordqualifikation in Frage zu stellen).
107 BGE 127 IV 10, dazu NZZ vom 3./4.2.2001, 16; vgl. auch den Fall in NZZ vom 18.4.2012, 17.
108 Krauß gesammelte Schriften 2011, 106 ff.
109 Grünewald 2010, 1 ff.; Kudlich/Tepe 2008, 92 ff.; Pohlreich 2011, 734 ff.
110 Vgl. auch NZZ vom 4.6.2013, 10: «Auch Ehrenmord ist Mord»; vgl. auch BGer 6B_592/2014 zur Ablehnung des «kulturellen Einschlags».
111 Zur Steinigung einer Frau, die gegen den Willen der Familie geheiratet hatte: NZZ vom 30.5.2014, 5: «Pakistanerin zu Tode gesteinigt».
112 Toronto Star 25.7.2009: «Shining a light on honour killings' dark corner».
113 Vgl. etwa den Mordfall von Pfäffikon (NZZ vom 9.4.2013, 17 und 20.4.2013, 19) oder der «Messerstecherinnen-Fall» (Die Weltwoche vom 20.12.2001, 42; NZZ vom 18.12.2001, 41; 19.12.2001, 41).
114 «Berner Floraparkmord»: 15 Jahre (Tages-Anzeiger vom 11.9.2010); «Rheinfelder Mordprozess»: 20 Jahre (BaZ vom 22.11.2008); «Kopfkissenmord»: 16 Jahre (BaZ vom 26.3.1992).

Im Normalfall konsumiert der Mord andere Übergriffe gegen das Individuum. Bei Raubmord kommen allerdings Verletzungen zweier unterschiedlicher Rechtsgüter zusammen. Die Rechtsprechung geht von echter Konkurrenz aus, auch wenn sie sich praktisch kaum auswirken dürfte[115]. Ebenfalls echte Konkurrenz kann bei mehreren Morden angenommen werden[116].

6. Totschlag (Art. 113)

Beim Totschlag wird das Grundmuster des Art. 111 erneut variiert: Hier führen zwei alternative Gesichtspunkte zu einer erheblichen Privilegierung. Die Strafe ist Freiheitsstrafe von 1–10 Jahren, falls der Täter entweder «in einer nach den Umständen entschuldbaren heftigen Gemütsbewegung oder unter grosser seelischer Belastung» handelt.

a) Affekt

Der klassische Gesichtspunkt dieses Tatbestands ist der Affekt: Eine starke Gefühlserregung schränkt die Fähigkeit zur Selbstbeherrschung erheblich ein. Es spielt dabei keine Rolle, ob ein sog. sthenischer (z.B. Zorn) oder ein asthenischer Affekt (z.B. Angst) vorliegt[117]. Entscheidend ist vielmehr, ob er «**nach den Umständen entschuldbar**» ist. Dabei braucht es mehr als blosse Erklärbarkeit[118]. Der Affekt (nicht die Tat) muss aus der Perspektive des vernünftigen Beobachters in einer vergleichbaren Situation objektiv[119] nachvollziehbar erscheinen (als Beispiele werden genannt: Provokation, Notlage oder körperliche Misshandlung[120]). Nicht ausreichend ist somit eine krankhafte Übererregbarkeit[121]. Nicht entschuldbar sind schliesslich Affekte, die überwiegend selbst verschuldet sind[122].

b) Unter grosser seelische Belastung

Der zweite Gesichtspunkt ist nachträglich eingeführt worden, da sich eine dem Affekt vergleichbare Drucksituation auch allmählich, aber – aus Sicht des Täters – genauso unentrinnbar, aufbauen kann.
Zu Recht beziehen Lehre und Praxis das Erfordernis der **Entschuldbarkeit** auch auf diesen Privilegierungsgrund, selbst wenn der Wortlaut des Gesetzes diesbezüglich nicht klar genug gefasst ist[123]. Als heikler hat sich bei dieser zweiten Tatvariante aber

---

115 BGE 100 IV 146.
116 BGE 141 IV 61.
117 Stratenwerth/Wohlers 2013, Art. 113 N 4.
118 BGE 118 IV 233; Donatsch 2013, 15.
119 BGE 107 IV 161; BSK-Schwarzenegger 2013, Art. 113 N 8 ff.; Stratenwerth/Jenny/Bommer 2010, 35 f.
120 Stratenwerth/Wohlers 2013, Art. 113 N 5.
121 BGer 6B_271/2015 (Mord statt Totschlag); BGE 107 IV 161; BSK-Schwarzenegger 2013, Art. 113 N 16 ff.; PK-Trechsel/Geth 2018, Art. 113 N 14.
122 BSK-Schwarzenegger 2013, Art. 113 N 9.
123 BSK-Schwarzenegger 2013, Art. 113 N 16; PK-Trechsel/Geth 2018, Art. 113 N 13; Stratenwerth/Jenny/Bommer 2010, 37; Stratenwerth/Wohlers 2013, Art. 113 N 7.

die Frage erwiesen, wem die Verantwortung für einen allmählichen Aufschaukelungsprozess zugeschrieben werden soll[124].

c) Beteiligung und Strafzumessung

Zwei Fragen stellen sich grundsätzlich für alle bisher behandelten Tötungsdelikte: Die qualifizierenden und privilegierenden Umstände gelten als persönliche Umstände und sind damit nur für diejenigen Tatbeteiligten relevant, bei denen sie vorliegen (Art. 27)[125]. Die qualifizierenden oder privilegierenden Umstände, die gerade zur spezifischen Bewertung geführt haben, dürfen sodann in der Strafzumessung nicht erneut verwertet werden (Doppelverwertungsverbot[126]).

7. Tötung auf Verlangen und Verleitung und Beihilfe zur Selbsttötung

a) Einführung

Der Suizid ist im modernen Recht straflos[127]. Allerdings verfügt der Sterbewillige nicht über das Recht, rechtfertigend in die Fremdtötung einzuwilligen (gelegentlich wird von einer «absoluten Einwilligungssperre»[128] gesprochen). Art. 114 ist allerdings stark privilegiert, wenn die Tötung aus achtenswerten Beweggründen und zudem auf ernstliches und eindringliches Verlangen hin erfolgt. Die Beihilfe zur Selbsttötung ist nach manchen Rechten (namentlich in Deutschland, Frankreich und Belgien) ganz straflos, nach anderen auf jeden Fall strafbar (Österreich). Die Schweiz schlägt demgegenüber einen Mittelweg ein: Strafbar ist die Beteiligung an der Selbsttötung eines anderen nur bei selbstsüchtigen Beweggründen (Art. 115).

Die Tatbestände müssen erst generell abgehandelt werden, weil sie auch auf Fälle jenseits der eigentlichen Sterbehilfe Anwendung finden können. Das für die Schweiz praktisch besonders bedeutende Thema der Sterbehilfe soll anschliessend gesondert erörtert werden.

b) Tötung auf Verlangen (Art. 114)

aa) Objektiver Tatbestand

Die Tötung auf Verlangen wird gegenüber Art. 111 privilegiert behandelt, falls ein «**ernstliches und eindringliches Verlangen**» vorliegt: Ernstlich ist das Verlangen, wenn es auf einem freien, nicht durch Willensmängel beeinträchtigten Willen beruht. Ein eindringliches Verlangen dürfte der alten Formulierung «dringliches» entsprechen. Es setzt deutlich mehr als eine blosse Einwilligung voraus[129].

---

124 Nicht entschuldbar waren etwa folgende Fälle: BGE 119 IV 202; 118 IV 233; dazu BSK-Schwarzenegger 2018, Art. 113 N 21.
125 Stratenwerth/Jenny/Bommer 2010, 38 f.
126 Stratenwerth/Wohlers 2013, Art. 113 N 9.
127 Wurde der Suizidversuch im mittelalterlichen Recht als Verstoss gegen die Schöpfung streng geahndet, war Suizidversuch auch im angelsächsischen Recht noch bis in die 1960er Jahre strafbar.
128 BSK-Schwarzenegger 2013, Vor Art. 111 N 20.
129 Donatsch 2013, 18 f.; BSK-Schwarzenegger 2013, Art. 114 N 2; Stratenwerth/Jenny/Bommer 2010, 40; PK-Trechsel/Geth 2018, Art. 114 N 2 ff.

Eine Frage, die bei der Suizidhilfe immer wieder praktisch relevant wird, stellt sich: Ist Art. 114, begangen durch unechtes Unterlassen, anwendbar, sobald ein Suizident (oder ein Patient, der die weitere Behandlung ablehnt) das Bewusstsein verliert und der Garantenpflichtige (Ehegatte oder Arzt) sich dessen gewahr wird? Hat der Sterbende die Entscheidung für den Tod bewusst gefällt, übt Art. 115 eine Art Sperrwirkung aus[130]. Im Übrigen ist der Arzt mit dem Verlangen des Patienten nach einem Behandlungsabbruch aus seiner Garantenpflicht entlassen[131].

bb) Subjektiver Tatbestand

Der Vorsatz setzt Kenntnis des Verlangens[132] sowie Motivation durch das Verlangen[133] voraus. Zudem muss die Tat aus «**achtenswerten Beweggründen**» erfolgen. Das Gesetz nennt als Regelbeispiel «namentlich aus Mitleid».

c) **Verleitung und Beihilfe zur Selbsttötung (Art. 115)**

aa) Objektiver Tatbestand

Voraussetzung der – nicht strafbaren – Selbsttötung ist die **Tatherrschaft** des Suizidenten. Dazu gehört neben der (ohne Willensmangel) eigenverantwortlichen Entscheidung auch die eigenhändige Ausführung (auch wenn Schwerkranken Hilfsmittel zur Verfügung gestellt werden können)[134].
Der Tatbeitrag des Suizidhelfers setzt entweder ein «**Verleiten**» oder ein «**Hilfe leisten**» voraus. Es gelten die allgemeinen Regeln der Anstiftung resp. der Gehilfenschaft. Strafbar ist die Beihilfe allerdings nur, wenn der Suizid tatsächlich auch erfolgt ist[135].

bb) Subjektiver Tatbestand

Abgesehen vom Vorsatz setzt Strafbarkeit vor allem «**selbstsüchtige Beweggründe**» voraus. Sie können materieller (genannt werden in der Literatur der angestrebte Erbantritt oder die Entlastung von Unterhaltsleistungen usw.) oder auch immaterieller Natur sein (Hass, Bosheit, Rache etc.)[136]. Zu reden gegeben hat, dass gewisse Sterbehilfeorganisationen zum Teil mehr als eine blosse Umtriebsentschädigung angenommen haben. Wenn die Sterbebegleitung im Hinblick auf einen «Sondermitgliederbeitrag» (z.B. ein Legat in erheblicher Höhe an den Sterbebegleiter selbst oder an die ihm nahestehende Organisation) geleistet wird, stellt sich allen Ernstes die Frage der Strafbarkeit nach Art. 115[137]. Der Zürcher Regierungsrat hat sich allerdings auf

---

130 Donatsch 2013, 20; Stratenwerth 1978, 69; Stratenwerth/Jenny/Bommer 2010, 44 f.
131 BSK-Schwarzenegger 2013, Art. 114 N 3 entgegen Geth 2010, 40.
132 PK-Trechsel/Geth 2018, Art. 114 N 6.
133 Stratenwerth/Jenny/Bommer 2010, 41.
134 Donatsch 2013, 20 f.; Stratenwerth/Jenny/Bommer 2010, 43 ff.; Stratenwerth/Wohlers 2013, Art. 115 N 2; PK-Trechsel/Geth 2018, Art. 115 N 2.
135 Stratenwerth/Jenny/Bommer 2010, 45; PK-Trechsel/Geth 2018, Art. 115 N 3 f.
136 Donatsch 2013, 23 f.; Engi in: Jusletter vom 4.5.2009; Stratenwerth/Jenny/Bommer 2010, 46; Stratenwerth/Wohlers 2013, Art. 115 N 4; PK-Trechsel/Geth 2018, Art. 115 N 6.
137 Vgl. NZZ am Sonntag vom 4.6.2017, 9: «Musterprozess gegen Dignitas-Chef Minelli» und NZZ am Sonntag vom 10.12.2017, 13: «Anklage gegen Minelli erneuert».

den Standpunkt gestellt, dass Selbstsucht mehr als Gewerbsmässigkeit verlange[138] und die historische Analyse von Engi hält fest, dass die Straflosigkeit der Suizidhilfe nicht zwingend «achtenswerte Beweggründe» voraussetze[139]. Zwar deuten diverse historische Quellen darauf hin, dass Straflosigkeit ursprünglich insb. bei altruistischen Motiven gewährt werden sollte[140]. Aktuelle Stellungnahmen gehen allerdings dahin, auch den moralisch «vollkommen Gleichgültigen» straflos zu stellen[141]. Freilich dürfte es problematisch werden, wenn mit Blick auf eine konkrete Beihilfe zum Suizid hohe Beträge (tausende von Franken) an den Suizidhelfer oder seine Organisation bezahlt oder vererbt werden. Dann liegt durchaus ein erheblicher materieller Vorteil vor[142] und es liegt nahe, dass der Vorteil zur hauptsächlichen Motivation des Suizidhelfers wird.

8. Sterbehilfe

a) Einführung

Unter dem Eindruck der Fortschritte der Medizin, die die Menschen immer älter werden lassen, aber auch der Intensivmedizin, die selbst schwerkranke Menschen am Leben erhält, geriet der bisher hochgehaltene Grundsatz der Medizin *«salus aegroti prima lex esto»* (*salus* verstanden als Lebensverlängerungen um jeden Preis) immer mehr unter Druck.

aa) Aktive Sterbehilfe für moribunde Personen?

Initianten einer Zürcher Standesinitiative zur Zulassung der «Sterbehilfe auf Wunsch für unheilbar Kranke»[143] formulierten ihr Postulat folgendermassen:

> «Es ist untragbar, dass ein leidender, dem Tode geweihter Mensch, über längere Zeit sinnlose Qualen erdulden muss und trotz seines dringenden Wunsches nicht sterben darf. Die Einführung einer Sterbehilfe auf Wunsch für unheilbar Kranke trägt unserer modernen Anschauung Rechnung, wonach jedem Menschen möglichst viel Freiheit und Selbstbestimmung zugestanden werden soll. Die hier verlangten Formvorschriften sind dermassen streng, dass eine Missbrauchsgefahr ausgeschlossen ist.
> Die Initiative bezweckt, dass ein Arzt einem todgeweihten, schwer leidenden Menschen auf sein eigenes Verlangen, das in Urkunden festgehalten wird, das Leben auf schmerzfreie Art beenden darf, ohne deswegen bestraft zu werden.»

An die Stelle des *«salus»* trat die Maxime *«voluntas aequoti prima lex esto»*. Auch auf eidgenössischer Ebene setzten Bestrebungen ein, bei Fremdtötung unheilbar Kranker, vor dem Lebensende stehender Personen von Strafe abzusehen, resp. das Verfahren gegen die Täter einzustellen (Art. 114 Abs. 2 VE)[144]. Auch wenn diese Vorstösse bei

---

138 So die im Tages-Anzeiger Online vom 22.2.2011 referierten Strafverfahren.
139 Engi 2009, 4.
140 Clerc 1943, 29 f.; Hafter 1937, 27; vgl. die weiteren Quellen bei Schwarzenegger 2008, 100 ff.; vgl. auch Bericht des Bundesrates vom Juni 2011, 20.
141 Stratenwerth/Jenny/Bommer 2010, 46 m.w.H.
142 Vgl. die Zusammenstellung bei Schwarzenegger 2008, 106.
143 Standesinitiative des Kantons Zürich, Sterbehilfe für unheilbar Kranke, Bericht der Kommission des Nationalrates vom 3.11.1978, BBl 1978 II 1529 [1532].
144 Vgl. zur Motion Ruffy (1994) und zur AG des EJPD (1997–1999): Bericht des Bundesrates vom Juni 2011, 5.

der breiten Bevölkerung auf ein positives Echo stiessen (die Zürcher Standesinitiative wurde mit 2/3 zu 1/3 der Stimmen gutgeheissen), wurden sämtliche Versuche, die aktive Sterbehilfe zu legalisieren, auf Bundesebene abgelehnt. So führte der Bundesrat 1978 aus:

> «Für die Kommission war schliesslich entscheidend, dass eine Legalisierung der aktiven Sterbehilfe zentrale ethische und juristische Positionen aufweichen würde. Es darf nicht zugelassen werden, dass ein Mensch direkt in das Leben eines anderen Menschen eingreifen kann. Die gezielte Lebensverkürzung durch Tötung eines Sterbenden kann kein ernstliches Anliegen sein. Kann der Arzt nicht mehr zur Genesung eines Patienten beitragen, dann soll er sich auf Linderung des Leidens beschränken. Der urteilsfähige Patient kann nach einlässlicher Information frei darüber entscheiden, ob er sich vom Arzt weiterhin behandeln lassen will. Er darf aber vom Arzt nicht verlangen, eine Tötungshandlung vorzunehmen»[145].

bb) Begriffliches zur Sterbehilfe

Gemeinhin werden drei Formen der Sterbehilfe unterschieden:

(1) Aktive Sterbehilfe

Sie entspricht dem Anliegen der Zürcher Standesinitiative: Die gezielte Lebensverkürzung durch Tötung (des Sterbenden).

(2) Indirekte aktive Sterbehilfe

Von indirekter (aktiver) Sterbehilfe spricht man, wenn die Verabreichung von starken schmerzstillenden Mitteln in der Endphase einer tödlichen Erkrankung bewirkt, dass der Eintritt des Todes möglicherweise beschleunigt wird. Der Arzt optiert in der Situation einer Pflichtenkollision für die Schmerzlinderung vor weiterer Lebenserhaltung[146].

(3) Passive Sterbehilfe

Damit meint man den Verzicht auf den (weiteren) Einsatz von lebensverlängernden Mitteln[147]. Der Arzt beschränkt sich darauf, Beschwerden zu lindern, verzichtet aber auf eine eigentliche Therapie und überlässt den Patienten gewissermassen sich selbst. Die Lebenserwartung wird, verglichen mit derjenigen ohne ärztliche Einwirkung, nicht verkürzt. So klar der Unterschied zur aktiven Sterbehilfe in der Theorie sein mag, so unklar ist er in der Praxis: Die Unterscheidung von aktiv und passiv fällt nicht ohne Weiteres zusammen mit derjenigen von Handeln und Unterlassen. Das Abschalten eines Respirators beispielsweise wird als Verzicht auf weitere ärztliche Hilfe gewertet. Strafrechtlich ist aber umstritten, ob das Abschalten als Handlung oder als Unterlassung zu verstehen ist: Aufgrund der deutschen Schwerpunkttheorie (zur Abgrenzung von Handeln und Unterlassen) lässt sich die Umwertung von Handeln in Unterlassen im Sinne des Strafrechts vertreten. Damit läge Strafbarkeit nur bei Fort-

---

145 Standesinitiative des Kantons Zürich, Sterbehilfe für unheilbar Kranke, Bericht der Kommission des Nationalrates vom 3.11.1978, BBl 1978 II 1529 [1539].
146 Zum Begriff und den Problemen: Jenal 2016, 100 ff.
147 Tag 2010, 162.

bestehen einer Garantenpflicht vor, die aber gerade durch die Äusserung des Patienten dahingefallen ist[148]. Gestützt auf die in der Schweiz vorherrschende Subsidiaritätstheorie aber, wird an dieser Position Kritik geäussert[149].

cc) Zur Bedeutung der Sterbehilfe in der Schweiz

Während ein allgemeines «Recht» auf den Freitod in der Bevölkerung abgelehnt wird, hat die Sterbehilfe, d.h. die Unterstützung von Sterbewilligen in der letzten Lebensphase angesichts einer schweren unheilbaren Krankheit, in der Bevölkerung einen erheblichen Rückhalt[150]. Sterbehilfeorganisationen (wie EXIT oder Dignitas) haben Zulauf[151]; über die organisierte Suizidhilfe selbst bestehen keine offiziellen Zahlen[152]. Als häufigste Methode des organisierten Freitodes[153] gilt die Verwendung von Natrium-Pentobarbital (NaP)[154]. NaP ist nach Heilmittelgesetz (HMG) verschreibungspflichtig und untersteht zudem dem Betäubungsmittelgesetz (BetMG)[155]. Ohne Verschreibung besteht für den Sterbewilligen kein Anspruch auf NaP[156]. Das ärztliche Standesrecht hat eine Reihe von Regeln erarbeitet, die es bei der Verschreibung zu beachten gilt. Insbesondere die Richtlinien der SAMW stellen klar, dass es nicht Aufgabe des Arztes sei, «von sich aus Suizidbeihilfe anzubieten»[157]. Ärzte müssen danach darauf achten, dass

— die Erkrankung des Patienten die Annahme rechtfertigt, dass das Lebensende nahe ist;
— alternative Möglichkeiten der Hilfestellung erörtert und soweit gewünscht auch eingesetzt worden sind;
— der Patient urteilsfähig, sein Wunsch wohlerwogen und ohne äusseren Druck entstanden und dauerhaft ist. Dies muss von einer unabhängigen Drittperson überprüft worden sein.

---

148 Donatsch 2013, 26; Geth 2010, 29 ff.; PK-Trechsel/Geth 2018, Vor Art. 111 N 6; Stratenwerth 1978, 67.
149 BSK-Schwarzenegger 2013, Vor Art. 111 N 59 m.w.H.
150 Cassani/Cherbuliez 2007, 227 ff.; Hackenfort 2012, 209 ff.; Tag 2010, 153 ff.; Vollmer 2012, 109 ff.
151 EXIT Deutsche Schweiz alleine verzeichnete 2016 über 100 000 Mitglieder, die Westschweizer Organisation über 20 000 und Dignitas über 7 000.
152 Vgl. aber den Bericht des Bundesrates vom Juni 2011, 10: für 2010 werden 354 Fälle genannt.
153 Daneben bestehen natürlich weitere Methoden, vgl. Bericht des Bundesrates vom Juni 2011, 15.
154 Petermann 2006, 439 ff. (441).
155 Vgl. die konkreten Verschreibungsregeln in BGE 133 I 58 sowie im Bericht des Bundesrates vom Juni 2011, 22 ff.
156 BGE 133 I 58; vgl. Schwarzenegger 2007, 843 ff.; vgl. auch EGMR i.S. Haas v. Schweiz vom 20.1.2011 [Nr. 31322/07].
157 Betreuung von Patientinnen und Patienten am Lebensende, Medizinisch-ethische Richtlinien der SAMW vom 25.11.2004, 4.1; dazu vgl. Petermann 2006, 447 f.

Es scheint sich die Praxis allerdings immer wieder über das Berufsrecht und die Richtlinien hinwegzusetzen[158].

b) Strafrechtliche Beurteilung der Sterbehilfe

Während die **aktive** Sterbehilfe nach geltendem Recht klar verboten ist und je nach Situation Art. 111 oder 114 erfüllt[159], ist die **indirekte** Sterbehilfe aufgrund der Pflichtenkollision in der ganz spezifischen Extremlage gerechtfertigt[160].
Zu weiteren Erörterungen Anlass gibt die **passive** Sterbehilfe:
Es wird zunächst danach zu unterscheiden sein müssen, ob der Sterbende urteilsfähig ist oder nicht: Der **Wille des Urteilsfähigen**, der auf weitere lebenserhaltende Massnahmen verzichtet, ist zu respektieren[161]. Zu lebensverlängernden Massnahmen gegen den expliziten Willen des voll zurechnungsfähigen Patienten ist der Arzt weder verpflichtet noch autorisiert. Die Eingriffe in den Körper (bspw. Spritzen etc.) stellen Körperverletzungen dar.
Bei **urteilsunfähigen** (oder äusserungsunfähigen) Patienten ist die Situation komplexer (vgl. bereits oben S. 11 f.): Im Vordergrund steht auch hier der Wille des Patienten, wenn er sich erschliessen lässt. Nach dem Erwachsenenschutzrecht gemäss Art. 370 ff. ZGB ist vorab auf eine **Patientenverfügung** abzustellen[162]. Fehlt die Verfügung oder bestehen Zweifel daran, dass sie noch den aktuellen Patientenwillen wiedergibt, ist auf den sonst wie zu ermittelnden **mutmasslichen Patientenwillen** abzustellen (Art. 378 Abs. 3 ZGB). Dabei ist auf die üblichen Indizien zu rekurrieren[163]. Auf «patientenexterne» Faktoren (wie Kosten, Fragwürdigkeit des Lebenserhalts etc.) ist prinzipiell nicht Rücksicht zu nehmen[164]. Sie können aber allenfalls im Rahmen einer Pflichtenkollision (knappe Ressourcen und erheblich unterschiedliche Heilungschancen) eine Rolle spielen[165].

c) Reformbestrebungen

Aufgrund der Ausbreitung der organisierten Sterbehilfe in der Schweiz und nicht zuletzt wegen ihrer Anziehungskraft auch auf das Ausland («Sterbetourismus»), hat eine intensive Diskussion um die rechtliche Regelung der Sterbehilfe eingesetzt.
Nach anfänglichen Bestrebungen in den 1970er und 1980er Jahren, selbst die aktive Sterbehilfe in Extremfällen zu legalisieren, hat sich das Augenmerk stärker auf die Reglementierung der Praxis der Sterbehilfeorganisationen verlagert. Gefordert wurde die **Beschränkung** der Sterbehilfe auf medizinisches Personal und dessen Einbindung in

---

158 So der in der NZZ vom 16.3.2012, 9 referierte Fall («Kritik an Suizidhilfe durch Ärzte»); vgl. auch NZZ am Sonntag vom 4.12.2016, 22 f.: «Der Tod gehört mir».
159 PK-Geth 2018, Vor Art. 111 N 8.
160 PK-Geth 2018, Vor Art. 111 N 7; vgl. auch Jenal 2016, 102 ff.
161 Vgl. die Zusammenstellung der Richtlinien der SAMW bei BSK-Schwarzenegger 2013, Vor Art. 111 N 49; vgl. auch PK-Geth 2018, Vor Art. 111 N 6.
162 BSK-Schwarzenegger 2013, Vor Art. 111 N 53 ff.; PK-Geth 2018, Vor Art. 111 N 6a.
163 BSK-Seelmann 2013, zu Art. 14.
164 PK-Geth 2018, Vor Art. 111 N 6a.
165 Stratenwerth 1978, 73 (77 f.).

klare Standesregeln. Zur medizinischen Verschreibung letaler Substanzen kamen klare Vorstellungen über die Feststellung der Urteilsfähigkeit und die Aufklärung durch Fachpersonen hinzu[166]. Nach intensiver Beschäftigung mit dem Thema kam der Bundesrat allerdings 2011 (eher überraschend) zum Ergebnis, dass es zur Bekämpfung von Missbräuchen **keiner Gesetzesänderung bedürfe**, dass Art. 115 ein ausreichendes und geeignetes Instrumentarium darstelle[167]. Die Aufforderung des Bundesrates zur «Weiterführung der Massnahmen in den Bereichen Suizidhilfe und *Palliative Care*» wirkt demgegenüber eher hilflos, genauso wie die abschliessende Feststellung, dass in der Schweiz «kein klarer Konsens» darüber bestehe, «ob und wie die organisierte Suizidhilfe auf Bundesebene und über die bereits bestehenden Regelungen hinaus zu regeln» sei[168]. Bis auf Weiteres scheint damit die Reform blockiert, obwohl Vorschläge bestehen, die Grundsätze der SAMW ins Gesetz überzuführen (Art. 115 VE[169]).

9. Kindstötung (Art. 116)

Die Motive zur Privilegierung der Kindstötung gehen auseinander (noch keine persönliche Beziehung zum Kind, verminderte Zurechnungsfähigkeit unter dem Einfluss der Geburt, oft mit einer Notlage verbunden)[170].
Die rechtlichen Voraussetzungen, über die allgemeinen Anforderungen von Art. 111 hinaus, sind, dass die Tötung «während der Geburt» erfolgt oder dass die Mutter «unter dem Einfluss des Geburtsvorganges steht». Beides setzt voraus, dass das Kind zunächst lebendig geboren wird[171].

10. Fahrlässige Tötung (Art. 117)

Die fahrlässige Tötung ist geradezu der Musterfall des Fahrlässigkeitsdelikts (sei es die Handlungs- oder Unterlassungsvariante[172]). Die Anforderungen sind daher grösstenteils bereits im Allgemeinen Teil zu Art. 12 Abs. 3 abgehandelt worden[173].
Pro Memoria setzt die fahrlässige Tötung als Voraussetzungen voraus:

– den Erfolg;
– die objektive Zurechenbarkeit des Erfolges, d.h. insb. die adäquate Kausalität[174];
– die Sorgfaltspflichtverletzung;
– die Vorhersehbarkeit und Vermeidbarkeit des Erfolges bei pflichtgemässem Verhalten
– und den Pflichtwidrigkeitszusammenhang[175].

---

166 In Anlehnung an BGE 133 I 58; vgl. auch den Bericht des Bundesrates vom Juni 2011, 30 f. (bezgl. der Umsetzung der «Variante 1»).
167 Ebda., 44 f.; vgl. auch NZZ vom 21.12.2011: «Keine neuen Regelungen für die Sterbehilfe».
168 Ebda.
169 Dazu Tag 2010, 170 ff.
170 PK-Trechsel/Geth 2018, Art. 116 N 1.
171 BSK-Schwarzenegger 2013, Art. 116 N 4.
172 Vgl. für eine detaillierte Kasuistik BSK-Schwarzenegger 2013, Art. 117 N 9–27.
173 Seelmann/Geth 2016, 166 ff.; Stratenwerth 2011, 493 ff.; Trechsel/Noll/Pieth 2017, 260 ff.
174 PK-Trechsel/Jean-Richard 2018, Art. 12 N 26.
175 PK-Trechsel/Jean-Richard 2018, Art. 12 N 42.

Im Zentrum der Betrachtung steht hier die **Sorgfaltspflichtverletzung**. Sie gliedert sich in eine generelle und eine individualisierte Betrachtung.

Die **generelle** Sorgfaltspflicht ergibt sich aus einer Vielzahl von **Rechtsquellen** jeder Stufenordnung (von Gesetz, Verordnung bis Reglement, aber auch privater Regulierung, etwa im Bereiche des Sportes, der Ingenieurkunde, der ärztlichen Kunst usw.). Subsidiär dazu findet der **allgemeine Gefahrensatz** Anwendung, nach dem jedermann der einen Risikozustand schaffe, danach trachten müsse, dass er nicht zur Verletzung fremder Rechtsgüter führe[176].

Zum Ausgleich der sorgfaltspflichtbegründenden Elemente muss man allerdings das Vertrauensprinzip (insb. im Strassenverkehr[177] oder auch im Rahmen erlaubter Delegation in Geschäftsbetrieben) oder genereller, das **erlaubte Risiko** in Betracht ziehen[178]. Aus diesen gegenläufigen Prinzipien ergibt sich der generelle Sorgfaltsmassstab.

Anschliessend wird in einer **teilindividualisierten Betrachtungsweise** geprüft, ob eine Massfigur (der «gewissenhafte und besonnene Mensch») in der Situation des Täters, mit seinen Fähigkeiten anders gehandelt hätte[179]. Konkrete Defizite können allerdings dem Täter im Rahmen des Übernahmeverschuldens zur Last gelegt werden. Sie sind allenfalls im Rahmen der Schuld oder der Strafzumessung zu berücksichtigen.

Eng verbunden mit der individuellen Sorgfaltspflicht sind die in der Folge zu prüfenden Fragen der Vorhersehbarkeit und der Vermeidbarkeit. Für eine weitere Analyse des Fahrlässigkeitsdeliktes wird allerdings auf den Allgemeinen Teil verwiesen.

B. Schwangerschaftsabbruch (Art. 118–121)

1. Aus der Geschichte der Geburtenkontrolle

Die Abtreibungsdebatte wird mit der Alternative «Abtreibung ist Mord» oder «mein Bauch gehört mir» über Gebühr verkürzt. Verdrängt wird dabei, dass in einer Geschichte von mehreren tausend Jahren ganz verschiedene Positionen eingenommen worden sind und dass auch die aktuellen Alternativen alles andere als simpel sind. Nach Betrachtung der Geschichte der Empfängnisverhütung und des Abtreibungsrechts fällt es schwer, die These von der «Heiligkeit des Lebens» unbesehen zum Dogma zu erheben.

Vom Griechenland der **Antike** wissen wir, dass Empfängnisverhütung und Abtreibung praktiziert worden sind. Platon und Aristoteles machten sich sogar ganz konkrete Vorstellungen, wie im idealen Gemeinwesen die Zahl der Haushalte klein gehalten werden könnte, ja ihre Gedanken gehen stark in den Bereich, den wir heute als Eugenik bezeichnen würden. Einzig die Pythagoräer lehnten – soweit erkennbar – die Abtreibung ab (auf sie geht auch die gängige Formulierung des Eids des Hipokrates zurück). Bei den Römern wurde der Embryo bis zur Geburt als Teil der Mutter betrachtet, über den sie verfügen konnte. Allerdings wurde die alte mutterrechtliche Auffassung bald

---

176 Vgl. die Hinweise bei PK-Trechsel/Jean-Richard 2018, Art. 12 N 29 f.
177 Art. 26 SVG (Strassenverkehrsgesetz vom 19.12.1958, SR 741.01).
178 BGE 121 IV 10.
179 BGE 122 IV 303.

durch die Besitzansprüche des *pater familias* und durch die *patriae potestas* überlagert: Kinder waren sein Eigentum und letztlich Vermögenswerte, über die er und nicht die Mutter und schon gar nicht der Staat verfügen konnten. Das Verbot der Abtreibung wurde erst in der spätrömischen Kaiserzeit unter Septimus Severus und dann unter dem ersten christlichen Kaiser Konstantin erlassen und durchgesetzt. Nach 300 Jahren Kaiserzeit, in der die Wirtschaft mehr und mehr auf Sklavenarbeit (ohne eigene Familie) abstellte, war die Bevölkerung des römischen Reiches um fast 50 % geschrumpft. Abermals anders wurde mit der Abtreibung umgegangen, nachdem aus dem niedergehenden römischen Reich die Feudalstrukturen hervorgegangen waren. Im **Früh- und Hochmittelalter** zwischen 600 und 1300 n.Chr., einer Zeit relativer wirtschaftlicher und politischer Stabilität in Europa, muss man sich ein stetes aber sehr massvolles Bevölkerungswachstum vorstellen. Die leibeigenen Kleinbauern hatten Familie, sie waren an einer massvollen Reproduktion interessiert, schon um ihr Alter ökonomisch abzusichern. Einer besonderen Durchsetzung und Überwachung bedurfte das zwar nach wie vor geltende Kindstötungsverbot nicht. Weit verbreitete Kenntnisse über Verhütungs- und Abtreibungstechniken erlaubten es dem Kleinbauern, eine stabile Familie von drei bis vier (überlebenden) Kindern grosszuziehen. Zu Mitteln des Strafrechts wurde lediglich bei offener Kindstötung gegriffen, Abtreibung wurde von der Kirche zunächst toleriert.

Während man sich – wie bemerkt – das Früh- und Hochmittelalter als eine Zeit relativ gesicherter ökonomischer Existenz vorstellen sollte, trat eine dramatische Änderung mit der Verbreitung von Seuchen, Kriegen und Hungersnöten im 14. Jahrhundert ein. Innerhalb von hundert Jahren fiel die Bevölkerung Europas von ca. 75 auf 50 Mio.[180] zurück. Kirche und Adel fanden nicht mehr genug Bauern, um die Felder zu bestellen. Erstmals wurde das Verbot der Kindstötung nun rigide durchgesetzt. Der Wandel lässt sich etwa anhand des Augsburger Achtbuches verfolgen: zwischen 1338 und 1400 fand sich unter 3 000 Verbrechern nur eine Kindsmörderin, während Kindsmörderinnen und Hexen im 17. und 18. Jahrhundert bis zu einem Viertel der vollstreckten Todesstrafen ausmachten.

Eine inzwischen verbreitete These – deren Plausibilität aufgrund der Dokumente der Zeit nicht von der Hand zu weisen ist[181] – lautet, dass die **Hexenverfolgung** zwischen dem 15. und dem 18. Jahrhundert dazu diente, das tradierte Verhütungs- und Abtreibungswissen auszurotten und einen Anstieg der Geburtenrate trotz schwerer wirtschaftlicher Krise herbeizuzwingen. Im «Hexenhammer» der Dominikanermönche Sprenger und Institoris von 1487[182] (der bis 1669 in 30 Auflagen erschienen ist) ist das Zielpublikum genau benannt:

> «Dass die Hexen-Hebammen die Empfängnis im Mutterleib auf verschiedene Weise verhindern, auch Fehlgeburten bewirken und, wenn sie es nicht tun, die Neugeborenen den Dämonen opfern. Niemand schadet dem katholischen Glauben mehr als die Hebammen».

---

180 Vgl. etwa Pieth Strafrechtsgeschichte 2015, 21 f.
181 Heinsohn/Steiger 1985, 56 ff.
182 Dazu Ignor 2002, 103 f.; Pieth Strafrechtsgeschichte 2015, 30 f.; Rüping/Jerouschek 2011, 60.

Konsequenz der Hexenverfolgungen war nicht die Durchsetzung der «Heiligkeit des ungeborenen Lebens», sondern der weitgehende Verlust des Wissens um die Zusammenhänge zwischen Empfängnis und Geburt sowie der Verhütungstechniken. Den Eltern wurde die Verantwortung für die Grösse ihrer Familie abgenommen, die Zahl der ausgetragenen Kinder wurde nicht mehr danach reguliert, ob sie auch ernährt werden konnten. Die staatliche Austragungspflicht zeitigte zwar erst allmählich Wirkungen, dafür umso nachhaltiger: Bevölkerungstheoretiker sehen in der Hexenverfolgung eine der wesentlichen Voraussetzungen der dramatischen **Bevölkerungsexplosion** der Neuzeit. Konsequenz für die Menschen des 18. und 19. Jahrhunderts war permanente Schwangerschaft, hohe Säuglingssterblichkeit (weit höher als in der Antike und der frühen Neuzeit) und Kinderarbeit.

Dementsprechend ging die Zahl der – illegalen – Abtreibungen nicht zurück: Sie entsprach zu Beginn des 20. Jahrhunderts etwa der Anzahl der Geburten. Allerdings erwiesen sich die illegalen Abtreibungen durch Laienabtreiber und -abtreiberinnen als äusserst gefährlich.

2. Die Abtreibungsdebatte der Gegenwart

Nach dem Zweiten Weltkrieg ist die Debatte um die Strafbarkeit bzw. Straflosigkeit des Schwangerschaftsabbruchs auch in der Schweiz mit grosser Heftigkeit weitergeführt worden. Während bereits weite Teile Europas zu liberaleren Lösungen übergegangen waren[183], galt in der Schweiz weiterhin die klassische **Indikationenlösung** (medizinische Indikation):

> «Eine Abtreibung im Sinne dieses Gesetzes liegt nicht vor, wenn die Schwangerschaft ... unterbunden wird ..., um eine nicht anders abwendbare Lebensgefahr oder grosse Gefahr dauernden schweren Schadens an der Gesundheit der Schwangeren abzuwenden»[184].

Sie wurde von der medizinischen Praxis, zumal in städtischen Regionen, immer mehr in Richtung auf eine sozial-medizinische oder soziale Indikation (schwere Gefahr für die psychische Gesundheit der Mutter infolge akuter Notlage) ausgeweitet.

Nach einer langen Reihe von erfolglosen Vorstössen[185] setzte sich schliesslich die Fristenlösung in der Volksabstimmung vom 2. Juni 2002 durch. Massgebend dazu beigetragen hatte, dass wegen einer einvernehmlichen Schwangerschaftsunterbrechung seit 1989 kein einziges Strafverfahren mehr durchgeführt wurde[186]. Andernorts, zumal in streng katholischen Ländern (insb. Polen[187]) oder von rechtskonservativen Kreisen, insbesondere in den USA, wird die Abtreibungsdebatte mit hohem ideologischen Eifer weiterbetrieben.

---

183 Albrecht 2002, 433.
184 aArt. 120 des Gesetzes von 1937/41.
185 Vgl. zur eigentlichen Gesetzgebungsgeschichte BSK-Schwarzenegger/Heimgartner 2013, Vor Art. 118 N 14; Stratenwerth/Jenny/Bommer 2010, 54 f.
186 Albrecht 2002, 434; BSK-Schwarzenegger/Heimgartner 2013, Kriminalstatistik zu Art. 118.
187 Vgl. zum Volksaufstand in Polen gegen Bestrebungen der Regierung, Abtreibungen überhaupt zu verbieten (auch die Indikationenlösung abzuschaffen): Nordwestschweiz vom 7.10.2016, 7: «Der Protest der Frauen wirkte»; WOZ vom 3.3.2016, 15 f.: «Vertraut den Frauen».

3. Geltendes Recht

Strafbar ist in jedem Fall die Schwangerschaftsunterbrechung durch Dritte ohne Einwilligung der Schwangeren (Art. 118 Abs. 2). Dritte oder die Schwangere selbst sind auch bei einvernehmlichem Schwangerschaftsabbruch strafbar, wenn die Voraussetzungen von Art. 119 nicht vorliegen (Art. 118 Abs. 1 und 3). Während im ersten Fall die ordentliche Verjährungsfrist von 15 Jahren für Verbrechen gilt (Art. 97 Abs. 1 lit. b), ist für die Absätze 1 und 3 in Abs. 4 eine Sonderregel geschaffen worden: Die Tat verjährt – sowohl aus Beweisgründen wie zum Schutze der Intimsphäre[188] – in drei Jahren. Art. 119 zeigt, dass die Regelung der Schwangerschaftsunterbrechung einen Kompromiss zwischen dem Schutz des werdenden Lebens und den Interessen der schwangeren Frau darstellt. Die Abtreibung ist gemäss Art. 119 Abs. 2 straflos, wenn sie innerhalb von 12 Wochen seit Beginn der letzten Periode vorgenommen wird. Auch nach Ablauf dieser Frist kann sie straflos sein, wenn eine medizinische oder eine sozial-medizinische Indikation vorliegt. Auf die detaillierten Voraussetzungen ist gleich zurückzukommen.

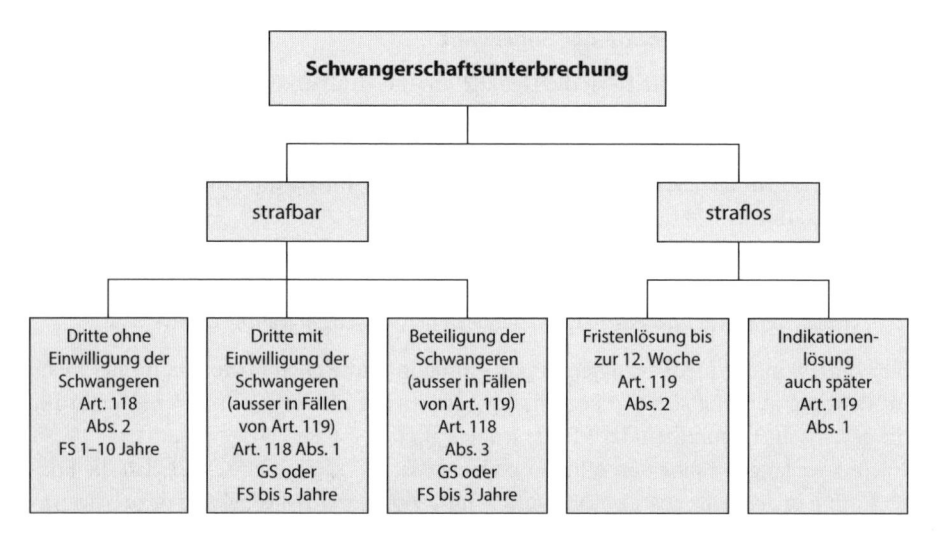

Schwangerschaftsunterbrechung				
strafbar			straflos	
Dritte ohne Einwilligung der Schwangeren Art. 118 Abs. 2 FS 1–10 Jahre	Dritte mit Einwilligung der Schwangeren (ausser in Fällen von Art. 119) Art. 118 Abs. 1 GS oder FS bis 5 Jahre	Beteiligung der Schwangeren (ausser in Fällen von Art. 119) Art. 118 Abs. 3 GS oder FS bis 3 Jahre	Fristenlösung bis zur 12. Woche Art. 119 Abs. 2	Indikationenlösung auch später Art. 119 Abs. 1

a) Strafbarer Schwangerschaftsabbruch (Art. 118)

Das geschützte **Rechtsgut** ist der Embryo im Mutterleib. In vitro fertilisierte Eizellen werden separat durch das Fortpflanzungsmedizingesetz (FMedG)[189] geschützt. Gegen nicht einvernehmliche Übergriffe ist die Schwangere durch den qualifizierten Verbrechenstatbestand von Art. 118 Abs. 2 geschützt.
Tatobjekt des Schwangerschaftsabbruchs ist die befruchtete Eizelle nach der Einnistung in der Gebärmutter. Damit ist Klarheit zur Abgrenzung zu nidationshemmenden

---

[188] Stratenwerth/Jenny/Bommer 2010, 62; Stratenwerth/Wohlers 2013, Art. 118 N 7; PK-Trechsel/Geth 2018, Art. 118 N 10.

[189] Bundesgesetz über die medizinisch unterstützte Fortpflanzung (Fortpflanzungsmedizingesetz, FMedG) vom 18.12.1998 (SR 810.11), Art. 5 Abs. 3 FMedG; vgl. dazu Rütsche 2010, 297 ff.; sowie zu ausländischen Gesetzen: Köck 2011, 546 ff.; Sowada 2011, 389 ff.

Empfängnisverhütungsmitteln geschaffen worden (einschliesslich der sog. «Pille danach»). Insofern herrscht unter Strafrechtlern Einigkeit[190]. Die **Tathandlung** besteht im Abbruch der Schwangerschaft, d.h. im Töten des Embryos[191]. Zu Kontroversen geführt haben Methoden, die zur (medikamentösen) Einleitung einer vorzeitigen Geburt führen. Soweit der Embryo nicht lebensfähig ist, dürften kaum Strafbarkeitsrisiken bestehen. Falls aber – aus Fahrlässigkeit – der Embryo kurzfristig lebend zur Welt kommt, sind sich die Kommentierungen uneinig, ob straflose fahrlässige Abtreibung[192] oder strafbare fahrlässige Tötung vorliegt[193].

b)   Strafloser Schwangerschaftsabbruch (Art. 119)

aa)   Fristenlösung

Gemäss Art. 119 Abs. 2 darf eine Schwangerschaftsunterbrechung straflos bis zur 12. Woche seit Beginn der letzten Periode vorgenommen werden. Das Gesetz nennt als weitere Voraussetzungen:

- die Vornahme durch eine zur Berufsausübung zugelassene Ärztin bzw. eines Arztes,
- aufgrund eines schriftlichen Verlangens, in dem die Schwangere geltend macht, sie befinde sich in einer Notlage (eine eigentliche Begründung ist aber nicht erforderlich[194]),
- nach einem von der Ärztin bzw. dem Arzt persönlich geführten eingehenden Beratungsgespräch.

Sonderregeln gelten für nicht Urteilsfähige (Art. 119 Abs. 3). Die Ärzte unterstehen einer Meldepflicht (Art. 119 Abs. 5 und Art. 120 Abs. 2).
Von diesen Anforderungen ist lediglich die Vornahme durch eine Ärztin bzw. einen Arzt eigentliche Rechtfertigungsvoraussetzung[195]. Die übrigen Regeln sind Ordnungsvorschriften, deren Verletzung durch das medizinische Personal allenfalls zu Übertretungsstrafe nach Art. 120 führen kann. Im Übrigen besteht aber keine Verpflichtung, die von den Kantonen bezeichneten Institutionen gemäss Art. 119 Abs. 4 zu berücksichtigen[196].
Das Gesetz legt grosses Gewicht auf die vorgängige Beratung. Da ist es nicht unbedenklich, dass sich die Frau regelmässig erst nach Ausfall der nächsten Periode gewahr wird, dass sie schwanger sein könnte: Unter Umständen verfügt sie also lediglich über eine Überlegungsfrist von acht Wochen bis zum spätesten Eingriffstermin.

---

190   Donatsch 2013, 32; BSK-Schwarzenegger/Heimgartner 2013, Vor Art. 118 N 9; Stratenwerth/Jenny/Bommer 2010, 55; Stratenwerth/Wohlers 2013, Art. 118 N 1; PK-Trechsel/Geth 2018, Vor Art. 118 N 3.
191   Stratenwerth/Jenny/Bommer 2010, 56; PK-Trechsel/Geth 2018, Vor Art. 118 N 5.
192   BSK-Schwarzenegger/Heimgartner 2013, Art. 118 N 4; PK-Trechsel/Geth 2018, Vor Art. 118 N 5.
193   Stratenwerth/Jenny/Bommer 2010, 56.
194   Stratenwerth/Wohlers 2013, Art. 119 N 10.
195   Zur Einstufung als Rechtfertigungsgrund vgl. Stratenwerth/Wohlers 2013, Art. 119 N 1.
196   Stratenwerth/Wohlers 2013, Art. 119 N 4.

bb) Indikationenlösungen

Nach wie vor enthält das Gesetz in Art. 119 Abs. 1 die klassische Indikationenlösung, die eigentlich ein Spezialfall des Notstandes darstellt[197]. Der Gesetzestext hat die vor der Revision in der Praxis geltende Regelung übernommen und neben der **medizinischen Indikation** («Gefahr einer schwerwiegenden körperlichen Schädigung») auch die **sozial-medizinische Indikation** explizit gemacht («Gefahr ... einer schweren seelischen Notlage»). Damit verweist das Gesetz auf die vor 2002 etablierte Praxis. Insgesamt ist für die Straflosigkeit nach Abs. 1 somit

– die Einwilligung der Schwangeren,
– eine der objektiven Indikationen sowie
– die Vornahme des Eingriffs durch eine Ärztin oder einen Arzt

erforderlich[198].

c) **Ordnungsvorschriften**

Indirekt ergibt sich aus Art. 120, dass folgende Anforderungen Ordnungs- und nicht Gültigkeitsvorschriften der Rechtfertigungsnorm sind:

– das Vorliegen des schriftlichen Verlangens der Schwangeren gemäss Art. 119 Abs. 2,
– das Beratungsgespräch nach Art. 119 Abs. 2,
– die Meldung der Vornahme von Schwangerschaftsunterbrechungen durch das Medizinalpersonal gemäss Art. 119 Abs. 5.

Im Übrigen ist die Regelung von Art. 119 abschliessend: Die Kantone dürfen nicht weitere Anforderungen – wie Wohnsitzpflicht oder ärztliche Zweitbegutachtung – stellen[199].

d) **Vorbereitung und Versuch**

In der Vergangenheit, als es noch Gerichtsentscheide zu Abtreibungsfällen gab, wurden die Strafbarkeitsgrenzen anhand der Abtreibung geradezu zum Exerzierfeld der Versuchstheorie: In die Reihe der absurden Entscheide gehört zunächst der Bundesgerichtsentscheid, der – scheinbar in Anwendung der «Schwellentheorie» – das Überschreiten der Schwelle zur Wohnung des Abtreibungspraktikers als den Schritt zur Tat bezeichnete[200].

Ebenso problematisch sind die Anwendungsfälle des untauglichen Versuchs: So soll der Abtreibungsversuch an der Nicht-Schwangeren ein typischer Fall des untauglichen Objektes[201], Abtreibungsversuche mit Senfbädern oder mit Seifenwasser Fälle des untauglichen Mittels[202] darstellen und immerhin fakultativ strafbar sein. Hätten es nicht auch Fälle des absolut untauglichen, d.h. des irrealen Versuchs sein können?

---

197 PK-Trechsel/Geth 2018, Art. 119 N 1.
198 PK-Trechsel/Geth 2018, Art. 119 N 2 ff.
199 BGE 129 I 402; dazu PK-Trechsel/Geth 2018, Art. 119 N 9.
200 BGE 87 IV 155; krit. anstelle vieler PK-Trechsel/Geth 2018, Art. 118 N 6.
201 BGE 74 IV 65; vgl. auch Stratenwerth/Wohlers 2013, Art. 118 N 6.
202 BGE 70 IV 49.

C. Körperverletzung

1. Einführung

a) Bedeutung der Körperverletzung

Im kriminologischen Diskurs haben – unter dem Einfluss des «medizinischen Modells der Delinquenz»[203] – lange Zeit soziologische und psychologische Perspektiven die rechtlichen Unterscheidungen verdrängt: Delinquenz und abweichendes Verhalten überhaupt wurden mit «Gewalt» gleichgesetzt[204]. Dabei wurden die klassischen Täterprofile von Lombroso und dessen Zeitgenossen[205] durch aktuellere Varianten ersetzt (z.B. Mc Veigh oder Breivik).

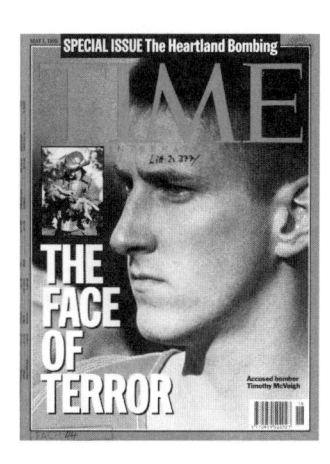

Abbildungen: Verbrechertyp nach Lombroso[206] und der Bombenleger Timothy Mc Veigh[207]

Auch in der medialen Aufbereitung ist Gewalt zum Synonym der Delinquenz geworden, selbst wenn Vermögensdelikte, Strassenverkehrs- und Betäubungsmittelverstösse statistisch gesehen ein Vielfaches der Gewaltdelinquenz ausmachen.
Im Vordergrund stehen Berichte über «sinnlose» Jugendgewalt, etwa Überfälle auf Wehrlose in Strassenbahnen oder in Parks[208]. Schlägereien im Schulhof oder im Ausgang[209]

---

203 Pieth 2001, 125 ff.
204 Beispiel Kunz/Singelnstein 2016, § 7 (zu den Entwicklungen der Biokriminologie).
205 Klassisch: Cesare Lombroso, L'uomo Delinquente, Milano 1876; Enrico Ferri, Das Verbrechen als soziale Erscheinung. Grundzüge der Kriminal-Soziologie (deutsche Ausgabe von Hans Kurella), Leipzig 1896 und Raffaele Garofalo, La criminologia, Napoli 1885.
206 Tafel XXVII, Mörder-Typen nach E. Ferri in: Cesare Lombroso, Der Verbrecher in anthropologischer, ärztlicher und juristischer Beziehung, Bd. III Atlas, deutsche Bearbeitung Hans Kurella, Hamburg 1896.
207 Titelseite Time International vom 1.5.1995.
208 Tages-Anzeiger vom 24.2.2010: «die Schläger von München wollten nur ein wenig Spass»; ebda. 15.10.2010: «überraschende Wende im Prozess gegen die Zürcher Schläger».
209 Vgl. zum Tötungsfall von Locarno: NZZ vom 9./10.2.2008, 49.

zeitigen schwere Folgen. Dabei scheinen die klassischen Hemmungen angesichts von unterlegenen, wehrlosen oder bereits besiegten Gegnern durch entsprechende Neutralisationstechniken[210] unterdrückt zu werden[211]. Ein klassischer Fall ist der Faustschlag, der einen FCZ-Fan an einer Meisterfeier in Zürich zum Invaliden machte. Der Schlag erfolgte unerwartet mitten ins Gesicht und liess das Opfer hart auf den Boden aufschlagen, sodass es lebensgefährliche Kopfverletzungen erlitt[212].

Häufig sind an den Auseinandersetzungen Einwandererkinder beteiligt[213], auch wenn über die richtige Deutung der Statistiken von Ausländerkriminalität gestritten wird. Unrichtig ist der von der SVP behauptete 50%-Anteil der Ausländerkriminalität in der Schweiz generell[214]. Zu Recht weist Kunz auf diverse Faktoren hin, die es bei der Deutung der Ausländerkriminalität zu berücksichtigen gilt: «Kriminaltouristen» sind nicht mit der Wohnbevölkerung gleichzusetzen, sodann müssen die relevanten Altersgruppen auch in absoluten Zahlen zueinander in Vergleich gesetzt werden. Schliesslich gilt es die selektive Wahrnehmung in Betracht zu ziehen[215].

Neben Jugendgewalt und *Football-Hooliganism*[216] wird die öffentliche Gewaltdiskussion durch besonders abstossende Raubüberfälle auf Betagte und Invalide[217], mafiaartige Abrechnungen[218], die unzureichende Kontrolle über Kampfhunde[219] und Amoktaten[220] beherrscht.

Interessanterweise wurde aber von derselben Öffentlichkeit, bei der Gewalt so im Zentrum des Interesses steht, trotz offensichtlichen Missbräuchen, die Volksinitiative «Für den Schutz vor Waffengewalt» am 13.2.2011 abgelehnt.

Die Gewalt im häuslichen Bereich macht, soweit sie statistisch erfasst wird, ähnlich wie bei den Tötungsfällen, ca. 1/3 der polizeilich registrierten Fälle aus[221].

---

210 Kunz/Singelnstein 2016, 122 f.
211 So im Fall «Carlos», vgl. NZZ vom 7.3.2017, 19 (BezGer ZH).
212 NZZ vom 17.5.2006, 47. In der juristischen Aufarbeitung stritten sich Bezirksgericht, Obergericht und Bundesgericht intensiv um die Frage der eventualvorsätzlichen schweren Körperverletzung; siehe unten S. 42.
213 BFS, PKS, Jahresbericht 2016, 31 (Tabelle 14).
214 So die SVP im Rahmen der Abstimmungskampagne für ihre Ausschaffungsinitiative, vgl. NZZ vom 16.10.2010, 17.
215 Kunz 1989, 373 ff.
216 Zum Thema Abfeuern von Pyros in der Menschenmenge: BStGer SK. 2017.17 (Gefährdung durch Sprengstoffe und giftige Gase, schwere Körperverletzung etc.), vgl. auch NZZ vom 10.8.2017, 13: «Eineinhalb Jahre Gefängnis für Pyro-Werfer»; oder auch NZZ vom 13.5.2011, 15 (versuchte schwere Körperverletzung?); zum Thema ausländische Hooligans vgl. NZZ am Sonntag vom 5.11.2017, 11.
217 Begangen durch zwei knapp Erwachsene, um ihren Bordellbesuch zu finanzieren: OGer ZH in: NZZ vom 8.9.2009, 43.
218 Vgl. etwa: BaZ vom 26.5.2012, 27 («Türkenmafia?»).
219 So die Bedrohung zweier Personen und die anschliessende Tötung eines Kindergartenkindes durch entlaufene Pitbulls in Oberglatt am 1.12.2005.
220 Bannenberg 2012, 371 ff.
221 BFS, PKS, Jahresbericht 2016, Tabelle 21, Straftaten häusliche Gewalt: Vorjahresvergleich, wobei «diese Zahlen als Minimalwerte gesehen werden» müssen.

b) Statistiken

In absoluten Zahlen wurden vom BFS 2016 7787 **Strafanzeigen** wegen einfacher Körperverletzung (Art. 123) (Vorjahresvergleich 7381) registriert, für schwere Körperverletzung stieg die Zahl (von 487 [2011] auf 573 [2016])[222]. Gesamthaft gesehen sind die Anzeigezahlen für die Gewaltdelikte über Jahrzehnte aber etwa auf dem gleichen Niveau geblieben.

Dieser Trend schlägt sich, über lange Zeiträume betrachtet, auch in der **Urteilsstatistik** nieder. Auch die absoluten Urteilsziffern für Tötungsdelikte, schwere, einfache und fahrlässige Körperverletzung bewegten sich mehr oder weniger konstant zum Bevölkerungswachstum[223].

c) System der Körperverletzungsdelikte

Der Aufbau der Körperverletzungsdelikte ist noch stark geprägt von der kasuistischen Methodik der kantonalen Strafgesetzbücher[224].

Der Grundtatbestand[225] der Verletzungsdelikte gegen die körperliche Integrität und die physische und psychische Gesundheit[226] findet sich in Art. 123. Analog zu Art. 111 tritt er zurück, wenn einer der besonderen Qualifikationen oder Privilegierungen greift. Die Rede von «einfacher Körperverletzung» entspricht allerdings – wie wir sehen werden – nicht unbedingt dem allgemeinen Sprachgebrauch, da Art. 123 durchaus schwerwiegende Verhaltensweisen und Folgen erfasst.

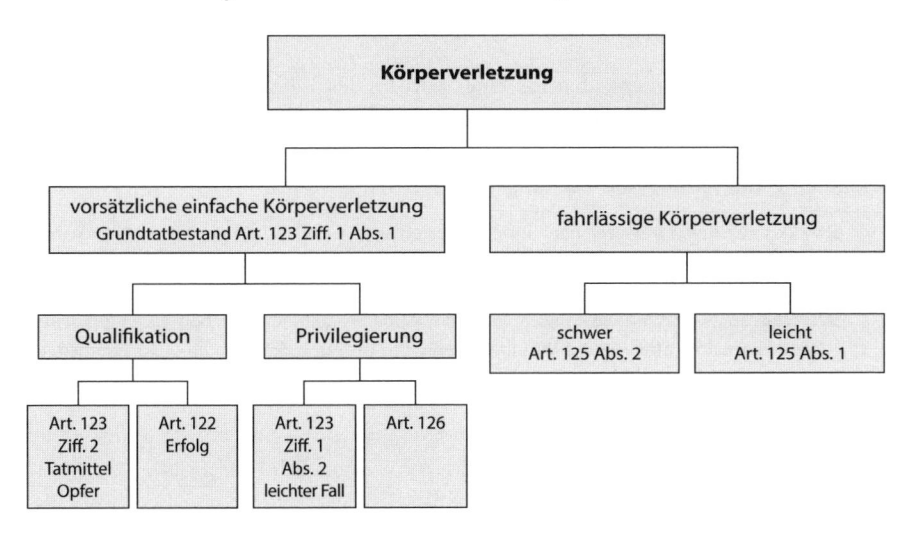

```
                            Körperverletzung
                                   |
               ┌───────────────────┴───────────────────┐
    vorsätzliche einfache Körperverletzung    fahrlässige Körperverletzung
       Grundtatbestand Art. 123 Ziff. 1 Abs. 1
                  |                                    |
          ┌───────┴───────┐                    ┌───────┴───────┐
    Qualifikation    Privilegierung           schwer           leicht
                                          Art. 125 Abs. 2   Art. 125 Abs. 1
       ┌─────┴─────┐      ┌─────┴─────┐
    Art. 123    Art. 122  Art. 123   Art. 126
     Ziff. 2    Erfolg    Ziff. 1
    Tatmittel              Abs. 2
      Opfer             leichter Fall
```

---

222 BFS, PKS, Jahresbericht 2016, Tabelle 18, Gewaltstraftaten: Aufklärung und Vorjahresvergleich.
223 BFS, Strafurteilsstatistik 1984–2016 vom 6.6.2017 (für 2016 in absoluten Zahlen: Art. 111: 72; Art. 117: 87; Art. 122: 206; Art. 123: 2493; Art. 125: 1121 Urteile).
224 Stratenwerth/Jenny/Bommer 2010, 63.
225 Stratenwerth/Jenny/Bommer 2010, 63; Stratenwerth/Wohlers 2013, Art. 123 N 1; PK-Trechsel/Geth 2018, Art. 123 N 1.
226 Zum Rechtsgut: Stratenwerth/Wohlers 2013, Art. 123 N 1; PK-Trechsel/Geth 2018, Vor Art. 122 N 4 f.

2. Einfache Körperverletzung (Art. 123 Ziff. 1 Abs. 1)

a) Tatbestandsmässigkeit

aa) Objektiver Tatbestand

(1) Tatobjekt: Mensch

Was bereits für die Tötungsdelikte erörtert wurde, gilt auch für die Körperverletzung: Nur der lebende Mensch[227] ist Tatobjekt. Auch hier gilt, dass Einwirkungen auf den Embryo (etwa infolge von schädigenden Nebenwirkungen von Medikamenten), die sich erst nach der Geburt auswirken, infolge der Sperrwirkung der Abtreibungstatbestände, die gerade keine Strafbarkeit wegen Körperverletzung kennen, straflos bleiben müssen[228]. Nicht Gegenstand dieser Abhandlung sind die Präimplantationsdiagnostik und ihre Risiken[229]. Die Selbstverletzung ist sodann prinzipiell straflos[230], auch wenn im Militärstrafrecht und bei der Strafbarkeit des Betäubungsmittelkonsums Abweichungen bestehen.

Tiere werden durch andere Tatbestände geschützt[231].

(2) Tathandlung

(a) Gesundheitsschädigung

Auch der bereits angegriffene Gesundheitszustand kann sich weiter verschlechtern[232]. Der Begriff der Gesundheitsschädigung dient im Rahmen des Tatbestandes von Art. 123 sowohl zur Abgrenzung gegenüber der Tätlichkeit wie gegenüber der schweren Körperverletzung.

Anders als bei der Tätlichkeit muss eine Störung des Wohlbefindens vorliegen, die **Krankheitswert** hat. Dabei verrät die Justizpraxis[233], dass die Schmerzempfindlichkeit sich von der bäurischen zur städtischen Gesellschaft deutlich verändert hat. Durchaus heftige Eingriffe verlangt das Bundesgericht für Art. 123 noch in BGE 103 IV 70:

> etwa das «Zufügen äusserer oder innerer Verletzungen und Schädigungen, wie unkomplizierte, verhältnismässig rasch und problemlos völlig ausheilende Knochenbrüche oder Hirnerschütterungen, durch Schläge, Stösse und dergleichen hervorgerufene Quetschungen, Schürfungen, Kratzwunden, ausser wenn sie keine weitere Folge haben als eine vorübergehende harmlose Störung des Wohlbefindens. Wo indessen die auch bloss vorübergehende Störung einem krankhaften Zustand gleichkommt (z.B. Zufügen von erheblichen Schmer-

---

227 BSK-Roth/Berkemeier 2018, Vor Art. 122 N 6 f.; Stratenwerth/Wohlers 2013, Vor Art. 123 N 1; PK-Trechsel/Geth 2018, Vor Art. 122 N 1.
228 Vgl. aber anders LG Aachen, in: JZ 1971, 507 ff. (Conterganfall); krit. aber vgl. Schubarth 1982 (Kommentar), Vor Art. 111 N 15; vgl. auch BGE 119 IV 207.
229 NZZ vom 27.4.2017, 10: «Für Embryonen gibt es keine Selektionsgründe»; NZZ vom 7.5.2016, 15: «Niemand will Designer-Babys».
230 PK-Trechsel/Geth 2018, Vor Art. 122 N 2.
231 Art. 26 Tierschutzgesetz oder allenfalls Art. 144 (Sachbeschädigung): BGE 106 IV 314; BSK-Roth/Berkemeier 2018, Vor Art. 122 N 10.
232 BSK-Roth/Berkemeier 2018, Vor Art. 122 N 15; Stratenwerth/Jenny/Bommer 2010, 64.
233 Vgl. die Kasuistik seit den Anfängen des StGB bei PK-Trechsel/Geth 2018, Art. 123 N 13 und Art. 126 N 9.

zen, Herbeiführen eines Nervenschocks, Versetzen in einen Rausch- oder Betäubungszustand), ist eine einfache Körperverletzung gegeben»[234].

Für die Tätlichkeit bleiben somit das Zerren, Umstossen, leichte Schläge, Ohrfeigen, Fusstritte, Wurfgeschosse etc., die, wenn überhaupt, nur geringfügige und vorübergehende Schmerzen verursachen[235].

Demgegenüber erfasst die «schwere Körperverletzung» sehr schwerwiegende, anschliessend zu diskutierende Qualifikationen sowohl von der Begehungsweise wie vom Erfolg her.

(b) Körperschädigung

Die separat aufgeführte Körperschädigung hat neben der Gesundheitsschädigung nur Platz, sofern sie nicht einen Krankheitszustand beschreibt. Zu denken ist etwa an das entstellende Kahlscheren (soweit man nicht eine blosse Tätlichkeit annehmen will)[236].

bb) Subjektiver Tatbestand

Zum subjektiven Tatbestand gibt es wenig zu bemerken. Auch *dolus eventualis* ist erfasst. Gefragt hat man sich, wie sich der Tötungs- und der Körperverletzungsvorsatz zueinander verhalten. Die Frage ist insb. bei der schweren Körperverletzung aktuell geworden, wo bei einer Tötung auf Verlangen nicht der beabsichtigte Tod, sondern etwa eine Lähmung eintritt. Die Strafe nach Art. 122 wäre um einiges höher als die nach Art. 114. Die Lehre behilft sich damit, dass der Körperverletzungsvorsatz in der (versuchten) Tötung enthalten ist, soweit die Verletzung ein notwendiges Durchgangsstadium darstellt. «Unnötige Schmerzen» oder eine vorhersehbare Verstümmelung würden allerdings separat ins Gewicht fallen, die Körperverletzung also in diesen Fällen neben die versuchte Tötung treten.

b) Rechtfertigungsgründe

aa) Einwilligung des Verletzten

Prinzipiell vermag die Einwilligung auch eine Körperverletzung zu rechtfertigen *(volenti non fit iniuria)*. Das gilt uneingeschränkt für die einfache Körperverletzung. Man denke etwa an den Boxer, der es geradezu auf Tätlichkeiten angelegt hat, aber durchaus auch mit Körperverletzungen konkret rechnen muss. Wer an einem **sportlichen Wettkampf** mitmacht, rechnet und willigt insoweit auch ein, dass die üblichen Rempeleien und Fouls vorkommen. Keine Einwilligung wird aber in vorsätzliche Regelverletzungen gegeben[237].

---

234 Vgl. auch ähnlich BGE 107 IV 40.
235 BGE 134 IV 189; Donatsch 2013, 56 ff.; Stratenwerth/Jenny/Bommer 2010, 79 ff.; PK-Trechsel/Geth 2018, Art. 126 N 1 f.
236 Stratenwerth/Jenny/Bommer 2010, 66.
237 Vgl. aus der Welt des Eishockeys: BGE 134 IV 26; 121 IV 249; dazu Ackermann/Strebel 2008, 77 f.; aus dem Fussball: BGE 109 IV 102; dazu BSK-Roth/Berkemeier 2018, Vor Art. 122 N 22 f.; Stratenwerth/Jenny/Bommer 2010, 68 und NZZ am Sonntag vom 15.3.2015: «Schuld und Sühne» (zum Fall Yapi).

bb) Ärztlicher Heileingriff

Ebenso kann man in **medizinische Eingriffe** gültig einwilligen. Aus der Sicht der aktuellen Lehre fällt die Einschätzung bei schwerer Körperverletzung allerdings anders aus: Die Amputation etwa eines Beines setzt nicht nur Einwilligung, sondern auch zwingende medizinische Gründe voraus. Die konsentierte schwere Körperverletzung muss objektiv vertretbar sein. Unzulässig erscheint demgegenüber etwa der Verkauf der einen Niere zu Transplantationszwecken[238]. Anders zu entscheiden hiesse, dem internationalen Organhandel, insb. mit Personen, die aus der Dritten Welt stammen, Tür und Tor zu öffnen[239]. Variieren wir das Beispiel allerdings auch nur leicht, könnten Zweifel an dieser kategorischen Haltung aufkommen: Die Einwilligung in die Spende einer Niere an Nahestehende ist durchaus zulässig, da das ethische Motiv im Vordergrund steht und die Überlebensfähigkeit des Spenders im Normalfall nicht in Frage gestellt wird[240]. Ausgeschlossen ist aber die Einwilligung in eine konkret lebensgefährliche Verletzung. Während eine Beihilfe zur Selbstschädigung nicht strafbar wäre, darf ein Dritter also selbst mit Einwilligung des Opfers eine objektiv nicht sinnvolle schwere Verletzung auf keinen Fall vornehmen.

Anlass zu Diskussionen hat demgegenüber immer wieder die Einordnung der **eigenmächtigen Heilbehandlung** gegeben. Welches sind die Konsequenzen der mangelnden Einwilligung bei einem nach schulmedizinischen Kriterien notwendigen Eingriff? Lehre und Praxis liegen sich zu diesem Thema schon geraume Zeit in den Haaren. Sowohl in Deutschland wie in der Schweiz haben die obersten Gerichte angenommen, dass jede Verletzung der körperlichen Integrität, auch der Heileingriff, tatbestandsmässig sei[241]. Die Lehre ging bis vor Kurzem davon aus, dass der «soziale Sinn» des Eingriffs gerade Heilung und nicht Verletzung sei. Patienten würden behandelt und nicht misshandelt[242]. Wenn die Meinung des Patienten/der Patientin im Einzelfall nicht eingeholt worden sei, sei das zwar unrecht; die vorerst eingreifende und durchaus auch schmerzhafte, letztlich aber erfolgreiche Heilbehandlung könne aber schwerlich als Körperverletzung angesehen werden. In einzelnen Ländern sind Spezialtatbestände der Verletzung des freien Willens geschaffen worden (so etwa in Österreich[243]). In der Schweiz hat sich in der Zwischenzeit sowohl in Lehre und Praxis die Auffassung durchgesetzt, dass die eigenmächtige Heilbehandlung das Rechtsgut der Körperverletzungsdelikte, die körperliche Integrität, verletze. Der Patient und nicht der Arzt bestimmt letztlich darüber, ob er sich krank oder gesund fühlt und ob er behandelt werden will. Die invasive, eigenmächtige Heilbehandlung ist somit eine Körperverletzung[244]. Zum Schutz vor unvernünftigen Konsequenzen diene eine realistische Praxis zur «mutmasslichen Einwilligung»[245]. Abzulehnen ist dem-

---

[238] So Art. 6 und Art. 7 TPG.
[239] Vgl. NZZ vom 23.11.2013, 3: «Stumpfe Waffe gegen den Organhandel».
[240] BSK-Roth/Berkemeier 2018, Vor Art. 122 N 21, sowie Art. 12 lit. c TPG.
[241] BGE 124 IV 258; 99 IV 208.
[242] Nachweise bei Stratenwerth/Jenny/Bommer 2010, 69.
[243] § 110 Ö-StGB.
[244] Donatsch 2013, 61; BSK-Roth/Berkemeier 2018, Vor Art. 122 N 24 ff.; Stratenwerth/Jenny/Bommer 2010, 69.
[245] PK-Trechsel/Geth 2018, Vor Art. 122 N 6.

gegenüber eine fingierte «hypothetische Einwilligung» (die darüber spekuliert, wie der Patient entschieden hätte, wenn er korrekt aufgeklärt worden wäre). Er (oder sie) hat sich mangels Aufklärung gerade keine Meinung bilden können[246]. Gegensätzliche Meinungen werden nach wie vor zum eigenmächtigen AIDS-Test vertreten. Klar rechtswidrig ist die Täuschung vor der Vornahme eines AIDS-Tests[247]. Dagegen soll die Nachnutzung der bewilligten Blutentnahme zum AIDS-Test keine Körperverletzung darstellen[248]. Dies ist indessen abzulehnen.

cc) Züchtigungsrecht?

Inzwischen haben die kantonalen Rechte überwiegend klargestellt, dass Lehrpersonen und professionelle Erzieher nicht mehr über ein Züchtigungsrecht verfügen. Einzig bei Eltern wird die Frage noch diskutiert. Hier ist man sich einig, dass die gelegentliche Ohrfeige im Rahmen der blossen Tätlichkeit straffrei ist[249], dass aber auch wiederholte Tätlichkeiten von Erziehungspersonen von Amtes wegen den Staatsanwalt auf den Plan rufen (Art. 126 Abs. 2 lit. a). Damit soll der Kindsmisshandlung vorgebeugt werden. Körperverletzung ist in keinem Fall gerechtfertigt.

3. Privilegierung gemäss Art. 123 Ziff. 1 Abs. 2

Der «leichte Fall» nach Ziff. 1 Abs. 2 liegt vor, wenn zwar eine Körperverletzung (Krankheitswert!) gegeben ist, die Grenze zur Tätlichkeit aber nur knapp überschritten ist[250]. Der Richter kann die Strafe im Sinne von Art. 48*a* mildern.

4. Qualifikationen durch die Begehungsweise (Art. 123 Ziff. 2)

a) Gefährliche Körperverletzung (Art. 123 Ziff. 2 Abs. 2)

Art. 123 Ziff. 2 Abs. 2 erwähnt den Gebrauch von Gift, einer Waffe oder eines gefährlichen Gegenstandes. Man spricht insgesamt von der «gefährlichen Körperverletzung».

aa) Gift

Bekanntlich macht die Dosierung das Gift aus. Gemeint sein kann infolgedessen nur eine solche Konzentration, die das konkrete Risiko eines Erfolges im Sinne von Art. 122 (schwere Körperverletzung) entstehen lässt[251]. Man ist sich einig, dass auch Krankheitserreger als Gifte zu betrachten sind[252].

---

246 Anders Eicker 2014, 238 ff.
247 Kunz 1990, 262; PK-Trechsel/Geth 2018, Vor Art. 122 N 7.
248 Tag 2013, 789 ff.
249 PK-Trechsel/Geth 2018, Art. 126 N 7.
250 BSK-Roth/Berkemeier 2018, Art. 123 N 7 ff.; Stratenwerth/Wohlers 2013, Art. 123 N 3.
251 PK-Trechsel/Geth 2018, Art. 123 N 6.
252 Etwa toxische Biokulturen: BSK-Roth/Berkemeier 2018, Art. 123 N 13; Stratenwerth/Jenny/Bommer 2010, 70 ff.; Stratenwerth/Wohlers 2013, Art. 123 N 6.

bb) Waffe

Eine Waffe ist dazu bestimmt – wiederum gefährliche – Verletzungen zuzufügen.

cc) Gefährlicher Gegenstand

Demgegenüber wirkt der gefährliche Gegenstand allein durch seine konkrete Verwendungsart qualifikationsbegründend[253]. Auch hier ist die Gefährlichkeit auf das konkrete Risiko einer Tötung oder der Verursachung einer schweren Körperverletzung bezogen. Dieser Tatbestand ist im Grunde eine Kombination einer einfachen Körperverletzung mit einem zusätzlichen Gefährdungstatbestand: einer potentiellen schweren Körperverletzung, die im verwendeten Instrument inhärent ist. Der neue Gesetzestext hat den allgemeinen Begriff «gefährlichen Gegenstand» an die Stelle des «gefährlichen Werkzeuges» gesetzt, da das Werkzeug zu unnötigen semantischen Verwindungen führen musste.

b) Körperverletzung an Wehrlosen, Sorgeberechtigten und Partnern (Art. 123 Ziff. 2 Abs. 3–6)

Selbst wenn vom Erfolg her nicht besonders gefährlich, so ist die Körperverletzung von Amtes wegen zu verfolgen, wenn sie an Wehrlosen[254] oder an Personen, für die der Täter zu sorgen hat oder zu denen er in einer Partnerschaftsbeziehung steht, verübt wird. Die Begründung liegt einerseits im Bedürfnis nach Amtsverfolgung (häufig liegt infolge der relativen Schwäche auch ein Abhängigkeits- oder Bedrohungsverhältnis vor, welches es dem Opfer erschwert, Strafantrag zu stellen), andererseits in der besonderen Verwerflichkeit dieses Angriffs[255].

Nach der neu eingeführten Tatvariante gegen Personen in der Obhut des Täters oder Sorgeberechtigten kommt es auf die konkrete Unterlegenheit nicht an. Qualifikationsgrund ist hier vielmehr die Verwerflichkeit der Pflichtverletzung. Gerade im Nahbereich sollte mit solchen Übergriffen nicht gerechnet werden müssen. Andererseits wissen wir, dass in der Praxis solche Übergriffe nur zu häufig sind. Damit ist nunmehr klargestellt, dass die Misshandlung von Partnern und Kindern (sei es, dass es sich um Körperverletzungen oder Tätlichkeiten handelt) allemal von Amtes wegen zu verfolgen sind. Abs. 5 schliesslich dehnt die Regelung auch auf die eingetragene Partnerschaft aus[256].

5. Qualifikationen vom Erfolg her (Art. 122)

Art. 122 enthält die schwersten Formen der vorsätzlichen Körperverletzung: Mit Freiheitsstrafe von sechs Monaten bis zu 10 Jahren bestraft er die lebensgefährliche Körperverletzung, Fälle, in denen erhebliche bleibende Schäden oder andere schwere

---

253 BSK-Roth/Berkemeier 2018, Art. 123 N 19 ff.; PK-Trechsel/Geth 2018, Art. 123 N 8.
254 Vgl. NZZ vom 8.9.2009, 43: OGer ZH «Abscheulich, skrupellos, gefühlskalt, mit Raubüberfällen auf Alte und Invalide Bordellbesuche finanziert».
255 BSK-Roth/Berkemeier 2018, Art. 123 N 24 ff.; Stratenwerth/Jenny/Bommer 2010, 73 f.; Stratenwerth/Wohlers 2013, Art. 123 N 7.
256 BSK-Roth/Berkemeier 2018, Art. 123 N 30 ff.; Stratenwerth/Jenny/Bommer 2010, 74.

Schädigungen des Körpers oder der Gesundheit entstehen. Gesetzgebungstechnisch enthält der Text eine Generalklausel und diverse Regelbeispiele[257].

a)   Lebensgefährliche Körperverletzung

Die geläufige Formel des Bundesgerichts verlangt, dass sich «**die Möglichkeit des Todes dermassen verdichtet hat, dass sie zur ernstlichen und dringlichen Wahrscheinlichkeit wurde**»[258]. Von der Diskussion des Massstabs der adäquaten Kausalität her haben wir noch in Erinnerung, welche Vielfalt von Verläufen zum Tode führen können. Gemeint sind hier nur Fälle akutester Lebensgefahr[259].
In Abgrenzung zu der gefährlichen Körperverletzung nach Art. 123 Ziff. 2 und nach der anschliessend zu erörternden Lebensgefahr nach Art. 129 geht es hier zudem nur um Fälle, bei denen die akute Lebensgefahr **aus dem tatsächlich eingetretenen Erfolg**, das heisst der Verletzung, erschlossen wird (für Fälle des daneben Schiessens, des gefährlichen Überholmanövers, des Würgens usw. ist Art. 129 vorgesehen[260]).

HIV-Ansteckung
Das Bundesgericht hat in konstanter Praxis bereits die Ansteckung mit dem Aids-Virus, namentlich durch sexuelle Kontakte, als schwere Körperverletzung gewertet[261]. Es sah so aus, als ob das BGer mit Blick auf die medizinischen Fortschritte von der kategorischen Einstufung der HIV-Ansteckung als schwere Körperverletzung abrücken wollte[262]. Allerdings hat das Bundesgericht in seiner aktuellen Rechtsprechung klargestellt, dass von einer unmittelbar lebensgefährlichen Verletzung nicht mehr gesprochen werden könne[263]. Gemäss BGE 141 IV 97 (bestätigt in BGer 6B_657/2015) liege aber eine «andere schwere Schädigung des Körpers oder der ... Gesundheit» vor. Zuzugeben ist, dass bereits die Ansteckung Krankheitswert[264] hat und das Leben der Betroffenen ganz entscheidend beeinträchtigt. Weitere Probleme ergeben sich daraus, dass der Kausalzusammenhang selten nachzuweisen ist. Auch andere Erfordernisse, insb. der subjektive Tatbestand, sind schwer nachweisbar. Schliesslich stellt sich die Frage, wie mit der Selbstverantwortung der Betroffenen umzugehen ist. Der Regeste von BGE 134 IV 193 ist zu entnehmen, dass eine Verurteilung wegen (hier fahrlässiger) schwerer Körperverletzung ausser Betracht fällt, wenn der Partner mit dem ungeschützten Sexualkontakt einverstanden ist, ohne frühere Risikokontakte des anderen ausschliessen zu können. Bestehen aber Anhaltspunkte für eine eigene Infektion, muss sich der Infizierte zwingend an die «*safer sex*»-Regeln des BAG halten, sonst begeht er eine Sorgfaltspflichtverletzung und riskiert Verurteilung wegen fahrlässiger schwerer Körperverletzung[265]. Die Bestrafung wegen Verbreitens

---

257   BGE 109 IV 18.
258   BGE 109 IV 18.
259   Stratenwerth/Wohlers 2013, Art. 122 N 2; PK-Trechsel/Geth 2018, Art. 122 N 2.
260   BSK-Roth/Berkemeier 2018, Art. 122 N 11–19; Stratenwerth/Wohlers 2013, Art. 122 N 3–5; PK-Trechsel/Geth 2018, Art. 122 N 2.
261   BGE 134 IV 193; 131 IV 1; 125 IV 242; 116 V 239; Donatsch 2013, 47 f.; Häring 2006, 373.
262   BGE 139 IV 214.
263   Vgl. auch: BSK-Roth/Berkemeier 2018, Art. 122 N 9.
264   BGE 116 V 239.
265   Krit. zu BGE 134 IV 193: Bommer 2010, 141 ff.; PK-Trechsel/Geth 2018, Vor Art. 122 N 16 f.

menschlicher Krankheiten gemäss Art. 231 ist auf Taten «aus gemeiner Gesinnung» eingeschränkt worden[266]. Für sog. «Desperadofälle» steht demnach noch immer Art. 122 in Konkurrenz zu Art. 231[267].

b) Bleibender Schaden

Die zweite Tatvariante findet ihren gemeinsamen Nenner im bleibenden Schaden: Allerdings reicht nicht irgendein irreversibler Nachteil. Abermals geht es um die bleibende Funktionsunfähigkeit wichtiger Organe (eine im einzelnen schwierige Frage, schon deshalb, weil oft die Entwicklung zum Urteilszeitpunkt gerade noch nicht abzusehen ist und im Strafrecht kein Nachklagerecht besteht). Die entsprechenden Kommentierungen beschäftigen sich detailliert mit der bisherigen Praxis[268].

c) Andere schwere Schädigung

Die Generalklausel erfasst Fälle vergleichbarer Eingriffstiefe, die aber nicht unbedingt irreversibel sind. Die Praxis hat diese Variante angenommen bei längerem Spitalaufenthalt (ab einem halben Jahr), längerer Bettlägerigkeit, langer Arbeitsunfähigkeit (z.B. zwei Jahre), bei bleibender Gebrechlichkeit etc.[269].

d) Subjektiver Tatbestand

Der Vorsatz muss sich auch auf die besondere Schwere der Körperverletzung beziehen[270]. Das war insb. beim Faustschlag gegen den FCZ-Fan (der zu bleibender Invalidität führte) fraglich: Wie bereits bei ähnlichen Fällen im Bereich der Tötung darf der Vorsatz aus dem Wissen resp. aus gewissen objektiven Gegebenheiten abgeleitet werden[271]. Nachdem im FCZ-Fall das Zürcher Bezirksgericht eventualvorsätzliche schwere Körperverletzung abgelehnt hatte, korrigierte das Obergericht das Urteil und das Bundesgericht hielt die Auffassung des Obergerichts für vertretbar: Wer jemandem (ohne Vorwarnung) einen heftigen Faustschlag mitten ins Gesicht versetze, bejahe eine (eventual-)vorsätzliche schwere Körperverletzung, selbst wenn der Erfolg statistisch gesehen nicht sehr häufig eintrete[272].

---

266 Krit. zum alten Recht Dongois 2015, 42 ff. und unten S. 221 f.
267 BGer 6B_768/2014; NZZ vom 10.4.2015, 9: «Berner ‹HIV-Heiler› endgültig zu 15-jähriger Freiheitsstrafe verurteilt».
268 Krit. Kunz 1990, 39 ff. (v.a. 47 f.); Ders. 2009, 44 ff.; Mösch Payot/Pärli 2009, 1261 ff.; BSK-Roth/Berkemeier 2018, Art. 122 N 16 f.; PK-Trechsel/Geth 2018, Art. 122 N 2; Vest 2000, 1169.
269 Schubarth 1982 (Kommentar), Art. 122 N 23; Stratenwerth/Wohlers 2013, Art. 122 N 6; PK-Trechsel/Geth 2018, Art. 122 N 9.
270 BSK-Roth/Berkemeier 2018, Art. 122 N 25; PK-Trechsel/Geth 2018, Art. 122 N 10.
271 Vgl. bereits den «Hoheisel-Fall»: BGer 6B_758/2010 (dazu oben S. 34) sowie BGer 6B_388/2012.
272 BGer 6B_388/2012, insb. E. 2.2.2., E. 2.4.1. und E. 2.4.2.; dazu die NZZ Artikel vom 17.5.2006, 47; vom 29.8.2007, 49; vom 13.3.2009, 47; vom 26.3.2010, 17 und vom 5.7.2011, 13.

6. Genitalverstümmelung (Art. 124)

a) Internationales Recht

Genitalverstümmelung verstösst gegen sämtliche Menschenrechtskonventionen[273]. Nachdem im europäischen Ausland diverse Länder Strafnormen gegen die Genitalverstümmelung in ihr Strafrecht aufgenommen haben[274], bemühten sich internationale Organisationen, darunter namentlich die WHO[275] und die UNICEF, um ein international vereinheitlichtes Vorgehen. Parallel dazu wurden auch in der Schweiz diverse parlamentarische Vorstösse[276] eingereicht und eine Reihe von Gutachten in Auftrag gegeben[277].

b) Umsetzung im nationalen Recht

aa) Tatobjekt

Art. 124[278] schützt einzig die **weiblichen Genitalien**.

Die **männliche Zirkumzision** ist nicht Gegenstand des Spezialtatbestandes. Für Aufsehen gesorgt hat das Urteil des Landgerichtes Köln vom 7.5.2012, das die medizinisch nicht indizierte Zirkumzision als Körperverletzung einstufte[279].

> Soweit der Eingriff gegen den Willen des urteilsfähigen Kindes erfolgt, ist er nicht nur tatbestandsmässig, sondern auch nicht zu rechtfertigen. Genauso fraglos erlaubt ist der Eingriff, wenn er medizinisch indiziert ist. Darunter fallen nicht rein abstrakte Präventionsvorstellungen. Meist wird der Eingriff aber im frühen Kindesalter vorgenommen, ohne dass sich das Kind dazu äussern könnte[280]. Die männliche Zirkumzision stellt eine (einfache) Körperverletzung dar. Das Landgericht Köln hatte festgehalten, dass die Eltern nicht rechtswirksam anstelle des Kindes in den Eingriff einwilligen könnten, da er dem Kindswohl widerspreche. Demgegenüber haben Hörnle/Huster[281] und Zerbes[282] zu Bedenken gegeben, dass der Staat es – innerhalb bestimmter Grenzen – den Eltern überlasse, das Kindswohl zu konkretisieren, dass er sich in einer multikulturellen Gesellschaft Zurückhaltung auferlegen müsse. Die Entscheidung der Eltern, ein Kind in eine religiöse Gemeinschaft zu integrieren, sei – wiederum innerhalb der genannten Grenzen – vom Staat zu respektieren[283]. Zu einem

---

273 BSK-Niggli/Germanier 2018, zu Art. 124; PK-Geth 2018, Art. 124 N 1.
274 Für einen rechtsvergleichenden Überblick vgl. BSK-Niggli/Germanier 2018, Art. 124 N 6 ff.
275 WHO, Eliminating Female Genital Mutilation (FGM), an Interagency Statement, Geneva 2008.
276 Parlamentarische Initiative «Verbot von sexuellen Verstümmelungen» vom 30.4.2010 (SR 05.404).
277 Gutachten Cottier 2008; Gutachten Niggli/Berkemeier 2007; Gutachten Trechsel/Schlauri 2004.
278 I.Kr. seit 1.7.2012.
279 NJW 2012, 2128 = NStZ 2012, 449.
280 Vgl. zum aktuellen «Religionsstreit» betreffend Knabenbeschneidung: Wohlers/Godenzi 2014; Frankfurter Allgemeine SonntagsZeitung vom 30.9.2012, 1, 11; NZZ vom 21.7.2012, 11; NZZOnline vom 25.7.2012: «Neue Kontroverse um die Knabenbeschneidung»; Der Spiegel 30/2012, 122 ff.; zur weiblichen Genitalverstümmelung: NZZ vom 16.8.2012, 5; NZZ vom 27.6.2008, 39; NZZ vom 12.6.2008, 13.
281 Hörnle/Huster 2013, 330 ff.
282 Zerbes 2014a, § 90 Ö-StGB.
283 Ebda.

ähnlichen Ergebnis gelangt man, wenn man eine gewohnheitsrechtliche Rechtfertigung annimmt. Da sie strafausschliessender Natur ist, verstösst sie nicht gegen das Analogieverbot[284].

bb) Tathandlung

«Verstümmeln» bedeutet hier die teilweise oder gänzliche Entfernung der weiblichen Genitalien. Die von der WHO entwickelte Typologie macht dies auf drastische Weise deutlich[285]. Diese Handlungen bewirken zumeist gerade, dass die Genitalien «in ihrer natürlichen Funktion erheblich und dauerhaft beeinträchtigt» werden. Fraglich kann nur noch sein, wie mit Piercing, Tätowieren oder mit Schönheitschirurgie umzugehen ist. Sie werden wohl nach vernünftiger Interpretation überhaupt nicht als Genitalverstümmelung verstanden[286], auch wenn die gesetzliche Formulierung «oder sie in anderer Weise schädigt» dies theoretisch zuliesse.

cc) Einwilligung?

Da es sich um eine Form der schweren Körperverletzung handelt, ist die Einwilligung zur Verstümmelung unerheblich. Unklar ist die Zulässigkeit zur Wiederherstellung der Infibulation nach der Geburt eines Kindes durch eine erwachsene Person[287].

dd) Auslandstaten

Gemäss Abs. 2 sind auch Auslandstaten, sofern sich der Täter[288] in der Schweiz befindet und nicht ausgeliefert wird, strafbar. Da in Abs. 2 das Prinzip von Art. 5 übernommen wurde, ist die beidseitige Strafbarkeit unerheblich. Die Schweiz (wie weitere Staaten auch) bestraft unilateral. Niggli/Germanier ist aber Recht zu geben, dass eine Niederlassung des Täters in der Schweiz im Sinne von Art. 5 hinzugedacht werden muss[289].

ee) Verjährung

Die Verjährungsfrist dauert prinzipiell 15 Jahre. Wie bei weiteren Taten an Kindern dauert die Verfolgungsverjährung gemäss Art. 97 Abs. 2 bei unter 16-jährigen Opfern auch für Art. 124 mindestens bis zum vollendeten 25. Lebensjahr des Opfers.

7. Privilegierung: Tätlichkeit (Art. 126)

Auf der anderen Seite der Skala haben wir bereits die Abgrenzung zwischen der Körperverletzung und der Tätlichkeit angesprochen. Die Tätlichkeit ist die Einwirkung

---

284 Vgl. auch Fateh-Moghadam 2010, 115 ff.; Heimgartner 2013, 747 ff.; Wohlers/Godenzi 2014.
285 Sie spricht von der Entfernung der Klitoris, der Entfernung der grossen Schamlippen oder von der «Infibulation», der künstlichen Verengung der Vaginalöffnung.
286 So auch PK-Geth 2018, Art. 124 N 3 und BSK-Niggli/Germanier 2018, Art. 124 N 28 ff.; vgl. auch Jositsch/Murer Mikolásek 2011, 1290 ff.
287 PK-Geth 2018, Art. 124 N 3 m.w.H.; BSK-Niggli/Germanier 2018, Art. 124 N 40.
288 Blosse Teilnahme reicht nach geltender Bundesgerichtspraxis nicht zur Begründung der Zuständigkeit.
289 BSK-Niggli/Germanier 2018, Art. 124 N 47.

unterhalb der Stufe des Krankheitswertes[290]. Sie muss nicht wehtun, aber ein Minimum an körperlicher Einwirkung wird man verlangen müssen. Anderseits kann es nicht die Aufgabe des Strafrechts sein, eine weltfremde Berührungsfeindlichkeit durchzusetzen: Der Tatbestand wird nur erfüllt durch solche Berührungen, die das sozialadäquate Mass überschreiten.

Abzugrenzen ist der Tatbestand aber von den Ehrverletzungsdelikten. Zu denken ist etwa an eine Ohrfeige, die nicht wehtut, aber äusserst peinlich ist (so die Ohrfeigen, die die Nazijägerin Beate Klarsfeld dem damaligen deutschen Bundeskanzler Kiesinger für seine Vergangenheit während der NS-Zeit verpasste[291]).

D. Gefährdung des Lebens und der Gesundheit

1. Risiko als Anknüpfungspunkt strafrechtlicher Zurechnung?

a) Vorverlagerung des Strafrechts

Das Strafrecht war traditionellerweise auf Verletzungs*erfolge* ausgerichtet. Im Mittelalter so sehr, dass die Erfolgsverursachung ganz im Zentrum stand. Unter dem Einfluss des Kirchenrechts hat sich nach 1200 allmählich das Schuldprinzip herausgebildet. Neben den «Erfolgsunwert» trat der «Handlungsunwert». Vorsatz und Fahrlässigkeit wurden nun unterschieden. Der Verbrechensbegriff wurde über Jahrhunderte hinweg stark subjektiviert[292]. In der Neuzeit wurde der Strafschutz der Rechtsgüter somit zunächst dadurch vorverlagert, dass bereits der Versuch und in Ausnahmefällen gar die Vorbereitung[293] für strafbar erklärt wurden.

Ein noch grundsätzlicheres Bedürfnis nach Vorverlagerung des Strafschutzes ergab sich mit der Industrialisierung. Von ihr gingen Grossrisiken sowohl für Individuen wie für die Allgemeinheit (siehe zum Begriff der Gemeingefahr: Art. 221 ff.) aus. Das Eingreifen des Strafrechtes als Reaktion auf die Rechtsgutsverletzung wurde jedenfalls bei den zentralen Rechtsgütern «Leib und Leben» als zu spät empfunden. Immer wieder «spielen» Personen mit dem Leben der Anderen, obwohl ihnen ein eigentlicher Tötungsvorsatz nicht nachzuweisen ist und damit auch die Versuchsstrafdrohung nicht greift.

Es lag auf der Hand, sog. Gefährdungsdelikte zu schaffen. Dabei ist die Gefahr beim **konkreten Gefährdungsdelikt** Tatbestandsmerkmal; sie muss nachgewiesen werden. Als Beispiele dienen die vielen Fälle des riskanten Umgangs mit Schusswaffen oder von Autorennen an unübersichtlichen oder bevölkerten Orten etc. **Abstrakte Gefährdungsdelikte** umschreiben demgegenüber bloss typischerweise gefährliche Situatio-

---

[290] Insofern wenig verständlich BGer 6B_144/2016, bei dem es neben dem Festhalten am «Unterarm rechts» zum Schlagen des Kopfes gegen die Wand (mit *contusio capitis* und einem Quetschtrauma am rechten Unterarm) gekommen ist (Krankheitsqualität?).
[291] Der Anlass vom 7.11.1968 führte für Beate Klarsfeld in Deutschland immerhin zu einer Verurteilung zu einem Jahr Freiheitsstrafe unbedingt, die sie wegen Intervention Frankreichs nicht absitzen musste.
[292] Krauß 1964, 19 ff. (Krauß gesammelte Schriften 2011, 15 ff.).
[293] Sei es durch die Formulierung des Tatbestandes selbst (wie z.B. bei Art. 240) oder durch Art. 260bis.

nen, ohne dass der Nachweis der konkreten Gefahr geführt werden muss. Umgekehrt ist die Tatsache, dass im konkreten Fall keine Gefahr bestand, keine valable Verteidigungsstrategie. Als Beispiel diene das Überfahren der Sicherheitslinie im Strassenverkehr. Ob tatsächlich Gegenverkehr herrschte, ist für dieses Strassenverkehrsdelikt ganz unerheblich[294].

Natürlich sind **unterschiedliche Abstraktionsgrade** denkbar: Art. 128bis *(der hier im Übrigen nicht weiter erörtert wird)* stellt die grundlose Alarmierung der Rettungsdienste unter Vergehensstrafe. Abgesehen von der Ressourcenverschwendung[295] steht hier vor allem das abstrakte Rechtsgut der «Funktionsfähigkeit der Sicherheitsdienste»[296], das heisst das Risiko im Vordergrund, dass sie im Ernstfall durch Fehlalarme so absorbiert sind, dass sie für echte Notfälle nicht rechtzeitig zur Verfügung stehen. Man könnte hier von einem «sehr abstrakten Gefährdungsdelikt» sprechen.

b) Risikostrafrecht?

Nachdem sich die westliche Welt wirtschaftlich von den Folgen des Zweiten Weltkriegs erholt hatte, führte ein neuer Entwicklungsschub nicht nur zur «Wohlstandsgesellschaft», sondern auch zur sog. «Risikogesellschaft»[297]: Mit den neuen Formen der Industrialisierung gingen Grossrisiken einher, zumal im Umweltbereich (man denke an Atomkatastrophen wie in Tschernobyl, Harrisburg oder Fukushima oder an Chemieunfälle wie in Bhopal, Seveso oder Schweizerhalle)[298] oder im Bereiche fehlerhafter Produkte (so die Nebenwirkungen des bereits erwähnten Medikamentes Contergan auf den Embryo). Die neue Entwicklung stellt das Strafrecht vor verschiedene Herausforderungen. Im Zentrum steht hier abermals die Vorverlagerung des Strafschutzes als Reaktion auf Makrorisiken: Abstrakte Gefährdungsdelikte sollen nunmehr als Instrumente zum Schutz vor gesamtgesellschaftlichen Risiken dienen. Dabei werden bisweilen auch im Einzelnen durchaus banale Verhaltensweisen, wie das Überschreiten eines Grenzwertes, mit Kriminalstrafe geahndet. Kritiker werfen die Frage auf, ob damit nicht essentielle Anliegen der Aufklärung, insb. die Beschränkung des Strafrechts auf die *ultima ratio*-Funktion, einer **Steuerungsphantasie** geopfert würden. Was vom Typus her Ordnungswidrigkeitenrecht ist, wird zum «Risiko»-Strafrecht[299]. Auf den Punkt bringt es Krauß in seiner Berliner Abschiedsvorlesung «Gift im Strafrecht»:

> «Gift war im Spiel. Unternehmenskriminalität, Umweltzerstörung, Drogenkrieg und Völkermord haben das Strafrecht an seine Grenzen geführt, haben es verändert, zersetzt, in Teilen aufgelöst».[300]

---

294 Trechsel/Noll/Pieth 2017, 73 f.
295 Stratenwerth/Jenny/Bommer 2010, 106 f.
296 Stratenwerth/Wohlers 2013, Art. 128bis N 1.
297 Beck 1986.
298 Pieth Strafrechtsgeschichte 2015, 99 f.
299 Hassemer 1995, 483 ff.; Ders. 1992, 378 ff.; Herzog 1991; Prittwitz 1993.
300 Krauß 1999 (Krauß gesammelte Schriften 2011, 138).

Er begründet diese Behauptung damit, dass der Versuch, mit Strafrecht «fehlgeschaltete und fehlgesteuerte Industriesysteme bei Produktion und Vertrieb von Gift zur Verantwortung zu ziehen, uns das wirtschaftspolitische Kalkül, den Handel mit Gerechtigkeit» eingebracht habe[301]. Auf diese Problematik ist im Rahmen der Behandlung der «Gemeingefahr»[302] zurückzukommen. Hier geht es vorerst um die Gefährdung von Leben und Gesundheit Einzelner.

2. Überblick über die Tatbestände

Neben der Vielzahl der Gefährdungstatbestände des Nebenstrafrechts, auf die sich diese Kritik vor allem bezieht, machen sich die klassischen Normen der Lebens- und Gesundheitsgefährdung fast bieder aus.

Art. 129 ist historisch – wenn auch nicht unbedingt in allen Tatbestandserfordernissen – der Grundtatbestand der Gefährdungsdelikte: Er enthält ein sehr konkretes Gefährdungsdelikt, das eine qualifizierte Lebensgefahr voraussetzt (sie muss «unmittelbar» sein), zudem verlangt der Tatbestand Skrupellosigkeit. Art. 129 ist eine Art Auffangtatbestand für Fälle, in denen Tötungsvorsatz naheliegt, aber nicht nachweisbar ist. Die bereits heute vorgesehene Verbrechensstrafe soll im Übrigen gemäss Vorstellungen des Bundesrates durch eine Mindeststrafdrohung von sechs Monaten Freiheitsstrafe verschärft werden[303].

Demgegenüber ist **Art. 127** ein Sondertatbestand, der ganz konkrete Gefahren anspricht und entweder durch Handeln oder Unterlassen begangen werden kann. In der Unterlassensvariante ist Art. 127 ein echtes Unterlassungsdelikt, das auf bestimmte, starke Garantenpflichten abstellt. Entsprechend droht das Gesetz Verbrechensstrafe an.

Art. 128 vereinigt drei Tatbestände: Das Im-Stiche-Lassen eines Menschen, den der Täter verletzt hat (Abs. 1, erste Variante), ist ein Sondertatbestand und ein abstraktes Gefährdungsdelikt. Demgegenüber ist die Nichtgewährung von Hilfe für einen in unmittelbarer Lebensgefahr befindlichen Menschen (Abs. 1, zweite Variante) ein Allgemeindelikt. Es ist ein echtes Unterlassungsdelikt, das aber nicht auf eine eigentliche Garantenpflicht abstellt. Entsprechend ist die Strafdrohung Vergehensstrafe. Die dritte Tatvariante (Abs. 2) spricht das von der Nothilfe Abhalten oder sie Behindern an.

Im selben Abschnitt wird eine Reihe weiterer Tatbestände untergebracht:

Der Raufhandel (**Art. 133**) sieht Beweiserleichterungen für Fälle vor, in denen es infolge eines Handgemenges zum Tod oder zur Körperverletzung gekommen ist. Tod oder Körperverletzung sind objektive Strafbarkeitsbedingungen[304]. Analog gebaut ist der Tatbestand des Angriffs (**Art. 134**) für Fälle, in denen nur eine Partei feindselig einwirkt[305].

---

301 Ebda.
302 S.u. S. 211 f.
303 Harmonisierungsvorlage 2010, Art. 129 VE; erl. Bericht zur Harmonisierungsvorlage 2010, 160; damit wäre auch die Inkonsistenz zum lebensgefährlichen Raub, bei dem eine Mindeststrafe von fünf Jahren Freiheitsstrafe vorgesehen ist (Art. 140 Ziff. 4) weniger krass.
304 Stratenwerth/Wohlers 2013, Art. 133 N 4.
305 Stratenwerth/Wohlers 2013, Art. 134 N 2.

Art. 135 enthält eine 1990, nach intensiver Diskussion eingeführte Bestimmung gegen Gewaltdarstellungen (den sog. «**Brutalotatbestand**»). **Art. 136**, schliesslich, soll Kinder vor der Verabreichung von Alkohol, Drogen und anderen gesundheitsgefährdenden Stoffen schützen.

Im Rahmen der Delikte gegen die Allgemeinheit finden sich die sog. Gemeingefährlichen Straftaten[306].

3. Lebensgefährdung (Art. 129)

a) Objektiver Tatbestand

aa) Unmittelbare Gefahr

Art. 129 setzt eine **unmittelbare Gefahr für das Leben** des Opfers voraus. Gefahr wird vom Bundesgericht in konstanter Praxis als «die Wahrscheinlichkeit oder nahe Möglichkeit der Verletzung des geschützten Rechtsguts»[307] definiert. Zu Recht kritisieren Stratenwerth/Jenny/Bommer[308], dass der Begriff äusserst unbestimmt sei. Immerhin hält das Gesetz fest, dass die Gefahr eine «unmittelbare» sein müsse.

bb) Für das Leben

Zusammen mit dem Schutzobjekt des Lebens erlangt der objektive Tatbestand doch gewisse Konturen. Art. 129 verlangt eine eigentliche Gefährdung des Lebens und nicht bloss der Gesundheit. Eine detaillierte Kasuistik zu hochgefährlichem Umgang mit Schusswaffen[309], zu lebensgefährlichem Autofahren (Autorennen in bewohnten Gegenden, Rammen eines Polizeiwagens mit 75 km/h[310]), zu lebensgefährlichem Würgen[311] oder bestimmten Verhaltensweisen von Fussball-Hooligans[312] deutet an, was gemeint ist[313].

b) Subjektiver Tatbestand

Das Gesetz von 1990 hat den subjektiven Tatbestand neu formuliert. Während er früher lautete «wer einen Menschen wissentlich und gewissenlos in unmittelbare Lebensgefahr bringt, …», heisst es nun im Gesetz: «wer einen Menschen in skrupelloser Weise in Lebensgefahr bringt». Inhaltlich hat sich allerdings nicht viel verändert.

---

306 S.u. S. 211 ff.
307 BGE 106 IV 12; 94 IV 62; 83 IV 30; 80 IV 182; 71 IV 100.
308 Stratenwerth/Jenny/Bommer 2010, 83 f.
309 BGer 6B_102/2012; 6B_806/2007; BGE 121 IV 67; 107 IV 163; 100 IV 124; 94 IV 60; BaZ vom 23.5.2008, 17 (Appellationsgericht BS [AGerBS]: «Skrupellos und aggressiv»).
310 BGE 133 IV 1; BGer 6B_186/2010; 6S.127/2007.
311 BGer 6B_352/2011.
312 Trunz/Wohlers 2011, 184 u.H.a. eine Verurteilung wegen des Wurfs eines Tisches und einer Holzbank aus sechs Metern Höhe auf die Strasse.
313 Vgl. auch PK-Trechsel/Mona 2018, Art. 129 N 7.

aa) Vorsatz

Gefordert wird einerseits Vorsatz und zwar **direkter Gefährdungsvorsatz**: d.h. sicheres Wissen um die Gefahr, was gleichbedeutend ist mit sicherem Wissen um die Möglichkeit des Erfolgseintritts. Gemeint ist *dolus directus* in Bezug auf die Gefährdung. Wer nur mit der möglichen Gefährdung rechnet, dem fehlt ohnehin die Kenntnis der unmittelbaren Lebensgefahr[314]. Wer hingegen mit dem Verletzungserfolg rechnet, hat die Schwelle zum Tötungsvorsatz überschritten[315].

bb) Skrupellosigkeit

Skrupellosigkeit ist mit **besonderer Rücksichtslosigkeit** zu übersetzen. Gemeint ist, analog zu Art. 112, der krasse und besonders verwerfliche Egoismus. Auch hier muss er sich allerdings in der Tat selbst manifestieren. Es geht, genauso wenig wie beim Mord, darum, ein allgemeines Charakterurteil abzugeben[316].

c) Konkurrenzen

Im Verhältnis zu den vorsätzlichen Tötungsdelikten (auch den versuchten) ist die Lebensgefährdung subsidiär. Nicht abgedeckt und daher separat zu berücksichtigen ist dagegen die fahrlässige Tötung aufgrund einer skrupellosen Lebensgefährdung (echte Konkurrenz zwischen Art. 117 und Art. 129[317]).

4. Aussetzung (Art. 127)

Art. 127 gehört zum Bestand der klassischen Gefährdungsdelikte. Er setzt eine konkrete, akute Gefahr voraus und knüpft an den zentralen Garantenpflichten an.

a) Objektiver Tatbestand

aa) Garantenstellung

Art. 127 greift eine Teilmenge der in Art. 11 angesprochenen Garantenpflichten heraus. Dabei ist die gesetzliche Formulierung «einen Hilflosen, der unter seiner Obhut steht oder für den er zu sorgen hat» eigentlich redundant. Es geht um die zentralen Fälle der **Obhutsgarantenstellung**, sei es aus Gesetz oder Vertrag. Bezüglich der Obhutsgarantenstellung aus Gefahrengemeinschaft gehen die Auffassungen allerdings auseinander[318]. In der Praxis überwiegt die Auffassung, dass Obhutspflichten bereits vorbestanden haben müssen[319]. Bei Gefahrengemeinschaft wäre demnach Art. 128 anwendbar[320]. Allerdings erstreckt sich die Garantenpflicht gemäss Art. 127 auf alle Formen der gesetzlichen Obhutspflichten: So hätten etwa die Polizisten im Basler Rhein-

---

314 So ähnlich Botschaft des Bundesrates, BBl 1985 II 1009 [1037].
315 BGE 107 IV 163.
316 BGE 114 IV 100; PK-Trechsel/Mona 2018, Art. 129 N 5.
317 BGE 136 IV 76; anders noch BGer 6B_186/2010; 6S.127/2007; 6B_806/2007 (Subsidiarität).
318 Ablehnend: Stratenwerth/Wohlers 2013, Art. 127 N 1; PK-Trechsel/Mona 2018, Art. 127 N 2; a.A. aber BSK-Maeder 2018, Art. 127 N 13; Schubarth 1982 (Kommentar), Art. 127 N 6.
319 BGE 108 IV 14; Pra 2001 Nr. 55.
320 PK-Trechsel/Mona 2018, Art. 127 N 2.

Fall[321] die Pflicht gehabt, zu versuchen, die ertrinkende Person mit allen Mitteln (wohl auch durch eigenes Rettungsschwimmen) zu retten[322]. Der Generaldirektor des Roten Kreuzes hatte für HIV-verseuchte Blutkonserven einzustehen, da er vom Risiko wusste und untätig blieb, obwohl er als Geschäftsleiter eines Monopolbetriebes eine entsprechende Garantenstellung innehatte[323].

bb) Hilflose Person

Den Tatbestand erfüllt nur, wer eine Person, die nicht selber mit der Gefahr fertig wird[324], sich selbst überlässt, so etwa das zuckerkranke 11-jährige Mädchen, dem die Sekte «Gemeinschaft entschiedener Christen» das Insulin vorenthielt[325].

cc) Gefahr

Art. 127 verlangt, wie Art. 129, eine unmittelbare konkrete Gefahr. Allerdings ist der Artikel insofern weiter als er neben der Lebensgefahr auch die «schwere unmittelbare Gefahr für die Gesundheit» anspricht. Obwohl das Gesetz von «schwerer Gefahr» spricht, machen Lehre und Praxis daraus eine unmittelbare «Gefahr schwerer Gesundheitsschädigung» im Sinne von Art. 122[326].

dd) Tathandlung

(1) Aussetzen

Art. 127 ist ein traditionelles Delikt. Tatsächlich gibt es auch heute noch Fälle, die in das Muster passen, nachdem das Opfer in der Gefahrenzone zurückgelassen wird: So etwa die Aussetzung eines dementen Schweizers in Indien, um Pflegekosten zu sparen[327]. Demgegenüber werden die klassischen Fälle der Aussetzung des Säuglings auf der Kirchentreppe[328] (oder noch viel weniger in der «Babyklappe» eines Spitals[329]) den Tatbestand nicht erfüllen, da typischerweise die erforderliche Gefahr nicht besteht.

(2) Im Stiche lassen

Noch klarer als Unterlassungsdelikt formuliert das Gesetz die Tatvariante «im Stiche lassen»[330].

---

321 BaZ vom 10.10.2007, 1, 13; **Pieth/Eymann/Zerbes 2014, Fall 1 («Rheinfall»), 17 ff.**
322 BGE 109 IV 46 und PK-Trechsel/Jean-Richard 2018, Art. 11 N 8.
323 BGer 6S.769/1999 = SJ 2000, 358; PK-Trechsel/Mona 2018, Art. 127 N 8.
324 Donatsch 2013, 66; Stratenwerth/Jenny/Bommer 2010, 96; Stratenwerth/Wohlers 2013, Art. 127 N 2; PK-Trechsel/Mona 2018, Art. 127 N 1.
325 BaZ vom 9.11.1979, 48 (Amtsgericht Fruttigen).
326 BGer 6S.287/2005; PK-Trechsel/Mona 2018, Art. 127 N 3; a.A. aber Donatsch 2013, 67; BSK-Maeder 2018, Art. 127 N 20 und Stratenwerth/Jenny/Bommer 2010, 97 f.
327 NZZ vom 7.4.2012, 21: «Bezirksgericht Winterthur: Dementer in Indien ausgesetzt, 24 Monate bedingt für Partnerin».
328 PK-Trechsel/Mona 2018, Art. 127 N 4.
329 Wiesner-Berg 2009, 587 ff.
330 Stratenwerth/Wohlers 2013, Art. 127 N 3.

b) Subjektiver Tatbestand

Bedingter Vorsatz reicht bei Art. 127[331].

c) Konkurrenzen

Während Tötung und Tötungsversuch Art. 127 verdrängen, besteht zwischen Art. 127 und den Artikeln 117, 125 und auch 123[332] echte Konkurrenz. Art. 127, schliesslich, geht den Artikeln 128 und 129 vor.

5. Unterlassen der Nothilfe (Art. 128)

Art. 128 enthält eine der wichtigen Neuerungen der Revision von 1990. Die allgemeine Hilfeleistungspflicht war schon im Vorentwurf von 1918 enthalten, wurde aber aus referendumspolitischen Gründen zurückgezogen. Einzelne Kantone hatten sie anschliessend in ihr Übertretungsstrafrecht aufgenommen[333]. Art. 128 setzt – anders als Art. 127 – keine Garantenpflicht voraus. Die schwächere Beziehung zwischen Täter und Opfer schlägt sich auch in der abgestuften Strafdrohung nieder. Während Art. 127 mit Verbrechensstrafe bedroht wird, steht auf Art. 128 lediglich Vergehensstrafe. Art. 128 umfasst drei Tatbestände:

a) Hilfeleistungspflicht des Verletzers

aa) «Wer einem Menschen, den er verletzt hat»

Anders als nach der Ingerenz gemäss Art. 11 reicht hier die **reine Ursächlichkeit**. Eine Pflichtwidrigkeit des Verhaltens ist nicht erforderlich. Immerhin muss der Täter Urheber der Verletzung sein: Auf den Beifahrer im Auto ist allenfalls – bei Vorliegen der qualifizierten Gefahr – die allgemeine Hilfeleistungspflicht im Sinne des zweiten Tatbestandes anwendbar[334].

bb) «nicht hilft»

Abermals ist die Verweigerung der Hilfe nur strafbar, wenn sie das Opfer benötigt. Allerdings beurteilt sich die Hilfsbedürftigkeit nach dem Anschein zum Tatzeitpunkt[335]. Hilfe bedeutet in der Regel heutzutage weniger eigene Hilfe als Alarmierung der Rettungsdienste und Sicherung der Unfallstelle, zumal etwa bei Unfällen die Gefahr unsachgemässer Lagerung usw. real ist.

cc) Zumutbarkeit

Für alle drei Tatbestandsvarianten stellt das Gesetz explizit klar, dass Hilfe nur im Rahmen des Zumutbaren geschuldet ist, auch wenn dies an sich selbstverständlich ist.

---

331 Pra 2001 Nr. 55; Donatsch 2013, 68; Stratenwerth/Jenny/Bommer 2010, 99.
332 Donatsch 2013, 68 f.; BSK-Maeder 2018, Art. 127 N 39; Stratenwerth/Wohlers 2013, Art. 127 N 5; PK-Trechsel/Mona 2018, Art. 127 N 9.
333 Donatsch 2013, 71; Stratenwerth/Jenny/Bommer 2010, 100.
334 Stratenwerth/Jenny/Bommer 2010, 101.
335 BGer 6B_162/2011, E. 6.3.

Nicht erwartet werden kann vom Retter, sich selbst in grosse Gefahr zu begeben. Kleinere Unannehmlichkeiten werden aber für zumutbar erachtet (Verschmutzung von Kleidung[336]).

b) Allgemeine Hilfeleistungspflicht

Jedermann ist zur Hilfe verpflichtet, wenn er in der Lage ist, einem Menschen in Lebensgefahr beizustehen. Strafbar ist wiederum nur die Unterlassung trotz Zumutbarkeit. Es gibt auch hier eine breite Palette von Beispielsfällen. Man denke an eine Person, die droht in einen Abgrund zu stürzen, von einem reissenden Fluss weggespült zu werden oder nach einem Verkehrsunfall auf der Strasse liegt usw.[337].

Der Tatbestand setzt zum einen **unmittelbare Lebensgefahr**, zum anderen **räumliche Nähe** des zur Hilfe Verpflichteten (oder aber Verfügbarkeit von Kommunikationsmitteln wie Handy usw.) voraus. Dabei kann sich die Frage ergeben, wer in einer Menschenmenge «zuständig» ist. Immer wieder kommen Situationen vor, in denen jeder den anderen für zuständig hält. Rechtlich sind allerdings sämtliche, auf die die Voraussetzungen zutreffen, einzeln verantwortlich. Schliesslich gilt auch hier, dass nur das Zumutbare verlangt werden kann: Es muss eine Güterabwägung vorgenommen werden. Die Angst um den Verlust kleinerer materieller Werte rechtfertigt den Verzicht auf mögliche Hilfe sicher nicht. Indessen ist man nicht verpflichtet, sein Leben zur Rettung fremden Lebens zu riskieren (sich in einen reissenden kalten Fluss zu stürzen, wenn man selber nicht über überlegene Schwimmkünste verfügt).

c) Behinderung der Nothilfe

Strafbar ist schliesslich «wer andere davon abhält, Nothilfe zu leisten oder sie dabei behindert».

Gemünzt ist diese Norm vor allem auf Personen, die weder für die Verletzung ursächlich geworden sind noch bei unmittelbarer Lebensgefahr von Hilfe sein könnten, wo etwa die Rettungskolonne bereits unterwegs ist, allerdings Gaffer sie am effizienten Eingreifen hindert.

6. Raufhandel und Angriff

Auf den ersten Blick wirken diese Tatbestände antiquiert. Sie sind auch deshalb problematisch, weil die Tötung resp. Verletzung am Schuldprinzip vorbei zugerechnet werden. Die Rechtsgutverletzung ist eine blosse **objektive Strafbarkeitsbedingung**[338]. Damit verletzt der Gesetzgeber allerdings ein Grundprinzip: Objektive Strafbarkeitsbedingungen können zwar wertneutrale Umstände sein, was bei Tötung und Körperverletzung allerdings kaum der Fall ist. Die Tatbestände dienen offensichtlich dazu, Beweiserleichterungen bei diffusen Verhältnissen (Wirtshausschlägerei, Keilerei auf dem Parkplatz) zu schaffen. Nach einer Zeit, in der man schon an die Abschaffung

---

336 PK-Trechsel/Mona 2018, Art. 128 N 9.
337 Vgl. auch die ertrinkende Schwimmerin und die zusehenden Personen am Basler Rheinufer: BaZ vom 10.10.2007, 1 und 13; dazu **Pieth/Eymann/Zerbes 2014, Fall 1 («Rheinfall»)**, 24.
338 Stratenwerth/Jenny/Bommer 2010, 65 ff.; Stratenwerth/Wohlers 2013, Art. 133 N 4.

denken konnte, werden die Tatbestände nunmehr im Kontext von Auseinandersetzungen von Migranten oder Fussballfans wieder häufiger angewandt[339]. Das darf nicht darüber hinwegtäuschen, dass es sich die Staatsanwälte gelegentlich zu einfach machen und pauschal Täter und Opfer per Strafbefehl mit Strafe wegen Raufhandels belegen[340]. Es wird gar über die Anhebung der Strafdrohung für Raufhandel auf maximal fünf Jahre Freiheitsstrafen nachgedacht[341].

a) Raufhandel (Art. 133)

Raufhandel ist eine Auseinandersetzung von mindestens drei Personen, die wechselseitig Tätlichkeiten verüben[342]. Ja, sogar die Teilnahme nach Eintritt der Verletzung oder des Todes eines Menschen soll strafbar sein[343]. Ein Streit zweier Personen kann zum Raufhandel werden, wenn sich eine dritte Person tätlich einmischt, selbst wenn einer der ursprünglichen Mitstreitenden sich aus dem Streit zurückzieht[344]. Der Vorsatz (auch Eventualvorsatz) bezieht sich auf die Teilnahme am Raufhandel. Wie bemerkt, müssen die Tötung resp. Körperverletzung als objektive Strafbarkeitsbedingungen nicht vom Vorsatz gedeckt sein[345].

b) Angriff (Art. 134)

Der Angriff ist dem Raufhandel nachmodelliert, erfasst aber die «einseitige, von feindseligen Absichten getragene, gewaltsame Einwirkung auf den oder die Körper eines oder mehrerer Menschen»[346]. Eine Konkurrenz zu den Verletzungs- und Tötungsdelikten kommt nur in Frage, wenn weitere Personen als die verletzte beim Angriff gefährdet wurden[347].

7. Gewaltdarstellungen (Art. 135)

a) Ratio legis

Art. 135 war wohl der umstrittenste Tatbestand der Revision von 1990[348]. Noch heute bleibt die *ratio legis* unklar und der Tatbestand diffus: Gemäss Botschaft des Bundesrates sollten Gewaltdarstellungen wegen ihrer «verrohenden, zu gewalttätigem Verhalten

---

339 Vgl. BSK-Freytag/Zermatten 2018, Kriminalstatistik zu Art. 133 (Jahresdurchschnitt 181 Urteile, in den letzten Jahren ca. 500 Urteile wegen Raufhandels, ca. 350 wegen Angriffs).
340 So in einem Fall in Rheinfelden in den frühen 1980er Jahren, als ein Übergriff zweier Männer gegen zwei Frauen in einer Busse für alle vier wegen Raufhandels endete.
341 Harmonisierungsvorlage 2010, Art. 133 VE.
342 BGE 106 IV 246; Donatsch 2013, 79 ff.; Stratenwerth/Jenny/Bommer 2010, 87 ff.; Stratenwerth/Wohlers 2013, Art. 133 N 2.
343 BGE 139 IV 168.
344 BGE 137 IV 1.
345 BSK-Maeder 2018, Art. 133 N 22 ff.
346 BSK-Maeder 2018, Art. 134 N 6.
347 BGE 135 IV 152.
348 Cassani 1993, 428 ff. (441).

gegenüber Mitmenschen verleitende(n) Wirkung» bestraft werden[349]. Dass der Konsum solcher Produkte Gewalt hervorruft, ist allerdings empirisch nicht nachgewiesen[350]. Der Verrohungseffekt wird vor allem bei Jugendlichen befürchtet, der Tatbestand ist allerdings nicht auf den Jugendschutz beschränkt[351]. Im Gegenteil, er ist auf sämtliche Formen des Konsums, auch durch Erwachsene, ausgedehnt worden (vgl. Abs. 1bis).

Gerade weil Grausamkeit unser Leben begleitet und weil sie immer wieder auch zu Unterhaltungszwecken gezielt dargestellt wird (man denke an Krimis, an Kriegs- oder Horrorfilme), ergeben sich erhebliche Abgrenzungsschwierigkeiten.

b) Objektiver Tatbestand

aa) Objekt des Verbots

Drei Kriterien sollen strafbares und strafloses Verhalten unterscheiden:

(1) Darstellung über bestimmte Medien

Im Vordergrund stehen **Ton und Bild**; weitere Medien (wie Literatur) sollen deshalb ausscheiden, weil sie erst durch einen abstrakten Vermittlungsprozess wahrgenommen werden können[352].

Probleme haben sich bezüglich des Abstraktionsgrades bei Comics oder neuerdings auch bei sog. «Killerspielen»[353] ergeben. Während bei der Parallelbestimmung von Art. 197 (Pornografie) bejaht wird, dass «Grafik-Figuren» Mensch und Tier gleichgestellt werden können[354], ist die Frage der Eindringlichkeit von Comic- und animierten Computerfiguren hier durchaus umstritten[355]. Tatsächlich kann die Frage nur mit Blick auf die konkreten Spiele beantwortet werden: Bedienen sie tatsächlich die «Lust am Schmerz und an der Grausamkeit»?

(2) Grausamkeiten gegen Menschen und Tiere

Die vorhergehenden Überlegungen sind eng verbunden mit der Frage, welche Grausamkeiten verboten sind. Entscheidend ist, dass es darum geht, Schmerzen und Leiden besonders eindringlich wiederzugeben. Trechsel/Mona sprechen von «suggestiv und realistisch», zumal «durch das Betonen von Details, Grossaufnahmen und Insistenz»[356].

---

349 Botschaft des Bundesrates, BBl 1985 II 1009 [1046].
350 Krit. bereits Schultz 1991, 412 ff.; vgl. spezifisch zu den «Killerspielen»: Hagenstein 2010, 1297 ff.; im Übrigen etwa PK-Trechsel/Mona 2018, Art. 135 N 2.
351 Cassani 1993, 443 f.; Schultz 1991, 414.
352 Stratenwerth/Jenny/Bommer 2010, 111; PK-Trechsel/Mona 2018, Art. 135 N 9.
353 Zum Begriff: Hagenstein 2010, 1295 ff.
354 Ebda., 1303 f.
355 Abgelehnt etwa von PK-Trechsel/Mona 2018, Art. 135 N 7; a.A. aber Hagenstein 2010, 1304.
356 PK-Trechsel/Mona 2018, Art. 135 N 7; ähnlich auch Donatsch 2013, 86; Stratenwerth/Jenny/Bommer 2010, 112 ff.

(3) Verletzung der Menschenwürde

Nur vermeintlich klärend wirkt das zusätzliche Erfordernis, dass die «elementare Würde des Menschen in schwerer Weise verletzt» wird[357]. Abgesehen davon, dass man den Tatbestand auf wirklich schwere Fälle reduzieren möchte, lässt sich daraus wohl nicht viel Konkretes ableiten[358].

bb) Tathandlungen

Art. 135 kopiert bezüglich der Tathandlungen Art. 197 Abs. 3. Die klassischen Herstellungs- und Handelstätigkeiten, die in Art. 135 Abs. 1 aufgelistet werden, wurden in Zusammenhang mit dem Kampf gegen die Kinderpornografie parallel zu Art. 197 Abs. 5 um Art. 135 Abs. 1bis erweitert («erwirbt, sich über elektronische Mittel oder sonst wie beschafft oder besitzt»). Abs. 1bis erfasst alle Formen des «Downloads», bis vor Kurzem nicht aber den reinen Konsum ohne Besitz[359]. Das Bundesgericht hat 2011 in einer Praxisänderung festgestellt, dass auch bei einem durchschnittlichen Internetbenutzer Besitz an Daten bei Vorfinden derselben in temporären Internetspeichern vorliege[360]. Die Problematik dieser Praxis liegt darin, dass sie unter Umständen den ungeübten Internetsurfer kriminalisiert. Mindestvoraussetzung ist immerhin, dass sich der Internetbenutzer des Vorhandenseins der Daten im sog. «cache»-Speichers bewusst ist.

c) Schutzwürdiger kultureller oder wissenschaftlicher Wert

Der Gesetzgeber musste sich der Tatsache stellen, dass unsere Geschichte von Gewalttätigkeiten aller Art durchsetzt ist und dass sich Gewalt dementsprechend in Bildern und anderen Kulturprodukten (man denke an historische Filme über die Gräueltaten des «Dritten Reiches» mit Darstellungen von Erschiessungen oder Leichen im KZ) manifestiert. Sie zu kriminalisieren, würde einem aufgeklärten Geschichtsverständnis widersprechen[361]. Allerdings handelt sich die Praxis durch diese Ausnahmeklausel erhebliche Auslegungsprobleme ein[362]. Von Art. 135 erfasst sind Gewaltdarstellungen ohne jeglichen kulturellen Wert[363].

---

[357] Krit. Donatsch 2013, 86; BSK-Hagenstein 2018, Art. 135 N 38 ff.; Stratenwerth/Jenny/Bommer 2010, 114 f.; PK-Trechsel/Mona 2018, Art. 135 N 8.
[358] BSK-Hagenstein 2018, Art. 135 N 42.
[359] PK-Trechsel/Mona 2018, Art. 135 N 10 f. u.H.a. die Botschaft des Bundesrates, BBl 2000 2943 [2979 f.].
[360] BGE 137 IV 208; vgl. auch detailliert dazu BSK-Hagenstein 2018, Art. 135 N 67.
[361] Stratenwerth/Jenny/Bommer 2010, 113.
[362] BSK-Hagenstein 2018, Art. 135 N 32 ff.; PK-Trechsel/Mona 2018, Art. 135 N 11 f.
[363] Gerny 1994, 128; vgl. auch Donatsch 2013, 87.

II. Straftaten gegen die Freiheit

A. Rechtsgut und Systematik

Freiheit ist ein Begriff, der in hohem Masse emotional besetzt ist. «*Liberté, égalité et fraternité*» sind Ansprüche, die auch heute noch motivieren können, auf die Barrikaden zu steigen. Inzwischen hat allerdings die internationale und nationale Menschenrechtsjudikatur den Freiheitsbegriff weitgehend konkretisiert, bis hin zum Trivialen (etwa zum Recht, Spielautomaten betreiben und benützen zu dürfen). Zugleich ist die Rechtsordnung, wie bisweilen gesagt wird[364], eine Veranstaltung zur organisierten Einschränkung der Freiheit. Längst heisst Freiheit nicht mehr «Handeln nach Belieben». Auch wenn Idealvorstellungen vom «herrschaftsfreien Diskurs»[365] für unser Demokratieverständnis wichtig sind, haben wir uns daran gewöhnt, in Kategorien von **Autonomie** und **Interdependenz** zugleich zu denken. Regulierung ist allgegenwärtig. Einmal mehr beschränkt sich das Strafrecht darauf, grobe **Exzesse** zu bekämpfen. Dabei schützt eine Vielzahl von Straftatbeständen das Rechtsgut der Handlungsfreiheit, etliche Tatbestände (wie etwa Raub, Erpressung und Vergewaltigung) sind in anderen Teilen des StGB geregelt. Im 4. Titel geht es um die Freiheit der Willensbildung und der Willensbetätigung[366]. Während sich die Beschränkung auf schwere Übergriffe bei der Freiheitsberaubung, Entführung und Geiselnahme sowie beim Menschenhandel einigermassen von selbst versteht, ist der Nötigungstatbestand wesentlich ambivalenter: Physischer und psychischer Druck gehören zum Alltag, daher muss die Rechtswidrigkeit bei diesem Tatbestand explizit begründet werden[367].

Übersicht über die Freiheitsdelikte	
Art. 180	Drohung
Art. 181	Nötigung
Art. 181*a*	Zwangsheirat
Art. 182	Menschenhandel
Art. 183 Ziff. 1 Abs. 1	Freiheitsberaubung
Art. 183 Ziff. 1 Abs. 2 und Ziff. 2	Entführung
Art. 184	Qualifikationen
Art. 185	Geiselnahme
Art. 185bis	Verschwindenlassen
(Art. 186	Hausfriedensbruch)

Der Hausfriedensbruch wird in unserer Systematik im Rahmen der Tatbestände zum Schutze des Privat- und Geheimbereiches behandelt[368].

---

364 Noll passim.
365 Habermas 1973, 252 ff.; vgl. auch Hassemer 1990, 130 ff.
366 BGE 134 IV 216; Stratenwerth/Jenny/Bommer 2010, 121.
367 BGE 129 IV 6; 120 IV 17; BSK-Delnon/Rüdy 2018, Art. 181 N 6; Stratenwerth/Jenny/Bommer 2010, 128 f.; Stratenwerth/Wohlers 2013, Art. 181 N 8.
368 S.u. S. 120 ff.

B. Nötigung (Art. 181)

Der Nötigungstatbestand ist der Grundtatbestand der Freiheitsdelikte. In der Praxis kommt er häufig zur Anwendung[369]. Eine Reihe von aktuellen Auseinandersetzungen wird über den Nötigungstatbestand ausgetragen: Es hat sich insb. die Frage gestellt, ob der Nötigungstatbestand und evtl. auch die Drohung in der Lage sind, mit dem **Stalking**-Problem fertig zu werden. Als schwierig hat sich dabei erwiesen, dass sich jedenfalls die weniger rabiaten Formen des Stalking durch eine Reihe von für sich genommen unbedenklichen Einzelhandlungen definieren, die oft erst allmählich durch ihre Summierung bedrohlich werden und das Opfer zur Veränderung seiner Lebensgewohnheiten zwingen (Bsp. wochenlanges Campieren vor dem Wohnhaus oder dem Arbeitsplatz, permanentes Beobachten, multiple Telefonanrufe oder «E-Mail-Terror»[370]). Zumal nachdem die Praxis sich grosse Zurückhaltung auferlegt[371], hat die Lehre erwogen – wie in anderen Ländern[372] – einen Sondertatbestand zu schaffen[373]. Nachdem es die eidgenössischen Räte abgelehnt hatten, einen Sondertatbestand zu schaffen, stellt sich umso dringender die Frage, ob Art. 181 in der Lage ist, mit dem Stalking-Problem fertig zu werden. Problematisch ist dabei die Ansicht des Bundesgerichts, dass es ihm verwehrt sei, das Gesamtverhalten des Täters zu bewerten. Zwar können einzelne Handlungen bereits die von Art. 181 verlangte Zwangswirkung auslösen. Die Weigerung, sich auf eine Gesamtbetrachtung einzulassen, ist aber, gerade angesichts des fehlenden Sondertatbestandes, nur schwer nachzuvollziehen und auch vom Gesetz her nicht verlangt[374].

1. Objektiver Tatbestand

a) Nötigungsmittel

Der Tatbestand nennt drei Nötigungsmittel:

aa) Gewalt

Der Gewaltbegriff im Strafrecht ist für jeden einzelnen Tatbestand individuell zu bestimmen[375] (er ist bei Nötigung durchaus nicht gleichzusetzen mit dem Begriff etwa beim Raub oder der Vergewaltigung). Die Lehre hat sich eine Zeit lang darüber gestrit-

---

369 BSK-Freytag/Zermatten 2018, zu Art. 181: 953 Urteile pro Jahr (Durchschnitt der Jahre 2006–2016).
370 Zum Begriff: BSK-Delnon/Rüdy 2018, Art. 181 N 27; Zimmerlin 2011, 17 ff.; für Beispiele vgl. BGer 6B_1242/2014 sowie NZZ vom 18.12.2015: «Stalking als Nötigung»; NZZ vom 14.10.2014: «Begleitet wider Willen».
371 Zwar wurde in BGE 129 IV 161 in einem krassen Fall Art. 181 bejaht, bei einem durchaus vergleichbaren Fall (BGer 6B_819/2010, pikanterweise waren ein Bundesrichter und seine Familie die Opfer) aber abgelehnt.
372 Zum deutschen § 238, Nachstellung: Krüger 2010, 546 ff.; Mosbacher 2007, 665 f.; Rachow 2008, 554 ff.
373 Epiney-Colombo 2011, 469 f.; Kinzig 2011, 10 ff.; Vanoli 2009, 232; Zimmerlin 2011, 17 ff.
374 BGer 6B_492/2015.
375 Im Detail vgl. Schürmann 1986, 4 ff.

ten, ob es auf die Anwendung von Kraft ankomme[376], inzwischen ist man sich aber einig, dass die «physische Einwirkung auf den Körper» oder, nach einer weiteren Definition, «auf die Rechtssphäre»[377] des Opfers entscheidend sei[378].

bb) Androhung ernstlicher Nachteile

Bei dieser Tatvariante werden Gewalt oder andere ernstliche Nachteile angedroht. Als Musterbeispiel dient in der Praxis die Drohung mit Bekanntmachung homosexueller Neigungen gegenüber Mitarbeitern oder der Ehefrau[379]. Entscheidend ist, dass die Konsequenzen ernsthaft sein müssen – so ernsthaft wie die Auswirkungen von Gewalt – und dass die Androhung ernst zu nehmen ist[380]. Einem Anwalt in einem Streit um Honorarforderung (selbst unberechtigterweise) ein Schreiben an die Aufsichtsbehörde anzudrohen, erfüllt diese Anforderungen nicht[381].

cc) Andere Beschränkung der Handlungsfreiheit

Die eigentliche Problematik des Nötigungstatbestandes ist die **Generalklausel**: Sie öffnet Tür und Tor für jede Form von Aufweichung des Gewaltbegriffs[382]. Ursprünglich war sie als Auffangnorm für eher marginale bis abwegige Tatvarianten gedacht: für Hypnose, Rausch, Betäubung, Narkose oder aber Blendung und Erschrecken[383].
Die Praxis weist allerdings eine Reihe von problematischen «Ausreissern» auf: So wurde in BGE 101 IV 167 das Niederschreien eines hohen Militärs und des Rektors der Universität Bern als Nötigung gewertet:

> «Im vorliegenden Fall gelangte als Zwangsmittel organisiertes und durch Megaphon unterstütztes Schreien zur Anwendung. Dieses hatte nach den für den Kassationshof verbindlichen Feststellungen der Vorinstanz (Art. 273 Abs. 1 lit. b und 277bis Abs. 1 BStP) auf die unmittelbar Betroffenen, Dekan Fricker und Rektor Nef, eine starke Wirkung. Prof. Fricker sei derart unter dem Eindruck der schreienden Demonstranten gestanden, dass er keine klaren Gedanken habe fassen können. Prof. Nef sei sich vergewaltigt und terrorisiert vorgekommen. Er sei richtig erschlagen gewesen und habe unter dem Eindruck brutaler Gewaltanwendung gestanden. Wenn die Beschwerde diese Ausführungen im angefochtenen Urteil als «blumige Übertreibung» bezeichnet, so handelt es sich dabei um eine unzulässige Kritik an den Erwägungen des Obergerichtes in tatsächlicher Hinsicht. Vermochte somit das organisierte und mit mechanischen Mitteln verstärkte Niederschreien eine derart lähmende Wir-

---

376 Vgl. BSK-Delnon/Rüdy 2018, Art. 181 N 18 ff.; Schubarth 1984 (Kommentar), Art. 181 N 13.
377 Stratenwerth/Jenny/Bommer 2010, 123.
378 BSK-Delnon/Rüdy 2018, Art. 181 N 19 f.; Donatsch 2013, 426 f.; PK-Trechsel/Mona 2018, Art. 181 N 2.
379 BGer 6B_983/2010.
380 Stratenwerth/Jenny/Bommer 2010, 125 ff. u.H.a. die parallele Bestimmung zur schweren Drohung.
381 Klar daneben aber das OGer ZH (SB 130447), in NZZ vom 15.3.2014, 18: «Arzt nötigt Rechtsanwalt».
382 Krit. BGE 107 IV 113; BSK-Delnon/Rüdy 2018, Art. 181 N 44; Schubarth 1984 (Kommentar), Art. 181 N 38 ff.; Stratenwerth/Jenny/Bommer 2010, 126 f.; Stratenwerth/Wohlers 2013, Art. 181 N 5; PK-Trechsel/Mona 2018, Art. 181 N 7.
383 BGE 101 IV 167; BSK-Delnon/Rüdy 2018, Art. 181 N 46; Fingerhuth 2011, 376.

kung auf zwei Universitätsprofessoren auszuüben, die nicht als aussergewöhnlich beeinflussbar bezeichnet werden, so durften die kantonalen Instanzen diese Einwirkung ohne Rechtsverletzung als «andere Beschränkung» der Handlungsfreiheit im Sinne von Art. 181 StGB werten. Diese Beschränkung überstieg nämlich bei weitem die etwa zu duldenden Störungen durch vereinzelte Zwischenrufe, Pfiffe usw. Mögen solche andere Störungen auch für Veranstalter und Publikum lästig sein, so wird dadurch die Handlungsfreiheit doch nicht in einem Masse eingeschränkt, dass der Tatbestand des Art. 181 StGB erfüllt würde»[384].

Ebenso als nötigend eingestuft wurde das Blockieren des Zugangs zu einer Waffenmesse mit einem Menschenteppich:

«Die Demonstranten ... stellten die Insassen des Busses vielmehr vor die Alternative, zu Fuss über den Menschenteppich zu steigen oder auf unbestimmte Zeit auf dem Ausstellungsgelände zu verharren. Die Demonstranten diktierten ihre Bedingungen und verkündeten auf den mitgebrachten Transparenten ihre – übrigens anmassende und selbstgerechte – Ansicht: «Wer über uns geht, geht auch über Leichen.» Damit brachten sie deutlich zum Ausdruck, dass sie an einem Gespräch mit den Insassen des VW-Busses und an deren Argumenten überhaupt nicht interessiert waren. Der Beschwerdeführer wäre bei dieser Sachlage selbst dann der Nötigung schuldig zu sprechen, wenn man annehmen wollte, es liege unter Umständen noch keine rechtswidrige Beschränkung der Handlungsfreiheit darin, dass jemand einen anderen gegen dessen Willen während einigen Minuten aufhält, um ihn über irgendetwas zu informieren oder von irgendetwas zu überzeugen»[385].

Eine ganze Reihe von weiteren Urteilen, etwa die Blockade einer Ausfahrt durch falsches parken[386], die Blockade der Zufahrten von AKWs[387], die Blockade eines Autobahntunnels durch streikende Arbeiter und Gewerkschafter[388] oder auch der Schikane-Stopp im Strassenverkehr[389] und hartnäckiges «Stalking»[390], stecken das Spektrum des unzulässigen Verhaltens ab.

Abgelehnt wurde die Annahme der Nötigung dagegen mangels Intensität bei kurzfristigem Behindern einer Fakultätssitzung durch Studierende[391] und bei kurzfristigen Verkehrsbehinderungen[392] oder, wegen rechtlichen Verteidigungsmöglichkeiten, bei grundloser Betreibung über eine Million Schweizer Franken[393].

Ein Sonderthema, das bisweilen hier eingeordnet wird, ist die **Zwangsehe**. Auf sie ist in einem separaten Kapitel zurückzukommen[394].

---

384   BGE 101 IV 167 [170 a)].
385   BGE 108 IV 165 [168 b)].
386   BGer 6B_823/2012.
387   BGE 129 IV 6; krit. Weber/Wiederkehr 2003, 432 ff.
388   BGE 134 IV 216; NZZ vom 4.4.2008, 15 und NZZ vom 5.11.2002, 13; vgl. auch BGer 6B_793/2008 (Menschenmauer).
389   BGE 137 IV 326.
390   BGE 129 IV 262; anders aber BGer 6B_819/2010 (Bundesrichter); 6B_320/2007 (Telefonterror).
391   BGE 107 IV 113.
392   BGer 6B_170/2011 (versuchte Wegnahme des Zündschlüssels im Stadtverkehr); 6B_355/2009 (kurzfristige Strassenblockade); anders aber noch Nötigung angenommen in BGE 119 IV 301 (zehn Minuten) und 108 IV 165 (Behinderung von 15 Minuten).
393   Kantonsgericht BL vom 16.8.2011, SJZ 108/2012, 438 ff.
394   S.u. S. 61 f.

b) Nötigungserfolg

Durch die Nötigung wird das Opfer zu einem **Tun, Unterlassen** oder **Dulden** veranlasst. Die Tathandlung muss für den Erfolg **kausal** sein[395].

2. Subjektiver Tatbestand

Als gewöhnliches Vorsatzdelikt kommt auch *dolus eventualis* in Frage[396].

3. Rechtswidrigkeit

Die Rechtswidrigkeit muss bei der Nötigung – als «offenem Tatbestand»[397] – explizit nachgewiesen werden. Dabei kann sich die Illegalität aus dem **Zweck**, dem **Mittel** oder der spezifischen **Zweck-Mittel-Relation** ergeben[398].

> Mit welchen Problemen die Praxis konfrontiert ist, illustriert etwa der Fall des **Autofahrers**, dessen Aussenspiegel von einem verärgerten Fahrradfahrer beschädigt wurde und der den Fahrradfahrer – angeblich um seine Personalien ausfindig zu machen – auf gefährliche Weise bis zum Stillstand ausgebremst hatte. Das Bundesgericht hielt das Manöver zwar für nötigend, billigte dem Autofahrer ein rechtlich geschütztes Interesse an der Erlangung der Personalien (damals kantonalrechtliches Festnahmerecht!) zu. Gleichzeitig aber hielt es die Verurteilung wegen grober Verletzung der Verkehrsregeln (aArt. 90 Ziff. 2 SVG) für korrekt[399]. Zu Recht fragen sich Fiolka und Weissenberger[400], wie die Verwendung eines rechtswidrigen Nötigungsmittels zu einer rechtmässigen Nötigung führen kann. Der Zweck heiligt, so möchte man annehmen, eben gerade nicht die Mittel.
> Verständlicher war das Urteil gegen Gewerkschafter der GBI, die für 90 Minuten den **Baregg-Tunnel** blockierten, um auf Pensionsforderungen aufmerksam zu machen: Das Bundesgericht hat zwar das Streikrecht anerkannt, allerdings die Rechtfertigung der massiven Belästigung unbeteiligter Dritter abgelehnt[401]. Selbst wenn das Ziel berechtigt war, haben sich die Streikenden im Mittel vergriffen.
> Weniger überzeugend ist das Urteil des Bundesgerichts, in dem die Zugangssperre zu verschiedenen **AKW** als rechtswidrige Nötigung eingestuft wurde. Hier wurden nicht unbeteiligte Dritte blockiert, vielmehr sollte der Austausch der Brennstäbe verhindert werden. Zudem wollten die Greenpeace-Aktivisten auf die riskante Wiederaufbereitung der Brennstäbe in den Aufbereitungsanlagen hinweisen. Das Bundesgericht lehnte allerdings bereits die Legitimität des Zwecks ab[402]. Sodann wurde auch das Argument der Wahrnehmung berechtigter Interessen an der Behinderung des Austausches der Brennstäbe verworfen[403]. Zu Recht kritisieren Weber und Wiederkehr, dass dem Anliegen der Beschwerdeführer vom Bundesgericht zu wenig Rechnung getragen wurde: Transport, Wiederaufbereitung und Entsorgung abgebrannter atomarer Brennstäbe sind ein reales Problem, das national wie international

---

395 Stratenwerth/Wohlers 2013, Art. 181 N 6.
396 Stratenwerth/Jenny/Bommer 2010, 128 entgegen abweichender Meinungen.
397 Stratenwerth 2011, 221.
398 BGE 137 IV 326.
399 BGer 6B_560/2009.
400 Fiolka/Weissenberger 2010, 237 ff.
401 BGE 134 IV 216.
402 BGE 129 IV 6 (unter Hinweis darauf, dass die Aktivisten von Greenpeace Umweltschädigungen um die Aufbereitungsanlagen in Frankreich und England verhindern wollten, für die die dortigen Behörden zuständig seien).
403 Ebda., 14 ff.

nicht gelöst ist. Im Übrigen hätte das Gericht die Gewerbefreiheit und die demokratischen Grundrechte der Demonstrierenden adäquat gegeneinander abwägen müssen[404], um so die Legitimität des Zwecks seriös zu ermitteln.

Aufgrund der Vielzahl der problematischen Fälle fordern praktisch alle Kritiker zu Recht, dass die Generalklausel des Art. 181 einschränkend ausgelegt werden soll.

C. Zwangsheirat (Art. 181*a*)

Der Bundesrat[405] und Teile der Lehre[406] hatten sich zunächst gegen einen Sondertatbestand der Zwangsheirat ausgesprochen. Internationale Abkommen[407] und Vorstösse im nationalen Parlament[408] wie Interessengruppen[409] obsiegten allerdings. Es wurde festgestellt, dass eine erhebliche Zahl von erzwungen verheirateten Personen ihren Lebensmittelpunkt in der Schweiz hatte[410]. Im Übrigen musste Art. 181 v.a. auch infolge des Zuständigkeitsrechts zu kurz greifen[411]. Der neue Tatbestand, der dem Nötigungstatbestand nachmodelliert, aber auf Verbrechensniveau angehoben wurde (Art. 181*a*), trat am 1. Juli 2013 in Kraft. Inzwischen hat sich das Bewusstsein der Öffentlichkeit stark verändert[412].

Bei der Zwangsheirat und der erzwungenen eingetragenen Partnerschaft handelt es sich um eine besonders schwere Form der Nötigung. Sie erfolgt mindestens gegen den Willen einer Partei. Sie kommt besonders häufig in archaisch strukturierten Gesellschaften des Balkans, der Türkei und Sri Lankas vor. Sie ist nicht zu verwechseln mit «*arranged marriage*», auch wenn die Grenzen fliessend sind[413].

Die Nötigungsmittel des objektiven Tatbestandes sind Art. 181 nachgebildet. Dabei gilt zu beachten, dass bereits eine Mithilfe von Familienmitgliedern an entsprechenden Reisevorbereitungen oder gar die Begleitung, leicht zur Mittäterschaft an der Zwangsheirat führen[414]. Der Erfolg ist formal definiert als die formelle Eheschliessung bzw. die formelle Eintragung der Partnerschaft. Eine bloss religiöse oder kulturelle Ehe – die sozial

---

404 Krit. Weber/Wiederkehr 2003, 432 ff.
405 Vgl. aber Bericht des Bundesrates vom 14.11.2007 in Erfüllung des Postulates (05.3477) der Staatspolitischen Kommission des Nationalrates zum Thema «Strafbarkeit von Zwangsheiraten und arrangierten Heiraten».
406 Wohlers 2007, 752 ff.; a.A. Meier 2010, 222 ff.
407 Übereinkommen des Europarats zur Verhütung und Bekämpfung von Gewalt gegen Frauen und häuslicher Gewalt vom 11.5.2011 (Istanbul Konvention) (SEV-Nr. 210).
408 Motion Heberlein vom 7.12.2006 (06.3658).
409 Eidgenössische Kommission für Frauenfragen (EKF) in der Vernehmlassung: dazu Godenzi 2009, 57.
410 Stellungnahme des Bundesrats vom 16.11.2016 zur Interpellation NR Buffat (16.3655) vom 14.9.2016; NZZ am Sonntag vom 25.6.2017, 11: «Gewalttäter und Mustervater»; vgl. auch NZZ vom 3.11.2017, 5: «Wo Kinderhochzeiten normal sind»; NZZ vom 1.11.2017, 13: «Politiker sagen Zwangsehen den Kampf an».
411 Botschaft des Bundesrates, BBl 2011 2185 [2198].
412 NZZ vom 1.11.2017: «Politiker sagen Zwangsehen den Kampf an».
413 Insb. über Verhandlungen zum «Brautgeld»: dazu Büchler 2007, 726 f.
414 Botschaft des Bundesrates, BBl 2011 2185 [2221]; BSK-Delnon 2018, Art. 181*a* N 29; PK-Pieth 2018, Art. 181*a* N 4.

ebenso bedrängend sein kann – wird weiterhin nur von Art. 181 erfasst, auch wenn sie häufig vorkommt[415].

Zwar muss, wie bei allen Freiheitsdelikten, auch bei der Zwangsheirat die Widerrechtlichkeit gesondert begründet werden, allerdings fällt es – wie bei den übrigen qualifizierten Nötigungstatbeständen (Art. 183–185) – wesentlich leichter als bei der Nötigung[416].

Eine wesentliche Abweichung von Art. 181 bringt Abs. 2: Nach Schweizer Recht strafbar ist auch wer «die Tat im Ausland begeht, sich in der Schweiz befindet und nicht ausgeliefert wird». Der Gesetzgeber hat sich damit – in Abweichung von Art. 7 – für das «absolute Weltrechtsprinzip» (nach dem Muster von Art. 5) entschieden[417]. Auf die beidseitige Strafbarkeit kommt es nicht an. Auch Anstiftung und Gehilfenschaft werden erfasst[418]. Es gelten das Erledigungs- und Anrechnungsprinzip.

D. Freiheitsberaubung, Entführung und Geiselnahme

1. Revision von 1981

Unter dem Eindruck von Flugzeugentführungen, der Angriffe der *Brigate Rosse* auf Aldo Moro und der RAF auf Hanns-Martin Schleyer[419] wurden die Tatbestände der Freiheitsberaubung und der Entführung stark erweitert. Zudem wurde neu die Geiselnahme ins Gesetz aufgenommen[420].

2. Freiheitsberaubung (Art. 183 Ziff. 1 Abs. 1)

Die Freiheitsberaubung spricht den rechtswidrigen (völligen) Verlust der Bewegungsfreiheit durch Gewalt oder Drohung an.

a) Objektiver Tatbestand

Der Verlust der Fortbewegungsfreiheit kann durch **Festnahme** erfolgen. Die Lehre und Praxis hat sich darüber gestritten, ob es zur Freiheitsberaubung einer aktuellen Entscheidungsfähigkeit über den Aufenthaltsort bedarf. Fest steht, dass auch der Schlafende seiner Freiheit beraubt werden kann[421]. Sodann wenden sich Delnon und Rüdy[422] zu Recht – mit dem Argument, dass auch Kleinkinder geschützt werden sollten (am Beispiel von Natascha Kampusch) – gegen die Meinung, es brauche die Freiheit, seinen Aufenthaltsort bestimmen zu können.

Mit **Gefangenhalten** sind auch Fälle gemeint, in denen eine Festnahme ursprünglich rechtmässig erfolgte, die Person allerdings illegal weiterhin ihrer Freiheit beraubt

---

415 NZZ am Sonntag vom 29.1.2017, 13: «Illegale Ehen: Prediger trauen Minderjährige».
416 PK-Pieth 2018, Art. 181a N 8.
417 BSK-Delnon 2018, Art. 181a N 20 f.; PK-Pieth 2018, Art. 181a N 11; CR CP II-Staudmann 2017, Art. 181a N 10.
418 Botschaft des Bundesrates, BBl 2011 2185 [2222]; BSK-Delnon 2018, Art. 181a N 29; Donatsch 2013, 445.
419 Vgl. BSK-Delnon/Rüdy 2018, Art. 183 N 7 und Art. 185 N 6.
420 BG vom 9.10.1981; i.Kr. seit 1.10.1982.
421 Stratenwerth/Jenny/Bommer 2010, 135.
422 BSK-Delnon/Rüdy 2018, Art. 183 N 14 ff.

wird[423]. Umstritten ist demgegenüber in der Lehre, was die **Generalklausel** «in anderer Weise unrechtmässig die Freiheit entzieht» genau meint. Psychischer Druck ist im (zu) weit interpretierten Gewaltbegriff der Nötigung ohnehin grösstenteils miterfasst. Bei List wird unterschieden, zwischen der List, die zu einer eigentlichen Freiheitsentziehung führt (etwa wenn das Opfer in ein Zimmer gelockt wird, das dann verschlossen wird[424]) und der reinen Täuschung, die zum Verharren am Ort veranlasst. Der zweite Fall wäre vom Tatbestand nicht erfasst[425].

Die Freiheitsberaubung muss eine gewisse **Erheblichkeit** erlangen. Einige Minuten dürften nicht ausreichen[426].

b) **Subjektiver Tatbestand**

Freiheitsberaubung ist ein Vorsatzdelikt. Fahrlässigkeit ist nicht strafbar. Allerdings kann den Verantwortlichen eine Garantenpflicht für die Freiheit des Opfers treffen, die vom Moment des Wissens um die Freiheitsberaubung an aktiviert wird[427].

c) **Rechtswidrigkeit**

Der im Tatbestand enthaltene Hinweis auf die Unrechtmässigkeit möchte prozessual erlaubte Zwangsmassnahmen von der Strafbarkeit ausschliessen[428].

3. **Entführung**

a) **Entführung Widerstandsfähiger (Art. 183 Ziff. 1 Abs. 2)**

Entführung wird definiert als das Verbringen einer Person an einen anderen Ort gegen deren Willen, wo sie sich in der Macht des Täters oder eines anderen befindet[429]. Gemäss expliziter Gesetzesbestimmung bedarf es weder einer Nötigung noch einer Freiheitsberaubung; List reicht hier vollkommen[430]. Allerdings ist auch hier nicht das kurzfristige unerhebliche Weglocken gemeint[431].

---

423 BSK-Delnon/Rüdy 2018, Art. 183 N 22; Stratenwerth/Jenny/Bommer 2010, 137; PK-Trechsel/Mona 2018, Art. 183 N 5.
424 BSK-Delnon/Rüdy 2018, Art. 183 N 44; Stratenwerth/Wohlers 2013, Art. 183 N 2. Genannt werden auch Beispiele wie das ins Auto Locken und Wegfahren, Freiheitsberaubung mit Hilfe einer Spielzeugpistole etc.
425 Stratenwerth/Jenny/Bommer 2010, 136 f.; PK-Trechsel/Mona 2018, Art. 183 N 6a.
426 PK-Trechsel/Mona 2018, Art. 183 N 7 m.w.H.
427 Stratenwerth/Jenny/Bommer 2010, 137 f.
428 Allerdings tragen sie nur soweit die Regeln eingehalten werden: BGer 6B_430/2007 (zwangsweises Verbringen eines Heimkindes zu Pflegeltern, gestützt auf die «Einwilligung» des nichtzuständigen Beistandes).
429 BSK-Delnon/Rüdy 2018, Art. 183 N 23; Stratenwerth/Jenny/Bommer 2010, 139; Stratenwerth/Wohlers 2013, Art. 183 N 3; PK-Trechsel/Mona 2018, Art. 183 N 14.
430 Stratenwerth/Jenny/Bommer 2010, 140; Stratenwerth/Wohlers 2013, Art. 183 N 3.
431 BSK-Delnon/Rüdy 2018, Art. 183 N 23 u.H.a. Schubarth 1984 (Kommentar), Art. 183 N 49 und BGE 83 IV 152.

b) Entführung Widerstandsunfähiger (Art. 183 Ziff. 2)

Ziffer 2 entstammt einer älteren Rechtsschicht und war gegen früher grassierende Lösegeldentführungen von Kindern gerichtet (so etwa den Lindbergh-Fall). Er hat zwar nach wie vor seine klassischen Anwendungsfälle, in der Praxis wird er aber zunehmend im Kontext von Scheidungskriegen und **Konflikten um das Sorgerecht** eingesetzt. In der Praxis häufig sind Urteile gegen Eltern, denen das Sorgerecht aberkannt worden ist und die sich nicht an die Regeln des Besuchsrechts halten. Dabei reicht die Bandbreite von banalen[432] bis zu schwerwiegenden Fällen[433].

Unter dem Eindruck von zunehmendem Multikulturalismus und rechtlichen Zuständigkeitsproblemen hat die Schweiz eine ganze Reihe von internationalen Abkommen ratifiziert. Bereits 1984 hat sie das Haager Übereinkommen vom 25.10.1980 und das Europäische Übereinkommen vom 20.5.1980 ratifiziert[434]. In einem zweiten Anlauf hat sie das Haager Übereinkommen vom 19.10.1996 (HKsÜ) und Haager Übereinkommen vom 13.1.2000 (HEsÜ) ratifiziert und im sog. BG-KKE umgesetzt[435]. All diese Regeln dienen dazu, Zentralstellen gegen die Kindsentführung zu schaffen, die Verfahren der Rückführung zu erleichtern, dabei aber dem Kindswohl Rechnung zu tragen.

Das Strafrecht ist zwar nicht weiter verändert worden. Allerdings hat das Bundesgericht hartnäckig an seiner Praxis festgehalten, bei Sorgestreitigkeiten Verletzungen der elterlichen Gewalt (die mit Art. 220 durch einen gesonderten Tatbestand zum Schutze der Familie geahndet werden) in **echter Konkurrenz** mit Entführung (Art. 183 Ziff. 2) zu bestrafen. Dabei kommt – sobald die Entführung über zehn Tage dauert – der qualifizierte Tatbestand von Art. 184 Abs. 4 zur Anwendung[436]. In einem Fall der Verweigerung der Rückführung wurde der an die Schweiz ausgelieferte Vater zweimal zu mehrjährigen Freiheitsstrafen verurteilt (Dauerdelikt)[437]. Zwar ist die

---

432 So der schwer verständliche (zivilrechtliche) Entscheid des Kantonsgerichtes BL, der die Mutter zwingt, ihren Wohnsitz von Binningen zurück nach St. Louis/Frankreich (7 km entfernt) zu verlegen, wenn sie sich nicht strafbar machen will: BaZ vom 6.10.2007, 23.

433 So die Strafe von 8 Jahren für eine Kindsentführung nach Tunesien durch den Vater (allerdings gekoppelt an Todesdrohungen u.s.w.): NZZ vom 20.1.2012, 19.

434 Übereinkommen über die zivilrechtlichen Aspekte internationaler Kindesentführung (HKÜ), i.Kr. seit 1.1.1984 (SR 0.211.230.02); Europäisches Übereinkommen über die Anerkennung und Vollstreckung von Entscheidungen über das Sorgerecht für Kinder und die Wiederherstellung des Sorgerechts (ESÜ), i.Kr. seit 1.1.1984 (SR 0.211.230.01); vgl. dazu Art. 85 IPRG.

435 Vgl. Stellungnahme des Bundesrates, BBl 2006 2579 [2595 ff.]; Bundesgesetz über internationale Kindesentführung und die Haager Übereinkommen zum Schutz von Kindern und Erwachsenen (BG-KKE) vom 21.12.2007, i.Kr. seit 1.7.2009 (SR 211.222.32); Übereinkommen über die Zuständigkeit, das anzuwendende Recht, die Anerkennung, Vollstreckung und Zusammenarbeit auf dem Gebiet der elterlichen Verantwortung und der Massnahmen zum Schutz von Kindern (Haager Kindesschutzübereinkommen, HKsÜ), i.Kr. seit 1.7.2009 (SR 0.211.231.011); Übereinkommen über den internationalen Schutz von Erwachsenen (HEsÜ), i.Kr. seit 1.7.2009 (SR 0.211.232.1).

436 BGer 6B_685/2007 (Mutter hat Obhut, Vater ein eng gefasstes Besuchsrecht; entgegen dem Willen der Mutter möchte er die Tochter in Marokko einschulen); vgl. ähnliche Entscheide in BGE 119 IV 216; 118 IV 61.

437 BGer 6B_248/2017.

harte Praxis bei Fällen von Gewaltexzessen und Zwangsheirat[438] nachvollziehbar, allerdings ist die generell angenommene echte Konkurrenz deshalb problematisch, weil sie an einer bloss formalen Differenz der Rechtsgüter ansetzt: Aufgrund des Sorgeentscheides des Scheidungsrichters wird angenommen, dem Kindswohl entspreche der Aufenthalt beim Berechtigten am ehesten[439]. Dass aber die Verletzung der elterlichen Gewalt automatisch auch mit einer Verletzung der Freiheitsinteressen des Kindes gleichzusetzen ist, ist fraglich (wenn man etwa das Beispiel der «Ferienverlängerung» gegen den Willen des Sorgeberechtigten bedenkt). Zu Recht wurde die Anwendung von Art. 183 abgelehnt, wo das Heimatrecht dem einen Elternteil immerhin noch einen Teil der elterlichen Gewalt belässt[440]. Dieses Prinzip ist in BGE 141 IV 10 ausgeweitet worden: In einem Fall gemeinsamer elterlicher Sorge hat der Vater die Grenzen des Sorgerechts verletzt, trotzdem hat das Bundesgericht Freiheitsberaubung abgelehnt. Die Praxis findet einzig dort ihre Grenze, wo der neue Aufenthaltsort massiv dem Kindeswohl widerspricht[441].

4. Geiselnahme (Art. 185)

Die Geiselnahme richtet sich gegen **zwei unterschiedliche Rechtsgüter** in einem: Zum einen wird die Freiheit der Geisel beeinträchtigt, zum anderen wird ein Dritter genötigt. Auch dieser Tatbestand ist unter dem Eindruck terroristischer Angriffe gegen Repräsentanten des Establishments in Deutschland und Italien in den 1970er Jahren eingefügt worden. Dabei hat der Gesetzgeber zwei Tatbestände in Art. 185 aufgenommen: die eigentliche Geiselnahme nach Ziff. 1 Abs. 1 und den «Trittbrettfahrer»-Tatbestand in Ziff. 1 Abs. 2. Gemäss Art. 260bis ist zudem bereits die Vorbereitung einer Geiselnahme strafbar.

a) Grundtatbestand (Art. 185 Ziff. 1 Abs. 1)

aa) Objektiver Tatbestand

Abweichend von der Freiheitsberaubung und der Entführung ist die Tathandlung noch offener gefasst: Es reicht, dass jemand sich der Geisel «sonst wie» bemächtigt. Damit ist auch der Fall erfasst, dass sich eine Ersatzgeisel zur Verfügung stellt (z.B. ein Geistlicher)[442]. Auch wenn der Täter sich der Geisel bloss kurzfristig bemächtigt, ist der Tatbestand erfüllt[443].

bb) Subjektiver Tatbestand

Art. 185 setzt zum einen Vorsatz voraus, zum anderen muss der Geiselnehmer die Absicht haben, «einen Dritten zu einer Handlung, Unterlassung oder Duldung zu nöti-

---

438 WOZ vom 12.10.2017, 15 ff.: «Abschied von Mira».
439 Wohl zu unkritisch: Stratenwerth/Jenny/Bommer 2010, 141.
440 AGE AS-2005/390: Appellationsgericht BS vom 25.1.2008 (*Guardianship* nach malaysischem Recht).
441 Dazu PK-Trechsel/Mona 2018, Art. 183 N 12.
442 PK-Trechsel/Mona 2018, Art. 185 N 3.
443 BGE 121 IV 162; Stratenwerth/Wohlers 2013, Art. 185 N 3.

gen». Der Tatbestand ist mit der Absicht bereits vollendet. Die Nötigung oder Drohung muss noch nicht einmal ausgesprochen worden sein[444].

b) «Trittbrettfahrer»-Tatbestand (Art. 185 Ziff. 1 Abs. 2)

Der «Trittbrettfahrer», der die Geisel nicht selbst in seine Gewalt gebracht hat, sondern lediglich die von anderen geschaffene Lage zur Nötigung eines Dritten ausnutzt, ist deshalb in gleicher Weise strafbar, weil er die Risiken für die Geisel noch verschärft; zumal dadurch, dass er den Dritten unter erhöhten Druck setzt. Es ist einer der seltenen Fälle, in denen ein «*dolus subsequens*» von Gesetzes wegen strafbar erklärt wird[445].

5. Qualifikationen

a) Qualifikationen zu Art. 183 (Art. 184)

Art. 184 enthält eine Reihe von Qualifikationen zur Freiheitsberaubung und zur Entführung. Die Strafdrohung wird auf Freiheitsstrafe nicht unter einem Jahr angehoben:

- wenn der Täter ein Lösegeld zu erlangen sucht,
- wenn er das Opfer grausam behandelt,
- wenn der Entzug der Freiheit mehr als zehn Tage dauert oder
- wenn die Gesundheit des Opfers erheblich gefährdet wird.

b) Qualifikationen zu Art. 185 (Art. 185 Ziff. 2 und 3)

Demgegenüber sieht Art. 185 Ziff. 2 Freiheitsstrafe nicht unter drei Jahren vor, wenn der Täter droht, das Opfer zu töten, körperlich schwer zu verletzen oder grausam zu behandeln. Angesichts der erhöhten Mindeststrafe muss der auf den Dritten ausgeübte Druck erheblich grösser sein als beim Grundtatbestand[446].

Nach Ziffer 3 kann der Täter in besonders schweren Fällen, namentlich wenn die Tat viele Menschen betrifft[447], mit lebenslänglicher Freiheitsstrafe bestraft werden.

c) Abgrenzung der Lösegeldentführung und der Geiselnahme

Angesichts der unterschiedlichen Mindeststrafen (sei es zwischen der Lösegeldentführung und dem Grundtatbestand der Geiselnahme oder aber den qualifizierten Tatbeständen) ist die Abgrenzung von erheblicher praktischer Bedeutung[448].

Das Bundesgericht[449] und die herrschende Lehre[450] stellen darauf ab, ob die Geisel oder ein Dritter die Leistung erbringen soll. Nach dieser Ansicht liegt Geiselnahme

---

444 BGE 121 IV 162; Stratenwerth/Jenny/Bommer 2010, 145; Stratenwerth/Wohlers 2013, Art. 185 N 4.
445 Stratenwerth/Jenny/Bommer 2010, 146.
446 BGE 129 IV 22.
447 Je nach Kommentierung ist von mindestens 10 oder 20 Personen die Rede: BSK-Delnon/ Rüdy 2018, Art. 185 N 33; Stratenwerth/Wohlers 2013, Art. 185 N 7.
448 Schubarth 1984 (Kommentar), Art. 185 N 9.
449 So zunächst im Fall der Entführung des Enkels des Verlegers Springer: BGE 111 IV 144; vgl. aber auch BGE 121 IV 162.
450 Corboz I 2010, 755; Donatsch 2013, 469; Stratenwerth/Wohlers 2013, Art. 185 N 3.

immer dann vor, wenn ein Dritter die Leistung erbringen soll; soll der Entführte sie selbst erbringen, soll dagegen Lösegeldentführung vorliegen. Diese Unterscheidung erscheint aber reichlich theoretisch. Arzt hat demgegenüber vorgeschlagen, immer Lösegeldentführung anzunehmen, wenn Geld gefordert werde, da Geld (gegenüber anderen Nötigungsgegenständen) das noch am leichtesten erhältliche Gut sei[451].
Am überzeugendsten ist aber wohl der von Stratenwerth[452] und von Trechsel/Mona[453] vorgeschlagene Ausweg: «Das besondere Unrecht der Geiselnahme besteht ... darin, dass die Opfer Unbeteiligte sind ...»[454]. Das Risiko für die Geisel ist gerade deshalb so hoch, weil keine persönliche Beziehung zum Dritten besteht.

E. Drohung (Art. 180)

Die Drohung stellt einen Auffangtatbestand der Freiheitsdelikte dar. Er kommt insb. im Zusammenhang mit Auseinandersetzungen im Nahraum und in Partnerschaften aber relativ häufig zur Anwendung[455]. Der Tatbestand soll das Sicherheitsgefühl schützen[456]. Partnerschaft und Familie werden gemäss Abs. 2 von Amtes wegen geschützt[457].

1. Objektiver Tatbestand

Der objektive Tatbestand setzt zum einen als **Tathandlung** eine schwere Drohung voraus: schwer meint einerseits Drohung mit ernsten Konsequenzen[458], andererseits muss sie, nach objektiven Kriterien beurteilt[459], ernst zu nehmen sein.
Als **Erfolg** verlangt der Tatbestand weiter, dass das Opfer effektiv in Angst und Schrecken versetzt worden ist.

2. Subjektiver Tatbestand

Es handelt sich um ein Vorsatzdelikt. (Dumme) Scherze sind somit nicht gemeint.

F. Menschenhandel (Art. 182)

1. Reformgeschichte

Der Tatbestand des Menschenhandels wurde in den letzten Jahren gleich mehrfach angepasst und auch neu eingeordnet: Ursprünglich war er ein Tatbestand zum Schutze

---

451 Arzt 1983 (Revision StGB), 265.
452 Stratenwerth 1986, 312 ff.
453 PK-Trechsel/Mona 2018, Art. 185 N 1; vgl. auch BSK-Delnon/Rüdy 2018, Art. 185 N 14.
454 Stratenwerth/Jenny/Bommer 2010, 145.
455 Seit 1990 stieg die Urteilszahl stark auf bis über 2 500 pro Jahr an: vgl. BSK-Freytag/Zermatten 2018, zu Art. 180.
456 BSK-Delnon/Rüdy 2018, Art. 180 N 5; Stratenwerth/Wohlers 2013, Art. 180 N 1.
457 PK-Trechsel/Mona 2018, Art. 180 N 3a.
458 BSK-Delnon/Rüdy 2018, Art. 180 N 22; Stratenwerth/Jenny/Bommer 2010, 150; PK-Trechsel/Mona 2018, Art. 180 N 2.
459 Vgl. BGE 99 IV 212; BSK-Delnon/Rüdy 2018, Art. 180 N 20; Stratenwerth/Wohlers 2013, Art. 180 N 2.

von Frauen vor Entführung und Zwang in die Prostitution[460] und auch heute noch ist das in der Praxis wohl der Hauptanwendungsfall. Die Umsetzung internationaler Übereinkommen (vor allem des Fakultativprotokolles vom 25. Mai 2000 zum Übereinkommen über die Rechte des Kindes[461]) erforderte die Erweiterung des Tatbestandes über die sexuelle Ausbeutung hinaus: Nun erfasst er auch den Handel zum Zwecke der Ausbeutung der Arbeitskraft und zwecks Entnahme eines Körperorgans.

2. Objektiver Tatbestand

Der Tatbestand weist Elemente eines Freiheitsdeliktes, aber auch eines Gewaltdeliktes[462] und sogar eines Organisationsdeliktes[463] auf.

a) Handel treiben

Mit Handel treiben werden die unter diesem Begriff klassischerweise subsumierten Tätigkeiten wie anwerben, anbieten, beschaffen, vermitteln, verkaufen und auch transportieren etc. subsumiert[464]. Dabei kann es sich um ein Mehrparteien- oder auch um ein Zweiparteienverhältnis handeln (bei dem der gehandelte Mensch selber «Vertragspartei» ist)[465]. Mit Ausbeutung ist die **Degradierung des Menschen zur Ware** gemeint[466]. Dabei umfasst der Tatbestand neben dem Zweck der sexuellen Ausbeutung die Ausbeutung der Arbeitskraft (man denke an Dienstboten, die wie Sklaven gehalten werden) und den illegalen Organhandel[467].

b) Notlagebestimmte Zustimmung

Die freiverantwortliche Zustimmung der vermittelten Person schliesst den Tatbestand des Menschenhandels naturgemäss aus. Allerdings muss die Zustimmung ohne Willensmangel erfolgt sein[468]. Zu erheblichen Auseinandersetzungen in Praxis und Lehre hat die Frage geführt, wann das Selbstbestimmungsrecht durch ein Abhängigkeitsverhältnis oder eine Notlage so sehr eingeschränkt wird, dass von einer «Zustimmung» nicht mehr gesprochen werden kann.

---

460 Ursprünglich Art. 202, dann im neuen Sexualstrafrecht Art. 196; vgl. im Übrigen unten S. 92 f.
461 Vgl. Botschaft des Bundesrates, BBl 2005 2807; Demko 2009, 178 ff.
462 Die Verletzung des Willens, sei es durch direkten Zwang oder Ausnutzen einer Notlage, ist Tatbestandsmerkmal. Häufig geht das Verhalten der Menschenhändler mit Gewalt und Drohung einher.
463 Mit Menschen Handel treiben kann man zwar alleine, typischerweise bedarf es aber einer Organisation: BGE 128 IV 117.
464 PK-Trechsel/Mona 2018, Art. 182 N 2.
465 BSK-Delnon/Rüdy 2018, Art. 182 N 22; erfasst ist auch die Anwerbung für das eigene Bordell (BGer 6B_1006/2009, E. 4.2.2.).
466 Botschaft des Bundesrates, BBl 2005 2807 [2834]: «über Menschen wie über Objekte verfügt»; vgl. auch BSK-Delnon/Rüdy 2018, Art. 182 N 6; Stratenwerth/Wohlers 2013, Art. 182 N 2.
467 Zu Recht kritisieren Delnon und Rüdy (BSK-Delnon/Rüdy 2018, Art. 182 N 28), dass «Entnahme» ambivalent sei und «Wegnahme» der Natur des Freiheitsdeliktes näher käme.
468 Stratenwerth/Wohlers 2013, Art. 182 N 4.

Zunächst kann von informierter Zustimmung nicht ausgegangen werden, wenn das Opfer ahnungslos, mangelhaft aufgeklärt oder sonst irgendwie ausser Stande war, sich zu wehren[469].

Heikler sind die Fälle, in denen etwa Frauen aus der Dritten Welt in die Prostitution vermittelt werden und durchaus wissen, was sie erwartet. Die Tatsache, dass sie im Herkunftsland in Armut lebten, dürfte allein noch nicht zur Annahme der Abhängigkeit reichen[470]. Allerdings ist eine Zwangslage bei einer Kombination von Faktoren, wie schwierige soziale Lage zu Hause, illegaler Aufenthalt in der Schweiz und Machtstellung von Zuhältern, Menschenhändlern oder Bordellbetreibern (z.B. durch Wegnahme von Ausweisen usw.) ohne Weiteres anzunehmen[471].

3. Subjektiver Tatbestand

Art. 182 ist ein Vorsatzdelikt, doch reicht Eventualvorsatz (insb. auch bezüglich der Abhängigkeit).

G. Verschwindenlassen (Art. 185bis)

1. Hintergrund

Immer wieder haben autokratische Regime missliebige Opponenten heimlich verhaftet und verschwinden lassen. Was wir von den faschistischen Regimen der 1930er und 1940er Jahre kennen, wiederholte sich in Lateinamerika in den 1970er und 1980er Jahren[472], wo Militärdiktaturen, selbst oder mittels nahestehender paramilitärer Gruppen, über 30 000 Personen entführt und ermordet haben sollen. Den unmittelbaren Opfern werden die Verteidigungsrechte vorenthalten, ihre Angehörigen erfahren nicht, welches Schicksal die Entführten erleiden. In neuerer Zeit ist es zu ähnlichen Missbräuchen im Kontext des «Kampfes gegen den Terrorismus» gekommen (Guantanamo, CIA-Gefängnisse in Polen)[473].

Menschenrechtsorganisationen und vor allem lateinamerikanische Staaten, die zur Demokratie zurückgefunden haben, forderten im Rahmen der UNO die Schaffung eines internationalen Regelwerks gegen das «Verschwindenlassen» (gegen das Phänomen der *desaparecidos*). Die UNO nahm die Arbeit mit einer Resolution von 1978 auf. Eine Arbeitsgruppe und später die UN Menschenrechtskommission bereiteten ein internationales Instrument vor, das am 20. Dezember 2006 von der UN Generalversammlung verabschiedet wurde. Das «Internationale Übereinkommen zum Schutze aller Personen vor dem Verschwindenlassen» trat am 23. Dezember 2010 in Kraft. Die Schweiz hat das Übereinkommen mit Bundesbeschluss vom 18. Dezember 2015 ratifi-

---

469 BGE 126 IV 225.
470 Demko 2011, 132; BSK-Delnon/Rüdy 2018, Art. 182 N 25.
471 BGer 6B_81/2010; 6B_1013/2009; 6B_1006/2009; s.u. S. 93.
472 Botschaft des Bundesrates, BBl 2014 453 [457].
473 Dazu The New York Times vom 18.2.2015: «Poland to Pay $ 262,000 to Inmates Held at Secret C.I.A. Prison».

ziert und die entsprechende Strafnorm (Art. 185bis) ist auf den 1. Januar 2017 in Kraft getreten[474].

Wenn die Botschaft meint, in der Schweiz seien bisher keine Fälle bekannt geworden[475], übersieht sie, dass der Kanton Genf 1998 die Auslieferung von Ex-Diktator Pinochet für das Verschwindenlassen des Doppelbürgers Alexei Jaccard verlangt hatte[476].

2. Tatbestände

Der Tatbestand von Art. 185bis schützt zwei Rechtsgüter: Die Verfahrensrechte des unmittelbar betroffenen Entführungsopfers und das Informationsinteresse der Angehörigen[477]. Er lehnt sich strukturell an den bereits existierenden Tatbestand des «Verschwindenlassen» als Unterfall der Verbrechen gegen die Menschlichkeit an (Art. 264*a* Abs. 2 lit. e): Daher kommt auch die Unterscheidung von sog. «operativen Tätern» (Art. 185bis Abs. 1 lit. a) und den «Informationstätern» (Art. 185bis Abs. 1 lit. b)[478]. Art. 264*a* war allerdings deshalb für die Belange der Umsetzung des Übereinkommens ungenügend, weil er eingebettet ist in den Kontext des «Römer Statuts»: Er setzt einen «ausgedehnten oder systematischen Angriff gegen die Zivilbevölkerung» voraus[479]. Trotzdem folgt die Formulierung von Art. 185bis grundsätzlich der Struktur von Art. 264*a*.

a) Freiheitsentzugstatbestand (Abs. 1 lit. a)

aa) Objektiver Tatbestand

(1) Beteiligung des Staats und politischer Organisationen

Der Tatbestand setzt voraus, dass entweder ein Beamter oder ein Beauftragter ein Staatsauftrag oder mit Billigung des Staates handelt oder dass eine «politische Organisation» die Tat begeht (gedacht wird v.a. an *para-militares*)[480]. Die Botschaft stellt klar, dass auch Amtsträger ohne explizite Bewilligung für den Staat handeln können[481]. Vorgesetzte sind ihrerseits haftbar[482]. Die Botschaft verweist dazu auf Art. 11 (Geschäftsherrenhaftung)[483]. Infrage käme, wenn die Tat im Rahmen eines systematischen Angriffs auf die Zivilbevölkerung erfolgt, auch Art. 264*k*[484].

---

474 Eingefügt durch Anhang 2 Ziff. 1 des BB vom 18.12.2015 über die Genehmigung und die Umsetzung des Internationalen Übereinkommens zum Schutz aller Personen vor dem Verschwindenlassen, i.Kr. seit 1.1.2017 (AS 2016 4687; BBl 2014 453).
475 Botschaft des Bundesrates, BBl 2014 453 [463].
476 SWI vom 11.12.2006: «Erinnerungen an Menschenrechtsverletzungen».
477 Botschaft des Bundesrates, BBl 2014 453 [465, 487].
478 Vgl. zu Art. 264*a* lit. e (Verschwindenlassen): Donatsch/Thommen/Wohlers 2017, 283.
479 Botschaft des Bundesrates, BBl 2014 453 [459, 487]; CR CP II-von Wurstemberger 2017, Art. 185bis N 2.
480 Anders noch Art. 264*a*: Donatsch/Thommen/Wohlers 2017, 283.
481 Botschaft des Bundesrates, BBl 2014 453 [488].
482 Übereinkommen Art. 6.
483 Botschaft des Bundesrates, BBl 2014 453 [466]; dazu Pieth WiStrR 2016, 43 ff.
484 S.u. S. 278.

(2) Freiheitsentzug

Aus dem subjektiven Tatbestandserfordernis, dass das Opfer zum Schutz des Gesetzes entzogen werden soll, ergibt sich, dass die Freiheitsberaubung entweder schon von Anfang an oder im Laufe der Zeit illegal wird (entweder *ab initio* illegale Haft oder Überhaft)[485].

(3) Auskunftsverweigerung

Art. 185bis Abs. 1 lit. a verlangt zusätzlich zum illegalen Freiheitsentzug, dass «in der Folge die Auskunft über ihr Schicksal oder ihren Verbleib verweigert wird».

bb) Subjektiver Tatbestand

Abgesehen vom Vorsatz wird die «Absicht eine Person für längere Zeit dem Schutz des Gesetzes zu entziehen» vorausgesetzt. Dem illegal Inhaftierten wird, wie die Botschaft sagt, «*de facto* jede rechtsstaatliche Garantie entzogen»[486]. Dadurch wird es zum qualifizierten Freiheitsdelikt, das – wie die Geiselnahme – mit 1–20 Jahren Freiheitsstrafe bedroht wird.

b) Informationstatbestand (Abs. 1 lit. b)

Gemäss lit. b wird «im Auftrag eines Staates oder einer politischen Organisation oder entgegen einer Rechtspflicht die Auskunft über das Schicksal oder den Verbleib» einer Person verweigert, um sie «für längere Zeit dem Schutz des Gesetzes zu entziehen»[487].

3. Zuständigkeit

Wie bereits bei Straftaten gegen Minderjährige im Ausland (Art. 5) bei Genitalverstümmelung (Art. 124), bei Zwangsheirat (Art. 181*a*) und bei Geiselnahme (Art. 185) hat der Gesetzgeber den mutigen Schritt zur starken Form des Weltrechtsprinzips getan: Art. 185bis Abs. 2 verlangt keine beidseitige Strafbarkeit und geht damit über die Anforderungen des Übereinkommens hinaus[488].

4. Weiteres

Die Vorlage passt eine Reihe weiterer Bestimmungen an. Im Rahmen des Strafrechts erweitert sie den Katalog der Vorbereitungstatbestände (Art. 260bis Abs. 1 lit. f^{bis})[489]. Der Opferschutz nach OHG und StPO wird (implizit) auf Angehörige ausgedehnt. Sodann schafft der Bund zusammen mit den Kantonen ein «Netzwerk» zur raschen Auffindung verhafteter Personen in der Schweiz[490].

---

[485] Botschaft des Bundesrates, BBl 2014 453 [490].
[486] Botschaft des Bundesrates, BBl 2014 453 [490].
[487] Vgl. Vest et al. 2014 zu Art. 264*a*; CR CP II-von Wurstemberger 2017, Art. 185bis N 12 f.
[488] Übereinkommen Art. 9 Abs. 2; CR CP II-von Wurstemberger 2017, Art. 185bis N 18.
[489] Botschaft des Bundesrates, BBl 2014 453 [491].
[490] Botschaft des Bundesrates, BBl 2014 453 [454, 493 f.].

III. Straftaten gegen die sexuelle Integrität
A. Reformgeschichte und Hintergründe
1. Vom Schutz der «Moralität» zum Schutz der sexuellen Selbstbestimmung

Die revidierten Straftaten gegen die Familie (Art. 213–220) wurden am 1.1.1990 in Kraft gesetzt, während das revidierte Sexualstrafrecht (Art. 187–200) am 1.10.1992 in Kraft getreten ist. In den neuen Bestimmungen treffen verschiedene Reformströmungen zusammen, die im Laufe einer längeren Reformgeschichte von über 20 Jahren aktuell geworden sind. Sie passen allerdings nicht in allen Punkten optimal zusammen. Zudem hat das Parlament manchenorts die sprichwörtlichen Korrekturen der letzten Stunde angebracht, aus denen sich Ungereimtheiten ergeben können, die nun auf dem Wege der Interpretation korrigiert werden müssen. Die wichtigsten Impulse zur Reform gingen von der sog. «sexuellen Revolution» der 60er und 70er Jahre aus. Das alte Recht beruhte weitgehend auf der Sexualmoral des 19. Jahrhunderts und wurde streckenweise schon geraume Zeit von der Praxis schlicht ignoriert (z.B. der Tatbestand des Ehebruchs nach aArt. 214).

Bereits die frühere Überschrift des 5. Titels, «Strafbare Handlungen gegen die Sittlichkeit», und die darauf beruhende traditionelle Einordnung in den Besonderen Teil II, unter die Straftaten zum Schutze von **Kollektivinteressen**, brachte zum Ausdruck, dass im Vordergrund die Durchsetzung einer bestimmten **Sexualmoral** mit den Mitteln des Strafrechts stand. Diese Ausrichtung kam in den Details des alten Rechts zum Ausdruck:

> Eine Vielzahl von Bestimmungen nannte als Tatbestandsmerkmal die «Unzucht». Darunter wurde jedes Verhalten verstanden, das den geschlechtlichen Anstand verletzte, indem es «in nicht leicht zu nehmender Weise gegen das Sittlichkeitsgefühl» verstiess[491]. Die Formel setzte natürlich voraus, dass sich ein einheitliches Sittlichkeitsempfinden überhaupt feststellen liess. Im Wesentlichen war mit «Unzucht» der ausserehelichen Geschlechtsverkehr gemeint. So konnte denn die Erläuterung zum Vorentwurf 1981 unumwunden festhalten: «Es kann sich deshalb nicht mehr darum handeln, sexuelles Verhalten als solches unter Strafe zu stellen oder bestimmte moralische Auffassungen mit den Mitteln des Strafrechts durchzusetzen»[492].
>
> Als besonders fragwürdig erwies sich das alte Recht dort, wo es bestimmte Ausprägungen freiwilligen Sexualverhaltens Erwachsener – insb. unter dem Titel «widernatürliche Unzucht» auch gleichgeschlechtliche Beziehungen Erwachsener – unter Strafe stellte (aArt. 194)[493] oder etwa die Kuppelei wegen der Gefährdung der öffentlichen Sittlichkeit und nicht primär der Ausbeutungsgefahr Prostituierter unter Strafe stellte. Nicht menschenverachtendes Handeln, sondern Unmoral war im Visier des Gesetzgebers.
>
> Die Unsicherheit in der Bestimmung des Schutzzwecks des Sexualstrafrechts zeigte sich auch im Kernbereich der sexuellen Nötigungsdelikte: Wurde doch bis 1992 die Vergewaltigung in der Ehe nicht oder wesentlich geringer bestraft als ausserhalb der Ehe (als Nötigung). Diese Unterscheidung ging zurück auf die Vorstellung, dass die Vergewaltigungstatbestände im

---

491 Ständige Rechtsprechung, vgl. Stratenwerth/Jenny/Bommer 2010, 164.
492 Vorentwurf 1977, 25.
493 Vgl. aber etwa die kritische Auseinandersetzung mit der Strafbarkeit der Homosexualität, die damals manchen als «gemeingefährliches Vergehen» erschien: Hafter 1929, 37 ff.

Grunde die Geschlechtsehre und nicht die Selbstbestimmung der Frau schützten. Eine Frau verlor durch ausserehelichen Geschlechtsverkehr ihre Ehre – so die archaische Vorstellung. Vor einem Ehrverlust sollte sie gegen Nötigung aber auch gegen Verführung (aArt. 196) geschützt werden. Konsequenz dieser Strafbarkeitsbegründung war, dass noch unter der Geltung der kantonalen Strafgesetzbücher eine Prostituierte nicht oder deutlich schlechter gegen Vergewaltigung geschützt war, da sie nicht in diesem Sinne als ehrenfähig angesehen wurde[494]. Die Praxis zum eidgenössischen Strafgesetzbuch hat dies nach 1941 zwar grundsätzlich korrigiert, die Orientierung am Schutzgut «Geschlechtsehre» hat sich aber zunächst in der unterschiedlichen Behandlung der Vergewaltigung innerhalb und ausserhalb ehelicher Beziehungen erhalten: Der Grundsatz, dass der Ehemann einen Anspruch auf Geschlechtsverkehr habe, den Feuerbach 1847 noch in aller Klarheit formulierte («Wer, wie der Ehemann, auf den Beischlaf ein vollkommenes Recht hat, macht sich durch Erzwingung desselben keiner Notzucht schuldig»[495]) wirkte auch nach der Reform von 2002 nach: Die Vergewaltigung in der Ehe war vorerst als Antragsdelikt konzipiert, bis sie dann auf den 1. April 2004, wie die Fremdvergewaltigung, zum Offizialdelikt wurde.

Die Befreiung von diffuser Moralität war überhaupt eine Forderung der 1970er Jahre. Das Strafrecht sollte auf ein Minimum reduziert werden, das durch eindeutig zu bezeichnende Verletzung oder Gefährdung von konkreten Schutzgütern gerechtfertigt war. Entkriminalisierung, Redimensionierung des Strafrechts bedeutete zugleich Rationalisierung und Umorientierung von Vergeltung auf sozialwissenschaftlich fundiertes staatliches Handeln. Für die Frage der Strafwürdigkeit etwa von Exhibitionismus wurde nunmehr die empirische Frage aufgeworfen, wie sehr denn eigentlich der Anblick eines sonst harmlosen Nackten noch erschrecken könne. Ganz analog wurde danach gefragt, in welchen Situationen frühe sexuelle Erfahrungen von Kindern tatsächlich schädlich seien. Ähnliche Überlegungen wurden zunächst für Pornografie und für die strafrechtliche Durchsetzung des Inzesttabus angestellt[496].

Quasi als Erbe der 1970er Jahre bringt das neue Gesetz die Entkriminalisierung der Homosexualität, der Jugendliebe und die Einschränkung der Strafbarkeit der «weichen» Pornografie[497].

Gleichzeitig bemühte sich das neue Gesetz um die Präzisierung der zu schützenden Rechtsgüter. Der Entwurf von 1981 sagte es folgendermassen:

«Sexuelles Verhalten ist deswegen nur dann als strafbar zu erklären, wenn dieses Verhalten einen anderen Menschen schädigt, oder wenn er nicht in der Lage ist, in verantwortlicher Weise dazu Stellung zu nehmen; endlich soll jedermann davor bewahrt werden, von sexuellen Handlungen anderer Personen oder Darstellungen solcher Handlungen Kenntnis zu nehmen, wenn er dies nicht wünscht»[498].

---

[494] Dass diese Denkweise auch in der aktuellen Rechtsprechung noch fortbesteht, zeigt sich an einem Waadtländer Entscheid, der vom Bundesgericht aufgehoben werden musste, vgl. Jusletter vom 14.6.2010 zu BGer 6B_287/2009.

[495] Paul Johann Anselm von Feuerbach, Lehrbuch des gemeinen in Deutschland gültigen peinlichen Rechts, Giessen 1832 (11. Aufl. [Goldbach 1997]), 179.

[496] Vgl. Botschaft des Bundesrates 1985 II 1009 [1049 ff.].

[497] Vgl. auch Killias 2000, 472 ff.

[498] Vorentwurf 1977, 25.

Bereits die neue Überschrift des Sexualstrafrechts («Strafbare Handlungen gegen die sexuelle Integrität») bringt zum Ausdruck, dass es nunmehr um den **Schutz reiner Individualinteressen** geht. Das Sexualstrafrecht ist fortan im Besonderen Teil I eingeordnet. Schutzgut ist einerseits die **sexuelle Selbstbestimmung** und andererseits das Recht auf **ungestörte Entwicklung**[499].

2. Kritik und weitere Revisionen nach 1992

Das neue Recht von 1992 ist seither allerdings immer wieder kritisiert und zum Teil auch erneut revidiert worden[500].

Auf der einen Seite wurde mit Blick auf die Vergewaltigung die Frage aufgeworfen, ob es sich nicht um ein Freiheitsdelikt überhaupt handle: Müsste nicht die Willensfreiheit prinzipiell unter Schutz (d.h. in letzter Konsequenz auch die fahrlässige Vergewaltigung unter Strafe) gestellt werden[501]? Der Fall Assange hat diesen Überlegungen erneut Aktualität verliehen[502]. Bisher optierten sowohl Gesetzgeber wie Rechtsprechung aber für eine Beibehaltung des Vergewaltigungstatbestandes als Form der Schwerkriminalität im Sinne eines Gewaltdeliktes[503].

Auf der anderen Seite ist man sich bewusst geworden, dass im Zuge der sexuellen Befreiung der 1970er Jahre allzu leicht die Interessen von Kindern und Jugendlichen übergangen worden sind[504]. Freilich bleibt der Grundkonflikt beim Schutz Jugendlicher vor Pädophilie und die Abgrenzung zur Jugendliebe nach wie vor ungelöst. Er wird durch die Annahme der Volksinitiative «Pädophile sollen nicht mehr mit Kindern arbeiten dürfen» vom 18. Mai 2014 und dem in Art. 67–67d eingeführten Tätigkeitsverbot[505] noch verschärft (der 21-Jährige, der mit einer 15-Jährigen Sex hatte, könnte je nach Höhe des Urteils auf Jahre hinaus weder Lehrer, Pfadiführer noch Sporttrainer etc. sein).

Ähnliche Spannungen ergeben sich im Bereiche der wirtschaftlichen Ausnutzung der Sexualität, wo es schwerfällt, zwischen dem Schutz vor erzwungener Prostitution und dem Recht, sich zu prostituieren, abzugrenzen. Das Selbstbestimmungsrecht des Menschen und das Erfordernis, ein Strafbedürfnis rational zu begründen, geraten sodann angesichts der nunmehr erweiterten Strafbarkeit des Konsums «harter Pornografie» unter Druck (vgl. Art. 197 Abs. 5). Immerhin hat man in neuester Zeit v.a. den Jugendschutz verstärkt (vgl. Art. 195 Abs. 1 lit. a, Art. 196, 197 Abs. 3–5, 8).

---

499 Donatsch 2013, 484; Jenny/Schubarth/Albrecht 1997, Art. 187 N 1; BSK-Maier 2018, Vor Art. 187 N 4; Stratenwerth/Jenny/Bommer 2010, 160.
500 BSK-Maier 2018, Vor Art. 187 N 2.
501 Fischer 1988, 5.
502 NZZ am Sonntag vom 19.12.2010, 77: «Vor dem Sex eine schriftliche Einwilligung, Wikileaks-Chef Assange, ein Vergewaltigungsverdacht und die schwedische Justiz»; vgl. auch NZZ vom 20.1.2011, 53.
503 Für Details s.u. S. 83 ff.
504 Ob der Liberalisierung in den 1970er Jahren wurden die Risiken des Missbrauchs lange verkannt: NZZ vom 19.4.2017, 15: «Wie Reformpädagogik die Täter schützte».
505 I.Kr. seit 1.1.2015; erl. Bericht März 2015; Botschaft des Bundesrates, BBl 2016 6115.

B. System der Sexualdelikte

Diese Darstellung wird sich, dem Aufbau des Gesetzes entsprechend, zunächst mit dem Schutz Minderjähriger und Abhängiger vor sexuellem Missbrauch befassen (C.). Danach werden die Angriffe auf die sexuelle Freiheit (D.) erörtert. Daran schliesst sich ein Kapitel zur wirtschaftlichen Ausnutzung der Sexualität (E.) an, um schliesslich eine Reihe weiterer Sexualdelikte (z.B. die sexuelle Belästigung) anzusprechen (F.).

Tatbestände zum Schutze Minderjähriger und Abhängiger	Art. 187 StGB	Sexuelle Handlungen mit Kindern
	Art. 188 StGB	Sexuelle Handlungen mit Abhängigen
	Art. 192 StGB	Sexuelle Handlungen mit Anstaltspfleglingen, Gefangenen etc.
	Art. 193 StGB	Ausnutzen einer Notlage
	Art. 196 StGB	Sexuelle Handlungen mit Minderjährigen gegen Entgelt
Tatbestände zum Schutze der sexuellen Freiheit	Art. 189 StGB	Angriffe auf die sexuelle Freiheit und Ehre, sexuelle Nötigung
	Art. 190 StGB	Vergewaltigung
	Art. 191 StGB	Schändung
Tatbestände gegen wirtschaftliche Ausbeutung der Sexualität	Art. 195 StGB	Förderung der Prostitution
	Art. 182 StGB	Menschenhandel
	Art. 197 StGB	Pornografie
Weitere Sexualdelikte	Art. 194 StGB	Exhibitionismus
	Art. 198 StGB	Übertretungen gegen die sexuelle Integrität, sexuelle Belästigung
	Art. 199 StGB	Unzulässige Ausübung der Prostitution

C. Straftatbestände zum Schutz Minderjähriger und Abhängiger

1. Zur Geschichte des Jugendschutzes

Angesichts unserer stark negativen Bewertung des sexuellen Missbrauchs von Kindern mag es erstaunen, dass der strafrechtliche Jugendschutz erst neueren Datums ist. Seine Entwicklung hängt eng mit der Herausbildung einer Phase der «Jugend» zwischen der Kindheit und dem Erwachsenenalter zusammen[506].

Im Mittelalter beherrschte das katholische Kirchenrecht die Domäne. Überragendes Ziel war es, sexuelle Betätigung auf die Ehe zu beschränken. Angesichts der Schwierigkeiten, das Gebot durchzusetzen, zeigte sich das **Kirchenrecht** aber flexibel. Der Geschlechtsverkehr mit einem geschlechtsreifen Mädchen wurde – wo immer möglich – als der Vollzug einer «Konsensualehe» gewertet[507], die neben der kirchlichen Trauung als gültige Eheschliessung anerkannt wurde. Der kirchenrechtliche Schutz beschränkte sich auf nicht-geschlechtsreife Mädchen. In der Praxis kam es – soweit wir wissen –

---

506 Zum Folgenden: Killias 1979; Killias/Rehbinder 1983, 291 ff.; Killias 1987, 373 ff. vgl. auch von Trotha 1982, 254 ff. und aktueller: Killias 2000, 459 ff.
507 Killias 2000, 461.

nur zu wenigen Gerichtsverfahren, auch weil nur der eigentliche Geschlechtsverkehr bestraft wurde. Andere Formen sexuellen Kontakts (zumal in der Familie, wo oftmals alle im selben Bett übernachten mussten) galten weithin als normal[508]. Die wenigen Verfahren, die bekannt geworden sind, betrafen regelmässig Knechte, die sozial höherstehende Mädchen verführt hatten.

Das Bild änderte sich mit Erstarken des Staates, vor allem der Städte, zumal im Zusammenhang mit der Reformation. Der Staat übernahm von der Kirche die Rolle des Sittenwächters. Vor allem im Calvinismus ging eine rigide Sexualfeindlichkeit mit einem ausgeprägten Interesse am wirtschaftlichen Fortschritt des **Bürgertums** einher. Die alte Konsensualehe widersprach den Interessen des aufstrebenden Bürgertums, das durchaus mitbestimmen wollte, mit wem seine Nachkommenschaft Allianzen einging und wohin das Vermögen vererbt wurde. Die Eherechtsreform des 16. Jahrhunderts setzte die förmliche Trauung als einzige Form der Eheschliessung ein. Strafbar wurde der aussereheliche Geschlechtsverkehr ganz allgemein und insbesondere, wenn ein deutlicher Standesunterschied hinzutrat. Die heimliche Ehe wurde als Spezialfall der Entführung bewertet.

Im 18. und 19. Jahrhundert führten zwei separate Entwicklungen zur **Herausbildung eines** eigentlichen **Jugendschutzrechts**. In Kreisen des **Bürgertums** wurde die Ausbildung immer wichtiger. Sie wurde als Investition begriffen. Verfrühte Verehelichung wurde vorab als finanzielles Fiasko angesehen[509]. Umgekehrt kam es in der Folge der französischen Revolution europaweit zu einer Entkriminalisierung von Geschlechtsverkehr vor der Ehe. Mit dem Auseinanderfallen von sexueller und sozialer Reife (im Sinne des voll ausgebildeten und arbeitsfähigen Bürgers) entstand so ein Spannungsverhältnis, das man mit strafrechtlichen Mitteln zu überbrücken suchte: Wenn schon Sex unter Unverheirateten nicht mehr generell strafbar wurde, so sollten zumindest Jugendliche vor «verfrühten» Beziehungen geschützt werden. So entstand das Schutzalter, das im 19. Jahrhundert tendenziell immer höher angesetzt wurde, in vielen US-Bundesstaaten sogar auf 18 oder 21 Jahre.

Gleichzeitig wurde den Kindern der industriellen Revolution die Jugend durch Fabrikarbeit genommen. Um die grassierende Trunksucht und Prostitution in Griff zu kriegen, wurde – nun mit stark moralisierendem Einschlag – auch von der **Unterschicht** Enthaltsamkeit gefordert und mit Armen- und Arbeitshäusern sowie ähnlichen Institutionen auch durchgesetzt. Strikte Moralvorstellungen und wirtschaftliche Interessen sprachen also beide für die Einführung des Jugendschutzes. Abermals war, was sich im Inneren der Familie abspielte, aber nicht von Interesse für den Staat.

Nach dem Zweiten Weltkrieg wurde das Bildungswesen massiv ausgebaut. Immer mehr junge Leute waren zwar sexuell reif, ihr **Erwachsensein**, ihre soziale Volljährigkeit wurde aber bis zum Abschluss der Berufsausbildung **hinausgezögert**. Allerdings wurde mit der Erfindung der Antibabypille die bisher stets vorhandene Verbindung von ausserehelichem Geschlechtsverkehr und unerwünschter Reproduktion gelockert: Diese Situation führte, mit anderen Faktoren dazu, dass in der sexuellen Revolution der 60er und 70er Jahre die Jugend die sexuelle Zwangsjacke abstreifte. Das Problem wurde vor allem in Ländern akut, wo das Schutzalter im späten 19. und frühen 20. Jahrhundert

---

508 Zum Ancien Régime: Killias 2000, 467.
509 Killias 2000, 469 f.

über die früher üblichen Limiten von 14 oder 15 erhöht worden waren. Dazu stand die Schweizer Praxis mit einem hohen Schutzalter von 16 Jahren und einem (damals) strikte gehandhabten Legalitätsprinzip in besonderem Kontrast. 1970 gab es in der Schweiz noch ca. 1 200 Verurteilungen, während in der zehnmal bevölkerungsreicheren BRD (mit einem Schutzalter von 14 Jahren) ganze 2 800 Urteile gefällt wurden.

Der 1981 veröffentlichte Vorschlag der **Expertenkommission**, nun auch in der Schweiz das **Schutzalter** auf **14** zu reduzieren[510], ist in der Vernehmlassung allerdings auf wenig Gegenliebe gestossen. Immerhin hat das Anliegen, die Jugendliebe, die ganz normale sexuelle Betätigung von praktisch Gleichaltrigen, zu entkriminalisieren, im Parlament Gehör gefunden: Art. 187 Ziff. 2 erklärt das Verhalten nun straflos, «wenn der Altersunterschied zwischen den Beteiligten nicht mehr als drei Jahre beträgt»[511]. Im Übrigen kann unter ganz bestimmten Umständen auf Strafe verzichtet werden, wenn der Täter noch nicht 20 Jahre alt war.

2. Ablehnung der Pädophilie

Seit der Reform von 1992 hat sich allerdings – wie bereits bemerkt – die Erkenntnis breit gemacht, dass Kinder und Jugendliche vor Pädophilen stärkeren Schutz verdienen[512]. Die zum Teil sehr emotional geführte Debatte[513] ist u.a. darauf zurück zu führen, dass die staatlichen Institutionen mit dem Problem überfordert scheinen[514], dass Einrichtungen wie die katholische Kirche[515], Schulen[516] oder auch Arbeitgeber[517] das Ausmass des Problems lange nicht erkennen wollten. Ein erster wichtiger Schritt wurde international mit dem Fakultativprotokoll vom 25. Mai 2000 zum Übereinkommen über die Rechte des Kindes eingeleitet[518]. Unterstützt durch das «Übereinkommen des Europarats zum Schutze von Kindern vor sexueller Ausbeutung und sexuellem Missbrauch» vom 25. Oktober 2007[519], das am 1.7.2010 in Kraft getreten ist, wurde sodann der Schutz von Kindern und Jugendlichen nochmals nachgebessert[520].

---

510 Vorentwurf 1977, 29 f.; vgl. aber bereits Botschaft des Bundesrates, BBl 1985 II 1009 [1049, 1065 f.].
511 Gestützt auf einen Kompromissvorschlag von Killias (vgl. Ders. 1987, 376; dazu PK-Trechsel/Bertossa 2018, Art. 187 N 10).
512 Killias 2000, 475.
513 NZZ vom 21.3.2013, 23.
514 SonntagsZeitung vom 28.4.2013, 13: «Der ungestrafte Missbrauch».
515 NZZ am Sonntag vom 14.3.2010: «Nichts zu beschönigen»; NZZ vom 30.6.2017, 3: «Der tiefe Fall des Kardinals»; NZZ vom 19.3.2010, 3: «Irlands qualvolle Suche nach der Wahrheit»; nun aber zur Revision des Vatikanischen Strafgesetzbuches, das auf Kirchenangehörige weltweit anwendbar ist: el Periódico 12.7.2013, 33: «El Papa endurece el Código Penal contra la pederastia y el blanqueo».
516 Vgl. die Missbräuche an deutschen Odenwaldschulen.
517 Vgl. die schweren Anschuldigungen gegen Jimmy Saville und gegen die BBC in Grossbritannien: BaZ vom 28.10.2012, 35 und vom 16.11.2012, 12.
518 Botschaft des Bundesrates, BBl 2005 2807.
519 Übereinkommen des Europarates zum Schutz von Kindern vor sexueller Ausbeutung und sexuellem Missbrauch vom 25.10.2007 (Lanzarote-Konvention).
520 Botschaft des Bundesrates, BBl 2012 7571; Jusletter vom 7.6.2010 und 7.12.2012; vgl. bereits Botschaft des Bundesrates, BBl 2005 2807 ff. sowie Demko 2009, 177 ff.

Die entsprechende Umsetzungsgesetzgebung ist am 1. Juli 2014 in Kraft getreten[521]. Weiter sind Straftaten nach Art. 187 gegenüber Kindern unter 12 Jahren aufgrund einer Volksabstimmung (Art. 123*b* BV) für unverjährbar erklärt worden (Art. 101 Abs. 1 lit. e und Abs. 3, 3. Satz)[522]. Von der Umsetzung des Tätigkeitsverbots von Pädophilen im Umgang mit Kindern und Jugendlichen (Art. 123*c* BV) in Art. 67 ff. war bereits die Rede[523]. Weitergehende Forderungen, wie ein «Pädophilenregister» oder Prangerstrafen, wie sie zum Teil in den USA eingeführt worden sind[524], sind bisher aber zu Recht abgelehnt worden[525].

3. Sexuelle Handlungen mit Kindern (Art. 187)

a) Objektiver Tatbestand

aa) Opfer (Ziff. 2 und 3)

Bei Art. 187 handelt es sich zwar der Formulierung nach um ein Erfolgsdelikt, bezüglich des Schutzzwecks der Vermeidung nicht-entwicklungsgemässer sexueller Erlebnisse wird aber eine abstrakte Gefährdung thematisiert. Auf den Nachweis eines konkreten Schadens kommt es nicht an[526]. Oftmals wird er trotz Tatbestandserfüllung nicht vorliegen. Diese Konsequenz hängt zwingend mit dem **fixen Schutzalter von 16 Jahren** zusammen. Der Wille des Kindes ist im Übrigen rechtlich irrelevant[527]; im wohlverstandenen Interesse des Kindes wird vermutet, dass frühere sexuelle Handlungen seine Entwicklung stören. Die Problematik der festen Altersgrenze war dem Gesetzgeber zwar bewusst, es wurde aber nicht als praktikabel angesehen, auf die Reife des Kindes abzustellen. Zu wenig bedacht wurde vom Gesetzgeber allerdings, dass die Vermutung der Unreife bei tiefer liegendem Schutzalter (etwa 14. Altersjahr) wesentlich unproblematischer ist als bei höheren Altersgrenzen. Schliesslich müssen wir mit dem Problem umgehen, dass bei diesem Tatbestand ein ganz erhebliches Dunkelfeld besteht.

Ziff. 2 versucht dadurch, dass die Handlung nicht strafbar ist, wenn der Altersunterschied zwischen den Beteiligten nicht mehr als drei Jahre beträgt, die problematischsten Fälle der Bestrafung der Jugendliebe zu vermeiden[528]. Allerdings sind natürlich

---

521 Vgl. Botschaft des Bundesrates, BBl 2012 7571; Bundesbeschluss vom 27.9.2013 über die Genehmigung und Umsetzung des Übereinkommens des Europarats zum Schutz von Kindern vor sexueller Ausbeutung und sexuellem Missbrauch (Lanzarote-Konvention; BBl 2013 7395).
522 Botschaft des Bundesrates, BBl 2007 5369; Volksabstimmung vom 30.11.2008; i.Kr. seit 1.1.2013.
523 Erl. Bericht März 2015; i.Kr. seit 1.1.2015; vgl. oben S. 74.
524 Reto Pieth 2004, 14 f.
525 Abgelehnt von der RK-N, vgl. Jusletter vom 10.5.2010.
526 Stratenwerth/Wohlers 2013, Art. 187 N 2; Wiprächtiger 2007, 283 u.V.a. die Rechtsprechung.
527 BGE 120 IV 6; Donatsch 2013, 499; BSK-Maier 2018, Art. 187 N 46 f.; PK-Trechsel/Bertossa 2018, Art. 187 N 18.
528 BSK-Maier 2018, Art. 187 N 5; Stratenwerth/Jenny/Bommer 2010, 163; Stratenwerth/Wohlers 2013, Art. 187 N 3; PK-Trechsel/Bertossa 2018, Art. 187 N 10; zur Entstehung vgl. oben Fn 511.

Grenzfälle geradezu vorprogrammiert: So der Bundesgerichtsfall, bei dem ein Mädchen einen knapp über 20-jährigen Mann darüber getäuscht hatte, dass sie erst drei Tage vor ihrem 16. Geburtstag stand[529]. Wie nach dem alten Recht verhindert die Regelung im Übrigen nicht völlig, dass zwei Jugendliche für sexuelle Handlungen zur Rechenschaft gezogen werden[530], selbst wenn es sich um durchaus altersgemässe spielerische Annäherungsformen handelt. Mit einer Gesetzesanpassung vom 1. Januar 2015 werden aber krasseste Problemfälle vermieden: Dadurch, dass in Ziff. 3 die Passage «oder der ersten Tathandlung das 20. Altersjahr noch nicht zurückgelegt» hinzugefügt wurde, werden Fälle von der Strafbarkeit ausgenommen, in denen der Angeschuldigte während einer Liebesbeziehung 20 Jahre alt wird (!)[531].

Ziff. 3 sieht ergänzend eine Strafzumessungserwägung vor: Behörden können fakultativ von Strafe absehen, wenn der Täter zur Zeit der Tat das 20. Altersjahr noch nicht zurückgelegt hat[532]. Allerdings bedarf es dazu zusätzlich «besonderer Umstände», also wohl einer ernsthafteren Beziehung oder aber einer Eheschliessung oder eingetragenen Partnerschaft[533].

bb) Tathandlung

Als «sexuelle Handlungen»[534] gelten alle Aktivitäten, die sich, nach objektiven Kriterien, äusserlich eindeutig[535] als **geschlechtsbezogen** darstellen und zwar unabhängig davon, ob das Opfer ihm diese Qualität auch tatsächlich beigemessen hat. Darunter fällt im Grunde der sinnliche Kuss genauso wie der Beischlaf[536]. Dass natürlich das Unerhebliche nicht gemeint sein soll – wie das Bundesgericht schon zum alten Recht festgehalten hatte[537] –, ändert nichts daran, dass sich – sobald der Altersunterschied über drei Jahre beträgt – ein jeder stets fragen muss, ob dieser Kuss, diese Umarmung nicht auch fehlinterpretiert werden könnte. Wir haben hier ein Beispiel dafür, dass auch das neue Strafrecht neben den unzweifelhaft zu Recht erfassten Fällen auch normale Situationen erfasst, die einem entwicklungsadäquaten Umgang mit Sexualität entsprechen. Im Grunde ist auch dem neuen Recht die Aussage inhärent, dass Kinder und Jugendliche unter 16 Jahren besser ihre Sexualität nicht ausleben sollten.

---

529 BGE 119 IV 138 ff., der Fall konnte immerhin aufgrund des verzeihlichen Irrtums gemäss Ziff. 4 straflos erklärt werden, da sich der Mann doch dreimal nach dem Alter des Mädchens erkundigt hatte.
530 Stratenwerth/Jenny/Bommer 2010, 163; eher unkritisch aber Donatsch 2010, 459.
531 PK-Trechsel/Bertossa 2018, Art. 187 N 13.
532 BSK-Maier 2018, Art. 187 N 31; Stratenwerth/Jenny/Bommer 2010, 163, 170; Stratenwerth/Wohlers 2013, Art. 187 N 4; PK-Trechsel/Bertossa 2018, Art. 187 N 12.
533 Botschaft des Bundesrates, BBl 1985 II 1009 [1068 f.]; PK-Trechsel/Bertossa 2018, Art. 187 N 13 f.
534 Für Details: Albrecht 2005, 752 ff.; Donatsch 2013, 490 ff.; BSK-Maier 2018, Art. 187 N 8 f.; Stratenwerth/Jenny/Bommer 2010, 164 ff.; Stratenwerth/Wohlers 2013, Art. 187 N 6; PK-Trechsel/Bertossa 2018, Art. 187 N 5.
535 BGE 133 IV 31; Stratenwerth/Jenny/Bommer 2010, 165 f.; Wiprächtiger 2007, 280.
536 PK-Trechsel/Bertossa 2018, Art. 187 N 5 f.
537 BGE 104 IV 88; 78 IV 161.

Die Tatvarianten des neuen Rechts sind:

- die Vornahme einer sexuellen Handlung mit einem Kind[538],
- die Verleitung zu einer solchen Handlung[539],
- der Einbezug in eine sexuelle Handlung[540].

Die letzte Variante ist insofern präziser als das alte Recht, als sie jene Fälle nicht mehr erfasst, bei denen das Kind zufällig Zeuge sexueller Handlungen von Geschwistern oder Eltern wird (im alten Recht hiess es «vor einem Kind vornimmt»).

b) Subjektiver Tatbestand und Fahrlässigkeitsstrafdrohung (Ziff. 4)

Art. 187 ist ein Vorsatzdelikt.

Um es dem Täter aber nicht allzu leicht zu machen, sich unter dem Hinweis auf einen Sachverhaltsirrtum zu exkulpieren, sieht Ziff. 4 eine Fahrlässigkeitshaftung für die **leichtfertige Annahme**, das **Opfer** sei **bereits über 16** Jahre alt, vor. Die Regeln zur Sorgfaltspflicht, die die Praxis entwickelt hat, gelten allerdings als ausserordentlich streng[541]. So darf sich der Täter durch Aussehen und Auftreten (Alkohol trinken an der Bar etc.) des oder der Jugendlichen nicht leichthin täuschen lassen[542]. Immerhin schlägt Wiprächtiger vor, für junge Täter, gerade oberhalb der Dreijahresgrenze, die Anforderungen an die Sorgfaltspflicht geringer zu halten als bei einem deutlich höheren Altersunterschied zwischen Täter und Opfer[543].

Ganz ausnahmsweise – in durchaus unüblicher Weise – wurde bei Tätern, die mit dem Konzept des Schutzalters an sich nicht vertraut waren, ein (unvermeidbarer) Verbotsirrtum angenommen[544].

c) Abgrenzung Vorbereitung – Versuch

Insbesondere bei sog. **Chatroom-Fällen** stellt sich, schon aus ermittlungstechnischen Überlegungen, immer wieder die Frage, wann der Übergang von der Vorbereitung zum Versuch erfolgt. Das Bundesgericht hat mit der kantonalen Praxis festgehalten, dass die blosse elektronische Vereinbarung eines Termins noch nicht, dagegen die physische Anreise zum Termin sehr wohl einen Versuch darstelle[545].

Man mag an der Anwendung der klassischen Versuchslehre zweifeln: Es wird nach wie vor die alte, zum Staatsschutzrecht entwickelte Praxis angewandt, die dort dazu diente eine schweizerische Zuständigkeit für den Fall zu begründen, dass der Täter des wirt-

---

538 Details: BSK-Maier 2018, Art. 187 N 10 ff.; Stratenwerth/Jenny/Bommer 2010, 164; PK-Trechsel/Bertossa 2018, Art. 187 N 7.
539 Details: BSK-Maier 2018, Art. 187 N 13 ff.; Stratenwerth/Jenny/Bommer 2010, 168; PK-Trechsel/Bertossa 2018, Art. 187 N 8.
540 Details: BSK-Maier 2018, Art. 187 N 17 ff.; Stratenwerth/Jenny/Bommer 2010, 169; PK-Trechsel/Bertossa 2018, Art. 187 N 9.
541 Stratenwerth/Wohlers 2013, Art. 187 N 10; PK-Trechsel/Bertossa 2018, Art. 187 N 16.
542 BGE 102 IV 273.
543 Wiprächtiger 1999, 126.
544 BGE 104 IV 217; 107 IV 161.
545 BGE 131 IV 100 («Sandro 89»).

schaftlichen Nachrichtendienstes (Art. 273) in Basel den Zug bestieg, um in Brüssel Geheimnisse zu verraten[546].

Die Lanzarote-Konvention[547] verlangt allerdings, dass auch das sog. «*cyber-grooming*», das Anbahnen von realen Treffen im Hinblick auf pädophile Kontakte, separat unter Strafe gestellt wird. Mit der bestehenden Praxis ist erneute Gesetzgebung entbehrlich[548].

d) Konkurrenzen

Zwischen Art. 187 und den sexuellen Nötigungstatbeständen (insb. Vergewaltigung) besteht echte Konkurrenz. Prostituiert sich ein Kind unter 16 Jahren besteht zwischen Art. 187 und Art. 196 echte Konkurrenz[549]. Inzest kann die Entwicklung des Kindes schwer beeinträchtigen, mit Blick auf die höhere Strafdrohung von Art. 187 empfiehlt sich aber, Konsumtion von Art. 213 durch Art. 187 anzunehmen.

e) Verjährung

Die Regeln der Verjährung von Art. 187 sind in kürzester Zeit gleich mehrfach nachgebessert worden. Nachdem der Bundesrat sie in den 1980er Jahren erst (im Kindsinteresse zum Schutz vor einer «sekundären Viktimisierung» im Strafprozess) auf zwei Jahre seit der Tat verkürzen wollte, wurde sie 1992 auf 5 Jahre festgelegt. Bereits 1997 wurde sie auf 10 Jahre verlängert. 2000 wurde die in Art. 97 Abs. 2 und 4 enthaltene Regel eingefügt, dass die Verfolgungsverjährung mindestens bis zum vollendeten 25. Lebensjahr des Opfers dauern soll. Aufgrund der Annahme der Volksinitiative zur «Verfolgung sexueller und pornografischer Straftaten an Kindern» wurde u.a. für Taten nach Art. 187, begangen an Kindern bis 12 Jahren, die Unverjährbarkeit verfügt (Art. 101 Abs. 1 lit. e und Abs. 3, 3. Satz)[550].

4. Sexuelle Handlungen mit Abhängigen

Die Art. 188, 192 und 193 rücken einen anderen Schutzgesichtspunkt in den Vordergrund: Bei über 16-Jährigen kann es nicht mehr darum gehen, Sexualität an sich zu verbieten. Nunmehr steht der Schutz der Entscheidungsfreiheit im Vordergrund. Gemeinsam haben die drei Bestimmungen, dass jeweils ein gesondert zu bestimmendes Abhängigkeitsverhältnis ausgenützt wird.

a) Art. 188

Bei Art. 188 geht es um den Schutz **Minderjähriger über 16 Jahren** in einem Erziehungs-, Betreuungs- oder Arbeitsverhältnis. Erfasst werden aufgrund der zusätzlichen Generalklausel («oder auf andere Weise abhängig ist») aber auch z.B. bloss vorüber-

---

546 BGE 104 IV 175 (Stanley Adams).
547 Übereinkommen des Europarats zum Schutz von Kindern vor sexueller Ausbeutung und sexuellem Missbrauch vom 25.10.2007.
548 Botschaft des Bundesrates, BBl 2012 7571 [7627 f.]; Mugli in: Jusletter vom 9.7.2012.
549 PK-Trechsel/Bertossa 2018, Art. 196 N 10.
550 PK-Trechsel/Bertossa 2018, Art. 187 N 19.

gehende Betreuungsverhältnisse (Ferienkind etc.)[551]. Im Vordergrund stehen Lehrer-Schüler-Verhältnisse oder Übergriffe durch Sporttrainer[552].

Anders als im alten Recht wird gefordert, dass die Abhängigkeit zur Vornahme einer sexuellen Handlung tatsächlich ausgenutzt worden ist[553]. Gemeint ist nicht bloss eine Liebesbeziehung in einem abstrakten Autoritätsverhältnis: Es wird ein konkreter Motivationszusammenhang zwischen Abhängigkeit und sexueller Handlung vorausgesetzt[554]. Die Tathandlung setzt die Vornahme einer sexuellen Handlung mit dem Abhängigen oder die Verleitung zu einer sexuellen Handlung voraus.

Zu den Konkurrenzen ist zu bemerken, dass die Nötigungsdelikte vorgehen[555].

b) Art. 192

Das Muster von Art. 192 deckt sich mit dem eben Beschriebenen. Das Abhängigkeitsverhältnis entsteht hier durch das **besondere Gewaltverhältnis** in der Anstalt (Gefängnis, Spital etc.). Geschützt ist das Opfer aber auch ausserhalb des eigentlichen Anstaltskontexts (z.B. die Drogenabhängige auf dem Transport ins Untersuchungsgefängnis). Abermals muss der überlegene Teil das Machtgefälle effektiv ausgenutzt haben[556]. Es geht wiederum nicht darum, Beziehungen in einem abstrakten Herrschaftsverhältnis als solche zu kriminalisieren (etwa zwischen Patienten und Spitalpersonal). Entscheidend ist die konkrete Ausübung von Macht. Wird eine eigentliche Widerstandsunfähigkeit ausgenutzt, handelt es sich aber um ein sexuelles Nötigungsdelikt (vgl. unten zu Art. 191, Schändung).

c) Art. 193

Ein erhebliches Potential hat Art. 193; der Tatbestand wirft aber auch Auslegungsschwierigkeiten auf. Er thematisiert das **Ausnutzen von Notlagen** zu sexuellen Zwecken auch **unter erwachsenen Menschen**. Voraussetzung ist eine seelische oder wirtschaftliche Notlage, die ausgenützt wird, um eine Person zu veranlassen, eine sexuelle Handlung vorzunehmen oder zu dulden. Die Beispielsfälle der Notlage gehen weit auseinander. Das Bundesgericht hat sich insb. mit der Frage auseinandergesetzt, inwiefern eine Psychotherapie eine derartige Situation begründen kann. Wichtig ist, dass die Rechtsprechung keinen Automatismus annimmt[557]. Dasselbe gilt für Arbeitsverhältnisse[558]: Der Tatbestand soll nicht dazu missbraucht werden, sexuelle Beziehungen zwischen Über- und Untergebenen am Arbeitsplatz prinzipiell zu krimina-

---

551 BSK-Maier 2018, Art. 188 N 6; Stratenwerth/Jenny/Bommer 2010, 174 ff.; PK-Trechsel/Bertossa 2018, Art. 188 N 4 ff.
552 NZZOnline vom 7.12.2017: «Arzt der US-Turnerinnen zu 60 Jahren Haft verurteilt»; NZZ am Sonntag vom 25./26.3.2017, 49: «Hunderte Fälle von Missbrauch» (in den USA).
553 PK-Trechsel/Bertossa 2018, Art. 188 N 1 und 9.
554 Stratenwerth/Jenny/Bommer 2010, 176.
555 BSK-Maier 2018, Art. 188 N 22 ff.; Stratenwerth/Jenny/Bommer 2010, 177.
556 Stratenwerth/Jenny/Bommer 2010, 178 f.; PK-Trechsel/Bertossa 2018, Art. 192 N 5 f.
557 BGE 131 IV 114 (das Ausnutzen muss separat begründet werden); 124 IV 13; BSK-Maier 2018, Art. 193 N 8 ff.
558 Vgl. NZZ vom 1.11.2013, 15.

lisieren. Erst wenn die Hierarchie (etwa mit der Drohung der Entlassung) ausgespielt wird, um sexuelle Dienste zu erzwingen, ist Art. 193 anwendbar. Meinungsverschiedenheiten bestehen zur Frage, inwiefern die **Drogenprostitution** ein Fall von Art. 193 ist. Das Zürcher Obergericht und das Bundesgericht haben in verschiedenen Entscheiden festgehalten, dass auch hier kein Automatismus bestehe, dass etwa «normale Leistungen» zu «Marktkonditionen» nicht unter Art. 193 fallen würden. Erst wo die Notlage zur Veranlassung besonders riskanter Verhaltensweisen (ungeschütztem Verkehr) missbraucht werde, liege Art. 193 vor[559]. Demgegenüber hält Demko fest, dass bei Zwangsprostitution Art. 193 generell anwendbar sei[560]. Für die Beurteilung der Notlage wird ein objektiv-individueller Massstab angelegt: Die Perspektive des Opfers aus Sicht des externen Beobachters ist entscheidend[561].

D. Straftatbestände zum Schutze der sexuellen Freiheit

1. Vorbemerkungen

Während das Thema Vergewaltigung lange Zeit zu den Tabubereichen des Strafrechts gehörte, wird es heute vermehrt angesprochen. Die Anzeige- und Verurteilungszahlen liegen allerdings sehr viel tiefer als die Ziffern, die in Dunkelfeldanalysen ermittelt werden[562]. Das ist nicht verwunderlich, wenn man sich vergegenwärtigt, welchen Schwierigkeiten eine Anzeigeerstatterin ausgesetzt ist. Das Risiko, im Strafverfahren ein weiteres Mal zum Opfer zu werden, ist durchaus real. Das hängt mit der Formulierung des Tatbestandes zusammen – wobei wir gleich sehen werden, dass der Spielraum alternativer Formulierungen eng ist. Es hängt aber auch damit zusammen, dass die Verteidigungsstrategien des Angeklagten typischerweise den Intimbereich ansprechen. Das ergibt sich daraus, dass die Anzeigeerstatterin regelmässig einzige Zeugin der Vorfälle ist. Wenn Aussage gegen Aussage steht, werden begründete Zweifel nach der auch hier geltenden Regel ein *in dubio pro reo* provozieren[563]. Zwar können neue naturwissenschaftliche Methoden, wie das *«genetic fingerprinting»*, die Zuordnung etwa von Sperma zu einem bestimmten Täter erleichtern[564], zur Beantwortung der eigentlich schwierigen Frage, ob Zwang oder Einwilligung vorliegt, helfen die Na-

---

559 BGE 133 IV 49; 131 IV 114; SJZ 89 (1993) 324 ff. (OGer ZH); vgl. die Verweise bei Donatsch 2013, 527; Stratenwerth/Jenny/Bommer 2010, 182; Stratenwerth/Wohlers 2013, Art. 193 N 3; PK-Trechsel/Bertossa 2018, Art. 193 N 2 und 6.
560 Demko 2010, 293.
561 PK-Trechsel/Bertossa 2018, Art. 193 N 2.
562 Die kriminologische Literatur untersucht insb. auch die Gründe für den Schwund («attrition») von Fällen zwischen Anzeige und Gerichtsverhandlung: Hohl/Stanko 2015, 324 ff.; Stanko 2007.
563 Es sollte daher nicht verwundern, dass es immer wieder zu Freisprüchen mangels genügenden Beweises kommt. Dabei darf nicht ausgeschlossen werden, dass der Vergewaltigungsvorwurf missbraucht wird. Zum Problem: NZZ am Sonntag vom 8.3.2015, 24: «Zuger Affäre vergiftet das Klima zwischen den Geschlechtern»; NZZ vom 10.12.2014, 15: «Klarer Freispruch für Karl Dall»; Friedrichsen 2011, 246: Zwischenruf «Kachelmann-Prozess hätte nicht geführt werden dürfen»; NZZ vom 25.2.2011, 18: «kein Vergewaltigungsversuch».
564 NZZ vom 12.3.2008, 53.

turwissenschaften selten. Und genau hier sind wir mit sämtlichen Schwierigkeiten der strafprozessualen Wahrheitskonstitution oft noch in verschärfter Form konfrontiert: Wenn wir einmal von den eindeutigen Fällen brutaler Fremdvergewaltigung absehen, kann das subjektive Erleben des Mannes von dem der Frau durchaus abweichen[565]. Solche Wahrnehmungen sind von Erziehung, Einstellung, Phantasien und Rollenverhalten geprägt. Oftmals finden Männer zudem in Richtern gerade auf der Ebene von Alltagsvorstellungen auch nachträglich noch Komplizen[566]. Davon haben sich als Reflex die auch in neueren Entscheiden wiederkehrenden Erwägungen zum «zumutbaren Selbstschutz» des Opfers erhalten: Dem Opfer wird – damit qualifizierte Nötigung angenommen werden kann – Gegenwehr oder aber Aussichtslosigkeit jeder Gegenwehr abverlangt[567]. Damit wird nochmals klargestellt, dass nach Schweizer Rechtsauffassung **nicht der freie Wille** in sexuellen Dingen an sich geschützt wird, **sondern** dass es bei den Tatbeständen von Art. 189–191 um **Gewalt** im eigentlichen Sinne geht. Schliesslich trifft man auch in jüngster Zeit noch auf Entscheide, die die Vergewaltigung an Prostituierten für weniger strafwürdig erachten[568].

Dabei hat die Schweiz eben erst (am 31. Mai 2017) die Istanbul-Konvention[569] ratifiziert, die in Art. 36 (unter den Titel der «sexuellen Gewalt, einschliesslich Vergewaltigung») verlangt, jede Form der «nicht einverständlichen sexuell bestimmten Handlungen mit einer anderen Person» unter Strafe zu stellen. Damit wäre die Schweiz verpflichtet, den Schritt vom Gewaltdelikt i.e.S. zum Willensschutzdelikt zu vollziehen.

Noch immer steht bei der Vergewaltigung das Bild des Fremdvergewaltigers im Vordergrund, der eher als Sexualpsychopath denn als «ganz normaler Mann» gesehen wird. Vergewaltigung spielt dabei, gerade auch in Beziehungen, eine ganz erhebliche Rolle. Vielfach ist sie auch nicht einfach «Befriedigung eines ungestümen Geschlechtstriebs»[570], sondern eine Form von Machtausübung[571].

Immerhin ist die prozessuale Stellung des Opfers mit Einführung des Opferhilfegesetzes (OHG)[572] und mit der Schweizerischen Prozessordnung ab 2011 deutlich verbessert worden[573].

---

565 BSK-Maier 2018, Art. 189 N 74 f.
566 Pia Thormann (1991, 129) setzt sich mit Schuldzuweisungen an das Opfer in Gerichtsentscheiden auseinander; vgl. aber auch etwa die Wiedergabe der Einwände des Beschwerdeführers noch in BGE 118 IV 54.
567 BGE 133 IV 49; 131 IV 107; 128 IV 106.
568 So die Waadtländer Justiz in einem Entscheid, der vom Bundesgericht korrigiert werden musste, vgl. Jusletter vom 14.6.2010 zu BGer 6B_287/2009.
569 Übereinkommen des Europarats zur Verhütung und Bekämpfung von Gewalt gegen Frauen und häuslicher Gewalt vom 11.5.2011; Bundesbeschluss vom 16.6.2017, BBl 2017 4275; Botschaft des Bundesrates, BBl 2017 185; dazu Schmid 2017, 26 f.
570 Schorsch 1991, 186 ff.
571 BSK-Maier 2018, Art. 189 N 75.
572 Bundesgesetz über die Hilfe an Opfer von Straftaten (Opferhilfegesetz, OHG) vom 23.3.2007 (SR 312.5).
573 Man denke an die neu geschaffenen Beratungsstellen, die Befragung von Frauen durch Frauen, das Recht, Antworten auf Fragen, die den Intimbereich berühren (z.B. zum Vorleben) zu verweigern, sowie an die Vorkehren zur Vermeidung direkter Konfrontation und an den Ausschluss der Öffentlichkeit in der Hauptverhandlung.

2. Sexuelle Nötigung (Art. 189)

Art. 189 enthält den Grundtatbestand zum Schutze der sexuellen Freiheit. Er thematisiert die Nötigungsmittel, das abgenötigte Verhalten und die Kausalbeziehung zwischen Nötigung und sexuellen Verhaltensweisen.

a) Objektiver Tatbestand

aa) Opfer

Als Opfer kommen sowohl Frauen wie Männer in Frage und zwar jeden Alters. Bei Männern steht insb. auch die homosexuelle Vergewaltigung im Vordergrund[574].

bb) Nötigungsmittel

Es werden vom Gesetz sowohl in Art. 189 wie in Art. 190 vier spezifische Nötigungsmittel genannt.
Im Vordergrund steht zunächst die **Gewalt**[575]. Gedacht ist primär an eine physische Einwirkung, um den Widerstand des Opfers zu brechen[576]. Klassisch geworden ist der in der Bundesgerichtsrechtsprechung stets wiederkehrende Satz, nach dem eine *«force plus intense que ne l'exige l'accomplissement de l'acte dans les circonstances ordinaires de la vie»*[577] erforderlich sei.
Das im Gesetz als erstes genannte Nötigungsmittel meint die **Bedrohung** mit eben dieser Gewalt. Eine akute Gefahr für Leib und Leben braucht es nicht, die Androhung einer körperlichen Misshandlung reicht durchaus[578]. Nicht ausreichend ist aber die Androhung genereller Nachteile (etwa einer Kündigung oder einer Strafanzeige usw.). Das eigentliche Problemthema dieses Tatbestandes ist die noch in den parlamentarischen Beratungen eingefügte Tatvariante **«unter psychischen Druck setzen»**[579]. Da es sich bei der sexuellen Nötigung und der Vergewaltigung – wie erwähnt – nach wie vor nicht um blosse Delikte gegen den Willen, sondern um eigentliche Gewaltdelikte handelt, kann es sich hier nicht um eine Ausweitung auf sämtliche Formen des Zwanges oder anderer Nachteile handeln (Art. 189 ff. sind auch enger zu verstehen als der Nötigungstatbestand nach Art. 181). Es reicht also nicht, wenn dem Partner angedroht wird, nicht mehr mit ihm zu sprechen[580] oder wenn mit einer Strafanzeige gedroht wird, falls die sexuellen Handlungen verweigert werden[581]. Sodann sind Fälle blosser Überraschung oder Anwendung von List nicht ausreichend[582].

---

574 Donatsch 2013, 506; BSK-Maier 2018, Art. 189 N 4; Stratenwerth/Jenny/Bommer 2010, 195.
575 BSK-Maier 2018, Art. 190 N 7, Art. 189 N 19 ff.; Schürmann 1986, 111 ff.; Stratenwerth/Jenny/Bommer 2010, 186; PK-Trechsel/Bertossa 2018, Art. 189 N 5.
576 Stratenwerth/Jenny/Bommer 2010, 186.
577 BGE 87 IV 66; vgl. auch PK-Trechsel/Bertossa 2018, Art. 189 N 5.
578 Vgl. Stratenwerth/Jenny/Bommer 2010, 187.
579 BSK-Maier 2018, Art. 189 N 12 ff., 28 ff., Art. 190 N 9; Stratenwerth/Jenny/Bommer 2010, 188; PK-Trechsel/Bertossa 2018, Art. 189 N 6.
580 Stratenwerth/Jenny/Bommer 2010, 187.
581 Ebda.
582 Vgl. BGE 133 IV 49; Donatsch 2013, 509; BSK-Maier 2018, Art. 189 N 43; Stratenwerth/Jenny/Bommer 2010, 194; anders aber noch BGE 122 IV 97; 119 IV 230.

Die eigentlich heikle Frage bleibt, welche Verhaltensweisen über die klassischen Nötigungsformen der Gewalt und Drohung hinaus hier erfasst werden sollen. Das Bundesgericht hat in einer ganzen Serie neuerer Entscheide mit der Frage gerungen. Vorweg hat es festgehalten, dass auch Dominanz oder «strukturelle Gewalt» relevant sein könnten. In BGE 124 IV 154 war die Rede von «kognitiver Unterlegenheit» und «emotionaler» und «sozialer Abhängigkeit». Gemeint waren Lehrer-Schüler- und Eltern-Kind-Beziehungen. Diese Ausdehnung des Tatbestands wirft einerseits ernst zu nehmende Abgrenzungsfragen zu Art. 187 und andererseits zu den eben diskutierten Artikeln 188, 192 und 193 auf[583]. In der folgenden Rechtsprechung wurde dann stärker auf die Ausweglosigkeit der Situation aus der Perspektive des Opfers[584], auf die Intensität des psychischen Drucks[585] und auf eigentlichen «Psychoterror»[586] abgestellt. Immer wieder wird festgehalten, dass zwar neben einer geschaffenen auch eine vorgefundene Situation relevant sein könnte, allerdings nicht, wenn sie nur ausgenutzt werde. Sie müsse geradezu als Druckmittel eingesetzt werden[587]. Einmal mehr wird das Unterscheidungskriterium zwischen dem Ausnutzen einer Notlage und der sexuellen Gewalt in der Überwindung eines zumutbaren Widerstandes gesehen[588].

Schliesslich enthalten sowohl Art. 189 wie Art. 190 das klassische Element des «**zum-Widerstand-unfähig-machens**», das wohl nur subsidiären Charakter hat. Zu denken ist immerhin an das Verabreichen von Drogen oder «K.O.-Tropfen»[589].

cc) Abgenötigtes Verhalten

Das Gesetz spricht von der Nötigung «zur Duldung einer beischlafähnlichen oder einer anderen sexuellen Handlung». Zum einen gilt es die Begriffe zu interpretieren. Als **beischlafähnliche Handlungen** gelten etwa der Oral- oder der Analverkehr (einschliesslich die homosexuelle Vergewaltigung des Mannes). Der Begriff der **sexuellen Handlung** ist sehr offen; darunter fällt alles von tiefen Zungenküssen bis Berührung der Geschlechtsteile[590].

Zum anderen hat sich ein Problem daraus ergeben, dass dem Gesetzgeber in der Reform ein Versehen unterlaufen ist: Er hat neben der Tatvariante «zur Duldung» nötigen, die alte Tatvariante der «Nötigung zur Vornahme» von sexuellen Handlungen irrtümlicherweise fallen gelassen. Diese Variante wird nunmehr von Lehre und Praxis, in

---

583 BGE 128 IV 106.
584 BGE 128 IV 97.
585 BGE 128 IV 106 (Psychotherapeutenfall: psychischer Druck verneint).
586 BGE 131 IV 167; PK-Trechsel/Bertossa 2018, Art. 189 N 6.
587 BGE 131 IV 107.
588 BGE 133 IV 49; 131 IV 107; 128 IV 106.
589 BSK-Maier 2018, Art. 189 N 40 f., Art. 190 N 10; Stratenwerth/Jenny/Bommer 2010, 189; PK-Trechsel/Bertossa 2018, Art. 189 N 7.
590 Für Details vgl. BSK-Maier 2018, Art. 189 N 48; Stratenwerth/Jenny/Bommer 2010, 199; Stratenwerth/Wohlers 2013, Art. 189 N 2; PK-Trechsel/Bertossa 2018, Art. 189 N 8.

einer mit Art. 1 nur schwer zu vereinbarenden ergänzenden Auslegung, in den Tatbestand hinein interpretiert[591].

dd) Kausalität

Zwischen der Nötigung und den sexuellen Handlungen muss eine Kausalbeziehung bestehen[592]. Nicht erfasst werden daher von Art. 189 Fälle, in denen der Täter seine Überlegenheit ausnützt, ohne kausal eine Zwangslage zu erzeugen[593].

b) **Subjektiver Tatbestand**

Der Tatbestand erfordert Vorsatz, wobei *dolus eventualis* reicht. Allerdings gelten bei Irrtum über die Freiwilligkeit die normalen Regeln. Der Tatbestand kann nicht fahrlässig begangen werden.

c) **Strafdrohung**

Die angedrohte Strafe ist Freiheitsstrafe bis zu 10 Jahren oder Geldstrafe. Durch das Fehlen einer Mindeststrafe ergibt sich eine Ungleichheit zwischen der Vergewaltigung von Frauen und Männern. Die Literatur schlägt daher vor, bei «beischlafsähnlichen Handlungen» allemal analog zu Art. 190 eine Mindeststrafe von einem Jahr auszusprechen[594].

3. **Vergewaltigung (Art. 190)**

a) **Objektiver Tatbestand**

aa) Opfer

Das Gesetz umschreibt das Opfer als «**eine Person weiblichen Geschlechts**». Anders als nach dem alten Recht sind dadurch Frauen jeden Alters (auch Mädchen unter 16 Jahren) und auch Partnerinnen und Ehegattinnen geschützt. Seit dem 1.4.2004[595] ist das Antragserfordernis bei Vergewaltigung von Ehegattinnen aufgehoben. Es gilt die Offizialmaxime, allerdings verfügt die Frau über ein Zeugnisverweigerungsrecht im Prozess.

bb) Täter

Unmittelbarer Täter kann nur ein Mann sein. Die aktuelle Lehre und Rechtsprechung gehen aber davon aus, dass Personen, die die Tat nicht eigenhändig ausführen (auch

---

591 Donatsch 2013, 507; BSK-Maier 2018, Art. 189 N 44 ff.; Niggli/Maeder 2016, 1159; Stratenwerth/Jenny/Bommer 2010, 195; Stratenwerth/Wohlers 2013, Art. 189 N 3; PK-Trechsel/Bertossa 2018, Art. 189 N 10.
592 Donatsch 2013, 513; Stratenwerth/Jenny/Bommer 2010, 189; Stratenwerth/Wohlers 2013, Art. 189 N 2; PK-Trechsel/Bertossa 2018, Art. 189 N 11.
593 BGE 131 IV 107 (Psychotherapeut).
594 PK-Trechsel/Bertossa 2018, Art. 189 N 13; a.A. aber Niggli/Maeder 2016, 1159 ff.
595 Vgl. aber noch Botschaft des Bundesrates, BBl 1985 II 1009 [1072]; zum neuen Recht BSK-Maier 2018, Art. 190 N 21; Stratenwerth/Jenny/Bommer 2010, 191; PK-Trechsel/Bertossa 2018, zu Art. 190 N 10.

Frauen) durchaus auch als Mittäter/-innen oder mittelbare Täter/-innen in Frage kommen können[596].

cc) Tathandlung

Tathandlung ist gemäss Gesetz die Nötigung zur Duldung des **Beischlafs**.

(1) Nötigungsmittel

Zu den Nötigungsmitteln (Bedrohung, Gewalt, unter psychischen Druck setzen oder zum Widerstand unfähig machen) sei auf die Ausführungen zu Art. 189 verwiesen.

(2) Duldung des Beischlafs

Der Beischlaf wird definiert als das «Eindringen des männlichen Glieds in den weiblichen Scheidenvorhof»[597]. Vorstufen dazu können natürlich als Versuch gewertet werden.

(3) Kausalzusammenhang

Abermals muss die Frau gerade durch die Nötigung zur Duldung des Beischlafs gezwungen worden sein[598]. Das kann auch dann der Fall sein, wenn sie den anfänglichen Widerstand wegen Aussichtslosigkeit aufgibt. Prozessual heikel ist die Situation, wenn es – zumal unter Partnern – den Anschein macht, sie willige nachträglich ein. Diese Möglichkeit wird in der Praxis häufiger als Verteidigungsstrategie bemüht[599]. Die Möglichkeit ist allerdings nicht leichthin anzunehmen.

b) Subjektiver Tatbestand

Vergewaltigung ist ein Vorsatzdelikt, das auch mit *dolus eventualis* begangen werden kann. Allerdings fehlt auch hier ein Fahrlässigkeitstatbestand[600]. Selbst wenn der Mann den Willen der Frau auf grobe Weise fehlinterpretiert, haftet er nicht, es sei denn es werde ihm nachgewiesen, dass er eine Fehlinterpretation in Kauf genommen habe.

c) Qualifikationen

Der Vergewaltigungstatbestand enthält zwei unterschiedliche Qualifikationen. An die Stelle des alten Rechts, das auf die effektive Widerstandsunfähigkeit abgestellt hatte, ist gemäss Abs. 3 die **Grausamkeit** getreten. Sie muss die bereits in jeder Vergewaltigung liegende «brutale, die physische wie psychische Integrität einer Frau sowie ihre

---

596 BSK-Maier 2018, Art. 190 N 2 f.; Stratenwerth/Jenny/Bommer 2010, 185; Stratenwerth/Wohlers 2013, Art. 190 N 1; PK-Trechsel/Bertossa 2018, Art. 190 N 8.
597 Stratenwerth/Wohlers 2013, Art. 190 N 2.
598 Donatsch 2013, 513; Stratenwerth/Wohlers 2013, Art. 190 N 2; PK-Trechsel/Bertossa 2018, Art. 189 N 11.
599 Stratenwerth/Jenny/Bommer 2010, 189.
600 Krit. Fischer 1988, 8 (Gegenvorschlag: Art. 2).

sexuelle Selbstbestimmung tief verletzende Handlungsweise» noch übersteigen[601]. Das Gesetz nimmt Grausamkeit «namentlich» bei Verwendung einer gefährlichen Waffe oder eines anderen gefährlichen Gegenstandes an. Die Rechtsfolge ist Freiheitsstrafe nicht unter drei Jahren. Die Verbindung von Grausamkeit und Gefährlichkeit durch das Wort «namentlich» bereitet Schwierigkeiten: Lehre und Praxis optieren allerdings für die Anwendbarkeit der Qualifikation, wenn immer der Täter zur Tatbegehung eine gefährliche Waffe oder einen gefährlichen Gegenstand verwendet[602].

Art. 200 enthält für alle Tatbestände des 5. Titels eine gemeinsame Qualifikation, die **gemeinsame Tatbegehung**. Als Gruppenvergewaltigung gilt sowohl das mittäterschaftliche Zusammenwirken wie die Kettenvergewaltigung. Bedenklich mag wirken, dass zwar die Maximalstrafe auf 15 Jahre angehoben wird, dass aber keine gegenüber Art. 190 Abs. 1 angehobene Mindeststrafe vorgesehen ist. Die Straferhöhung ist fakultativ. Aufgrund der sog. «Harmonisierungsvorlage» soll die Strafe immerhin neu zwingend erhöht werden[603].

d) Konkurrenzen

Konkurrenzprobleme gibt es mindestens in drei Richtungen:
Mit der Vergewaltigung geht typischerweise eine Freiheitsberaubung im Sinne von Art. 183 einher. Sie ist, solange sie nicht länger dauert, als es für den Akt nötig ist, konsumiert[604]. Das Festhalten, insb. die länger dauernde Freiheitsberaubung oder Entführung, steht aber zur Vergewaltigung in echter Konkurrenz[605].
Typischerweise geht die Vergewaltigung mit Tätlichkeiten und unter Umständen auch einfachen Körperverletzungen einher. Auf jeden Fall in echter Konkurrenz steht sie zur schweren Körperverletzung nach Art. 122.
Zum Verhältnis zu den sexuellen Handlungen mit Kindern vgl. Art. 187[606].

4. Schändung (Art. 191)

Art. 191 behandelt Fälle, in denen der Täter eine bereits **bestehende Widerstandsunfähigkeit** des Opfers zur Vornahme einer sexuellen Handlung **missbraucht**[607].

a) Opfer

Opfer der Schändung kann jede urteils- oder widerstandsunfähige Person (ob Mann oder Frau) sein. Probleme bereitet zum einen die Abgrenzung von Art. 187 und 191: Will man nicht in jedem Fall, in dem eine sexuelle Handlung mit einem Kind vor-

---

601 BGE 118 IV 52 ff.
602 Stratenwerth/Jenny/Bommer 2010, 192 u.V.a. Lehre und Rechtsprechung.
603 Harmonisierungsvorlage 2010, Art. 200 VE; erl. Bericht zur Harmonisierungsvorlage 2010, 28.
604 BGE 89 IV 85.
605 BSK-Maier 2018, Art. 190 N 24 ff.; Stratenwerth/Jenny/Bommer 2010, 193.
606 S.o. S. 81.
607 Für Fallbeispiele: NZZ vom 12.1.2017, 20: «Taxifahrer schändet betrunkene Studentin im Auto»; NZZ vom 10.2.2015: «Schändung, aber ohne K.O.-Tropfen»; NZZ vom 4.6.2013: «Anklage wegen Schändung».

genommen wird, zugleich auch wegen Art. 191 strafen, muss verlangt werden, dass jenseits der blossen altersbedingten Einschränkung der Urteils- und Widerstandsfähigkeit bei Art. 191 weitere Elemente hinzukommen (analog zum Verhältnis von Art. 187 und 190, wo der Wille des jugendlichen Opfers durchaus berücksichtigt wird). Sodann kann nicht jede (z.B. alkoholbedingte) Herabsetzung der Hemmschwelle ausreichen. Sonst wäre jeder Alkoholexzess unter Sexualpartnern nach Art. 191 strafbar[608]. Die Urteils- bzw. Widerstandsfähigkeit muss gänzlich aufgehoben sein (wie etwa durch Verabreichen von K.O.-Tropfen)[609]. Allerdings reicht die vorübergehende Widerstandsunfähigkeit[610].

b) Tathandlung

Als Tathandlung definiert das Gesetz den Missbrauch des Opfers «zum Beischlaf, zu einer beischlafähnlichen oder einer anderen sexuellen Handlung». Es wird somit vom Täter die bereits bestehende Unfreiheit des Opfers zu sexuellen Handlungen ausgenützt[611].

E. Wirtschaftliche Ausbeutung der Sexualität

In diesem Kapitel, in dem es um Prostitution, Pornografie und weitere Sexualdelikte geht, kommen die fortbestehenden Widersprüche im Umgang mit der bezahlten Sexualität deutlich zum Ausdruck: Wir erinnern uns, Ziel der Reform war es, an die Stelle von reinem Moralisieren den Schutz von fassbaren Rechtsgütern ins Zentrum zu stellen (d.h. den Schutz vor nicht entwicklungsgemässer Sexualität und den Schutz vor Zwang und Gewalt sowie Belästigung zu thematisieren).

1. Prostitution

a) Prostitution und Kriminalpolitik

Die rechtliche Behandlung der Prostitution ist schon deshalb komplex, weil hier straf-, ausländer-, gewerbe- und sozialrechtliche Fragen zusammentreffen.
Ausgangspunkt der Reform war, wie bereits eingangs erwähnt, der Übergang zum Schutz vor eindeutigen Übergriffen. An die Stelle der altrechtlichen Tatbestände der Kuppelei und Zuhälterei[612], die vor allem das «der Unzucht Vorschub leisten» ansprachen, trat das Anliegen des Schutzes der Prostituierten vor zwangsweisem Festhalten in dieser Tätigkeit[613]. Mit der Umsetzung der Lanzarote-Konvention[614] ist sodann der

---

608 BGE 119 IV 230.
609 Vgl. bereits Botschaft des Bundesrates, BBl 1985 II 1009 [1076 f.]; BSK-Maier 2018, Art. 191 N 5 ff.; Stratenwerth/Jenny/Bommer 2010, 198; zum Thema K.O.-Tropfen: Süddeutsche Zeitung vom 5./6.11.2016, 45: «K.O.».
610 PK-Trechsel/Bertossa 2018, Art. 191 N 4.
611 BSK-Maier 2018, Art. 191 N 14; Stratenwerth/Jenny/Bommer 2010, 199.
612 aArt. 198–202, 205–207, 209 und 210.
613 Stratenwerth/Jenny/Bommer 2010, 201.
614 Botschaft des Bundesrates, BBl 2005 2807; NZZ vom 5.7.2012, 11 und vom 15.2.2011, 15; BaZ vom 5.7.2012, 4.

Jugendschutz wesentlich konsequenter geregelt worden: Nun sind nach Art. 196 Freier strafbar, die die sexuellen Dienste von Minderjährigen (noch nicht 18-Jährigen) gegen Entgelt in Anspruch nehmen.

Im Übrigen aber tun sich die Gesetzgeber mit dem Problem der Prostitution nach wie vor schwer. Anders als in Deutschland und in Österreich[615] ist der Prostituiertenlohn nach wie vor nicht klagbar. Prostituierte sind in den meisten Kantonen auch erheblichen Einschränkungen unterworfen (Registrierungspflichten, Gesundheitskontrollen, migrationsrechtliche Beschränkungen, Standplatzbewilligungen, Verlagerung in Industrieviertel, unwürdige Arrangements wie «Verrichtungsboxen» etc.[616]). Insgesamt oszilliert die Politik zwischen dem (wenig Erfolg versprechenden) Verbot der Tätigkeit überhaupt[617] und Liberalisierungsforderungen der Prostituiertenvertretungen und Beratungsforen. In Europa hat sich ein genereller Trend breit gemacht, dem sog. «Schwedischen Modell» zu folgen und Prostitution durch Bestrafung der Freier völlig zu unterbinden[618]. Die Gegenposition hält die (unumstössliche) Vermutung der Opferrolle der Prostituierten, die dem «Schwedischen» Modell zugrunde liegt, für ungerechtfertigt und fordert im Gegenteil, dem «Deutschen» Modell entsprechend[619], die Prostitution als Beruf anzuerkennen und zu legalisieren[620]. Im aktuellen Hin- und Her der kantonalen Praxen manifestiert sich jedenfalls ein gehöriger Rest (doppel-)moralischer Aburteilung eines Gewerbes, das doch immer wieder Zulauf findet. Es spricht vieles dafür, dass ein liberaler Umgang mit der Prostitution es erleichtern würde, die Missbräuche des Menschenhandels offen anzugehen, weil sich die Opfer weniger verstecken müssten.

b)   Förderung der Prostitution (Art. 195)

Art. 195 enthält drei Haupttatbestände mit diversen Untervarianten. Gemeinsam ist allen Tatbeständen, dass das sexuelle Selbstbestimmungsrecht der Prostituierten in Frage gestellt wird. Als Prostitution gilt «das gelegentliche oder gewerbsmässige Anbieten und Preisgeben des eigenen Körpers an beliebige Personen zu deren sexuellen Befriedigung gegen Entlohnung»[621].

---

615   Deutschland: Gesetz zur Regelung der Rechtsverhältnisse der Prostituierten (Prostitutionsgesetz 2002) § 1; Österreich: OGH 18.4.2012, 3 Ob 45/12g; NZZ vom 5.12.2012, 9.
616   NZZ vom 25.2.2013, 9; NZZ am Sonntag vom 2.12.2012, 17 (Interview mit Peter Rüegger); NZZ vom 23.10.2013, 17.
617   Vgl. aber die erneuten Forderungen von Politikern nach Prohibition: NZZ vom 12.11.2013, 3; «20Minuten» vom 18.11.2013, 1 und 3.
618   NZZ vom 5.12.2012, 9; zur Debatte in Frankreich: FAZ vom 29.11.2013, 3.
619   NZZ vom 5.12.2012, 9 und vom 21.11.2013, 23.
620   NZZ vom 14.12.2013: «Der Freier soll am Elend schuld sein»; NZZ vom 25.2.2013, 9; NZZ vom 16.10.2010, 21: Interview mit der Berner FDP-Grossrätin Katrin Zumstein; vgl. in Deutschland bereits der 17. Strafverteidigertag vom 7.–9.5.1993 in München; plädoyer 5/1996, 18 ff.
621   BGE 129 IV 71; PK-Trechsel/Bertossa 2018, Art. 195 N 2.

aa) Der Prostitution zuführen (lit. a und b)

Strafbar ist zunächst das der Prostitution **Zuführen** von Personen (Frauen oder Männer), sei es

- einer **minderjährigen** Person: Es reicht dabei das eindringliche Überreden[622],
- oder unter Ausnutzung der **Abhängigkeit** einer (auch erwachsenen) Person. Als Beispiel werden in Lehre und Praxis Drogenabhängige oder Ausländerinnen, die unter falschen Versprechungen in die Schweiz gelockt wurden, genannt[623].

bb) Die Handlungsfreiheit beeinträchtigt (lit. c)

Hier geht es um **aggressives Zuhälterverhalten**, das die Selbstständigkeit der bereits in der Prostitution tätigen Person zusätzlich beeinträchtigt. Genannt werden als Tathandlungen Überwachen und Bestimmen von Ort, Zeit, Ausmass und anderen Umständen der Prostitution.

cc) Festhalten in der Prostitution (lit. d)

Die dritte Tatbestandsgruppe geht davon aus, dass die Prostituierte ihre Tätigkeit **aufgeben möchte** und vom Täter **daran gehindert** wird[624].
Gelegentlich wird die Frage aufgeworfen, ob das Betreiben eines Bordells prinzipiell unter Art. 195 fällt. Gerade zum Schutze der freiwilligen Prostitution wäre ein solcher Schluss aber verfehlt[625]. Strafbar ist nur der Missbrauch, die zwangsweise Zuführung und das Festhalten, kurz das Ausnutzen der Abhängigkeit der Prostituierten[626].

c) Menschenhandel (Art. 182)

Das Recht von 2002 fasste den früher als qualifizierten Sexualtatbestand definierten Menschenhandelartikel (vor 2002 aArt. 202) in aArt. 196 neu. Nach Annahme der UN-Übereinkunft über das Transnationale Organisierte Verbrechen (UNTOC) von 2000[627] wurde er auf weitere Formen der Versklavung ausgedehnt (nun neu in Art. 182[628]). Für den Schutz vor sexueller Versklavung stellt der Tatbestand aber nach wie vor eine sehr wichtige Norm dar. Immer wieder werden, zumal Frauen aus der Dritten Welt und aus Osteuropa, von Zuhältern wie Sklavinnen gehalten (Geld und Papiere werden ihnen abgenommen und sie werden praktisch eingesperrt). Der Tat-

---

622 PK-Trechsel/Bertossa 2018 (Art. 195 N 4 f.) verlangen dabei mehr als blosse Anstiftung.
623 BSK-Isenring/Kessler 2018, Art. 195 N 19 f.; PK-Trechsel/Bertossa 2018, Art. 195 N 6; Wiprächtiger 2007, 308; für einen Beispielsfall vgl. NZZ vom 17.3.2017, 19: «Einblick in den Zuhälteralltag».
624 Donatsch 2013, 537; BSK-Isenring/Kessler 2018, Art. 195 N 35 f.; Stratenwerth/Jenny/Bommer 2010, 204 f.; PK-Trechsel/Bertossa 2018, Art. 195 N 10.
625 NZZ vom 16.10.2010, 21: Interview mit der Berner Grossrätin Katrin Zumstein.
626 Richtig: PK-Trechsel/Bertossa 2018, Art. 195 N 6 ff.; vgl. bereits Botschaft des Bundesrates, BBl 1985 II 1009 [1084].
627 Vgl. Demko 2009, 177 ff.; BSK-Delnon/Rüdy 2018, Art. 182 N 5.
628 S.o. S. 67 ff.

bestand setzt denn auch voraus, dass die betreffende Person in ihrem sexuellen Selbstbestimmungsrecht gravierend verletzt wird[629].

Die **Einwilligung ist unwirksam**, wenn sie durch schwierige wirtschaftliche Verhältnisse sowie weitere, die Abhängigkeit verstärkende Faktoren bedingt ist[630]. Abgesehen von den eigentlichen Tatbestandserfordernissen (die oben zu Art. 182 diskutiert wurden) bereitet in der Praxis Schwierigkeiten, dass die Zeuginnen mit Rache rechnen müssen oder davon ausgehen, dass sie nach Aussage in ihr Heimatland zurückgeschafft werden. Abgesehen von den strafrechtsdogmatischen Schwierigkeiten ist dem Menschenhandel nur schwer beizukommen, weil die Schweiz eine widersprüchliche AusländerInnenpolitik betreibt: Opfer müssen mit Ausschaffung rechnen[631].

2. Jugendprostitution (Art. 196)

Mit der Umsetzung der Lanzarote-Konvention[632] ist die Jugendprostitution nach Art. 196 für strafbar erklärt worden: Freier, die mit einer minderjährigen Person (Frau oder Mann, bis 18 Jahre alt) sexuelle Handlungen (gleichgültig welcher Art) vornehmen oder solche von ihr vornehmen lassen und ihr dafür ein Entgelt leisten oder versprechen, werden mit Freiheitsstrafe bis zu 3 Jahren oder Geldstrafe bestraft. Die Einwilligung ist dabei unerheblich. Das Opfer wird auch gegen seinen Willen vor sexueller Ausbeutung geschützt[633]. Als Entgelt kommt jeder materielle Wert in Frage. Heikel ist die Abgrenzung zu Geschenken im Rahmen einer Liebesbeziehung[634]. Was Konkurrenzen anbelangt, können Art. 187 und 196 in Idealkonkurrenz zueinander stehen, wenn die sich prostituierende Person unter 16 Jahre alt ist[635].

3. Pornografie (Art. 197)

a) Schutzgut

Das alte Recht vor 1992 hatte insb. mit aArt. 204 «unzüchtige Veröffentlichungen» unter Strafe gestellt, die «in nicht leicht zu nehmender Weise gegen das Sittlichkeitsgefühl in geschlechtlichen Dingen» verstiessen (gemeint war das Sittlichkeitsgefühl des normal empfindenden Bürgers, der weder besonders empfindsam noch sittlich verdorben war). Ob die betreffenden Betrachter sich freiwillig dem Ereignis unterzogen,

---

629 BGE 129 IV 81; 126 IV 225.
630 BGE 128 IV 117.
631 Krit.: BGer 6B_81/2010, Jusletter vom 17.5.2010; NZZ vom 3.6.2017, 23: «Vereint gegen Menschenhandel»; NZZ vom 17.3.2017: «Einblick in den Zuhälteralltag»; WOZ vom 12.11.2015, 5: «Aus der Schmuddelecke bis vor die UNO»; vgl. auch die Kritik an den Zürcher Menschenhändlerprozessen: BaZ vom 2.12.2010, 5.
632 Botschaft des Bundesrates, BBl 2012 7571 [7611 ff.]; Bundesbeschluss vom 27.9.2013 über die Genehmigung und Umsetzung des Übereinkommens des Europarats zum Schutz von Kindern vor sexueller Ausbeutung und sexuellem Missbrauch (Lanzarote-Konvention; BBl 2013 7395); BSK-Isenring/Kessler 2018, Art. 196 N 2.
633 PK-Trechsel/Bertossa 2018, Art. 196 N 1 und 5; CR CP II-Pedrazzini Rizzi 2017, Art. 196 N 8 f.
634 BSK-Isenring/Kessler 2018, Art. 196 N 13 und 16 f.; PK-Trechsel/Bertossa 2018, Art. 196 N 6.
635 PK-Trechsel/Bertossa 2018, Art. 196 N 10; a.A. BSK-Isenring/Kessler 2018, Art. 196 N 22.

war aber gleichgültig: Das Gesetz sollte gerade auch erwachsene Personen moralisch bevormunden.

Von diesem Konzept ist das neue Gesetz abgewichen. Es führt vorweg den Begriff der Pornografie ein, der sich durchaus nicht mit der unzüchtigen Veröffentlichung von früher deckt. Nicht jede etwas explizitere Darstellung sexueller Bezüge ist pornografisch. Vielmehr gilt als Pornografie die Darstellung, die den Menschen auf seine Sexualität reduziert und dadurch zum Objekt erniedrigt. Es versteht sich, dass die Richter nach wie vor über einen weiten Ermessensspielraum verfügen. Das Bundesgericht definiert Pornografie folgendermassen:

> «Der Begriff der Pornografie setzt ein zweifaches voraus. Zum einen müssen die Darstellungen oder Darbietungen objektiv betrachtet darauf ausgelegt sein, den Konsumenten sexuell aufzureizen ... Zum anderen ist erforderlich, dass die Sexualität so stark aus ihren menschlichen und emotionalen Bezügen herausgetrennt wird, dass die jeweilige Person als ein blosses Sexualobjekt erscheint, über das nach Belieben verfügt werden kann ... Das sexuelle Verhalten wird dadurch vergröbert und aufdringlich in den Vordergrund gerückt ...»[636].

Der neue Tatbestand unterscheidet sodann zwischen «weicher» und «harter» Pornografie. Vor weicher Pornografie möchte das Gesetz einerseits die Jugendlichen unter 16 Jahren und andererseits sämtliche Personen vor aufdringlicher Konfrontation («öffentlich ausgestellt», «unaufgefordert anbietet») schützen. Es geht also einerseits um den Jugendschutz und andererseits um den Schutz vor Belästigung. Allerdings bedarf es abermals nicht des Nachweises, dass die betroffenen Jugendlichen tatsächlich in ihrer Entwicklung gefährdet werden. Die Strafbarkeit der zweiten Tatvariante wird durch die Einwilligung des Erwachsenen ausgeschlossen.

Einen Systemwechsel zurück zum alten Muster hat der Gesetzgeber allerdings vorgenommen: Sowohl die Verbreitung wie auch der Konsum von als besonders widerwärtig empfundenen pornografischen Produkten (die Darstellung von sexuellen Handlungen mit Kindern [seien es reale Handlungen mit Kindern oder bloss fingierte], mit Tieren und mit Gewalttätigkeiten) wird unter Strafe gestellt. Analog zum Brutalotatbestand (Art. 135) ist nicht nur die Herstellung und Verbreitung, sondern auch der Besitz strafbar (Abs. 4). Neu hinzugetreten ist auf den 1. Juli 2014 auch die Strafbarkeit des blossen Konsums gemäss Abs. 5. Während das Verbot der Herstellung und des Konsums von Kinderpornografie als (mittelbarer) Schutz der Darsteller nachvollziehbar ist[637], ist sehr viel schwerer zu erklären, weshalb der Konsum selbst abstossender Pornografie durch Erwachsene strafbar sein soll. Die Laienvorstellung, dass solche Produkte eine verrohende Wirkung entfalten würden, müsste empirisch überprüft werden (bei der Parallelnorm des Brutalotatbestandes muss man sich angesichts der Vielzahl von brutalen Morden, die jeden Abend über den Fernseher flimmern, durchaus fragen, ob die These richtig ist). Es bleibt wohl dabei, dass hier weiterhin eine bestimmte Sexualmoral mit strafrechtlichen Mitteln durchgesetzt wird[638].

---

636 BGE 131 IV 64 [66 f.]; vgl. auch 137 IV 208; 131 IV 23; 131 IV 16; 128 IV 260; Schwarzenegger 2012, 57 ff.
637 Botschaft des Bundesrates, BBl 1985 II 1009 [1091]; BGE 131 IV 16; Stratenwerth/Jenny/Bommer 2010, 209; PK-Trechsel/Bertossa 2018, Art. 197 N 2 und 10a.
638 Stratenwerth/Jenny/Bommer 2010, 214.

In Abs. 9 wird festgehalten, dass Gegenstände oder Vorführungen nicht als pornografisch gelten, wenn sie einen «schutzwürdigen kulturellen oder wissenschaftlichen Wert» haben. Damit soll vermieden werden, dass sich die Justiz etwa mit der Schliessung von Kunstausstellungen usw. lächerlich macht[639].

b) «Weiche» Pornografie

Vor jeglicher Form von Pornografie sollen zum einen Jugendliche unter 16 Jahren geschützt werden, zum anderen geht es um den Schutz von Erwachsenen vor **ungewollter Exposition**.

aa) Schutz Jugendlicher (Abs. 1)

Das Hauptproblem des Schutzes Jugendlicher ist die allgemeine Zugänglichkeit pornografischen Materials. Abs. 1 bemüht sich zwar darum, auch Radio und Fernsehen in Pflicht zu nehmen, längst bedienen sich aber Jugendliche per Internet, Handy oder Telefon[640]. Diskutiert wird vor allem die strafrechtliche Verantwortung von Providern[641] und von Telefonsexanbietern[642]. Die Auseinandersetzung hat sich im Übrigen auf die technischen Präventionsmöglichkeiten (z.B. durch ein *adult verification system*[643]) verlagert.

bb) Schutz vor Belästigung (Abs. 2)

Auch Erwachsene sollen vor ungewollter Konfrontation mit Pornografie geschützt werden, sei es vor öffentlichem zur Schau stellen oder aber vor unaufgeforderten Angeboten[644]. Es stellt sich die Frage nach der Notwendigkeit dieser Tatvariante. Art. 198 Abs. 1 (die sexuelle Belästigung) könnte solche Fälle ohne Weiteres abdecken.

c) «Harte» Pornografie

Die abschliessend aufgezählten Fälle[645] sprechen unterschiedliche Dinge an, die zwar allesamt nach Einschätzung des Normalbürgers abstossend sein mögen, die aber von unterschiedlicher Gefährlichkeit sind:
Es besteht kein Zweifel, dass **Kinder** vor pädophilen Übergriffen geschützt werden müssen, dazu gehört auch die Herstellung von pornografischen Produkten und deren Verbreitung. Verständlich ist auch, dass neben dem realen Kindsmissbrauch auch der vorgetäuschte strafbar ist, wenn auch mit geringerer Strafdrohung (Abs. 4)[646]. Die

---

639   PK-Trechsel/Bertossa 2018, Art. 197 N 19; vgl. auch BSK-Isenring/Kessler 2018, Art. 197 N 70 ff.; Stratenwerth/Jenny/Bommer 2010, 208; vgl. die Debatte um die Ausstellung von Sex-Graffiti von Ellen Cantor im Zürcher Helmhaus 1996 (vgl. Tages-Anzeiger vom 24.10.1995).
640   Schwarzenegger 2012, 33 ff. (61 ff.).
641   Schwarzenegger 2012, 66 ff.
642   Vgl. bereits BGE 121 IV 109 (die Strafbarkeit des Generaldirektors der PTT als Gehilfe!).
643   Schwarzenegger 2012, 78 ff.
644   BSK-Isenring/Kessler 2018, Art. 197 N 40 ff.; Stratenwerth/Jenny/Bommer 2010, 212.
645   BSK-Isenring/Kessler 2018, Art. 197 N 47 ff.; Stratenwerth/Jenny/Bommer 2010, 213; PK-Trechsel/Bertossa 2018, Art. 197 N 10.
646   Für einen praktischen Fall von erheblichen Ausmassen vgl. NZZ am Sonntag vom 30.11.2014, 13: «Pornografie mit Kindern: 70 Männer in Verdacht».

Konsumbestrafung kann *à la limite* wegen ihrer Tendenz zur Nachfragesteigerung verstanden werden. Auch hier muss man allerdings Dinge ausklammern, die offensichtlich nicht gemeint sind (Nacktfotos von badenden Babys im Sommerurlaub sind natürlich keine harte Pornografie[647]).

Unter **Gewalttätigkeiten** muss abermals das Unerhebliche ausscheiden. Gemeint sind ernsthafte, verletzende sado-masochistische Exzesse (analog zu Art. 135)[648].

Strafbar sind zum einen alle Formen der Herstellung und des **Vertriebs** gemäss Abs. 4 (abermals analog zu Art. 135 Abs. 1). Zudem stellt Abs. 4 das Erwerben, Beschaffen und **Besitzen** unter Strafe[649]. Abs. 5 ergänzt nun explizit die Strafbarkeit des Konsums von «harter Pornografie»[650].

F. Weitere Sexualdelikte

1. Sexuelle Belästigung (Art. 198)

a) Problematik

Nachdem in der Silvesternacht 2015/16 in Köln massenhaft Frauen begrabscht und betatscht wurden[651], wurde der deutschen Öffentlichkeit plötzlich bewusst, dass die bestehenden Tatbestände, insb. die Nötigung, nicht ausreichten, selbst mit identifizierten Straftätern fertig zu werden[652]. Der deutsche Gesetzgeber hat rasch Abhilfe geschaffen: Zum einen hat er – entsprechend der Istanbul-Konvention des Europarats[653] – jede Form der nicht einverständlichen sexuellen Handlung unter Strafe gestellt (§ 177 D StGB: Sexueller Übergriff[654]). Zum andern hat er mit § 184i D StGB einen Tatbestand der «sexuellen Belästigung» ins Gesetz aufgenommen. Diesen Schritt hatte der Schweizer Gesetzgeber bereits mit der Reform von 1992 getan. Damals ist jenseits der überraschenden Tätlichkeit vom Parlament auch die verbale Belästigung (Abs. 2) ins Gesetz aufgenommen worden. Der Tatbestand wirft eine Reihe von heiklen Abgrenzungsproblemen auf. Er deckt potentiell ein Feld von Bagatellverhalten bis zu gravierenderen Fällen ab, die an die Tatbestände der sexuellen Nötigung grenzen. Im Vordergrund stehen Fälle, die nicht diesen Schweregrad erreichen, aber überaus ärgerlich sind und von einem offensichtlichen Mangel an Sensibilität zeugen. Abzugrenzen sind sie von ungeschickten, aber nicht wirklich verletzenden Annäherungsversuchen[655].

---

647 BGE 133 IV 31.
648 PK-Trechsel/Bertossa 2018, Art. 197 N 14.
649 I.Kr. seit 1.4.2002, zur Reform vgl. Botschaft des Bundesrates, BBl 2000 2943 ff.
650 I.Kr. seit 1.7.2014.
651 NZZ vom 8.1.2016, 37: «Phallisch aggressives Verhalten»; WOZ vom 14.1.2016, Thomas Fischer: «Nach Köln»; noch deutlicher werden die Dimensionen des Problems angesichts der #metoo Bewegung deutlich.
652 FAZ.net vom 11.1.2016, Tatjana Hörnle: «Betatschen ist nicht immer strafbar».
653 Vgl. oben Fn 407.
654 El-Ghazi 2017, 157 ff.; FAZ.net vom 21.7.2016, Tatjana Hörnle: «Ein Durchbruch».
655 Vgl. die Debatte um die Anmache durch den deutschen FDP Politiker Brüderlein 2012.

b) Tatbestandserfordernisse

Unter Abs. 1 geht es vor allem um die Überraschung mit ungewollten sexuellen Handlungen, die überdies das Opfer verärgern. Es verfügt denn auch über ein Antragsrecht. Heikel ist die Abgrenzung zu Art. 197 Abs. 2, der zwar ein Offizialdelikt ist, aber ebenfalls mit Busse bestraft wird. Wie oben ausgeführt, wäre Art. 198 wohl der sinnvollere Ort, um mit ungewollter Konfrontation mit sexuellen Äusserungen (einschliesslich Pornografie) umzugehen.

In Abs. 2 geht es um die wohl schwerer wiegenden Übergriffe, bei denen der Täter grapscht oder verbal auf grobe Weise das Opfer anmacht[656]. Vieles ist kontextabhängig. So wird man die Anmache am Arbeitsplatz strenger beurteilen als in der Disco[657]. Problematisch ist insb. das Ausnutzen der unsicheren Stellung von Praktikanten und Praktikantinnen, Schüler/-innen usw. (vgl. aber bereits Art. 188)[658]. Auch verbale Äusserungen können durchaus verletzend sein, allerdings sollte auch hier der Tatbestand für objektiv Schwerwiegendes reserviert sein: Nicht gemeint sind die berühmten Pfiffe von Bauarbeitern vom Baugerüst. Ein Grenzfall ist sicher trotz seiner Lästigkeit das hartnäckige Starren auf den Busen einer Frau[659]. Abermals wird versucht, ein allgemeines gesellschaftliches Problem (der Umgang der Geschlechter miteinander) mit den Mitteln des Strafrechts zu bewältigen.

2. Exhibitionismus (Art. 194)

Exhibitionismus ist die «krankhafte Sucht, ahnungslosen Opfern das männliche Glied vorzuzeigen»[660]. Nicht strafbar sind Fälle ohne expliziten sexuellen Bezug (verrichten der Notdurft, nacktes Sonnenbaden usw.). Der Tatbestand erfordert gemäss Rechtsprechung die Absicht, das Opfer zum Hinsehen zu veranlassen[661]. Gemäss Abs. 2 kann das Verfahren eingestellt werden, wenn sich der Täter einer Therapie unterzieht[662].

IV. Straftaten gegen den Geheim- und Privatbereich

A. Persönlichkeitsschutz durch Strafrecht

Die verschiedenen Rechtsgebiete teilen sich die Aufgabe des Persönlichkeitsschutzes. Während dem Verfassungsrecht der Schutz der Grundrechte zufällt, ist Schutz der Persönlichkeit auch ein zentrales Anliegen des Zivilrechts. Dabei bedient sich zumal Art. 28 ZGB einer sehr offenen Generalklausel: «Wer in seiner Persönlichkeit wider-

---

656 Für Beispielsfälle vgl. BGE 137 IV 263, sowie NZZ vom 4.9.2009, 38: «Falscher Polizist begrabscht Mädchen»; NZZ vom 21.5.2008: «Sexuelle Belästigung oder ungehöriges Benehmen, Bademeister auf der Anklagebank».
657 PK-Trechsel/Bertossa 2018, Art. 198 N 7.
658 Dupuis/Emmenegger/Gisler 2000, 339 ff.
659 So aber BGer 4D_88/2009; vgl. dazu NZZ vom 6.10.2009, 13.
660 PK-Trechsel/Bertossa 2018, Art. 194 N 1; vgl. auch Stratenwerth/Jenny/Bommer 2010, 218 f.
661 BGer 6B_527/2009 und PK-Trechsel/Bertossa 2018, Art. 194 N 3.
662 Stratenwerth/Jenny/Bommer 2010, 219; PK-Trechsel/Bertossa 2018, Art. 194 N 5.

rechtlich verletzt wird, kann zu seinem Schutz gegen jeden, der an der Verletzung mitwirkt das Gericht anrufen». In ähnlicher Weise arbeitet das Datenschutzgesetz mit Generalklauseln. So lautet Art. 4 Abs. 1 DSG: «Personendaten dürfen nur rechtmässig beschafft werden».

Das Strafrecht muss sich demgegenüber – um den Anforderungen von Art. 1 zu genügen – um Präzision bemühen. Der Besondere Teil I steht weitgehend im Dienste des Persönlichkeitsschutzes des Einzelnen vor spezifischen Angriffen. Ein umfassendes System des strafrechtlichen Persönlichkeitsschutzes besteht indessen nicht. Man spricht davon, dass das Strafrecht «fragmentarischen Charakter» habe.

Im Kapitel über Straftaten gegen die Ehre und den Geheim- und Privatbereich geht es zum einen um die **Achtung der Person** in der Gesellschaft, zum anderen um die «**informationelle Selbstbestimmung**» als Voraussetzung der Entfaltung des Einzelnen. Die beiden Themen sind dadurch lose miteinander verknüpft, dass Ausforschung des Privatraumes oft zur Beeinträchtigung des Rufs dient (vgl. die Abhörmethoden der britischen Medien, allen voran «The News of the World»)[663].

B. Straftaten gegen die Ehre

1. Allgemeines

a) Praktische Bedeutung und die Interessenlage

Im Justizalltag haben die Ehrverletzungsdelikte nach wie vor einige Bedeutung[664]: Das Spektrum reicht vom Treppenhauskrach über gerichtlich ausgetragene politische Auseinandersetzungen bis hin zum Konflikt mit den Medien. Mit Aufhebung des kantonal-rechtlichen Privatklageverfahrens mit der neuen StPO[665] hatte man sich überlegt, ob man die Ehrverletzungsdelikte nicht ganz dem Zivilrecht überlassen sollte.

Dass es im Alltag oft um Bagatellfragen geht, darf aber nicht dazu verleiten, die Bedeutung des Rechtsgutes Ehre gering zu schätzen. Die Ehrverletzungstatbestände schützen eine elementare Voraussetzung des gesellschaftlichen Zusammenhaltes: Eine demokratische Gesellschaft funktioniert wesentlich auf der Basis des gegenseitigen **Respekts**. Das meint das Bundesgericht in BGE 117 IV 28, wenn es sagt *«le respect des autres est une condition essentielle à une vie sociale harmonieuse»* (allerdings – wir kommen noch darauf – besteht kein Rechtsanspruch auf besondere Hochachtung). Im Wechselspiel von Achtung, Kritik und auch Geringschätzung definiert der Einzelne seine und die Rolle der Anderen in der Gesellschaft. Die Frage, ob er oder sie als ver-

---

663 Stratenwerth/Jenny/Bommer 2010, 225; zu den Skandalen vgl. Süddeutsche Zeitung vom 4.7.2013: «Geheime Aufnahme zeigt Murdoch reuelos»; The Guardian vom 30.8.2012: «Phone hacking: former News of the World head of legal arrested»; NZZ vom 25.7.2012: «Britische Journalisten angeklagt»; NZZ vom 15.5.2012: «Britische Justiz gegen Brooks».
664 Die Urteilszahlen haben seit 1960 zwar abgenommen. Sie nehmen allerdings gegenwärtig – auch als Folge von Ehrverletzungen mit elektronischen Medien – wieder zu. Die Polizeiliche Kriminalstatistik (PKS) vermerkt für 2015/2016 ebenfalls einen leichten Anstieg der Fallzahlen: 2015: 2755, 2016: 3 008 Fälle. Dies kann aber auch der Reflex einer zunehmenden alternativen Regelung (Vergleich) sein.
665 Pieth StPO 2016, 41.

antwortlicher Mensch ernst genommen wird, ist aber auch wesentlich für das persönliche Selbstwertgefühl des Einzelnen. Damit ist lediglich ein Prinzip festgehalten, aber noch wenig über Natur und Grenzen der strafrechtlich geschützten Ehre ausgesagt. Eine nähere Eingrenzung ist erst möglich, wenn die ebenso wesentlichen Gegeninteressen in Betracht gezogen werden. Es ist eine zentrale Ausprägung der Meinungsäusserungsfreiheit, die Zu- oder Abneigung zu einem Menschen auszudrücken. **Kritik** äussern zu dürfen ist, für die Demokratie, ebenso wesentlich wie das Prinzip des Respekts[666]. Im Übrigen braucht in Basel kaum erwähnt zu werden, dass ohne **Humor**, ja auch Spott, das Leben doch äusserst öde wäre. Dazu brauchen wir uns nicht nur die notorischen drei «rechtfreien» Tage im Basler Alltag (Basler Fasnacht) in Erinnerung zu rufen. Denken Sie auch daran, was die Juristische Fakultät ohne «Zofingerconcärtli» wäre. Haben Sie ein Herz für Gault Millau, ein Sprachgenuss soll auch die herzhafte und ökonomisch manchmal sehr folgenreiche Gastronomiekritik sein dürfen. Ohne Kritik sind, schliesslich, auch politische Auseinandersetzungen kaum denkbar[667].

> Wen das Thema Ehrverletzung und satirische Darstellung besonders interessiert, dem kann ein Aufsatz von Peter Noll[668] wärmstens empfohlen werden. Darin werden einige interessante Ehrverletzungsprozesse zur **Basler Fasnacht** geschildert, insb. die Verunglimpfung eines preussischen Ministers, der mit eiserner Faust das Elsass regiere sowie der Prozess gegen «eine Anzahl junger Leute, die sich Vereinigte Kleinbasler nennen», die mit einer Wagenaufschrift den Französischen Präsidenten der Korruption bezichtigten (wohlgemerkt 1893). Bereits in der Phase der Voruntersuchung beigelegt werden konnte die Intervention des Präsidenten des Zürcher Vereins in Basel, der von der Polizei die Beschlagnahme einer Steckenlaterne bewirkte, auf der stand «s'isch kai Synd, ä Zircher z sy, aber ä Schand». Wie Noll weiter ausführt, kommt es aber sehr selten zu Ehrverletzungsprozessen im Zusammenhang mit der Fasnacht – man versteht offenbar Spass. Dabei kann Humor bisweilen bissig, ja manchmal auch durchaus geschmacklos sein[669].

Kritik muss erlaubt sein und eine der Kernfragen für das Recht ist gerade, ob es den Richter auch gleich zum Schiedsrichter in Geschmackssachen einsetzen soll – eine Rolle, auf die unsere Richterschaft zu Recht nicht sonderlich erpicht ist. Allerdings – das hat sich auch in der Diskussion um den Rassismus-Tatbestand herausgestellt – ist die Meinungsfreiheit natürlich kein Freibrief zur Verletzung und Missachtung der Mitbürger: Das Ehrverletzungsrecht hat neben anderen Tatbeständen gerade die Grenze der erlaubten Meinungsäusserung zu definieren. Kurz: Es ist abzuwägen zwischen notwendigem Humor, erlaubter Kritik und auf der anderen Seite unerlaubtem Fertigmachen, Isolieren und Rufmord. Satire gibt keinen Rechtfertigungsgrund ab[670].

---

666 BSK-Riklin 2018, Vor Art. 173 N 27.
667 Vgl. BGE 105 IV 194; Grenzen zeigt aber BGE 137 IV 313 im sog. Freysinger Urteil auf.
668 BJM 1959, 3 ff.
669 BGer 6B_163/2012 (Satiremagazin zur Sterbehilfe).
670 PK-Trechsel/Lieber 2018, Art. 173 N 8; vgl. auch die Debatte um das Spottgedicht von Böhmermann über Erdogan: NZZ vom 15.1.2015, 21: «Religion, Satire und Recht»; NZZ vom 16.4.2016, 3: «Böhmermann spaltet die Koalition»; ebda., 11: «Satire machen andere draus»; Tages-Anzeiger vom 16.4.2016, 7: «Merkel bringt fast alle gegen sich auf»; ebda., 39: «Merkel ging einen Teufelspakt ein» (Interview mit Peter Sloterdijk); zu Art. 296 (Beleidigung eines fremden Staates) s.u. S. 307 f.

b) Strafrechtlicher Ehrbegriff

Das Gesetz enthält keine Definition der Ehre. Die Praxis hat sich im Wesentlichen mit drei Fragen auseinandergesetzt:

- Ist ein faktischer oder ein normativer Ehrbegriff anzulegen?
- Wie weit reicht der inhaltliche Schutzbereich des Ehrbegriffs?
- Was bewirkt die Wahrheit der ehrverletzenden Äusserung?

aa) Faktischer oder normativer Ehrbegriff?

Ehre kann das subjektive Ehrgefühl, das Selbstwertgefühl oder aber den äusseren Ruf, die Geltung bei Drittpersonen bezeichnen. Für beide Positionen finden sich im Gesetz Anhaltspunkte, schützen doch Art. 173 und 174 vor Äusserungen gegenüber Dritten und Art. 177 auch vor solchen allein gegenüber dem Betroffenen[671].

Beim **subjektiven** Ehrbegriff ist der Ausgangspunkt wichtig: Die Ehre ist auch und gerade geschützt, weil sie die Basis des persönlichen Selbstwertgefühls ausmacht. Die Beschimpfung ist strafbar, auch wenn sie alleine zwischen dem Beschimpfenden und dem Beschimpften stattfindet. Allerdings dürfte klar sein, dass die Strafbarkeit nicht von der persönlichen Empfindlichkeit des Betroffenen alleine abhängen kann, da sonst der Tatbestand für jeden Menschen anders zu definieren wäre. Ein rein subjektiver Ehrbegriff ist nicht praktikabel[672].

Beim **objektiven** Ehrbegriff ist abermals der Ausgangspunkt wesentlich: Der Ruf trägt entscheidend zur gesellschaftlichen Stellung bei. Er eröffnet oder verschliesst den Zugang zu anderen Menschen; er vermittelt soziale und ökonomische Gelegenheiten. Soll der Staat aber auch den bloss äusserlich intakten Ruf etwa eines Gangsters (denken Sie an einen Mafioso, der sich als «Ehrenmann» fühlt) schützen? Diese Diskussion hat in der Lehre dazu geführt, dass man dem **faktischen** (objektiven oder subjektiven) Ehrbegriff einen **normativen** gegenübergestellt hat: Schutzwürdig ist nur das angemessene Ehrgefühl oder – auf den Ruf bezogen – die berechtigte Geltung. Die heute gängige Formel lautet: Ehre im strafrechtlichen Sinn ist die «Geltung auf die ihr Träger Anspruch erheben darf»[673]. Das Bundesgericht hat allmählich auch zu diesem normativen Ehrbegriff gefunden:

> «Les arrêts les plus récents mettent en doute la distinction entre l'honneur interne et l'honneur externe et considèrent que l'honneur protégé par le droit pénal doit être conçu de façon générale comme un droit au respect»[674].

Von daher betrachtet stehen die innere und äussere Ehre gar nicht im Widerspruch zueinander: Verachtung ist das Verletzende. Verachtung setzt das Selbstwertgefühl herab, wenn sie dem Betroffenen gegenüber geäussert wird. Werden abfällige Urteile oder ehrverletzende Tatsachenbehauptungen gegenüber Dritten geäussert, tangiert

---

671 Zum faktischen Ehrbegriff: BGE 132 IV 112; BSK-Riklin 2018, Vor Art. 173 N 6; Stratenwerth/Jenny/Bommer 2010, 225 ff.; Stratenwerth/Wohlers 2013, Art. 173 N 1.
672 Donatsch 2013, 372; BSK-Riklin 2018, Vor Art. 173 N 8 f.
673 BSK-Riklin 2018, Vor Art. 173 N 10; PK-Trechsel/Lieber 2018, Vor Art. 173 N 2; Stratenwerth/Jenny/Bommer 2010, 228; Stratenwerth/Wohlers 2013, Art. 173 N 1.
674 BGE 117 IV 27; vgl. auch 128 IV 53.

das abermals das Selbstwertgefühl des Opfers, jedenfalls indirekt, wenn es zu sozialen Sanktionen führt. Das Meiden, Beschränken der Kontakte, aber natürlich auch das Verbauen handfester ökonomischer Chancen beeinträchtigt letztlich auch wieder das Selbstwertgefühl des Betroffenen[675].

bb) Inhaltlicher Schutzbereich des Ehrbegriffs

Grössere Kontroversen hat bereits seit Erlass des StGB in Lehre und Rechtsprechung die Frage des inhaltlichen Schutzbereichs des strafrechtlichen Ehrbegriffs ausgelöst: Soll der Ehrbegriff nur die **sittlich-moralische** Seite der Persönlichkeit oder auch ihre **soziale** Bedeutung erfassen? Das ist eine Debatte, die sich auch zu ausländischen Rechtsordnungen findet und deren Wurzeln weit zurückreichen.

Das Bundesgericht hat sich traditionellerweise auf einen sittlich orientierten Ehrbegriff beschränkt, der enger ist als der zivilrechtliche[676]. Ehre ist seiner Ansicht nach «der Ruf, ein ehrbarer Mensch zu sein, das heisst sich so zu benehmen, wie nach allgemeiner Anschauung ein charakterlich anständiger Mensch sich zu verhalten pflegt»[677]. Das Wesentliche an dieser – auf den ersten Blick etwas inhaltsarmen – Formel ist, dass als ehrenrührig der Vorwurf des unsittlichen Verhaltens, das heisst der Verstoss gegen Rechts- oder Sittennormen angesehen wird: Als entscheidend für den Wert des Menschen werden die Aspekte gehalten, die er durch seinen als frei gedachten Willen beeinflussen kann. Als ehrenrührig gelten die schuldhafte Pflichtverletzung, allenfalls der im konkreten Verhalten zum Ausdruck kommende Charaktermangel. Dabei wird eine «Durchschnittsmoral» angelegt[678].

Im Grunde treffen hier zwei Sichtweisen aufeinander, die sich nicht ohne Weiteres decken: Zum einen wird dem Menschen **ein Wert an sich zugeschrieben**, dessen Missachtung die Ehre tangiert. Aufgrund konkreter negativer Leistungen kann der Einzelne aber diesen abstrakten Geltungsanspruch verlieren. Entscheidend ist der Verzicht auf Ehrenschutz durch mutwillige Verringerung. Umgekehrt gilt der Mensch in unserer Gesellschaft auch im Positiven vor allem etwas aufgrund seiner **Leistungen**. Das «Mehr» über den jedermann geschuldeten Respekt hinaus, ist zwar Bestandteil seines begründeten Rufes, wird aber nicht strafrechtlich geschützt. So wechselt der von der Rechtsprechung angewandte Massstab zwischen dem Ausdruck abstrakter Menschenwürde und dem Leistungsprinzip hin und her: Es ist kein Zufall, wenn gerade der Vorwurf moralisch anfechtbaren Verhaltens aufgrund freier Entscheidung als ehrenrührig angesprochen wird. Dasselbe Prinzip der Selbstverantwortlichkeit, das hier als besondere Qualität des Menschen geschützt wird, begegnet uns bei der Frage der strafrechtlichen Haftbarkeit in der Form der Einzeltatschuld.

Die Konsequenzen dieses Ehrbegriffs zeigen sich vor allem in dem was **nicht** erfasst ist:

---

675 BSK-Riklin 2018, Vor Art. 173 N 11.
676 BGE 122 IV 311.
677 BGE 105 IV 111; ähnlich: BGE 128 IV 53; 119 IV 44; 115 IV 42; BGer 6B_51/2008; 6B_333/2008.
678 BSK-Riklin 2018, Vor Art. 173 N 28; PK-Trechsel/Lieber 2018, Vor Art. 173 N 3 ff.

Gottlieb **Duttweiler**, der Migros-Gründer, hat 1947 in den Neuen Zürcher Nachrichten lesen müssen: «Nehmen Sie es nicht übel, wenn man sich bei all den Widersprüchen und Ihrer krankhaft anmutenden Neigung zu steter Konfusion und haltloser Verdächtigung hin und wieder frägt, ob Sie nicht besser einen Arzt konsultieren sollten, statt hemmungslos Zeitungsartikel zu schreiben». Das Bundesgericht lehnte den ehrverletzenden Charakter dieser Äusserung mit der Begründung ab, der Satz verdächtige oder beschuldige den Beschwerdegegner nicht eines unehrenhaften Verhaltens oder anderer moralisch verwerflicher, ihn in seiner Achtung als Mensch herabsetzender Tatsachen[679].

Als nicht ehrverletzend empfunden hat das Bundesgericht auch den Vorwurf an einen Zahnarzt, den Zeitpunkt für die Korrektur einer Zahnstellung verpasst zu haben[680]. Als straflos, weil bloss die Eignung als Berufsmann betreffend, wurde im Übrigen die Behauptung angesehen, ein Rechtsprofessor habe von seinem Fach keine Ahnung[681]. Immer wieder findet sich in der Praxis der Satz:

> «Äusserungen, die sich lediglich eignen, jemanden in anderer Hinsicht, z.B. als Geschäfts- oder Berufsmann, als Politiker oder Künstler in der gesellschaftlichen Geltung herabzusetzen, gelten nicht als ehrverletzend»[682].

Das Konzept hat sich nicht aufrechterhalten lassen. Das Bundesgericht hat bald einmal zu einer Hilfskonstruktion gegriffen, welche die Widersprüche abzudämpfen sucht: Wenn die Behauptung beruflichen Unvermögens oder die Verwendung psychiatrischer Begriffe auch dazu dient, den **Charakter** des Betroffenen in Frage zu ziehen, ist die Ehre durchaus tangiert. So stecke nach Bundesgericht im Vorwurf, eine «Hochstaplerin» zu sein, der Vorwurf der «Lügnerin und Betrügerin», der zweifellos ehrverletzend sei[683]. Ähnlich beim Apotheker, von dem gesagt wurde, er gäbe den Leuten, was er gerade wolle oder vom Anwalt, der der Prozesstreiberei bezichtigt wurde. Wie unsicher diese Praxis ist, zeigt aber gerade der Zahnarztfall. Der Vorwurf des Kunstfehlers führt denn auch nicht zur Verurteilung wegen Ehrverletzung, wenn damit nicht zugleich ein Mangel an Pflichtgefühl, Verantwortungsbewusstsein und Zuverlässigkeit gerügt wird.

Der Grund für diese wenig geradlinige Praxis liegt in der (sehr ernst zu nehmenden) Befürchtung der Gerichte, «als letzte Instanz zum Entscheid von Fragen künstlerischen Könnens und des Geschmackes, von Fragen des wissenschaftlich Richtigen oder der beruflichen Fähigkeiten und heute vielleicht sogar kunstgerechter Ausübung eines Sportes … angerufen zu werden»[684]. Es geht mit anderen Worten auch darum, einer Vielstraferei und einer Prozesseskalation vorzubeugen.

So berechtigt das Anliegen ist, dem Richterstaat vorzubeugen und dem Prinzip «*minima non curat praetor*» Nachachtung zu verschaffen, so dürfte der Ausschluss des bloss sozialen Geltungsanspruchs vom geschützten Ehrbegriff nicht zweckdienlich sein[685].

---

679 BGE 76 IV 27 ff.
680 BGE 105 IV 111.
681 BGE 31 I 380.
682 BGE 105 IV 111.
683 BGer 6B_8/2014; krit. zum Entscheid: Schwaibold 2014, 198 ff.
684 Schultz 1975, 247.
685 Krit. etwa Donatsch 2013, 372; gemäss Stratenwerth/Jenny/Bommer (2010, 230) findet immerhin eine Annäherung der Standpunkte statt.

Interessante Aufschlüsse zu den **Hintergründen** der Beschränkung des Ehrbegriffs auf den sittlich-moralischen Bereich und den gegenwärtigen Wandel hin zur Erweiterung um weitere soziale Bezüge, lassen sich der Geschichte des Ehrbegriffs entnehmen:

> Der Ursprung des pointierten, aus unserer heutigen Sicht grotesken Ehrempfindens der Männer um die Wende zum 20. Jahrhundert, das notfalls im Duell verteidigt wurde, wird im mittelalterlichen **ritterlichen** Ehrbegriff[686] zu suchen sein. Macht wurde damals nicht primär durch Finanzkraft, sondern durch Zugehörigkeit zu bestimmten Familien vermittelt. Ihre konkrete Bedeutung hing aber auch von ihrer physisch-militärischen Durchsetzungsfähigkeit ab (Recht des Stärkeren). Herrschaftsstabilisierung konnte allerdings nicht allein auf Kampf abstellen, vielmehr basierte sie auf der Drohung mit Gewalt, vor allem aber auf Unterwerfung und gegenseitiger Anerkennung. Symbolische Bezeugung von Achtung war damit unmittelbar ordnungsstabilisierend. Die Verweigerung von Ehrbezeugungen war dagegen nicht nur eine Verletzung des Egos des Gegenübers, sondern ein eigentliches «Staatsdelikt», soweit man überhaupt von Staat sprechen konnte: Die Bedeutung der «laesio maiestatis» bezeugt diesen Zusammenhang.
>
> Für die individuellen Herrschaftsträger bedeutete die Anerkennung Freiheit: Freiheit, auch Werte durch Einsatz der eigenen Ehre zu verteidigen (denken Sie an die Tradition der Tourniere und des Minnesangs). Der Ritter konnte relativ frei ein Anliegen durch Einsatz seiner Ehre bekräftigen: «Ich setze meine Ehre drauf» (Ehre als fungibles Gut, ähnlich wie heute Bürgschaften). Neben diesem «spielerischen» Aspekt hatte die Ehre eine wichtige Funktion in der damaligen Konfliktlösung. Das aufkommende **Bürgertum** erwarb demgegenüber ein Medium, das diese symbolische sittliche Ehre in ihrer Bedeutung in Frage stellte. Ihre soziale Stellung begründete es über das Eigentum. Eigentum erwarben die Emporkömmlinge durch eigene **Leistung**. An die Stelle der feudalistischen Aristokratie trat nun die Meritokratie.
>
> Die **Französische Revolution**, in der das Bürgertum an die Macht kam und abstrakte Grundrechte gegenüber dem *Ancien Régime* durchsetzte und in den neuen Verfassungen fixierte, bestand man auf jener «Freiheit der Ritter», nun aber für alle Menschen: Alle Menschen sind frei und zwar unabhängig von ihrer Geburt und – in dieser abstrakten Betrachtungsweise – auch von ihrer Leistungsfähigkeit. Dadurch wird die Ehre jedes einzelnen Menschen garantiert, sie wird allerdings **abstrakt** und **generell** definiert. Der Mensch gilt als moralisch integer, es sei denn, er beweise durch selbstverschuldete entehrende Handlungen das Gegenteil. Das heisst, das Recht vermittelt auch keinen Anspruch auf besondere Hochachtung: Alle sind gleich, es sei denn sie entwerteten sich selbst.
>
> Für den Bürger des ausgehenden **19. Jahrhunderts**, besonders deutlich in der Biedermeier Zeit, war die Ehre der Ort, an dem er relativ unabhängig von den finanziellen Verhältnissen seinen Selbstwert fand. Was für den Bürger galt, spiegelte sich wieder im Stolz der sog. «working class aristocracy», der sich um 1850 etablierenden Oberschicht der Arbeiter und Handwerker, auf ihr Metier und ihre Klassenzugehörigkeit. Im Vordergrund stand aber ganz die **äusserliche Ehre**, der Ruf, ein ehrbarer Mensch zu sein, einer ehrbaren Familie anzugehören. Dieser Ehrbegriff hatte auch eine abwehrrechtliche Funktion: er sicherte die Privatsphäre, in der niemand etwas verloren hatte, zuletzt der Staat. Der Ruf wurde – aus heutiger Sicht – schon gegen verhältnismässig geringe Anfechtungen, mit Billigung des Staates, mit drastischen Mitteln, wie dem Duell verteidigt. Es versteht sich, dass mit diesem Ruf vor allem ein männlicher Ehrbegriff geschützt wurde, der im moralischen Bereich für Frauen und Männer durchaus unterschiedliche Standards kannte[687].

---

686 Vgl. Pieth Strafrechtsgeschichte 2015, 9 f. u.H.a. Huizinga, J., The Waning of the Middle Ages, first English edition 1924, Dover edition, New York 1999.
687 Vgl. den Roman von Theodor Fontane von 1894: Effie Briest.

Wenn wir dieses Ehrverständnis als überholt betrachten, hängt das damit zusammen, dass unsere Geltung viel mehr vom leistungsbezogenen, beruflichen und weniger vom moralischen Leumund abhängt. Ins Extreme gewendet, wird gesellschaftliche Geltung etwa in den USA fast nur noch an **der ökonomischen Leistungsfähigkeit** gemessen. Es gilt der Satz «what is he worth» (gesellschaftlich aufsteigen kann man vom Tellerwäscher genauso gut wie vom kleinen Gauner). Es ist eine Tatsache, dass der heutige Wert des Menschen – zumal gemeinsame Moralvorstellungen auf dem Rückzug sind – in erheblichem Masse von der Leistungsfähigkeit als Berufsperson abhängt. Man mag sich gegen diese Tendenz sperren wollen, sie abzulehnen führt aber beim Ehrverletzungsrecht zu weltfremden Konsequenzen.

Kurz: Der Ehrbegriff sollte über den moralisch-sittlichen Bereich **hinaus auch den sozialen Geltungsanspruch** erfassen. Von der neuen Literatur wird vorgeschlagen, den Vorwurf der fehlenden verantwortlichen, gewissenhaften Erfüllung sozialer Aufgaben bzw. der mangelnden Fähigkeit, Verantwortung zu übernehmen als ehrverletzend zu betrachten. Dem Problem, dass dieser sehr weite Begriff die berechtigte Kritik zum Teil miterfasst, muss anderswo (etwa bei den Rechtfertigungsgründen) Rechnung getragen werden.

cc) Ehrverletzung und Wahrheit

Auf den ersten Blick scheint einzuleuchten, dass die unwahre Tatsachenbehauptung oder das nicht fundierte Werturteil ehrverletzend sind, während jedenfalls wahre Behauptungen, auch wenn sie schmerzhaft sind, erlaubt sein müssen. Das wäre allerdings zu einfach.

Wer Art. 173 studiert, sieht, dass die Unwahrheit keineswegs Tatbestandselement ist (anders als bei Art. 174, der Verleumdung, wo die Unwahrheit sowohl im objektiven wie im subjektiven Tatbestand verwirklicht sein muss). Erst durch die Hintertür kommt die Frage der Wahrheit via Entlastungsbeweis gemäss Art. 173 Ziff. 2 und 3 aufs Tapet. Zum Entlastungsbeweis werden aber nicht sämtliche Beschuldigten zugelassen. Es gibt mit anderen Worten wahre ehrverletzende Äusserungen.

Die Regelung ist das Ergebnis eines historischen Kompromisses: Die deutschrechtliche Regelung neigte dazu, den Wahrheitsbeweis uneingeschränkt zuzulassen, während nach dem französischrechtlichen Modell der Wahrheitsbeweis ausgeschlossen war bei Behauptungen, die die Privat- und Intimsphäre betrafen, sowie für Tatsachen, die längere Zeit zurücklagen. Bei der Behauptung strafbarer Handlungen darf der Wahrheitsbeweis nach dieser zweiten Auffassung nicht mehr angetreten werden, wenn die Verjährung eingetreten ist oder eine Amnestie ergangen ist. Es ist klar, dass sich in dieser unterschiedlichen Behandlung auch kulturelle Differenzen niederschlagen[688].

Den Prinzipien, dass die Privatsphäre heilig ist und dass Rehabilitation durch Zeitablauf möglich sein muss, wird durch den Kompromiss im geltenden Schweizer Recht Rechnung getragen: Es sieht einen Entlastungsbeweis für den *prima vista*-Ehrverletzenden vor. Zum Schutz des Verletzten beschränkt das Gesetz die Zulässigkeit des Entlastungsbeweises in Art. 173 Ziff. 3. Zudem ordnet es eine Umkehr der Beweislast zu Ungunsten des Schädigers an. 1950 wurde zur Abmilderung der Rigidität dieses Prinzips gegenüber dem Beschuldigten, der ernsthafte Gründe für seine Äusserung hatte, als zusätzliche Entlastung, der «Gutglaubensbeweis» eingeführt (s.u. S. 111 ff.).

---

[688] BSK-Riklin 2018, Vor Art. 173 N 1 und 4.

c) System der Ehrverletzungstatbestände

Die deutschsprachige Lehre zur Ehrverletzung unterscheidet danach, ob die inkriminierten Äusserungen **Tatsachenbehauptungen** oder **Werturteile** enthalten. Ferner differenziert sie danach, wer **Adressat** der Erklärung ist.

Tatsachenbehauptungen gegenüber Dritten werden von den Artikeln 173 und 174 (üble Nachrede und Verleumdung) erfasst. Handelt der Täter wider besseres Wissen, kennt er mit anderen Worten die Unwahrheit seiner Tatsachenbehauptung, ist er nach dem qualifizierten Tatbestand der Verleumdung, andernfalls nach dem Tatbestand der üblen Nachrede zu beurteilen.

Sämtliche Fälle von abfälligen Werturteilen sowohl gegenüber Dritten wie dem Verletzten selbst, wie auch ehrenrührige Tatsachenbehauptungen gegenüber dem Verletzten gelten demgegenüber als Beschimpfung gemäss Art. 177.

Man mag sich fragen, worin die Differenz in der Strafdrohung begründet liegt (Art. 177: Geldstrafe bis zu 90 Tagessätzen; Art. 173: Geldstrafe; Art. 174: Freiheitsstrafe bis zu drei Jahren oder Geldstrafe). Die gängige Deutung geht dahin, dass unrichtige Tatsachenbehauptungen durch die Möglichkeit der unkontrollierten Weitergabe eine Eigendynamik entfalten. Tatsachenbehauptungen werden in der Regel auch nicht mit derselben Vorsicht entgegen genommen wie Werturteile, deren Subjektivität allen einsichtig ist. Äusserungen gegenüber dem Betroffenen selbst schmerzen zwar, es fehlt aber in der Regel die verborgene Fernwirkung der üblen Nachrede bzw. der Verleumdung.

	Gegenüber Betroffenen	Gegenüber Dritten
Tatsachenbehauptungen	Art. 177	Art. 173, Art. 174
Werturteile	Art. 177	Art. 177

2. Üble Nachrede (Art. 173)

a) Objektiver Tatbestand

aa) Träger der Ehre

(1) Verstorbene?

Art. 175 verleiht den Angehörigen im Sinne von Art. 110 Abs. 1 eines Verstorbenen das Antragsrecht für 30 Jahre nach dem Tod bzw. der Verschollenerklärung. Allerdings schützt Art. 175 nicht vor Beschimpfung Verstorbener. Hier ist unter Umständen Art. 262 (Störung des Totenfriedens) anwendbar. Ob mit der Regelung von Art. 175 das Andenken der Angehörigen oder die Ehre des Verstorbenen geschützt wird, kann dabei offen bleiben[689].

Eine gewisse praktische Bedeutung hat diese Vorschrift im Zusammenhang mit der sog. «Auschwitzlüge» erhalten, der Verleugnung des Holocaust durch die Nazis. Indessen passt der Tatbestand nicht nur schlecht, weil die 30 Jahre inzwischen abgelaufen sind, sondern auch, weil mit der offensichtlichen Geschichtsklitterung keineswegs

---

[689] BGE 118 IV 153; PK-Trechsel/Lieber 2018, Art. 175 N 2.

nur das Andenken der Toten in Frage gestellt wird. Die «Auschwitzlüge» verfolgt vielmehr eine politische Zielsetzung unter Lebenden: Rechtsextreme Organisationen sollen dadurch salonfähig gemacht werden, dass das Bild ihrer Vorläufer korrigiert wird. Es geht hier eigentlich um ein Friedensdelikt, das sinnvollerweise woanders abgehandelt wird. Wir werden auf die Frage im Rahmen der Behandlung des Rassismusartikels (Art. 261bis) zurückkommen[690]. Dabei wird erneut zur Sprache kommen müssen, ob das Bundesgericht, bei der Abgrenzung der Ehrverletzung von der Rassismusnorm, die rassistische Beschimpfung (hier eines Algeriers durch einen Polizisten) nicht vorschnell individualisiert und den rassistischen Kontext ausblendet[691].

(2) Juristische Personen und Personengesellschaften?

Grosse praktische Bedeutung kommt der Frage zu, ob juristische Personen und darüber hinaus auch Personengesellschaften, insb. Kollektivgesellschaften, selbstständig geschützt werden sollen. Dass sie rechts- und handlungsfähig sind, tut strafrechtlich wenig zur Sache, wesentlicher ist, dass sie einen Ruf zu verlieren haben.

Freilich machten es gerade die Gründe, die gegen eine strafrechtliche Haftbarkeit solcher Personengesamtheiten ins Feld geführt wurden[692], auch schwierig, ihnen einen selbstständigen Ehrenschutz zuzubilligen: Ein Gewissen, einen Charakter, ja einen sittlichen Wert hat ein solches anonymisiertes Gebilde schwerlich, ganz im Unterschied zu seinen Organen.

Wenn das Bundesgericht in konstanter Praxis der juristischen Person die Ehrenfähigkeit zubilligt[693], deutet das allenfalls auf eine Ausweitung des Ehrbegriffs über den Bereich der sittlichen auf die soziale Bedeutung hin: Juristische Personen und Personengesellschaften können eine ganz erhebliche gesellschaftliche Bedeutung entfalten (nicht zufällig spricht man von «*corporate identity*»). Zu Recht wird darauf hingewiesen, dass Unternehmen eine «soziale Verantwortung» *(corporate social responsibility)* hätten. Das macht sie allerdings keineswegs zum Träger eines Ehrgefühls. Jedenfalls schwer nachvollziehbar ist daher der Entscheid BGE 114 IV 14, der nicht nur die üble Nachrede, sondern auch die Beschimpfung einer Kollektivgesellschaft (unabhängig von derjenigen des Gesellschafters) für strafbar hält. Eine derartige Interpretation ist nur möglich, wenn man den Beschimpfungstatbestand von der Verletzung des subjektiven Ehrgefühls ablöst und nun seinerseits stark auf den Ruf bezieht. Das ist zweifellos möglich, solange Werturteile gegenüber Dritten geäussert werden. Jedenfalls schlecht passt die Konstruktion in der direkten Auseinandersetzung mit der Gesellschaft. Hinter der Praxis steht der Übergang zu einem normativen Ehrbegriff, der auf den Anspruch einer Person auf Geltung abstellt und damit vor allem die objektive Seite des klassischen faktischen Ehrbegriffs weiterentwickelt.

---

690   S.u. S. 249 f.
691   Schleiminger Mettler 2014, 307 ff. und unten S. 249.
692   Seelmann 2001, 174 ff.
693   Hinweise bei PK-Trechsel/Lieber 2018, Vor Art. 173 N 15.

(3) Grenzen des Ehrenschutzes

Keinen Ehrenschutz billigt das Bundesgericht aber den einfachen Gesellschaften, den **Behörden** oder auch **Familien in ihrer Gesamtheit** zu. Die Gründe sind unterschiedlicher Natur. Das Parlament hatte anfangs der 1950er Jahre ausdrücklich die Ausdehnung des Ehrenschutzes auf Behörden abgelehnt[694]. Dahinter steckt vermutlich der gleiche Gedanke wie bei der Abschaffung der Majestätsbeleidigung in der modernen Demokratie: «Behörden zum Anfassen» haben die Überhöhung ihrer Position nicht nötig. Immerhin werden ausländische Staatsoberhäupter sehr wohl vor Beleidigung geschützt (bei Art. 296 stehen aber die Beziehungen der Schweiz zum Ausland im Vordergrund)[695]. Familien in ihrer Gesamtheit verdienen deshalb keinen Schutz, weil man – wiederum über den Schutz der Einzelperson hinaus – die vage Familienehre, wie sie die Nationalsozialisten hochgehalten haben, nicht bemühen wollte.

Bei **Personengesamtheiten** greift das Strafrecht nur, wenn die betroffenen Personen einzeln bestimmbar sind[696]. «Die Allschwiler», «die Polizisten» ist zu weit gefasst, hingegen hat das Bundesgericht in seinem Entscheid BGE 105 IV 114 vorgeführt, dass «von Allschwiler Seite» ausreichen kann, wenn in einem Zeitungsartikel über das Schachturnier Luzern gegen Allschwil der Verdacht geäussert wird, die Schachgesellschaft Allschwil habe gegnerische Spieler bestechen wollen. Wenig überzeugend ist demgegenüber die Argumentation des Bundesgerichts, die Randbemerkungen des Zürcher Vorschulamtes auf dem Gesuch um Führung einer Privatschule («Pädophilie», «Schizo») seien deshalb nicht ehrverletzend, weil das Lehrpersonal noch nicht feststehe. «Bestimmbar» dürfte es zumindest mit Blick in die Zukunft gewesen sein[697].

bb) Tathandlung

(1) «Bei einem anderen»

Der Tatbestand erfasst Tatsachenbehauptungen **gegenüber Dritten** (d.h. jeder Person, die nicht mit dem Täter oder dem Verletzten identisch ist[698]). Der Dritte muss die Mitteilung mindestens vernommen haben, die Ehrenrührigkeit des Inhalts muss ihm nicht bekannt sein. Die Mitteilung kann, wie Art. 176 klarstellt, auch in Schrift, Bild, Gebärde und anderen Mitteln bestehen. BGE 119 IV 297 stellt klar, dass auch konkludentes Verhalten, etwa Schweigen im falschen Moment, als Mitteilung aufgefasst werden kann. Schliesslich kann es durchaus sein, dass erst mehrere Handlungen zusammen in ihrer Gesamtheit den entsprechenden Eindruck hervorrufen.

(2) «eines unehrenhaften Verhaltens oder anderer Tatsachen»

Einige Abgrenzungsprobleme kann die Unterscheidung von Tatsachen und Werturteilen aufwerfen, da sich die Realität nicht an solche Lehrbuchunterscheidungen hält: Wie ist der Vorwurf, ein «Betrüger» zu sein, einzustufen? Wenn wir uns den Sinn der

---

694 PK-Trechsel/Lieber 2018, Vor Art. 173 N 16.
695 S.u. S. 307 f.
696 BGE 124 IV 262.
697 So aber BGer 1C_453/2015.
698 PK-Trechsel/Lieber 2018, Art. 173 N 4.

Unterscheidung vergegenwärtigen (insb. die gesteigerte Gefährlichkeit unwahrer Tatsachenbehauptungen, die schlecht überprüfbar sind), empfiehlt es sich bei sog. «**gemischten Werturteilen**», d.h. alle Äusserungen, die noch einen Tatsachenbezug aufweisen, der Kategorie Tatsachenbehauptung zuzuweisen (das ist kein Fall von *in dubio contra reum*, sondern eine rechtliche Unterscheidung). Anders liegt es, wo ein Schimpfwort früher einmal eine Tatsachenbehauptung enthielt, die nunmehr aber obsolet geworden ist («Schuft»)[699].

Zum ehrverletzenden Charakter der Mitteilung ist auf die Ausführungen zum Ehrbegriff zu verweisen. Der Text von Art. 173 Ziff. 1 deutet aber darauf hin, dass neben dem Vorwurf unehrenhaften Verhaltens (dem klassischen menschlich-sittlichen Vorwurf) auch **andere Tatsachen** geeignet sein können, den Ruf zu schädigen. Bei ihnen kann es sich sinnvollerweise nur um die von der Lehre, entgegen der Praxis, geforderte Erweiterung in den gesellschaftlichen Bereich hinaus handeln. Es spricht mit anderen Worten bereits eine grammatikalische Auslegung für einen erweiterten Ehrbegriff.

Zu betonen ist, dass die Eignung zur Verletzung des Geltungsanspruchs bereits ausreicht. Ein Schaden ist nicht nachzuweisen. Wir haben es also mit einem Gefährdungsdelikt zu tun. Dadurch ist der Täter auch dann strafbar, wenn der Dritte die Unwahrheit ohne Weiteres durchschaut. Die Unwahrheit ist ja auch gar nicht Tatbestandsmerkmal.

Die Praxis hat besondere Regeln für den Umgang mit **Politikern** entwickelt[700]. Das Bundesgericht macht vorab deutlich, dass der Ruf als Politiker nicht geschützt ist, wenn nicht zugleich die menschliche Integrität in Frage gestellt wird. Zudem ist eine Auseinandersetzung mit härteren Bandagen zulässig. In BGE 116 IV 146 hat das Bundesgericht festgehalten, dass Ehrverletzung nur mit grosser Zurückhaltung anzunehmen sei:

> Im Rahmen der Loslösung des Laufentals vom Kanton Bern kam es 1983 zu einer ersten Abstimmung, in der sich das Stimmvolk gegen die Abtrennung aussprach. In einer Abstimmungsbeschwerde wurde geltend gemacht, dass die Regierung heimlich CHF 270 000 aus dem Lotteriefonds in die pro-bernische Propaganda investiert hatte. Das Bundesgericht hat in der Folge die Wiederholung der Abstimmung angeordnet. Kurz nach Erscheinen des Berichtes der besonderen Untersuchungskommission, die sich mit dem Fall beschäftigt hatte, wurden die Empfänger der illegalen Zahlungen in einer Wahlzeitung hart angegriffen. Sie wurden unter der Überschrift «diese Politiker haben das Laufental verkauft» vorgestellt, eine weitere Wahlzeitung berichtete von «traurigen Subjekten am Werk», die das Stimmvolk «verseckelt» hätten. Das Bundesgericht hielt diese Passagen nicht für ehrverletzend, im Gegenteil, es billigte den Autoren zu, dass sie wohl Recht hätten.

In BGE 137 IV 313 stellte das Bundesgericht demgegenüber klar, dass einer Person zu unterstellen, «sie habe Sympathien für das Nazi-Regime ... selbst für einen Politiker ehrverletzend» sei[701].

---

699 Donatsch 2013, 377; BSK-Riklin 2018, Vor Art. 173 N 45 f.; Ders., Art. 177 N 5; Stratenwerth/Jenny/Bommer 2010, 236; Stratenwerth/Wohlers 2013, Art. 173 N 8; PK-Trechsel/Lieber 2018, Art. 177 N 2.

700 Vgl. BGE 116 IV 146; 105 IV 194; vgl. aber auch zu den Grenzen den Fall Freysinger: BGE 137 IV 313.

701 Vgl. auch NZZ vom 30.9.2011, 12: «Die verletzte Ehre des Oskar Freysinger – der Walliser Wahlkampf 2007».

Uneins ist sich die Lehre, ob es eine **Intimzone** gibt, in der sich ein Mensch straflos ehrverletzend äussern darf – etwa im Familienkreis, beim Psychiater oder beim Anwalt. Schubarth[702] spricht diesbezüglich etwas unsensibel von einer «Seelenkübelfunktion». Der Freiraum wird zunächst damit begründet, dass der Anwalt zur Geheimhaltung verpflichtet sei. Für die Familie muss man wohl einen Rechtfertigungsgrund der «Wahrung berechtigter Interessen» annehmen («Dampf ablassen»)[703].

(3) «beschuldigt oder verdächtigt»

Art. 176 und Art. 177 machen deutlich, dass die Äusserung durch verschiedene Medien erfolgen kann. Gemäss Art. 174 Ziff. 1 Abs. 2 ist sodann auch strafbar, wer die Beschuldigung oder Verdächtigung, die von einem Dritten ausgeht, weiterverbreitet[704]. Ehrverletzende Äusserungen können auch über elektronische Medien verbreitet werden[705]. Das BezGer ZH hat sogar für einen «like» zu ehrverletzenden Äusserungen verurteilt[706].

b) Subjektiver Tatbestand

Der Täter muss wissen, dass seine Äusserung geeignet ist, den Ruf des Verletzten zu schädigen. Wie immer bezieht sich der Vorsatz auf den gesamten objektiven Tatbestand. Er erfasst dabei *nota bene* nicht die Kenntnis der Unwahrheit. Ein diesbezüglicher Irrtum wird nach den besonderen Regeln des Gutglaubensbeweises behandelt. Auch nicht nötig ist eine besondere Beleidigungsabsicht. Ehrverletzende Randbemerkungen einer Behörde sind – auch wenn sie versehentlich nach aussen gegangen sind – womöglich behördenintern an «Dritte» gelangt[707].

c) Entlastungsbeweis

aa) Problemlage

Nach den üblichen Regeln trägt der Verletzte das Risiko der Beweislosigkeit[708]. Wäre die Unwahrheit der verletzenden Tatsache bei der üblen Nachrede Tatbestandsmerkmal, dann hätte der Verletzte darzutun, dass die Behauptungen nicht zutreffen, er müsste demnach gerade tun, wozu die ehrverletzende Behauptung, die Verdächtigung, ihn zwingen will, nämlich die persönlichsten Dinge öffentlich auszubreiten. Um dies zu verhindern hat das StGB hier ausnahmsweise zu einer Umkehr der Beweislast gegriffen[709]: Die Wahrheit der Behauptungen soll der Beschuldigte dartun, wenn er sich rechtfertigen will. Das Gesetz geht noch weiter: Wo der Beklagte keinerlei begründete

---

702 Schubarth 1982 (Kommentar), Art. 173 N 36.
703 Zum «*confident nécessaire*»: PK-Trechsel/Lieber 2018, Art. 173 N 4.
704 BGE 118 IV 153 (Historikerprozess); Stratenwerth/Wohlers 2013, Art. 173 N 11.
705 Man spricht von «*cyberbullying*»; dazu Brun 2016, 100 ff.; vgl. auch «20 Minuten» vom 19.10.2016, 2: «Rund 11 000 Delikte wegen Ehrverletzung».
706 NZZ vom 30.5.2017, 19: «Wegen Facebook-Likes verurteilt».
707 Unverständlich: BGer 1C_453/2015.
708 Stratenwerth/Jenny/Bommer 2010, 240.
709 Stratenwerth/Jenny/Bommer 2010, 240; PK-Trechsel/Lieber 2018, Art. 173 N 14.

Veranlassung zu einer Aussage hatte, ja, wo es ihm gerade darum ging, sein Gegenüber schlecht zu machen, da soll er diesen Beweis gar nicht erst antreten dürfen. Da interessiert der Wahrheitsgehalt seiner Aussage überhaupt nicht. Selbst wenn sie wahr wäre, gehörte sie bestraft.

bb) Struktur des Entlastungsbeweises

Art. 173 Ziff. 2 und 3 sehen daher ein **zweistufiges Verfahren** vor: In einer ersten Etappe wird die Frage erörtert, ob der *prima facie* verletzende Täter **überhaupt** zum Entlastungsbeweis **zugelassen** wird. Darf er den Beweis antreten, steht ihm entweder die Verteidigung der **Wahrheit** seiner Behauptungen oder allenfalls seiner **Gutgläubigkeit** offen.

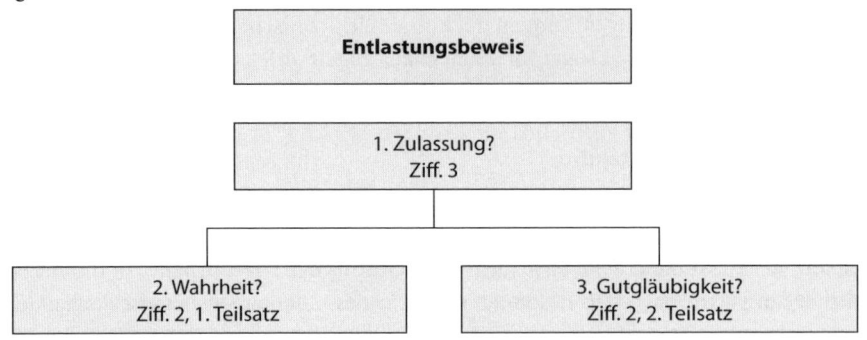

```
                    Entlastungsbeweis

                    1. Zulassung?
                       Ziff. 3
                  ┌──────┴──────┐
         2. Wahrheit?        3. Gutgläubigkeit?
         Ziff. 2, 1. Teilsatz    Ziff. 2, 2. Teilsatz
```

(1) Zulässigkeit (Ziff. 3)

Der Ausschluss der Zulässigkeit ist alles andere als klar geregelt: Der Beschuldigte ist zum Beweis nicht zugelassen, wenn die Äusserung

– ohne Wahrung öffentlicher Interessen oder sonst wie ohne begründete Veranlassung,
– vorwiegend in der Absicht vorgebracht oder verbreitet wurde, jemandem Übles vorzuwerfen; insb., wenn sich die Äusserungen auf das Privat- oder Familienleben beziehen.

Zu klären haben wir die Gehalte der einzelnen Elemente sowie die Frage der Beziehung der Elemente zueinander:

«**Ohne begründete Veranlassung**» gilt als objektives Kriterium. Als Beispiel der begründeten Veranlassung werden Äusserungen zum Vorleben von Personen, die sich für ein öffentliches Amt stellen, Bemerkungen im Rahmen von gerichtlichen Verfahren, Auskünfte über die Zahlungsfähigkeit von Kreditnehmern, aber auch das öffentliche Interesse an einer kritischen Presse überhaupt genannt.

Der Ausschluss vom Entlastungsbeweis erfordert sodann den Nachweis, dass der Beschuldigte «vorwiegend in der Absicht» gehandelt habe, «jemandem Übles vorzuwerfen». Gemeint ist damit der ***«animus iniuriandi»***, die üble Absicht.

Das führt zur Frage, wie vorzugehen ist, wenn zwar die Veranlassung fehlt, aber auch kein ausgesprochen böser Wille im Spiel ist (man denke als Beispiel an dummen Treppenhausklatsch), oder umgekehrt, wie man es halten soll, wenn ein durchaus böswillig Handelnder auch irgendwo objektive Gründe bemühen kann (man denke an Politiker im Wahlkampf, die sich gegenseitig alles Üble wünschen). Lehre und Rechtsprechung sind sich heute einig, dass der Entlastungsbeweis nur bei gleichzeitigem Fehlen begründeter Veranlassung und Vorliegen der üblen Absicht ausgeschlossen sein soll (**Kumulation**)[710].

Man muss sich klarmachen, dass diese Praxis eine Entwicklung in Richtung zur deutschrechtlichen kritikfreudigen Auffassung ist, die auch harte Wahrheiten ansprechen lässt. Der französischrechtliche Vorbehalt zugunsten der Privatsphäre ist lediglich noch ein Unterfall des *animus iniuriandi*, einen prinzipiellen Schutz der Intimsphäre vor Ausleuchtung gibt Art. 173 nicht mehr.

(2) Konkrete Erfordernisse des Entlastungsbeweises

(a) Wahrheitsbeweis (Ziff. 2, erster Teilsatz)

Klar ist, dass der Beweis nicht in den letzten Details gelingen muss, immerhin muss die Aussage aber **im Wesentlichen** zutreffen[711]. Wichtig ist überdies, dass auch erst nachträglich bekannt gewordene Tatsachen zur Verteidigung verwendet werden dürfen[712]: Ziel ist es, den Schutz auf den berechtigten Ruf zu beschränken. Insbesondere beim Vorwurf von Straftaten wird der Wahrheitsbeweis prinzipiell durch das rechtskräftige Urteil erbracht[713]. Eine Ausnahme ist zu machen, falls das Verfahren sistiert[714] oder wegen Verjährung eingestellt worden ist[715].

Der gelungene Wahrheitsbeweis schliesst das Unrecht genauso aus, wie ein anderer Rechtfertigungsgrund (der unberechtigte Ruf findet also keinen Schutz)[716].

(b) Gutglaubensbeweis (Ziff. 2, zweiter Teilsatz)

1950 wurde der Wahrheitsbeweis durch den Gutglaubensbeweis ergänzt, um die Härte der Anforderungen an den Wahrheitsbeweis etwas abzudämpfen. Gelingt der Wahrheitsbeweis nicht oder ist er noch nicht möglich, darf sich der Beschuldigte damit verteidigen, dass er immerhin «ernsthafte Gründe» dafür hatte, seine Behauptung «in guten Treuen für wahr zu halten»[717].

Die blosse Berufung auf Sachverhaltsirrtum im Sinne von Art. 13 reicht damit nicht. Anders als nach dem Regime von Art. 13 muss der Beleidiger zusätzlich zum guten Glauben seine Sorgfalt im Umgang mit ehrenrührigen Informationen belegen[718].

Mit der Einführung weiterer objektiv-normativer Voraussetzungen («ernsthafte Gründe», «in guten Treuen») stellt sich die Frage des Verhältnisses zur «begründeten

---

710 BGE 132 IV 112; Stratenwerth/Jenny/Bommer 2010, 243.
711 BGer 6B_333/2008.
712 BGE 106 IV 115.
713 BGE 132 IV 112; 116 IV 31; BGer 6B_782/2014; PK-Trechsel/Lieber 2018, Art. 173 N 14.
714 BGE 132 IV 112.
715 Stratenwerth/Jenny/Bommer 2010, 245.
716 Donatsch 2013, 388; BSK-Riklin 2018, Art. 173 N 31; Stratenwerth/Jenny/Bommer 2010, 245.
717 BSK-Riklin 2018, Art. 173 N 19 ff.
718 BGE 124 IV 149.

Veranlassung», die den Nachweis erst ermöglicht hat. Wenn diese zweite Stufe der Prüfung einen selbstständigen Sinn haben soll, können die Kriterien nicht identisch sein, auch wenn der objektive Anlass «ernsthafte Gründe», an die Wahrheit zu glauben, indiziert.

Wesentlich ist, dass sich der Beschuldigte – anders als beim Wahrheitsbeweis – natürlich nur auf solche Umstände berufen kann, die ihm bei der Aussage bereits bekannt waren[719].

Für die **Medien** gelten nicht prinzipiell andere Regeln. Allenfalls werden die geltenden Regeln strenger gehandhabt[720]. Für die Presse werden im Entscheid über die Allschwiler Schachgesellschaft konkrete Anforderungen an die Abklärungspflichten von Journalisten definiert:

> Sie müssen alle ihnen nach den Umständen und den persönlichen Verhältnissen zumutbaren Schritte unternommen haben, um die Richtigkeit der Äusserungen zu überprüfen. Gerade für die Presse gelten besonders hohe Standards: Dem Journalisten wird vorgehalten, dass er zwei Wochen Zeit gehabt hätte, den **Schachclub** Allschwil mit dem Vorwurf des Bestechungsversuchs zu konfrontieren. Das blosse Abstellen auf «gut unterrichtete Kreise oder Informanten» reiche nicht mehr. Zumindest hätte die Information sehr viel vorsichtiger formuliert werden müssen[721].
>
> Eine ganze Reihe von weiteren Anforderungen definiert das Bundesgericht vor allem im Zusammenhang mit den **Historikerprozessen**. Wie man BGE 111 II 209 [222] und BGE 118 IV 153 entnehmen kann, wurde verschiedentlich die Rolle von Personen des öffentlichen Lebens im Zweiten Weltkrieg von Historikern in Frage gestellt. In beiden Entscheiden geht es um den Vorwurf der Zugehörigkeit zu frontistischen Verbänden und landesverräterischer Tätigkeit. Im zweiten Fall werden besondere Regeln in der Auseinandersetzung mit wissenschaftlichen Publikationen entwickelt. Eine historische Dissertation hatte einen Professor als Vertrauensanwalt einer Gestapoabteilung bzw. als Gestapovertrauten bezeichnet. Nach Ansicht des Bundesgerichts hätte ein Blick in die Primärquelle den Journalisten, der für seinen Zeitungsartikel zwar die Dissertation benutzt hatte, in seinem Text allerdings die Primärquelle zitierte, darüber aufklären müssen, dass die Aussage der Dissertation durch die Quelle nicht gedeckt war. Müssen Journalisten, wenn sie Dissertationen heiklen Inhalts zitieren, selbst zum Forscher werden und die Primärquelle konsultieren? Ganz so möchte sich das Bundesgericht auch nicht verstanden wissen: Eine Pflicht zur Nachprüfung der Primärquelle bestehe nur, wenn kumulativ ein schwerer Angriff auf die Ehre vorliege und überdies die Sekundärquelle die Primärquelle nicht wörtlich zitiere[722].

Ein besonderes Problem im Zusammenhang mit den Medien wirft die mediale Vorverurteilung im Zusammenhang mit Strafprozessen auf:

> **Udo Proksch** wurde in Österreich vorgeworfen, er sei in einen massiven Versicherungsbetrug verwickelt: Er habe veranlasst, dass das Schiff «Lucona», das eine hochversicherte Fracht (als Atomanlage deklarierter Schrott) an Bord hatte, im indischen Ozean gesprengt wurde und mitsamt sechs Mann Besatzung unterging. Der Schweizer Journalist, der einer möglichen Schweizer Connection des Falls nachging und dabei die Überforderung der Frei-

---

719 BGE 106 IV 115.
720 Donatsch 2013, 383 f.; BSK-Riklin 2018, Art. 173 N 32 ff.; Stratenwerth/Wohlers 2013, Art. 173 N 22; PK-Trechsel/Lieber 2018, Vor Art. 173 N 19.
721 BGE 105 IV 114.
722 Für weitere Details vgl. BGE 118 IV 153.

burger Justiz behauptete, stellte in einem Artikel den Versicherungsbetrug als erwiesen dar. Das Bundesgericht hat im Entscheid BGE 116 IV 31 festgestellt, dass der Staat in seiner Rechtsprechung zu den Ehrverletzungstatbeständen der Unschuldsvermutung Rechnung zu tragen habe. Er kann das dadurch, dass er den Entlastungsbeweis zwar zulässt, aber den Gutglaubensnachweis auf eine vorsichtige Berichterstattung reduziert. Der Journalist hat klarzustellen, dass es sich vorerst nur um einen Verdacht handle und die Entscheidung noch ausstehe.

Die Praxis führt zu sinnvollen Ergebnissen solange der Gutglaubensbeweis zur Diskussion steht. Wie aber ist zu verfahren, wenn der Angeklagte inzwischen **bereits verurteilt** ist und damit der Wahrheitsbeweis *ex post* gelingen wird? Werden damit Vorverurteilungen *à priori* rechtens? In Bezug auf diese Fallkonstellation hat Riklin[723] vorgeschlagen, dem Journalisten bereits die Zulassung zum Entlastungsbeweis abzuschneiden: Niemand hat eine «begründete Veranlassung», den anderen im Vorfeld einer Verurteilung als Täter hinzustellen.

In engem Zusammenhang mit dem erst 1950 eingeführten Gutglaubensbeweis steht auch die Möglichkeit, gemäss Art. 173 Ziff. 5 eine **Ehrenerklärung** abzugeben, wenn der Wahrheitsbeweis nicht erbracht wird. Gedacht wird insb. an die Fälle der Straflosigkeit nach Gelingen des Gutglaubensbeweises, selbst wenn die Behauptung objektiv unwahr oder unbeweisbar bleibt: Der Freispruch könnte in der Öffentlichkeit den unrichtigen Eindruck der Wahrheit der Äusserung aufkommen lassen. Daher sieht das Strafrecht hier eine Erklärung vor, die eigentlich ins Klagearsenal des Zivilrechts gehört.

cc) Verhältnis zu den klassischen Rechtfertigungsgründen

Die Frage hat sich gestellt, ob die besondere Regelung der Entlastungsbeweise die Berufung auf andere, allgemeine Rechtfertigungsgründe obsolet macht. Gedacht wurde insb. an die Situation des Aussagezwangs von Zeugen oder an das Bedürfnis, im Rahmen einer Strafanzeige oder von Verhandlungen vor Behörden prinzipiell über den Verdacht von Straftaten sprechen zu müssen oder zu dürfen, ohne gleich mit einer Ehrverletzungsklage rechnen zu müssen. In der Praxis findet sich eine Reihe von Entscheiden zumal zu Berufspflichten gemäss Art. 14[724]. Soweit einem Zeugen oder einer Prozesspartei einschliesslich deren Anwälte eine Aussage-, Darlegungs- oder Begründungspflicht obliegt, sind ehrenrührige Äusserungen nicht bloss nach dem System der Entlastungsbeweise zu rechtfertigen[725]. Sie können bereits nach Art. 14 i.V.m. dem entsprechenden Verfahrensrecht gerechtfertigt sein. Die praktische Konsequenz ist, dass die allgemeinen **Rechtfertigungsgründe des AT** dem Entlastungsbeweis nach Art. 173 Ziff. 2 und 3 **vorgehen**[726].

---

[723] Riklin 1992, 297 ff.; BSK-Riklin 2018, Art. 173 N 44; krit. PK-Trechsel/Lieber 2018, Art. 173 N 15 und 21.
[724] BGE 131 IV 154; 124 IV 149; 123 IV 97.
[725] BSK-Riklin 2018, Vor Art. 173 N 55 ff.; Stratenwerth/Jenny/Bommer 2010, 251.
[726] BGE 123 IV 97.

3. Verleumdung (Art. 174)

Art. 174 ist demgegenüber ein wesentlich simpler gebauter Tatbestand. Er erfordert bereits als **objektives Tatbestandsmerkmal** die Unwahrheit der ehrenrührigen Tatsachenbehauptung gegenüber Dritten[727].

Im **subjektiven Tatbestand** findet die Unwahrheit ihre Entsprechung im Erfordernis des Handelns «**wider besseres Wissen**». Dabei ist sichere Kenntnis erforderlich, *dolus eventualis* reicht nicht. Darüber hinaus muss der Täter, wie bei Art. 173, um die Gefährlichkeit der Äusserung für die Ehre des Anderen wissen[728].

4. Beschimpfung (Art. 177)

Hat das Ehrverletzungsrecht schon keinen richtigen Grundtatbestand, so hat es wenigstens einen Auffangtatbestand: Sämtliche ehrverletzenden Äusserungen, die sich nicht als Tatsachenbehauptungen gegenüber Dritten darstellen lassen, fallen in den Sammeltopf der Beschimpfung.

a) Objektiver Tatbestand

Dabei kommt es im Objektiven nicht darauf an, wie die Missachtung ausgedrückt wird. Es können auch Gesten (etwa unter Autofahrern) oder Bilder verwendet werden. Allerdings decken sich die Beschreibungen der Begehungsformen in Art. 176 und 177 nicht vollkommen.

Abgrenzungsbedürftig ist insb. die Ehrverletzung von der Tätlichkeit. Die berühmte Ohrfeige, die Nazijägerin Beate Klarsfeld dem damaligen deutschen Bundeskanzler Kiesinger für seine Vergangenheit während des Dritten Reiches verpasst hatte, war deshalb eher eine Beschimpfung als eine Tätlichkeit, weil sie weder schmerzhaft war noch sein sollte: Sie stellte den Bundeskanzler aber vor der breiten Öffentlichkeit erheblich bloss[729].

Unter Art. 177 einzuordnen sind primär die alltäglichen Schimpfworte, die Tiervergleiche, die Zweckentfremdung der Psychiatrie, die ethnologisch so interessante Zeichensprache der Automobilisten etc.

b) Subjektiver Tatbestand

Wie bei der üblen Nachrede muss sich der Täter zwar der Ehrenrührigkeit der Äusserung bewusst sein, dass das Urteil ungerechtfertigt oder die Tatsache unwahr ist, muss er indessen nicht wissen.

c) Entlastungsbeweis

Entgegen der Annahme früherer kantonaler Gerichtsentscheide ist der Entlastungsbeweis unter Umständen auch bei Art. 177 möglich. Soweit Äusserungen auf Tatsachen-

---

[727] BSK-Riklin 2018, Art. 174 N 4; Stratenwerth/Jenny/Bommer 2010, 253.
[728] Donatsch 2013, 380; Stratenwerth/Jenny/Bommer 2010, 253; Stratenwerth/Wohlers 2013, Art. 174 N 2.
[729] S.o. S. 45.

basis gemacht werden (inkl. gemischtes Werturteil) sind die Entlastungsbeweise nach Art. 173 Ziff. 2 und 3 anwendbar. Soweit reine Werturteile (etwa Formalinjurien) ausgesprochen werden, steht der Entlastungsbeweis allerdings nicht zur Verfügung[730]. Auch hier gelten besondere Regeln, wo jemand einer Aussagepflicht zum betreffenden Thema unterworfen ist, als Zeuge etwa – ohne *animus iniuriandi* – jemanden als «Gauner» bezeichnet: Bei Pflichtverhältnissen (Art. 14 i.V.m. dem entsprechenden Prozessrecht) gehen die allgemeinen Rechtfertigungsregeln vor.

d) Provokation und Retorsion (Abs. 2 und 3)

Fakultative Strafbefreiung ist vorgesehen bei den Fällen der Provokation (ein Fall von Selbstjustiz in Bagatelldelikten) und im Sonderfall der Retorsion.

5. Konkurrenzen

Es versteht sich, dass der Art. 174 dem Art. 173 vorgeht, wenn die Voraussetzungen vorliegen.

Art. 160 (Kreditschädigung), Art. 303 und 307 (falsches Zeugnis) stehen zu Art. 174 in Idealkonkurrenz, weil unterschiedliche Rechtsgüter geschützt werden[731].

6. Verjährung (Art. 178 Abs. 1)

Ehrverletzungsdelikte vertragen keinen langen Aufschub bis zur Erledigung: Die relative Verfolgungsverjährung beträgt daher (seit 2002) vier Jahre. In BGE 142 IV 18 hat das Bundesgericht festgehalten, dass auch bei Veröffentlichungen im Internet die Verjährung im Zeitpunkt der Veröffentlichung zu laufen beginnt.

C. Straftaten gegen den Geheim- und Privatbereich

1. Überblick über den strafrechtlichen Geheimnisschutz

a) Zur Bedeutung des Geheimnisses in unserer Gesellschaft

Mit der Ehre war die berechtigte Geltung, das heisst der gerechtfertigte Ruf, eine verantwortliche Person zu sein, geschützt. Demgegenüber ist der Geheim- und Privatbereich der Raum, in dem sich die Persönlichkeit entwickeln kann. Sie ist elementare Voraussetzung der Autonomie der Person.

> Das haben wir bereits als Kinder erfahren. Wer hat nicht Abenteuerbücher gelesen, bei denen es um die Aufdeckung von Geheimnissen ging, sozusagen die Vorbereitung auf die Kriminalromanliteratur der Erwachsenen. Wer hat nicht seine Geheimnisse gehabt, sie selektiv verraten, Freunde, Geschwister eingeweiht oder aber auch ausgeschlossen. Wer hat nicht versucht in die Geheimsphäre der Geschwister oder der Eltern einzudringen? Gerade im Durchbrechen der Geheimsphäre der Eltern ringt das Kind um seine Rolle als ernst zu nehmender Gesprächspartner. Zugleich erfahren wir im kindlichen Umgang mit Geheimnissen, dass Wissen Macht ist und selektives Vorenthalten oder Verraten Machtausübung.

---

730 BGer 6B_333/2008; BSK-Riklin 2018, Art. 177 N 15 f.; Stratenwerth/Jenny/Bommer 2010, 258 f.; Stratenwerth/Wohlers 2013, Art. 177 N 5.
731 Stratenwerth/Wohlers 2013, Art. 173 N 27.

Davon handelt die Jahrhunderte alte Geschichte der Geheimbünde, Geheimgesellschaften, Orden und Logen[732]. Die Bedeutung des Geheimnisses als Herrschafts- und Ordnungsinstrument ist wohl einer der wichtigsten Schlüssel zum Verständnis patriarchaler Gesellschaften. Wer sich mit der Bedeutung von Korruption und Patronagestrukturen befasst, stösst auf die elementare Funktion von Männerclubs, *old boys networks*, auf Intrigen, Günstlingswirtschaft, Neofeudalismus, Klientelismus, kurz, auf Institutionen, die auf das Geheimnis angewiesen sind[733]. Selektiver Umgang mit Information ist das Urprinzip der Machterhaltung, sei es im römischen *«divide et impera»* oder dem Informationsmanagement, das Machiavelli vorschlägt[734].

Es ist denn auch nur logisch, wenn sich die Französische Revolution gegen die Geheimkultur wenden musste: Transparenz gilt zu Recht als Grundprinzip des freien Marktes wie auch der Demokratie[735]. Die Emanzipation der Bürger, ihre Befreiung zum politisch, aber auch wirtschaftlich autonomen Subjekt, ist zugleich eine Auseinandersetzung mit Geheimsphären, gegen die Machtkonzentration absolutistischer Fürsten, der Kirchen, der Kabinettsjustiz, deren Macht vor allem auch auf der Heimlichkeit ihrer Tätigkeit beruhte. Gegen diese Geheimsphäre setzt sich die öffentliche Diskussion durch. Kritik und Dialog als politisches Prinzip mussten erst über die Jahrhunderte erkämpft und etabliert werden und sind Grundprinzipien des modernen Rechtsstaates und der Demokratie.

Gleichzeitig aber war für die Entwicklung der modernen Gesellschaft ganz wesentlich, dass eine klare Abgrenzung von öffentlichem und privatem Raum erfolgte. Während das Öffentliche transparent zu sein hatte[736], musste der Privatraum zur persönlichen Entfaltung garantiert werden: Staat, Gesellschaft, ja auch die Nachbaren haben in der Privatsphäre nichts verloren. Inhaltlich definieren lässt sie sich nicht. Sie ist jener Bereich, in dem staatliche Inanspruchnahme[737], aber auch der Zugriff der Medien oder anderer Privater ausgeschlossen ist. Der Raum zum Rückzug, in dem man sich erholen kann, auch der Raum zum Schweigen. Dabei kann der Raum oder das Geheimnis auch leer sein. Geschützt ist zunächst der physische Raum, allerdings auch der Raum in einem abstrakteren Sinne etwa vor Ausspähen etc.

Je nachdem, ob wir über das Privat- oder das Staatsgeheimnis sprechen, erhält das Wort Geheimnis somit eine unterschiedliche Bedeutung: Das Staatsgeheimnis ist unter Umständen notwendiges Übel, hat aber eine tendenziell anti-emanzipatorische Bedeutung, während das Privatgeheimnis die elementare Voraussetzung zur Entfaltung nicht nur der Persönlichkeit, sondern auch der freien Märkte und der Demokratie ist.

Die Trennung von öffentlich und privat verschleiert allerdings, dass sich Macht in der modernen Welt sehr oft nicht allein im öffentlichen Bereich (staatliche Regulierung), sondern gerade auch im Privaten entfaltet: Es hat eine deutliche Machtverlagerung hin zur Wirtschaft stattgefunden[738]. Was wir heute in der Diskussion um Offenlegung von wirtschaftlichem Einfluss und Bindung von Parlamentariern ansprechen, ist die Herrschaftsdimension privater Geheimnisse. Sind die Märkte frei von behördlichen Schranken, dann bleibt die Absprache unter Privaten weiterhin entscheidend für den konkreten Markterfolg. Im politi-

---

732 Umberto Eco, Il pendolo di Foucault (deutsch: Das Foucaultsche Pendel), Milano 1988.
733 Mark Pieth, Die FIFA Reform, Zürich/St. Gallen 2014.
734 Niccolò Machiavelli, Il principe (1513); modernere Sichtweise: Horst-Eberhard Richter, Die hohe Kunst der Korruption, Erkenntnisse eines Politikberaters, Hamburg 1990.
735 Joseph E. Stiglitz/Mark Pieth, Overcoming the Shadow Economy, Berlin 2016/Die Schattenwirtschaft überwinden, Berlin 2017.
736 Vgl. die weitere Diskussion zur Öffentlichkeit der Verwaltung zu Art. 293 s.u. S. 304 ff.
737 Krauß 1973, 384 (Krauß gesammelte Werke 2011, 193).
738 Pieth/Zerbes 2018, 1246; Pieth WiStrR 2016, 236.

schen Bereich genauso: Das Transparenzgebot und die Offenlegung der Parteienfinanzierung etwa fürchten die Politiker wie der Teufel das Weihwasser.
Kurz: Geheimnis und Geheimnisschutz haben eine höchst ambivalente Bedeutung.

b) Schutz des Geheimnisses im geltenden Recht

aa) Privatsphäre

Der Schutz von Privatgeheimnissen bzw. der Privatsphäre hat eine primär abwehrrechtliche Funktion gegen den Staat, die Presse und auch das neugierige *alter ego*. Im Vordergrund steht hier der geschützte Bereich: konkretisiert im Prinzip «*my home is my castle*». Die Rechtsgebiete teilen sich die Aufgabe, den Privatraum zu schützen. Strafrechtlich steht zunächst der Tatbestand des **Hausfriedensbruchs** (Art. 186) im Vordergrund. Weiter ist der Privatraum – nun abstrakter verstanden – geschützt gegen **Ausspähung** mit **besonderen technischen Apparaten**, insb. Wanzen, Minispionen, aber auch Aufnahmegeräten. Wiederum schützt das Strafrecht aber nur selektiv gegen bestimmte Angriffsweisen. Zudem erweisen sich die Tatbestände von Art. 179 ff., die sich hauptsächlich gegen private Übergriffe richten, in einer Welt, in der wir dem geballten Arsenal der Geheimdienste ausgesetzt sind, wohl als eher hilflos. Immerhin geht es hier um den Schutz der «informationellen Selbstbestimmung»[739]. Hintergrund der Beschränkung auf schwere Fälle ist, dass es primär Sache des Einzelnen ist, seine Privatsphäre zu schützen. Wer im Zug oder im Restaurant seine intimsten Geheimnisse erörtert, kann sich nicht beklagen, wenn er gehört wird und das Gehörte weitererzählt wird[740]. Wer sich seine Gesprächspartner aussucht, muss darauf achten, dass sie Anvertrautes nicht weitererzählen. Das Prinzip der Selbstverantwortung für den Schutz hat mit anderen Worten Vorrang vor den rechtlichen Schutzmassnahmen. Wir werden darauf zu sprechen kommen (s.u. S. 125), wo die Grenze etwa für die Medien und die Wiedergabe intimer Äusserungen in der Öffentlichkeit liegt (man denke an Fernsehaufnahmen trauernder Menschen oder von Unfallopfern usw.).

bb) Privatgeheimnis

Richtet sich der Schutz der Privatsphäre generell vor allem gegen das Eindringen von Unbefugten, wird ausnahmsweise auch der **Verrat** von Geheimnissen durch besondere Berufsgeheimnisträger bestraft. Das Gesetz enthält eine abschliessend gefasste Liste von Berufsleuten, deren Tätigkeit von einer Vertrauensbeziehung entscheidend abhängt (insb. Geistliche, Ärzte, Psychologen und Anwälte sowie deren Hilfspersonen). Entscheidend für die Sondernorm von Art. 321 ist, dass sich der Bürger nicht selber schützen kann. Im Interesse der Gesundheit müssen wir manchmal über intime Dinge mit Ärzten und Ärztinnen sprechen. Sodann setzen Strafverteidigung, Scheidungsverfahren und viele andere Rechtsfragen die offene Diskussion mit einer juristisch gebildeten Vertrauensperson voraus. Davon, dass der Kreis der in Art. 321 verpflichteten Personen (zu) eng gefasst ist, wird noch die Rede sein (s.u. S. 130).

---

[739] Stratenwerth/Jenny/Bommer 2010, 261.
[740] Eine moderne Illustration desselben Problems ist die verbreitete Verwendung des «*Internet of Things*».

cc) Wirtschaftsgeheimnis

Auch wenn die Wirtschaftstätigkeit dem Privatraum zugeordnet wird, wird sie heute wesentlich stärker als rechtlich geschützte Machtposition begriffen. Der Schutz wirtschaftlicher Geheimnisse kann eine valable Alternative zum Patentschutz sein, wo dieser nicht greift, oder wo der faktische Schutz einem eigentlichen Ausschliesslichkeitsrecht vorgezogen wird, das durch Offenlegung erkauft werden muss (der Patentschutz bedingt radikale Offenlegung, gewährt allerdings – zeitlich beschränkt – ausschliesslichen Verwertungsschutz, während der Geheimnisschutz die faktische Unverwertbarkeit anstrebt, allerdings nicht davor schützen kann, dass ein anderer auf dieselbe Idee kommt und sie wirtschaftlich nutzt). Dazu dient das **Fabrikations- und Geschäftsgeheimnis** nach Art. 162 (Schutz gegenüber dem *intraneus*). Zum Schutz vor treuwidrigem Ausspähen und Verleiten zum Verrat (vor dem *extraneus*) bestehen im Wettbewerbsverhältnis unter Konkurrenten weiter Sondernormen im Gesetz über den unlauteren Wettbewerb (UWG). Daneben kennen wir Sondernormen im Bankenrecht (Art. 47 BankG), die analoge Ziele verfolgen. Allemal geht es auch um den Schutz des Vermögens. Es variiert dabei allenfalls der Kreis der geschützten Personen, so wie beim Insidertatbestand (neuerdings im Börsengesetz), der den Verrat und das Ausnutzen vertraulicher Tatsachen unter Strafe stellt, deren Bekanntgabe Börsenkurse erheblich beeinflussen würde (geschützt sind hier die unwissenden Anleger).

Dieses Kurzlehrbuch beschränkt sich auf die Darstellung der eigentlichen Geheimnistatbestände des StGB. Dabei werden auch Art. 320 und 321 bereits im Rahmen dieses Kapitels behandelt. Weitere Geheimnistatbestände kommen im Rahmen des strafrechtlichen Staatsschutzes zur Sprache[741].

dd) Amts- und Staatsgeheimnis

Deutlich weiter weg von der Privatsphäre rücken wir mit dem Amts- und dem eigentlichen Staatsgeheimnis.

Das **Amtsgeheimnis** schützt zunächst einmal indirekt die Privatsphäre des Bürgers (etwa bei geheimen Verhandlungen oder Verfahrensakten oder auch Patientendaten). Sodann werden das Funktionieren von Verfahren und die Sicherung der Arbeitsweise der Behörden geschützt (so etwa die Polizeitaktik). Bezüglich des Amtsgeheimnisses erleben wir gegenwärtig weltweit ein grundsätzliches Umdenken: Unter dem Stichwort «*freedom of information*» etabliert sich weltweit das Prinzip, dass Behörden möglichst offen arbeiten sollten und das Amtsgeheimnis die Ausnahme sein sollte[742]. Es setzt sich die Meinung durch, dass der Bürger unbedingten Zugang zu seinen eigenen Daten erhalten sollte, dass aber auch die weitere Öffentlichkeit über das Funktionieren von Behörden informiert werden sollte. Allerdings schützt dieses System sensible Daten von Individuen (z.B. über seinen Gesundheitszustand) durch das Datenschutzrecht.

---

741 S.u. S. 291 ff.
742 Im deutschsprachigen Raum galt bisher das umgekehrte Prinzip; neu nun aber CoE, Convention on Access to Official Documents, 18.6.2009 und für die Schweiz: Bundesgesetz über das Öffentlichkeitsprinzip der Verwaltung (Öffentlichkeitsgesetz, BGÖ), i.Kr. seit 1.7.2006 (SR 152.3); siehe im Übrigen unten S. 304 ff. zu Art. 293.

Mit den eigentlichen **Staatsgeheimnissen** geht es um die Auseinandersetzung in der Konkurrenz der Nationen. Der Schutz von Staatsgeheimnissen nach aussen ist stark mit dem Konzept des Nationalstaates verknüpft. Das Staatsgeheimnis im eigentlichen Sinne ist aus verschiedenen Richtungen in neuester Zeit unter Druck geraten. Whistleblowers (wie US-Soldat Manning[743] oder der Nachrichtendienstmitarbeiter Snowden, der das Ausmass der Abhörung durch US-Geheimdienste offenlegte[744]) haben zusammen mit der Internet-Plattform Wikileaks viele Staatsgeheimnisse an die Öffentlichkeit getragen und demystifiziert. Sie haben aber auch für erhebliche Verlegenheit gesorgt und zum Teil Menschen konkret gefährdet (man denke an Informanten im Irak oder in Afghanistan)[745].

Ebenso umstritten wie aktuell ist Art. 273 geblieben, der sog. **wirtschaftliche Nachrichtendienst**. Der Tatbestand überhöht privatwirtschaftliche Geheimnisse, aber auch Daten zum Zustand der Schweizer Volkswirtschaft überhaupt zu eigentlichen Staatsgeheimnissen in einer Weise, dass sogar Fehlinformationen formalen Schutz erhalten. Folgerichtig ist dies aus dem Anliegen heraus, die Konkurrenzfähigkeit der Schweiz als Nation *à tout prix* schützen zu wollen. Nach einer Reihe älterer Fälle (darunter dem Fall Adams[746], in dem die Schweizer Justiz es für richtig hielt, ein Unternehmen der Basler Chemie, das offensichtlich EU-Kartellrecht verletzte, vor einem Whistleblower zu schützen), stehen heute modernere Varianten, wie etwa der Verkauf von Bankdaten (die bekannten CD's) an ausländische Steuerbehörden im Vordergrund[747].

Art. 273 wird im Rahmen des strafrechtlichen Staatsschutzrechts behandelt (s.u. S. 293 ff.).

c) Übersicht über die Tatbestände zum Schutz des Geheim- und Privatbereichs im StGB

Schutz des Privatbereichs	
Art. 186	Hausfriedensbruch
Art. 179	Verletzung des Schriftgeheimnisses
Art. 179bis	Abhören und Aufnehmen fremder Gespräche
Art. 179ter	Unbefugtes Aufnehmen von Gesprächen
Art. 179^{quater}	Verletzung des Geheim- oder Privatbereichs durch Aufnahmegeräte
Art. 179^{sexies}	Inverkehrbringen und Anpreisen von Abhör-, Ton- und Bildaufnahmegeräten

---

[743] Der Spiegel vom 5.8.2013, 80 ff.
[744] Der Spiegel vom 5.8.2013, 84.
[745] Vgl. etwa NZZ vom 27.7.2010: «Irans geheime Operationen in Afghanistan».
[746] BGE 111 IV 74.
[747] Tages-Anzeiger vom 23.8.2013: «Die Jagd auf Datendiebe»; NZZ vom 29.6.2013, 14: «Anklage gegen Verkäufer von Steuer-CD»; Süddeutsche Zeitung vom 29.6.2013: «Schweiz klagt mutmasslichen Bankdaten-Dieb aus Deutschland an»; NZZ vom 29.6.2013 «Anklage gegen Datendieb»; dazu auch die revidierten Art. 47 Abs. 1 lit. c und Abs. 1bis BankG; dazu Bazzi 2015, 199.

Schutz der eigentlichen Geheimnisse	
Art. 162	Verletzung des Fabrikations- oder Geschäftsgeheimnisses
Art. 320	Verletzung des Amtsgeheimnisses
Art. 321	Verletzung des Berufsgeheimnisses
Staatsschutz und weitere rein öffentliche Interessen	
Art. 267	Diplomatischer Landesverrat
Art. 273	Wirtschaftlicher Nachrichtendienst
Art. 274	Militärischer Nachrichtendienst
Art. 329	Verletzung militärischer Geheimnisse
Art. 283	Verletzung des Abstimmungs- und Wahlgeheimnisses

2. Schutz des Privatbereichs

a) Hausfriedensbruch (Art. 186)

Der Gesetzgeber hat den Tatbestand des Hausfriedensbruchs bei den Delikten gegen die persönliche Freiheit eingeordnet. Mit Noll ziehe ich es vor, das Rechtsgut des Hausrechts als Ausdruck des Ausschliesslichkeitsrechts zu behandeln[748]. Natürlich enthält der Tatbestand eine doppelte Schutzrichtung: Neben dem Schutz des Privatbereiches geht es um die Freiheit der Willensbetätigung.

aa) Objektiver Tatbestand

(1) Tatobjekt: «Haus»

Als **Haus** definiert das Bundesgericht «jede einen oder mehrere Räumlichkeiten umfassende, mit dem Boden fest und dauernd verbundene Baute, hinsichtlich der ein schutzwürdiges Interesse eines Berechtigten besteht, über den umbauten Raum ungestört zu herrschen und in ihm den freien Willen zu betätigen»[749]. Der Tatbestand zieht allerdings den Schutzbereich wesentlich weiter als das klassische Haus. Er umfasst auch eine **Wohnung**, einen **abgeschlossenen Raum**, «einen unmittelbar zu einem Hause gehörenden umfriedeten **Platz**, Hof oder Garten» sowie einen **Werkplatz**. Die Details wären diskussionsbedürftig. So sind abgeschlossene Räume, nicht aber Teile von Zimmern geschützt[750]. Der Platz muss umfriedet sein. Dabei ist vieles eine Frage der Konvention. Entscheidend ist wohl, dass der Nichtberufene fehl am Platz erschiene, auch wenn etwa ein Zaun nicht lückenlos ist[751].

Es hat sich die Frage gestellt, ob auch Orte geschützt sind, die keineswegs Wohnzwecken dienen (so etwa die zweckentfremdete Parkgarage[752]). Mit der Variante «Werkplatz» deutet das Gesetz aber an, dass es nicht allein um den Schutz der Wohnung geht.

---

[748] Noll 1983, 84.
[749] BGE 108 IV 33 [39]; vgl. auch BSK-Delnon/Rüdy 2018, Art. 186 N 13; Stratenwerth/Wohlers 2013, Art. 186 N 2; PK-Trechsel/Mona 2018, Art. 186 N 2.
[750] BGE 118 IV 319.
[751] PK-Trechsel/Mona 2018, Art. 186 N 3.
[752] BGE 108 IV 33 (Demonstration).

Immerhin ist die Frage berechtigt, ob am leeren Haus, das z.b. zum Abbruch vorbereitet wird, ein berechtigtes Schutzinteresse (z.b. gegenüber Hausbesetzern) bestehen kann: Schubarth hat bestritten, dass hier ein Hausfriede gestört werde[753] und die Formel des Bundesgerichts lässt ihrerseits die Frage zu, ob das «nackte Eigentum» ein ausreichendes «schutzwürdiges Interesse» sei, «über den Raum ungestört zu herrschen»[754].

(2) Tathandlung

Der Tatbestand umschreibt die Tathandlung als das **unrechtmässige Eindringen** oder das **Verweilen** entgegen dem Willen des Berechtigten und entsprechender Aufforderung, sich zu entfernen[755]. Hausfriedensbruch kann ein Begehungsdelikt sein (z.B. der Fuss des Vertreters in der Türe) oder ein Dauerdelikt (unrechtmässiges Verweilen).

Fragen haben sich vor allem zur **Willensverletzung** gestellt. Entscheidend ist der Wille des Trägers des Hausrechts. Auch bei öffentlichen Gebäuden oder halböffentlichen Orten ist der Inhaber des Hausrechts zuständig[756]. Ist das Gebäude oder Gelände vermietet oder verpachtet, verfügen Mieter und Pächter über das Hausrecht[757].

Üben mehrere Personen das Hausrecht gemeinsam aus, reicht bereits der Widerstand einer Person, die Berechtigung zum Verweilen oder den Zutritt zu verweigern[758].

Der Wille des Berechtigten kann konkludent geäussert werden (Gartentor oder bei den Inuit gekreuzte Birkenzweige), allerdings muss er klar zum Ausdruck kommen. Die (implizite) Annahme, dass das Kaufhaus dem Ladendieb wohl den Zutritt verwehren würde, erfüllt diese Anforderungen nicht[759].

Ziehen Mieter oder Pächter nach Beendigung des Vertrags nicht aus (sog. «Beständer») soll nach Ansicht des Bundesgerichts das Hausrecht so lange fortdauern, wie ihre tatsächliche Verfügungsmacht andauert[760]. Das Bundesgericht geht damit auf die ursprüngliche Ratio des Tatbestands zurück, dass es dem Strafrecht im Sinne des *ultima ratio*-Prinzips um den Schutz des Freiraums zur Entfaltung des Einzelnen und nicht um den Schutz des nackten Eigentumsinteresses bzw. der zivilrechtlichen Verfü-

---

753 Schubarth 1984 (Kommentar), Art. 186 N 7.
754 So aber BGE 118 IV 167; vgl. auch BSK-Delnon/Rüdy 2018, Art. 186 N 5 und 13; Donatsch 2013, 475.
755 Stratenwerth/Wohlers 2013, Art. 186 N 3 und 7; PK-Trechsel/Mona 2018, Art. 186 N 6 ff.
756 Vgl. Universitäten oder Sportstadien: BSK-Delnon/Rüdy 2018, Art. 186 N 19 und 30; Lognowicz 2012, 208 ff.
757 BGE 112 IV 31; 83 IV 154.
758 PK-Trechsel/Mona 2018, Art. 186 N 10; bei Ehegatten hatte unter dem alten Eherecht noch der Stichentscheid des Mannes den Ausschlag gegeben (BGE 103 IV 162!). Nach dem neuen Recht hat jeder der Partner ein Vetorecht (Stratenwerth/Jenny/Bommer 2010, 155; Stratenwerth/Wohlers 2013, Art. 186 N 6).
759 Stratenwerth/Jenny/Bommer 2010, 156; weniger klar: BSK-Delnon/Rüdy 2018, Art. 186 N 28; unklar schliesslich die Konsequenzen von BGE 108 IV 33 (Parkhausfall).
760 BGE 118 IV 167; dazu Stratenwerth/Wohlers 2013, Art. 186 N 7.

gungsmacht geht[761]. Demgegenüber sind Delnon/Rüdy der Meinung, das Hausrecht müsse mit Wegfall des zivilrechtlichen Rechtsverhältnisses enden[762].
Schliesslich hat sich im Fall Barschel die Frage gestellt, ob das Hausrecht (hier über ein Hotelzimmer) mit dem Tod erlischt. Das Bundesgericht hat in BGE 118 IV 322 angenommen, auch nach dem Tod bestehe eine zeitlich beschränkte Tabuzone fort.

bb) Subjektiver Tatbestand

Hausfriedensbruch ist ein Vorsatzdelikt. Dem Täter muss klar sein, dass er den Willen des Berechtigten verletzt.

cc) Konkurrenzen

Zu Diebstahl und Sachbeschädigung besteht beim Einbruchdiebstahl echte Konkurrenz.

b) Schutz des Schriftgeheimnisses (Art. 179)

Art. 179 ist der klassische Tatbestand zum Schutze der Vertraulichkeit der Kommunikation (er war von Anfang an im StGB)[763].

aa) Grundtatbestand (Abs. 1)

Nach dem Grundtatbestand wird eine verschlossene Schrift oder Sendung, die nicht für den Täter bestimmt ist, unberechtigt geöffnet. Ob der Inhalt geheim ist, spielt dabei keine Rolle. Geschützt ist sogar die leere Sendung. Zu Diskussionen Anlass gegeben hat, wie der Aufdruck «zu Handen von» im Geschäftsverkehr zu bewerten ist. Gemäss Bundesgericht ist nach der Verkehrsübung nicht nur die auf dem Umschlag genannte Person zum Öffnen berechtigt[764], demgegenüber schliesst der Vermerk «persönlich» andere Empfänger aus[765].
In der Lehre wurde intensiv darüber diskutiert, ob als Schrift oder Sendung auch eine E-Mail gelten könne. Die einen lehnen bereits den Charakter der «Sendung» ab, andere sind der Ansicht, dass es (selbst bei Codierung) am erforderlichen «Verschluss» fehle[766]. Wohl geeigneter zum Schutz von E-Mails ist der Hacker-Tatbestand (Art. 143bis[767]). Art. 179 ist ein Vorsatzdelikt. Das versehentliche Öffnen ist somit straflos.

---

761 So die Interpretation von BSK-Delnon/Rüdy 2018, Art. 186 N 5.
762 BSK-Delnon/Rüdy 2018, Art. 186 N 7.
763 BSK-Vogelsang/Ramel 2018, Art. 179 N 6; Stratenwerth/Jenny/Bommer 2010, 262; PK-Trechsel/Lieber 2018, Art. 179 N 1.
764 BGE 114 IV 16; Stratenwerth/Wohlers 2013, Art. 179 N 3.
765 Stratenwerth/Jenny/Bommer 2010, 263.
766 Donatsch 2013, 397; PK-Trechsel/Lieber 2018, Art. 179 N 5; BSK-Vogelsang/Ramel 2018, Art. 179 N 20 ff.
767 S.u. S. 161 ff.

bb) Verwertungstatbestand (Abs. 2)

Strafbar ist auch «wer Tatsachen, deren Kenntnis durch Öffnen einer nicht für ihn bestimmten verschlossenen Schrift oder Sendung erlangt hat, **verbreitet** oder **ausnutzt**». In grammatikalischer Auslegung müsste eigentlich klar sein, dass nur der Täter von Abs. 1 den Abs. 2 begehen kann[768]. Allerdings spielt es für Abs. 2 keine Rolle, ob die Sendung versehentlich geöffnet wurde[769]. Anders als bei Abs. 1 wird durch den Verwertungstatbestand nur der wirklich geheime Inhalt geschützt.

Die Lehre nimmt zwischen Abs. 1 und Abs. 2 echte Konkurrenz an[770].

c) **Vertraulichkeit des Wortes (Art. 179bis und 179ter)**

aa) Einführung

1968 sah sich der Gesetzgeber veranlasst, gegen weitere Formen des Eindringens in den Privatbereich, Normen zu erlassen. Das Arsenal des James Bond zum gezielten Lauschangriff war infolge technischen Fortschritts nicht mehr den Geheimdiensten vorbehalten. Nicht weniger als 39 Firmen verkauften 1967 in der Schweiz sog. Minispione (kleine Sender, Wanzen im Volksmund), mit denen vortrefflich in Erfahrung zu bringen war, was nun die Nachbarn genau von einem hielten. Auch die Boulevardpresse war über das Angebot erfreut. Die Gesetzgebungsnovelle richtete sich gegen den unberechtigten Gebrauch von Ton- und Bildaufnahmegeräten, deren Vertrieb sowie (in einem Aufwasch) gegen den Missbrauch des Telefons[771].

Obwohl das Thema immer wieder diskutiert worden war, gab sich der Gesetzgeber indessen nicht dazu her, einen allgemeinen Indiskretionstatbestand (d.h. die Strafbarkeit sämtlicher grundloser Veröffentlichungen von Behauptungen über den Intim- und Privatbereich von Menschen, unabhängig von deren Wahrheit) zu schaffen. Zu gross schienen die Abgrenzungsprobleme und das Konfliktpotential mit der Pressefreiheit. Die Thematik wurde dem Zivilrecht überlassen[772].

bb) Abhören und Aufnehmen fremder Gespräche (Art. 179bis)

Nach Art. 179bis ist das fremde, nicht-öffentliche Gespräch gegen Abhören und Aufnehmen mithilfe technischer Geräte geschützt.

Mit dem Erfordernis der **Fremdheit** wird klargestellt, dass es um den Schutz vor dem Eindringen in die Privatsphäre anderer geht, während Art. 179ter die unbewilligte Aufnahme von Gesprächen meint, an denen der Täter selbst teilnimmt[773].

---

768   Entgegen BGE 88 IV 145: Donatsch 2013, 399; Schubarth 1984 (Kommentar), Art. 179 N 42 f.; Stratenwerth/Jenny/Bommer 2010, 264; PK-Trechsel/Lieber 2018, Art. 179 N 8.
769   Donatsch 2013, 399; Stratenwerth/Jenny/Bommer 2010, 264; Stratenwerth/Wohlers 2013, Art. 179 N 5.
770   PK-Trechsel/Lieber 2018, Art. 179 N 12 entgegen Schubarth 1984 (Kommentar), Art. 179 N 47.
771   Botschaft des Bundesrates, BBl 1968 I 585.
772   Schultz 1971, 302; vgl. auch für Deutschland § 182 E62 StGB.
773   PK-Trechsel/Lieber 2018, Art. 179bis N 3.

Einige Diskussionen hervorgerufen hat die Auslegung des Begriffs «**Gespräch**». Während Stratenwerth/Jenny/Bommer und Schubarth[774] einen eigentlichen Austausch mindestens zweier Personen verlangen, hatten insb. Trechsel/Lieber und Noll[775] – meiner Ansicht nach zu Recht – auch das Selbstgespräch für schützenswert gehalten. Der Tatbestand erfasst sowohl das direkte wie das fernmündliche Gespräch, nicht aber blosse Randdaten[776].

Zu reden gegeben hat weiter das Erfordernis der **fehlenden Öffentlichkeit**. Dass das Gespräch in den eigenen vier Wänden gemeint ist, ist klar. Interessant ist aber, wie weit sich die Privatsphäre auch auf Äusserungen auf der Allmend, in Restaurants, in öffentlichen Verkehrsmitteln usw. erstreckt. Natürlich hat sich jeder selbst zuzuschreiben, wenn er durch laute Äusserungen in der Allgemeinheit Öffentlichkeit herstellt. Denkbar sind andererseits auch private Momente im öffentlichen Raum. Sie gelten als nicht-öffentlich. Amtliche Gespräche und Einvernahmen fallen nicht unter den Begriff des «nicht-öffentlichen»[777].

Um ein Sonderproblem, das im Strafprozessrecht und nicht hier zu behandeln ist, handelt es sich bei der Zulässigkeit der Beweisverwertung im Prozess von nach Art. 179bis oder 179ter illegal aufgenommenen Privatgesprächen[778].

cc) Unbefugtes Aufnehmen von Gesprächen (Art. 179ter)

Strafbar ist auch wer als Gesprächsteilnehmer ein nicht-öffentliches Gespräch, ohne Einwilligung der übrigen Gesprächsteilnehmer auf einen Tonträger aufnimmt. Diskutiert worden ist, wie zu verfahren ist, wenn die Aufnahme offen erfolgt, obwohl sich der (die) Gesprächsteilnehmer dagegen ausgesprochen hatte(n). Die Lehre nimmt an, wer sich trotzdem auf ein Gespräch einlässt, erteilt konkludent seine Einwilligung[779].

dd) Verwertungstaten

Art. 179bis Abs. 2 enthält einen Verwertungs- und einen Weitergabetatbestand; Abs. 3 bestraft sogar das Aufbewahren (im Sinne einer abstrakten Gefährdung). Art. 179ter fasst in Abs. 2 all diese Verwertungshandlungen für seine Belange zusammen.

d) **Strafrechtlicher Schutz des «Rechts am eigenen Bild» (Art. 179^{quater})**

Bei diesem Tatbestand geht es um die visuelle Bespitzelung ohne Einwilligung. Fraglich ist dabei, ob der Tatbestand zur Abwehr von «Paparazzi» taugt[780].

---

774 Stratenwerth/Jenny/Bommer 2010, 267; Schubarth 1984 (Kommentar), Art. 179bis N 17.
775 PK-Trechsel/Lieber 2018, Art. 179bis N 2; Noll 1983, 90; vgl. auch Donatsch 2013, 402.
776 BSK-Vogelsang/Ramel 2018, Art. 179bis N 6.
777 OGer ZH (SB 130424); dazu PK-Trechsel/Lieber 2018, Art. 179bis N 4; vgl. bereits BGE 108 IV 161.
778 Vgl. insb. den Fall Schenk (BGE 109 Ia 244; EGMR Schenk/Schweiz EuGRZ, 390 ff.); vgl. Godenzi 2012, 1243 ff. sowie BSK StPO-Gless 2014, Art. 141 N 76; Hug 2012, 697; Pieth StPO 2016, 195 f.; Stratenwerth/Wohlers 2013, Art. 179ter N 1.
779 Stratenwerth/Jenny/Bommer 2010, 274; BSK-Vogelsang/Ramel 2018, Art 179ter N 7.
780 Zur Zulässigkeit des Einsatzes durch Privat- und Sozialdetektive: Aebi-Müller/Eicker/Verde 2010, 13 ff.; Hug 2012, 681 ff.

aa) Tatobjekt

Geschützt wird eine Tatsache aus dem Geheimbereich oder «eine nicht ohne Weiteres zugängliche Tatsache aus dem Privatbereich eines andern». Mit **Geheimbereich** wird gemeint, was man nur mit ganz bestimmten Personen teilen möchte[781]. Der **Privatbereich** ist weiter, er ist aber nicht für jedermann ohne Weiteres zugänglich. Traditionellerweise wird die Überwindung eines Hindernisses erwartet (wobei es sich um eine bloss «rechtlich-moralische Schranke» handeln kann[782]). Im öffentlichen Raum dagegen geniesst man keinen Schutz[783]. Allerdings wird erwogen, ob es nicht auch dort Tabuzonen geben muss, zumal dort, wo sich Personen allein oder doch unerkannt wähnen (das Liebespaar am abgeschiedenen Ort oder gerade in der Menge, z.B. beim Popkonzert) oder wo man den Blicken der Öffentlichkeit ausgeliefert ist (Bsp. Trauernde auf dem Friedhof, Verletzte auf dem Weg ins Spital)[784]. Das Bundesgericht hat in einem Fall, in dem ein strafrechtlich Beschuldigter vor seiner Haustür gegen seinen Willen von einer Boulevardzeitung fotografiert wurde, den Geheimbereich über den vom Hausfriedensbruch geschützten Raum hinaus ausgedehnt[785]. Analog zum Hausfriedensbruch wird das «Recht am eigenen Bild» auch während der Zeit unmittelbar nach dem Tod aufrechterhalten[786].

bb) Tathandlung

Die Tathandlung besteht darin, das Opfer ohne dessen Einwilligung mit einem technischen Aufnahmegerät zu beobachten oder mit einem Bildträger aufzunehmen. Während die Aufnahme einigermassen selbstverständlich ist, mutet der Passus «mit einem Aufnahmegerät beobachten» eher merkwürdig an, zumal reine Beobachtungshilfen (Fernglas, Periskop, Einwegspiegel etc.) vom Tatbestand nicht erfasst sein sollen[787].

cc) Verwertungshandlungen

Art. 179^{quater} Abs. 2 und 3 wiederholen die bereits in Art. 179bis und 179ter enthaltenen Verwertungstaten.

e) **Rechtfertigung**

Vorab wirkt bei den Tatbeständen von Art. 179$^{bis-quater}$ die **Einwilligung** tatbestandsausschliessend.
Art. 179^{quinquies} enthält sodann zwei weitere Rechtfertigungsgründe, die vor allem der Beweissicherung dienen[788]: Vorab dürfen Fernmeldegespräche mit Hilfs-, Rettungs-

---

781 BSK-Vogelsang/Ramel 2018, Art. 179^{quater} N 9; vgl. auch Stratenwerth/Wohlers 2013, Art. 179^{quater} N 1.
782 BGE 118 IV 41; vgl. BSK-Vogelsang/Ramel 2018, Art. 179^{quater} N 11.
783 Stratenwerth/Wohlers 2013, Art. 179^{quater} N 1.
784 Stratenwerth/Jenny/Bommer 2010, 277.
785 BGE 118 IV 41; anders aber 137 I 335.
786 BGE 118 IV 319 (Fall Barschel).
787 BGE 117 IV 31; BSK-Vogelsang/Ramel 2018, Art. 179^{quater} N 18; PK-Trechsel/Lieber 2018, Art. 179^{quater} N 6.
788 Stratenwerth/Wohlers 2013, Art. 179^{quinquies} N 1.

und Sicherheitsdiensten aufgenommen werden[789]. Sodann ist es nunmehr zulässig, im Geschäftsverkehr Gespräche über «Bestellungen, Aufträge, Reservationen und ähnliche Geschäftsvorfälle» aufzunehmen[790].

Art. 179[octies] verweist auf die zulässigen Zwangsmassnahmen zur Telefonkontrolle und zur technischen Überwachung zumal gemäss StPO (Art. 269 ff. und 280 f. StPO[791]) und BÜPF[792].

Übergesetzliche Rechtfertigungsgründe bemüht haben insb. Fernsehjournalisten (Kassensturz), die Schönheitschirurgen und Versicherungsvertreter mit versteckter Kamera unlauterer Praktiken überführen wollten. Das Bundesgericht hatte ihnen allerdings vorgehalten, sie hätten dasselbe Ziel auch unter Wahrung des Persönlichkeitsschutzes der betreffenden Personen erreichen können. Die «Wahrung überwiegender Interessen» wurde für diese Vorgehensweise abgelehnt[793]. Zu einer anderen Einschätzung kam aber der EGMR. Er stufte Art. 10 EMRK höher ein, zumal es bei der Reportage nicht um die Kritik an Individuen, sondern um Berufsgruppen ging. Zudem seien die Persönlichkeitsinteressen des Versicherungsvertreters durch Unkenntlichmachung von Gesicht und Stimme Genüge getan worden[794].

f) Inverkehrbringen von Abhör- und Aufnahmegeräten (Art. 179[sexies])

Art. 179[sexies] ist, anders als die vorhergehenden Tatbestände, ein Offizialdelikt. Er möchte den Import und Vertrieb riskanter Geräte unterbinden. Dabei bekundet der Gesetzgeber Schwierigkeiten, die Natur der Geräte präzise zu umschreiben. Der Passus «technische Geräte, die **insbesondere** zum widerrechtlichen Abhören oder ... Bildaufnahme dienen», ist, wie Schubarth zu Recht kritisiert, «missglückt»[795]. Soll jeder Handy-Verkäufer kriminalisiert werden? Wohl kaum. Gedacht war an Wanzen und Minispione, die von ihrer Grösse, ihrer Tarnung und Funktionsweise her nur quasigeheimdienstlichen Zwecken dienen[796]. Neuerdings fallen darunter auch bestimmte Softwareapplikationen[797].

---

789 Stratenwerth/Jenny/Bommer 2010, 272 f.
790 Grimm/Vlcek 2004, 534 ff.
791 Pieth StPO 2016, 162 ff., 168 ff.
792 Bundesgesetz betreffend die Überwachung des Post- und Fernmeldeverkehrs (BÜPF) vom 6.10.2000 (SR 780.1).
793 BGer 6F_25/2015; NZZ vom 6.11.2007, 53 (OGer ZH); NZZ vom 17.10.2008, 14 (BGer).
794 EGMR i.S. Haldimann et al. v. Schweiz vom 24.2.2015 (Nr. 21830/09); vgl. dazu PK-Trechsel/Lieber 2018, Art. 179bis N 6a.
795 Schubarth 1984 (Kommentar), Art. 179[sexies] N 4.
796 Donatsch 2013, 415; Schubarth 1984 (Kommentar), Art. 179[sexies] N 4 f.; Stratenwerth/Jenny/Bommer 2010, 279; PK-Trechsel/Lieber 2018, Art. 179[sexies] N 2; BSK-Vogelsang/Ramel 2018, Art. 179[sexies] N 4; Stratenwerth/Wohlers 2013, Art. 179[sexies] N 1.
797 So der berühmte Trojaner, dessen Gebrauch ausschliesslich staatlichen Behörden vorbehalten ist: BSK-Vogelsang/Ramel 2018, Art. 179[sexies] N 5.

3. Schutz des eigentlichen Geheimnisses

a) Strafrechtlicher Geheimnisbegriff

Das Strafrecht kennt zwei unterschiedliche Geheimnisbegriffe, einen formellen und einen materiellen.

Nach dem **formellen** Geheimnisbegriff (vgl. etwa die Kontroverse zu Art. 293) sollen bestimmte Akten, Verhandlungen und Untersuchungsunterlagen als geheim gelten, weil sie vom Gesetz oder durch Behördenbeschluss als geheim erklärt worden sind. Ob die betreffenden Tatsachen, die in diesen Dokumenten Ausdruck finden, effektiv geheim sind, ist gleichgültig[798].

Demgegenüber haben Lehre und Praxis für den **materiellen** Geheimnisbegriff drei Erfordernisse entwickelt:

- Die Tatsache muss relativ unbekannt sein,
- der Geheimnisherr muss an ihr ein berechtigtes Geheimhaltungsinteresse und
- einen entsprechenden Geheimhaltungswillen haben[799].

Der materielle Geheimnisbegriff kommt in den Tatbeständen von Art. 162, 267, 273, 320 und 321 zur Anwendung.

Relativ unbekannt heisst, dass die Tatsache zwar einem eingeweihten Kreis als sicher bekannt ist, dass sie vielleicht auch in einer Bibliothek zu finden wäre, dass sie aber sicher noch nicht in aller Munde ist. Was mit Hilfe einer elektronischen Suchmaschine leicht zu finden ist, ist nicht mehr unbekannt.

Zur faktischen Unbekanntheit tritt ein normatives Kriterium hinzu: Die unbekannte Tatsache muss relevant sein, sei es, dass sie verwertbar ist oder, dass ein **schützenswertes Interesse** daran besteht, sie zur Schadensabwendung geheim zu halten. Anders als bei der Definition des Geheimbereichs nimmt der Geheimnistatbestand also Bezug auf den Inhalt des Geheimnisses.

Kein schützenswertes Interesse besteht an rechtswidrigen Tatsachen.

> In welche Schwierigkeiten man sich versteigt, wenn man dem Staat zugesteht, auch illegale Geheimnisse zu haben, zeigt der deutsche Fall Ossietzky: In den 1930er Jahren ist Karl von Ossietzky, Herausgeber der kritischen Zeitung «Weltbühne» in Deutschland dafür zur Verantwortung gezogen worden, dass seine Zeitung darüber berichtet hatte, dass die deutsche Luftwaffe – entgegen den Bestimmungen des Versailler Friedensvertrages – wieder aufgerüstet werde. Das war zwar nicht direkt unbekannt, aber die Siegermächte des Ersten Weltkrieges schienen es nicht zur Kenntnis nehmen zu wollen. Obwohl die Publikation auf illegales staatliches Handeln hinwies, wurde Ossietzky 1931 verurteilt. Noch krasser ist aber, dass die Wiederaufnahme des Verfahrens und die (posthume) Rehabilitation des im Konzentrationslager ermordeten Ossietzky 1992 vom deutschen BGH mit einer ähnlichen Argumentation abgelehnt wurden[800].

---

798 BGE 126 IV 236; 114 IV 34; 108 IV 185; krit. BSK-Fiolka 2018, Art. 293 N 15; Stratenwerth/Wohlers 2013, Art. 293 N 2; dazu unten S. 304 ff.
799 BSK-Niggli/Hagenstein 2018, Art. 162 N 10 ff.; Stratenwerth/Jenny/Bommer 2010, 511; PK-Trechsel/Jean-Richard 2018, Art. 162 N 2; PK-Trechsel/Vest 2018, Art. 321 N 20.
800 Vgl. NStZ 1993, 502 ff.; RGSt vom 23.11.1931; BGHSt 6/92 vom 3.12.1992.

Drittens ist der **Geheimhaltungswille** erforderlich. Das Element geht allerdings davon aus, dass der Geheimisherr den Inhalt des Geheimnisses überhaupt kennt. Wo – wie beim ärztlichen Berufsgeheimnis – auch die blosse Wahrnehmung durch den Arzt geheimnisbegründend wirkt, kann es sein, dass sich der Patient dessen nicht bewusst ist.

b) Verletzung des Fabrikations- oder Geschäftsgeheimnisses (Art. 162)

aa) Tatobjekt

Art. 162 konkretisiert den allgemeinen materiellen Geheimnisbegriff in zwei Richtungen:

Zum einen muss er **wirtschaftliche Sachverhalte** betreffen[801]. Dabei geht es entweder um die kaufmännisch-betriebswirtschaftliche Seite (Geschäftsgeheimnis) oder um technische Abläufe der Produktion (Fabrikationsgeheimnis)[802]. Zum anderen muss eine gesetzliche oder vertragliche Pflicht bestehen, das Geheimnis zu wahren.

Probleme bereitet insb. die Abgrenzung zur Berufserfahrung des Arbeitnehmers (die in der Regel durch die Arbeit in einem Betrieb auch vermehrt wird)[803]. Man hat sich mit dem Satz beholfen, «das Können» gehöre dem Arbeitnehmer, «das Wissen» dem Arbeitgeber. Leider sind die Verhältnisse längst nicht mehr so klar, da das Bild für den Handwerker und den Fabrikarbeiter passen mochte, dem Spezialisten aber kaum mehr gerecht wird. Zudem ist oft auch der Prozess (das «Können») entscheidend für den Durchbruch eines Produktes. Typischerweise werden ja auch Verfahren patentiert. Mit solchen Situationen (bspw. in der Pharmaindustrie) versucht man mit einer grosszügigen Abfindung gekoppelt an ein rigoroses (zivilrechtliches) Konkurrenzverbot fertig zu werden.

bb) Tathandlungen

Strafbar ist, wer Geheimnisse **verrät** oder – nach Abs. 2 – wer den Verrat für sich oder einen anderen **ausnützt**. Das reine Empfangen der Information gilt als «notwendige Teilnahme» und ist straflos[804]. Wer zum Verraten angeregt hat oder eigentliche Industriespionage betrieben hat, ist allenfalls nach UWG (vgl. Art. 4 lit. c oder Art. 6 i.V.m. Art. 23 Abs. 1 UWG) strafbar[805]. Wenn er aktiv zum Sonderdelikt angestiftet hat, kommt beim *extraneus* allenfalls Milderung nach Art. 26 in Frage[806].

c) Verletzung des Amtsgeheimnisses (Art. 320)

Art. 320 erfüllt eine Doppelfunktion: Er dient zum einen dem Schutz privater Interessen, zum anderen soll er das Funktionieren der Verwaltung sicherstellen[807].

---

[801] PK-Trechsel/Jean-Richard 2018, Art. 162 N 6.
[802] BGE 103 IV 283; 80 IV 22; BStGer RR.2011.302 E. 4.6.; Stratenwerth/Jenny/Bommer 2010, 512; PK-Trechsel/Jean-Richard 2018, Art. 162 N 4 und 5.
[803] BSK-Niggli/Hagenstein 2018, Art. 162 N 20; Schubarth/Albrecht 1990, Art. 162 N 7.
[804] BSK-Niggli/Hagenstein 2018, Art. 162 N 41; Schubarth/Albrecht 1990, Art. 162 N 18.
[805] Bsp. BGer 6B_65/2015.
[806] Stratenwerth/Wohlers 2013, Art. 26 N 1.
[807] BSK-Oberholzer 2018, Art. 320 N 1.

aa) Täter

Als Täter kommen **Mitglieder einer Behörde oder Beamte**, d.h. Amtsträger, in Frage. Dabei kann auf Parallelnormen zurückgegriffen werden (für die Behördenmitglieder auf Art. 312 und 322^(ter)) sowie auf die Legaldefinition des Beamten in Art. 110 Abs. 3. Allemal gilt, dass nicht ein formaler, sondern ein funktionaler Amtsträgerbegriff Anwendung findet[808].

bb) Geheimnis

Auch bei Art. 320 findet der **materielle Geheimnisbegriff** Anwendung[809]. Das Amtsgeheimnis ist das Geheimnis, das dem Amtsträger «in seiner Eigenschaft als Mitglied einer Behörde oder als Beamter anvertraut worden ist, oder das er in seiner amtlichen oder dienstlichen Stellung wahrgenommen hat»[810]. Zwar hält das Bundesgericht fest, dass es reicht, dass sich die Pflicht zur Geheimhaltung aus der besonderen Stellung des Amtsträgers ergibt, einer ausserstrafrechtlichen gesetzlichen Grundlage bedürfe es aber nicht; allerdings ist – unter der aktuellen Herrschaft der Öffentlichkeit der Verwaltung[811] – nicht die gesamte Verwaltungstätigkeit pauschal als geheim einzustufen[812]. Ob Amtsberichte teilweise unrichtig sind oder auch nur Mutmassungen enthalten, ist dabei unerheblich[813].

cc) Tathandlung: offenbart

Es kann auch ein Offenbaren sein, wenn die Tatsache einer Person mitgeteilt wird, die ihrerseits einer Dienstpflicht untersteht[814] (man denke etwa an die Weitergabe von Patientengeschichten von Spital zu Spital oder von Privatarzt zu Spital, ohne die Einwilligung des Patienten einzuholen). Allerdings ist die Einhaltung des Dienstweges kein «Offenbaren», unter Umständen wird sogar die Umgehung des Dienstweges innerhalb derselben Behörde toleriert[815].

dd) Rechtfertigungsgründe

Unter dem Stichwort der Rechtfertigungsgründe wird neben Anzeige- und Meldepflichten[816] v.a. das Thema Whistleblowing erörtert. Aktuell ohne besondere Rechtsgrundlage riskiert der Whistleblower allerdings sowohl arbeitsrechtliche wie

---

808 BGE 135 IV 198; BSK-Oberholzer 2018, Art. 320 N 6; **Pieth/Eymann/Zerbes 2014, Fall 21** («**Die gläserne Patientin**»), **267 ff.**; vgl. auch die Erörterung bei den Bestechungstatbeständen s.u. S. 349 f.
809 BSK-Oberholzer 2018, Art. 320 N 8; Stratenwerth/Bommer 2013, 454; PK-Trechsel/Vest 2018, Art. 320 N 3 ff.
810 BGE 115 IV 233; 114 IV 44.
811 S.o. S. 118.
812 BGE 142 IV 65 [68].
813 BGE 116 IV 56 [65].
814 BGE 114 IV 44 [47 f.].
815 BGE 116 IV 56 (Kopp et al.).
816 PK-Trechsel/Vest 2018, Art. 320 N 13.

auch strafrechtliche Konsequenzen[817]. Die Schweiz steht mit ihrer zögerlichen Haltung zum Institut des Whistleblowers international in der Kritik[818].

d) Verletzung des Berufsgeheimnisses (Art. 321)

aa) Einführung

Der Schutz des Berufsgeheimnisses ist der Klassiker unter den Geheimhaltungstatbeständen. Er bezieht sich auf eine abschliessend aufgezählte Gruppe von Berufen[819], die dadurch ausgezeichnet sind, dass zu ihnen ein **besonderes Vertrauensverhältnis** besteht: Wir sind darauf angewiesen, uns ihnen anzuvertrauen. Es geht im Wesentlichen um die **Geistlichen**, **Ärzte** und **Anwälte** sowie eine Reihe abschliessend aufgezählter **weiterer medizinischer Berufe**[820]. Es handelt sich um Sonderdelikte und das Gesetz definiert hier, anders als bei Art. 162, auch den Umfang der Diskretionspflicht.

Als historischer Einstieg diene der Eid des Hipokrates[821]:

> «Über das, was ich bei der Behandlung oder auch unabhängig von der Behandlung sonst im menschlichen Körper sehe oder höre, und was nach aussen nicht ausgeplaudert werden soll, werde ich schweigen, solches als Geheimnis betrachtend».

bb) Objektiver Tatbestand

(1) Verpflichtete Berufsgruppen

Der Kreis der Schweigeverpflichteten ist zwar leicht angepasst worden: Art. 321 zählt nunmehr «Geistliche, Rechtsanwälte, Verteidiger, Notare, Patentanwälte, nach OR zur Verschwiegenheit verpflichtete Revisoren, Ärzte, Zahnärzte, Chiropraktoren, Apotheker, Hebammen» und neuerdings auch «Psychologen» sowie die «Hilfspersonen» dieser Berufsgruppen auf. Nach wie vor nicht erfasst sind aber selbstständig tätige Physiotherapeuten und Sozialarbeiter[822]. Einzelne Lücken sind zwar gefüllt worden: Art. 93 Abs. 2 regelt die Geheimhaltungspflicht der Bewährungshelfer und Art. 28a den Quellenschutz der Journalisten, zudem ergänzt das DSG den Schutz des Berufsgeheimnisses[823].

(2) Geheimnisbegriff

Bezüglich des Geheimnisbegriffs wird regelmässig auf die Praxis zu Art. 162 verwiesen. Indessen fragt sich, ob hier nicht ein modifizierter Geheimnisbegriff Anwendung findet, der in Richtung Schutz der Geheimsphäre geht: Kommt es darauf an, ob an den einzelnen Informationen, die im Sprechzimmer des Arztes gegeben werden, ein

---

817 Jositsch/Brunner 2012, 482 ff.; Jositsch/Drzalic 2016, 349 ff.; Jositsch 2007, 98; Hug 2013, 1 ff.; Konopatsch 2012, 217 ff.
818 OECD WGB Evaluation der Schweiz, Phase 3, 42.
819 BSK-Oberholzer 2018, Art. 321 N 4; PK-Trechsel/Vest 2018, Art. 321 N 3.
820 BSK-Oberholzer 2018, Art. 321 N 2.
821 Von 460–375 v.Chr.
822 Hess 1972, 51 ff. zu den Sozialarbeitern; zu den Lücken generell: PK-Trechsel/Vest 2018, Art. 321 N 15.
823 PK-Trechsel/Vest 2018, Art. 321 N 16.

Geheimhaltungsinteresse resp. ein Geheimhaltungswille besteht oder besteht nicht vielmehr ein legitimes Interesse daran, dass die gesamte Krankengeschichte, ja sogar die Existenz einer bestimmten Patient-Arzt-Beziehung überhaupt, vertraulich behandelt wird? Für diese Deutung spricht, dass vom Geheimbereich nicht nur, was man dem Arzt anvertraut, sondern auch was die Geheimhaltungspflichtigen in Ausübung ihres Berufes «wahrnehmen», erfasst wird[824].

Vom Geheimnisschutz gemäss Art. 321 ausgeschlossen ist indessen die Weitergabe von Tatsachen, die berufsfremd, privat oder sonstwie ausserhalb der Berufsaufgaben liegen. Das Bundesgericht hat etwa zur Definition der Anwaltstätigkeit in seinem wegweisenden Entscheid BGE 112 Ib 606 die Unterscheidung zwischen Anwaltstätigkeit einerseits und Geschäftstätigkeit andererseits davon abhängig gemacht, ob das kaufmännische Element bei der Anwaltstätigkeit derart überwiege, dass sie nicht mehr als anwaltliche betrachtet werden könne (erhebliche praktische Probleme hat dabei die Tätigkeit eines Anwaltes als Verwaltungsrat aufgeworfen)[825]. Als Financier kann der Anwalt schwächeren Geheimhaltungsvorschriften unterworfen sein (Art. 162), die nicht das starke Zeugnisverweigerungsrecht im Prozess auslösen (für den Strafprozess vgl. Art. 173 im Gegensatz zu Art. 171 StPO).

(3) Tathandlung

Als Tathandlung nennt das Gesetz das Offenbaren, d.h. Tatsachen einem Unberufenen zugänglich machen. Wo das Patienten- oder Klientenverhältnis bereits zwischen weiteren Parteien eingegangen worden ist (z.B. Gutachten für eine Rechtsschutzversicherung usw.), wird der Tatbestand bei Weitergabe von Informationen an den entsprechenden Auftraggeber gar nicht erfüllt. Die nachträgliche Einwilligung zur Information bestimmter Personen über bestimmte Daten dagegen wirkt rechtfertigend.

cc) Subjektiver Tatbestand

Der subjektive Tatbestand setzt die Kenntnis der die Schweigepflicht begründenden Umstände voraus, nicht aber das Bewusstsein der Pflicht als solcher.

dd) Rechtfertigungsgründe

Zur Rechtfertigung besteht eine umfangreiche Praxis. Bei den in Art. 321 Ziff. 2 und 3 genannten Gründen handelt es sich – mit einer Abweichung – um den traditionellen Katalog.

In der Praxis von Bedeutung ist vor allem die **Einwilligung des Berechtigten**. Grundvoraussetzung jeder Einwilligung ist wie an anderen Orten die ausreichende Information über den Inhalt des Geheimnisses *(«informed consent»)*. Die Einwilligung reicht nicht weiter als die Aufklärung des Patienten. Soweit Ärzte ihre Patienten im Hinblick auf einen möglichen Aufklärungsschaden nicht voll informieren mögen, kommt eine Entbindung von der Schweigepflicht durch Einwilligung nicht in Frage[826].

---

[824] PK-Trechsel/Vest 2018, Art. 321 N 21.
[825] Vgl. auch BGE 115 Ia 197; Friedli 1992, 141; BSK-Oberholzer 2018, Art. 321 N 6; Stratenwerth/Bommer 2013, 459 f.; PK-Trechsel/Vest 2018, Art. 321 N 21.
[826] BSK-Oberholzer 2018, Art. 321 N 22; Stratenwerth/Bommer 2013, 461.

Dass sich **Interessenkonflikte** ergeben können, ist keine Besonderheit von Art. 321. Soweit der Geheimhaltungspflichtige sich in einer Pflichtenkollision oder einer sonstigen Notstandslage befindet, gelten die Regeln des Allgemeinen Teils. Eine Besonderheit ist allenfalls dort zu sehen, wo Berufsinteressen mit geschützten Geheimnissen kollidieren: etwa wo ein Anwalt sein Honorar geltend machen möchte. Hier hat er sich durch die Aufsichtsbehörde von der Geheimhaltung entbinden zu lassen.

Die Besonderheit der Rechtfertigungsregelung bei Art. 321 besteht darin, dass die Berufsgruppen ihren inneren Konflikt auf die **Aufsichtsbehörde** abwälzen können, wenn eine solche besteht[827]. Straflos ist, wer eine schriftliche Bewilligung der vorgesetzten Behörde oder Aufsichtsbehörde zur Aussage erhält. Diese Bewilligung ist allerdings nicht konstitutiv für die Rechtfertigung. Die Durchbrechung des Geheimnisses ist unter den Voraussetzungen der Pflichtenkollision bzw. des Notstandes auch ohne die Bewilligung gerechtfertigt. Notwendig dürfte die Bewilligung dort sein, wo ein persönlicher Interessenkonflikt vorliegt (wie bei den eben gerade erwähnten Honorarstreitigkeiten, oder dem Kunstfehlerprozess usw.). Auch ohne Bewilligung denkbar ist die Durchbrechung, wo es um den unmittelbaren Schutz erheblicher Drittinteressen geht (akute Gefahren für Nahestehende).

Bereits von Gesetzes wegen gerechtfertigt ist, wer aufgrund einer Zeugnis- oder Auskunftspflicht oder auch einer **Anzeigepflicht** zur Aussage veranlasst wird[828]. Allerdings gilt für Art. 321 Ziff. 3 dasselbe wie für Art. 14: Die Bestimmung selbst erteilt keine Bewilligung, sie ist eine Leerformel, die auf andere Bestimmungen verweist.

Zu Interessenkonflikten führen Meldepflichten der Ärzte insb. im Rahmen der Sozialversicherungen[829]. Sie können dadurch abgefedert werden, dass zwischen die Ärzteschaft und die Kasse ein sog. Vertrauensarzt eingeschoben wird[830].

e) Berufsgeheimnis in der medizinischen Forschung (Art. 321bis)

Art. 321bis enthielt bis zum 1. Januar 2014 einen besonderen Rechtfertigungsgrund. Die Regelungsmaterie ist allerdings mindestens so sehr Verwaltungsrecht wie Strafrecht.

In der Praxis hat es sich gezeigt, dass die Ärzteschaft, zumindest in der Vergangenheit, zu Forschungszwecken ziemlich frei über Patientendaten verfügte[831]. Patientendaten wurden routinemässig auch externen Forschern zur Verfügung gestellt (insb. im Rahmen der Krebsforschung). In der Vergangenheit gingen auch viele Mediziner davon aus, dass die Weitergabe unter gleichermassen dem Berufsgeheimnis unterstellten Per-

---

827 BSK-Oberholzer 2018, Art. 321 N 23; Stratenwerth/Bommer 2013, 461.
828 Stratenwerth/Bommer 2013, 462; PK-Trechsel/Vest 2018, Art. 321 N 38.
829 PK-Trechsel/Vest 2018, Art. 321 N 38.
830 **Pieth/Eymann/Zerbes 2014, Fall 21 («Die gläserne Patientin»), 267 ff.**
831 Studien gehen davon aus, dass solche personenbezogene medizinische Daten in grossem Umfang zu Forschungszwecken und ohne Einwilligung der Patienten nachgenutzt wurden; vgl. erläuternder Bericht des EJPD zu einem Entwurf eines Bundesgesetzes über die Offenbarung des Berufsgeheimnisses für die medizinische Forschung, März 1987, 3 ff.; dazu Ruckstuhl 1999, Einführung.

sonen nicht gegen Art. 321 verstiess. Im Rahmen der Vorarbeiten für das DSG wurde deutlich, dass diese Praxis strafbar sein konnte. Dabei war ebenso klar, dass ein berechtigtes Forschungsinteresse an der Weitergabe und Sammlung solcher Daten bestand. Vielfach war die Einholung der Einwilligung auch nicht mehr möglich. Zur Auswahl stand für den Gesetzgeber eine forschungsverhindernde Variante oder die Verfügung über Patientendaten prinzipiell frei zu geben. Er entschied sich zunächst für eine dritte Lösung, die eine paritätisch zusammengesetzte Expertenkommission einsetzte, deren Aufgabe es war entweder im Einzelfall zu entscheiden oder für Typen von Situationen (z.B. Krebsregister) einheitliche Lösungen zu finden[832]. Der eidgenössische Gesetzgeber hat in der Folge eine einfachere Lösung gewählt und die Voraussetzungen des alten Art. 321bis und der früheren Verordnung über die Offenbarung des Berufsgeheimnisses im Bereich der medizinischen Forschung (aVOBG) ins Humanforschungsgesetz übernommen (vgl. Art. 32–35 HFG). Dem neuen Art. 321bis vom 1.1.2014 verbleibt noch die Rolle, das unbefugte Offenbaren nach dem Modell von Art. 321 unter Strafe zu stellen.

Geblieben ist von der alten Regelung, dass der Patient aufgeklärt werden muss (Art. 16 ff. und 32 f. HFG). Soweit der Patient in die Nutzung der Daten einwilligt, fällt die Nutzung nicht unter Art. 321bis[833]. Biologisches Material und gesundheitsbezogene Personendaten sind zu Forschungszwecken auch dann zu verwenden, wenn die Einwilligung nicht mehr eingeholt werden kann (der Patient etwa verstorben ist): Wenn

– die Forschung nicht mit anonymisierten Daten durchgeführt werden kann und
– die Forschungsinteressen gegenüber den Geheimhaltungsinteressen überwiegen[834].

Nach der neuen Regelung bedarf die Offenbarung der geheimen Daten allerdings der Bewilligung der zuständigen Ethikkommission[835].

---

[832] Ruckstuhl 1999, 7 ff.
[833] Ruckstuhl 1999, 116 ff.
[834] Vgl. zur alten Regelung: Ruckstuhl 1999, 221 ff.
[835] PK-Trechsel/Vest 2018, Art. 321bis N 7.

Kapitel 2   Straftaten gegen das Vermögen

I. Einleitung

A. Geschütztes Rechtsgut

Immer noch im Kreis der Individualrechtsgüter, wenn auch weiter weg von den eigentlichen Persönlichkeitsrechten, schützt das Strafrecht das Vermögen[836]. In den Artikeln 137 ff. finden sich zivilrechtliche Begriffe gespiegelt[837]. Natürlich ist das nicht verwunderlich, dient doch das Strafrecht der Durchsetzung der Rechtsordnung insgesamt und des Zivilrechts im Besonderen, wenn auch lediglich als *ultima ratio*. Allerdings bestehen auffällige Differenzen zu den zivilrechtlichen Begriffen:

Der weiteste Begriff, das **Vermögen**[838], wird zum einen in all jenen Tatbeständen angesprochen, die Bereicherungsabsicht voraussetzen (z.B. Art. 137–140, 142 Abs. 2, Art. 143, 146, 147, 156, 158 Ziff. 1 Abs. 2 und Ziff. 2 etc.), zum andern aber auch dort wo im objektiven Tatbestand ein Vermögensschaden vorausgesetzt wird (vgl. Art. 146, 156, 158). Dabei fällt auf, dass das Strafrecht gegenüber dem Zivilrecht einen eigenen Schadensbegriff bilden muss[839] und dass nicht jede zivilrechtliche Vertragsverletzung automatisch strafrechtlich geahndet wird[840].

Die Aneignungsdelikte schützen spezifisch das **Eigentum**[841]. Wie sich aus Art. 934 Abs. 1 ZGB[842] ergibt, verliert der Eigentümer sein Recht nicht ohne Weiteres an den Dieb. Die Aneignungsdelikte schützen denn auch nicht eigentlich das Eigentums**recht**, sondern die **Verfügungsmacht** des Eigentümers vor eigenmächtiger Anmassung Dritter[843].

Schliesslich ist der Diebstahlstatbestand auf eine besondere Form der Eigentumsverletzung bezogen: **Gewahrsam** ist das strafrechtliche Pendant zum zivilrechtlichen **Besitz**. Der Begriff ist aber enger, da er nur die faktischen Verhältnisse und nicht auch das Besitzrecht anspricht[844].

---

836   BSK-Niggli/Riedo 2018, Vor Art. 137 N 19 ff.; Stratenwerth/Jenny/Bommer 2010, 285.
837   Vgl. Niggli 1992.
838   Boog 1991, 11; BSK-Niggli/Riedo 2018, Vor Art. 137 N 20.
839   S.u. S. 174 ff.
840   Vgl. insb. die heikle Abgrenzung der relevanten Pflichtverletzung bei der ungetreuen Geschäftsbesorgung (unten S. 196 f.), z.B. anhand des Mannesmann-Prozesses.
841   BSK-Niggli/Riedo 2018, Vor Art. 137 N 23 ff.
842   «Der Besitzer, dem eine bewegliche Sache gestohlen wird, oder verloren geht oder sonst wider seinen Willen abhandenkommt, kann sie während fünf Jahren jedem Empfänger abfordern».
843   BSK-Niggli/Riedo 2018, Vor Art. 137 N 28; Stratenwerth/Jenny/Bommer 2010, 287.
844   BSK-Niggli/Riedo 2018, Art. 139 N 20 f.; Stratenwerth/Jenny/Bommer 2010, 321 f.

Die Verletzung von Vermögensinteressen kann auch durch qualifizierte Tatbestände (auch durch Gewalt oder Nötigung[845]) oder in **Kombination** mit Hausfriedensbruch und Sachbeschädigung als Einbruchdiebstahl vorkommen.

Das Vermögensstrafrecht wurde – im Zuge einer ersten Novelle zur Bekämpfung der Wirtschaftskriminalität – 1995[846] revidiert. Dabei wurde das Kapitel zu den Vermögensdelikten umstrukturiert. Verloren gegangen ist die Unterscheidung von Aneignungsdelikten und Delikten gegen das Vermögen überhaupt. Da diese Unterscheidung systematisch sinnvoll und didaktisch wertvoll ist, wird sie in der folgenden Darstellung beibehalten[847].

B. Systematik

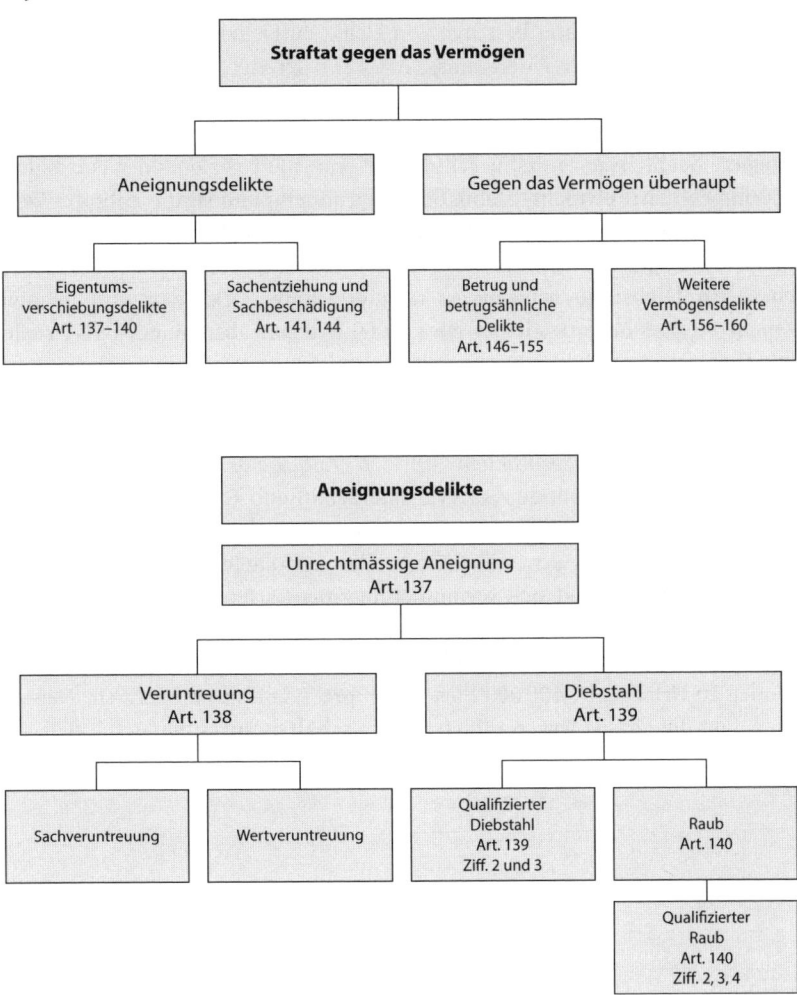

```
                    Straftat gegen das Vermögen
                    ├──────────────────┬──────────────────────┤
            Aneignungsdelikte              Gegen das Vermögen überhaupt
            ├───────────┬──────────┤       ├──────────────┬──────────────┤
      Eigentums-    Sachentziehung und   Betrug und       Weitere
      verschiebungs- Sachbeschädigung    betrugsähnliche  Vermögensdelikte
      delikte        Art. 141, 144       Delikte          Art. 156–160
      Art. 137–140                       Art. 146–155
```

```
                 Aneignungsdelikte
                        │
              Unrechtmässige Aneignung
                   Art. 137
                 ├─────────────┤
         Veruntreuung        Diebstahl
         Art. 138            Art. 139
         ├────────┤          ├─────────┬─────────┤
    Sachver-  Wertver-   Qualifizierter  Raub
    untreuung untreuung  Diebstahl       Art. 140
                         Art. 139
                         Ziff. 2 und 3
                                         │
                                    Qualifizierter
                                    Raub
                                    Art. 140
                                    Ziff. 2, 3, 4
```

---

845 Vgl. den qualifizierten Diebstahl nach Art. 139 Ziff. 2 und 3 sowie den Raub nach Art. 140 und die Erpressung nach Art. 156.
846 BG vom 17.6.1994, i.Kr. seit 1.1.1995.
847 Vgl. auch Stratenwerth/Jenny/Bommer 2010, 286 und BSK-Niggli/Riedo 2018, Vor Art. 137 N 7.

C. Bedeutung

Zahlenmässig stehen die Vermögensdelikte sowohl in der Polizei- wie der Urteilsstatistik zum StGB klar im Vordergrund: Von den ca. 320 000 Strafanzeigen zu Vermögensdelikten in den Jahren 2015/16[848] entfallen ca. 161 660 (2015) bzw. 146 731 (2016) auf Diebstahl und 44 900 (2015) bzw. 42 178 (2016) auf Fahrzeugentwendung, weitere 44 890 (2015) resp. 43 618 (2016) auf Sachbeschädigung und bloss 11 874 (2015 bzw. 15 749 [2016][849]) auf Betrug.

Die Urteilsstatistik spiegelt dieses Bild ziemlich getreu wider. 2016 ergingen (soweit von der Urteilsstatistik des BFS erfasst) zum Diebstahl 7 908 Urteile und 411 zum Raub.

Auf der **Zeitachse** betrachtet bestehen von Delikt zu Delikt erhebliche Unterschiede: Bei der **unrechtmässigen Aneignung** (Art. 137) bereitet der Übergang vom alten Recht (von der Unterschlagung) zum neuen gewisse Interpretationsprobleme. Jedenfalls ist die Zahl der Verurteilungen nach einem starken Anstieg um 1995, mit dem neuen Recht, seit ca. zehn Jahren (bei ca. 300 Urteilen oder 3 Urteilen pro 100 000 Einwohnern pro Jahr) stabil. Stabil bis abnehmend ist die Zahl der Verurteilungen wegen **Veruntreuung** (Art. 138), wenn auch auf etwas höherem Niveau (ca. 750 Urteile oder 10 Urteile pro 100 000 Einwohnern pro Jahr). Die Verurteilungszahlen wegen **Diebstahls** schwankten über die Jahre stark, insgesamt nehmen sie aber nicht zu (sie haben sich bei etwa 7 000 Urteilen absolut oder 90 Urteile pro 100 000 Einwohner pro Jahr eingependelt). Demgegenüber ist eine deutliche und kontinuierliche Zunahme der Urteile wegen **Raub** (Art. 140), jedenfalls seit der Neuregelung von 1995 festzustellen (heute ca. 500 Urteile oder 7 Urteile pro 100 000 Einwohner pro Jahr). Neben rechtlichen Gründen (Aufgabe der Widerstandsunfähigkeit) dürften dafür faktische Gründe verantwortlich sein: Raub kommt in sehr unterschiedlichen Formen vor. Die Bandbreite reicht vom «Ausnehmen» von Mitschülern auf dem Pausenhof bis hin zum Banküberfall. Die verbreitete Annahme der Zunahme der Jugendgewalt[850] schlägt sich vermutlich in einer härter werdenden Praxis nieder. Demgegenüber stagnierte in den 1970er und 1980er Jahren die Zahl der Verurteilungen wegen **Betrugs** (Art. 146) und seither nimmt sie ab. Heute sind noch ca. 1 500 Urteile (oder 20 Urteile pro 100 000 Einwohner pro Jahr) zu verzeichnen. Demgegenüber nehmen die Urteile wegen **ungetreuer Geschäftsbesorgung** (Art. 158) zu, wenn auch auf geringem Niveau (ca. 80 absolut oder 1 Urteil pro 100 000 Einwohner pro Jahr)[851].

---

848 BFS, PKS 2016: 2015: 336 077, 2016: 315 589.
849 Wobei nach Angaben des BFS alleine 3920 Anzeigen auf einen Tatkomplex im Kanton Aargau zurückgingen.
850 Kunz 2012, 17 ff.
851 BSK-Freytag/Zermatten 2018, zu Art. 146.

II. Straftaten gegen das Eigentum
A. Aneignungsdelikte
1. Einführungsfall

> **Grundfall**: Bree hat ein vielversprechendes Rendezvous vereinbart und möchte sich von ihrer Freundin Gaby für den Abend deren rassige Wildlederjacke ausleihen. Gaby befürchtet, dass ihre neue Jacke Schaden nehmen könnte und verweigert der Bree den Freundesdienst. Da bedient sich Bree im Fitness-Studio selbst und nimmt Gabys Jacke an sich.
> **Variante 1**: Sie gibt sie anderntags reumütig an Gaby zurück.
> **Variante 2**: Durch ihre Ungeschicklichkeit hat sie sich Rotwein über den Ärmel geleert und muss nun der Gaby die beschädigte Jacke zurückgeben.
> **Variante 3**: Die Jacke gefällt ihr so, dass sie anderntags beschliesst, sie zu behalten[852].

2. Unrechtmässige Aneignung (Art. 137)
a) Grundtatbestand?

Während die Reform von 1995 die Schwierigkeiten in mancher Hinsicht eher gesteigert hat[853], hat sie in zweierlei Hinsicht Probleme bereinigt: Mit Art. 137 (unrechtmässige Aneignung) ist nun ein **Grundtatbestand** geschaffen worden, der die früheren Unstimmigkeiten zwischen der «Unterschlagung» (aArt. 141) und der «Veruntreuung» (aArt. 140) beigelegt hat[854]. Sodann wurde ein neuer Tatbestand geschaffen (Art. 141bis: unrechtmässige Verwendung von Vermögenswerten), der die Unterschlagung von ohne Willen des Täters zugekommenen Buchwerten erfasst und dabei vermeidet, dass der Begriff der «Sache» von der Praxis weiter ungebührlich überdehnt wird[855]. Demgegenüber hat die Reform unnötige Tatbestände, wie die Aneignung ohne Bereicherungsabsicht erhalten (Art. 137 Ziff. 2 Abs. 2)[856].

Aufbaufrage «Aneignungswille»:

> Dass Art. 137 nur beschränkt als Grundtatbestand taugt, wird erkennbar, sobald man versucht, den Tatbestandsaufbau von Art. 137 auf Art. 139 (Diebstahl) zu übertragen, zumal ein Grundtatbestand das Profil für die Qualifikationen vorgeben sollte:
> Bei Art. 137 steht die Verletzung der Verfügungsmacht des Berechtigten über sein Eigentum im Zentrum. Als Aneignung wird die Betätigung des Aneignungswillens definiert. Dementsprechend muss bei Art. 137 bereits im Rahmen des objektiven Tatbestandes geprüft werden,

---

852 Vgl. **Pieth/Eymann/Zerbes 2014**, Fall 6 («Bree»), 75 ff.
853 Stratenwerth/Jenny/Bommer (2010, 286) sprechen von «schwerwiegenden gesetzestechnischen Mängeln und Ungereimtheiten».
854 Vgl. das historische Hin und Her um die beiden Tatbestände in den frühen Entwürfen zum StGB: BSK-Niggli/Riedo 2013, Art. 138 N 5.
855 So aber noch in BGE 87 IV 115 und 116 IV 134; unklar PK-Trechsel/Crameri 2018, Vor Art. 137 N 2: damit ist allenfalls Klarheit geschaffen, dass nicht in Wertpapieren verkörperte Forderungen eben keine Sachen sind; vgl. dazu unten S. 156.
856 Krit. Stratenwerth/Jenny/Bommer 2010, 305.

ob der Aneignungswille vorliegt[857]. Erst wird geprüft, ob es dem Täter darum geht, sich als Eigentümer aufzuspielen, dann, ob sein Verhalten (Verkaufen, Verbrauchen, Zerstören, Beiseiteschaffen der Sache) als Betätigung des Aneignungswillens gedeutet werden muss. Entsprechend muss im subjektiven Tatbestand von Art. 137 nur noch der Vorsatz und die Bereicherungsabsicht geprüft werden[858].

Demgegenüber gehen auch diejenigen Autoren[859], die Art. 137 als Grundtatbestand der Aneignungsdelikte bezeichnet hatten, beim Diebstahl (Art. 139) ohne viel Aufheben davon aus, dass hier im objektiven Tatbestand das Hauptgewicht auf der Wegnahme liegt. Die Aneignungsabsicht, die auch hier zwingend zu prüfen ist – zumal sich aus der Wegnahme nicht zwingend der Wille ergibt, die Sache wie ein Eigentümer zu behalten (vgl. die Sachentziehung nach Art. 141) – wird hier, anders als bei Art. 137, kurzerhand in den subjektiven Tatbestand (wo sie ohnehin hinzugehören scheint) verschoben.

All dies mag eher als Aufbaufrage für Falllösungen erscheinen, entscheidend ist aber, dass nicht übersehen wird, dass der Diebstahl sowohl eine Gewahrsamsverletzung als auch eine Eigentumsanmassung voraussetzt: Meist (aber nicht zwingend) wird sich dabei der Aneignungswille gerade in der Wegnahme manifestieren. Das Gesetz spricht denn auch in Art. 139 von «zur Aneignung wegnimmt».

Art. 137 Ziff. 1 enthält aber bei allen Unsicherheiten das Grundmodell der Aneignungsdelikte: die Aneignung einer fremden, beweglichen Sache in Bereicherungsabsicht[860].

b) Objektiver Tatbestand

aa) Tatobjekt

(1) Sache

Der Sachbegriff schliesst Daten und Naturkräfte aus[861]. Zu erheblichen Differenzen geführt hatte sodann die Praxis des Bundesgerichts, den Sachbegriff auch auf Forderungen auszudehnen[862]. Da sonst die unberechtigte Verfügung über fehlgeleitete Überweisungen auf Bankkonten nicht vom geltenden Recht erfasst werden konnte, hatte das Bundesgericht vor 1995 den Sachbegriff – in Verletzung von Art. 1 – ungebührlich weit ausgelegt. Mit der Einfügung des neuen Art. 141bis und der Wertveruntreuung nach Art. 138 Ziff. 1 Abs. 2 ist dieses Bedürfnis weggefallen.

---

857 BSK-Niggli/Riedo 2018, Art. 137 N 25 ff.; Stratenwerth/Jenny/Bommer 2010, 292; PK-Trechsel/Crameri 2018, Vor Art. 137 N 6.
858 Stratenwerth/Jenny/Bommer 2010, 299.
859 BSK-Niggli/Riedo 2018, Art. 139 N 69 ff.; Stratenwerth/Jenny/Bommer 2010, 328; Stratenwerth/Wohlers 2013, Art. 139 N 7.
860 Corboz I 2010, 222 ff.; Donatsch 2013, 114 ff.; BSK-Niggli/Riedo 2018, Vor Art. 137 N 64; Stratenwerth/Jenny/Bommer 2010, 288.
861 BSK-Niggli/Riedo 2018, Vor Art. 137 N 37.
862 Vgl. den berühmten «Nehmat-Fall»: BGE 87 IV 115; aber auch spätere Entscheide wie BGE 121 IV 258 und 116 IV 134; dazu BSK-Niggli/Riedo 2018, Vor Art. 137 N 39; Schubarth 1984 (Kommentar), Art. 137 N 22 und 31; Stratenwerth/Jenny/Bommer 2010, 289 f.; PK-Trechsel/Crameri 2018, Vor Art. 137 N 2.

(2) Fremd

Die Sache muss im Eigentum einer anderen Person als dem des Täters stehen. Nicht als «fremd» gelten herrenloses oder derelinquiertes Gut, aber auch vermischte Sachen gehen ins Eigentum des Eigners der Hauptsache über. Sog. «*rebus extra comercium*» (der lebende Mensch, Leichen, Betäubungsmittel[863]) sind nicht Gegenstand der Aneignungsdelikte[864].

(3) Beweglich

Da die Aneignungsdelikte Sachverschiebungsdelikte sind, setzen sie ein bewegliches Tatobjekt voraus (d.h. Fahrnis oder abgetrennte Teile von festen Objekten)[865].

bb) Tathandlung

Das zentrale Thema eines Tatbestandes ist die Tathandlung «sich aneignen». Typischerweise wird sie als «Manifestation eines Aneignungswillens durch eine äusserlich erkennbare Handlung»[866] umschrieben. Der Täter führt sich – auch wenn er nicht wirklich Eigentum erwirbt – wie ein Eigentümer auf. Das Erfordernis der Aneignung darf indessen nicht mit dem in Art. 139 angesprochenen Gewahrsamsbruch (Wegnahme) verwechselt werden: Man kann sich durchaus eine Sache aneignen wollen, die man bereits besitzt[867], umgekehrt ist auch eine Sachentziehung ohne Aneignungswille denkbar[868].

Die Aneignung setzt sich mit anderen Worten aus zwei Komponenten, dem **Aneignungswillen** und der **Willensbetätigung** zusammen.

(1) Aneignungswille

Gemäss herrschender Lehre und Praxis muss der Aneignungswille auf **dauernde Enteignung** und **mindestens vorübergehende Zueignung** gerichtet sein.

(a) Dauernde Enteignung

Durch dieses Kriterium soll sich Art. 137 von der Gebrauchsentwendung oder Gebrauchsanmassung unterscheiden. Wollte der Täter die Sache von Anfang an zurück-

---

863 BGer 6B_994/2010.
864 Corboz I 2010, 225; Donatsch 2013, 100 f.; BSK-Niggli/Riedo 2018, Vor Art. 137 N 42; Stratenwerth/Jenny/Bommer 2010, 290 f.; Stratenwerth/Wohlers 2013, Art. 137 N 4; PK-Trechsel/Crameri 2018, Vor Art. 137 N 5; krit. aber Seelmann 1997, 35 ff.; im Übrigen s.u. S. 174 f. zur parallelen Frage beim Betrug.
865 Corboz I 2010, 224 f.; Donatsch 2013, 99; BSK-Niggli/Riedo 2018, Vor Art. 137 N 41; Stratenwerth/Jenny/Bommer 2010, 290; Stratenwerth/Wohlers 2013, Art. 137 N 3; PK-Trechsel/Crameri 2018, Vor Art. 137 N 3.
866 Stratenwerth/Wohlers 2013, Art. 137 N 5; vgl. auch BSK-Niggli/Riedo 2018, Art. 137 N 16; Stratenwerth/Jenny/Bommer 2010, 292; PK-Trechsel/Crameri 2018, Vor Art. 137 N 6 f.
867 So etwa wenn jemandem nach einer Gebrauchsanmassung ein Gegenstand so gut gefällt, dass er ihn gleich behalten möchte: **Pieth/Eymann/Zerbes 2014, Fall 6 («Bree»), 80 ff.** und oben S. 137.
868 Vgl. Art. 141 (Sachentziehung).

geben, fehlt es am Willen der dauernden Enteignung[869]. Allerdings ist die Einschränkung zu machen, dass nach exzessiver Dauer oder wenn die Sache entwertet zurückgegeben wird, von Enteignung gesprochen werden muss[870]. Die Gebrauchsanmassung ist – jedenfalls wenn sie kurzfristig ist – straflos[871], allenfalls (zumal wenn dem Berechtigten ein erheblicher Nachteil zugefügt wurde resp. Ersatz beschafft werden musste) kommt Strafbarkeit nach Art. 141 in Frage. Im Sonderfall der Entwendung eines Fahrzeuges zum Gebrauch ist Art. 94 SVG anwendbar.

> In der Praxis häufig sind Fälle, in denen die Sache (z.B. ein Motorfahrzeug) erst zum Gebrauch entwendet und dann anschliessend ganz behalten wird oder doch so sehr genutzt wird, dass es in entwertetem Zustand zurückgegeben wird. Die nachträgliche Aneignung kann typischerweise kein Diebstahl mehr sein, weil die Wegnahme vorerst ohne Aneignungsabsicht erfolgte und die Aneignungsabsicht erst entstand, als der Täter die Sache bereits behändigt hatte. Es fehlt somit an der Gleichzeitigkeit von Wegnahme und Aneignungsabsicht, die aber nach der gesetzlichen Formel von der «Wegnahme zur Aneignung» unabdingbar wäre[872]. Es bleibt allerdings die Möglichkeit, den Täter aus Art. 137 zu strafen.

(b) Mindestens vorübergehende Zueignung

Sodann muss der Täter die Sache sich (oder einem andern) mindestens vorübergehend zueignen wollen. Gemeint sind Verhaltensweisen, mit denen der Täter sich als quasi-Eigentümer aufführt (dadurch, dass er über die Sache verfügt, sie behält, obwohl der Eigentümer sie herausverlangt[873], sie verbraucht etc.)[874]. Mit diesem Kriterium grenzt sich der Tatbestand abermals von der reinen Sachentziehung, aber auch von der Zerstörung ab. In der Literatur wird als Beispiel der reinen Schädigungsabsicht etwa das Entweichenlassen von Fischen aus der Fischzucht genannt[875]. Die Zueignung muss nicht dauernd sein. Man kann sich durch Verkaufen, etc. von der Sache trennen.

(c) Substanz oder Sachwert?

Die inhaltliche Umschreibung der Aneignung hat erhebliche Schwierigkeiten bereitet: Nach einer schlichten Vorstellung wird bei der Aneignung die Sache in ihrer Substanz von der Verfügungsmacht des Berechtigten in den «Herrschaftsbereich des Täters» übergeführt[876] (daher die Rede von der **Substanztheorie**). Unbefriedigend ist dieser Ansatz aber in all jenen Fällen, in denen es auf die Substanz gar nicht so sehr ankommt, weil die angeeignete Sache lediglich einen Wert repräsentiert oder erschliesst (so bei der Aneignung eines Schlüssels, dem «Ausleihen» und Verbrauchen einer Theaterkarte, die anschliessend wieder zurückgegeben wird etc.)[877]. Es liegt nahe, statt

---

869 Stratenwerth/Jenny/Bommer 2010, 293 f.
870 BSK-Niggli/Riedo 2018, Art. 137 N 27 ff.; Stratenwerth/Wohlers 2013, Art. 137 N 5.
871 **Pieth/Eymann/Zerbes 2014, Fall 6 («Bree»), 77 ff.**
872 **Pieth/Eymann/Zerbes 2014, Fall 6 («Bree»), 80**; vgl. unten zum Diebstahl S. 145 ff.
873 BGE 114 IV 133.
874 BSK-Niggli/Riedo 2018, Art. 137 N 39 ff.; Stratenwerth/Jenny/Bommer 2010, 295 f.; Stratenwerth/Wohlers 2013, Art. 137 N 5; PK-Trechsel/Crameri 2018, Vor Art. 137 N 7.
875 Stratenwerth/Jenny/Bommer 2010, 295.
876 Stratenwerth/Jenny/Bommer 2010, 296; vgl. auch BSK-Niggli/Riedo 2018, Art. 137 N 21 ff.
877 PK-Trechsel/Crameri 2018, Vor Art. 137 N 9.

auf die Substanz auf den Sachwert abzustellen. Die **Sachwerttheorie** ist allerdings ihrerseits unbefriedigend, weil es für den Schutz des Eigentums eigentlich gleichgültig ist, ob die Sache etwas wert ist[878]. Man mag den Ausweg der Praxis, einfach die beiden Theorien zu kombinieren und je nach Bedarf die eine oder die andere anzuwenden, als allzu pragmatisch bedauern[879], eine Alternative ist indessen nicht in Sicht.

(2) Willensbetätigung

Der Aneignungswille muss sich äusserlich feststellbar manifestieren. Durch erkennbare Handlungen (z.B. verkaufen, verbrauchen usw.) muss der Wille, sich die Sache anzueignen zum Ausdruck kommen[880].

c) Subjektiver Tatbestand

Art. 137 setzt **Vorsatz** sowie im Grundtatbestand nach Ziff. 1 **Bereicherungsabsicht** voraus. Die Bereicherung besteht aus der vermögensrechtlichen Besserstellung[881]. An ihr fehlt es, wenn jemand mit der Aneignung den Gegenwert ersetzt (Zwangskauf)[882].

> «Am 20. September 1979, gegen 21.00 Uhr, drangen N. und E. in die Liliputeisenbahnanlage des Z. ein. Die beiden Männer verluden die Dampflokomotive «Flying Scotchman A 3/6» (Massstab 1:8) mittels mitgebrachter Schienenteile in einen entliehenen Ford Transit und transportierten sie an den Arbeitsplatz des N. Hier wurde sie – offen ausgestellt – auf die Strafanzeige des Z. hin von der Polizei am 28. September 1979 gefunden. Am 21. September 1979 überwies N. an Z. den Betrag von 10 000.–. Z. verweigerte die Annahme[883].»
>
> Das Bundesgericht hielt fest, dass eine Bereicherungsabsicht in der Regel fehlen wird «wenn der Täter die weggenommene Sache ohne Schwierigkeiten auf einem Markt erwerben könnte und er dem Eigentümer spontan den auf dem Markt verlangten Preis bezahlt». *In casu* wird allerdings Bereicherungsabsicht deshalb angenommen, weil es sich um ein schwer wieder zu beschaffendes Einzelstück handelt, das zudem einen Liebhaberwert hat, der den Schätzwert möglicherweise übersteigen könnte[884].

Der Täter muss sich sodann **unrechtmässig** bereichern wollen[885]. Daran fehlt es etwa, wenn sich beispielsweise die Prostituierte aus dem Portemonnaie des Freiers bedient, um ihren Lohn sicherzustellen. Ungeschickterweise ist auch hier Art. 137 Ziff. 2 Abs. 2 anwendbar (man spricht von eigenmächtiger Forderungsbefriedigung)[886]. Mit anderen Worten der Zwangskauf und andere Formen der «Selbstbedienung» an fremden Sachen gegen Erstattung des Wertes sind nur dann völlig straflos, wenn der Berech-

---

878 BSK-Arzt 2013, Art. 146 N 21.
879 Stratenwerth/Jenny/Bommer 2010, 297; krit. auch BSK-Niggli/Riedo 2018, Art. 137 N 23.
880 BSK-Niggli/Riedo 2018, Art. 137 N 44; Stratenwerth/Jenny/Bommer 2010, 298 f.; PK-Trechsel/Crameri 2018, Vor Art. 137 N 6 und Art. 137 N 5.
881 Stratenwerth/Jenny/Bommer 2010, 300; Stratenwerth/Wohlers 2013, Art. 137 N 7.
882 Stratenwerth/Jenny/Bommer 2010, 301.
883 BGE 107 IV 166 [167].
884 BGE 107 IV 166 [168 f.].
885 Zur Debatte um die «Stoffgleichheit»: PK-Trechsel/Crameri 2018, Vor Art. 137 N 13 und detailliert zum Betrug s.u. S. 179.
886 Vgl. auch BSK-Niggli/Riedo 2018, Art. 137 N 57.

tigte mit einer Offerte an die Allgemeinheit tritt (z.B. Selbstbedienung im Laden gegen Hinterlegung des Kaufpreises)[887].

Der Aneignungswille ist (beim hier verwendeten Tatbestandsaufbau) bereits im objektiven Tatbestand zur Sprache gekommen.

d) Subsidiarität und Strafdrohung

Art. 137 tritt gemäss expliziter Formulierung im Gesetz hinter die nachfolgenden Art. 138–140 zurück. Entsprechend sieht er auch bloss Vergehensstrafe vor.

Eine Reihe von Privilegierungen in Ziff. 2 machen aus dem Tatbestand ein Antragsdelikt:

– die Fundunterschlagung,
– die Aneignung ohne Bereicherungsabsicht[888] und
– die Aneignung zum Nachteil von Angehörigen.

3. Veruntreuung (Art. 138)

Der Veruntreuungstatbestand hat sich historisch aus der «Unterschlagung» entwickelt[889]. Gegenüber Art. 137 stellt er eine erste Qualifikationsstufe dar. Das qualifizierende Element ist, dass der Täter das ihm geschenkte Vertrauen verletzt. 1995 wurde der traditionelle Tatbestand, nach dem sich der Täter ihm anvertraute Sachen aneignet («**Sachveruntreuung**»), ergänzt durch die sog. «**Wertveruntreuung**», nach der Werte, die zwar wirtschaftlich dem Vermögen des Treugebers angehören, aber in der Verfügungsmacht des Treunehmers stehen, veruntreut werden.

a) Sachveruntreuung (Art. 138 Ziff. 1 Abs. 1)

aa) Objektiver Tatbestand

(1) Tatobjekt

Das Tatobjekt der Sachveruntreuung deckt sich mit dem der unrechtmässigen Aneignung und des Diebstahls[890].

Die **fremde bewegliche Sache** muss dem Treunehmer aber **anvertraut** worden sein. Gemäss Bundesgericht bedeutet dies, dass der Treunehmer die Sachen mit der Verpflichtung empfängt, sie zu verwahren, zu verwalten und abzuliefern[891]. Nach allgemeiner Auffassung der Lehre ist diese Formel aber zu eng, weil sie nur das fremde Interesse thematisiere, dabei kann es komplexere Verhältnisse geben (der Mieter will die Sache für sich selbst nutzen, insofern ist die Sache eigennützig empfangen, er hat

---

887 Vgl. auch PK-Trechsel/Crameri 2018, Art. 137 N 13.
888 Krit. Stratenwerth/Jenny/Bommer 2010, 305.
889 BSK-Niggli/Riedo 2013, Art. 138 N 5.
890 S.o. S. 138 f. und unten S. 146.
891 Zur ständigen Bundesgerichtspraxis vgl. BSK-Niggli/Riedo 2013, Art. 138 N 40; Stratenwerth/Jenny/Bommer 2010, 307; Stratenwerth/Wohlers 2013, Art. 138 N 2; PK-Trechsel/Crameri 2018, Art. 138 N 4.

sie zugleich aber für einen Dritten zu erhalten[892] und ihm am Ende des Mietverhältnisses wieder herauszugeben). Zudem braucht der Treunehmer die Sache nicht unbedingt vom Treugeber direkt empfangen zu haben (Inkassoverhältnis)[893].

Probleme bereitet hat die Frage, ob der Treugeber die Verfügung über die Sache nicht gänzlich aufgeben müsste, wenn wirklich von «anvertraut» die Rede sein soll. Das Bundesgericht hat in einer Reihe älterer Entscheide angenommen, dass auch der Treugeber, der Mitgewahrsam an der Sache behält, durch Art. 138 geschützt zu werden verdient[894]. Demgegenüber ist die Lehre praktisch *unisono* der Meinung, dass es an der wirklichen Überlassung fehle. Es liegt bei dieser Konstellation allenfalls Diebstahl vor[895].

(2) Tathandlung

Die Tathandlung entspricht der des Art. 137: Der Aneignungswille wird hier durch den Treubruch manifestiert[896]. Gemäss Bundesgericht bedeutet Aneignung bei der Veruntreuung «dass der Täter die fremde Sache (oder den Sachwert) wirtschaftlich seinem eigenen Vermögen einverleibt, sei es, um sie zu behalten oder zu verbrauchen, sei es, um sie an einen anderen zu veräussern»[897].

bb) Subjektiver Tatbestand

Der subjektive Tatbestand setzt Vorsatz und die Absicht unrechtmässiger Bereicherung voraus (vgl. Art. 137). An der Bereicherungsabsicht fehlt es, wenn der Täter zum Tatzeitpunkt willens und fähig ist, vollen Ersatz zu leisten[898].

b) Wertveruntreuung (Art. 138 Ziff. 1 Abs. 2)

Vor 1995 war der Tatbestand auf die Aneignung von anvertrautem «fremde(m) Gut, namentlich Geld» beschränkt. Damit sollten die Fälle der Vermischung vertretbarer Sachen erfasst werden[899]. Die neue Formulierung – «wer ihm anvertraute Vermögenswerte unrechtmässig in seinem oder eines anderen Nutzen verwendet» – ist wesentlich weiter, sie erfasst auch Buchgeld und Forderungen überhaupt, soweit sie «wirtschaftlich fremd» sind.

> X erhält von Y CHF 10 000, um eine Maschine einzukaufen, das Geld geht durch Vermischung in sein Eigentum über. Er verwendet es aber, um auf die Malediven in die Ferien zu reisen. Wie voraus zu sehen war, kann er im Zeitpunkt des vorgesehenen Kaufs die CHF 10 000 aber nicht mehr aufbringen.

---

892 BSK-Niggli/Riedo 2013, Art. 138 N 41 und 50 ff.; Stratenwerth/Jenny/Bommer 2010, 307 f. zur Unterscheidung von fremd- und eigennützigen Verträgen.
893 Zum Sonderproblem des Einbehaltens von Retrozessionen durch den Treunehmer: Schwob 2012, 131; vgl. auch **Pieth/Eymann/Zerbes 2014, Fall 17 («Retrozessionen»), 205 ff.**
894 BGE 109 IV 27; 105 IV 29; v.a. aber 71 IV 7.
895 Corboz I 2010, 235 f.; Stratenwerth/Jenny/Bommer 2010, 310 f. und 315; vgl. auch BSK-Niggli/Riedo 2018, Art. 138 N 45, 82 ff. und 96 ff.; Stratenwerth/Wohlers 2013, Art. 138 N 2.
896 Corboz I 2010, 236 f.; BSK-Niggli/Riedo 2013, Art. 138 N 103 ff.
897 BGer 6B_827/2010, E. 5.5.
898 BSK-Niggli/Riedo 2013, Art. 138 N 116; abweichend evtl. bei seltenen Einzelstücken, dazu unten S. 155.
899 BSK-Niggli/Riedo 2013, Art. 138 N 24; Stratenwerth/Jenny/Bommer 2010, 312.

aa) Objektiver Tatbestand

(1) *Tatobjekt*

Unter das Tatobjekt fallen hier **alle Vermögenswerte**, einschliesslich obligatorische Ansprüche des Treugebers, auch wenn der Treunehmer über sie verfügt[900]. Entscheidend ist (und dies steht nicht explizit im Gesetz), dass sie **wirtschaftlich fremd** sind[901]. Dabei werden auch Werte miterfasst, die dem Treunehmer von dritter Seite zugegangen sind (z.B. im Rahmen eines Inkassomandates). Entscheidend ist, dass er sie für den Treugeber erhält[902].

> Klassisch ist der Fall, in dem der Beschuldigte Leistungen von der Krankenkasse erhalten hat, sie aber für sich selbst verbraucht, statt die Arztrechnung zu bezahlen. Das Bundesgericht nimmt **keine** Veruntreuung an, da er (und nicht die Krankenkasse) Schuldner des Arztes bleibt[903]. Demgegenüber gelten Spendengelder, die eine Person für bestimmte Zwecke sammelt, als für Dritte eingenommen[904].

Soweit der Treunehmer Werte für einen Dritten entgegennimmt, obliegt ihm die Verpflichtung, die Werte ständig zur Verfügung des Treugebers zu halten[905].
Anvertraut bedeutet auch hier, dass dem Treunehmer die Verfügungsmacht über die Werte vom Treugeber (oder einem Dritten) **vollständig** übertragen worden ist. Abermals gilt – so die Lehre –, dass die Werte nicht anvertraut sind, wenn der Täter nicht alleine über sie verfügen kann. Für Missbrauch steht allenfalls der Tatbestand der ungetreuen Geschäftsbesorgung (Art. 158) zur Verfügung, wenn auch die Voraussetzungen nicht in jedem Punkt übereinstimmen[906]. Demgegenüber hat das Bundesgericht auch bei der Wertveruntreuung ausreichen lassen, dass der Treunehmer neben dem Treugeber selbstständig über die Werte verfügen kann[907].

---

900 Corboz I 2010, 239; Donatsch 2013, 136 f.; BSK-Niggli/Riedo 2018, Vor Art. 137 N 61 ff.; Dies., Art. 138 N 24; Stratenwerth/Jenny/Bommer 2010, 312 f.; PK-Trechsel/Crameri 2018, Art. 138 N 10 ff.

901 BGer 6B_415/2010; Donatsch 2013, 137 f.; BSK-Niggli/Riedo 2013, Art. 138 N 34; Stratenwerth/Jenny/Bommer 2010, 313 f.; PK-Trechsel/Crameri 2018, Art. 138 N 10.

902 In der Praxis sind differenzierte Abgrenzungen entwickelt worden, zur Frage, ob der Beschuldigte Vermögenswerte für sich oder für Dritte empfangen hat. Vgl. die Kasuistik bei BSK-Niggli/Riedo 2013, Art. 138 N 50 ff. und 63 ff. und PK-Trechsel/Crameri 2018, Art. 138 N 12 ff.

903 BGE 117 IV 256.

904 BGer 6B_329/2007.

905 BSK-Niggli/Riedo 2018, Art. 138 N 34; Schaub 1978, 80 ff.; Stratenwerth/Jenny/Bommer 2010, 314.

906 Stratenwerth/Jenny/Bommer 2010, 315; ähnlich Arzt 1995, 137 f.; Donatsch 2013, 149; Hurtado Pozo 2009, N 871; Jenny 1988, 400 ff.; BSK-Niggli/Riedo 2013, Art. 138 N 96 ff.; PK-Trechsel/Crameri 2018, Art. 138 N 11 u.h.a. Jean-Richard 2015, 139 ff.

907 Zur Einräumung der Verfügungsmacht über ein Konto vgl.: BGE 133 IV 21; 119 IV 127; 117 IV 429; 109 IV 27.

(2) Tathandlung

Die Tathandlung kann bei der Wertveruntreuung nicht in der Aneignung der Werte bestehen, da der Treunehmer bereits über sie verfügt. Er manifestiert aber durch seine unrechtmässige Verwendung seinen Willen, die Pflichten gegenüber dem Treugeber zu verletzen (eben die Verpflichtung, die Werte ständig zur Verfügung zu halten). Um die Parallelität zur Aneignung aufrecht zu erhalten, bedarf es aber der eindeutigen Manifestation der Absicht, den Anspruch des Treugebers – z.B. durch Verstecken, Verbrauch oder Verfügung – zu vereiteln[908]. Reine Säumigkeit beim Abgeben der geschuldeten (Inkasso-)Beträge wäre zu wenig eindeutig[909]. Es geht hier abermals nicht darum, reine Zivilstreitigkeiten mit Mitteln des Strafrechts auszutragen.

bb) Subjektiver Tatbestand

Wie bei Abs. 1 ist Vorsatz und Bereicherungsabsicht erforderlich, obwohl dies in Abs. 2 nicht explizit wiederholt wird[910].

cc) Qualifikation (Ziff. 2)

Ziff. 2 enthält eine Qualifikation für eine Reihe von Personen, die ein besonderes Vertrauen geniessen, insb. Amtsträger und berufsmässige Vermögensverwalter[911].

4. Diebstahl (Art. 139)

Während bei Art. 138 die Qualifikation der unrechtmässigen Aneignung in der Verletzung der Vertrauensbeziehung begründet war, enthält Art. 139 dazu eine parallele Qualifikation, gestützt auf die Wegnahme der fremden beweglichen Sache. Wie bereits oben[912] bemerkt, ist allerdings der Tatbestand anders formuliert als Art. 137, sodass im Aufbau anders vorgegangen werden muss: Nach Art. 139 ist strafbar, wer jemandem eine fremde bewegliche Sache «zur Aneignung wegnimmt». Der Aneignungswille wird hier im subjektiven Tatbestand geprüft. Der Art. 139 ist seinerseits wiederum ein Grundtatbestand für diverse weitere Qualifikationsstufen (für Art. 139 Ziff. 2 und 3 sowie für den Raub)[913].

---

908 Stratenwerth/Wohlers 2013, Art. 138 N 5.
909 Stratenwerth/Jenny/Bommer 2010, 316 (zu Art. 138).
910 Vgl. ständige Praxis: BGE 118 IV 32 [34]; 105 IV 29 [34] und Stratenwerth/Wohlers 2013, Art. 138 N 6.
911 BGer 6B_415/2010; Corboz I 2010, 243 f.; Donatsch 2013, 152; BSK-Niggli/Riedo 2013, Art. 138 N 155 ff.; Stratenwerth/Jenny/Bommer 2010, 317 f.; PK-Trechsel/Crameri 2018, Art. 138 N 21 ff.; gemäss BGer 6B_629/2015 gilt auch ein Anwalt, der nicht im kantonalen Anwaltsregister eingetragen ist als besondere Vertrauensperson.
912 S.o. S. 137 f.
913 BSK-Niggli/Riedo 2018, Art. 139 N 13.

a) Objektiver Tatbestand

aa) Tatobjekt

Zur «fremden beweglichen Sache» kann auf die Ausführungen zu Art. 137 verwiesen werden[914].

bb) Tathandlung

Im Zentrum der Erörterungen beim Diebstahlstatbestand steht der Passus «zur Aneignung wegnimmt». **Wegnahme** wird definiert als Gewahrsamsbruch, dabei wird unterschieden zwischen **Bruch fremden und Begründung neuen (typischerweise eigenen) Gewahrsams**[915]. Dabei gilt es, eine Vielzahl von Details zu bedenken, allerdings sind die dogmatischen Fragen inzwischen überwiegend geklärt.
Gewahrsam ist nach übereinstimmender Auffassung die tatsächliche Sachherrschaft über die Sache. Dabei werden die Kriterien weiter verfeinert: Erforderlich ist zum einen die **Herrschaftsmöglichkeit** und zum anderen der **Herrschaftswille**[916].

(1) Gewahrsam

(a) Herrschaftsmöglichkeit

Im Rahmen der Herrschaftsmöglichkeit wird regelmässig zwischen einem faktischen Gewahrsamsbegriff[917] und einem sozialen Begriff differenziert. In meiner Herrschaft ist alles, worüber ich aktuell verfüge, aber auch alles, was sich in meiner Wohnung unter meinem Hausrecht befindet[918]. Darüber hinaus haben sich Regeln eines sozialen Gewahrsamsbegriffs entwickelt: Nach den **Anschauungen des täglichen Lebens** gibt man dadurch, dass man vorübergehend die Verfügung über eine Sache aufgibt (man stellt Gepäck oder Möbel auf die Strasse, um sie demnächst einzupacken bzw. der Bauer lässt seine Maschinen über Nacht auf dem Feld) die Herrschaft nicht auf. Vieles hängt vom Kontext und vom allgemeinen Verständnis ab (sog. **«gelockerter Gewahrsam»**)[919].

Eine eingehende Praxis hat sich zu verlorenen, verlegten und vergessenen Sachen entwickelt: Was ich im eigenen Haus «verliere» würde man besser als **verlegt** bezeichnen. Es hebt die Herrschaft nicht auf[920]. Wirklich **verloren** gegangene Sachen sollen indessen nicht mehr in meinem Gewahrsam stehen[921]. Zu **vergessenen** Sachen dagegen ist die Praxis recht inkohärent: Wer eine Sache im öffentlichen Raum liegen lässt, sich aber gleich darauf erinnert, wo sie liegt, verliert die Herrschaftsmöglichkeit nicht sogleich.

---

914 S.o. S. 138 f.
915 Corboz I 2010, 249 ff.; Donatsch 2013, 155 ff.; BSK-Niggli/Riedo 2018, Art. 139 N 15; Stratenwerth/Jenny/Bommer 2010, 319; PK-Trechsel/Crameri 2018, Art. 139 N 3.
916 Donatsch 2013, 155; BSK-Niggli/Riedo 2018, Art. 139 N 17; Stratenwerth/Jenny/Bommer 2010, 319 u.H.a. die Bundesgerichtspraxis; PK-Trechsel/Crameri 2018, Art. 139 N 3.
917 BSK-Niggli/Riedo 2018, Art. 139 N 18 f.; Stratenwerth/Jenny/Bommer 2010, 319 und 322.
918 BSK-Niggli/Riedo 2018, Art. 139 N 25 und 42.
919 BSK-Niggli/Riedo 2018, Art. 139 N 18 f.; Stratenwerth/Jenny/Bommer 2010, 322 f.
920 BSK-Niggli/Riedo 2018, Art. 139 N 35.
921 BSK-Niggli/Riedo 2018, Art. 139 N 36; Stratenwerth/Jenny/Bommer 2010, 320.

«Auf einer Fahrt mit einem **Dampfschiff** legte Oberst Furger am 17. August 1944 eine Uhr auf den Tisch der Rauchkabine des Oberdeckes, um die Fahrzeit des Schiffes zu kontrollieren. Als er kurz vor der Landung die Kabine und das Oberdeck verliess, vergass er die Uhr. Wenige Augenblicke später trat der Fahrgast Marc Ramuz in die Rauchkabine, um Kleidungsstücke zu holen, die er dort abgelegt hatte. Er sah die Uhr und eignete sie sich an. Oberst Furger, der sein Versehen bemerkte, kehrte kurz nachher in die Rauchkabine zurück in der Absicht, die Uhr zu holen. Inzwischen legte das Schiff am Landungssteg an. Ramuz verliess es und reiste mit der Uhr an seinen Wohnort weiter, wo ihn die Polizei am 4. September als Täter ermittelte[922].» Das Bundesgericht nahm an, dass sich der Täter des Diebstahls schuldig mache, wenn sich der Eigentümer erinnere, wo die Sache liege.

Der Lehre geht der Entscheid, nach dem sogar der Betrunkene, der vergessen hatte, dass er sein Portemonnaie in einer **Telefonkabine** hatte liegen lassen und sich erst am anderen Tag dessen erinnerte, noch Gewahrsam bewahrt habe[923], zu weit: Zu Recht kritisiert Schürmann, dass das Bundesgericht hier gleich zweimal zu einer Fiktion gegriffen habe, zum einen werde die faktische Herrschaftsmöglichkeit, zum anderen der Herrschaftswille fingiert[924]. Schürmann hält dies für zu weitgehend. Seiner Ansicht nach hätte jedenfalls nicht wegen vollendeten Diebstahls bestraft werden dürfen. Die Sache sei schlicht verloren gewesen.

Anders hat das Bundesgericht aber in einem Fall entschieden, in dem jemand den **Bankomaten** vorzeitig verliess, in der Annahme er sei defekt. Die Bankkundin verfügte nicht mehr über das kurz darauf ausgegebene Geld, das sich dann der nächste Kunde aneignete[925].

(b) Herrschaftswille

Gewahrsam setzt sodann voraus, dass der Inhaber den Willen hat, die Sache zu beherrschen. Dabei dürfen keine übertriebenen Anforderungen gestellt werden. Zum einen können auch Kinder oder auch Geisteskranke diesen Willen entwickeln, zum andern muss er nicht permanent aktuell sein (sonst könnte man nicht mehr in Ruhe schlafen oder in die Ferien gehen). Auch wer nicht ständig an sein auf der Strasse parkiertes Auto denkt oder wer in den Ferien abschaltet, hat den Herrschaftswillen nicht aufgegeben (es reicht ein sog. «genereller Gewahrsamswille»[926]).

(2) Bruch fremden Gewahrsams

Der Gewahrsamsbruch kann dadurch zustande kommen, dass die Sache aus dem Herrschaftsbereich des Berechtigten entfernt wird oder dass der Berechtigte daran gehindert wird, sein Recht auszuüben[927]. Es reicht (nach der hier vertretenen Meinung) auch, dass ein Mitgewahrsamsinhaber am Zugang zur Sache gehindert wird[928].

Schwierigkeiten bereitet hatten **Automaten**, die nicht in der Lage waren, zu überprüfen, ob die Bedingungen der Aufhebung des Gewahrsams gegeben waren. Für Geldautomaten sind nun Sondertatbestände anwendbar (auf die missbräuchliche Verwendung einer Kreditkarte durch den Inhaber selbst: Art. 148; durch Dritte allenfalls

---

922 BGE 71 IV 183.
923 BGE 112 IV 9; krit. Stratenwerth/Jenny/Bommer 2010, 320; vgl. auch Donatsch 2013, 157 f.; BSK-Niggli/Riedo 2018, Art. 139 N 36.
924 Schürmann 1988, 28 ff. und 31.
925 BGE 132 IV 108 = Pra 2007 Nr. 36.
926 Stratenwerth/Jenny/Bommer 2010, 324.
927 Stratenwerth/Jenny/Bommer 2010, 325; PK-Trechsel/Crameri 2018, Art. 139 N 10.
928 BSK-Niggli/Riedo 2018, Art. 139 N 48; PK-Trechsel/Crameri 2018, Art. 139 N 9; s.o. S. 143.

Art. 147). Bei Warenautomaten ist man sich nun einig[929], dass auch bei Manipulationen, die der Apparat nicht entdecken kann, Diebstahl anwendbar ist (z.B. der durch ein Gasfeuerzeug manipulierte Geldspielautomat[930], die wertlosen Rubel im Fahrkartenautomaten[931]). Im Grunde gilt hier nichts Anderes als bei am Wegrand deponiertem Gemüse: Kasse und Preiskarton stellen nach den allgemeinen Gebräuchen klar, dass die Kürbisse nur gegen Entgelt zu haben sind, der Gewahrsam also nur gegen Einhaltung gewisser Bedingungen freiwillig aufgegeben wird. Ein besonderes Kontrollszenario ist nicht vorgesehen, trotzdem ist Gewahrsamsbruch anzunehmen, wenn sie entgegen der Bedingungen weggenommen werden.

(3) Begründung neuen Gewahrsams

Dieses Tatbestandselement gibt an, wann der Diebstahlstatbestand vollendet ist. Nach längeren historischen Debatten über unterschiedliche Theorien (verworfen wurden die sog. «Kontrektationstheorie» [«Berührung»], die «Ablationstheorie» [«Fortschaffung»] und die «Illationstheorie» [«Einbringung»]) hat man sich auf die «Apprehensionstheorie» («Ergreifen») geeinigt: Neuer Gewahrsam ist begründet, wenn der Täter durch Ergreifen der Sache Gewahrsam erlangt hat[932]. Weiter hat man sich gefragt, ob der Gewahrsamswechsel auch schon im Herrschaftsbereich des Berechtigten stattfinden kann: Wenn jemand im Selbstbedienungsladen Kleider verborgen unter den eigenen an der Kasse vorbeischmuggelt, dann ist die Herrschaftsmöglichkeit des Eigentümers bereits innerhalb seines eigenen Herrschaftsbereichs gebrochen worden[933].

b) Subjektiver Tatbestand

aa) Vorsatz

Diebstahl ist ein Vorsatzdelikt. Diverse Irrtumskonstellationen sind denkbar. Nimmt der Täter an, ein Gegenstand (z.B. ein Hut oder ein Schirm) gehöre ihm oder die Gegenstände seien ihm vom Eigentümer überlassen worden oder die Sache sei herrenlos, ist das Verhalten, in Anwendung von Art. 13 (Sachverhaltsirrtum), straflos. Nimmt der Täter aber an, der Gegenstand sei bloss verloren, unterschlägt er in seiner Vorstellung einen Fund und ist nach Art. 137 Ziff. 2 Abs. 1 statt nach Art. 139 zu bestrafen.

bb) Aneignungsabsicht

Gemäss gesetzlicher Regelung begeht Diebstahl, wer «zur Aneignung» wegnimmt. Erforderlich ist daher eine (nunmehr im subjektiven Tatbestand zu prüfende) Aneig-

---

929 BGE 104 IV 72; 103 IV 83; BSK-Niggli/Riedo 2018, Art. 139 N 54 und 232; Stratenwerth/Jenny/Bommer 2010, 326; PK-Trechsel/Crameri 2018, Art. 139 N 7; a.A. noch BGE 97 IV 194 (hier Erschleichen einer Leistung angenommen).
930 BGE 104 IV 72.
931 StGer BS vom 4.12.1963, SJZ 60/1964, 209.
932 Im Detail bestehen noch kleinere Abweichungen: Corboz I 2010, 250 f.; Donatsch 2013, 160 f.; BSK-Niggli/Riedo 2018, Art. 139 N 64 f.; Stratenwerth/Jenny/Bommer 2010, 327; PK-Trechsel/Crameri 2018, Art. 139 N 11.
933 BSK-Niggli/Riedo 2018, Art. 139 N 65 f.; Stratenwerth/Jenny/Bommer 2010, 327 f.

nungsabsicht. Lehre und Praxis sind sich einig, dass mit Absicht *dolus directus* gemeint ist: Die Aneignung ist das eigentliche Handlungsziel des Täters[934].
Es ist bereits angedeutet worden, dass die Aneignungsabsicht zum Zeitpunkt der Wegnahme bestanden haben muss:

> Wer eine Sache zunächst zum Gebrauch entwendet, die er später verbraucht, veräussert oder für sich behält, begeht Art. 137 und nicht Art. 139[935].

cc) Absicht unrechtmässiger Bereicherung

Vgl. oben zu Art. 137.

c) Qualifikationen

In den Ziffern 2 und 3 finden sich qualifizierte Formen des Diebstahls. Dabei enthält Ziff. 3 Abs. 4 eine Generalklausel.

aa) Gewerbsmässigkeit (Ziff. 2)

Der traditionelle Begriff der Gewerbsmässigkeit, wie er vom Bundesgericht entwickelt worden ist («wenn der Täter die Tat in der Absicht verübte, zu einem Erwerbseinkommen zu gelangen und mit der Bereitschaft, gegenüber unbestimmt vielen und bei jeder sich bietenden Gelegenheit zu handeln»[936]), wurde von der Lehre, zumal angesichts der hohen Strafminima, als zu weit kritisiert. Unter dem Eindruck der Kritik[937] hat sich das Bundesgericht nun bereitgefunden, den Begriff auf Täter einzuengen, die ihre Tätigkeit «nach der Art des Berufs» ausüben[938]. Festgehalten wurde im Übrigen an der «Vielheit der Begehung» in der Vergangenheit und der Bereitschaft zu einer Vielzahl von Taten in der Zukunft[939]. Auf gewerbsmässigen Diebstahl steht Freiheitsstrafe bis zu 10 Jahren oder Geldstrafe nicht unter 90 Tagessätzen.

bb) Bandenmässigkeit (Ziff. 3 Abs. 2)

Art. 139 Ziff. 3 Abs. 2 umschreibt die nächste Qualifikationsstufe folgendermassen: «wenn er den Diebstahl als Mitglied einer Bande ausführt, die sich zur fortgesetzten Verübung von Raub oder Diebstahl zusammengefunden hat» (vgl. analog auch Art. 140 Ziff. 3 Abs. 2). Die besondere Gefährlichkeit sieht das Bundesgericht darin, dass sich «die Mitglieder gegenseitig psychisch stärken»[940].
Die Praxis lässt für eine Bande «mindestens zwei Personen» genügen. Allerdings wird vorausgesetzt, dass «gewisse Mindestansätze einer Organisation (etwa einer Rollen- oder Arbeitsteilung)» oder doch ein so intensives Zusammenwirken vorhanden ist,

---

934 BSK-Niggli/Riedo 2018, Art. 139 N 70.
935 Vgl. **Pieth/Eymann/Zerbes 2014, Fall 6 («Bree»), 80 ff.**; oben Einführungsfall (Variante 3), S. 137.
936 BGE 115 IV 34; 110 IV 30; 107 IV 81; 99 IV 80.
937 Vgl. Stratenwerth 1977, 88 ff.; vgl. auch PK-Trechsel/Crameri 2018, Art. 146 N 32 f.
938 BGE 124 IV 59; 123 IV 113; 119 IV 129; 116 IV 319.
939 PK-Trechsel/Crameri 2018, Art. 146 N 34 und 36.
940 BGE 135 IV 158; 132 IV 132; 124 IV 86; 124 IV 286.

dass von einem «stabilen Team» gesprochen werden kann[941]. Vieles bleibt indessen kontrovers: insb. die Festigkeit des Zusammenschlusses, die Präzision der Abreden usw.[942].

Das Mitglied ist mehr als ein blosser Sympathisant oder Gehilfe, es muss die Anforderungen der Mittäterschaft erfüllen[943]. Allerdings handelt – nach ständiger Rechtsprechung – auch derjenige «bandenmässig», der die Tat (Diebstahl oder Raub) alleine, aber «in Erfüllung der ihm in der Bande zustehenden Aufgabe» begeht[944].

cc) Bewaffnet (Ziff. 3 Abs. 3)

Ziff. 3 Abs. 3 umfasst Begehungsformen, bei denen der Täter eine Schusswaffe oder eine andere gefährliche Waffe mit sich führt. Die Begründung für die Qualifikation ist, dass ein bewaffneter Diebeszug leicht eskalieren kann, daher muss die (Schuss-) Waffe auch funktionstüchtig sein[945].

dd) Generalklausel (Ziff. 3 Abs. 4)

Gemäss Ziff. 3 Abs. 4 ist ein qualifizierter Tatbestand generell anzunehmen, wenn der Täter sonstwie seine besondere Gefährlichkeit offenbart. Während vor der Revision von 1981 auch täterstrafrechtliche Komponenten relevant waren (Nachtatverhalten, Charakter im Allgemeinen), geht es seither allein um die Gefährlichkeit, die sich in der Tat manifestiert[946] (*modus operandi*, Zweck, evtl. Einbruchdiebstahl generell?[947]). Die Mindeststrafe für alle Fälle von Ziff. 3 wurde in der Revision zum Sanktionenrecht (i.Kr. seit 1. Januar 2018) auf Freiheitsstrafe von 6 Monaten angehoben.

5. Raub (Art. 140)

Der Raubtatbestand ist eine weitere Qualifikation des Diebstahls: Die Wegnahme der fremden beweglichen Sache wird durch eine schwere Nötigung bewirkt. Mit anderen Worten, es werden zwei Rechtsgüter zugleich geschützt: das Vermögen und die Freiheit[948].

a) Grundtatbestände

Art. 140 enthält seit der Revision von 1995 zwei Varianten: den klassischen Raub, d.h. den mittels Nötigung begangenen Diebstahl und den sog. «räuberischen Diebstahl», d.h. die Nötigung durch den ertappten Dieb, um die Beute in Sicherheit zu bringen.

---

941   BGE 135 IV 158.
942   Kronenberg 2011, 51 f.; BSK-Niggli/Riedo 2018, Art. 139 N 118 ff.; PK-Trechsel/Crameri 2018, Art. 139 N 16.
943   PK-Trechsel/Crameri 2018, Art. 139 N 17.
944   BGer 6B_980/2014 u.V.a. BGE 83 IV 142 sowie weitere Praxis- und Literaturstellen.
945   BSK-Niggli/Riedo 2018, Art. 139 N 144.
946   BSK-Niggli/Riedo 2018, Art. 139 N 174; Stratenwerth/Jenny/Bommer 2010, 335; PK-Trechsel/Crameri 2018, Art. 139 N 22 f.
947   BSK-Niggli/Riedo 2018, Art. 139 N 181 und 198.
948   BSK-Niggli/Riedo 2018, Art. 140 N 13; Stratenwerth/Jenny/Bommer 2010, 337; PK-Trechsel/Crameri 2018, Art. 140 N 1.

aa) Eigentlicher Raub (Art. 140 Ziff. 1 Abs. 1)

(1) Objektiver Tatbestand

Der objektive Tatbestand setzt zum einen eine **qualifizierte Nötigung** und zum anderen die Begehung eines **Diebstahls** voraus.

(a) Qualifizierte Nötigung

Die Nötigung kann als Gewalt gegen eine Person, als Androhung gegenwärtiger Gefahr für Leib und Leben oder in der Form des «Widerstand unfähig machen» auftreten.

Bereits bei der Behandlung von Art. 181 wurde darauf hingewiesen, dass im BT verschiedene Gewaltbegriffe bestehen[949]. Der **Gewaltbegriff** des Raubs setzt zwar seit 1995 nicht mehr zwingend Widerstandsunfähigkeit voraus[950], allerdings wird nach wie vor eine schwere Nötigung verlangt: Sowohl Praxis wie Lehre verlangen beim Raub eine «unmittelbare physische Einwirkung auf die Person»[951]. Die Gewalt muss sich also gegen den menschlichen Körper richten, Gewalt gegen Sachen reicht hier nicht[952].

Umstritten ist nach wie vor, ob sich die Gewalt nur gegen den Gewahrsamsinhaber selbst und eine allfällige Schutzperson (Securitaswächter, Geldtransporteur etc.)[953] oder auch eine allfällige Sympathieperson[954] richten kann. Einig ist man sich nur, dass Gewalt gegen völlig unbeteiligte Dritte nicht unter den Raubtatbestand, sondern die Geiselnahme fällt. Als Beispiel wird genannt der «Bankräuber», der zu spät merkt, dass die Schalter gesichert sind und sich eines Bankkunden bemächtigt, um die Bankangestellten zur Herausgabe des Geldes zu veranlassen. Demgegenüber passt die Nötigung des Gewahrsamsinhabers durch Gewalt oder Androhung von Gewalt etwa gegen seine Familienangehörigen nicht in den Tatbestand der Geiselnahme[955]. Es ist nicht einzusehen, weshalb hier Raub nicht zur Anwendung kommen soll[956], zumal auch durch Gewalt gegen eine Sympathieperson der Widerstand des Gewahrsamsinhabers gegen die Wegnahme gebrochen werden soll.

Als zweite Nötigungsvariante nennt das Gesetz die **Androhung gegenwärtiger Gefahr für Leib und Leben**. Dabei wird an so intensive Nötigungsmittel gedacht, dass ein ver-

---

949 S.o. S. 57; vgl. Schürmann 1986, 59 f.
950 Vgl. zum alten Recht BSK-Niggli/Riedo 2018, Art. 140 N 24; Stratenwerth/Wohlers 2013, Art. 140 N 3.
951 Z.B. BGE 133 IV 207; vgl. auch Corboz I 2010, 261; Donatsch 2013, 170 f.; BSK-Niggli/Riedo 2018, Art. 140 N 20; Schürmann 1986, 48 ff.; Stratenwerth/Jenny/Bommer 2010, 338; Stratenwerth/Wohlers 2013, Art. 140 N 3; PK-Trechsel/Crameri 2018, Art. 140 N 4.
952 Stratenwerth/Jenny/Bommer 2010, 338 f.
953 So aber Stratenwerth 1988, 97 ff.; vgl. auch BSK-Niggli/Riedo 2018, Art. 140 N 28; Stratenwerth/Wohlers 2013, Art. 140 N 2; vgl. auch PK-Trechsel/Crameri 2018, Art. 140 N 6.
954 BGE 102 IV 18.
955 Vgl. BGE 102 IV 18; Stratenwerth/Jenny/Bommer 2010, 339 und oben S. 66 f.
956 Entgegen Stratenwerth/Jenny/Bommer 2010, 339; so auch Arzt 1983 (Revision StGB), 260; dazu auch PK-Trechsel/Crameri 2018, Art. 140 N 6.

nünftiger Mensch sinnvollerweise keinen Widerstand leisten würde (man blickt z.B. in den Lauf einer Pistole)[957].

Schwierigkeiten bereitet die dritte Variante: «oder nachdem er (der Täter) den Betroffenen zum Widerstand unfähig gemacht hat». Nachdem die **Widerstandsunfähigkeit** keine zwingende Tatbestandsvoraussetzung mehr ist, ist dieser Passus nur noch eine Auffangformel für eher seltene Situationen (Hypnose, Blendung, Schrecklähmung, Verabreichen von Drogen usw.).

Im Zusammenhang mit **Entreissdiebstählen** stellt sich immer wieder die Frage der Abgrenzung zwischen Raub und Diebstahl.

> Der Fall BGE 133 IV 207 ist deshalb besonders interessant, weil er die gesamte Praxis zum Thema aufarbeitet. Veranlasst wird er dazu, weil die erste Instanz auf Raub, das kantonale Obergericht auf Diebstahl und das Bundesgericht erneut auf Raub erkannte:
> In Luzern versuchte ein Drogenabhängiger einer älteren Dame von hinten die Handtasche zu entreissen. Er ging davon aus, dass er sie überraschen konnte. Sie hielt aber hartnäckiger als erwartet an der Tasche fest, kam zu Fall und verletzte sich leicht, während der Täter weiter an der Tasche zog, bis er sie schliesslich an sich riss.
> Dem Entscheid ist zu entnehmen, dass blosse List oder Überraschung keine Gewalt und auch nicht Widerstandsunfähigkeit bedeuten[958]. Wenn das Bundesgericht im vorliegenden Fall trotzdem auf Raub erkannte, dann, weil die Abwehr der Dame über ein reflexartiges Festhalten hinausging. Durch Mitschleifen des zu Boden gestürzten Opfers wurde ihr Widerstand durch überlegene Kraft überwunden[959].

(b) Diebstahl

Während das alte Recht es bei der Absicht, einen Diebstahl zu begehen, hatte bewenden lassen, ist der Raub nach der neuen Fassung von 1995 erst **mit dem Diebstahl vollendet**[960].

Schliesslich wird zwischen der Nötigung und dem Diebstahl ein **Kausalzusammenhang** verlangt: Daher reicht es für den Raub auch nicht, dass «der Täter das Opfer mit einem unerwarteten Handstreich verblüfft oder überrascht», um dadurch «einem Widerstand der betreffenden Person zuvor zu kommen»[961].

(2) Subjektiver Tatbestand

Der subjektive Tatbestand setzt Vorsatz (zumal im Hinblick auf die Nötigung), Aneignungsabsicht und Bereicherungsabsicht voraus *(vgl. oben zu Art. 139).*

---

957 BSK-Niggli/Riedo 2018, Art. 140 N 30; PK-Trechsel/Crameri 2018, Art. 140 N 5.
958 BGE 133 IV 207 [211], E. 4.3.2.
959 Vgl. BGE 133 IV 207 [212], E. 4.4. ff.; vgl. auch **Pieth/Eymann/Zerbes 2014, Fall 11 Luzern»**, 135 ff.; PK-Trechsel/Crameri 2018, Art. 140 N 9.
960 Corboz I 2010, 260; Donatsch 2013, 173; Stratenwerth/Jenny/Bommer 2010, 339, 342; PK-Trechsel/Crameri 2018, Art. 140 N 11.
961 BGE 133 IV 207 [212].

bb) Räuberischer Diebstahl (Art. 140 Ziff. 1 Abs. 2)

In der zweiten Variante kommt eine kasuistische Methode zum Ausdruck, die wir sonst von den Gesetzen der frühen Neuzeit her kennen. Dem Raub wird die gewaltsame Beutesicherung gleichgestellt. Erforderlich ist, dass der Täter beim Diebstahl auf frischer Tat ertappt wird. Gemeint ist damit die Phase zwischen der Vollendung und der Beendigung des Diebstahls[962]. Sodann begeht der Täter eine der in Abs. 1 genannten Nötigungshandlungen, um die gestohlene Sache zu behalten. Die reine Fluchtsicherung ist nicht durch Ziff. 1 Abs. 2 erfasst. Subjektiv ist Vorsatz und «Beutesicherungsabsicht»[963] erforderlich.

b) Qualifizierter Raub (Art. 140 Ziff. 2–4)

Der Raubtatbestand enthält drei abgestufte Qualifikationen:

aa) Bewaffneter Raub (Ziff. 2)

Während die Mindeststrafdrohung für den Grundtatbestand Freiheitsstrafe von 6 Monaten[964] beträgt (die Maximalstrafe wurde 1995 von 20 auf 10 Jahre herabgesetzt!), wird sie für denjenigen, der «zum Zweck des Raubes eine Schusswaffe oder eine andere gefährliche Waffe mit sich führt» auf Freiheitsstrafe von nicht unter einem Jahr angehoben. In der Sache ist auf die Qualifikation zum Diebstahl (Art. 139 Ziff. 3 Abs. 3) zu verweisen.

bb) Besonders gefährlicher Täter (Ziff. 3)

Mit mindestens zwei Jahren Freiheitsstrafe wird gemäss Ziff. 3 Abs. 2 bestraft, wenn der Täter «den Raub als Mitglied einer Bande ausführt, die sich zur fortgesetzten Verübung von Raub oder Diebstahl zusammengefunden hat». Auch hier werden Elemente des qualifizierten Diebstahls aufgenommen. Der Text entstammt der lange etablierten Praxis zur **Bandenmässigkeit**[965]. Ziff. 3 Abs. 3 schiebt eine **Generalklausel** der besonderen Gefährlichkeit nach. Abermals kommt es nicht mehr auf reine Täterkategorien an: Die Gefährlichkeit muss sich wiederum aus der Tat heraus begründen lassen[966]. Angesichts des hohen Strafminimums ist (auch gegenüber der gleichlautenden Qualifikation beim Diebstahl) eine noch restriktivere Auslegung geboten[967]. In der Praxis werden als Anwendungsfälle genannt, besonders hartnäckiges, hinterlistiges und brutales Vorgehen sowie hoher planerischer und technischer Aufwand und die Erwartung besonders reicher Beute[968].

---

962 BSK-Niggli/Riedo 2018, Art. 140 N 49; Stratenwerth/Jenny/Bommer 2010, 343; Stratenwerth/Wohlers 2013, Art. 140 N 7; PK-Trechsel/Crameri 2018, Art. 140 N 12.
963 Stratenwerth/Wohlers 2013, Art. 140 N 8.
964 I.Kr. seit 1.1.2018.
965 Vgl. BGE 135 IV 158.
966 Stratenwerth/Wohlers 2013, Art. 140 N 10.
967 BSK-Niggli/Riedo 2018, Art. 140 N 77; PK-Trechsel/Crameri 2018, Art. 140 N 15.
968 BSK-Niggli/Riedo 2018, Art. 140 N 78.

cc) Lebensgefährlicher Raub (Ziff. 4)

Mit einer Mindeststrafe von fünf Jahren belegt wird die Tat, wenn der Täter das Opfer in Lebensgefahr bringt. Angesichts dieser hohen Mindeststrafe wird Ziff. 4 auf Fälle beschränkt werden müssen, in denen die Lebensgefahr akut war (vgl. Art. 129), so akut, dass es «nur noch vom Zufall abhängt, ob es zum Tod des Opfers kommt»[969].

> In BGE 117 IV 419 wird (für das alte Recht) ein Unterschied zwischen der Verwendung einer Schusswaffe, die noch gesichert (bzw. bei der ein erhebliches Abzugsgewicht zu überwinden wäre) und der entsicherten, durchgeladenen oder gespannten Waffe gemacht. Im ersten Fall ist Ziff. 2, im zweiten Fall Ziff. 4 anwendbar.

Der Vorsatz (inkl. *dolus eventualis*) muss sich bei Ziff. 4 *nota bene* auch auf die Lebensgefahr beziehen.

c) Konkurrenzen

Da Art. 140 das speziellere Delikt ist, tritt es an Stelle der übrigen Aneignungs- und Nötigungstatbestände[970]. Zu Tötung und Mord kann indessen echte Konkurrenz bestehen, ebenso zur schweren Körperverletzung (nicht aber zur einfachen Körperverletzung)[971].

B. Entziehungs- und Schädigungsdelikte

1. Sachentziehung (Art. 141)

Bei Art. 141 handelt es sich um einen Auffangtatbestand zu den Aneignungsdelikten[972]. Mit der Revision von 1995 hat sich allerdings seine Rolle verlagert: Vorher war er dazu da, die Aneignung einer fremden beweglichen Sache ohne Bereicherungsabsicht zu erfassen, eine Aufgabe, die nunmehr von Art. 137 Ziff. 2 Abs. 2 wahrgenommen wird. Es bleiben für Art. 141 Formen der Wegnahme und des Vorenthaltens von beweglichen Sachen ohne Aneignungsabsicht. Dabei schützt der Tatbestand neben dem Eigentum auch weitere dingliche Rechte (z.B. Nutzniessung und Besitz)[973]. Denkbar ist somit, dass jemand die Tat an eigener Sache begeht[974].

---

969 Stratenwerth/Wohlers 2013, Art. 140 N 11; vgl. auch BGE 117 IV 419 [426], der auf Stratenwerth verweist.
970 Stratenwerth/Wohlers 2013, Art. 140 N 13.
971 Corboz I 2010, 265 f.; Donatsch 2013, 180; BSK-Niggli/Riedo 2018, Art. 140 N 178 ff.; Stratenwerth/Jenny/Bommer 2010, 347 f.; PK-Trechsel/Crameri 2018, Art. 140 N 27.
972 PK-Trechsel/Crameri 2018, Art. 141 N 1; BSK-Weissenberger 2018, Art. 141 N 2.
973 Stratenwerth/Jenny/Bommer 2010, 349 f.; BSK-Weissenberger 2018, Art. 141 N 6 ff.
974 PK-Trechsel/Crameri 2018, Art. 141 N 3.

a) Objektiver Tatbestand

aa) Tatobjekt

Tatobjekt ist eine bewegliche Sache. Sie **muss** – wie bemerkt – **nicht fremd** sein. Auch wer dem dinglich Berechtigten die Nutzniessung an seinem Eigentum verweigert, kann den Tatbestand erfüllen. Nicht geschützt sind allerdings bloss obligatorische Ansprüche[975].

bb) Tathandlung

Das Gesetz verwendet bewusst einen von der Terminologie von Art. 137 ff. abweichenden Begriff: «entzieht». Damit ist einerseits die **Wegnahme** im Sinne des **Bruchs** fremden Gewahrsams (ohne dass notwendigerweise ein neuer Gewahrsam begründet werden muss) gemeint[976], andererseits fällt darunter das «**Vorenthalten**» einer Sache (z.B. das Verstecken von Retentionsgut)[977]. Eine Aneignung findet nicht statt[978].

cc) Erfolg

Das Entziehen der Sache muss einen «**erheblichen Nachteil**» zur Folge haben. Entgegen der altrechtlichen Formel «geschädigt» kommt darin zum Ausdruck, dass es sich nicht um Bagatellen handeln kann, dass aber neben materiellen auch immaterielle Nachteile relevant sein können. Die Lehrbuchbeispiele sind von unterschiedlicher Praxisrelevanz: eher theoretisch das Verstecken des Hochzeitskleids am Tag der Hochzeit, des Musikinstruments am Tag der Aufführung, des Manuskripts am Tag des Vortrages[979]; praxisnäher die Gebrauchsleihe des Schirmes angesichts des aufziehenden Wolkenbruchs[980]; eher skurril dagegen das Verstecken der Teppichklopfstange während dreier Monate[981]. Keine Gebrauchsanmassung mehr ist aber das Vorenthalten eines Autos während zweier Jahre[982].

Insgesamt kommt in diesen Beispielen zum Ausdruck, dass ein erheblicher Nachteil dann vorliegt, wenn die Sache unbrauchbar gemacht wird resp. wenn das Opfer genötigt wird, Ersatz zu beschaffen[983]. Demgegenüber erfüllt nicht jede Säumigkeit in der Rückgabe einer Sache den Art. 141[984].

---

975 Stratenwerth/Jenny/Bommer 2010, 350; Stratenwerth/Wohlers 2013, Art. 141 N 3; BSK-Weissenberger 2018, Art. 141 N 7–13.
976 Stratenwerth/Jenny/Bommer 2010, 350 f.; BSK-Weissenberger 2018, Art. 141 N 15 und **Pieth/Eymann/Zerbes 2014, Fall 6 («Bree»), 77 f.**
977 Donatsch 2013, 182 ff.; Stratenwerth/Wohlers 2013, Art. 141 N 3; PK-Trechsel/Crameri 2018, Art. 141 N 5; BSK-Weissenberger 2018, Art. 141 N 18 f.
978 BGE 115 IV 207.
979 Donatsch 2013, 185; Stratenwerth/Jenny/Bommer 2010, 352; PK-Trechsel/Crameri 2018, Art. 141 N 8; BSK-Weissenberger 2018, Art. 141 N 25 ff.
980 PK-Trechsel/Crameri 2018, Art. 141 N 6.
981 BGE 96 IV 21.
982 Es handelt sich hier um eine Aneignung: PK-Trechsel/Crameri 2018, Art. 141 N 6 m.w.H.; dazu oben S. 139 f.
983 **Pieth/Eymann/Zerbes 2014, Fall 6 («Bree»), 78.**
984 PK-Trechsel/Crameri 2018, Art. 141 N 7.

b) Subjektiver Tatbestand

Sachentziehung setzt **Vorsatz** voraus. Er muss auch die Erheblichkeit des Nachteils umfassen. Negativ ist die **Abwesenheit der Aneignungsabsicht** erforderlich, sonst fällt das Verhalten nicht unter den Auffangtatbestand[985].

2. Unrechtmässige Verwendung von Vermögenswerten (Art. 141bis)

a) Ratio legis

Art. 141bis ist ein weiterer Auffangtatbestand zu den Aneignungsdelikten, der in letzter Minute im Gesetzgebungsverfahren eingefügt worden ist[986].
Man erinnere sich, dass der Sachbegriff von Art. 137 ff. unter dem alten Recht ungebührlich weit ausgedehnt wurde[987], um auch solche Fälle zu erfassen, in denen Vermögenswerte irrtümlich auf einen Dritten übertragen wurden. Eine Vertrauensbeziehung fehlte, sodass Veruntreuung nicht Anwendung finden konnte. Der neue Tatbestand erfasst nun explizit denjenigen, der Vermögenswerte, die ihm ohne seinen Willen zugekommen sind, unrechtmässig verwendet[988]. Auch wenn an der kriminalpolitischen Notwendigkeit dieses Artikels weiterhin gezweifelt wird, ist es wohl vorzuziehen, dass das Gesetz angepasst wurde, als es durch die Praxis zu überdehnen[989].

b) Objektiver Tatbestand

aa) Tatobjekt

Die Vermögenswerte gemäss Art. 141bis sind typischerweise nicht fremd, sonst kommt Art. 137 zur Anwendung. Sie sind aber «**wirtschaftlich fremd**»[990]. Sie gehören wirtschaftlich einem fremden Vermögen an[991].
Der Passus «**ohne seinen** (des Täters) **Willen zugekommen**» ist unglücklich formuliert. Eigentlich geht es um den Irrtum des Berechtigten oder seiner Vertreter[992]. Man würde besser von Werten sprechen, die «nicht für den Täter bestimmt sind und auf die er keinen Anspruch hat»[993]. Gemeint ist die irrtümliche Gutschrift auf ein Bank- oder Postkonto. «Ohne seinen Willen» bedeutet, dass ihm die Werte «überraschend» zugekommen sind. Der Tatbestand ist das Pendant zur Fundunterschlagung gemäss Art. 137 Ziff. 2 Abs. 1[994].

---

985 Corboz I 2010, 270; Donatsch 2013, 185; Stratenwerth/Jenny/Bommer 2010, 352; BSK-Weissenberger 2018, Art. 141 N 31.
986 BSK-Niggli 2013, Art. 141bis N 7; Stratenwerth/Jenny/Bommer 2010, 353.
987 Vgl. BGE 87 IV 115 (Fall Nehmad); 103 IV 87; 116 IV 134; krit. Schubarth 1972, 296 ff. und oben S. 138.
988 Corboz I 2010, 274; Donatsch 2013, 187 f.; Niggli 2010, 1155 ff.; BSK-Niggli 2013, Art. 141bis N 5 ff.; Stratenwerth/Jenny/Bommer 2010, 352 f.; Stratenwerth/Wohlers 2013, Art. 141bis N 1; PK-Trechsel/Crameri 2018, Art. 141bis N 1.
989 Stratenwerth/Jenny/Bommer 2010, 353.
990 S.o. zur Wertveruntreuung S. 143 ff.
991 Stratenwerth/Jenny/Bommer 2010, 353.
992 PK-Trechsel/Crameri 2018, Art. 141bis N 3.
993 BSK-Niggli 2013, Art. 141bis N 17.
994 BGE 131 IV 11; 126 IV 161; 123 IV 125; PK-Trechsel/Crameri 2018, Art. 141bis N 3; BSK-Niggli 2013, Art. 141bis N 13 ff.

bb) Tathandlung

Der Täter muss die Werte sodann **unrechtmässig verwenden**: Gemeint ist, dass der Rückforderungsanspruch vereitelt wird[995]. In Frage kommt vor allem eine Abdisposition ohne Ersatzmöglichkeit sowie die Weigerung, die Werte herauszugeben[996]. Nicht ausreichend ist blosse Inaktivität, insb. das Verschweigen des Eingangs sowie die bloss verzögerte Herausgabe[997]. Umstritten ist die Einordnung des Leugnens des Zugangs: Unter Hinweis auf das Fehlen eines Treueverhältnisses vertritt Niggli die Ansicht, dass auch bei Leugnen noch keine unrechtmässige Verwendung vorliege[998]. In BGE 141 IV 71 wurde denn auch angenommen, dass selbst die hartnäckige Weigerung, die Werte herauszugeben, so lange sie nicht weiter verheimlicht werden, keine Tathandlung nach Art. 141bis darstelle (Subsidiarität des Strafrechts gegenüber dem Zivilrecht).

c) **Subjektiver Tatbestand**

Der subjektive Tatbestand setzt zunächst **Vorsatz** voraus. Obwohl es nicht im Gesetz steht, hat die Praxis[999] mit Billigung der Lehre analog zu Art. 138 Ziff. 1 Abs. 2 (Wertveruntreuung) die **Bereicherungsabsicht** als ungeschriebenes Tatbestandsmerkmal hinzugefügt[1000].

Subsidiäre Tatbestände im Bereich der Aneignungsdelikte		
Sachentziehung ohne Aneignung	Reine Gebrauchsentwendung	Straflos
		Sonderbestimmung im SVG (Art. 94 SVG)
	Erheblicher Nachteil	Art. 141
Aneignung ohne Bereicherungsabsicht	Art. 137 Ziff. 2 Abs. 2	
Aneignung einer Sache, die dem Täter «ohne seinen Willen zugekommen ist», resp. Fundunterschlagung	Art. 137 Ziff. 2 Abs. 1	
Unrechtmässige Verwendung von Vermögenswerten, die dem Täter «ohne seinen Willen zugekommen sind», resp. nicht für den Täter bestimmt waren	Art. 141bis	

---

[995] Donatsch 2013, 189; BSK-Niggli 2013, Art. 141bis N 21; PK-Trechsel/Crameri 2018, Art. 141bis N 4.
[996] BGE 126 IV 161; Stratenwerth/Jenny/Bommer 2010, 355; Stratenwerth/Wohlers 2013, Art. 141bis N 2.
[997] BSK-Niggli 2013, Art. 141bis N 23.
[998] BSK-Niggli 2013, Art. 141bis N 24 und 27.
[999] BGE 126 IV 209 [215 f.].
[1000] Corboz I 2010, 277; Donatsch 2013, 190; BSK-Niggli 2013, Art. 141bis N 9; Stratenwerth/Jenny/Bommer 2010, 355 f.; PK-Trechsel/Crameri 2018, Art. 141bis N 5.

3. Sachbeschädigung (Art. 144)

a) Objektiver Tatbestand

aa) Tatobjekt

Der Tatbestand der Sachbeschädigung schützt körperliche Sachen, ob beweglich oder unbeweglich, an denen «ein fremdes Eigentums-, Gebrauchs- oder Nutzniessungsrecht besteht». Der Schutz geht also deutlich über das Eigentum hinaus, er gilt auch anderen dinglichen Rechten, nicht dagegen bloss obligatorischen Rechten[1001].

> Das heisst, dass auch der Eigentümer selbst als Täter in Frage kommt, wenn er Nutzungsrechte verunmöglicht oder einschränkt[1002]. Natürlich können auch andere dinglich oder obligatorisch Berechtigte (z.B. Mieter[1003]) die Rechte des Eigentümers beeinträchtigen.

Nicht als Sachen gelten Daten[1004].

bb) Tathandlung

Strafbar ist zunächst das **Beschädigen** der Sache. Damit ist «jeder Eingriff in die Substanz» gemeint, der die «Funktion oder die Ansehnlichkeit der Sache beeinträchtigt»[1005].

> Scheidet man vorweg einmal das Unerhebliche aus[1006], so ist das Erscheinungsbild der beweglichen oder unbeweglichen Sache durchaus geschützt[1007]. Zu Recht wurde aber die Frage aufgeworfen, ob auch bereits völlig verschmierte Mauern oder gar Abbruchliegenschaften zu schützen seien. Das Bundesgericht hat auch das Besprayen der bereits besprühten Wand als Sachbeschädigung eingestuft[1008]. Daran ist der Ausgangspunkt richtig: auch die wertlose Sache wird geschützt[1009]. Indessen fragt sich (wie bereits beim Tatbestand des Hausfriedensbruchs[1010]), ob es Sache des Strafrechts sein kann, das nackte (Zivil-)Recht, hier das abstrakte Recht, über das Erscheinungsbild einer Sache bestimmen zu dürfen, zu schützen hat. Zu Recht stellt Weissenberger für Abbruchliegenschaften das schützenswerte Interesse in Frage[1011].

Gestritten hat man sich darüber, ob auch die – aus Sicht eines **Sprayers** künstlerische Verschönerung steinerner Grossstadtlandschaften – Sachbeschädigung sein muss.

1001 Donatsch 2013, 205; Stratenwerth/Jenny/Bommer 2010, 366; Stratenwerth/Wohlers 2013, Art. 144 N 2; BSK-Weissenberger 2018, Art. 144 N 3 ff.
1002 Stratenwerth/Wohlers 2013, Art. 144 N 2 u.H.a. BGE 115 IV 26.
1003 BGer 6S.288/2003 (Mieter erlaubt vor Rückgabe der Liegenschaft seinem Kind, Graffiti an den Wänden anzubringen).
1004 PK-Trechsel/Crameri 2018, Art. 144 N 1.
1005 PK-Trechsel/Crameri 2018, Art. 144 N 4; vgl. auch BGE 115 IV 26 sowie Donatsch 2013, 206 f.; Stratenwerth/Jenny/Bommer 2010, 367; Stratenwerth/Wohlers 2013, Art. 144 N 3; BSK-Weissenberger 2018, Art. 144 N 22 ff.
1006 Stratenwerth/Jenny/Bommer 2010, 367; BSK-Weissenberger 2018, Art. 144 N 68.
1007 BGer vom 20.11.1981 (i.S. Nägeli); vgl. auch BGE 120 IV 319 sowie BSK-Weissenberger 2018, Art. 144 N 66 f. m.w.H.
1008 BGE 120 IV 319.
1009 BSK-Weissenberger 2018, Art. 144 N 6.
1010 S.o. S. 120 ff.
1011 BSK-Weissenberger 2018, Art. 144 N 68.

Harald Nägeli (der «Sprayer von Zürich») hat in den 1970er Jahren diverse öffentliche Gebäude mit seinen Strichmännchen verziert. Dafür wurde er zu neun Monaten Freiheitsstrafe, einer Geldstrafe sowie einer heftigen Schadenersatzzahlung verurteilt. Wenige Zeit später wurden einzelne seiner Werke als erhaltenswerte Kunstwerke eingestuft, so die 1978 an die Wand des damaligen physikalischen Instituts der Universität Zürich gesprayte «Undine», die 2005 gar restauriert wurde[1012].

«Undine» von Harald Nägeli (Bild: Universität Zürich, Marita Fuchs)

Weiter sind strafbar das **Zerstören** und das **Unbrauchbarmachen** der Sache. Als Beispiel der letzten Tatvariante diene der Fall des Nachbarstreits, in dem der verärgerte Nachbar noch während hängigem Verfahren den Kanalisationsanschluss seines Nachbars, welcher sich auf seinem Grundstück befand, dadurch ausser Funktion setzte, dass er ihn mit Montageschaum füllte[1013].

b) Subjektiver Tatbestand

Nur die vorsätzliche Sachbeschädigung ist strafbar[1014]. Wer sich über das Eigentum oder seine sonstige Berechtigung täuscht, erleidet einen Sachverhaltsirrtum[1015].

c) Qualifikationen

Art. 144 enthält zwei Qualifikationen:
Gemäss Abs. 2 werden die Behörden bei Sachbeschädigungen «aus Anlass einer öffentlichen Zusammenrottung» von Amtes wegen tätig[1016].
Hat der Täter «einen grossen Schaden verursacht, so kann auf Freiheitsstrafe von einem bis zu fünf Jahren erkannt werden» (Abs. 3). Inzwischen hat das Bundesgericht

---

1012 Nägeli sprayt weiter und die Frage «Sachbeschädigung oder Kunst?» (vgl. NZZ vom 5.10.2017, 19) bleibt aktuell.
1013 BGE 128 IV 250; PK-Trechsel/Crameri 2018, Art. 144 N 5.
1014 Vgl. **Pieth/Eymann/Zerbes 2014, Fall 6 («Bree»), 79.**
1015 Stratenwerth/Wohlers 2013, Art. 144 N 4.
1016 Dieser Absatz wurde vom Parlament 1981 unter dem Eindruck der «Zürcher Unruhen» eingefügt: Stratenwerth/Jenny/Bommer 2010, 369; PK-Trechsel/Crameri 2018, Art. 144 N 8; BSK-Weissenberger 2018, Art. 144 N 97.

festgehalten, dass ab CHF 10 000 von einem grossen Schaden auszugehen ist. Angesichts des drastisch erweiterten Strafrahmens ist dies allerdings ein viel zu tiefer Betrag. Immerhin ist die Strafuntergrenze fakultativ[1017].

d) Konkurrenzen

Wird die gestohlene Sache beschädigt oder vernichtet, besteht zwischen Art. 139 und 144 das Verhältnis der mitbestraften Nachtat. Kommen weitere beschädigte Objekte hinzu (z.B. bei einem Einbruchdiebstahl), ist von echter Konkurrenz auszugehen[1018].

4. Antragsdelikte

Entsprechend ihrer Natur als Auffangtatbestände sind Art. 141, 141bis und 144 Antragsdelikte.

C. Computerdelikte

1. Folgen der «digitalen Revolution»

Die neueste Phase der industriellen Revolution ist geprägt vom Ausbau der Informatiksysteme; die Rede ist daher von der «**digitalen Revolution**»[1019]. Zwar gab es bereits seit den 1950er Jahren Ansätze zur Automatisierung, die unter dem Stichwort «Kybernetik» Fantasien der «Robotik» wachriefen. Möglich wurde vieles aber erst mit dem rasanten technischen Fortschritt nach 2000, den immer schneller werdenden Prozessoren und der exponentiellen Erweiterung der Speicherkapazitäten. Nun ist es möglich, praktisch zur Ist-Zeit auf Entwicklungen zu reagieren (dadurch wird das selbstfahrende Auto real)[1020]. Maschinen werden zudem lernfähig. Man spricht von «*artificial intelligence*». Unter dem Stichwort «**Big Data**» wird die Verarbeitung und Zusammenführung von Information auch über Personen (z.B. durch Auswertung von Kunden- und Kreditkarten) möglich. Es entsteht ein «*digital footprint*», bzw. gar ein «Datendoppel» des Menschen. Hinzu kommen neue Kommunikationsmedien, insb. die «*social media*» (wie Facebook, Instagram, Twitter etc.), die eine Vernetzung, aber auch Datentransparenz ungeahnten Ausmasses entstehen lassen.

Mit den neuen elektronischen Medien nehmen auch die Missbräuche durch Kriminelle zu. Aktuelle Techniken ermöglichen das Eindringen in Computersysteme, sei es zum Zwecke des Missbrauchs von Kreditkarten, des Störens des Internetbankings oder aber, um sich Inhalte zu eigen zu machen. Immer häufiger werden dabei in E-Mails versteckte «*malware*» (Trojaner etc.) eingesetzt. Abgeschöpft werden Informationen und Codes auch mittels sog. «*pop-ups's*», Hacker-Grossangriffe können auch ganze Systeme (z.B. das Reservierungssystem einer Fluggesellschaft) lahmlegen[1021].

1017 Vgl. BGE 136 IV 117; PK-Trechsel/Crameri 2018, Art. 144 N 10; BSK-Weissenberger 2018, Art. 144 N 101 f.
1018 Stratenwerth/Wohlers 2013, Art. 144 N 7; PK-Trechsel/Crameri 2018, Art. 144 N 12.
1019 Zum Folgenden Pieth WiStrR 2016, 128 ff.
1020 Zu zivil- und strafrechtlichen Haftungsfragen: Gless/Seelmann 2016.
1021 Vgl. die Hinweise bei Pieth WiStrR 2016, 130 f.

Gemeinhin werden verschiedene **Formen** der Computerdelinquenz unterschieden[1022]. Insbesondere:

- die Verletzung der Geheimsphäre mit Hilfe der Elektronik (Hacking, Computersabotage, Ausspähen, Abhören, Verkauf von Decodierungs- und Abhörgeräten),
- klassische Vermögensdelikte, begangen mit Hilfe des Computers (Betrug, Fälschungsdelikte etc.),
- inhaltsbezogene Straftaten (Pornografie, Rassismus, Brutalo, Stalking etc.),
- Copyright-Verletzungen (IP-Delikte).

Im Zentrum stehen an dieser Stelle Paralleltatbestände zu den klassischen Vermögensdelikten, die aber wegen des Tatobjektes und des *modus operandi* erforderlich wurden, um Strafbarkeitslücken zu füllen[1023].

Die Schweiz hat mit Bundesbeschluss vom 18. März 2011 das **Übereinkommen** des Europarates über die Cyberkriminalität ratifiziert[1024]. Die entsprechende Anpassung von Art. 143bis ist am 1. Januar 2012 in Kraft getreten.

Vermögensbezogene Computerdelikte		
Art. 143	Unbefugte Datenbeschaffung	«Datendiebstahl»
Art. 143bis	Unbefugtes Eindringen in ein Datenverarbeitungssystem	«Hacking»
Art. 144bis	Datenbeschädigung	
Art. 147	Betrügerischer Missbrauch einer Datenverarbeitungsanlage	«Datenbetrug»
Art. 150	Erschleichen einer Leistung	«Zeitdiebstahl»
Art. 251	Urkundenfälschung	Fälschung von Daten-Urkunde

Im Folgenden sollen – im Anschluss an die Aneignungs- und die Schädigungsdelikte, noch im Rahmen der Straftaten gegen das Eigentum – die Tatbestände von Art. 143, 143bis und 144bis zur Sprache kommen. Dabei wird die Reihenfolge gegenüber dem Gesetz variiert und mit dem Eindringen in fremde Datenverarbeitungsanlagen begonnen. Der Computerbetrug (Art. 147) und die Datenfälschung (nach Art. 251 i.V.m. Art. 110 Abs. 4) werden bei den betreffenden Tatbeständen erörtert.

2. «Hacking» (Art. 143bis)

Hacking wurde vorerst als «Sport» von überwiegend jugendlichen Computerfreaks betrieben. Der Unrechtsgehalt galt als gering, da man davon ausging, dass keine Bereicherungsabsicht gegeben war (so bis vor Kurzem aArt. 143bis)[1025]. Inzwischen ist er zu einer Art Grund- und Auffangtatbestand des Eindringens in fremde Datenverarbei-

---

[1022] Vgl. auch Métille/Aeschlimann 2014, 285.
[1023] BSK-Weissenberger 2018, Art. 143 N 2.
[1024] Council of Europe, Convention on Cyber Crime, Budapest 23.11.2001, CETS No. 185; Botschaft des Bundesrates, BBl 2010 4697.
[1025] BSK-Weissenberger 2007 (2. Aufl.), Art. 143bis N 25; vgl. aber nun BSK-Weissenberger 2018, Art. 143bis N 27.

tungsanlagen und Daten geworden. Entsprechend lässt die neue Formulierung offen, ob er mit oder ohne Bereicherungsabsicht begangen wird. Zu Recht wird aber die Einordnung bei den Vermögensdelikten kritisiert[1026].

In der Praxis hat sich neben den spielerischen Formen ein sehr ernst zu nehmendes Feld der Wirtschaftsspionage[1027] und auch organisierter staatliche Übergriffe[1028] entwickelt. Auch aus diesem Grund wurde der Tatbestand auf den 1. Januar 2012 nachgebessert.

a) Haupttatbestand nach Abs. 1

aa) Objektiver Tatbestand

(1) Tatobjekt

Der Tatbestand verlangt vorab ein «fremdes Datenverarbeitungssystem». Zwei Fragen sind in der Lehre bisher im Vordergrund gestanden: **Fremd** meint nicht so sehr, dass die Anlage in fremdem Eigentum steht[1029], sondern, dass der Täter nicht zugangsberechtigt ist[1030]. Mit «**Datenverarbeitungssystem**» werden auch Teilsysteme gemeint (etwa geschützte Daten innerhalb eines dem Täter an sich zugänglichen Systems[1031]). Das Datenverarbeitungssystem muss sodann gegen den Zugriff von aussen besonders gesichert sein. Gedacht wird insb. an Passworte und Codierungen etc.[1032].

(2) Tathandlung

Der «Hacker» dringt unbefugterweise auf dem Wege von Datenübertragungseinrichtungen in das System ein[1033].

«**Unbefugt**» spricht vorab das Fehlen einer Einwilligung an[1034]. **Eindringen** meint das Überwinden von Hindernissen. Dabei nutzt der Hacker die Methoden der Informatik: Er dringt «**auf dem Wege von Datenübertragungseinrichtungen**» in das fremde Datenverarbeitungssystem ein[1035].

1026 PK-Trechsel/Crameri 2018, Art. 143bis N 2.
1027 NZZ am Sonntag vom 24.2.2013, 24 ff.: «Angriff aus China».
1028 Vgl. den Angriff von israelischen Hackern auf das iranische Atomprogramm oder die russischen Einmischungen in westliche Wahlen.
1029 So aber Schmid 1994, § 5, Art. 143bis N 17.
1030 Stratenwerth/Jenny/Bommer 2010, 364; Stratenwerth/Wohlers 2013, Art. 143bis N 1; BSK-Weissenberger 2018, Art. 143bis N 12.
1031 BSK-Weissenberger 2018, Art. 143bis N 13; a.A. Stratenwerth/Jenny/Bommer 2010, 364.
1032 Stratenwerth/Wohlers 2013, Art. 143bis N 2.
1033 PK-Trechsel/Crameri 2018, Art. 143bis N 6 ff.
1034 Donatsch 2013, 200 f.; Stratenwerth/Jenny/Bommer 2010, 365; Stratenwerth/Wohlers 2013, Art. 143bis N 2; PK-Trechsel/Crameri 2018, Art. 143bis N 8; BSK-Weissenberger 2018, Art. 143bis N 14 ff.
1035 Donatsch 2013, 200; Stratenwerth/Jenny/Bommer 2010, 365; PK-Trechsel/Crameri 2018, Art. 143bis N 7.

bb) Subjektiver Tatbestand

Art. 143bis verlangt Vorsatz. Der Tatbestand erfasst neuerdings Verhalten mit oder ohne Bereicherungsabsicht[1036].

b)   Vorbereitungstatbestand nach Abs. 2

Seit der Ratifikation des Europaratsübereinkommens (i.Kr. seit 1. Januar 2012) wird nun *ex officio*[1037] verfolgt (Abs. 1 ist ein Antragsdelikt), «wer Passwörter, Programme oder andere Daten, von denen er weiss oder annehmen muss, dass sie zur Begehung einer strafbaren Handlung gemäss Abs. 1 verwendet werden sollen, in Verkehr bringt oder zugänglich macht»[1038].

3.   Datenbeschädigung (Art. 144bis)

Der 1995 neu eingeführte Artikel, der Lücken im Sachbeschädigungstatbestand füllen soll, enthält zwei Untertatbestände: zum einen die sog. «Computersabotage» und zum anderen den «Virentatbestand». Beide Tatbestände dienen dem Interesse an «intakten Daten»[1039].

a)   Computersabotage (Ziff. 1)

aa)   Objektiver Tatbestand

(1)   Tatobjekt

Das Tatobjekt sind elektronisch oder in vergleichbarer Weise gespeicherte oder übermittelte **Daten**, ein Begriff, der auch im gleich anschliessend zu behandelnden Art. 143 enthalten ist[1040]. Gemäss Stratenwerth/Jenny/Bommer[1041] wird dort für eine weite Bedeutung optiert. Hier zeigt sich weshalb: Entgegen der Ansicht des Bundesrates[1042] müssten gemäss Stratenwerth/Jenny/Bommer auch elektronisch aufgezeichnete Ton- und Bilddokumente geschützt sein[1043]. Anders als in Art. 143 wird bei Art. 144bis allerdings nicht klargestellt, dass es sich um Daten handelt, über die der Täter nicht verfügt[1044]. Dies dürfte ein gesetzgeberisches Versehen sein.

[1036] BSK-Weissenberger 2018, Art. 143bis N 27.
[1037] Nach Ansicht des Bundesrates fehlt es oftmals am Geschädigten beim Vorbereitungstatbestand: vgl. Botschaft des Bundesrates, BBl 2010 4697 [4709]; aber: BSK-Weissenberger 2018, Art. 143bis N 46.
[1038] Stratenwerth/Wohlers 2013, Art. 143bis N 5; PK-Trechsel/Crameri 2018, Art. 143bis N 10; BSK-Weissenberger 2018, Art. 143bis N 34 ff.
[1039] BGE 129 IV 232; vgl. auch Stratenwerth/Jenny/Bommer 2010, 370 f.; Stratenwerth/Wohlers 2013, Art. 144bis N 1; PK-Trechsel/Crameri 2018, Art. 144bis N 2.
[1040] S.u. S. 165 ff.
[1041] Stratenwerth/Jenny/Bommer 2010, 358 f.; vgl. auch Donatsch 2013, 195 f.; PK-Trechsel/Crameri 2018, Art. 143 N 3 und Art. 144bis N 2; BSK-Weissenberger 2018, Art. 143 N 8.
[1042] Botschaft des Bundesrates, BBl 1991 II 969 [986 ff., 993].
[1043] Stratenwerth/Jenny/Bommer 2010, 370; ähnlich auch PK-Trechsel/Crameri 2018, Art. 144bis N 3; BSK-Weissenberger 2018, Art. 144bis N 8.
[1044] Stratenwerth/Jenny/Bommer 2010, 370.

(2) Tathandlung

Die Tathandlung ist der Sachbeschädigung nachempfunden und doch werfen die einzelnen Tätigkeiten im Konkreten viele Fragen auf: «verändert, löscht oder unbrauchbar macht».

Abgesehen davon, dass es – wie bei Art. 144 – nicht um Bagatellen geht[1045], bedeutet **verändern** auch eine Unordnung auf dem Datenträger entstehen zu lassen. Gemeint ist nicht blosses Verschieben ganzer Files[1046]. **Löschen** bedeutet, dass die Daten gegen den Willen des Berechtigten entfernt und auf demselben Datenträger nicht wieder aufzufinden sind. Dass sie möglicherweise noch woanders gespeichert sind, ändert an der Strafbarkeit nichts[1047]. Bei **unbrauchbar machen** denkt man vor allem an Daten, die infolge Manipulation des Passwortes oder der Codierung nicht mehr zugänglich sind. Dass der Vorgang irreversibel ist, wird nicht verlangt, die Erschwernis muss aber erheblich sein[1048].

bb) Subjektiver Tatbestand

Wie bei der Sachbeschädigung ist Vorsatz erforderlich.

cc) Qualifikation (Ziff. 1 Abs. 2)

Der Abs. 2 enthält dieselbe Qualifikation wie die Sachbeschädigung: Bei grossem Schaden kann der Richter fakultativ Freiheitsstrafe von einem bis fünf Jahren aussprechen. Die Tat wird überdies von Amtes wegen verfolgt. Die Strafdrohung mag für massive Sabotage verständlich sein[1049], allerdings wird die Praxis des Bundesgerichts zur Sachbeschädigung mit einer Mindestgrenze von bloss CHF 10 000 der erheblichen Strafdrohung nicht gerecht[1050].

b) Virentatbestand (Ziff. 2)

Computerviren bergen ein besonderes Gefährlichkeitspotential, weil sie oft unerkannt bleiben, bis sie beginnen, sich selbst zu verbreiten. Sie können ganze Programme zerstören. Beim Virentatbestand handelt es sich denn auch um ein abstraktes Gefährdungsdelikt, das bereits im Vorbereitungsstadium der Rechtsgutsverletzung eingreift.

aa) Objektiver Tatbestand

Das **Tatobjekt** (die Viren) sind Programme, die zu den in Ziff. 1 genannten Zwecken verwendet werden sollen[1051]. Der Tatbestand enthält eine ganze Liste von **Tathandlun-**

1045 BSK-Weissenberger 2018, Art. 144bis N 27.
1046 Gemäss PK-Trechsel/Crameri 2018, Art. 144bis N 4 und BSK-Weissenberger 2018, Art. 144bis N 25 nicht strafbar.
1047 Stratenwerth/Jenny/Bommer 2010, 371; BSK-Weissenberger 2018, Art. 144bis N 28 ff.
1048 PK-Trechsel/Crameri 2018, Art. 144bis N 7; BSK-Weissenberger 2018, Art. 144bis N 33 ff.
1049 Stratenwerth/Jenny/Bommer 2010, 372.
1050 S.o. S. 159 f.
1051 Donatsch 2013, 214 f.; Stratenwerth/Wohlers 2013, Art. 144bis N 4; PK-Trechsel/Crameri 2018, Art. 144bis N 13.

gen von der Herstellung über alle Zwischenschritte bis hin zum Zugänglichmachen. Explizit genannt wird das «zu ihrer Herstellung Anleitung gibt». Dabei hat das Bundesgericht klargestellt, dass die Anleitung nicht vollständig sein muss[1052].

bb) Subjektiver Tatbestand

Auch hier ist Vorsatz erforderlich.

cc) Qualifikation (Ziff. 2 Abs. 2)

In Abweichung von Ziff. 1 wird als Qualifikation hier die Gewerbsmässigkeit genannt.

dd) Konkurrenzen

Umstritten ist das Verhältnis von Ziff. 1 und 2. Zwar erscheint Ziff. 2 als eine blosse Vorbereitungshandlung zu Ziff. 1, allerdings geht der Tatbestand in eine spezielle Richtung und weist zudem ein erhebliches Gefährdungspotential auf. Während Stratenwerth/Jenny/Bommer[1053] sich nicht für eine generelle Lösung entscheiden konnten, nehmen Trechsel/Crameri echte Konkurrenz an[1054].

4. «Datendiebstahl» (Art. 143)

Der im Gesetz etwas farblos «unbefugte Datenbeschaffung» genannte, schwerste der drei hier erörterten Computer-Vermögensdelikte (der Tatbestand droht Verbrechensstrafe an) versucht die Lücken im Diebstahlstatbestand wettzumachen. Entsprechend schützt er die Verfügungsmacht über Computerdaten[1055].

a) Objektiver Tatbestand

aa) Tatobjekt

Im Zentrum stehen die bereits oben[1056] erwähnten **Daten**. Die weiterum konsentierte Definition («alle Informationen, die Gegenstand menschlicher Kommunikation sein können»[1057]) ist bewusst weiter als die des Bundesrates von 1991.
Relevant sind hier «elektronische oder in vergleichbarer Weise gespeicherte oder übermittelte Daten, die nicht für ihn (den Täter) bestimmt und gegen seinen Zugriff besonders gesichert sind». Die Daten müssen also im Prozess der elektronischen Datenverarbeitung stehen oder elektronisch übermittelt werden[1058]. Das Element «**nicht für**

1052 BGE 129 IV 230; vgl. im Übrigen Donatsch 2013, 215; Stratenwerth/Jenny/Bommer 2010, 373; Stratenwerth/Wohlers 2013, Art. 144bis N 4; PK-Trechsel/Crameri 2018, Art. 144bis N 14; BSK-Weissenberger 2018, Art. 144bis N 53.
1053 Stratenwerth/Jenny/Bommer 2010, 373 f. (im Einzelfall soll der Tatbestand mit der höheren Strafe vorgehen).
1054 PK-Trechsel/Crameri 2018, Art. 144bis N 20; ebenso Métille/Aeschlimann 2014, 309; Stratenwerth/Wohlers 2013, Art. 144bis N 7.
1055 Stratenwerth/Wohlers 2013, Art. 143 N 1; BSK-Weissenberger 2018, Art. 143 N 3.
1056 S.o. S. 163.
1057 Stratenwerth/Wohlers 2013, Art. 143 N 2.
1058 BSK-Weissenberger 2018, Art. 143 N 6.

ihn bestimmt» repliziert die Fremdheit der Sache bei den Aneignungsdelikten[1059]: Es bedeutet, dass dem Täter die Zugriffsberechtigung über die Daten fehlt[1060].

Bei der Bedeutung des Elementes «gegen seinen unbefugten Zugriff besonders gesichert» gehen die Meinungen auseinander: Während für die eine Schule sowohl mechanische Schliessmethoden (Schlüssel) wie elektronische (Passwörter, Verschlüsselung der Daten) in Frage kommen[1061], sind andere Autoren der Ansicht, es gehe hier (wie bei Art. 143bis) vor allem um elektronische Sicherungen[1062].

bb) Tathandlung

Die Frage ist eng verbunden mit der Tathandlung «sich beschafft»: Hier wird der Gewahrsamsbruch des Diebstahlstatbestands nachgebildet. Gemeint ist die **Überwindung des Hindernisses** und die Verwendung (nicht aber den Entzug) der Daten[1063]. Relevant geworden ist die Frage der Natur des Hindernisses beim sog. *phishing*[1064].

> Immer wieder werden täuschende E-Mails versandt, in denen die Empfänger, unter einem mehr oder weniger plausiblen Vorwand, veranlasst werden, sensible Daten herauszugeben (z.B. E-Banking-Codes), die dann – in einem weiteren Schritt – zur Schädigung verwendet werden[1065].

Typischerweise ist in der ersten Phase (bis zur Herausgabe der Codes) weder eine Vermögensverfügung erfolgt, noch ein Schaden eingetreten, daher fällt Betrug weg. Die Täuschung, die dazu veranlasst, den Schutzmechanismus des Computers zu überwinden (das Passwort und die Codes preiszugeben) aber entspricht nicht dem Datenbeschaffen der Computer-Vermögenstatbestände. Man wird bei Art. 143, wie bei Art. 143bis, eine **informatikspezifische** Überwindung der Zugangsschranken verlangen müssen[1066].

Strafbar mag bereits die erste Phase des *phishing*-Vorgangs aus Urkundenfälschung sein. Die zweite ist dann regelmässig wegen Computerbetrugs (Art. 147) strafbar, wenn die Codes benutzt werden, um Zugang zu fremden Vermögenswerten zu erlangen[1067].

[1059] Donatsch 2013, 195 f.; Stratenwerth/Jenny/Bommer 2010, 360; PK-Trechsel/Crameri 2018, Art. 143 N 5; BSK-Weissenberger 2018, Art. 143 N 14.
[1060] Stratenwerth/Wohlers 2013, Art. 143 N 2; BSK-Weissenberger 2018, Art. 143 N 15.
[1061] Stratenwerth/Wohlers 2013, Art. 143 N 2; BSK-Weissenberger 2018, Art. 143 N 20; PK-Trechsel/Crameri 2018, Art. 143 N 6.
[1062] Stratenwerth/Jenny/Bommer 2010, 361.
[1063] Stratenwerth/Jenny/Bommer 2010, 362; PK-Trechsel/Crameri 2018, Art. 143 N 7; BSK-Weissenberger 2018, Art. 143 N 23; umstritten bleibt allerdings die Frage, ob die blosse Kenntnisnahme ausreicht. Bejahend: Stratenwerth/Jenny/Bommer 2010, 362; ablehnend: PK-Trechsel/Crameri 2018, Art. 143 N 7 (der Täter muss mit den Daten arbeiten); unklar: Stratenwerth/Wohlers 2013, Art. 143 N 3.
[1064] Ammann 2006; Donatsch 2013; Gisin 2007; Oswald 2006.
[1065] Vgl. den Übungssachverhalt bei **Pieth/Eymann/Zerbes 2014, Fall 16 («Phishing»), 191 ff.**
[1066] Pieth/Eymann/Zerbes 2014, Fall 16 («Phishing»), 193; vgl. auch Ammann 2006, 197; Donatsch 2013, 157; Gisin 2007, 7 f.; Oswald 2006, 7; a.A. BSK-Weissenberger 2018, Art. 143 N 24.
[1067] Pieth/Eymann/Zerbes 2014, Fall 16 («Phishing»), 196 ff., 200 ff.

b) Subjektiver Tatbestand

Art. 143 verlangt neben Vorsatz Bereicherungsabsicht. Sie ist gerichtet auf den «vermögensrelevanten Gebrauchswert» der Daten[1068].

III. Straftaten gegen das Vermögen überhaupt

Im zweiten Teil des Vermögensstrafrechts stehen der Betrug und die betrugsähnlichen Delikte im Zentrum. Daneben kommen hier auch die Erpressung, die ungetreue Geschäftsbesorgung, der Wucher und die Hehlerei zur Sprache. Während beim Betrug das Opfer durch (qualifizierte) Täuschung zur Selbstschädigung motiviert wird, schädigt es sich bei der Erpressung als Folge einer Nötigung selbst. Bei der ungetreuen Geschäftsbesorgung verletzt der Geschäftsführer (resp. der Vertreter) seine Pflichten und führt dadurch eine Vermögensschädigung herbei. Beim Wucher wird eine bereits bestehende Unterlegenheit finanziell ausgebeutet. Die Hehlerei ist demgegenüber das klassische Verwertungsdelikt des Vermögensstrafrechts.

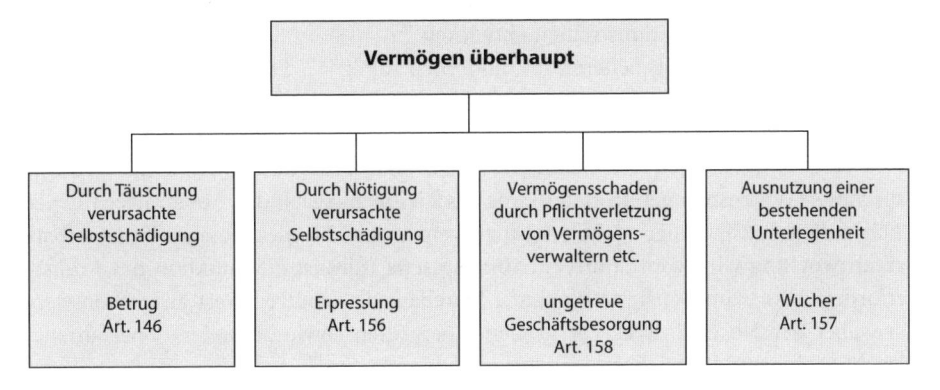

```
                          Vermögen überhaupt
      ┌──────────────────┬──────────────┬────────────────┐
Durch Täuschung    Durch Nötigung    Vermögensschaden    Ausnutzung einer
verursachte        verursachte       durch Pflichtverletzung   bestehenden
Selbstschädigung   Selbstschädigung  von Vermögens-      Unterlegenheit
                                     verwaltern etc.

Betrug             Erpressung        ungetreue           Wucher
Art. 146           Art. 156          Geschäftsbesorgung  Art. 157
                                     Art. 158
```

A. Betrug (Art. 146)

1. Einführung

Neben dem Diebstahl stellen der Betrug und die betrugsähnlichen Tatbestände die **praktisch bedeutendste** Gruppe der Vermögensdelikte dar. Die Polizeistatistik weist derzeit 12–15 000 Anzeigen pro Jahr aus[1069]. Wegen Betrugs ergehen pro Jahr ca. 1 500–1 700 Urteile (oder ca. 20 Urteile pro 100 000 Einwohner pro Jahr)[1070]. Neben vielen kleinen Fällen fallen durchaus auch grössere Betrugskomplexe, z.B. sog. **«Schneeballsysteme»**[1071] ins Gewicht.

[1068] Stratenwerth/Wohlers 2013, Art. 143 N 4 u.H.a. BGE 111 V 74.
[1069] Dazu bereits oben S. 136.
[1070] BSK-Freytag/Zermatten 2018, zu Art. 146; vgl. aber BFS Strafurteilsstatistik 2016 vom 6.6.2017: 2 340 Verurteilungen; dazu oben S. 136.
[1071] Arzt 1995 (Schneeballsystem), 519 ff.; vgl. auch Pieth WiStrR 2016, 102 f. und 112; PK-Trechsel/Crameri 2018, Art. 146 N 7.

Beim Schneeballsystem verwenden die Betrüger typischerweise die Methode der Kettenbriefschreiber: Jeder, der einsteigt, investiert einen fixen Betrag, in der Erwartung ein Mehrfaches zurück zu kriegen. Zu diesem Zweck muss er eine bestimmte Zahl weiterer «Investoren» anwerben, die ihrerseits eine entsprechende Zahlung leisten. Zu Beginn wird in der Regel schon bald an die Ersteinsteiger ein erheblicher Betrag ausbezahlt. Meist fällt der Betrag viel höher aus als eine gewöhnliche Geldanlage es erlauben würde. Allerdings sind nicht alle Schneeballsysteme so transparent. Gelegentlich glaubt der Anleger im sog. *«Ponzi-system»*, dass sein Geld effektiv investiert worden sei. Das System muss über kurz oder lang allerdings zusammenbrechen[1072].

Der Betrug ist ein Anwendungsfall eines breiten Feldes von Tatbeständen, die sich mit «Lüge» und «Fälschung» befassen. Er hat gemeinsame Wurzeln mit dem *«falsum»*, einem historischen Tatbestand, in dem auch Urkundenfälschung, Falschbeurkundung, Waren- und Geldfälschung zusammenkamen. Der moderne Betrugsbegriff hat sich allerdings erst relativ spät, im 19. Jahrhundert entwickelt[1073].

Der Betrugstatbestand schützt das Vermögen vor einer spezifischen Angriffsweise: vor Täuschung[1074]. Er ist nach wie vor ein Vermögensdelikt und setzt den konkreten Nachweis eines Vermögensschadens voraus. Er hat sich noch nicht zu einem reinen Delikt gegen die Dispositionsfreiheit entwickelt[1075].

Allerdings ist Lüge nichts Seltenes im modernen Alltag[1076]. Täuschung hat sich in der «Ellenbogengesellschaft» als etwas so Selbstverständliches etabliert wie etwa die Nötigung. Lange **nicht jede Unehrlichkeit** ist rechtlich relevant. Sodann ist bei Verletzung von Treu und Glauben im Geschäftsverkehr und bei Täuschung beim Vertragsabschluss (Willensmängel) in erster Linie das Zivilrecht zuständig. Aus strafrechtlicher Sicht sollen Leichtsinnige nicht geschützt werden. Ein Mindestmass an **Opferselbstverantwortung** wird vom Strafrecht vorausgesetzt (dies ist die Funktion des Arglisterfordernisses beim Betrugstatbestand). Durchaus als schützenswert angesehen werden aber der Normalbürger vor groben Übergriffen sowie besonders Unerfahrene, Leichtgläubige und Unsichere auch vor schlichten Lügen[1077].

Der Betrugstatbestand setzt im **objektiven Tatbestand** folgende Elemente voraus:

- die Täuschung,
- die Arglist,
- den Irrtum,
- die Vermögensverfügung,
- den Vermögensschaden.

1072 Vgl. z.B. Bernie Madoff's Konstrukt oder den «European Kings Club» (dazu BGer 6P.172/2000). Gegenwärtig warten in einem nun bereits acht Jahre dauernden Verfahren ca. 1 200 Geschädigte auf den Ausgang des Prozesses gegen Dieter Behring; vgl. NZZ am Sonntag vom 24.3.2013, 17 und 27.
1073 BSK-Arzt 2013, Art. 146 N 5 und 13 ff.
1074 BSK-Arzt 2013, Art. 146 N 14; Stratenwerth/Wohlers 2013, Art. 146 N 1.
1075 BSK-Arzt 2013, Art. 146 N 16 ff.; vgl. dazu unten die Passage zum Vermögensschaden: S. 175 f.
1076 NZZ vom 2.12.2013, 44: «Gelogen wird immer, Versuch der Annäherung an ein verpöntes Alltagsphänomen».
1077 Dazu gleich unten S. 170 f.

Dabei muss zwischen der Täuschung und dem Irrtum, und dem Irrtum und der Vermögensverfügung jeweils ein Motivationszusammenhang bestehen.

Im **subjektiven Tatbestand** wird neben Vorsatz auch die Absicht, sich unrechtmässig zu bereichern, verlangt.

2. Grundtatbestand

a) Objektiver Tatbestand

aa) Arglistige Täuschung

Das Gesetz sagt: «Wer ... jemanden durch Vorspiegelung oder Unterdrückung von Tatsachen arglistig irreführt oder ihn in einem Irrtum arglistig bestärkt ...».

(1) Tatsachen

Getäuscht werden kann nach der Betrugskonzeption nur über Tatsachen. Gemäss Bundesgericht[1078] sind Tatsachen «objektiv feststehende, vergangene oder gegenwärtige Geschehnisse oder Zustände». Das Bundesgericht fügt gleich bei, dass Prognosen über künftige Ereignisse und Werturteile somit nicht erfasst werden[1079], es sei denn, es werde über Tatsachen getäuscht, die der Prognose oder dem Urteil zugrunde liegen sollen[1080]. Als Tatsachen gelten indessen auch «innere Tatsachen»[1081].

Das Gesetz erwähnt drei unterschiedliche Täuschungshandlungen:

— Vorspiegeln und
— Unterdrücken von Tatsachen, sowie
— Bestärken eines bestehenden Irrtums.

(2) Vorspiegeln oder Unterdrücken

Trechsel/Crameri[1082] umschreiben die Tathandlung als «jedes Verhalten, das darauf gerichtet ist, bei einem andern eine von der Wirklichkeit abweichende Vorstellung hervorzurufen, sei es durch die Mittel der ... Sprache, durch Gesten oder durch konkludentes Verhalten ...». Betrug ist ein Motivationsdelikt zwischen Menschen. Da wäre es naiv, die Formen der Kommunikation auf das rein Verbale zu beschränken. Vieles bleibt unausgesprochen.

> Man denke an Vertragsverhandlungen beim Kauf eines Occasionswagens: Wer auf die Frage «das Auto ist doch unfallfrei?» nur schwach nickt, brummt oder gar überhaupt schweigt, erklärt sehr wohl. Man spricht nicht zufällig von «beredtem Schweigen» oder «konkludenter Täuschung», die das als non-verbale Variante des Vorspiegelns (oder Unterdrückens) einer Tatsache zu werten ist.

1078 BGE 135 IV 76; vgl. dazu auch Stratenwerth/Wohlers 2013, Art. 146 N 4.
1079 Vgl. auch schon BGE 89 IV 75.
1080 BGE 135 IV 76; 119 IV 210; dazu BSK-Arzt 2013, Art. 146 N 38; Stratenwerth/Jenny/Bommer 2010, 379 f.; Stratenwerth/Wohlers 2013, Art. 146 N 4; PK-Trechsel/Crameri 2018, Art. 146 N 6.
1081 BGE 135 IV 76; BGer 6B_147/2009.
1082 PK-Trechsel/Crameri 2018, Art. 146 N 2 u.H.a. die Rechtsprechung.

Problematischer ist dagegen die von der Lehre kontrovers diskutierte Frage, ob man Betrug auch durch eine **täuschende Unterlassung** begehen könne, d.h. durch blosse Inaktivität. Die Frage ist deshalb heikel, weil der Gesetzgeber 1995 die (gleich anschliessend zu diskutierende) dritte Tatvariante des «Bestärkens eines bestehenden Irrtums» neu als Handeln definiert hat. Dies könnte durch eine ausufernde Aufklärungspflicht unterlaufen werden[1083]. Die Lehre ist sich daher einig, dass das allgemeine zivilrechtliche Prinzip von Treu und Glauben im Geschäftsverkehr nicht ausreichen kann. Nur wer trotz seiner Garantenpflicht (nach Art. 11) schweigt, verletzt eine strafrechtlich relevante Aufklärungspflicht und täuscht durch Unterlassen[1084]. Das Bundesgericht hat sich in BGE 140 IV 11 dieser Ansicht angeschlossen[1085]. Allerdings hat das Bundesgericht in diesem Entscheid auch die Grenze zwischen Handeln und Unterlassen gezogen: Wer auf explizite Nachfrage der Versicherung wesentliche Einkommensteile verschweigt, täuscht aktiv (und nicht durch Unterlassen)[1086].

(3) Bestärken eines bestehenden Irrtums

1995 wurde die dritte Tatvariante, die bisher das **Benutzen** eines bestehenden Irrtums zum Thema hatte, präzisiert und eingeschränkt[1087]: Nunmehr ist klargestellt, dass nur das aktive **Bestärken** eines bereits ohne Zutun des Täters entstandenen Irrtums strafbar ist[1088].

> In der Literatur wird die Konsequenz dieses Wandels häufig am Kioskbeispiel illustriert: Wer die Verkäuferin am Kiosk nicht darauf aufmerksam macht, dass sie irrtümlicherweise daran ist, zu ihren Ungunsten zu viel Wechselgeld herauszugeben, mag gegen das zivilrechtliche Prinzip von Treu und Glauben verstossen; «bestärken» wird der Kunde sie aber nicht in ihrem Irrtum, dadurch, dass er schlicht das Geld entgegennimmt. Bereits erwähnt worden ist, dass eine Aufklärungspflicht nur bei Garantenpflichten besteht[1089].

(4) Arglist

(a) Opferselbstverantwortung

Es ist bereits angesprochen worden, dass das zusätzliche Element der **arglistigen** Täuschung, das in den verwandten Rechtsordnungen der deutschsprachigen Ländern nicht vorkommt, der Durchsetzung des *ultima ratio*-Prinzips im Strafrecht dient. Das Strafrecht verlangt vom Opfer ein gewisses Mass an Selbstverantwortung. **Leichtfertige** und **Faule** sollen nicht geschützt werden[1090].

1083 Krit. Stratenwerth/Jenny/Bommer 2010, 386 ff.
1084 BSK-Arzt 2013, Art. 146 N 53; Stratenwerth/Jenny/Bommer 2010, 388; Stratenwerth/Wohlers 2013, Art. 146 N 5; PK-Trechsel/Crameri 2018, Art. 146 N 4.
1085 Entgegen etwa BGE 109 Ib 47; 86 IV 205.
1086 Zu BGE 140 IV 11: PK-Trechsel/Crameri 2018, Art. 146 N 2 und 4.
1087 Botschaft des Bundesrates, BBl 1991 II 969 [1015].
1088 Stratenwerth/Jenny/Bommer 2010, 390; PK-Trechsel/Crameri 2018, Art. 146 N 5.
1089 Vgl. z.B. Stratenwerth/Jenny/Bommer 2010, 388.
1090 BSK-Arzt 2013, Art. 146 N 59.

So wurde einer Bank, bei der ein Fabrikarbeiter ein Lohnkonto unterhielt und in der Folge überzog, der Schutz des Betrugstatbestandes verweigert, weil sie die Deckung leicht hätte nachprüfen können. Die Ausnutzung eines besonderen Vertrauensverhältnisses wurde im Übrigen abgelehnt[1091].

Umgekehrt hat das Bundesgericht verschiedentlich klar gemacht, dass **Unbeholfene** und **Unerfahrene** sehr wohl Schutz verdienen[1092]. Die Definition der erwarteten Selbstverantwortung hat sich in der Gerichtspraxis verändert. Inzwischen ist sie durch eine ausgebaute Dogmatik zur «Arglist» stark eingeschränkt worden: Aktuell versagt das Bundesgericht die Anwendung von Art. 146 aufgrund der Opferselbstverantwortung nur noch, wenn die Leichtfertigkeit des Opfers ein Ausmass annimmt, «welches die Betrugsmachenschaften ... völlig in den Hintergrund treten» lässt[1093].

(b) Lügengebäude und Machenschaften

Das Bundesgericht hat in seiner jahrelangen Praxis zur Arglist zunächst bei den Ursprüngen des Tatbestandes und seinen Bezügen zum französischen Recht (*«manœuvres frauduleuses»*) angesetzt und Arglist angenommen, wo der Täter ein ganzes **Lügengebäude** errichtet. Gemeint ist dabei mehr als einfach eine Reihe von Lügen (die einzeln möglicherweise leicht zu durchschauen sind)[1094]. Das Lügengebäude muss für besondere Raffiniertheit stehen[1095].

Davon unabhängig, aber vom gleichen Grundgedanken getragen, sind die «**Machenschaften**» oder «**Kniffe**», die die Lügen unterstützen sollen[1096]. Gedacht wird an technische Vorkehren (wie z.B. gefälschte Urkunden) oder «eigentliche Inszenierungen, die durch intensive planmässige und systematische Vorkehren, nicht aber notwendigerweise durch eine besondere tatsächliche oder intellektuelle Komplexität gekennzeichnet sind»[1097]. Immerhin dient sie etwa dazu, die Zweifel des Opfers zu zerstreuen[1098].

(c) Einfache Lügen

Das Bundesgericht hat klargestellt, dass es auch jenseits der Machenschaften, selbst bei schlichten Lügen, bei besonderer Schutzbedürftigkeit des Opfers bereit ist, Arglist anzunehmen. Es sind im Wesentlichen vier Fälle unterschieden worden:

1091 BGE 107 IV 169; für weitere «Bankenfälle» vgl. PK-Trechsel/Crameri 2018, Art. 146 N 13a.
1092 PK-Trechsel/Crameri 2018, Art. 146 N 12 und 13a zu BGer 6S.168/2006: «Dumme und Schwache» bleiben nicht schutzlos.
1093 Vgl. die Hinweise bei BSK-Arzt 2013, Art. 146 N 41, 58, 68, 76 und 119 ff.; ebenso Thommen 2008, 17 ff. (v.a. 39 f.) und PK-Trechsel/Crameri 2018, Art. 146 N 13a.
1094 BGE 119 IV 28.
1095 BSK-Arzt 2013, Art. 146 N 64; Stratenwerth/Wohlers 2013, Art. 146 N 6; PK-Trechsel/Crameri 2018, Art. 146 N 8.
1096 BGE 122 IV 197; Stratenwerth/Wohlers 2013, Art. 146 N 6; PK-Trechsel/Crameri 2018, Art. 146 N 8.
1097 BGE 135 IV 76; dazu Braun 2010, 105; vgl. auch BGer 6P.124/2004.
1098 PK-Trechsel/Crameri 2018, Art. 146 N 14.

- **Arglist mangels Überprüfungsmöglichkeit**: Wo dem Opfer die Überprüfung der Tatsachenerklärung unmöglich ist, kann sich der Betrüger sicher fühlen. Dem Laien etwa wird nicht möglich sein, zu überprüfen, ob das Auto, das er kaufen möchte, tatsächlich unfallfrei ist[1099]. Arglist liegt vor.
- **Die Überprüfung ist unzumutbar**: Eine blosse Verlängerung der Unmöglichkeit ist die Unzumutbarkeit der Überprüfung. Dieser Fall greift insb., wo der Aufwand der Überprüfung unverhältnismässig wäre[1100].
- **Das Opfer von der Überprüfung abgehalten**: Für Arglist spricht sodann der Missbrauch eines Vertrauensverhältnisses. Gestützt auf das Vertrauensverhältnis mag es den Betrügern gelingen, das Opfer von der Überprüfung der Aussagen abzuhalten[1101].
- **Keine Überprüfung erwartet**: Wo der Täter genau weiss, dass das unerfahrene, unbeholfene oder vertrauensselige Opfer die Aussage nicht überprüfen wird, liegt ebenfalls bereits bei blossen Lügen Arglist vor[1102].

bb) Irrtum

Als Irrtum wird «die Diskrepanz von Vorstellung und Wirklichkeit» bezeichnet[1103]. In diesem Tatbestandselement kommen zwei Aspekte zum Tragen: Zum einen der **Motivationszusammenhang** zwischen der Täuschung und dem Irrtum[1104], zum andern erinnert es daran, dass der Betrug ein Motivationsdelikt zwischen Personen ist, das die Einwirkung auf das Opfer voraussetzt. Eine Maschine etwa kann sich nicht irren. Wird sodann die Sachlage verändert, ohne das Opfer zu täuschen (der berühmte blinde Passagier[1105]), fehlt es am Täuschungs-Irrtums-Konnex.

cc) Vermögensverfügung

Das Gesetz spricht davon, dass der Irrende zu einem Verhalten bestimmt werde, «wodurch dieser sich selbst oder einen anderen am Vermögen schädigt». Gemeinhin weisen die Kommentierungen auf drei Aspekte hin: Gemeint ist jede Vermögensdisposition mit **unmittelbar** vermögensmindernder Wirkung[1106]. Sodann verweist dieses Tatbestandselement darauf, dass sich das Opfer selbst schädigt[1107]. Selbstschädigung

---

1099 Donatsch 2013, 227; Stratenwerth/Jenny/Bommer 2010, 384 f.; Stratenwerth/Wohlers 2013, Art. 146 N 6; PK-Trechsel/Crameri 2018, Art. 146 N 7 und 9 ff.
1100 BGE 135 IV 76; BGer 6B_147/2009; Donatsch 2013, 227 f.; PK-Trechsel/Crameri 2018, Art. 146 N 10.
1101 Stratenwerth/Jenny/Bommer 2010, 384; PK-Trechsel/Crameri 2018, Art. 146 N 11.
1102 Stratenwerth/Wohlers 2013, Art. 146 N 6; PK-Trechsel/Crameri 2018, Art. 146 N 12.
1103 Stratenwerth/Jenny/Bommer 2010, 390; vgl. auch Stratenwerth/Wohlers 2013, Art. 146 N 7; PK-Trechsel/Crameri 2018, Art. 146 N 14.
1104 BGE 128 IV 255; 126 IV 113; Stratenwerth/Jenny/Bommer 2010, 396; Stratenwerth/Wohlers 2013 (Art. 146 N 7) sprechen von «täuschungsbedingtem Irrtum»; vgl. auch PK-Trechsel/Crameri 2018, Art. 146 N 29.
1105 Vgl. BSK-Arzt 2013, Art. 146 N 56; Stratenwerth/Jenny/Bommer 2010, 391.
1106 Stratenwerth/Wohlers 2013, Art. 146 N 8 u.H.a. BGE 126 IV 113 und Vest 2001, 1465 ff.
1107 BSK-Arzt 2013, Art. 146 N 131 ff.; Stratenwerth/Jenny/Bommer 2010, 292; PK-Trechsel/Crameri 2018, Art. 146 N 17.

aber setzt Freiwilligkeit voraus (darunter fällt nicht die Situation, dass ein «falscher Zollbeamter» Bussen erhebt[1108]). Schliesslich stellt das Gesetz klar, dass der Verfügende und der Geschädigte nicht identisch sein müssen[1109].

(1) Prozessbetrug

Durch Parteivorbringen und Beweisaussagen kann ein Gericht unter Umständen zu Unrecht veranlasst werden, zu Ungunsten einer Partei zu entscheiden und sie dadurch eine Vermögenseinbusse erleiden zu lassen. Entgegen der vorherrschenden Meinung in der Doktrin[1110] hatte das Bundesgericht die Figur des Prozessbetrugs lange abgelehnt, mit der Begründung, der Richter verfüge gar nicht über das betreffende Vermögen. Mit einer Praxisänderung[1111] hat sich aber das Bundesgericht nun der Meinung der Lehre angeschlossen, dass der Richter zwar nicht «im Lager» einer Partei stehe, aber doch von Amtes wegen befugt sei, in das Vermögen der «Urteilsunterworfenen» einzugreifen[1112].

(2) Motivationszusammenhang

Bereits im Verhältnis zwischen **Täuschung** und **Irrtum** war ein Motivationszusammenhang erforderlich. Gemäss gesetzlicher Formulierung («und so den Irrenden zu einem Verhalten bestimmt, wodurch dieser sich ... am Vermögen schädigt») erstreckt sich die Motivationskette auch auf die **Vermögensverfügung**. Zu Recht sprechen Stratenwerth/Wohlers von einer «irrtumsbedingten Vermögensverfügung»[1113]. Die Auswirkungen werden aber häufig verkannt.

> Bei Fällen des Dopings im Sport oder bei der Manipulation von Quizspielen mag man davon ausgehen, dass eine Täuschung (über die Lauterkeit durch Unterzeichnen der Spielregeln) vorliegt, dass sie aber zur Vermögensverfügung führt ist fraglich: Das Preisgeld wird nicht wegen der Täuschung, sondern weil der Sportler oder Mitspieler gewonnen hat, ausbezahlt. Während das Bundesgericht im «Risiko-Fall»[1114] den Motivationszusammenhang bejaht, wird er von einem Teil der Lehre in Frage gestellt[1115].

1108 Vgl. Pieth/Eymann/Zerbes 2014, Fall 5 («Fasnächtliche Zollbeamte»), 64 ff.; vgl. auch Pieth/Eymann/Zerbes 2014, Fall 7 («Grüner Pullover»), 86 ff. zur Abgrenzung von (Laden-)Diebstahl und Betrug.
1109 Stratenwerth/Jenny/Bommer 2010, 393; Stratenwerth/Wohlers 2013, Art. 146 N 9; PK-Trechsel/Crameri 2018, Art. 146 N 18.
1110 Hurtado Pozo 2009, N 1198; Stratenwerth/Jenny/Bommer 2010, 395; PK-Trechsel/Crameri 2018, Art. 146 N 19.
1111 BGE 122 IV 197.
1112 Stratenwerth/Wohlers 2013, Art. 146 N 9.
1113 Stratenwerth/Wohlers 2013, Art. 146 N 8 f.
1114 BGE 126 IV 165: vgl. den Fall Fernsehquiz «Risiko», wo drei Freunden aufgefallen war, dass die Moderatorin am Tag des Quiz' selbst eine Trainingsrunde mit anderen Kandidaten und Publikum durchführt, dabei aber die echten Fragen verwendet. Sie schafften es, sich ins Publikum einzuschmuggeln und die Fragen für einen befreundeten echten Kandidaten auf dem WC zu deponieren, der mit Hilfe des Kassibers einen Vorteil erlangte.
1115 Schmidt 2005, 16; Schubarth 2006, 222 ff.; Pieth/Eymann/Zerbes 2014, **Fall 14** («**Häschenfall**»), 177 f. und **Fall 15** («**Fernsehquiz**»), 187.

dd) Vermögensschaden

Unter diesem Titel müssen zwei Fragen geklärt werden. Vorab muss der strafrechtliche **Vermögensbegriff** angesprochen werden, anschliessend ist der **Schadensbegriff** zu erörtern.

(1) Vermögensbegriff

Im Laufe der Dogmengeschichte wurden verschiedene Begriffe entwickelt. Dabei sind der juristische[1116] und der wirtschaftliche Vermögensbegriff[1117] lediglich zur Abgrenzung von Bedeutung. Man ist sich inzwischen einig, dass der sog. **juristisch-wirtschaftliche Vermögensbegriff** für den Betrugstatbestand massgebend ist, definiert als die «Summe der rechtlich geschützten wirtschaftlichen Güter»[1118]. Während der wirtschaftliche Vermögensbegriff auch rechts- und sittenwidrige Rechtsgeschäfte umfasste, schützt der juristisch-wirtschaftliche Begriff nur, was auch zivilrechtlich Schutz verdient. Vom Anliegen der Einheit der Rechtsordnung her ist dies verständlich. Es wird auch niemandem Probleme bereiten, dass der Berufskiller, der um seinen Lohn betrogen wird, keinen Schutz erhält.

Probleme bereitet haben demgegenüber Fälle, in denen die eine Seite eine illegale Leistung versprochen hat (die sie nicht, oder ungenügend erbracht hat), um das Gegenüber um sein (legal verdientes) Geld zu erleichtern. Als Beispiel finden sich in der Praxis vor allem Fälle **gestreckter Betäubungsmittel**[1119]. Das Bundesgericht anerkennt zwar als Ausgangspunkt die Einheit der Rechtsordnung. Allerdings bestreitet es, dass in diesen Fällen mit der Nichtigkeit des Grundgeschäftes und der Regel «*in pari turpitudine causa melior est possidentis*» die Sache ihr Bewenden haben könne und das Betrugsopfer schutzlos sei: Das Bundesgericht nimmt an, dass die Betäubungsmittelhändler eine unerlaubte Handlung aus Art. 41 OR begehen und daher schadenersatzpflichtig sind[1120]. Demgegenüber optieren diverse Autoren für eine strikte Konkordanz von Zivil- und Strafrecht und möchten «demjenigen, der sich auf rechts- oder sittenwidrige Geschäfte einlässt, den strafrechtlichen Schutz ... versagen ...»[1121].

Eine ähnliche Entwicklung lässt sich in **Deutschland** verfolgen: Das Reichsgericht hatte anfangs des 20. Jahrhunderts in einem Fall des Verkaufs von untauglichen Abtreibungsmitteln einen wirtschaftlichen Vermögensbegriff angenommen[1122]. Naucke

---

1116 Vgl. Stratenwerth/Jenny/Bommer 2010, 397: «die Summe aller Vermögensrechte und -pflichten». Er gilt als zu eng, weil er noch nicht vollständig erworbene Rechte (Anwartschaften etc.) nicht erfasst und als zu weit, weil er Rechte, die keinen wirtschaftlichen Wert repräsentieren, miterfasst (vgl. Bommer 1995, 11 f.; Boog 1991, 17 f.).
1117 Vgl. Stratenwerth/Jenny/Bommer 2010, 398: «die Summe aller geldwerten Güter».
1118 PK-Trechsel/Crameri 2018, Art. 146 N 21; vgl. auch BGE 126 IV 165 sowie BSK-Arzt 2013, Art. 146 N 22 ff.; Corboz I 2010, 330 f.; Donatsch 2013, 239 f.; Stratenwerth/Jenny/Bommer 2010, 399 f.; Stratenwerth/Wohlers 2013, Art. 146 N 13.
1119 BGE 117 IV 139; 111 IV 55; zur Frage der Strafbarkeit des Diebstahls von Diebesgut: BGE 124 IV 102; 122 IV 179.
1120 Dazu auch BSK-Arzt 2013, Art. 146 N 182 ff.; Stratenwerth/Jenny 2003 (6. Aufl. BT I), 359.
1121 Stratenwerth/Jenny/Bommer 2010, 401; vgl. auch Bommer 1995, 110 ff.; Boog 1991, 80 ff.; PK-Trechsel/Crameri 2018, Art. 146 N 22.
1122 RGSt 44, 230 ff. (1911).

hatte darauf hingewiesen, dass die eigentliche Begründung im Verweis auf das «allgemeine Rechtsempfinden» zu suchen sei: Bestraft worden sei der Angeklagte letztlich, weil er sich «gegen die Rechtsordnung aufgelehnt» habe[1123]. Diese Anlehnung an die subjektive Verbrechenslehre wird heute als problematisch empfunden[1124]. Obwohl der BGHSt – trotz abweichender zivilrechtlicher Regelung – Strafbarkeit angenommen hatte, wird dies nun auch in Deutschland in Frage gestellt: In einem Vorlagebeschluss fordert der zweite Senat des BGHSt seine Kollegen auf, Betäubungsmitteln die Verkehrsfähigkeit abzuerkennen. Damit wären sie nicht mehr Gegenstand des Betrugs oder der Erpressung[1125].

(2) Schaden

(a) Objektive Schadensberechnung

Das Opfer muss gesamthaft gesehen eine Vermögenseinbusse erleiden, d.h. es muss als Folge der Straftat «ärmer» geworden sein[1126].
Allerdings bestehen Differenzen, was die Berechnungsmethode anbelangt. Ausgangspunkt muss der **objektive** Wert der **erbrachten Leistung im Vergleich zur erlangten Gegenleistung** sein. Probleme bereitet diese Betrachtungsweise dort, wo jemand eine Gegenleistung erhält, die zwar ihren Preis wert ist, die er aber in Kenntnis aller Umstände nicht gewollt hätte.

> Zu denken ist an das Beispiel des minderwertigen Weins zu Rabattpreisen oder an das Springbockfleisch, das als Rehpfeffer angepriesen aber zu «Springbockpreisen» verkauft wird. Kurz, der Käufer wird in seiner Erwartung, ein «Schnäppchen» gemacht zu haben, getäuscht. Letztlich erhält er aber etwas, das seinen Preis wert ist[1127].

Das Bundesgericht hat demgegenüber in konstanter Praxis den Wert der **versprochenen** mit der **erlangten** Leistung verglichen und damit auch in solchen Fällen den Vermögensschaden bejaht[1128].
Zu Recht kritisiert die Lehre[1129] diese Auffassung: Der Betrugstatbestand setzt gerade nicht nur voraus, dass jemand düpiert wird; über die Täuschung hinaus ist der Schaden nachzuweisen. Daher wird von der Lehre der Vergleich von **Leistung** und **Gegenleistung** postuliert.

(b) Individueller Schadenseinschlag?

Natürlich liegt der Einwand nahe, dass der Käufer den Wein, das «Rehpfeffer» oder Ähnliches nicht gekauft hätte, wenn er gewusst hätte, dass die Sache nicht die verspro-

---

1123 Naucke 2015, 333 ff., 336.
1124 Naucke 2015, 339; dazu Pieth WiStrR 2016, 107.
1125 BGH 2 StR 335/15 – Beschluss vom 1.6.2016.
1126 BSK-Arzt 2013, Art. 146 N 151; Corboz I 2010, 330; Donatsch 2013, 239; Stratenwerth/Jenny/Bommer 2010, 401 ff.; PK-Trechsel/Crameri 2018, Art. 146 N 23.
1127 Vgl. BGE 119 IV 289.
1128 BGE 117 IV 139; 111 IV 55; 100 IV 273; vgl. bereits 72 IV 126; vgl. auch PK-Trechsel/Crameri 2018, Art. 146 N 23 und 28.
1129 BSK-Arzt 2013, Art. 146 N 149 f.; Boog 1991, 185; Stratenwerth/Jenny/Bommer 2010, 403.

chenen Eigenschaften aufweist. Zu Recht wurde dem entgegen gehalten, dass Betrug nicht ein blosses «Delikt gegen die Dispositionsfreiheit» sei[1130].
Immerhin gibt es Fälle, in denen die Gegenleistung für den **individuellen** Konsumenten geradezu **unbrauchbar** ist[1131].

> Aus der Praxis zu nennen ist die Melkmaschine für 20 Kühe, die einem Kleinbauern mit zwei Kühen aufgeschwatzt wurde oder die Edel-Lebensversicherung, die eines Bankdirektors würdig wäre, deren Beiträge aber das halbe Budget der Spitalgehilfin erschöpfen[1132].

Kurz, in Extremfällen wird ein «objektiv-individueller» Schadenseinschlag berücksichtigt, wo die Gegenleistung für den Empfänger geradezu unnütz ist. Massstab ist allerdings die berühmte «Massfigur» in der Situation des Täuschungsopfers.

(c) Soziale Zweckverfehlung?

Der Ausgangspunkt des Schadensbegriffs beim Betrug ist die objektive Ungleichheit von Leistung und Gegenleistung (oder wie es Arzt ausdrückt: «Nach der hier vertretenen *Schadensberechnungsformel* [H.i.O.] ist der Wert der vom Opfer eingegangenen Verbindlichkeit mit dem Wirklichen [nicht mit dem Vorgespiegelten!] Wert der vom Täter eingegangenen Verbindlichkeit zu vergleichen»[1133]). Ausgangspunkt des objektiven Schadens ist, wie oben bemerkt, eine wirtschaftliche Betrachtungsweise.

Nun gibt es eine Reihe von Spezialfällen, in denen der wirtschaftliche Schadensbegriff in Schwierigkeiten gerät, insb.

- der Subventionsbetrug,
- der Bettelbetrug,
- der Spendenbetrug,
- der «esoterische» Betrug.

Vorab ist zum **Subventionsbetrug** zu bemerken, dass er in unterschiedlichen Formen auftritt. Bei der Subventionserschleichung motiviert der Täter das Opfer durch falsche Angaben zur Ausschüttung von Subventionen. Im Grunde besteht kein Zweifel, dass es sich um ein zweiaktiges Geschäft handelt, dessen Leistung und Gegenleistung sich quantifizieren lassen[1134]. Natürlich spielen über die unmittelbare Beziehung hinaus weiterreichende Motive (wie etwa die Erreichung agrarpolitischer oder bildungspolitischer Ziele) eine Rolle. Dies ist aber unerheblich. Es handelt sich prinzipiell um einen Betrug[1135]. In der Schweizer Praxis hat es gelegentlich Schwierigkeiten gegeben, weil auf die Erschleichung von Bundessubventionen die Spezialgesetzgebung (Art. 14 und 15 VStrR) exklusiv anwendbar ist und damit Art. 146 (und damit evtl. Art. 251) allein auf die Erschleichung kantonaler Subventionen anwendbar ist[1136].

1130 Stratenwerth/Jenny/Bommer 2010, 403 zu Art. 146 u.H.a. Boog 1991, 186 und bereits oben S. 168.
1131 PK-Trechsel/Crameri 2018, Art. 146 N 28.
1132 Vgl. BSK-Arzt 2013, Art. 146 N 168 f. und BGE 100 IV 273 [277].
1133 BSK-Arzt 2013, Art. 146 N 149.
1134 Vgl. BSK-Arzt 2013, Art. 146 N 176 und 205.
1135 Vgl. auch Hilf 2013, 775; Pieth WiStrR 2016, 223 ff.
1136 Ausführlich begründet in BGE 112 IV 19 für Studienbeiträge.

Werden Subventionen nach Erhalt zweckentfremdet, stösst der Betrugstatbestand auf Probleme im Bereich des Motivationszusammenhangs oder des subjektiven Tatbestandes (kein *dolus subsequens*)[1137]. Umliegende Staaten haben daher zum Teil Spezialgesetze erlassen.

Beim **Spendenbetrug** wird die Verwendung der Spenden für wohltätige Zwecke vorgespiegelt. Sie werden in Wahrheit – nach bereits von Anfang an feststehendem Tatplan – zweckentfremdet (z.B. der Täter sammelt für Erdbebenopfer, verwendet den Erlös aber für persönliche Zwecke). Da die «Gegenleistung» nicht ohne Weiteres wirtschaftlich messbar ist, haben die deutsche und die schweizerische Lehre sich der Theorie der «**sozialen Zweckverfehlung**» angeschlossen[1138]: Für die soziale Gegenleistung wird ein wirtschaftlicher Wert fingiert[1139]. Die Theorie tritt auch in der Bundesgerichtspraxis in Erscheinung[1140].

Demgegenüber versucht die Praxis den sog. **Bettelbetrug** aus der Strafbarkeit wegen Art. 146 auszunehmen. Zum Teil tut sie es, indem sie die Arglist des Bettlers ablehnt, der seine Not übertreibt oder von Anfang an das Geld, das für die Notschlafstelle gegeben wurde, in Alkohol umsetzen will oder sie negiert den Kausalzusammenhang: Dem Spendenden sei letztlich gleichgültig, ob er sein soziales Ziel erreiche[1141]. Zerbes hat im Fallbuch von Pieth/Eymann/Zerbes[1142] die österreichische Lehre referiert, die zwischen der Täuschung über die Person des Beschenkten (sich selbst statt der Erdbebenopfer begünstigt) und allein über den Verwendungszweck (Student verwendet Mietzuschüsse, um Fernseher zu kaufen, Bettler kauft Alkohol statt Essen) unterscheidet. Nur die Täuschung über den Empfänger soll als Betrug im Sinne der sozialen Zweckverfehlung gelten.

Interessante Fragen aufgeworfen hat in diesem Zusammenhang der klassische «**Schweizergarde-Fall**»[1143]:

> «Scala und Bordi nahmen im Jahre 1943 als Reisende der Fraumünster Verlags AG manchmal einzeln, manchmal gemeinsam bei katholischen Familien der Ostschweiz Bestellungen entgegen auf das von Gaston Castella, Professor an der Universität Freiburg verfasste Buch «So ist die Treue dieses Volkes». Das Buch schildert die Geschichte der Beziehungen zwischen dem Heiligen Stuhl und der Schweiz. Es enthält ein Bildnis des Papstes Pius des XI. mit der gedruckten Bitte des Verfassers um den apostolischen Segen für sich und seine Mitarbeiter sowie der faksimilierten Unterschrift und dem Stempel des Papstes als Zeichen dafür, dass dem Ersuchen entsprochen wurde. Dann folgt ein empfehlendes Vorwort von Bundesrat Motta. Bevor Scala und Bordi in einer bestimmten Ortschaft für das Buch Absatz suchten, boten sie es mit Vorliebe zuerst dem Ortsgeistlichen an und veranlassten ihn, sich mit Namenszug und Stempel in eine Liste einzutragen, die sie dann als Werbemittel gebrauchten und durch die Namen weiterer Interessenten vervollständigen liessen. Sie stellten

---

[1137] Hilf 2013, 780 f.; Pieth WiStrR 2016, 225.
[1138] Vgl. BSK-Arzt 2013, Art. 146 N 175 ff.; Boog 1991, 125 ff., 139, 195 f. m.w.H.; Pieth WiStrR 2016, 108; Vest 2013, 310.
[1139] Boog 1991, 128.
[1140] Vgl. etwa BGE 98 IV 252.
[1141] Vgl. etwa BGE 106 IV 26 («Jean-Michel»); vgl. Boog 1991, 142 ff., 150 f.
[1142] **Pieth/Eymann/Zerbes 2014, Fall 14 («Häschenfall»), 177 f.**
[1143] BGE 72 IV 126.

das Buch als ausgesprochen katholisches Buch dar, auf dem ein besonderer päpstlicher Segen ruhe und das deshalb nur für Katholiken bestimmt sei. Sie gaben ausserdem vielfach wahrheitswidrig an, ein Teil des Erlöses komme der katholischen Universität Freiburg oder der Schweizergarde oder dem Papste zugute, man vollbringe mit der Bestellung ein wohltätiges Werk, beweise damit seine Treue zu der Kirche und ihren Einrichtungen. Viele liessen sich durch diese Angaben täuschen und bestellten das Buch in der Meinung, damit dem erwähnten wohltätigen Zweck zu dienen.»

Anhand dieses Sachverhaltes ist vom Bundesgericht die Formel entwickelt worden, der Irrende sei «durch Abschluss und Erfüllung eines zweiseitigen Vertrages nicht bloss dann geschädigt, wenn das Gleichgewicht zwischen Leistung und Gegenleistung nach objektiver Schätzung gestört ist, sondern schon dann, wenn er für seine Leistung nicht den Gegenwert erhält, den er nach Vertrag erhalten sollte». Das Bundesgericht geht der eigentlichen Frage dadurch aus dem Wege, dass es die Massstäbe extrem subjektiviert und einen Schaden schon deshalb annimmt, weil der Käufer das Buch nicht gekauft hätte, wenn er nicht getäuscht worden wäre.

Aufgrund der Feststellung der Vorinstanz war das Buch objektiv den verlangten Preis wert[1144]. Objektiv-individuelle Unbrauchbarkeit, sodann, ist nicht gegeben. Als Spendenbetrug erscheint der Fall unter Umständen insoweit als über die Verwendung des Erlöses in bestimmtem Sinne getäuscht wird.

Insgesamt aber ist es kein Fall der «sozialen Zweckverfehlung». Vielmehr handelt es sich um einen (unbeachtlichen) **Motivirrtum**: Das Buch war seinen Preis wert, das rein «esoterische Motiv» der Käufer, dass der Papst das Buch gesegnet habe, ist nicht Gegenstand eines Vermögensdeliktes[1145].

Weitere Spezialfälle zum Betrug (Anlagebetrug, Submissionsbetrug, Doping als Betrug?) werden in der Sonderliteratur diskutiert[1146]*.*

(d) Vermögensgefährdung

Die Vermögensgefährdung wird nur ausnahmsweise als Schaden gelten. Sie ist «schadensgleich», wenn «das Vermögen in einem Masse gefährdet wird, dass es in seinem wirtschaftlichen Wert vermindert ist, d.h. wenn der Gefährdung im Rahmen einer sorgfältigen Bilanzierung durch Wertberichtigung oder Rückstellung Rechnung getragen werden muss»[1147].

b) Subjektiver Tatbestand

Erforderlich ist beim Betrug neben Vorsatz auch die Absicht unrechtmässiger Bereicherung.

Zur **Bereicherungsabsicht** kann im Wesentlichen auf die Aneignungsdelikte verwiesen werden. Zu erwähnen ist hier, dass wer mittels Täuschung seinen rechtmässigen Anspruch durchsetzt, nicht **unrechtmässig** handelt[1148]. Arzt kritisiert diesen Ansatz,

---

[1144] BGE 72 IV 176, E. 3.
[1145] Vgl. auch BSK-Arzt 2013, Art. 146 N 178; Boog 1991, 151; PK-Trechsel/Crameri 2018, Art. 146 N 23.
[1146] Ackermann 2001, 291 ff.; Braun 2010, 103 ff.; Pieth WiStrR 2016, 109 ff.; Vest 2013, 348 ff.
[1147] BGer 6B_173/2014; 6B_316/2009, E. 3.2; dazu Facincani/Wyss 2015, 328 ff.; PK-Trechsel/Crameri 2018, Art. 146 N 23.
[1148] Stratenwerth/Jenny/Bommer 2010, 408.

indem er darauf verweist, dass «rechtmässige Bereicherung» deshalb unmöglich sei, weil sie bereits keinen Schaden darstelle[1149].

Mehr zu reden gegeben hat das Erfordernis der **Stoffgleichheit**: Der Betrug ist ein Vermögensverschiebungsdelikt[1150], daher muss der entzogene Vermögensteil, jedenfalls in der Vorstellung des Täters, in sein eigenes Vermögen oder das eines andern übergehen; Schaden und beabsichtigte Bereicherung müssen sich entsprechen[1151]. Das Bundesgericht hatte mit dem Erfordernis vorerst Schwierigkeiten bekundet:

> Um zu einem grösseren Auftrag zu gelangen, buchte der Vertreter einer Putzmittelfirma im Hôtel de France in Le Locle das ganze Hotel für das darauffolgende Wochenende für einen Skiclub. Die Wirtin hielt die Zimmer frei. Da weder Vertreter noch Skiclub erschienen, erlitt sie einen erheblichen Verlust, der Täter einen durchaus beachtlichen Gewinn. Allerdings entsprach die Bereicherung nicht der Entreicherung der Hotelbesitzerin[1152].

In BGE 84 IV 89 hat das Bundesgericht das Erfordernis noch abgelehnt. Später hat es sich dem Prinzip erst implizit zugewandt[1153] und es dann explizit befürwortet[1154].

c) Konkurrenzen

Häufig bedienen sich Betrüger der **Urkundenfälschung** oder **Falschbeurkundung**. Die Praxis[1155] nimmt wegen der unterschiedlichen Rechtsgüter echte Konkurrenz an. Wo allerdings die Urkundenfälschung «ausschliesslich zur Begehung eines Betrugs dient, erscheint das Urkundendelikt insoweit allerdings als blosse Vorbereitungshandlung und geht im Betrug auf, soweit eine weitergehende Gefährdung durch die falsche Urkunde nicht auszumachen ist»[1156].

Im Verhältnis zu den **Aneignungsdelikten** ist der nachfolgende Sicherungsbetrug typischerweise eine mitbestrafte Nachtat[1157].

3. Qualifikation und Privilegierung

Ziff. 2 erhöht die Strafe für den **gewerbsmässigen** Betrug. Zum Begriff der Gewerbsmässigkeit ist auf die Ausführungen zu Art. 139 zu verweisen[1158].

1149 BSK-Arzt 2013, Art. 146 N 200.
1150 Stratenwerth/Jenny/Bommer 2010, 408.
1151 BSK-Arzt 2013, Art. 146 N 194 ff.; Corboz I 2010, 332; Donatsch 2013, 244; Häring 2008, 1596 ff.; Hurtado Pozo 2009, N 1213; Stratenwerth/Jenny/Bommer 2010, 408; Stratenwerth/Wohlers 2013, Art. 146 N 17; PK-Trechsel/Crameri 2018, Art. 146 N 31; Wohlers 2009, 115 ff.
1152 BGE 84 IV 89; dazu BSK-Arzt 2013, Art. 146 N 194 f.
1153 Zu BGE 119 IV 210, 103 IV 27, 93 IV 66; vgl. Häring 2008, 1597.
1154 BGE 134 IV 210; dazu Facincani/Wyss 2015, 328 ff.; Häring 2008, 1596 ff. und Wohlers 2009, 115 ff.
1155 BGE 129 IV 53; 112 IV 25; 105 IV 242.
1156 BSK-Boog 2018, Art. 251 N 222; Schubarth/Albrecht 1990, Art. 146 N 127; Stratenwerth/Jenny/Bommer 2010, 410; vgl. auch **Pieth/Eymann/Zerbes 2014, Fall 7 («Grüner Pullover»), 90 f.**
1157 BSK-Arzt 2013, Art. 146 N 233; Stratenwerth/Jenny/Bommer 2010, 410.
1158 S.o. S. 149 f.

Ziff. 3 privilegiert – ähnlich wie bei den Aneignungsdelikten – den Betrug zum Nachteil von Angehörigen.

B. Betrugsähnliche Delikte

Neben dem Betrug enthält das StGB eine Reihe von sog. «betrugsähnlichen Straftatbeständen».
Die Spezialtatbestände von Art. 149–153 werden in dieser Kurzdarstellung nicht weiter behandelt (insofern sei auf die Lehrbuch- und Kommentarliteratur verwiesen).
Von grösserer Bedeutung sind die Art. 147 und 148 (und allenfalls noch Art. 155 zu Abgrenzungszwecken). Ihnen gemein ist, dass sie aus faktischen und rechtlichen Gründen 1995 eingefügt werden mussten: Mit der Ausbreitung der automatischen Datenverarbeitung werden sowohl Computer wie auch elektronische Zahlungsmittel immer wichtiger. Zugleich nehmen auch die Missbräuche zu[1159]. Der traditionelle Vermögensschutz wies bis 1995 allerdings empfindliche Lücken auf: Täuschen kann man nur Menschen, Automaten können nur besser oder schlechter funktionieren. Die Grenze der Reichweite des Betrugs verläuft daher im Unsicheren: Soweit sich ein Mensch – unter Umständen computergestützt – ein Bild macht und autonom entscheidet, kann er sich durchaus irren[1160]. Läuft der Prozess aber – wie bei einer Maschine – automatisch ab, fehlt es sowohl am Irrtum, wie an der Vermögensverfügung gemäss Art. 146[1161].
Mit Art. 148*a* ist auf den 1. Oktober 2016 ein Sonderbetrugstatbestand (unrechtmässiger Bezug von Leistungen einer Sozialversicherung oder Sozialhilfe) in Kraft getreten, der wegen seiner erheblichen politischen Bedeutung erörtert wird.

1. «Computerbetrug» (Art. 147)

Die abermals eher farblose Marginalie «betrügerischer Missbrauch einer Datenverarbeitungsanlage» wird gemeinhin mit «Computerbetrug» übersetzt. Der Tatbestand ist auch über weite Strecken dem Betrug nachgebildet. Er entspricht im Übrigen Art. 8 der *Cyber Crime Convention* vom 23. November 2001 des Europarates[1162].

a) Objektiver Tatbestand

aa) Tathandlung

Die Tathandlung setzt vorab voraus, dass der Täter auf «einen elektronischen oder vergleichbaren Datenverarbeitungs- oder Datenübermittlungsvorgang **einwirkt**». Der Tatbestand nennt dabei mehrere Vorgehensweisen:

[1159] Stratenwerth/Jenny/Bommer 2010, 413 f.; dazu bereits oben S. 160 f.
[1160] PK-Trechsel/Crameri 2018, Art. 146 N 14 und Art. 147 N 1.
[1161] BGE 129 IV 315; 116 IV 343; 96 IV 185; BSK-Fiolka 2018, Art. 147 N 6; Stratenwerth/Wohlers 2013, Art. 147 N 1.
[1162] S.o. Fn 1024.

(1) durch unrichtige oder unvollständige Verwendung von Daten

Der **Datenbegriff** ist bereits oben zu Art. 143 und Art. 144bis erörtert worden[1163]. Der Begriff «**unrichtig**» möchte eine Parallele zur Täuschung beim Betrug herstellen: Daten sind unrichtig, wenn sie «ein inhaltlich unzutreffendes Bild von der tatsächlichen oder rechtlichen Wirklichkeit vermitteln»[1164]. «Unvollständig» muss als Variante von unrichtig angesehen werden.

(2) durch unbefugte Verwendung von Daten

Während die erste Tatvariante die inhaltliche Richtigkeit von Computervorgängen ins Zentrum stellt[1165] (die Botschaft nennt das Beispiel der falsch eingegebenen Überweisung[1166]), geht es der zweiten Variante um die Verfügung über – an sich «richtiger»[1167] – Daten durch eine **nichtberechtigte Person**[1168]. Zu Recht wird darauf hingewiesen, dass sich damit Art. 147 vom betrugstypischen Delikt zum Aneignungsdelikt hin verlagere[1169].

Lehre und Praxis nennen eine Reihe von Beispielen «unbefugter Verwendung von Daten»:

- Die verlorene oder gestohlene Kreditkarte wird illegal verwendet[1170].
- Mit dem abhandengekommenen Mobiltelefon wird bis zur Sperrung für über CHF 3 500 telefoniert. Die Gespräche werden dem Eigner des Geräts automatisch in Rechnung gestellt[1171].
- Die mit Hilfe von «*phishing*»-Mails erlangten Codes werden zum Schaden des Berechtigten verwendet[1172].

(3) oder in vergleichbarer Weise

Das Gesetz fügt noch eine Generalklausel hinzu. In der Kommentarliteratur geht man davon aus, dass sie vor allem dazu diene, auch Hardware-Manipulationen zu erfassen[1173].

1163 S.o. S. 163 und 165.
1164 So die Definition bei PK-Trechsel/Crameri 2018, Art. 147 N 42; ähnlich: Donatsch 2013, 249; BSK-Fiolka 2018, Art. 147 N 9; Stratenwerth/Jenny/Bommer 2010, 415; Stratenwerth/Wohlers 2013, Art. 147 N 3; BGE 129 IV 315 [318]: eine unrichtige Verwendung von Daten liegt vor, wenn bei einer Überweisung die relevanten Zahlen falsch eingegeben werden.
1165 Stratenwerth/Jenny/Bommer 2010, 415.
1166 Botschaft des Bundesrates, BBl 1991 II 969 [1021]; vgl. BSK-Fiolka 2018, Art. 147 N 9.
1167 BGer 6B_606/2015.
1168 Botschaft des Bundesrates, BBl 1991 II 969 [1021]; PK-Trechsel/Crameri 2018, Art. 147 N 6.
1169 Hurtado Pozo 2009, N 1240; vgl. auch Stratenwerth/Jenny/Bommer 2010, 416.
1170 BJM 1997, 246 (OGer BL); vgl. auch BSK-Fiolka 2018, Art. 147 N 12; Stratenwerth/Wohlers 2013, Art. 147 N 3; PK-Trechsel/Crameri 2018, Art. 147 N 6.
1171 BGE 129 IV 315; BSK-Fiolka 2018, Art. 147 N 13.
1172 **Pieth/Eymann/Zerbes 2014**, Fall 16 («Phishing»), 191 ff.; PK-Trechsel/Crameri 2018, Art. 147 N 6.
1173 BSK-Fiolka 2018, Art. 147 N 18; PK-Trechsel/Crameri 2018, Art. 147 N 7.

bb) Erfolg

Der Täter führt gemäss Art. 147 «dadurch eine Vermögensverschiebung zum Schaden eines anderen herbei».

Auch wenn die Elemente «**Vermögensverschiebung**» und «**Schaden**» dem Betrug nachgebildet sind[1174], bestehen deutliche Unterschiede. Art. 147 ist **kein** Selbstschädigungsdelikt: Der Täter (und nicht der Betrogene) verfügt[1175].

Immerhin klingt im Wort «dadurch» der **Motivationszusammenhang** des Betrugs wieder an. Im Vorentwurf war dies noch viel expliziter zu erkennen: «durch ein so erzieltes unzutreffendes Ergebnis». Erstaunlicherweise wurde diese Passage, die aus dem deutschen Text verschwunden ist, in den romanischen Texten beibehalten. Zu Recht verlangt daher die Lehre[1176], dass (auch) bei der unbefugten Verwendung von Daten ein insgesamt «**unzutreffendes Ergebnis**» erzielt werde.

cc) Alternative: eine Vermögensverschiebung unmittelbar darnach verdeckt

Die Botschaft begründet diese Alternative damit, dass «die Vermögensverschiebung vielleicht zufälligerweise der Datenmanipulation vorgeht oder faktisch gleichzeitig erfolgt»[1177]. Es ist fraglich, ob diese Tatvariante wirklich nötig war[1178].

b) Subjektiver Tatbestand

Art. 147 setzt, analog zum Betrug, Vorsatz und Absicht unrechtmässiger Bereicherung voraus.

c) Konkurrenzen

Die Lehre hat differenzierte Überlegungen zu den Konkurrenzen angestellt[1179]. Allerdings sollte sich die Komplexität anhand zweier einfacher Überlegungen reduzieren lassen: Soweit zur Erlangung des Zugangs zu den Daten ein Mensch getäuscht wird, der sich selbst schädigt, braucht es Art. 147 gar nicht, Betrug ist anwendbar[1180]. Im Übrigen müsste Art. 147 in dem Bereich, für den er geschaffen worden ist, als Sondernorm vorgehen.

1174 Stratenwerth/Jenny/Bommer 2010, 419; Stratenwerth/Wohlers 2013, Art. 147 N 4; PK-Trechsel/Crameri 2018, Art. 147 N 9 f.
1175 Pieth/Eymann/Zerbes 2014, Fall 16 («Phishing»), 191 ff.
1176 BSK-Fiolka 2018, Art. 147 N 36; Stratenwerth/Jenny/Bommer 2010, 414 f. und 420.
1177 Botschaft des Bundesrates, BBl 1991 II 969 [1023].
1178 Krit. Stratenwerth/Jenny/Bommer 2010, 420 f.; PK-Trechsel/Crameri 2018, Art. 147 N 11; a.A. wohl Jean-Richard 2015, 148 f.
1179 Corboz I 2010, 342; Donatsch 2013, 252 f.; BSK-Fiolka 2018, Art. 147 N 44 ff.; Stratenwerth/Jenny/Bommer 2010, 421 ff.
1180 BGE 129 IV 22 [32]; Stratenwerth/Wohlers 2013, Art. 147 N 8; PK-Trechsel/Crameri 2018, Art. 147 N 16.

2. Check- und Kreditkartenmissbrauch (Art. 148)

Der Gesetzgeber ging davon aus[1181], dass eine weitere Strafbarkeitslücke bei der missbräuchlichen Verwendung von Kreditkarten und verwandten Zahlungsmitteln durch den zahlungsunfähigen Berechtigten bestand: Die grössten Schwierigkeiten bereiten Karten-Systeme im **Drei-Parteien-Verhältnis**[1182]:

> Der Aussteller übergibt dem Karteninhaber (gestützt auf einen Grundvertrag) die Karte unter bestimmten Auflagen (insb., die Limite nicht zu überschreiten und den gewährten Kredit fristgerecht zurückzubezahlen), gleichzeitig erklärt sich der Aussteller bereit, gegen eine Gebühr gegenüber sog. Vertragsunternehmen die Ausgaben des Karteninhabers zu honorieren (Dienstleistungsvertrag). Der zahlungsunfähige oder zahlungsunwillige Karteninhaber schädigt zwar den Aussteller, er täuscht aber nicht den Vertragsunternehmer, den seine Zahlungsbereitschaft gar nicht zu interessieren braucht. Das Vertragsunternehmen wird nicht über die Solvenz getäuscht und mit dem Aussteller wird zur Zeit des Karteneinsatzes gar nicht interagiert. Aus diesen Gründen wurde – insb. für das Drei-Parteien-System[1183] – ein Sondertatbestand geschaffen, der in der Folge aber auch die Beziehungen zwischen Ausstellern und Kunden im Zwei-Parteien-Verhältnis[1184] exklusiv abdeckt[1185].

Der Missbrauch von Kreditkarten

durch den *extraneus*	durch den *intraneus*	durch Bruch des Vertrauens des *intraneus*
– Fälschung – Entwendung – sonstwie deliktisch erlangt	– Gebrauch durch den Berechtigten – insolvent – zahlungsunwillig	– abredewidrige Bezüge nach Überlassung des PIN
Art. 147	Art. 148	Art. 138

a) Objektiver Tatbestand

aa) Tatobjekt

Gegenstand des Delikts ist die «Check- oder Kreditkarte oder ein gleichartiges Zahlungsmittel». Da die Checkkarte heute kaum mehr verwendet wird, steht die Kreditkarte, insb. im beschriebenen Drei-Parteien-Modus, im Vordergrund. Mit dem Passus «oder ein gleichartiges Zahlungsmittel» wollte der Gesetzgeber für künftige Entwick-

---

1181 Botschaft des Bundesrates, BBl 1991 II 969 [1025]; vgl. auch BGE 112 IV 79; 111 IV 134; 110 IV 80.
1182 Vgl. auch BSK-Fiolka 2018, Art. 148 N 12 ff.
1183 Gedacht wird hier insb. an die gängigen Kreditkarten (Mastercard, Visa, American Express und Diners Club).
1184 Hier stehen Karten, die von Warenhäusern, Tankstellen, Restaurants usw. ausgestellt werden, im Vordergrund: PK-Trechsel/Crameri 2018, Art. 148 N 3.
1185 Art. 148 ist auch bei Zwei-Parteien-Beziehungen anwendbar: BSK-Fiolka 2018, Art. 148 N 15; Stratenwerth/Jenny/Bommer 2010, 432 f.

lungen vorbauen[1186]. Allerdings ist der Begriff unerträglich unpräzise. Genauerer Prüfung bedürfen etwa sog. «Debitkarten»: Falls die Ausstellerbank bereit ist, im Fall des Überziehens Kredit zu gewähren, handelt es sich um ein «gleichartiges Zahlungsinstrument»[1187].
Da Art. 148 für Missbräuche durch den Berechtigten konzipiert ist, muss ihm die Karte «**vom Aussteller überlassen**» worden sein. Art. 148 ist somit ein Sonderdelikt[1188].

bb) Tathandlung

Der Täter verwendet die Karte, **um vermögenswerte Leistungen zu erlangen**. Entgegen der ungeschickten Formulierung wird hier nicht bloss die Bereicherungsabsicht verlangt: Der Täter muss die Vermögensleistung effektiv erlangt haben[1189]. Das Gesetz sagt weiter «und den Aussteller dadurch **am Vermögen schädigt**».
Entscheidend ist allerdings die Passage «obschon er **zahlungsunfähig** oder **zahlungsunwillig** ist»: Das Hauptproblem ist eigentlich der Zeitablauf. Es versteht sich nach den allgemeinen Regeln, dass der Täter zur Zeit des Gebrauchs der Karte damit rechnen muss, dass er zur Zeit der Fälligkeit nicht wird leisten können oder wollen. Geht er zu diesem Zeitpunkt davon aus, dass er solvent sein wird, fehlt es am Vorsatz, wobei natürlich Zweifel sich schnell zu einem *dolus eventualis* auswachsen können. Für die Frage der Erfüllung des objektiven Tatbestandes ist allerdings, wie die Lehre[1190] (entgegen dem Bundesgericht[1191]) zu Recht festhält, der Zeitpunkt der Fälligkeit der Rückzahlung entscheidend.
Problematisch ist sodann die vom Bundesgericht entwickelte Formel, dass die Zahlungsunwilligkeit bereits anzunehmen sei, «wenn der Karteninhaber ... mit der Möglichkeit rechnet, dass er nicht fristgerecht zahlen kann und dies in Kauf nimmt»[1192]. Die Voraussicht der Säumigkeit soll demnach die Strafbarkeit begründen. Von daher ist verständlich, dass verschiedene Autoren Art. 148 mit der Wiedereinführung des «Schuldverhaftes» assoziieren[1193].

cc) sofern Schutzmassnahmen getroffen

Wie bereits der Betrug und auch der «Datendiebstahl» insistiert der Gesetzgeber auf einem Mindestmass an Opferselbstverantwortung[1194]. Darin kommt evtl. auch sein schlechtes Gewissen zum Ausdruck: Ob dieser Tatbestand angesichts der Machtver-

---

1186 Donatsch 2013, 255 f.; BSK-Fiolka 2018, Art. 148 N 16 ff.; Stratenwerth/Jenny/Bommer 2010, 424 f.; PK-Trechsel/Crameri 2018, Art. 148 N 3 f.
1187 BSK-Fiolka 2018, Art. 148 N 17.
1188 BSK-Fiolka 2018, Art. 148 N 8 ff.; Stratenwerth/Jenny/Bommer 2010, 426; Stratenwerth/Wohlers 2013, Art. 148 N 2.
1189 Stratenwerth/Jenny/Bommer 2010, 428.
1190 Stratenwerth/Jenny/Bommer 2010, 427.
1191 BGer 6S.533/1999; vgl. Details bei BSK-Fiolka 2018, Art. 148 N 22.
1192 Ebda.
1193 Killias/Kuhn 1996, 189 ff.; Schöbi 1998, 185 ff.
1194 PK-Trechsel/Crameri 2018, Art. 148 N 9.

hältnisse in der Wirtschaft sozialpolitisch wirklich notwendig war, mag man bezweifeln[1195]. Allerdings ist der Passus so abgefasst, dass er eine «**objektive Strafbarkeitsbedingung**» darstellt. Der Vorsatz des Täters bezieht sich also nicht auf die Anwesenheit bzw. das Fehlen von Sicherungen[1196].

Entscheidend ist, «ob der Aussteller und das Vertragsunternehmen die ihnen **zumutbaren Massnahmen** gegen den Missbrauch der Karte ergriffen haben». Während die Massnahmen beim Vertragsunternehmen bewusst schlicht gehalten werden (entweder die Unterschriften vergleichen oder einen Code eintippen lassen), sind die Anforderungen an den Aussteller – zumal bei der Ausgabe der Karte – erheblich höher[1197]: Auch wenn das stets bestehende Kreditrisiko nicht *eo ipso* die Strafbarkeit ausschliesst[1198], müssen die Angaben des Antragsstellers überprüft werden, es müssen unter Umständen Auskünfte bei Dritten (z.B. Betreibungsamt, Arbeitgebern, Partnerbank etc.) eingeholt werden[1199].

b) Subjektiver Tatbestand

Art. 148 setzt Vorsatz voraus. Bereits der objektive Tatbestand verlangt neben dem Vermögensschaden die Bereicherung.

c) Strafdrohung und Qualifikation

Analog zum Betrug droht der Grundtatbestand Verbrechensstrafe an. Die Qualifikation der Gewerbsmässigkeit in Abs. 2 spiegelt ihrerseits Art. 146 Abs. 2 wieder.

d) Konkurrenzen

Art. 148 ist eine Sondernorm. Gemäss Bundesgericht erfüllt derjenige, der durch Täuschung die Karte erlangt noch keinen Straftatbestand[1200]. Wird sie illegal verwendet, dann ist Art. 148 (und nicht Art. 146) anwendbar. Entgegen der Ansicht von Stratenwerth/Jenny/Bommer[1201] kann Art. 146 auch nicht als Auffangnorm greifen, wenn es an der ausreichenden Opfermitverantwortung fehlt: Das Arglisterfordernis beim Betrug ist gerade dazu da, kommerzielle Kreditunternehmen zur Vorsicht zu veranlassen[1202].

1195 Krit. auch Stratenwerth/Jenny/Bommer 2010, 424 sowie PK-Trechsel/Crameri 2018, Art. 148 N 1.
1196 BGE 125 IV 260; Stratenwerth/Jenny/Bommer 2010, 432; Stratenwerth/Wohlers 2013, Art. 148 N 7; PK-Trechsel/Crameri 2018, Art. 146 N 9 und 13.
1197 BGE 127 IV 68.
1198 BGer 6B_1007/2010.
1199 BGE 125 IV 260.
1200 BGE 127 IV 68; vgl. dazu BSK-Fiolka 2018, Art. 148 N 56; PK-Trechsel/Crameri 2018, Art. 148 N 14.
1201 Stratenwerth/Jenny/Bommer 2010, 430 und 433.
1202 Vgl. etwa die Beispiele bei BSK-Arzt 2013, Art. 146 N 70 ff. und 94 ff.

3. Sozialversicherungsbetrug (Art. 148a)

Ausländische Rechtsordnungen kennen Sondertatbestände des Sozialbetrugs, die insb. Arbeitgeber erfassen, die die Sozialbeiträge nicht entrichten (z.B. §§ 153c, 153d, 153e Ö-StGB). Die Schweiz hat bisher im Kernstrafrecht auf einen solchen Tatbestand verzichtet. Der Arbeitnehmer dagegen, der durch Täuschung der Sozialversicherungen Sozialbeiträge erschwindelt war bislang durch den Betrugstatbestand von Art. 146 erfasst. Im Zusammenhang mit der Umsetzung der «Ausschaffungsinitiative» (Art. 121 Abs. 3–6 BV) wurde nun ein neuer Auffangtatbestand zum Betrug geschaffen[1203]. Er unterscheidet sich von dem ausländischen Paralleltatbestand aber dadurch, dass Täter nicht der Arbeitgeber sondern der Sozialleistungsbezüger ist. Erstaunlicherweise setzt er die Anforderungen gegenüber dem Betrug gegen Privatpersonen herab: Arglist ist bei Art. 148a nicht erforderlich. Mit anderen Worten sind Sozialversicherungen stärker geschützt als Private[1204]. Der Tatbestand ist weder notwendig noch seriös formuliert.

Der **objektive Tatbestand** setzt eine Täuschung voraus: «wer jemanden durch unwahre oder unvollständige Angaben, durch Verschweigen von Tatsachen oder in anderer Weise irreführt oder in einem Irrtum bestärkt ...». Im Vordergrund steht die Täuschung durch Handeln. Täuschung durch Unterlassen setzt, wie beim Betrug, eine Garantenpflicht voraus. Auch hier gilt aber der Grundsatz des Bundesgerichts (BGE 140 IV 11), dass die grundsätzliche sozialversicherungsrechtliche Meldepflicht keine Garantenpflicht begründet[1205]. Schweigen ist dann aktives Verhalten, wenn auf eine konkrete Frage hin unvollkommen Auskunft erteilt wird. Der Tatbestand setzt einen Irrtum als Folge der Täuschung voraus.

Der Tatbestand richtet sich gegen jedermann, der Sozialleistungen bezieht. Er erfordert den effektiven Bezug von Leistungen als Pendant zum Vermögensschaden, aber auch zur erfolgten Bereicherung.

Beim **subjektiven Tatbestand** genügt Vorsatz. Die Bereicherung steckt auch hier bereits implizit im objektiven Tatbestand[1206].

Art. 148a ist subsidiär zum Betrug nach Art. 146. Er ist als Vergehen ausgestaltet. Trotzdem hat er gemäss Art. 66a Abs. 1 lit. e obligatorisch die Landesverweisung zur Folge (Ausnahme: Härtefälle gemäss Art. 66a Abs. 2)[1207].

4. Warenfälschung (Art. 155)

Die Warenfälschung hat sich verhältnismässig spät aus anderen Täuschungs- und Fälschungsdelikten abgelöst. Auch ihre Einordnung stand lange Zeit nicht fest[1208]. Allerdings dürfte nun klar sein, dass sie primär das Vermögen des potentiell Getäuschten

---

1203 Botschaft des Bundesrates, BBl 2013 5975 [6004].
1204 Krit. PK-Burckhardt/Schultze 2018, Art. 148a N 2 und 8.
1205 Gegen Botschaft des Bundesrates, BBl 2013 5975 [6037]: PK-Burckhardt/Schultze 2018, Art. 148a N 2; CR CP II-Gabarski/Borsodi 2017, Art. 148a N 12.
1206 PK-Burckhardt/Schultze 2018, Art. 148a N 6; CR CP II-Gabarski/Borsodi 2017, Art. 148a N 27 f.
1207 PK-Burckhardt/Schultze 2018, Art. 148a N 11 und 14.
1208 Stratenwerth/Jenny/Bommer 2010, 446 f.

schützt («Treu und Glauben in Handel und Verkehr»)[1209]. Nicht geschützt durch Art. 155 ist aber der düpierte Konkurrent. Art. 155 ist kein Wettbewerbsdelikt[1210]. In der Revision von 1994/1995 wurden drei Tatbestände (aArt. 153–155) zusammengelegt, dabei wurde ein nicht passender Fahrlässigkeitstatbestand (aArt. 154) gestrichen[1211]. Die Warenfälschung ist ein betrugsähnlicher Auffangtatbestand, der als abstraktes Gefährdungsdelikt weder den Nachweis einer Täuschung noch eines Vermögensschadens bedarf[1212].

a) Objektiver Tatbestand

aa) Ware

Tatobjekt ist jede bewegliche Sache, die Gegenstand des Handels sein kann[1213]. Es spielt dabei keine Rolle, ob es sich um ein Einzelstück oder einen Serienartikel handelt. Geld ist nur, wenn es ausser Kurs ist (Goldvreneli), Tatobjekt der Warenfälschung[1214].

bb) Tathandlung

Gemäss Art. 155 Ziff. 1 Abs. 2 ist strafbar, wer «eine Ware herstellt, die einen höheren als ihren wirklichen Verkehrswert vorspiegelt, namentlich indem er eine Ware nachmacht oder verfälscht». Die alte Zweifelsfrage, ob es dazu eines Eingriffs in die Substanz bedarf (Eingravieren und nicht etwa aufkleben eines Markenzeichens), ist zugunsten eines weiten Verständnisses des Gesetzestextes geklärt worden: Gemäss Trechsel/Crameri ist nunmehr «*allein entscheidend die Divergenz zwischen Schein und Sein*» (H.i.O.)[1215]. Ziff. 1 Abs. 3 fügt weitere Begehungsformen hinzu: «eine solche Ware einführt, lagert oder in Verkehr bringt». Praxisgemäss reicht bei Art. 155 bereits das Anbieten der Ware[1216].

b) Subjektiver Tatbestand

Art. 155 setzt Vorsatz und die Absicht «der Täuschung in Handel und Verkehr» (Ziff. 1 Abs. 1) voraus.

c) Subsidiarität

Gemäss Ziff. 1 Abs. 4 ist die Warenfälschung explizit subsidiär zu Tatbeständen, die mit höherer Strafe bedroht sind. Neben dem Betrugstatbestand, betrugsähnlichen Handlungen und der Urkundenfälschung bleibt somit für Art. 155 lediglich noch für Handlungen im Vorbereitungsstadium Raum[1217].

1209 BSK-Weissenberger 2018, Art. 155 N 3 f.
1210 Stratenwerth/Jenny/Bommer 2010, 447.
1211 PK-Trechsel/Crameri 2018, Art. 155 N 2; BSK-Weissenberger 2018, Art. 155 N 1.
1212 BSK-Weissenberger 2018, Art. 155 N 5.
1213 Stratenwerth/Jenny/Bommer 2010, 447; PK-Trechsel/Crameri 2018, Art. 155 N 3; BSK-Weissenberger 2018, Art. 155 N 6.
1214 BSK-Weissenberger 2018, Art. 155 N 10.
1215 PK-Trechsel/Crameri 2018, Art. 155 N 8; vgl. auch Stratenwerth/Jenny/Bommer 2010, 449; BSK-Weissenberger 2018, Art. 155 N 11 ff.
1216 BSK-Weissenberger 2018, Art. 155 N 44.
1217 Stratenwerth/Jenny/Bommer 2010, 452; PK-Trechsel/Crameri 2018, Art. 155 N 17; BSK-Weissenberger 2018, Art. 155 N 55 f.

C. Erpressung (Art. 156)

1. Konzept und Abgrenzungen

Mit der Erpressung sind wir wieder zurück auf gesichertem Territorium: Nach diesem traditionellen Motivationsdelikt wird das Opfer mittels Nötigung zur Selbstschädigung gezwungen. Die Revision von 1995 hat den Tatbestand sprachlich vereinfacht und den Grundgedanken noch deutlicher herausgearbeitet[1218]. Schliesslich hat er den Tatbestand im Feld der angrenzenden Delikte (Raub, Betrug, Geiselnahme) klarer situiert. Folgende Beispiele sollen die Abgrenzungsproblematik deutlich machen:

> **Fallbeispiel 1:**
>
> Man stelle sich vor, dass ein erfolgreicher Geschäftsmann unverhofft auf einen Weggefährten aus früheren Zeiten trifft, auf einen Kollegen, der sich weniger gut von der gemeinsamen Vergangenheit als Drogenkonsumenten und Kleinhändler hat befreien können. Der «Kollege» bittet um finanzielle Unterstützung und lässt durchblicken, dass er sonst den Geschäftspartnern seines «Freundes» von der gemeinsamen Vergangenheit in der Arbeitserziehungsanstalt erzählen müsste (hier liegt ein klassischer Fall von Art. 156 Ziff. 1 vor).

> **Fallbeispiel 2:**
>
> Nachdem der Geschäftsmann kein «Musikgehör» beweist, besucht ihn sein «Freund» im Büro. Er legt eine Pistole auf den Tisch und bittet den «Kollegen», ihm doch CHF 10 000 aus dem geschlossenen Wandsafe zu holen. Hier verlagert sich die Drohung auf die Person, allerdings verbleibt dem Geschäftsmann ein Rest von Wahlfreiheit. Zumindest käme der Junkie nicht ans Geld, wenn dem Geschäftsmann etwas zustiesse (räuberische Erpressung nach Art. 156 Ziff. 3).

> **Fallbeispiel 3:**
>
> Natürlich kann man das zweite Beispiel weiterspinnen: Nachdem der Junkie das Geld erhalten hat, lacht er kurz auf und zeigt seinem Gegenüber, dass es sich bei der Pistole auf dem Tisch lediglich um eine Spielzeugpistole gehandelt hatte (Betrug oder Erpressung?).

> **Fallbeispiel 4:**
>
> Nach dieser Variante bedient sich der Junkie gleich selbst aus dem offenen Wandsafe, nachdem er mit der Pistole auf seinen «Kollegen» gezielt hat (hier ist die Schwelle zum Raub überschritten).

1218 Stratenwerth/Jenny/Bommer 2010, 453; PK-Trechsel/Crameri 2018, Art. 156 N 2.

Fallbeispiel 5:
Beim nächsten Besuch lässt ihn der Freund gar nicht erst ins Büro. Da telefoniert die Sekretärin aus dem Vorzimmer, es halte ihr ein Junkie eine Pistole an den Kopf. Er müsse umgehend CHF 5 000 bekommen (Abgrenzungsproblem zur Geiselnahme nach Art. 185).

2. Grundtatbestand (Ziff. 1)

a) Objektiver Tatbestand

aa) Nötigung

Das Gesetz greift auf die Formel von Art. 181 zurück und spricht davon, dass der Täter «jemanden durch Gewalt oder Androhung ernstlicher Nachteile zu einem Verhalten bestimmt». Die Anleihe bei Art. 181 ist durchaus beabsichtigt[1219]. Im alten Recht war die Rede von «Widerstandsunfähigkeit» gewesen, was für erhebliche Konfusion mit dem Raub gesorgt hatte.

Zum **Gewaltbegriff** kann daher auf die Ausführungen zu Art. 181 verwiesen werden. Zu wiederholen ist hier lediglich, dass auch Gewalt gegen Sachen ausreicht (man denke an die Drohung der Rockerbande, ein Geschäft, welches das Schutzgeld nicht bezahlt, «abzufackeln»). Bei Gewalt gegen Personen (oben *Fall 2*) ist Art. 156 Ziff. 3 anwendbar.

Gemäss Praxis meint die «**Androhung ernstlicher Nachteile**», dass eine «verständige Person in der Lage des Betroffenen» zu einer Vermögensleistung motiviert würde. Die im früheren Recht (aArt. 156 Ziff. 1 Abs. 2) besonders aufgeführte «*Chantage*» (Schweigegelderpressung: Androhung der Bekanntgabe unerwünschter – falscher oder richtiger – Informationen) ist lediglich ein Unterfall der Erpressung[1220]. Richtigerweise wurde die gesonderte Erwähnung als überflüssig empfunden. Die Drohung darf allerdings nicht so zwingend sein, dass kein vernünftiger Mensch Widerstand leisten würde, sonst wäre Raub anzunehmen[1221] (oben *Fall 4*).

Wie bereits bei anderen Tatbeständen stellt sich die Frage, gegen wen sich die Drohung richten muss: Sicher erfasst sind die Fälle, bei denen statt des Berechtigten sein Vertreter (Schutzperson) bedroht wird. Nicht mehr erfasst ist umgekehrt die Drohung gegen den unbeteiligten Dritten (hier müsste Geiselnahme geprüft werden; wobei etwa Bankkunden ein Grenzfall wären). Demgegenüber ist Art. 156 nach übereinstimmender Meinung anwendbar, wenn sich die Drohung gegen «Sympathiepersonen» richtet[1222] (oben *Fall 5*). Bei besonders engen Beziehungen (z.B. Mutter-Kind-Beziehung) kann aber die Nötigung der Sympathieperson als *vis absoluta* auf die berechtigte Person wirken. Dann wäre auch Raub vertretbar.

[1219] Botschaft des Bundesrates, BBl 1991 II 969 [1044]; vgl. auch BGer 6P.5/2006, E. 4.1.
[1220] PK-Trechsel/Crameri 2018, Art. 156 N 5; vgl. auch BSK-Weissenberger 2018, Art. 156 N 14.
[1221] S.o. *Fall 4*; Stratenwerth/Jenny/Bommer 2010, 454; Stratenwerth/Wohlers 2013, Art. 156 N 3; BSK-Weissenberger 2018, Art. 156 N 26.
[1222] Donatsch 2013, 290; PK-Trechsel/Crameri 2018, Art. 156 N 4; BSK-Weissenberger 2018, Art. 156 N 12.

bb) Vermögensverfügung und Schaden

Analog zum Betrug verlangt Art. 156 eine **Vermögensverfügung** des Opfers, das sich dadurch **selbst schädigt**. Das setzt – wie erwähnt – einen gewissen Entscheidungsspielraum voraus. Zumindest hat das Opfer es in der Hand, dass der Täter, wenn er seine Drohung wahrmacht, nicht auch ans Vermögen kommt[1223].

Die Vermögensverfügung führt unmittelbar zu einem **Vermögensschaden**[1224].

Wie beim Betrug ist ein **Motivationszusammenhang** zwischen der Nötigung und der Vermögensverfügung erforderlich, nicht erfasst werden Fälle, wo das Opfer ohne Nötigung die Initiative ergreift, um das Schweigen zu erkaufen[1225].

b) Subjektiver Tatbestand

Art. 156 erfordert, analog zum Betrug, Vorsatz und Absicht unrechtmässiger Bereicherung.

c) Rechtswidrigkeit

Bei der Nötigung muss bekanntlich die Rechtswidrigkeit positiv begründet werden. Dadurch, dass nun (seit 1995) bei der Erpressung dieselbe Nötigungsformel verwendet wird, stellt sich die Frage, ob auch die Rechtswidrigkeit separat angesprochen werden muss. Nach der hier vertretenen Ansicht bedarf es einer Erörterung, allerdings sind die Massstäbe – wie das Bundesgericht zu Recht anmerkt[1226] – bei Art. 156 deshalb weniger anspruchsvoll, weil sich der illegale Zweck bereits aus der unrechtmässigen Vermögensverfügung ergibt[1227]. Daraus folgt allerdings, dass die Nötigung zur Begleichung einer an sich geschuldeten Forderung nur nach den zu Art. 181 ausgeführten Grundsätzen unrechtmässig ist (unzulässiges Mittel oder unverhältnismässige Zweck-Mittel-Relation).

> Probleme bereitet hat der umgekehrte Fall, wo kein schützenswerter Anspruch besteht, allerdings ein rechtmässiges Mittel dazu verwendet wird, «Kasse zu machen»: Angesichts eines Bauprojektes erhebt ein Nachbar eine Beschwerde und lässt sich den Rückzug mit einer disproportional hohen Summe abkaufen. Unter diesen Umständen besteht die Androhung ernstlicher Nachteile in der erheblichen und teuren Bauverzögerung. Nur wenn der Nachbar überhaupt kein schützenswertes Interesse hat (das Rechtsmittel mit Sicherheit abgewiesen würde) und der Betrag in keinem Verhältnis zur erwarteten Kulanz steht (*in casu* verlangte der Nachbar CHF 820 000 statt der angebotenen CHF 15 000), liegt Erpressung (Erpressungsversuch) vor[1228].

1223 Donatsch 2013, 292; Stratenwerth/Jenny/Bommer 2010, 456; Stratenwerth/Wohlers 2013, Art. 156 N 3; BSK-Weissenberger 2018, Art. 156 N 26.
1224 Stratenwerth/Wohlers 2013, Art. 156 N 4 (zu den Ausdehnungstendenzen der Praxis gegenüber dem Erfordernis der «Unmittelbarkeit»).
1225 PK-Trechsel/Crameri 2018, Art. 156 N 11.
1226 BGer 6B_1049/2013; 6P.5/2006; 6S.7/2006; PK-Trechsel/Crameri 2018, Art. 156 N 8.
1227 Vgl. auch Omlin 2002, 58; BSK-Weissenberger 2018, Art. 156 N 21 f.
1228 BGer 6P.5/2006; 6S.7/2006; dazu PK-Trechsel/Crameri 2018, Art. 156 N 4 und 17; BSK-Weissenberger 2018, Art. 156 N 23.

3. Qualifikationen (Ziff. 2–4)

a) Ziff. 2: Gewerbsmässigkeit und Wiederholung

Eine erste Qualifikation, nach der die Strafdrohung auf Freiheitsstrafe von 1–10 Jahren angehoben wird, betrifft die Gewerbsmässigkeit[1229], aber auch die **fortgesetzte Erpressung**. Gemeint ist hier nicht der inzwischen abgeschaffte technische «Fortsetzungszusammenhang», sondern die mehrfache Wiederholung, die dem Opfer das Gefühl vermittelt, nie mehr frei zu sein.

b) Ziff. 3: Räuberische Erpressung

Die Strafdrohung wird dem Raub angeglichen, wo der Täter – im Sinne des Raubtatbestandes – Gewalt gegen die Person androht[1230]. Vom Raub unterscheidet sich die räuberische Erpressung aber immer noch dadurch, dass dem Opfer eine Handlungsalternative verbleibt (oben *Fälle 2 und 4*).

c) Ziff. 4: Makrokriminalität

Droht der Täter mit Gefahr für Leib und Leben vieler Menschen (z.B. Androhung eines Sprengstoffanschlages) oder mit schwerer Schädigung von Sachen, an denen ein hohes öffentliches Interesse besteht (z.B. Monumente, Brücken, Elektrizitätswerke etc.), ist die Strafdrohung Freiheitsstrafe von 1–20 Jahren.

4. Konkurrenzen

Im Verhältnis von Erpressung und **Raub** geht es um **Abgrenzung** und nicht um Konkurrenz[1231]. Ähnlich ist das Verhältnis von Erpressung und Geiselnahme zu beurteilen: Die Tatbestände schliessen sich gegenseitig aus. Problematisch ist allenfalls die Differenz in der Strafdrohung bei den besonders qualifizierten Fällen: Hier schlagen Stratenwerth/Jenny/Bommer eine «Sperrwirkung des (an sich) milderen Gesetzes» vor[1232].

Im Verhältnis von Erpressung und **Betrug** ist man sich zunächst einig, dass die bloss vorgetäuschte ernste Drohung an der Wirkung auf den Geschädigten nichts ändert und daher als Erpressung zu behandeln ist (oben *Fall 3*). In der Lehre werden auch Fälle diskutiert, bei denen Täuschung und Drohung unabhängig voneinander zum Erfolg beigetragen haben, allerdings ist nach der hier vertretenen Auffassung auch dann lediglich Art. 156 anwendbar, weil sich beide Taten gegen dasselbe Schutzgut, das Vermögen, richten[1233].

[1229] Dazu oben S. 149 zu Art. 139.
[1230] S.o. S. 151 f.
[1231] S.o. S. 143.
[1232] Stratenwerth/Jenny/Bommer 2010, 458.
[1233] A.A. Stratenwerth/Jenny/Bommer 2010, 458 f.

D. Wucher (Art. 157)

Der Tatbestand des Wuchers erfasst eine weitere Form der Vermögensverletzung neben der Wegnahme, Täuschung und Gewaltanwendung: die Ausnutzung einer bereits bestehenden Unterlegenheit für ein ausbeuterisches Geschäft. Der Tatbestand knüpft an historische Vorläufer, etwa das mittelalterliche Zinsverbot an, entstanden ist er aber im 19. Jahrhundert als Form des Sozialschutzes (man denke etwa an das Ausnützen der Gotthardmineure, die einen guten Teil ihres kargen Lohns für Verpflegung und Unterkunft wiederum an den Arbeitgeber abgeben mussten[1234]).

Dass solche Verhältnisse auch heute noch vorkommen ergibt sich aus dem BGE 130 IV 106:

> Der aus Ghana stammende Rechtskonsulent des Hochkommissariats für Flüchtlinge bei den Vereinigten Nationen in Genf beschäftigte eine Hausangestellte aus seinem Heimatland. Sie hatte für CHF 300 pro Monat (die sie überdies erst ein Jahr nach Arbeitsantritt überhaupt ausbezahlt erhielt) zuzüglich Kost und Logis während 50 Stunden pro Woche Hausarbeiten zu verrichten. Die Hausangestellte, ein 22-jähriges Mädchen vom Lande, war sich offensichtlich über die in der Schweiz geltenden Arbeitsbedingungen im Unklaren. Sie erhielt – wie es im Entscheid heisst – immerhin aber den Sonntagmorgen frei für den Kirchgang.

1. Grundtatbestand (Ziff. 1 Abs. 1)

a) Objektiver Tatbestand

aa) Unterlegenheitsverhältnis

Das Gesetz zählt die Formen der Unterlegenheit abschliessend auf[1235]: «wer die Zwangslage, die Abhängigkeit, die Unerfahrenheit oder die Schwäche im Urteilsvermögen ... ausbeutet».

Die **Zwangslage** braucht nicht zwingend wirtschaftlicher Natur zu sein[1236]. Sie kann im Übrigen auch nur vorübergehend sein[1237]. Sodann können sich auch juristische Personen in einer Zwangslage befinden[1238]. Wer die Zwangslage verschuldet hat, ist gleichgültig. Entscheidend ist nach Bundesgericht, dass das Opfer «in seiner Entschlussfreiheit dermassen beeinträchtigt» ist, dass es sich «zu der wucherischen Leistung bereit erklärt»[1239]. Es ergibt sich daraus auch, dass es der Strafbarkeit nicht im Wege steht, wenn das Opfer in das ungünstige Geschäft eingewilligt hat[1240].

Die weiteren Elemente – **Abhängigkeit**, **Unerfahrenheit** oder **Schwäche** – sind selbsterklärend soweit sie schwere Defizite ansprechen[1241]. Immerhin können komplexere

---

[1234] Heute verboten sog. Truckverträge, vgl. Portmann/Stöckli 2013, 96 f.
[1235] BSK-Weissenberger 2018, Art. 157 N 6.
[1236] PK-Trechsel/Crameri 2018, Art. 157 N 3; BSK-Weissenberger 2018, Art. 157 N 8.
[1237] BGE 80 IV 15.
[1238] Ebda.
[1239] Vgl. bereits BGE 82 IV 145.
[1240] BSK-Weissenberger 2018, Art. 157 N 9.
[1241] Corboz I 2010, 412 ff.; Donatsch 2013, 298 f.; Stratenwerth/Jenny/Bommer 2010, 461 f.; Stratenwerth/Wohlers 2013, Art. 157 N 3; PK-Trechsel/Crameri 2018, Art. 157 N 4 ff.; BSK-Weissenberger 2018, Art. 157 N 8 ff.

Situationen ein ernstes Auslegungsproblem hervorrufen. In konstanter Praxis meint das Bundesgericht, spezifisch zur **Unerfahrenheit**, dass es sich um eine «allgemeine Unkenntnis im betreffenden Geschäftsbereich» und nicht um «die blosse Unkenntnis der im Einzelfall relevanten Gegebenheiten» (des konkreten Vertrags) handeln müsse[1242]. Immerhin hat das Bundesgericht Unerfahrenheit angenommen bei normal intelligenten Personen, die aber in Börsenfragen absolute Laien waren oder nur über Grundkenntnisse verfügten[1243].

bb) Offenbares Missverhältnis von Leistung und Gegenleistung

Zusätzlich zum Ausnutzen einer Unterlegenheit bedarf es für den Wucher eines objektiven[1244], offenbaren wirtschaftlichen Missverhältnisses von Leistung und Gegenleistung. Das Bundesgericht geht in konstanter Praxis davon aus, dass das Missverhältnis von Leistung und Gegenleistung offenbar sei, «wenn es in grober Weise gegen die Massstäbe des anständigen Verkehrs verstösst und die Grenzen dessen, was unter Berücksichtigung aller Umstände im Verkehr üblich ist und als angemessen gilt, erheblich überschritten sind»[1245]. Diese nicht eben präzise Formel wird in der Praxis von Fall zu Fall umgesetzt:

– So besteht ein offensichtliches, grobes Missverhältnis zwischen der Leistung von CHF 350 000 und der Gegenleistung (Einräumung des Kaufrechts für Liegenschaften) im Verkehrswert von CHF 930 000 (bzw. CHF 630 000)[1246].
– Ein Monatslohn von CHF 300 (nebst Kost und Logis) für 50 Stunden Arbeit pro Woche sind zu wenig[1247].
– Bei Kleinkrediten ist die Strafbarkeitsschwelle jenseits von 20 % Jahreszins; 35 % Jahreszins sind übersetzt[1248].
– Ein Aufschlag für untervermietete Wohnobjekte von 20 % wurde angesichts des wirtschaftlichen Risikos des Mieters dagegen akzeptiert[1249].

Das eigentliche Problem des «offenbaren Missverhältnisses» ist, dass die Notlage durchaus gerade darin bestehen kann, dass der **Markt unfair** ist: Wer mit einem – marktüblichen – Lohn auskommen muss, von dem eine Familie nicht leben kann[1250], mag sich zwar in einer Notlage befinden, es fehlt allerdings am krassen Missverhältnis von Leistung und marktunüblicher Gegenleistung.

1242 BGE 130 IV 106, E. 7.3.; BGer 6B_10/2009, E. 3.2.
1243 In einem Fall des Handels mit Derivativen, bei dem die Kunden mit überhöhten Kommissionen systematisch übervorteilt wurden (BGer 6B_10/2009).
1244 BGer 6B_195/2012, E. 5.3.1.
1245 BGer 6B_195/2012, E. 5.3.2. u.H.a. BGE 92 IV 132.
1246 Ebda.
1247 BGE 130 IV 106.
1248 PK-Trechsel/Crameri 2018, Art. 157 N 10 m.w.H.
1249 BGer 6B_27/2009.
1250 Man denke etwa an das auch in der Schweiz bestehende Problem der *«working poor»*: Wer unter CHF 3 000 pro Monat verdient und gezwungen ist, eine solche Stelle anzunehmen, wird zwar ausgenutzt, ohne aber dass der Tatbestand anwendbar ist.

cc) Ausbeuten

Das Wort «ausbeuten» trägt wertungsmässig nichts Neues bei[1251]. Es markiert den Motivationszusammenhang zwischen dem Defizit beim Opfer und dem ungünstigen Geschäft[1252].

b) Subjektiver Tatbestand

Art. 157 setzt Vorsatz voraus. Der Vorsatz muss sich auf die Unterlegenheit, das offensichtliche Missverhältnis und den Motivationszusammenhang beziehen[1253].

2. Nachwucher (Ziff. 1 Abs. 2)

Das Gesetz stellt unter dieselbe Strafe, wer eine wucherische Forderung erwirbt und sie weiter veräussert oder geltend macht. Dies gilt sogar für den, der den wucherischen Charakter der Forderung erst nach ihrem Erwerb erkennt: Er müsste sie entsprechend reduzieren[1254].

3. Qualifikation (Ziff. 2)

Analog zu anderen Vermögensdelikten qualifiziert die Gewerbsmässigkeit den Tatbestand.

4. Konkurrenz

Die Lehre ist sich einig, dass der Betrug den Wucher konsumiert[1255].

E. Ungetreue Geschäftsbesorgung (Art. 158)

1. Einführung

Der Tatbestand der ungetreuen Geschäftsbesorgung bedroht den Geschäftsführer bzw. den Handlungsbevollmächtigten dafür, dass er eine gesetzliche oder vertragliche Vermögensfürsorgepflicht verletzt.

Die Bedeutung des Tatbestandes hat – wenn auch auf relativ niedrigem Niveau – in absoluten Zahlen auf ca. 100 Urteile pro Jahr[1256] – zugenommen. Auffällig waren aber vor allem ein paar wenige, spektakuläre Prozesse, insb. der Swissair-Prozess[1257]. In Deutschland hat ein analoger Prozess gegen den Aufsichtsrat von Mannesmann (darunter Joe Ackermann[1258]) die Gemüter erregt. In diesen Verfahren kommt eine

---

1251 Stratenwerth/Jenny/Bommer 2010, 464.
1252 Stratenwerth/Wohlers 2013, Art. 157 N 3; BSK-Weissenberger 2018, Art. 157 N 43.
1253 Stratenwerth/Wohlers 2013, Art. 157 N 5; PK-Trechsel/Crameri 2018, Art. 157 N 15.
1254 PK-Trechsel/Crameri 2018, Art. 157 N 14.
1255 Stratenwerth/Wohlers 2013, Art. 157 N 7; PK-Trechsel/Crameri 2018, Art. 157 N 18; BSK-Weissenberger 2018, Art. 157 N 57.
1256 Vgl. BFS, Strafurteilsstatistik 1984–2016 vom 6.6.2017, zu Art. 158.
1257 Capus 2010, 259 f. (u.H.a. weitere Fälle); Loepfe 2003, 715 ff.; Pieth WiStrR 2016, 115; Schubarth/Peter 2008, 455 ff.; NZZ vom 2.10.2006: «Wie es zum Grounding kam»; NZZ vom 1.4.2006: «Swissair-Anklage: Die Vorwürfe im Einzelnen».
1258 BGH 3 StR 470/04 vom 21.12.2005; Financial Times vom 27.11.2006, 16.

der Kernfragen des Tatbestands zum Ausdruck: das Verhältnis von Zivilrecht und Strafrecht und damit verwandt die Frage, wie der Strafrichter zwischen «schlechten» und «kriminellen» Managern unterscheiden soll[1259].

Art. 158 ist im Rahmen der Revision von 1995 umgestaltet worden. Der Wechsel der Marginalie von «ungetreuer Geschäftsführung» zu «Geschäftsbesorgung» geht Hand in Hand mit der Erweiterung des traditionellen «Treubruchtatbestandes» (der allein auf Geschäftsführer ausgerichtet ist) um den neuen «Missbrauchstatbestand» in Ziff. 2, der auch im Einzelfall Bevollmächtigte, die die Grenzen ihrer Vertretungsmacht missachten, erfasst. Mit anderen Worten, der Tatbestand schützt das Vermögen vor Vertrauensbruch durch besonders Verpflichtete und ist somit ein Sonderdelikt.

2. «Treubruchtatbestand» (Ziff. 1)

a) Grundtatbestand

aa) Objektiver Tatbestand

(1) Täter

Für den Treubruchtatbestand ist die herkömmliche Praxis zur «ungetreuen Geschäftsführung» (aArt. 159[1260]) nach wie vor relevant. Erforderlich ist zunächst, dass der Geschäftsführer in selbstständiger Stellung fremdes Vermögen verwaltet[1261]. Die Selbstständigkeit ist deshalb so entscheidend, weil die am Vermögen Berechtigten dem Geschäftsführer Vertrauen schenken und regelmässig die Kontrolle beschränkt bleibt[1262]. Allerdings gelten Buchhalter, Berater, Revisoren usw. nicht als Geschäftsführer[1263]. Ebenfalls nicht unter diesen Begriff fällt der Bankangestellte, der bestimmte Transaktionen auszuführen hat[1264]. Erforderlich ist, dass der Geschäftsführer ein **relevantes Vermögen**[1265] verwaltet (wobei nach einem älteren BGE bereits die CHF 3 000 Umsatz pro Monat eines Kioskes als relevant angesehen wurden[1266]). Erfasst ist auch der bloss faktische Geschäftsführer, der sich hinter einem Strohmann versteckt[1267]. Unter die Geschäftsführer-Definition fällt sodann nach expliziter Vorschrift (Ziff. 1 Abs. 2) auch der Geschäftsführer ohne Auftrag[1268]. Kontrovers ist, ob der Alleinaktionär gegenüber der AG die nötige Selbstständigkeit aufweist[1269]. Schliesslich fallen ne-

---

[1259] Schubarth/Peter 2008, 464.
[1260] Vgl. etwa Vollmar 1978.
[1261] BSK-Niggli 2013, Art. 158 N 17; Stratenwerth/Wohlers 2013, Art. 158 N 2; PK-Trechsel/Crameri 2018, Art. 158 N 2 und 11.
[1262] Capus 2010, 264; PK-Trechsel/Crameri 2018, Art. 158 N 4.
[1263] Stratenwerth/Jenny/Bommer 2010, 467 f.; Pieth WiStrR 2016, 113; PK-Trechsel/Crameri 2018, Art. 158 N 2 und 4.
[1264] Jean-Richard 2008, 244.
[1265] Stratenwerth/Jenny/Bommer 2010, 468.
[1266] BGE 86 IV 12.
[1267] BGE 97 IV 10; BGer 6B_66/2008, E. 6.3.1.
[1268] Dazu BSK-Niggli 2013, Art. 158 N 56.
[1269] BGer 6B_825/2010: bejahend; ablehnend aber: BSK-Niggli 2013, Art. 158 N 16; PK-Trechsel/Crameri 2018, Art. 158 N 8; vgl. auch Graf 2015.

ben dem Geschäftsführer auch die Aufsichtsgremien über den Geschäftsführer unter den Täterbegriff (Verwaltungsräte, Bankräte, Stiftungsräte usw.)[1270].

(2) Treuepflicht

Die Treuepflicht kann aus Gesetz, behördlichem Auftrag oder Rechtsgeschäft entstehen. Ihr Inhalt ergibt sich aus der Natur des Grundgeschäftes[1271]. Soweit die Pflicht auf Rechtsgeschäft beruht, ist das Strafrecht zum Zivilrecht akzessorisch[1272]: Das ist daher nicht unproblematisch, weil vielfach die zivilrechtlichen (insb. die gesellschaftsrechtlichen) Anforderungen so offen sind, dass der strafrechtliche Bezugstatbestand den Präzisionsanforderungen von Art. 1 nicht mehr genügt. Ein ungutes Gefühl zurückgelassen hat insb. der jahrelange Streit im deutschen Mannesmann-Prozess, in dem das Instanzgericht und der BGHSt, d.h. also zwei Strafgerichte, Zivilrecht abweichend interpretiert hatten[1273].

In der Lehre wird weiter darauf hingewiesen, dass nicht die Verletzung jeder Nebenpflicht (etwa einer Aufbewahrungs- oder Rückgabepflicht) als solche den Tatbestand erfüllt; vielmehr thematisiert Art. 158 den Schutz einer «**besonderen Treuepflicht**» für ein gesamtes Vermögen oder wesentliche Vermögenswerte[1274].

Art. 158 ist subsidiär zu Art. 314, kann aber sehr wohl auch bei Verletzung öffentlicher Interessen zur Anwendung gelangen[1275].

(3) Tathandlung: die Pflichtverletzung

Der Begriff der «Pflichtverletzung» ist nun definitiv äusserst vage. Es darf nicht erstaunen, dass gerade bei den bedeutendsten Fällen grosse Unsicherheiten bestehen: Der Swissair-Prozess hat das Dilemma deutlich gemacht. Der Strafrichter ist aufgerufen, unternehmerische Entscheide zu überprüfen[1276]. Dabei versteht sich, dass – je nach Tätigkeit und Geschäftsfeld in unterschiedlichem Masse – Geschäftsleute **Risiken eingehen müssen**: «In der Wirtschaft ist nur erfolgreich, wer auch Risiken eingeht»[1277]. Die eigentliche Frage ist aber, welche Risiken man eingehen darf. Das Bundesgericht formuliert es folgendermassen: «Strafbar ist einzig das Eingehen von Risiken, die ein umsichtiger Geschäftsführer in derselben Situation nicht eingehen würde»[1278]. Capus

---

1270 PK-Trechsel/Crameri 2018, Art. 158 N 11.
1271 BSK-Niggli 2013, Art. 158 N 61.
1272 Botschaft des Bundesrates, BBl 1991 II 969 [1021]; Capus 2010, 258 ff.; PK-Trechsel/Crameri 2018, Art. 158 N 9; Stratenwerth/Jenny/Bommer 2010, 415.
1273 Mannesmann Entscheid des BGH 3 StR 470/04 Urteil vom 21.12.2005; Financial Times vom 27.11.2006, 16: «Mannesmann retrial changes face of German corporate law».
1274 Stratenwerth/Jenny/Bommer 2010, 467 f.; Stratenwerth/Wohlers 2013, Art. 158 N 3; die Verwaltung fremder Vermögen ist «wesentlicher oder typischer Vertragsinhalt»: Vest 2013, 328.
1275 BGE 113 Ib 175, 118 IV 244.
1276 Capus 2010, 261 u.H.a. Schubarth/Peter 2008.
1277 Fuchs/Reindl-Krauskopf 2003, 163.
1278 BGer 6B_223/2010; 6B_66/2008; vgl. auch Botschaft des Bundesrates, BBl 1991 II 969 [1048]; dazu weiter BSK-Niggli 2013, Art. 158 N 123; Stratenwerth/Jenny/Bommer 2010, 470 f.; vgl. auch die Verurteilung von Bankkadern im Tessin: NZZ vom 4./5.11.2006, 16: «Riskante Derivatgeschäfte der Tessiner Kantonalbank».

kritisiert dieses Ausweichen des Bundesgerichts auf eine «Massfigur» als Leerformel. Was der «umsichtige» Geschäftsmann in der Situation des Beschuldigten getan hätte, hänge auch davon ab, welche Risiken das (oder die) Opfer einzugehen bereit gewesen sei(en)[1279].

Mit einem privatrechtlichen Leitentscheid von 2006[1280] ist die auftragsrechtliche Ablieferungspflicht konkretisiert worden. Art. 400 Abs. 1 OR statuiert eine Herausgabepflicht des Beauftragten gegenüber dem Auftraggeber. Es hatte sich allerdings die Praxis herausgebildet, dass Banken unabhängigen Vermögensverwaltern sog. **Retrozessionen** zukommen liessen (sei es auf Transaktionen, Depos oder als *«finder's fees»*[1281]) und dass die Vermögensverwalter vielfach diese Kommissionen weder dem Kunden anzeigten noch sie an ihn weiterleiteten. Das Bundesgericht hat nun klargestellt, dass die Abrechnungs- und Herausgabepflicht gemäss Art. 400 Abs. 1 OR sie zur Offenlegung verpflichtet. Nur wenn ein rechtgültiger Verzicht des Kunden vorliegt, darf der Vermögensverwalter die Retrozession behalten. Die Verletzung der Abrechnungs- und Ablieferungspflicht kann sehr wohl den Tatbestand von Art. 158 erfüllen[1282].

(4) Erfolg: der Schaden

Zum Erfordernis des Schadens kann weitgehend auf die Ausführungen zum Betrug verwiesen werden[1283]. Wie dort stellt sich die Frage, wann die Unterlassung der Vermehrung von Vermögenswerten[1284] und wann die Vermögensgefährdung[1285] als Schaden gilt.

Zwischen der Verletzung der Treuepflicht und dem Schaden bedarf es sodann eines Kausalzusammenhanges[1286].

bb) Subjektiver Tatbestand

Der Grundtatbestand setzt Vorsatz voraus.

b) Qualifikation (Ziff. 1 Abs. 3)

Vielfach wird es bei Art. 158 nicht beim Vermögensschaden sein Bewenden haben. Hat der Geschäftsführer unrechtmässige **Bereicherungsabsicht**, wird der Tatbestand

---

1279 Capus 2010, 275 ff.; dazu auch Pieth WiStrR 2016, 114 ff.
1280 BGE 132 III 460.
1281 Schwob 2012, 122 f.
1282 Hiestand 2014; BSK-Niggli 2013, Art. 158 N 120; Pieth WiStrR 2016, 116; Schubarth 2012, 2 f.; Schwob 2012, 132 ff.; **Pieth/Eymann/Zerbes 2014, Fall 17 («Retrozessionen»), 205 ff. (211 ff.)**; diskutiert wird insb. die Strafbarkeit nach Vermögensveruntreuung und nach Privatbestechung.
1283 S.o. S. 174 ff.
1284 BSK-Niggli 2013, Art. 158 N 129; Stratenwerth/Jenny/Bommer 2010, 472 f.: «wo die Anwartschaft schon so konkret ist, dass sie einen wirtschaftlichen Wert hat».
1285 BSK-Niggli 2013, Art. 158 N 131 f.; PK-Trechsel/Crameri 2018, Art. 158 N 12. Auch hier gilt, dass von einer schadensgleichen Vermögensgefährdung nur gesprochen werden kann, «wenn der Gefährdung im Rahmen einer sorgfältigen Bilanzierung durch Wertberichtigung oder Rückstellung Rechnung getragen werden muss» (vgl. BGE 129 IV 124).
1286 PK-Trechsel/Crameri 2018, Art. 158 N 13.

auf Verbrechensniveau angehoben und damit zur Vortat zur Geldwäscherei. Die Strafdrohung ist aber insofern ungeschickt formuliert, als von einer – fakultativen – Mindeststrafe von einem Jahr Freiheitsstrafe ausgegangen wird: Dies soll im Rahmen der «Harmonisierungsvorlage» korrigiert werden[1287].

3. «Missbrauchstatbestand» (Ziff. 2)

Der Missbrauchstatbestand ist insofern weiter als er jeden zum Täter macht, der seine (nach aussen weitergehende) Vollmacht entgegen der internen Vertretungsmacht überschreitet[1288] und dadurch den Vertretenen am Vermögen schädigt. Hier ist in jedem Fall neben Vorsatz auch Bereicherungsabsicht erforderlich.

4. Konkurrenzen

Art. 138 (Veruntreuung) geht nach übereinstimmender Lehre dem Tatbestand von Art. 158 vor[1289].

Wer sich die Stellung als Geschäftsführer durch Täuschung erschleicht, kann einen **Betrug** begehen, der Art. 158 vorgeht[1290].

Art. 314 (ungetreue Amtsführung) geht als Spezialtatbestand Art. 158 vor[1291]. Allerdings kann Art. 158 als subsidiärer Tatbestand zu Art. 314 zur Anwendung gelangen, wenn Art. 314 nicht erfüllt ist (z.B. wenn ein ausländischer Amtsträger Untreue begeht).

F. Hehlerei (Art. 160)

1. Einführung

a) Rechtsgut und Strafgrund

Hehlerei ist ein altes Delikt. Mittelalterliche Parömien künden davon («der Hehler ist wie der Stehler», «Hehler und Stehler gehören an den Galgen», *«Le receleur est pire que le voleur»*[1292]). Über den Strafgrund der Hehlerei war man sich lange uneinig: Ging es um eine Teilnahme nach der Tat *(auxilium post delictum consumatum)*, um eine Form der Begünstigung im Sinne der Strafvereitelung (also um ein Rechtspflegedelikt), um eine Sachbegünstigung (ähnlich der Geldwäscherei), um die Nutzniessung an den Früchten der Delinquenz oder aber um die Aufrechterhaltung einer rechtswidrigen Vermögenslage? Von all diesen historischen Optionen hat sich das StGB für die letzte

---

[1287] Harmonisierungsvorlage 2010, Art. 158 Ziff. 1 Abs. 3 VE; vgl. auch BSK-Niggli 2013, Art. 158 N 7 f.

[1288] Vgl. Stratenwerth/Jenny/Bommer (2010, 473 f.) und PK-Trechsel/Crameri (2018, Art. 158 N 20) verlangen – entgegen BSK-Niggli (2013, Art. 158 N 144) – auch hier eine gewisse Erheblichkeit des Rechtsgeschäftes.

[1289] Donatsch 2013, 331 ff.; Stratenwerth/Jenny/Bommer 2010, 475; Stratenwerth/Wohlers 2013, Art. 158 N 12 u.H.a. BGE 111 IV 19.

[1290] Stratenwerth/Jenny/Bommer 2010, 475; anders bei Deckungsbetrug, der als mitbestrafte Nachtat behandelt wird: PK-Trechsel/Crameri 2018, Art. 158 N 25.

[1291] BGE 118 IV 244; Stratenwerth/Jenny/Bommer 2010, 475.

[1292] Nägeli 1984, 1 u.H.a. Gauthier, Expertenkommission 1912.

entschieden: Im Zentrum des Unrechts steht die **Restitutionsvereitelung** und damit die **Perpetuierung** des Unrechts[1293]. Hehlerei ist ein klassisches Verwertungsdelikt[1294]. Die Konsequenzen dieser Auffassung sind erheblich: Zum einen ist die sog. «Erlöshehlerei» von Art. 160 nicht mehr erfasst, zum andern greift der Hehlereitatbestand nicht mehr, wo ein gutgläubiger Dritterwerb eintritt, also kein dinglicher Herausgabeanspruch mehr besteht.

Die Reform von 1995 hat den ursprünglich nach den Aneignungsdelikten eingereihten Tatbestand (aArt. 144) neu im Anschluss an die Vermögensdelikte eingeordnet; er richtet sich nun gegen die Perpetuierung von Vermögensverletzungen überhaupt[1295].

b) Hehlerei als kulturelles Phänomen

Hehlerei war lange Zeit mehr als nur ein Delikt, es war ein kulturelles Phänomen: Etwa im *East End* von London gab es einen ganzen illegalen Sektor, der von Vermögensdelikten und Hehlerei lebte. Mannigfaltige Begriffe stehen dafür: «*whealers and dealers*», «*crime entrepreneurs*», «*doing the business*». Anders als bei den klassischen Modellen des «organisierten Verbrechens»[1296] hatte sich ein intensives Netzwerk von korporativ organisierten «*players*» etabliert, die sich immer wieder zu einzelnen Deals zusammenfanden. Begegnungsstätten – vorzugsweise Kneipen des *East End* – dienten als Orte, wo man Spezialisten im Safeknacken, Chauffeure oder Eigentümer geeigneter Lagerhäuser anheuerte. Zwar gab es durchaus Karrieren und Hierarchien, aber abgeschottet war diese Welt nicht: Im Gegenteil, der Informant und der Käufer (Detektiv) sind reguläre Figuren in diesem Theater. Die Hehlerkultur hat gar eine eigene Sprache entwickelt, die hochgradig verkürzt und verschlüsselt ist, aber auch von einem erheblichen Sprachwitz zeugt (das *cockney*). Der Kriminologe Dick Hobbs beschreibt diese – inzwischen mit der «*gentrification*» der ehemaligen *docklands* verschwundenen Welt – anhand seiner teilnehmenden Beobachtung im Buch «*Doing the Business*»[1297].

Es ist im Übrigen kein Zufall, dass heute anstelle des Hehlereitatbestandes die Geldwäscherei in den Vordergrund tritt: Die Drogenhändler und das organisierte Verbrechen haben längst die lokal geprägten Diebes- und Hehlerkulturen abgelöst.

1293 Stratenwerth/Jenny/Bommer 2010, 479; Stratenwerth/Wohlers 2013, Art. 160 N 1 u.H.a. BGE 116 IV 193; PK-Trechsel/Crameri 2018, Art. 160 N 1; BSK-Weissenberger 2018, Art. 160 N 10.

1294 Oder «Anschlussdelikt»: Stratenwerth/Jenny/Bommer 2010, 479; BSK-Weissenberger 2018, Art. 160 N 4; vgl. aber auch etwa die Geldwäscherei (s.u. S. 317 ff.).

1295 Stratenwerth/Jenny/Bommer 2010, 479; PK-Trechsel/Crameri 2018, Art. 160 N 2; BSK-Weissenberger 2018, Art. 160 N 1.

1296 S.u. S. 255 ff.

1297 Dick Hobbs, Doing the Business, Entrepreneurship, The Working Class, and Detectives in the East End of London, Oxford/New York 1989, v.a. 140 ff., insb. die Schilderung seiner fiktiven Kneipe «The City Arms».

2. Grundtatbestand (Ziff. 1)

a) Objektiver Tatbestand

aa) Täter

Gemäss Gesetz muss Hehler «**ein anderer**» als der Vor-Täter sein. «Eigenhehlerei» scheidet demnach aus[1298]. Dies ist eine Konsequenz aus der Ablehnung der Lehre von der nachträglichen Teilnahme, aber auch der Sachbegünstigungstheorie.

bb) Tatobjekt

(1) Sache

Im Anschluss an die Aneignungsdelikte ist Art. 160 nach wie vor auf deliktisch erworbene Sachen konzipiert. Forderungen fallen nicht (mehr) unter diesen Begriff[1299].

Daten sind keine Sachen[1300]. Damit ist auch die sog. «Datenhehlerei» kein Thema für Art. 160. Der Bundesrat hatte in der Botschaft von 1991[1301] vorgeschlagen, sie explizit aufzunehmen. Das Parlament hatte dies aber abgelehnt[1302]. Im Hinblick auf den Aufkauf von illegal erstellten Steuerdatenträgern hat das Parlament sich erneut mit der Frage beschäftigt[1303]. Vertreter ausländischer Behörden waren allenfalls als Beteiligte an der Vortat (Art. 162, 273 oder Bankengesetz) strafbar. Das Parlament hat in der Folge mit der Ergänzung von Art. 47 BankG (Bankgeheimnis) eine Lösung gefunden: Mit den auf den 1. Juli 2015 in Kraft getretenen Abs. 1 lit. c und Abs. 1bis BankG wird erfasst, wer die Geheimnisverletzung für sich oder einen anderen ausnützt und wer sich oder einem anderen durch eine Geheimnisverletzung einen Vermögensvorteil verschafft.

(2) durch eine strafbare Handlung gegen das Vermögen erlangt

Hehlerei ist ausschliesslich an Sachen möglich, die aus Vermögensdelikt erlangt wurden. Allerdings wird nicht ein formeller Begriff des Vermögensdelikts, sondern ein materieller angelegt. Neben den «strafbaren Handlungen gegen das Vermögen» des 2. Titels des StGB kann etwa auch das Lösegeld aus Freiheitsberaubung, Entführung oder Geiselnahme gehehlt werden[1304]. Jenseits der Grenze sind aber der Erlös aus Betäubungsmittelhandel, Geldfälschung, Prostitution, Menschenhandel, Pornografie und generell der Verbrecherlohn[1305].

1298 Anders – jedenfalls nach der Auffassung des Bundesgerichts – bei der Geldwäscherei, s. u. S. 326.
1299 Stratenwerth/Jenny/Bommer 2010, 480.
1300 Vgl. bereits oben S. 138.
1301 Botschaft des Bundesrates, BBl 1991 II 969 [1054 f.].
1302 Vgl. BSK-Weissenberger 2018, Art. 160 N 3.
1303 NZZ vom 5.12.2012, 12: «Hehlerei mit Bankdaten im Visier» zur betreffenden Ständerats Motion.
1304 Stratenwerth/Jenny/Bommer 2010, 481; PK-Trechsel/Crameri 2018, Art. 160 N 4.
1305 PK-Trechsel/Crameri 2018, Art. 160 N 4; BSK-Weissenberger 2018, Art. 160 N 28.

Es reicht im Sinne der Perpetuierungstheorie aus, dass die Vortat tatbestandsmässig und rechtswidrig war (limitierte Akzessorietät, wie bei der Teilnahme)[1306]. Der strikte Nachweis der Details der Vortat ist weder objektiv noch subjektiv erforderlich; immerhin muss aber feststehen, dass die Sache aus einem Vermögensdelikt stammt[1307].

(3) unmittelbar

Wiederum entsprechend dem Grundkonzept der Restitutionsvereitelung kann nur gehehlt werden, was direkt restituiert werden muss: Die sog. **Ersatz- oder Erlöshehlerei** ist nicht erfasst (z.B. das gestohlene Auto wird verkauft, der Erlös ist nicht mehr Tatobjekt von Art. 160)[1308]. Allenfalls kommt Geldwäsche in Frage.

Weiter verliert die Sache ihren «Makel», wenn das Eigentum **legal** auf den anderen übergegangen ist (vgl. Art. 714/933 und 727 ZGB)[1309].

> Eine Ausnahme von den allgemeinen Regeln macht das Bundesgericht in konstanter Praxis für **Wechselgeld**, jedenfalls in der gleichen Währung[1310]. Zugleich stellt das Bundesgericht klar, dass auch beim Vortäter mit eigenem Geld vermischtes deliktisches Geld gehehlt werden kann. Allerdings verlangt das Bundesgericht hier in subjektiver Hinsicht die Gewissheit des Täters, dass das Geld deliktischen Ursprungs ist[1311].

cc) Tathandlungen

Das Gesetz nennt als Tathandlungen «erlangt …, erwirbt, sich schenken lässt, zu Pfande nimmt, verheimlicht oder veräussern hilft». Gemeinsam ist den ersten vier Optionen, dass der Täter Gewahrsam an der Sache erwirbt[1312]. Der Tatbestand setzt voraus, dass Vortäter und Hehler einverständlich zusammenwirken[1313] (der Diebstahl vom Vortäter ist ein weiteres Vermögensdelikt). Immerhin ist Kettenhehlerei, d.h. die Weitergabe von Hehler zu Hehler, durch Vereinbarung zwischen Hehler und Nachhehler möglich[1314]. Der Begriff des **Erwerbens** reicht im Detail ziemlich weit, so erfasst er etwa auch den Fall, dass der Täter sich aus ertrogenem Geld ein Darlehen geben lässt[1315]. Uneinigkeit zwischen Lehre und Praxis bestand in der Frage, wie mit dem (Mit-)Konsum der Sache umzugehen ist[1316]: Gegenwärtig wird vorgeschlagen, ihn als Variante des «Sich-schenken-Lassens» oder des «Erwerbs» zu

---

[1306] Stratenwerth/Jenny/Bommer 2010, 480; PK-Trechsel/Crameri 2018, Art. 160 N 5; BSK-Weissenberger 2018, Art. 160 N 21 f.
[1307] BGE 120 IV 323 und BSK-Weissenberger 2018, Art. 160 N 21.
[1308] Stratenwerth/Wohlers 2013, Art. 160 N 3; PK-Trechsel/Crameri 2018, Art. 160 N 8; BSK-Weissenberger 2018, Art. 160 N 30.
[1309] Stratenwerth/Wohlers 2013, Art. 160 N 3; PK-Trechsel/Crameri 2018, Art. 160 N 4; BSK-Weissenberger 2018, Art. 160 N 31 und 36 f.
[1310] BGE 116 IV 193; krit. PK-Trechsel/Crameri 2018, Art. 160 N 4 und 8; BSK-Weissenberger 2018, Art. 160 N 32.
[1311] Ebda.
[1312] PK-Trechsel/Crameri 2018, Art. 160 N 9; BSK-Weissenberger 2018, Art. 160 N 39.
[1313] Stratenwerth/Jenny/Bommer 2010, 484; Stratenwerth/Wohlers 2013, Art. 160 N 4.
[1314] BSK-Weissenberger 2018, Art. 160 N 40.
[1315] Stratenwerth/Jenny/Bommer 2010, 483.
[1316] Stratenwerth/Jenny/Bommer 2010, 483 und 486.

behandeln[1317]. Beim **Verheimlichen** stellt sich (erneut) die Frage, ob das blosse Schweigen auch den Tatbestand erfüllen kann. Aktives (evtl. auch konkludentes) Leugnen gilt jedenfalls als Verheimlichen, blosses Schweigen nur wenn den Täter eine Garantenpflicht trifft[1318].

b) Subjektiver Tatbestand

Wie bereits bemerkt, muss der Täter die konkreten Details der Tat nicht kennen (Einbruch in welchem Einfamilienhaus?). Er muss nicht einmal wissen, ob Diebstahl oder Betrug vorliegt. Er muss aber immerhin damit rechnen, dass es sich bei der Sache um das Tatobjekt eines Vermögensdelikts handelt.

Die Formel «weiss oder annehmen muss» schliesst sodann nicht etwa bewusste Fahrlässigkeit ein[1319]; sie ist vielmehr eine Beweishilfe gegen naheliegende Ausreden innerhalb des *dolus eventualis*[1320]. Ein Problem mit der Unschuldsvermutung besteht hier nicht[1321], da die Beweislast nicht umgekehrt wird, vielmehr wird der Richter (vielleicht unnötigerweise) auf die Möglichkeit hingewiesen, aus objektiven Faktoren auf Vorsatz zu schliessen.

3. Qualifikation (Ziff. 2)

Das Gesetz nennt die Gewerbsmässigkeit als Qualifikation.

4. Konkurrenzen

Einige Diskussionen ausgelöst hat die Praxis des Bundesgerichts in einer früheren Phase den Vortäter, der auch als Hehler agiert[1322] und später zumindest noch den Teilnehmer an der Vortat, der auch als Hehler in Erscheinung tritt[1323], in echter Konkurrenz zu bestrafen. Demgegenüber ziehen Trechsel/Crameri sowie Weissenberger einen klaren Strich zwischen der Vortat und der Haupttat: Wer Vortäter war, kann nicht mehr Hehler sein, sonst würde der Gehilfe zur Vortat, der sich an der Hehlerei beteiligt, schwerer bestraft als der Haupttäter[1324].

G. Geringfügige Vermögensdelikte (Art. 172ter)

Ein weiterer Tatbestand, der für alle Vermögensdelikte gilt, ist die Herabstufung geringfügiger Vermögensdelikte auf Übertretungsniveau (Strafdrohung: auf Antrag Busse).

1317 PK-Trechsel/Crameri 2018, Art. 160 N 10.
1318 Stratenwerth/Jenny/Bommer 2010, 484; Stratenwerth/Wohlers 2013, Art. 160 N 4; PK-Trechsel/Crameri 2018, Art. 160 N 11; BSK-Weissenberger 2018, Art. 160 N 51.
1319 Stratenwerth/Wohlers 2013, Art. 160 N 5.
1320 PK-Trechsel/Crameri 2018, Art. 160 N 13.
1321 So aber die Erwägung bei Stratenwerth/Jenny/Bommer 2010, 487 f.
1322 BGE 70 IV 63.
1323 BGE 111 IV 51; mit Unterstützung von Stratenwerth/Jenny/Bommer 2010, 491 (jedenfalls für den Gehilfen).
1324 PK-Trechsel/Crameri 2018, Art. 160 N 21; BSK-Weissenberger 2018, Art. 160 N 98.

Erfasst werden Fälle, in denen sich die Tat nur auf «einen geringen Vermögenswert oder auf einen geringen Schaden» richtet. Sowohl objektiv wie subjektiv[1325] muss sich die Tat unter einem Grenzwert halten, der gegenwärtig vom Bundesgericht bei CHF 300 angesetzt wird[1326]. Es geht bei Art. 172ter im Wesentlichen darum, die scharfen Vermögenstatbestände nicht auf Bagatellen (etwa Ladendiebstahl etc.) anzuwenden und damit auch die Verurteilten nicht leichtfertig einem karriereschädlichen Strafregistereintrag auszusetzen.

Abs. 2 stellt allerdings klar, dass die Privilegierung (selbst bei Deliktsbeträgen unter dem Schwellenwert) keine Anwendung bei qualifiziertem Diebstahl (Art. 139 Ziff. 2 und 3), Raub und Erpressung findet.

IV. Kapitalmarktdelikte

A. Kontext

Die Börsen haben eine wichtige Funktion in der Beschaffung von Kapital für die Privatwirtschaft. Mit zunehmender Globalisierung gegen Ende des 20. Jahrhunderts und der Intensivierung der *mergers and acquisitions*-Aktivität hat zum einen das Risiko zugenommen, dass Insider sich gestützt auf ihr Sonderwissen präferenziell bedienen und zum anderen, dass davon Anleger auf der ganzen Welt betroffen werden. Dabei hat sich die Funktion der Börse vor allem auch dadurch gewandelt, dass in viel weitergehendem Masse Publikumsanleger auftreten. Sodann sind die Pensionskassen und damit die Renten des weiteren Publikums von der Fairness der Börsen abhängig. Beide Aspekte lassen die Anleger insgesamt als schutzwürdig erscheinen, auch wenn die einzelne Insideraktivität oder Kursmanipulation nicht mit einem konkreten Schaden verknüpft werden kann.

B. Leges Americanae

In den USA hat sich dieser Prozess des Engagements der Publikumsaktionäre bereits in den 1970er Jahre vollzogen. Entsprechend früh sind die betreffenden Gesetze geschrieben worden. Die Schweiz ist als Finanzplatz immer wieder mit Insidertransaktionen in Berührung gekommen; ihre Institutionen haben sich als Mittäter aber auch als Geldwäscher zur Verfügung gestellt. Es dürfte eigentlich nicht erstaunen, dass in den frühen 1980er Jahren der Druck der USA auf die Schweiz enorm anstieg – zumal die Schweiz aufgrund der fehlenden beiderseitigen Strafbarkeit trotz des neuen Rechtshilfeabkommens[1327] nicht in der Lage war, bei Börsendelikten Rechtshilfe zu gewähren. Zugegeben, die US-Methoden waren unsanft (den US-Niederlassungen von Schweizer Banken Enteignung anzudrohen)[1328]. Die Schweiz hat jedenfalls rasch ein *Memorandum of Understanding* mit den USA unterzeichnet und mit Bundesgesetz

---

1325 Stratenwerth/Jenny/Bommer 2010, 553.
1326 BGE 123 IV 155; 123 IV 113; 121 IV 261.
1327 Bundesgesetz zum Staatsvertrag mit den Vereinigten Staaten von Amerika über gegenseitige Rechtshilfe in Strafsachen (RVUS) vom 3.10.1975 (SR 351.93).
1328 Vgl. BSK-Peter 2013, Art. 161 N 13 f.; Stratenwerth/Jenny/Bommer 2010, 493.

vom 18. Dezember 1987 (i.Kr. seit 1. Juli 1988) einen Insidertatbestand geschaffen (Art. 161). Wenig später folgte der Tatbestand der Kursmanipulation (aArt. 161bis; mit Bundesgesetz vom 24. März 1995; i.Kr. seit 1. Februar 1997)[1329].
Es besteht eine deutliche Diskrepanz zwischen der medienmässigen Bedeutung des Börsenstrafrechts[1330] und der Zahl der Verurteilungen[1331]. Aus den bisherigen höchstrichterlichen Entscheiden ergibt sich, dass das Thema entweder im Rechtshilfeverfahren[1332] oder im Aufsichtsrecht[1333] angesprochen wird.

C. Rechtsgut

Die Strafwürdigkeit zumal des Insiderverhaltens war von Anfang an umstritten[1334]. Man tut sich nach wie vor schwer damit, ein konkretes Rechtsgut zu benennen. Der Bundesrat flüchtete sich in eine neu postulierte Art von generellen Rechtsgütern[1335]: Zum einen wurde das Vertrauen in die «Funktionsfähigkeit des Kapitalmarktes» und die «Chancengleichheit der Publikumsanleger» genannt[1336], zum andern wurde hilfsweise noch die Treuepflicht des Insiders gegenüber seinem Unternehmen in die Waagschale geworfen[1337].
Beide Tatbestände des Börsenstrafrechtes (Art. 161 und 161bis) sind auf den 1. Mai 2013 ausser Kraft getreten. Die Regelungsmaterie ist erst, mit einigen Änderungen, ins **Börsenrecht** (BEHG) verlagert worden. Bereits kurz danach sind die Tatbestände erneut «umgetopft» worden: Seit 1. Januar 2016 befinden sie sich im Finanzmarktinfrastrukturgesetz (Art. 154 und 155 FinfraG)[1338]. Entscheidend ist, dass bereits mit der Verlagerung der Materie ins BEHG der Anspruch aufgegeben worden ist, auch die Treuepflicht gegenüber dem Unternehmen mit den Tatbeständen durchzusetzen – nun soll es alleine um den «sauberen, unverfälschten und chancengleichen Kapitalmarkt» gehen[1339].

1329 Zur Entstehungsgeschichte (aArt. 161 wird in der vorliegenden Auflage nicht mehr behandelt) vgl. Corboz I 2010, 465; Donatsch 2013, 304; BSK-Niggli/Wanner 2013, Art. 161bis N 7.
1330 Vgl. die Fälle: EADS (NZZ vom 2.4.2008, 27; Financial Times vom 13.12.2006, 15); Swissfirst-Fusion: NZZ vom 26./27.8.2006, 10: «Niemand kann sein eigener Insider sein».
1331 Vgl. zur Statistik: BSK-Freytag 2013, zu Art. 161 und Art. 161bis: für Art. 161: von 1995–2010 14 Verurteilungen; für Art. 161bis: gar keine; vgl. auch BaZ vom 17.8.2006: «Insiderstrafnorm – eine Lachnummer?».
1332 Z.B. BGE 118 Ib 448; 118 Ib 547.
1333 BGer 2A.230/1999 (CS vs. EBK in Sachen Biber Holding AG).
1334 Schubarth 1984, 303 ff.; Stratenwerth 1983, 667 ff.; Stratenwerth/Jenny/Bommer 2010, 493 f.
1335 Zu den sog. Zwischenrechtsgütern Tiedemann 2017, N 176 ff.
1336 Botschaft des Bundesrates, BBl 1985 II 69 [83, 86]; dazu: BSK-Peter 2013, Art. 161 N 15 f.; Stratenwerth 1983, 668 ff.
1337 BGE 118 Ib 448 [456].
1338 Bundesgesetz über die Finanzmarktinfrastrukturen und das Marktverhalten im Effekten- und Derivatehandel (Finanzmarktinfrastrukturgesetz, FinfraG) vom 19.6.2015 (SR 958.1); Botschaft des Bundesrates, BBl 2014 7483.
1339 Botschaft des Bundesrates, BBl 1993 1369 [1428]; dazu Lüthy/Schären 2012, 500; BSK-Niggli/Wanner 2013, Art. 161bis N 11.

In diesem Kurzlehrbuch werden die Tatbestände des Ausnutzens von Insiderinformationen und der Kursmanipulation nicht vertieft erörtert. Für das neue Recht sollte die Spezialliteratur zum FinfraG konsultiert werden[1340].

V. Konkurs- und Betreibungsdelikte (Art. 163–171bis)

Diese Darstellung des Besonderen Teils verzichtet darauf, die Spezialmaterie der Konkurs- und Betreibungsdelikte zu erörtern, die meist nicht zum klassischen Unterrichts- und Prüfungsstoff gehören. Insofern sei auf die Kommentar- und Spezialliteratur verwiesen[1341].

1340 Vgl. insb. Pflaum 2012a, 83 ff.; Dies. 2012b, 966 ff.; Pflaum/Wohlers 2013, 523 ff.; Pieth WiStrR 2016, 118 ff.; Wohlers 2013b, 443 ff.
1341 Vgl. BSK-Hagenstein 2018, Vor Art. 163–171bis und zu Art. 163–171bis; Gessler 2013, 457 ff.; Pieth WiStrR 2016, 150 ff.; PK-Trechsel/Ogg 2018, zu Art. 163–171bis; Stratenwerth/Jenny/Bommer 2010, 515 ff.

Zweiter Teil   **Straftaten gegen Kollektivinteressen**

Kapitel 1 Einführung

Bereits in der Einleitung ist darauf hingewiesen worden, dass sich zwischen Individual- und Kollektivrechtsgütern meist keine scharfe Trennung vollziehen lässt[1342]. Zum einen sind nur solche Verhaltensweisen unter Strafe zu stellen, an deren Verfolgung die Gemeinschaft ein Interesse hat[1343]. Zum anderen lassen sich – bis auf wenige Ausnahmen[1344] – Kollektivgüter auch als Summe von Individualinteressen darstellen[1345]. Gerade anhand der als nächstes zu diskutierenden gemeingefährlichen Delikte lässt sich zeigen, dass etwa durch Brandstiftung sowohl Individualinteressen (Sachwerte und Personen) wie die Allgemeinheit bedroht sind.

Die **Lehre** unterteilt die Straftaten gegen Gemeininteressen allgemein in vier grosse Kapitel[1346]:

– Straftaten gegen die Familie
– Straftaten gegen die öffentliche Ordnung
– Straftaten gegen die Interessen der Völkergemeinschaft
– Straftaten gegen den Staat.

Diese Einteilung ist keineswegs zwingend. Sie folgt aber mehr oder weniger der gesetzlichen Einteilung. Die **gesetzliche Unterteilung** nach Titeln lässt sich nach folgendem Schema in diese Grobeinteilung einpassen:

Straftaten gegen Kollektivinteressen	
6. Titel	Straftaten gegen die Familie
Straftaten gegen die öffentliche Ordnung	
7./8./9. Titel	Gemeingefährliche Straftaten
10./11. Titel	Straftaten gegen den Rechtsverkehr
12. Titel	Straftaten gegen den öffentlichen Frieden
Straftaten gegen die Völkergemeinschaft	
12. Titel[bis/ter/quater]	Völkermord und Verbrechen gegen die Menschlichkeit, Kriegsverbrechen
Straftaten gegen den Staat	
13./14./17. Titel	Straftaten gegen die Existenz des Staates
15. Titel	Straftaten gegen die öffentliche Gewalt und die Rechtspflege
18./19. Titel	Straftaten gegen die Amts- und Berufspflichten

1342 S.o. Einleitung: S. 1 ff.
1343 Stratenwerth/Bommer 2013, 19.
1344 Stratenwerth 1993, 688 ff.
1345 Hassemer 1973/1980, 233.
1346 Stratenwerth/Bommer 2013, 19.

Zweiter Teil   Straftaten gegen Kollektivinteressen

Dieses Kurzlehrbuch geht im Rahmen des BT II noch selektiver vor als im BT I: Es konzentriert sich auf die dogmatisch relevanten und praktisch bedeutsamen Tatbestände.

Die Straftaten gegen die Familie bleiben hier ganz ausser Betracht. Die Kommentierungen können bei Bedarf leicht nachgelesen werden (eine gewisse praktische Bedeutung erlangt haben Art. 217 und 220; Art. 220 ist im Zusammenhang mit der Kindsentführung gemäss Art. 183 bereits diskutiert worden[1347]). Grösseres Gewicht wird auf die Straftaten gegen die öffentliche Ordnung gelegt. Bei den Delikten gegen den Staat wird in ähnlicher Weise selektiv vorgegangen. Die traditionellen Normen des strafrechtlichen Staatsschutzes werden nur gestreift, während die praktisch wichtigen Straftaten gegen die öffentliche Gewalt, die Rechtspflege sowie gegen die Amts- und Berufspflichten (einschliesslich der Geldwäscherei und der Bestechung) breiter abgehandelt werden.

1347 S.o. S. 63.

Kapitel 2   Straftaten gegen die öffentliche Ordnung

I. Gemeingefahr und öffentliche Gesundheit

A. Begriff der Gemeingefahr

1. Kontext

Bereits in der Einführung zu den Individualgefährdungsdelikten ist auf die Veränderung der Risikolage im Zuge der Industrialisierung und ihre Auswirkungen auf das Strafrecht (Risikostrafrecht) hingewiesen worden[1348]. Beim Begriff der Gemeingefahr muss noch ein Schritt weiter in die Vergangenheit zurückgegangen werden: Für die Entwicklung der Menschheit war die Domestizierung der Naturkräfte (insb. des Feuers und des Wassers) fundamental. Zugleich gehen von diesen Kräften erhebliche Gefahren aus.

> Man denke etwa daran, dass beim verheerenden Erdbeben von Basel von 1356 die gesamte Stadt in Kürze vollkommen abbrannte. Ein weiteres Beispiel für die Sensibilität gegenüber Feuer im Mittelalter gibt der Bundesbrief von 1291 ab, der als frühes Beispiel eines Auslieferungsübereinkommens unter drei benachbarten Gebietskörperschaften (den drei Waldstätten) angesehen werden kann. Er nennt zwei Auslieferungstatbestände: Mord und Brandschatzung. Analoge Beispiele liessen sich auch in der Zeit der frühen Industrialisierung zu den Risiken der Wasserkraft finden.

Bald wurden der Liste der fundamentalen Risiken für die Allgemeinheit auch von Menschen geschaffene Gefahren hinzugefügt (vor allem die «Verursachung einer Explosion» [Art. 223 betrifft Stoffe, die nicht als Explosivstoffe gedacht sind] und die Sprengstoffdelikte [Art. 224–226]). In eine gemischte Kategorie gehören wohl die Tatbestände, bei denen das «Verursachen einer Überschwemmung oder eines Einsturzes» (Art. 227), die «Beschädigung von elektrischen Anlagen, Wasserbauten und Schutzvorrichtungen» (Art. 228) unter Strafe gestellt werden. Die Brücke zur Moderne stellen auf jeden Fall die Tatbestände der «Gefährdung durch Verletzung der Regeln der Baukunde» und das «Beseitigen oder Nichtanbringen von Sicherheitsvorrichtungen» (Art. 229 und 230) dar. Auf aktuelle Risiken ausgerichtet sind einerseits die Tatbestände der Gefährdung durch Kernenergie und verwandte Kräfte (Art. 226bis und 226ter) und andererseits die Straftaten gegen die öffentliche Gesundheit (hier vor allem die «Gefährdung durch gentechnisch veränderte oder pathogene Organismen» [Art. 230bis] und das «Verbreiten menschlicher Krankheiten» [Art. 231]).

1348 S.o. S. 46 f.

Typischerweise richten sich diese Tatbestände zum einen gegen bewusst kriminelles Verhalten (insb. die Sprengstoffdelikte nach Art. 224 und 226, die aus dem Anarchistengesetz von 1894[1349] hervorgegangen sind). Zum anderen enthalten sie regelmässig einen Fahrlässigkeitstatbestand, da der Umgang mit Gefahrgütern erhebliche Unfallrisiken birgt[1350].

Ihre Einordnung im Gesetz und die erhöhte Strafdrohung verdienen diese Tatbestände, weil sie über die Individualgefahr hinaus die Gemeinschaft einer konkreten[1351] «Gemeingefahr» aussetzen. Allerdings kommt der Begriff Gemeingefahr einzig im Prototypen dieser Tatbestände, bei der Brandstiftung, explizit vor. Jedoch ist er dort nur noch eine von zwei Optionen. Im Übrigen streiten sich Lehre und Praxis praktisch bei jedem Tatbestand, ob lediglich Individual- oder Gemeingefahr gefordert ist[1352].

2. «Gemeingefahr»

Die Definition der Gemeingefahr hat sich entlang der historischen Entwicklung verändert: Die Materialien zum StGB zu Beginn des 20. Jahrhunderts standen noch ganz unter dem Eindruck der «Lehre von der Entfesselung der Naturkräfte»[1353]. Es wurde auf das Bild des «Zauberlehrlings» verwiesen. Später hat das Bundesgericht darauf abgestellt, dass ein Zustand geschaffen werde «der die Verletzung von Rechtsgütern in einem nicht zum Voraus bestimmten und abgegrenzten Umfange wahrscheinlich macht»[1354]. Bei dieser Definition bleibt indessen fast alles offen: Was heisst «wahrscheinlich»? Wie viele Rechtsgüter müssen bedroht sein[1355]? Stratenwerth hat mit einem Aufsatz von 1964[1356] den Weg für eine Lehre gepfadet, die sich mittlerweile als die Definition der «Gemeingefahr» durchgesetzt hat: Nunmehr kommt es nicht mehr auf die Anzahl der gefährdeten Güter an[1357], entscheidend ist vielmehr, dass der Geschädigte als ein «**vom Zufall ausgewählter**» «**Repräsentant der Allgemeinheit**» dasteht («Repräsentationstheorie»)[1358].

1349 Stratenwerth/Bommer 2013, 61; PK-Trechsel/Coninx 2018, Art. 224 N 1.
1350 PK-Trechsel/Coninx 2018, Vor Art. 221 N 5.
1351 Gemeingefahr ist konkrete Gefahr: BGE 83 IV 25, E. 4.; vgl. auch BSK-Roelli 2018, Vor Art. 221 N 8; Stratenwerth/Wohlers 2013, Art. 221 N 7.
1352 Während das Bundesgericht stereotyp Individualgefahr fordert (BGE 123 IV 128), optiert die Lehre immer wieder für Gemeingefahr im Sinne der noch zu umschreibenden Bedeutung: bei Art. 221 Abs. 2; Art. 223 Ziff. 1 Abs. 1; Art. 224 Abs. 1; vgl. auch Art. 227, Art. 228, Art. 229, Art. 230bis; dazu PK-Trechsel/Coninx 2018, Vor Art. 221 N 3.
1353 Vgl. Stooss VE 1894 sowie Cottier 1918, 102; dazu BSK-Roelli 2018, Vor Art. 221 N 9; Roth 1992, 249 ff.; Stratenwerth 1964, 8 ff.; Stratenwerth/Bommer 2013, 45 ff.; PK-Trechsel/Coninx 2018, Vor Art. 221 N 1.
1354 BGE 85 IV 130; ähnlich bereits Delaquis 1943, 108 f.; dazu aber Stratenwerth/Bommer 2013, 46 und PK-Trechsel/Coninx 2018, Vor Art. 221 N 1.
1355 BGE 80 IV 181 hat mit seinem Votum für eine «Mehrzahl von Personen» und der «nahen Möglichkeit» eine ganze Reihe von langwierigen Diskussionen losgetreten.
1356 Stratenwerth 1964, 8 ff. (17 ff.).
1357 Stratenwerth/Bommer 2013, 46 f.; PK-Trechsel/Coninx 2018, Vor Art. 221 N 2.
1358 Donatsch/Thommen/Wohlers 2017, 34; BSK-Roelli 2018, Vor Art. 221 N 11; Stratenwerth 1964, 17 ff.; Stratenwerth/Bommer 2013, 47; PK-Trechsel/Coninx 2018, Vor Art. 221 N 2; krit. aber zum Teil Roth 1992, 262 f.

B. Vorsätzliche Brandstiftung (Art. 221)

Obwohl die Brandstiftung das historische Modell des gemeingefährlichen Deliktes ist, verlangt der aktuelle Tatbestand «Gemeingefahr» nicht mehr zwingend. Der Tatbestand setzt eine Feuersbrunst voraus, die entweder den Schaden eines anderen oder eine Gemeingefahr hervorruft.

1. Objektiver Tatbestand

a) Feuersbrunst

Wie sich aus der Botschaft des Bundesrates von 1918 zum StGB ergibt, war der traditionelle Gemeingefahrbegriff (im Sinne der Naturkräftelehre) im Begriff der «Feuersbrunst» damals noch enthalten:

> «Feuersbrunst ... ist ein Schadensfeuer von einem gewissen Umfang, so, dass der Einzelne es nicht mehr in der Gewalt hat; die Zügel des zerstörenden Elementes sind ihm entfallen und man kann nicht mehr sagen, wo die verheerenden Wirkungen ihr Ende finden werden»[1359].

Dadurch, dass die Gemeingefahr zum separaten und nun alternativ erforderlichen Tatbestandsmerkmal geworden ist, kann mit der Feuersbrunst nicht bereits die Gemeingefahr gemeint sein. Immerhin hat die moderne Rechtsprechung zwei Elemente der alten Lehre aufgenommen: Sie definiert die Feuersbrunst als

– ein Feuer von einer **gewissen Erheblichkeit**[1360]
– das vom Urheber **nicht selber gelöscht werden kann**[1361].

Sowohl von der Entfesselung der Naturkräfte wie vom Zauberlehrling ist hier nicht mehr viel übriggeblieben. Immerhin sollen reine Bagatellen ausgeschlossen sein.

> Allerdings gilt als «Feuersbrunst» auch die vom Häftling im Churer Untersuchungsgefängnis in Brand gesetzte Matratze. Die Folge war ein Brand, den der Häftling mangels Wasseranschlusses in seiner Zelle nicht löschen konnte, dem Wärter fiel es aber nicht schwer, mit dem Schlauch durch die Essensklappe das Glimmfeuer zu löschen[1362].

b) Schadensfeuer oder Gemeingefahr

aa) zum Schaden eines anderen

In diesem Kriterium kommt die alte (in der damaligen Konzeption stimmige) Auffassung zum Ausdruck, dass sich das abstrakt gemeingefährliche Feuer auch tatsächlich in einem erheblichen Risiko konkretisieren muss, im Schaden eines anderen. Bringt der Täter gar wissentlich Leib und Leben von Menschen in Gefahr, so war die schon aus der alten Fassung stammende Qualifikation von Abs. 2 anwendbar. Dadurch, dass

---

1359 Botschaft des Bundesrates, BBl 1918 IV 1 [46]; vgl. auch BSK-Roelli 2018, Art. 221 N 7; Stratenwerth/Bommer 2013, 48 f.
1360 Vgl. Brunner 1986, 27 ff., 41 f.
1361 BGE 117 IV 285; 107 IV 182; 105 IV 127; 85 IV 224; vgl. auch Corboz II 2010, 25; Donatsch/Thommen/Wohlers 2017, 35 f.; Stratenwerth/Bommer 2013, 48 f.; BSK-Roelli 2018, Art. 221 N 8; Stratenwerth/Wohlers 2013, Art. 221 N 2; PK-Trechsel/Coninx 2018, Art. 221 N 2.
1362 BGE 105 IV 127.

aber das Feuer selbst die Erfordernisse der Gemeingefahr nicht in jedem Fall enthalten muss, gerät der Tatbestand in ein Ungleichgewicht. Nun reicht ein Feuer einer gewissen Erheblichkeit, das vom Urheber selbst nicht mehr beherrscht werden kann, dann zur Begründung des objektiven Tatbestandes der Brandstiftung aus, wenn irgendein Schaden für einen anderen entstanden ist. Konsequenz ist, dass auf Sachbeschädigung, begangen durch Brandstiftung, nunmehr eine Mindeststrafe von einem Jahr Freiheitsstrafe steht[1363]!

Einige Diskussionen hervorgerufen hat der **Schadensbegriff** von Art. 221: Während die Sachbeschädigung auf die Beeinträchtigung eines fremden Objektes ausgerichtet ist, dehnt ein Teil der Lehre[1364] den Schadensbegriff auch auf bloss obligatorische Rechte (etwa der Mieter oder Pächter) bzw. auf beschränkt dingliche Rechte aus. Obligatorische Rechte werden im Strafrecht aber nur unter ganz bestimmten Voraussetzungen geschützt[1365]. Das Bundesgericht schränkt denn auch den Schaden im Sinne von Art. 221 auf die Beeinträchtigung dinglicher Rechte ein (geschützt werden dadurch immerhin die Hypothekargläubiger[1366]). Dagegen gilt die bloss indirekt tangierte Versicherung nicht als geschädigt im Sinne dieses Artikels, weil sie bei vorsätzlicher Brandstiftung keine Leistungspflicht trifft und weil sie bei fahrlässiger Brandstiftung allenfalls aus Vertrag zu leisten hat[1367]. Nicht strafbar ist nach dieser Variante das Abbrennen eigenen Gutes, soweit keine fremden dinglichen Rechte daran bestehen[1368].

bb) gemeingefährliche Brandstiftung

Im Wesentlichen kann auf das bereits Gesagte verwiesen werden: Nach der oben dargelegten Formel ist die Brandstiftung gemeingefährlich, wenn eine Vielzahl von vom Zufall ausgewählten Gütern in Gefahr gerät[1369]. Gemäss Bundesgerichtspraxis reicht aber bereits die Gefahr des Übergreifens auf ein benachbartes Haus. In einem weiteren Fall, der das Abbrennen eines eigenen Schopfes ohne Fremdgefährdung betraf, diskutierte das Bundesgericht, ob bei Eingreifen der Feuerwehr – wegen der Gefährdung der Rechtsgüter der Feuerwehrleute – stets Gemeingefahr anzunehmen sei. Die in BGE 83 IV 25 [31] aufgeworfene Frage wurde zwar offen gelassen, doch lässt das Bundesgericht durchblicken, dass die Feuerwehrleute die Risiken als Folge der Dienst- oder Berufspflicht auf sich nehmen[1370]. Daher ist bei Eingreifen der Feuerwehr nicht automatisch auf Gemeingefahr zu schliessen.

1363 BSK-Roelli 2018, Art. 221 N 11.
1364 So etwa Brunner 1986, 53 f.
1365 Krit. Stratenwerth/Bommer 2013, 51; vgl. auch **Pieth/Eymann/Zerbes 2014, Fall 18** («Hotel Napf-Palace»), 225.
1366 BGE 107 IV 182; 105 IV 39; BGer 1P.620/2001; vgl. auch Donatsch/Thommen/Wohlers 2017, 36 f.; Stratenwerth/Bommer 2013, 51; **Pieth/Eymann/Zerbes 2014, Fall 18** («Hotel Napf-Palace»), 225.
1367 Dazu BGE 107 IV 182; 83 IV 25; Stratenwerth/Bommer 2013, 51; PK-Trechsel/Coninx 2018, Art. 221 N 3.
1368 **Pieth/Eymann/Zerbes 2014, Fall 18** («Hotel Napf-Palace»), 221 ff.
1369 Nochmals: Stratenwerth/Bommer 2013, 52; PK-Trechsel/Coninx 2018, Art. 221 N 4.
1370 Vgl. auch Donatsch/Thommen/Wohlers 2017, 37; BSK-Roelli 2018, Art. 221 N 14; Stratenwerth/Bommer 2013, 52; **Pieth/Eymann/Zerbes 2014, Fall 18** («Hotel Napf-Palace»), 228.

2. Subjektiver Tatbestand

Wissen um Gefahr heisst einmal mehr, dass Gefahr auch gewollt ist. Beim Gefährdungsvorsatz reicht die Wissenskomponente, für eine abweichende voluntative Ausrichtung bleibt hier kein Raum[1371].

3. Qualifikation (Abs. 2)

Drei Jahre Freiheitsstrafe Mindeststrafe stehen auf das «**wissentlich Leib und Leben von Menschen** in Gefahr bringen». Sogleich stellt sich die Frage, ob hier eine qualifizierte Individualgefahr[1372] oder aber ein Anwendungsfall der Gemeingefahr gemeint ist: Reicht die qualifizierte Gefährdung bestimmter Einzelner oder müssen diese «Repräsentanten der Allgemeinheit» sein?

Wie erwähnt, war die Qualifikation ursprünglich als zusätzliche Individualgefahr zu einer in der Feuersbrunst (jedenfalls bezüglich materieller Werte) bereits enthaltenen Gemeingefahr gedacht. Durch Wegfall der Gemeingefahr als zwingendes Element des Grundtatbestandes hängt die Anwendbarkeit dieser Qualifikation unter Umständen davon ab, ob zur Personengefährdung ein (noch so minimaler) Sachschaden hinzutritt. Dann würde die Mindeststrafe von drei Jahren Platz greifen, andernfalls wäre die Individualgefährdung nach Art. 129 zu behandeln. Dieses Ergebnis ist offensichtlich widersprüchlich. Wenn wir – in Folge des im Parlament noch veränderten Textes – nicht mehr in jedem Fall mindestens Sachgemeingefahr voraussetzen können, dann muss im Hinblick auf die Strafdrohung für die Qualifikation korrigierend eingegriffen werden. Eine Möglichkeit wäre, tatsächlich auch hier zu verlangen, dass die gefährdete Person die Allgemeinheit repräsentiert. Demgegenüber hat die neuere Rechtsprechung und ein Teil der Lehre versucht, dem Dilemma dadurch auszuweichen, dass sie Art. 221 Abs. 2 als unabhängigen Tatbestand behandeln[1373]. Der Inkonsistenz zwischen Individual- und Kollektivgefahr entrinnen sie mit diesen Überlegungen aber nicht wirklich[1374].

4. Versicherungsbetrug

Vorsätzliche Brandstiftung ist gar kein so seltenes Delikt. Pro Jahr werden über 1300 Verfahren wegen Art. 221 eröffnet, in der gleichen Periode kommt es immerhin regelmässig zu ca. 100 Urteilen. Die Tätermotive gehen stark auseinander. Abgesehen von den immer wieder vorkommenden Fällen von Pyromanie[1375] steht der Versicherungsbetrug[1376] im Vordergrund.

[1371] BGE 105 IV 39; 85 IV 130; BStGer SK.2011.1; Brunner 1986, 67; Corboz II 2010, 29; Donatsch/Thommen/Wohlers 2017, 38; Stratenwerth/Bommer 2013, 53; PK-Trechsel/Coninx 2018, Art. 221 N 5.

[1372] So BGE 85 IV 130.

[1373] BGer 6B_154/2012, E. 4.4.1.; BGE 123 IV 128; Corboz II 2010, 30.

[1374] Stratenwerth/Bommer 2013, 54.

[1375] «20 Minuten» Online vom 6.2.2013: «Knast für zünselnden Feuerwehr-Mann»; NZZ am Sonntag vom 21.11.2010, 89: «Biedermänner und Brandstifter»; NZZ am Sonntag vom 24.10.2010: «Süchtig nach Feuer»; BaZ vom 18.9.2009: «Grob rücksichtslos oder stark verzweifelt»; BaZ vom 31.3.2008: «Unbekannter setzt Hof in Flammen».

[1376] Brunner 1986, 48; vgl. etwa NZZ vom 21.3.2017: «Auto und Musikinstrumente abgefackelt».

Brandstiftung und Versicherungsbetrug stehen zueinander in Idealkonkurrenz, jedenfalls ab Schadensmeldung[1377]. Zu Kontroversen geführt hat aber die Frage, ob – zumal in den Fällen der Eigenbrandstiftung – die Brandstiftung, wenn es nicht mehr zur Anmeldung bei der Versicherung kommt, bereits als Betrugsversuch oder noch als (straflose) Vorbereitung des Betrugs zu werten ist (Art. 260bis bestraft nur die Vorbereitung zur Brandstiftung!). Es stehen sich hier die Versuchstheorien des Allgemeinen Teils in seltener Klarheit gegenüber: Zwar könnte man im Sinne der subjektiven «Schwellentheorie» vertreten, dass wer sein Eigentum bereits zerstört hat, die Tatkrise hinter sich hat[1378]. Andererseits ist vom Betrug auch überhaupt gar nichts erfüllt: Jede der objektiven Theorien müsste daher *in casu* Betrugsversuch ablehnen.

5. Weitere Konkurrenzen

Art. 221 Abs. 1 geht der **Sachbeschädigung** und Art. 221 Abs. 2 der **Lebensgefährdung** vor.
Zu fragwürdigen Konsequenzen führt die in der Lehre vertretene Ansicht, zwischen **Individualverletzungsdelikten** und Art. 221 liege echte Konkurrenz vor. Das ist (einzig dort) vertretbar, wo wirklich eine Gemeingefahr mit einer Individualverletzung in Konkurrenz steht. Vielfach aber verlangen die Tatbestände von Art. 221 ff. (jedenfalls nach der Lesart des Bundesgerichtes) nicht wirklich Gemeingefahr[1379].

C. Fahrlässige Verursachung einer Feuersbrunst (Art. 222)

Der Fahrlässigkeitstatbestand wirft zunächst analoge Probleme auf wie der Vorsatztatbestand. Die Missachtung der Sorgfaltspflicht muss sich auf alle Erfordernisse beziehen: die Feuersbrunst und alternativ den Schaden eines andern oder die Gemeingefahr. Es ist sogar noch Fahrlässigkeit anzunehmen, wenn der Täter in Bezug auf eine dieser Komponenten (Eventual-)Vorsatz hat (z.B. entweder die Feuersbrunst oder die Gemeingefahr). Die Erfordernisse müssen sodann vorhersehbar und vermeidbar gewesen sein[1380]. In der Praxis ist Art. 222 etwa auf das unvorsichtige Abfackeln von Spinnweben im Dachstuhl, das zu einem Dachstockbrand geführt hat[1381] oder das unvorsichtige Handhaben von brennenden Zigaretten, sodass das dürre Gras auf einer Alp angezündet wurde[1382], angewandt worden.

1377 Donatsch/Thommen/Wohlers 2017, 41; Stratenwerth/Bommer 2013, 56; PK-Trechsel/Coninx 2018, Art. 221 N 12.
1378 Vgl. Maihold 2013, 197 ff.
1379 Zu wenig klar: Corboz II 2010, 35; Stratenwerth/Bommer 2013, 56; klarer aber: Stratenwerth/Bommer 2013, 60; BSK-Roelli 2018, Art. 221 N 27.
1380 BGer 6B_948/2010 (zur Vorhersehbarkeit und Vermeidbarkeit); Brunner 1986, 107 ff.; Donatsch/Thommen/Wohlers 2017, 41; BSK-Roelli 2018, Art. 222 N 7 ff.; Stratenwerth/Bommer 2013, 56 f.; PK-Trechsel/Coninx 2018, Art. 222 N 2.
1381 BGer 6B_948/2010.
1382 BGE 91 IV 138.

Eher skurril mutet demgegenüber der Fall von Helene M. an, die ein Bauernhaus geschenkt bekommen hatte, aber die erheblichen Renovationskosten scheute. Gegenüber Bekannten sagte sie «am besten würde man das Haus ‹**warm abbräche**›». Im Scherz verstieg sie sich – auf Rückfrage von Beat S. – sogar dazu, für eine Brandstiftung CHF 5 000 zu bieten. Mindestens beim Hinausgehen sagte sie zu den beiden Gästen aber, sie sollten «keinen Seich» machen. Beat und Ursula (der zweite Gast) zündeten daraufhin das Bauernhaus an.

Helene wurde zwar mangels Anstiftervorsatz von der Anstiftung zur Brandstiftung freigesprochen[1383], allerdings verurteilte sie das Geschworenengericht des Kantons Bern wegen fahrlässiger Verursachung einer Feuersbrunst. Das Bundesgericht nahm demgegenüber an, der adäquate Kausalzusammenhang fehle[1384]. In der Lehre ist die Einordnung des Falls umstritten: Einzelne Autoren lehnen die Zurechnung aufgrund des erlaubten Risikos ab[1385], andere bestreiten die Sorgfaltspflichtverletzung mit Blick auf die Redefreiheit[1386].

D. Weitere gemeingefährliche Straftaten (eine Auswahl)

In der Folge wird eine Auswahl aus den Tatbeständen von Art. 223–236 nach ihrer praktischen Bedeutung und ihrer Aktualität getroffen.

1. Explosionsdelikte (Art. 223–226)

Art. 223–226 befassen sich mit unterschiedlichen Varianten von Explosionsdelikten. Während Art. 223 die (vorsätzliche und fahrlässige) Verursachung einer Explosion mit Stoffen, die zwar explodieren können, aber nicht – wie Sprengstoffe – primär zur Verursachung einer Explosion bestimmt sind[1387], geht es bei Art. 224 ff. um die Gefährdung mit Sprengstoffen und giftigen Gasen. Diese Tatbestände entstammen dem Anarchistengesetz von 1894[1388]. Während Art. 224 die Gefährdung von Menschen oder Eigentum durch vorsätzliches Handeln in verbrecherischer Absicht thematisiert, geht es bei Art. 225 um die bloss vorsätzliche bzw. die fahrlässige Gefährdung (z.B. im Rahmen des Einsatzes auf dem Bau oder in Sprengkursen)[1389].

2. Gefährdung durch Kernenergie etc. (Art. 226bis und 266ter)

Neben der – hier nicht zu erörternden – Verwendung von Radioaktivität zu militärischen Zwecken[1390], bereitet die «friedliche Verwendung der Atomener-

---

[1383] Und «fahrlässige Anstiftung» ist bekanntlich nicht strafbar.
[1384] BGE 105 IV 330 [333]; PK-Trechsel/Coninx 2018, Art. 222 N 3.
[1385] Vgl. Wehrle 1986, 54 ff. zur traditionellen Lehre vom «Regressverbot».
[1386] Arzt 1983, 25; Donatsch/Thommen/Wohlers 2017, 43; BSK-Roelli 2018, Art. 222 N 10; vgl. dazu auch **Pieth/Eymann/Zerbes 2014, Fall 18 («Hotel Napf-Palace»), 233 ff.**
[1387] PK-Trechsel/Coninx 2018, Art. 223 N 1 f.
[1388] PK-Trechsel/Coninx 2018, Art. 224 N 1.
[1389] BGer 6B_604/2012; 6B_613/2012; dazu PK-Trechsel/Coninx 2018, Art. 225 N 7.
[1390] Treaty on the Non-Proliferation of Nuclear Weapons i.Kr. seit 1970 (für die Schweiz: Vertrag über die Nichtverbreitung von Kernwaffen, i.Kr. seit 9.3.1977 [SR 0.515.03]). Sowie das Schweizerische Kriegsmaterialgesetz: Bundesgesetz über das Kriegsmaterial (Kriegsmaterialgesetz, KMG) vom 13.12.1996 (SR 514.51). Vgl. WOZ vom 6.6.2013, 3; NZZ am Sonntag vom 16.3.2008; NZZ vom 14.3.2008, 19.

gie»[1391] erhebliche praktische[1392] und juristische Probleme. Die Risiken der Freisetzung von Strahlung, sei es im Rahmen des Betriebs eines AKWs, der medizinischen, der industriellen Anwendung oder der Forschung sind ernst zu nehmen. Das System der entsprechenden Normen ist in der Schweiz im Anschluss an den Garantievertrag mit der Internationalen Atomenergie-Agentur (IAEA)[1393] neu geregelt worden. Massgebend sind seit 2005 das Kernenergiegesetz (KEG)[1394] und das Strahlenschutzgesetz (StSG)[1395]. Während diese Gesetze auch Sonder-Strafnormen für Taten von Personen, die in ihrem Berufsfeld mit Kernenergie befasst sind, enthalten[1396], sind Art. 226bis und 226ter Allgemeinstrafnormen.

a) Art. 226bis

Der objektive Tatbestand erwähnt erst das Tatmittel, die Kernenergie, radioaktive Stoffe oder ionisierende Strahlen. Zur Definition dieser Begriffe ist auf die spezialgesetzliche Regelung im KEG und im StSG zu verweisen[1397].

Der Tatbestand setzt die Herbeiführung einer Gefahr für das «Leben oder die Gesundheit von Menschen» oder «für fremdes Eigentum von erheblichem Wert» voraus. Dabei ist keine Explosion erforderlich[1398], immerhin bedarf es wohl einer «Freisetzung» von Radioaktivität[1399]. Einig ist man sich in der Lehre, dass hier wiederum eine Gemeingefahr im Sinne der Repräsentationstheorie gemeint ist[1400].

Art. 226bis Abs. 2 enthält zudem einen Fahrlässigkeitstatbestand.

b) Art. 226ter

Hier ist der – auch bei anderen gemeingefährlichen Straftaten vorkommende – Vorbereitungstatbestand[1401] gesondert geregelt. Schon der Wortlaut erinnert an Art. 260bis: «Wer planmässig konkrete technische oder organisatorische Vorbereitungen zu Handlungen trifft, um … eine Gefahr zu verursachen». Der Vorbereitungstatbestand schliesst

---

1391 So der Titel des früheren Atomgesetzes von 1959 in Anlehnung an internationale Vereinbarungen.
1392 Vgl. BaZ vom 6.9.2012: «Wenn aus Mühleberg ein Fukushima würde»; NZZ vom 7.4.2012: «Schweiz soll mehr Lehren aus Fukushima ziehen».
1393 Roelli 2006, 208 ff.
1394 Kernenergiegesetz (KEG) vom 21.3.2003 (SR 732.1).
1395 Strahlenschutzgesetz (StSG) vom 22.3.1991 (SR 814.50).
1396 Vgl. insb. Art. 44 KEG; Art. 43 f. StSG; dazu Roelli 2006, 218, 224 f.; BSK-Roelli 2018, Art. 226bis N 29; PK-Trechsel/Coninx 2018, Art. 226bis N 8.
1397 Vgl. insb. Art. 3 KEG für Details sowie Roelli 2006, 213 ff.; PK-Trechsel/Coninx 2018, Art. 226bis N 2.
1398 Anders als etwa nach der deutschen Parallelbestimmung: Roelli 2006, 224; BSK-Roelli 2018, Art. 226bis N 1; vgl. die analoge Regelung bei den Sprengstoffdelikten, die ebenfalls nicht spezifiziert wie die Gefährdung erfolgt (Art. 224).
1399 Donatsch/Thommen/Wohlers 2017, 55.
1400 Donatsch/Thommen/Wohlers 2017, 55; Roelli 2006, 212; Stratenwerth/Bommer 2013, 70; PK-Trechsel/Coninx 2018, Art. 226bis N 3.
1401 Vgl. Art. 260bis für Brandstiftung (dazu BStGer SK.2011.6, E. 3.); für einzelne, hier diskutierte Tatbestände weiter: Art. 226 (Sprengstoffdelikte) und eben Art. 226ter.

an die Variante der vorsätzlichen Schaffung einer Gemeingefahr an. Der Strafdrohung lässt sich allerdings entnehmen, dass sowohl Art. 226bis Abs. 1 wie Art. 226ter ein ganzes Spektrum von Vorsatztaten im Auge hat und nicht (nur) auf die eigentliche terroristische Verwendung von «*weapons of mass distruction*» (WMD) ausgerichtet ist.
Der subjektive Tatbestand von Art. 226ter Abs. 1 verlangt *dolus directus* (das ergibt sich aus dem Begriff «planmässig»)[1402]. Bei Abs. 2 und 3 aber reicht *dolus eventualis*.

3. Gefährdung durch Verletzung der Regeln der Baukunde (Art. 229)

Dies ist einer der traditionellen Gemeingefahr-Tatbestände. Er hat auch in der Praxis einige Bedeutung erlangt[1403]. Art. 229 ist ein Sonderdelikt, das nur von einer Person begangen werden kann, die «bei der Leitung oder Ausführung eines Bauwerkes oder eines Abbruches die anerkannten Regeln der Baukunde ausser Acht lässt und dadurch wissentlich Leib und Leben von Mitmenschen gefährdet».

Zu den Leitungspersonen und den Ausführenden besteht eine ganze Kasuistik. In der Praxis hat sich etwa die Frage gestellt, ob auch der Architekt, der lediglich die Pläne anfertigt, als Leitungsperson gilt. Die Frage ist wohl so zu beantworten, dass der Architekt sehr wohl für Fehler, die sich gerade aus den Plänen ergeben, einzustehen hat[1404].

Als Bauwerk gilt «jede bauliche oder technische Anlage, die mit Grund und Boden verbunden ist»[1405]. Der Begriff umfasst den Hoch- und den Tiefbau. Einzelne Autoren beziehen auch Fahrnisbauten (Zelte, Schiffe, Baumhütten etc.) ein. Auf Bauplätzen geht Art. 229 dem Strassenverkehrsrecht vor, wenn sich eine bautypische Gefahr verwirklicht[1406].

Das tatbestandsmässige Verhalten besteht in dem «ausser Acht lassen der anerkannten Regeln der Baukunde». Dabei handelt es sich um Sorgfaltsnormen, die vom Staat oder von privaten Verbänden gesetzt worden sind[1407]. «Anerkannt» meint, dass sie unter Fachleuten unbestritten sein müssen[1408]. Nicht gemeint ist dagegen der «übliche Schlendrian», der gelegentlich einreisst[1409].

1402 Donatsch/Thommen/Wohlers 2017, 57; Roelli 2006, 221.
1403 BSK-Freytag 2018, zu Art. 229.
1404 Vgl. auch BSK-Roelli 2018, Art. 229 N 10; a.A. Riklin 1985, 45; PK-Trechsel/Coninx 2018, Art. 229 N 6 und wohl auch BGer 6B_566/2011.
1405 BGE 90 IV 246; für einen weiteren Begriff optiert 115 IV 45. Trechsel/Coninx (2018, Art. 229 N 2) fordern, dass auch die Fahrnisbaute (die Festhütte) erfasst wird.
1406 Dies ist vom Bundesgericht verschiedene Male insb. bei Baggerunfällen und desgleichen festgestellt worden: BGE 115 IV 45; 101 IV 28; 90 IV 246.
1407 Zu denken ist zunächst an die Verordnung über die Sicherheit und den Gesundheitsschutz der Arbeitnehmerinnen und Arbeitnehmer bei Bauarbeiten (Bauarbeitenverordnung, BauAV) vom 29.6.2005 (SR 832.311.141), die Verordnung über die Verhütung von Unfällen und Berufskrankheiten (Verordnung über die Unfallverhütung, VUV) vom 19.12.1983 (SR 832.30); aber auch an die Merkblätter und Richtlinien der SUVA und an die Berufsregeln etwa der SIA; BGer 6B_969/2008, E. 3.1.; vgl. auch Donatsch/Thommen/Wohlers 2017, 64 f.; Konopatsch 2011, 13 ff.; BSK-Roelli 2018, Art. 229 N 17 f.; PK-Trechsel/Coninx 2018, Art. 229 N 7.
1408 BGE 106 IV 264, E. 3.
1409 Riklin 1985, 45 f.

Der Gefährdungserfolg erfordert konkrete Gefahr für Menschen. Stratenwerth/Bommer verlangen, wie bei den übrigen gemeingefährlichen Delikten, die Auswahl des Opfers nach dem Zufallsprinzip (Repräsentationstheorie)[1410].

Der **Vorsatztatbestand** beruht im Wesentlichen in der bewussten Verletzung einer Sorgfaltsnorm (häufig die Pflicht, sein Personal adäquat zu instruieren[1411]) und der Inkaufnahme des Gefährdungserfolgs. Der Tatbestand statuiert im Hinblick auf Begehen durch Unterlassen eine Garantenpflicht[1412].

Praktisch bedeutsamer geworden sind **Fahrlässigkeitsfälle** (nach Abs. 2), bei denen sich vielfach heikle Fragen der Abgrenzung der Verantwortungsbereiche in komplexen arbeitsteiligen Bauvorgängen stellen[1413].

> Für Aufsehen gesorgt hat insb. der Einsturz der Betondecke des **Hallenbades von Uster**, bei dem 12 Menschen getötet und weitere 19 Personen verletzt wurden. Ein Bauingenieur hatte zuvor zwar Mängel an der Stahlaufhängung der Decke festgestellt. Er gab sich allerdings als Erklärung für den Bruch einzelner Stahlaufhängestifte und für die Korrosion mit der harmlosesten und einfachsten Erklärung zufrieden und unterliess weitere Untersuchungen. Er erstattete auch keine Anzeige an die Behörden. Damit, so die Gerichte, habe er die ihm obliegende Sorgfaltspflichten verletzt[1414].

4. Gefährdung durch gentechnisch veränderte oder pathogene Organismen (Art. 230bis)

Art. 230bis ist zusammen mit dem Gentechnikgesetz (GTG)[1415] am 1. Januar 2004 in Kraft getreten. Art. 230bis verfolgt eine doppelte Schutzrichtung: Zum einen Leib und Leben von Menschen vor Gefahren der Gentechnologie zu schützen (Abs. 1 lit. a), zum anderen «die natürliche Zusammensetzung der Lebensgemeinschaften von Tieren und Pflanzen oder deren Lebensräume» vor schwerer Gefährdung zu bewahren (Art. 1 lit. b). Hier geht es um das Ökogleichgewicht und die Biodiversität.

Vorab wird das **Tatobjekt** mit «gentechnisch veränderten oder pathogenen Organismen» umschrieben. Art. 5 GTG gibt Auskunft über die Details der Definition[1416].

Von der **Tathandlung** her geht der Tatbestand in zwei Richtungen: Zum einen wird die **Freisetzung** angesprochen, zum anderen die **Störung** eines Betriebs zur Erforschung, Aufbewahrung oder Produktion bzw. des Transports. Die Störung wird von Gesetzes wegen durch Verweis auf weitere Normen als «auf bestimmte Einschliessungsmassnahmen» beschränkt[1417].

1410 Stratenwerth/Bommer 2013, 76 f.; ebenso: Donatsch/Thommen/Wohlers 2017, 65; Riklin 1985, 48; BSK-Roelli 2018, Art. 229 N 41; PK-Trechsel/Coninx 2018, Art. 229 N 8.
1411 BGE 104 IV 96; 101 IV 28.
1412 BGer 6B_516/2009; vgl. auch Konopatsch 2009, 13 ff. sowie 6B_1016/2009.
1413 Vgl. etwa BGer 6B_437/2008.
1414 BGE 115 IV 199.
1415 Bundesgesetz über die Gentechnik im Ausserhumanbereich (Gentechnikgesetz, GTG) vom 21.3.2003 (SR 814.91).
1416 Vgl. auch Barbezat 2011, 377 ff.
1417 BSK-Ackermann/Schröder Bläuer 2018, Art. 230bis N 12 ff.; Barbezat 2011, 377 ff.; Donatsch/Thommen/Wohlers 2017, 73 f.; Stratenwerth/Bommer 2013, 81 f.; PK-Trechsel/Coninx 2018, Art. 230bis N 4.

Der **Gefährdungserfolg**[1418] wird für **Mensch** und **Umwelt** jeweils **anders** umschrieben. Beim Menschen bedarf es der konkreten Gefährdung eines Repräsentanten der Allgemeinheit[1419], bei der Biodiversität bzw. dem Ökogleichgewicht ist eine «schwere Gefahr» im Sinne der Gemeingefahr erforderlich. Gerade im Rahmen des Umweltrechts ist der Umgang mit dieser sehr offenen Formel heikel, weil die Übernahme der Konzepte aus dem Individualstrafrecht[1420] – etwa aus Art. 129 (der hohen Wahrscheinlichkeit der Verletzung) abgeleitet – kaum weiterhilft. Daher hat das eigentliche Umweltrecht[1421] regelmässig die Verletzung von Grenzwerten solcher Generalklauseln im Sinne von Art. 230bis vorgezogen.

Die Mehrheit der Lehre vertritt die Ansicht, dass Art. 230bis in der Vorsatzvariante nach Abs. 1 sowohl bezüglich lit. a und b mit *dolus eventualis* begangen werden kann[1422].

5. Verbreiten menschlicher Krankheiten (Art. 231)

Art. 231 muss zunächst im Zusammenhang mit dem Epidemiengesetz (EpG)[1423] gelesen werden. Es geht darum, die Allgemeinheit vor nicht mehr zu beherrschenden Gefahren für Leib und Leben des Menschen zu schützen[1424].

Der **objektive Tatbestand** verlangt zunächst, dass eine gefährliche übertragbare menschliche Krankheit verbreitet wird. **Gefährlich** ist eine Krankheit, wenn das Risiko des Todes oder der schweren Gesundheitsschädigung naheliegt[1425]. Für derartige Krankheiten gilt typischerweise die Meldepflicht nach der Verordnung des EDI von 2015[1426].

Als «**Verbreiten**» lässt die Rechtsprechung traditionellerweise bereits die Ansteckung einer Person genügen[1427]. Dabei muss die Krankheit gar nicht ausgebrochen sein[1428]. Der Tatbestand ist insb. im Zusammenhang mit dem Thema **HIV-Infektion** stark unter Druck geraten. Während die Rechtsprechung ihn regelmässig in echter Konkur-

---

1418 Zum Gefährdungsbegriff bei Art. 230bis: Ackermann/Schröder 2006, 9 ff.
1419 PK-Trechsel/Coninx 2018, Art. 230bis N 4.
1420 Krit. zum Ansatz des Bundesgerichts etwa Ackermann/Schröder 2006, 22 f., die für ein neues «normatives» Kriterium optieren; vgl. auch BSK-Ackermann/Schröder Bläuer 2018, Art. 230bis N 21.
1421 Vgl. etwa Jenny/Kunz 1996, 48 ff.
1422 BSK-Ackermann/Schröder Bläuer 2018, Art. 230bis N 33 f.; Donatsch/Thommen/Wohlers 2017, 75; Stratenwerth/Bommer 2013, 82; PK-Trechsel/Coninx 2018, Art. 230bis N 5; a.A. aber Barbezat 2011, 383.
1423 Bundesgesetz über die Bekämpfung übertragbarer Krankheiten des Menschen (EpG) vom 18.12.1970 (SR 818.101), revidiert nach der Volksabstimmung vom 22.9.2013.
1424 Stratenwerth/Wohlers 2013, Art. 231 N 1.
1425 Donatsch/Thommen/Wohlers 2017, 78 f.; Stratenwerth/Bommer 2013, 83; BSK-Niggli/Maeder 2018, Art. 231 N 32.
1426 Verordnung des EDI über die Meldung von Beobachtungen übertragbarer Krankheiten vom 1.12.2015 (SR 818.101.126); dazu PK-Trechsel/Coninx 2018, Art. 231 N 1.
1427 BGE 131 IV 1; 125 IV 242; KassGer ZH, fp 5/2011, 277 ff.; vgl. auch Donatsch/Thommen/Wohlers 2017, 79; Stratenwerth/Bommer 2013, 84.
1428 PK-Trechsel/Coninx 2018, Art. 231 N 4 f.

renz neben den Individualverletzungsdelikten (vor allem Art. 122) angewandt hat[1429], wurde von der Lehre vor allem eingewandt, dass der HI-Virus (zumal durch den Geschlechtsverkehr) «übertragen» aber nicht im Sinne des Epidemiengesetzes «verbreitet» werde[1430].

Die Debatte um die Anwendung von Art. 231 auf die HIV-Ansteckung wurde vor allem aufgrund rechtspolitischer Erwägungen intensiv geführt[1431]. Im Rahmen der Reform des EpG ist das Parlament einem Vorschlag von Niggli gefolgt und hat den Art. 231 in seiner neuen Fassung[1432] auf den ehemaligen Qualifikationstatbestand von aArt. 231 Ziff. 1 Abs. 2 reduziert: Nunmehr ist **nur noch strafbar**, wer aus «**gemeiner Gesinnung**» eine gefährliche übertragbare menschliche Krankheit verbreitet. Somit verbleiben für Art. 231 allein noch die Fälle, in denen jemand aus Rache etc.[1433] (bei HIV-Ansteckung die sog. «*Desperadofälle*») oder aus terroristischen Motiven gefährliche Krankheiten verbreitet (man denke etwa an die mit Anthrax versetzte Briefpost). Nicht erforderlich ist allerdings, dass sich Vorsatz und Absicht auf die Gefährdung Dritter beziehen. Entscheidend für die HIV-Debatte ist insb. die **Streichung des Fahrlässigkeitstatbestandes** von aZiff. 2, der unter Umständen bereits diejenigen erfasste, der die «*safer sex*»-Regeln des Bundesamtes für Gesundheit missachtete[1434].

II. Straftaten gegen den Rechtsverkehr

Das Kapitel zu den Straftaten gegen den Rechtsverkehr spricht zwei für die Gemeinschaft sehr sensible Bereiche an; zunächst die Geldfälschungsdelikte (A.). Schon die Strafdrohung des schwersten Tatbestandes (Art. 240: Geldfälschung, mit einer Strafdrohung von Freiheitsstrafe von 1–20 Jahren[1435]) markiert, dass es hier um zentrale Anliegen geht. Geldfälschung stellt das Vertrauen in die Währung, die Sicherheit des Rechtsverkehrs und letztlich das Vermögen jedes Einzelnen in Frage[1436]. Ebenso grundsätzlich für den Geschäfts- und Rechtsverkehr ist der Schutz der Urkunden, auf den im zweiten Abschnitt (B.) einzugehen ist.

1429 BGE 134 IV 193; 131 IV 1; 125 IV 242; 116 IV 125; vgl. dazu Beglinger 2011, 322.
1430 Beglinger 2011, 322, 324; Kunz 1990, 55; demgegenüber aber unsicher: Mösch Payot/Pärli 2009, 1273.
1431 PK-Trechsel/Coninx 2018, Art. 231 N 9 f.
1432 Vgl. Botschaft des Bundesrates zu einem Bundesgesetz über die Bekämpfung übertragbarer Krankheiten des Menschen (Epidemiengesetz, EpG), Entwurf, BBl 2011 457 ff.; Art. 86: Art. 231 Ziff. 1 Abs. 3 VE; dazu Beglinger 2011, 325; vgl. BSK-Niggli/Maeder 2018, zu Art. 231; Donatsch/Thommen/Wohlers 2017, 80 f.; Dongois 2015, 42 ff.; Niggli, Gutachten BAG 2007: «Ist eine Änderung von Art. 231 StGB (Verbreiten menschlicher Krankheiten) angezeigt?»; PK-Trechsel/Coninx 2018, Art. 231 N 6.
1433 BSK-Niggli/Maeder 2018, Art. 231 N 52; PK-Trechsel/Coninx 2018, Art. 231 N 6.
1434 BGE 134 IV 193, E. 8.; Kunz 2009, 44 ff.; vgl. auch Beglinger 2011, 324; s.o. S. 41 f.
1435 In Frankreich stand auf den alten Franc-Noten die Strafdrohung für Geldfälschung (lebenslängliche Freiheitsstrafe) aufgedruckt.
1436 PK-Trechsel/Vest 2018, Art. 240 N 1.

A. Geldfälschungsdelikte

1. Systematik und Bedeutung

Typisch für die Geldfälschungsdelikte ist, dass sie die Grenze der Strafbarkeit weit in den Bereich der Vorbereitung vorverlagern. Dabei wird gerade die Herstellung als das weit schwerere Delikt behandelt, obwohl es ein abstraktes Gefährdungsdelikt ist[1437]. Demgegenüber gilt die konkrete Gefährdung[1438], das in Umlauf setzen des Falschgeldes, als die weniger gefährliche Tat, die auch in der Konkurrenzsituation hinter der Herstellung als mitbestrafte Nachtat zurücktritt.

Die Systematik der Geldfälschungsdelikte	
Art. 240	Geldfälschung
Art. 241	Geldverfälschung
Art. 242	In Umlaufsetzen falschen Geldes
Art. 243	Nachmachen von Banknoten, Münzen oder amtlichen Wertzeichen ohne Fälschungsabsicht
Art. 244	Einführen, Erwerben, Lagern falschen Geldes
Art. 247	Fälschungsgeräte; unrechtmässiger Gebrauch von Geräten

Gemäss Art. 23 Ziff. 1 lit. e StPO sind Strafverfahren wegen Geldfälschung Bundeskompetenz. Das Kommissariat «Falschgeld» beim **Bundesamt für Polizei** gibt zudem eine jährliche (polizeiliche) «Falschgeldstatistik» heraus, aus der sich der Fälschungstypus und der jeweilige Nominalwert der Fälschungen für die betreffende Währung ergeben. Es fällt auf, dass bei allen Ängsten vor Falschgeld die Deliktsummen insgesamt relativ bescheiden bleiben[1439]. Dabei wäre zu erwarten, dass mit modernen Kopiermaschinen und computergestützten Möglichkeiten weit mehr Falschgeld im Umlauf wäre. Immerhin hat auch das Abwehrdispositiv zugelegt: Die Erkennungsmerkmale sind weit differenzierter geworden und die Möglichkeiten der elektronischen Überprüfung von Banknoten – selbst im Tagesgeschäft – haben erheblich zugenommen.

Die Zahl der Verurteilungen aus Art. 240 und 242 ist starken Schwankungen unterworfen[1440].

1437 BSK-Lentjes Meili/Keller 2018, Art. 240 N 7; PK-Trechsel/Vest 2018, Art. 240 N 1.
1438 Stratenwerth/Bommer 2013, 109 speziell zu Art. 242.
1439 Vgl. etwa die Falschgeldstatistik des EJPD von 2016: Total CHF 371 907; Euro 367 205; USD 113 947.
1440 Vgl. BSK-Freytag/Zermatten 2018, zu Art. 240 und Art. 242.

2. Geldfälschung (Art. 240)

a) Objektiver Tatbestand

aa) Tatobjekt: Geld

Geld ist, was von einem völkerrechtlich anerkannten Staat als gesetzliches Zahlungsmittel ausgegeben wird. Die Schweiz hat ihre Währung mit dem Bundesgesetz über die Währung und die Zahlungsmittel (WZG)[1441] auf eine neue rechtliche Basis gestellt. Nunmehr sind die «Goldvreneli» – anders als noch nach dem alten Recht – nicht mehr von Art. 240, sondern durch den Tatbestand der Warenfälschung gemäss Art. 155 geschützt[1442]. Geschützt sind gemäss Art. 4 und 6 WZG vom Bund ausgegebene Münzen und gemäss Art. 7 WZG von der SNB ausgegebene Banknoten[1443]. Gemäss Art. 250 ist aber auch ausländisches Geld dem schweizerischen gleichgestellt[1444]. Das ist zum einen eine Konsequenz internationaler Vereinbarungen, zum andern aber schützt die Schweiz damit auch ihre eigenen Interessen[1445]. Bitcoins (und andere virtuelle Währungen) sind nicht staatlich anerkannt und werden nicht durch Art. 240 ff. geschützt[1446].

bb) Tathandlung

Gemäss Gesetz besteht die Tathandlung im «Fälschen». Darunter ist das Nachmachen echten Geldes zu verstehen. Darüber hinaus erfasst die Praxis aber auch die Herstellung von sog. Fantasiegeld (die Lehre nennt als Beispiel 10-Franken-Münzen[1447]). Auf die Qualität der Fälschung soll es sodann nicht ankommen[1448]. Beides ist problematisch: Fantasiegeld hat gerade keinen gesetzlichen Kurs. Es ist nicht die Aufgabe des StGB, das Fälschen von «Monopolygeld» mit bis zu 20 Jahren Freiheitsstrafe zu bedrohen. Sodann wird die Sicherheit des Rechtsverkehrs durch plumpe Fälschungen (Schwarzweissfotokopien, massive Vergrösserungen oder Verkleinerungen, schlechte Farbkopien etc.[1449]) nicht in Frage gestellt[1450]. Nach Ansicht der Lehre muss die Fälschung geeignet sein, einen durchschnittlichen Dritten zu täuschen[1451]. Nicht als

---

1441 Bundesgesetz über die Währung und die Zahlungsmittel (WZG) vom 22.12.1999 (SR 941.10); dazu Botschaft des Bundesrates, BBl 1999 7258 ff.
1442 PK-Trechsel/Vest 2018, Art. 240 N 2; s.o. S. 186 f.
1443 PK-Trechsel/Vest 2018, Art. 240 N 2; Gless et al. 2015, 83 f.
1444 Corboz II 2010, 175; Donatsch/Thommen/Wohlers 2017, 109; BSK-Lentjes Meili/Keller 2018, Vor Art. 240 N 3 ff. und 10 ff.; Stratenwerth/Bommer 2013, 105 f.; PK-Trechsel/Vest 2018, Art. 240 N 3.
1445 Stratenwerth/Bommer 2013, 106.
1446 Gless et al. 2015, 82 ff.: allenfalls schützen die Computerstraftatbestände (Art. 143, 143bis, 144bis und 147) vor Manipulationen.
1447 Stratenwerth/Bommer 2013, 106.
1448 BGE 123 IV 55.
1449 Niggli 2000, Art. 240 N 25.
1450 Krit. ebenfalls Donatsch/Thommen/Wohlers 2017, 110 f.
1451 Donatsch/Thommen/Wohlers 2017, 110; BSK-Lentjes Meili/Keller 2018, Art. 240 N 12; PK-Trechsel/Vest 2018, Art. 240 N 4.

Geld gelten Falsifikate, die nur dazu da sind, Maschinen zu manipulieren (Metallscheiben)[1452].

b) Subjektiver Tatbestand

Der Tatbestand verlangt einerseits Vorsatz und andererseits die Absicht, das Falschgeld «als echt in Umlauf zu setzen». Dadurch grenzt sich Art. 240 von 243 ab. Die Absicht muss der Täter im Übrigen bereits anlässlich der Fälschung haben[1453].

c) Privilegierung (Abs. 2)

In besonders leichten Fällen sieht das Gesetz Vergehensstrafe vor. Besonders leicht sind Fälle, in denen nur wenige Falsifikate von geringem Wert hergestellt werden[1454].

d) Weltrechtsprinzip (Abs. 3)

In Umsetzung des internationalen Übereinkommens zur Bekämpfung der Falschmünzerei vom 20. April 1929 (Art. 9 Abs. 1)[1455] gilt das Weltrechtsprinzip[1456].

3. Geldverfälschung (Art. 241)

Beim Tatbestand von Art. 241 wird Geld so verändert, dass der Anschein eines höheren Nennwertes hervorgerufen wird. Der Tatbestand hat geringe praktische Bedeutung[1457] und seine Abschaffung ist auch bereits vorgeschlagen worden[1458]. Anstelle der Abschaffung ist aber im Zuge der erneuten Reform des Sanktionenrechts von 2018, die Minimalstrafe von Geldstrafe nicht unter 180 Tagessätzen auf sechs Monate Freiheitsstrafe angehoben worden.

> Einen praktischen Anwendungsfall haben die Schweizer Banken entdeckt: Auf eine alte finnische 50-Mark-Note wurde eine zusätzliche Null gestempelt, was dem ungeübten Beobachter deshalb nicht auffiel, weil 50- und 500-Mark-Scheine beide in Rottönen gehalten waren.

1452 Donatsch/Thommen/Wohlers 2017, 111; PK-Trechsel/Vest 2018, Art. 240 N 6 u.H.a. BezGer ZH vom 16.1.1980, SJZ 76/1980, 317.
1453 PK-Trechsel/Vest 2018, Art. 240 N 6.
1454 BGE 133 IV 256; 119 IV 154; BGer 6B_392/2007; BStGer SK.2010.11.
1455 Internationales Abkommen zur Bekämpfung der Falschmünzerei, i.Kr. seit 1.4.1949 (SR 0.311.51).
1456 Donatsch/Thommen/Wohlers 2017, 113; Stratenwerth/Bommer 2013, 108; zur Frage, ob eher stellvertretende Strafrechtspflege anzunehmen wäre: Kim 1991, 55 ff., 76; BSK-Lentjes Meili/Keller 2018, Art. 240 N 25.
1457 Donatsch/Thommen/Wohlers 2017, 113; Kim 1991, 78 ff.; BSK-Lentjes Meili/Keller 2018, Art. 241 N 9 f.; Stratenwerth/Bommer 2013, 108 f.; PK-Trechsel/Vest 2018, Art. 241 N 1.
1458 Niggli 2000, Art. 241 N 6 und 14; vgl. auch erl. Bericht zur Harmonisierungsvorlage 2010, 35.

4. In Umlaufsetzen falschen Geldes (Art. 242)

a) Tatbestand

Der zweite praktisch relevante Tatbestand der Geldfälschungsdelikte thematisiert eine konkrete Gefährdung[1459]: Das **Tatobjekt** entspricht dem der Art. 240 und 241. Die **Tathandlung** – «in Umlauf setzen» – lautet ähnlich wie die Tathandlung der Warenfälschung – «in Verkehr bringen» – (Art. 155), allerdings ist die Lehre der Meinung, dass der geringe Unterschied in der Formulierung ausdrücken wolle, dass bei der Warenfälschung bereits das Anbieten tatbestandsmässig sei, während bei Art. 242 der Übergang der Verfügungsmacht erforderlich sei[1460]. Das Geld muss sodann «als echt oder unverfälscht» in Umlauf gelangen. Der Tatbestand erfasst somit die Weitergabe an gutgläubige Dritte. Eine gewisse Unsicherheit bestand zeitweilig, wie mit Fällen umzugehen ist, in denen der Täter die Tat indirekt unter Mithilfe von eingeweihten Dritten durchführen lässt[1461]. Inzwischen ist man sich aber einig, dass die allgemeinen Regeln der Täterschaft und Teilnahme Anwendung finden[1462].

Im **subjektiven Tatbestand** reicht *dolus eventualis* (einschliesslich in Bezug auf die Unechtheit).

Abs. 2 enthält nach wie vor die alte «**Schwarzpeter-Klausel**». Allerdings ist die Privilegierung desjenigen, der gutgläubig Falschgeld eingenommen (und dadurch einen Verlust erlitten hat) und es (bösgläubig) weitergibt, nunmehr aufgehoben worden: Abs. 1 und Abs. 2 werden mit der gleichen Strafdrohung belegt. Damit ist Abs. 2 eigentlich überflüssig geworden[1463].

b) Konkurrenzen

Zwischen den Vorbereitungstatbeständen von Art. 240 und 241 einerseits und Art. 242 andererseits besteht unechte Konkurrenz: Allerdings konsumiert hier die schwerere Vorbereitungshandlung den konkreten Gefährdungstatbestand von Art. 242 als mitbestrafte Nachtat.

Gelegentlich fragt sich, ob der mit Falschgeld begangene Betrug nicht separat in Anschlag zu bringen sei. Da Art. 146 Individualrechtsgüter und Art. 242 Kollektivrechtsgüter schützen sollen, ist Idealkonkurrenz vertretbar[1464].

Für die weiteren Geldfälschungstatbestände und die Fälschung amtlicher Wertzeichen, amtlicher Zeichen, Mass und Gewicht wird auf die Speziallatteratur verwiesen.

1459 Stratenwerth/Bommer 2013, 109.
1460 BSK-Lentjes Meili/Keller 2018, Art. 242 N 9; Stratenwerth/Bommer 2013, 109; PK-Trechsel/Vest 2018, Art. 242 N 2.
1461 BGE 76 IV 162.
1462 BGE 123 IV 9; vgl. auch Donatsch/Thommen/Wohlers 2017, 116; BSK-Lentjes Meili/Keller 2018, Art. 242 N 14 f. und 20 f.; Kim 1991, 85; Stratenwerth/Bommer 2013, 110; PK-Trechsel/Vest 2018, Art. 242 N 3.
1463 Zu Recht krit. PK-Trechsel/Vest 2018, Art. 242 N 4.
1464 BGE 133 IV 256; vgl. auch Donatsch/Thommen/Wohlers 2017, 116 f.; BSK-Lentjes Meili/Keller 2018, Art. 242 N 36 f.

B. Urkundendelikte

1. Urkundenschutz

a) Fälschung – Täuschung

Historisch wurde nicht streng zwischen Fälschung und Täuschung getrennt. Das Delikt des «*falsum*» erfasste ein weites Spektrum von der Warenfälschung über die Münz- und Geldfälschung, die Dokumentenfälschung, die Beweismittelfälschung bis hin zur Grenzsteinverschiebung. Betrug und Urkundenfälschung waren lange miteinander verhängt, die Trennung erfolgte erst in der Mitte des 19. Jahrhunderts[1465]. Nunmehr galt, dass Menschen belogen und betrogen werden, Gegenstände aber gefälscht werden konnten. Ersteres wurde bei den Delikten gegen die Individualrechtsgüter, letzteres primär bei den Kollektivdelikten eingereiht (mit Ausnahme der Warenfälschung nach Art. 155).

b) Wesen des Urkundenschutzes

Die Urkunde nimmt eine besondere Stellung im Rechts- und Geschäftsverkehr ein. Sie verkörpert die Erklärung einer bestimmten Person (oder eines Unternehmens). Die Erklärung ist reproduzierbar und lesbar. Sie ist beständig. Idealerweise ist sie nur erschwert manipulierbar (**Perpetuierungsfunktion**). Dadurch, dass der Aussteller erkennbar ist, garantiert er auch, die Erklärung später gegen sich gelten zu lassen (**Garantiefunktion**). Dadurch erlangt die Urkunde ihre **Beweisfunktion** im Rechtsverkehr. Diese Kriterien determinieren den Urkundenbegriff und den Schutzbereich.

2. Urkundenbegriff

Art. 110 Abs. 4 enthält die Legaldefinition:

> «Urkunden sind Schriften, die bestimmt und geeignet sind, oder Zeichen, die bestimmt sind, eine Tatsache von rechtlicher Bedeutung zu beweisen. Die Aufzeichnung auf Bild- und Datenträgern steht der Schriftform gleich, sofern sie demselben Zweck dient».

Art. 110 Abs. 5 enthält eine weitere Definition der öffentlichen Urkunde. Aus der Definition von Art. 110 Abs. 4 ergeben sich drei Arten von Urkunden:

– die Schrifturkunde
– das Beweiszeichen
– und die ihnen gleichgestellten elektronischen Aufzeichnungen.

a) Anforderungen an die Schrifturkunde

Die Schrifturkunde muss ihrerseits drei Anforderungen erfüllen. Es bedarf einer

– Schrift, die
– bestimmt und geeignet ist Tatsachen von rechtlicher Bedeutung zu beweisen und die
– den Aussteller erkennen lässt.

1465 S.o. S. 168.

aa) Schrift

Die Schrift soll einen menschlichen Gedanken verkörpern[1466].

(1) Text

Sie erfordert zunächst einen Text. Dabei spielt die Sprache keine Rolle (sogar Geheimschriften sind Schriften[1467]).

(2) auf Dauer mit der Unterlage verbunden

Der Text muss beständig und auch in Zukunft reproduzierbar sein (**Perpetuierungsfunktion**). Das Material, auf dem die Schrift angebracht wird, ist allerdings gleichgültig.

(3) Ausdruck eines menschlichen Gedankens

Die Urkunde wird nicht um ihrer selbst willen, sondern wegen ihres Inhaltes geschützt[1468]. Daher werden Prozesse automatischer Aufzeichnung (Wetterstationen, Tachografen etc.) nicht erfasst. Bei der Registrierkasse kann man geteilter Meinung sein, weil das Eintippen durchaus Ausdruck einer menschlichen Erklärung ist. Ebenfalls nicht erfasst von der Definition der Schrift werden Filme und Datenspeicher. Demgegenüber sind Mikrofilme – bei entsprechender Vergrösserung – durchaus lesbar[1469].

bb) Beweiseignung

Die Schrift muss bestimmt und geeignet sein, Tatsachen von rechtlicher Bedeutung zu beweisen.

(1) Tatsachen von rechtlicher Bedeutung

Die abstrakte Eignung, rechtliche Tatsachen zu belegen, reicht. Das Erfordernis sagt nichts über die konkrete Beweiskraft im Einzelfall aus[1470].

(2) bestimmt und geeignet

(a) bestimmt

Die Lehre unterscheidet Urkunden, die von Anfang an errichtet wurden, um eine bestimmte Tatsache zu beweisen. Sie spricht diesbezüglich von «**Absichtsurkunden**». Sie sind abzugrenzen von sog. «**Zufallsurkunden**», die ihre Beweisbestimmung erst nach-

---

1466 Donatsch/Thommen/Wohlers 2017, 139 f.; Stratenwerth/Bommer 2013, 129; Stratenwerth/Wohlers 2013, Art. 110 N 7; PK-Trechsel/Erni 2018, Vor Art. 251 N 1 und 3.
1467 Stratenwerth/Bommer 2013, 128; PK-Trechsel/Erni 2018, Vor Art. 251 N 1.
1468 Stratenwerth/Bommer 2013, 129.
1469 BSK-Boog 2018, Art. 110 Abs. 4 N 13 ff.; Donatsch/Thommen/Wohlers 2017, 139 f.; Stratenwerth/Bommer 2013, 129 f.; Stratenwerth/Wohlers 2013, Art. 110 N 7; PK-Trechsel/Erni 2018, Vor Art. 251 N 1 und 3.
1470 BSK-Boog 2018, Art. 110 Abs. 4 N 22 ff.; Stratenwerth/Bommer 2013, 133; Stratenwerth/Wohlers 2013, Art. 110 N 8; PK-Trechsel/Erni 2018, Vor Art. 251 N 4.

träglich erlangen (vgl. etwa den berühmten Liebesbrief, der nicht als Beweisstück geschrieben wurde, aber im Scheidungsprozess dazu wird)[1471].

(b) geeignet

Entgegen einer früheren Fassung des Gesetzes werden Beweisbestimmung und Beweiseignung im Zeitpunkt der Verwendung **kumulativ** verlangt[1472]. Entscheidend ist nach dem neuen Recht und der aktuellen Praxis, dass die Urkunde in der Lage ist, «das Vertrauen (zu) schützen, das im Rechtsverkehr einer Urkunde als einem Beweismittel entgegen gebracht wird»[1473]. Die Beweiseignung bezieht sich allerdings nicht nur auf den Fall prozessualer Auseinandersetzungen, sondern auf ihre Bedeutung im **Rechtsverkehr** überhaupt[1474]. Daher kommt u.U. auch Fotokopien Urkundenqualität zu[1475], es sei denn es handle sich um eine öffentliche Urkunde[1476].

cc) Erkennbarkeit des Ausstellers

In diesem (ungeschriebenen) Erfordernis kommt die **Garantiefunktion** zum Ausdruck[1477]. Auch die falsche Unterschrift erfüllt das Erfordernis (die gefälschte Unterschrift ist ja gerade der klassische Fall der Urkundenfälschung). Nicht als Urkunde eignen sich dagegen anonyme Texte und auch solche, deren Anonymität sich hinter einem Allgemeinnamen (Meier, Müller etc.) versteckt. Demgegenüber ist auch bei der Verwendung eines Pseudonyms der Aussteller normalerweise eruierbar[1478].

b) Beweiszeichen als Urkunden

Gemäss Art. 110 Abs. 4 sind «Zeichen, die bestimmt sind, eine Tatsache von rechtlicher Bedeutung zu beweisen» geschützt. Beweiszeichen haben vorab historische Bedeutung als Haus- und Viehzeichen in der landwirtschaftlichen Gesellschaft der Schweiz. Öffentliche Beweiszeichen werden separat (durch Art. 110 Abs. 5, Art. 245, 246 und 248) geschützt. Im Zentrum steht daher der Schutz privater Beweiszeichen.

1471 Donatsch/Thommen/Wohlers 2017, 146; Stratenwerth/Bommer 2013, 133 ff. (135); PK-Trechsel/Erni 2018, Vor Art. 251 N 6.
1472 Anders noch etwa in BGE 95 IV 68, E. 1.c.
1473 BGE 114 IV 26 [29].
1474 PK-Trechsel/Erni 2018, Vor Art. 251 N 7 (daher bestimmt sich die Beweiseignung nach der Verkehrsübung).
1475 BGE 115 IV 51 [57]; 114 IV 26.
1476 Stratenwerth/Bommer 2013, 132.
1477 BSK-Boog 2018, Art. 110 Abs. 4 N 1 und 38; Donatsch/Thommen/Wohlers 2017, 143; Stratenwerth/Bommer 2013, 135; PK-Trechsel/Erni 2018, Vor Art. 251 N 13.
1478 Vgl. BGE 131 IV 125; 120 IV 179 [181].

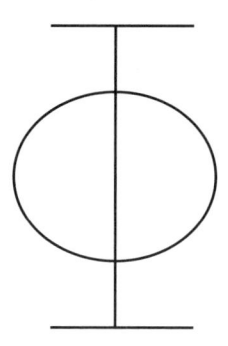

Das Hauszeichen der Bauernfamilie Pieth in Castiel (bei Chur)

Beweiszeichen werden definiert als «bildliche, symbolische Darstellungen»[1479], die im Gegensatz zur Schrifturkunde nicht aus sich selbst heraus verständlich sind. Ihr Erklärungsinhalt ergibt sich erst aus dem Kontext[1480]. Sie müssen aber, wie die Schrifturkunde, fest mit der Unterlage verbunden sein und sowohl bestimmt wie geeignet sein, eine Tatsache von rechtlicher Bedeutung zu beweisen (auch wenn Art. 110 Abs. 4 nur von «Zeichen, die bestimmt sind, eine Tatsache von rechtlicher Bedeutung zu beweisen», spricht)[1481]. Aktuelle Beispiele für Beweiszeichen sind Export-Stempel für Fleisch[1482] oder Preisanschriften in Geschäften (z.B. das Preisschild im Möbelgeschäft[1483]). Probleme bereitet dabei bisweilen die Frage, ob nicht eher (beim auf der Ware aufgeklebten Etikett mit der Ware zusammen) eine «zusammengesetzte Urkunde» vorliegt[1484]. Wo allerdings das Etikett zu wenig aussagekräftig ist oder nur lose mit dem Untergrund verbunden ist (man denke an das Preisetikett einer besonders vornehmen Boutique, das einfach auf den Stoss von Pullovern gelegt ist), ist der Schutzbedarf umstritten[1485].

c) **Aufzeichnungen auf Bild- und Datenträgern**

Das eigentliche Problemfeld der Urkundendefinition ist die Computerurkunde. 1995 dachte man noch, es sei am einfachsten, wenn man an die traditionelle Urkundendefinition einen Satz anfüge, nach dem die Aufzeichnungen auf Bild- und Datenträgern gleichzusetzen seien, sofern sie demselben Zweck dienten. Allerdings lässt die Formel die entscheidende Frage offen, wann nämlich Daten und Bilder den urkundentypi-

---

1479 Stratenwerth/Wohlers 2013, Art. 110 N 10; PK-Trechsel/Erni 2018, Vor Art. 251 N 15.
1480 Donatsch/Thommen/Wohlers 2017, 142; Kohlbacher 1991, 149; Stratenwerth/Bommer 2013, 137 ff.; PK-Trechsel/Erni 2018, Vor Art. 251 N 15.
1481 Stratenwerth/Bommer 2013, 136; PK-Trechsel/Erni 2018, Vor Art. 251 N 15: «Nur Absichtszeichen sind Urkunden».
1482 BGE 103 IV 27.
1483 BGE 116 IV 319; vgl. auch BSK-Boog 2018, Art. 251 N 170.
1484 Vgl. zur deutschen Praxis: Kohlbacher 1991, 204; **Pieth/Eymann/Zerbes 2014, Fall 7 («Grüner Pullover»), 88 ff.**
1485 BSK-Boog 2018, Art. 251 N 168.

schen Schutz verdienen[1486]: Es ist durchaus unsicher, wann Aufzeichnungen auf Bild- und Datenträgern als menschliche Äusserungen anzusehen sind und ob sie den Anforderungen an die Beweiseignung, an die Beständigkeit und an die Erkennbarkeit des Ausstellers genügen. Es besteht das Risiko, dass mit der Computerurkunde der Urkundenbegriff «entpersonalisiert» wird[1487].
Ausgangspunkt der Praxis ist der Grundsatz «die unmittelbare Lesbarkeit gehöre nicht zum Begriff der Urkunde; auch auf elektromagnetischen Trägern gespeicherte Daten seien Schriften oder Zeichen»[1488]. Nun geht der Urkundenbegriff von Art. 110 Abs. 4, soweit er elektronisch aufgezeichnete Bilder und Daten erfasst, über den Begriff der Schrift hinaus. Die Weiterentwicklung der Rechtsprechung ist vor allem anhand von zwei Fallkonstellationen erfolgt, die zu einer durchaus parallelen Ausweitung des Urkundenbegriffs geführt haben:

> Nach dem einen Fall hat ein in Finanznot geratener Geschäftsmann gegenüber Bekannten – mit Hilfe verfälschter E-Mails – vorgegeben, über erhebliche Guthaben zu verfügen. Mit Hilfe dieser E-Mails gelang es ihm auf betrügerische Weise, die Bekannten zur Gewährung von Darlehen zu veranlassen[1489].
> Nach der anderen Konstellation werden sog. «*phishing*-Mails» versandt und die Empfänger (etwa Postfinance-[1490] oder Bankkunden) – unter Vortäuschung einer falschen Identität – aufgefordert, Passwörter und Codes preiszugeben[1491].

Die **Beständigkeit**, d.h. die Perpetuierungsfunktion der *(phishing-)*E-Mails wurde in der Speicherung gesehen[1492]. Das darüber hinaus genannte Element des Passwortschutzes[1493] gehört wohl weniger hierhin als zur Erkennbarkeit des Ausstellers, da jeder der über das Passwort verfügt die Mail abändern kann.
Die Beweisfunktion, d.h. die **Beweiseignung** und **Beweisbestimmung**, ergibt sich, wie bei den Schrifturkunden, aus den Regeln des Rechts- und Geschäftsverkehrs. Tatsächlich hat die Verwendung von E-Mails die Entwicklung fortgesetzt, die sich bei der Schrifturkunde mit der Anerkennung von Fotokopien, Telefaxen und Serienbriefen bereits angebahnt hat[1494]: «Beweiseignung und -bestimmung ergeben sich auch aus dem Umstand, dass E-Mails im regulären Geschäftsverkehr weit verbreitet sind»[1495].
Schliesslich bedarf es auch bei den Computerurkunden der **Erkennbarkeit** des Ausstellers (der Garantiefunktion). Dies dürfte das problematischste Element sein. Zwar

---

[1486] Krit. Stratenwerth/Bommer 2013, 141 f.; PK-Trechsel/Erni 2018, Vor Art. 251 N 16 ff.
[1487] Jenny/Stratenwerth 1991, 197 ff.; **Pieth/Eymann/Zerbes 2014, Fall 16 («Phishing»), 196 ff.**
[1488] BGE 116 IV 343, E. 3 u.H.a. 111 IV 121.
[1489] BGE 138 IV 209; dazu Aenis/Mühlemann 2013, 164; PK-Trechsel/Erni 2018, Vor Art. 251 N 19.
[1490] NZZ vom 6.6.2005, 15.
[1491] Ammann 2006, 195 ff. (202); BSK-Boog 2018, Art. 251 N 175; Donatsch et al. 2008 (Fallbuch), 143; Gisin 2007, 15 f.; Stucki in: Jusletter vom 9.1.2012, 3 ff.; vgl. auch **Pieth/Eymann/Zerbes 2014, Fall 16 («Phishing»), 191.**
[1492] BGE 116 IV 343, E. 5.b.
[1493] So aber Stucki in: Jusletter vom 9.1.2012, N 14 u.H.a. Ammann 2006, 195 ff.; vgl. auch Aenis/Mühlemann 2013, 165 und BSK-Boog 2018, Art. 110 Abs. 4 N 96.
[1494] Vgl. Vest 2003, 883 ff. u.o. S. 228.
[1495] BGE 138 IV 209, E. 5.4.; vgl. auch Aenis/Mühlemann 2013, 166.

täuschen die «*phishing-Mails*» regelmässig einen Urheber vor, typischerweise weisen die verfälschten Verträge einen «überzeugenden» Briefkopf auf; die Mails sollen ja den Empfänger gerade täuschen. Darf man sich aber auf die scheinbare Aussage eines Mails über den Aussteller überhaupt verlassen? Auch hier wird die offensichtliche Vertrauenslücke durch den Verweis auf die Geschäftsübung überbrückt[1496]. Das Erfordernis einer elektronischen Signatur[1497], die zweifellos erhöhte Sicherheit garantieren würde, wird unter Verweis darauf abgelehnt[1498], dass auch bei der Schrifturkunde Identifizierbarkeit und nicht eigenhändige Unterschrift erforderlich sei[1499].

3. Urkundenfälschung (Art. 251)

a) Aufbau des Tatbestands

Der Tatbestand von Art. 251 spricht zunächst verschiedene Formen der Herstellung einer **unechten** Urkunde an (Ziff. 1 Abs. 2: die Fälschung, die Verfälschung sowie die Blankettfälschung), sodann erwähnt er die Herstellung einer **unwahren** Urkunde (Ziff. 1 Abs. 2 *in fine*: Falschbeurkundung: «eine rechtlich erhebliche Tatsache unrichtig beurkundet oder beurkunden lässt»). Schliesslich ist in Ziff. 1 Abs. 3 die Rede davon, dass der Täter die Urkunde «zur Täuschung gebraucht». Ziff. 2 enthält einen privilegierten Tatbestand für «besonders leichte Fälle».

Geschützt wird durch Art. 251 die Verlässlichkeit, die Wahrheit und die Verfügbarkeit von Urkunden im Rechts- und Geschäftsverkehr[1500].

b) Urkundenfälschung im eigentlichen Sinne (Ziff. 1 Abs. 2)

aa) Objektiver Tatbestand

(1) Fälschen

«Fälschen» heisst eine **unechte** Urkunde herstellen. Bei der «unechten» Urkunde ist der in der Urkunde ersichtliche Aussteller nicht mit dem wahren Aussteller identisch. Es wird **über die Identität** des Ausstellers **getäuscht**[1501]. Dazu bedarf es aber gleich erläuternder Ergänzungen: Vorab kommt es – wie bei der Geldfälschung – nicht auf die Qualität der Fälschung an[1502]. Sodann muss der Aussteller die Urkunde in den sel-

---

1496 Ammann 2006, 202 f.; Gisin 2007, 15; Donatsch et al. 2008 (Fallbuch), 143; vgl. auch **Pieth/Eymann/Zerbes 2014, Fall 16 («Phishing»), 196 ff.**
1497 Vgl. Art. 14 Abs. 2bis OR und das Bundesgesetz über Zertifizierungsdienste im Bereich der elektronischen Signatur und anderer Anwendungen digitaler Zertifikate (Bundesgesetz über die elektronische Signatur, ZertES) vom 18.3.2016 (SR 943.03); dazu Aenis/Mühlemann 2013, 166 f.
1498 BGE 138 IV 209, E. 5.4.
1499 Aenis/Mühlemann 2013, 166 f.; PK-Trechsel/Erni 2018, Vor Art. 251 N 19.
1500 BGE 137 IV 167; 129 IV 130; BGer 6S.401/2005, E. 5.; vgl. auch Stratenwerth/Bommer 2013, 151; Stratenwerth/Wohlers 2013, Art. 251 N 1; PK-Trechsel/Erni 2018, Art. 251 N 1.
1501 BSK-Boog 2018, Art. 251 N 3; Donatsch/Thommen/Wohlers 2017, 151; **Pieth/Eymann/Zerbes 2014, Fall 16 («Phishing»), 197**; Stratenwerth/Bommer 2013, 153; Stratenwerth/Wohlers 2013, Art. 251 N 3; PK-Trechsel/Erni 2018, Art. 251 N 3.
1502 BGE 137 IV 167.

tensten Fällen (Ausnahme gemäss gesetzlicher Bestimmung[1503]) eigenhändig verfassen oder unterzeichnen (so aber die alte «Körperlichkeitstheorie»). Längst gilt nach der «Geistigkeitstheorie», dass es darauf ankommt, wem die Urkunde im Rechtsverkehr (insgesamt) zugeschrieben wird[1504]. Das kann natürlich auch eine juristische Person (z.B. eine Bank) sein[1505].

Unter Umständen kann es auch zulässig sein, mit einem anderen Namen als dem eigenen zu unterzeichnen[1506]. So etwa mit einem Pseudonym[1507] oder wo der Berechtigte – im Rahmen eines Stellvertretungsverhältnisses – die Einwilligung erteilt[1508] oder, schliesslich, wo es dem Gegenüber (etwa im Massenverkehr) gar nicht darauf ankommt, wer unterzeichnet[1509].

(2) Verfälschen

«Verfälschen» meint die nachträgliche eigenmächtige Abänderung der Urkunde[1510]: Die Urkunde gibt damit nicht mehr die ursprüngliche vom Aussteller abgegebene Erklärung wieder. Die Details sind umstritten. So behandelt die Rechtsprechung auch die Eigenmacht des wirklichen Ausstellers als «verfälschen», zumal die inhaltliche Änderung, auch die Rückdatierung oder sogar die wortgetreue Wiederherstellung der ursprünglichen Urkunde[1511]. Ein Teil der Lehre ist demgegenüber der Ansicht, dass das nachträgliche Abändern der Urkunde durch den wirklichen Aussteller selbst kein Thema der Echtheit, sondern allenfalls der Erhaltung der Urkunde (vgl. Art. 254) sei[1512].

(3) Blankettfälschung

Gemäss Ziff. 1 Abs. 2 gilt auch das Benutzen der Unterschrift oder des echten Handzeichens eines anderen zur Herstellung einer unechten Urkunde als Urkundenfälschung. Gemeint sind primär Fälle, in denen der Täter – abredewidrig – auf einem vom Aussteller selbst blanko unterzeichneten Briefbogen eine Erklärung unterschiebt, die nicht dem Willen des Ausstellers entspricht. Varianten davon sind das Herstellen

---

1503 So aber in BGE 128 IV 265 (Unterschriftsvorschrift der kantonalen Fremdenpolizei); krit. Jenny 2004, 732.
1504 BSK-Boog 2018, Art. 251 N 21; Stratenwerth/Bommer 2013, 152, 154; Stratenwerth/Wohlers 2013, Art. 251 N 3; PK-Trechsel/Erni 2018, Art. 251 N 3.
1505 BGE 125 IV 17.
1506 BSK-Boog 2018, Art. 251 N 19 ff.
1507 Unproblematisch, solange die Identifikation möglich ist: BGE 106 IV 372.
1508 BGer 6B_772/2011, E. 1.2.3.; anders aber, wo die rechtswirksame Einwilligung fehlt: BGE 128 IV 265 [270].
1509 Stratenwerth/Bommer 2013, 154.
1510 BSK-Boog 2018, Art. 251 N 46; Stratenwerth/Wohlers 2013, Art. 251 N 4; PK-Trechsel/Erni 2018, Art. 251 N 4.
1511 BGE 115 IV 51; 102 IV 191; 97 IV 210; a.A. aber 122 IV 332; vgl. BSK-Boog 2018, Art. 251 N 58 ff. (zum Stand von Rechtsprechung und Lehre).
1512 Krit.: BSK-Boog 2018, Art. 251 N 60; Donatsch/Thommen/Wohlers 2017, 155; Stratenwerth/Bommer 2013, 155 f.; Stratenwerth/Wohlers 2013, Art. 251 N 4; PK-Trechsel/Erni 2018, Art. 251 N 4.

unechter Urkunden durch Verwendung echter Briefköpfe und Unterschriften durch abdecken, austauschen oder hinzufügen von Textteilen[1513].

bb) Subjektiver Tatbestand

Der subjektive Tatbestand setzt zum einen Vorsatz voraus (*dolus eventualis* reicht). Zum andern wird verlangt, dass der Täter die Absicht hat, die Urkunde im Rechtsverkehr zur Täuschung einzusetzen (**Täuschungsabsicht**[1514]) und dadurch entweder «jemanden am Vermögen oder an anderen Rechten zu schädigen oder sich oder einem andern einen unrechtmässigen Vorteil zu verschaffen» (Ziff. 1 Abs. 1: **Schädigungs- oder Vorteilsabsicht**). Der Vorteilsbegriff wird weit verstanden[1515]. Als problematisch gilt, dass die Praxis auch die (im Übrigen straflose) Selbstbegünstigung erfasst[1516]. Sodann bereitet die Deutung des Begriffs «**unrechtmässig**» einige Probleme: Wer mit unerlaubten Mitteln (gefälschten Urkunden) versucht, einen an sich bestehenden Anspruch durchzusetzen, erlangt nach Ansicht des Bundesgerichts einen «unrechtmässigen Vorteil», weil das Mittel der Täuschung illegal sei; der Täter erlange damit – etwa im Prozess – einen unerlaubten Beweisvorteil[1517]. Demgegenüber kritisiert die Lehre – unter Hinweis auf die parallele Fragestellung bei der «unrechtmässigen Bereicherungsabsicht» – das Erfordernis des «unrechtmässigen Vorteils» verliere seine Bedeutung vollkommen, wenn es so weit ausgelegt werde[1518].

> Man stelle sich folgenden – fiktiven – Beispielsfall vor: A. gewährt dem B. ein Darlehen über CHF 10 000. Den schriftlichen Darlehensvertrag verliert A. unglücklicherweise im Rahmen eines Wohnungsumzuges. Der Darlehensnehmer B. möchte in der Folge anlässlich der Fälligkeit das Darlehen aber nicht mehr zurückbezahlen. A. befindet sich in einer grossen Verlegenheit. Da «rekonstruiert» er den Vertrag originalgetreu, mitsamt den Unterschriften. Gemäss Rechtsprechung begeht der A. nicht nur eine objektive Urkundenfälschung, er erlangt auch einen unrechtmässigen Vorteil.

c) **Falschbeurkundung (Ziff. 1 Abs. 2 *in fine*)**

aa) Strafgrund der Falschbeurkundung

Die Strafbarkeit der unwahren **privaten** Urkunde ist im internationalen Vergleich ein **Unikum**. Klassisch ist zwar auch im angrenzenden Ausland die Strafbarkeit des Erstellens einer unwahren öffentlichen Urkunde oder des Erschleichens einer solchen Ver-

---

1513 BSK-Boog 2018, Art. 251 N 61 ff.; Stratenwerth/Bommer 2013, 157 f.; Stratenwerth/Wohlers 2013, Art. 251 N 5; PK-Trechsel/Erni 2018, Art. 251 N 5.
1514 BGE 101 IV 53; vgl. auch BSK-Boog 2018, Art. 251 N 182; Stratenwerth/Bommer 2013, 160; Stratenwerth/Wohlers 2013, Art. 251 N 6; PK-Trechsel/Erni 2018, Art. 251 N 12.
1515 BGE 129 IV 53; 118 IV 254.
1516 Etwa den täuschenden Gebrauch gefälschter Urkunden, um sich einer Verantwortlichkeit oder einer Verurteilung zu entziehen: BGE 121 IV 90; 120 IV 361; 118 IV 254; krit. BSK-Boog 2018, Art. 251 N 209; Stratenwerth/Bommer 2013, 159; PK-Trechsel/Erni 2018, Art. 251 N 15 f.
1517 BGE 128 IV 265; 121 IV 90 [93]; 119 IV 234.
1518 Stratenwerth/Bommer 2013, 160; vgl. auch BSK-Boog 2018, Art. 251 N 210; Donatsch/Thommen/Wohlers 2017, 163 f.; Robert 1983, 437 f.; Stratenwerth/Wohlers 2013, Art. 251 N 8; PK-Trechsel/Erni 2018, Art. 251 N 16.

urkundung (vgl. dazu aber die Spezialtatbestände von Art. 317 und 253). Die Geschichte dieses Tatbestandes ist einigermassen abenteuerlich. Die Ergänzung gelangte – ohne weitere Begründung – 1926 im Rahmen der Arbeiten der Nationalratskommission am eidgenössischen StGB ins Gesetz[1519]. Insbesondere Stratenwerth hat die Strafbarkeit der Falschbeurkundung mit harten Worten kritisiert (er spricht von einem «gesetzgeberischen Missgriff» oder einem «Kardinalfehler»):

> Gelogen werde «auf dieser Welt nicht nur mündlich, sondern auch schriftlich, obschon schriftlich vielleicht weniger leicht. Es wäre nun offenbar eine unsinnige Überdehnung des Strafgesetzes, wenn man jeden Verstoss gegen das Gebot der Wahrhaftigkeit im Geschäfts- oder Rechtsverkehr pönalisieren wollte, sofern er nur schriftlich erfolgt»[1520].

Zu Recht fügt Boog bei[1521], dass «das Vertrauen in die Urkundenwahrheit» «auf dem Vertrauen in die Wahrhaftigkeit des Erklärenden» und nicht auf der Urkundenform beruhe.

Allerdings ist es in der Folge – zumal in der Reform von 1995 – weder der Expertenkommission noch der Lehre gelungen, das Rad der Geschichte zurückzudrehen und die verfehlte Gesetzgebung rückgängig zu machen.

bb) Definition der Falschbeurkundung

Die Falschbeurkundung besteht in der Herstellung einer – echten, aber[1522] – **unwahren** (oder «unrichtigen» wie es das Gesetz sagt) Urkunde: Der wirkliche und der in der Urkunde wiedergegebene Sachverhalt stimmen nicht überein[1523]. Allerdings muss vorweg sehr genau hingeschaut werden, wozu sich die Urkunde überhaupt äussert: insb. ob sie festhält, dass eine Erklärung überhaupt abgegeben wurde (hier ist die Wahrheit des Erklärungsinhaltes nicht Gegenstand der Urkunde) oder ob sie den Inhalt selbst verurkunden möchte[1524]. Dies führt direkt zur weiteren Frage, wozu die Urkunde überhaupt Beweis erbringen kann. Zu den klassischen Erfordernissen der Beweiseignung und Beweisbestimmung, die bereits im Rahmen des Urkundenbegriffs erörtert wurden, tritt ein weiteres Erfordernis hinzu: Gerade weil die Erstellung einer privaten unwahren Urkunde unter Strafe gestellt wurde, muss eine Abgrenzung zwischen der schlichten «schriftlichen Lüge» und der qualifizierten Urkunde, der «eine besondere Beweiseignung und Beweisbestimmung» innewohnt, gefunden werden[1525].

cc) Abgrenzung Falschbeurkundung und schriftlicher Lüge

Inzwischen hat auch die Praxis die Notwendigkeit erkannt, zwischen einfachen schriftlichen Lügen und solchen Dokumenten, die eine erhöhte Glaubwürdigkeit ver-

---

[1519] Stratenwerth 1980, 32 f.; Stratenwerth/Bommer 2013, 158.
[1520] Stratenwerth 1980, 33.
[1521] BSK-Boog 2018, Art. 251 N 65.
[1522] Die Falschbeurkundung ist somit subsidiär zur Urkundenfälschung: BSK-Boog 2018, Art. 251 N 67; Stratenwerth/Wohlers 2013, Art. 251 N 9.
[1523] Stratenwerth/Bommer 2013, 162; PK-Trechsel/Erni 2018, Art. 251 N 6 ff.
[1524] BGE 133 IV 36; 131 IV 125; dazu vgl. Stratenwerth/Bommer 2013, 162; Stratenwerth/Wohlers 2013, Art. 251 N 10.
[1525] Stratenwerth 1980, 33 und Stratenwerth/Wohlers 2013, Art. 251 N 11.

dienen, zu unterscheiden. Nunmehr fallen nur noch solche Dokumente unter den Wahrheitsschutz von Art. 251, die «**objektive Garantien**» für die Wahrheit des Inhalts gewähren, die eine «erhöhte Überzeugungskraft» aufweisen usw.[1526] In einem ersten Anlauf wurden verschiedene Belege und Rechnungen, auch solche, die etwa Versicherungen eingereicht wurden, als nicht schutzwürdig eingestuft[1527].

Umgekehrt gelten als besonders schutzwürdig:

- Urkunden, die von öffentlichen **Urkundspersonen** erstellt wurden,
- solche, die aufgrund von gesetzlichen Bestimmungen und besonderen **Prüfpflichten** erhöhte Glaubwürdigkeit geniessen: dazu gehört insb. die aufgrund des Zivilrechts vorgeschriebene **Buchführung**[1528]. Dass die Praxis darüber hinaus auch die freiwillige Buchführung der gesetzlichen gleichstellt[1529], muss als Anomalie angesehen werden[1530].

  Sehr unsicher ist dagegen die Rechtslage betreffend die **Belege**. An sich gehören unter den Urkundenschutz der Buchhaltung auch alle ihre Bestandteile. Fraglich ist indessen, wie man es mit Rechnungen halten soll, die an sich keine besondere Richtigkeitsgarantie verdienen, die aber irgendwann in die Buchhaltung aufgenommen werden könnten[1531].
- Wo der Aussteller (oder eine Überprüfungsperson) eine «**garantenähnliche Stellung**» innehat[1532].

dd) Tathandlungen

Ziff. 1 Abs. 2 erfasst sowohl das Selbstbeurkunden wie das Beurkunden lassen (in mittelbarer Täterschaft).

ee) Subjektiver Tatbestand

Es kann auf das zur Urkundenfälschung im engeren Sinne Gesagte verwiesen werden (s.o. S. 234).

1526 PK-Trechsel/Erni 2018, Art. 251 N 9.
1527 Z.B. BGE 120 IV 122; 117 IV 35.
1528 Seit BGE 79 IV 162; vgl. die Details bei BSK-Boog 2018, Art. 251 N 89–100.
1529 BGE 129 IV 130; 120 IV 122.
1530 Krit. bereits Stratenwerth 1980, 34; vgl. auch BSK-Boog 2018, Art. 251 N 88; Stratenwerth/Bommer 2013, 168; Stratenwerth/Wohlers 2013, Art. 251 N 11; PK-Trechsel/Erni 2018, Vor Art. 251 N 9.
1531 Vgl. zum komplexen Hin und Her der Praxis: BGE 131 IV 125 und BGer 6B_421/2008; aber 138 IV 130; dazu: Ottiger 2010, 46 ff. und Riedo 2013, 12 f.
1532 Vgl. etwa den Architekten in Bezug auf die Unternehmerrechnungen: BGE 138 IV 130, allerdings 117 IV 165. Vgl. für eine eingehende Kasuistik: PK-Trechsel/Erni 2018, Vor Art. 251 N 9 und Art. 251 N 9; zu Recht kritisch zum Konzept der «garantenähnlichen Stellung»: Vest 2003, 885.

d) Gebrauchmachen (Ziff. 1 Abs. 3)

Art. 251 erfasst sowohl die Herstellung einer unechten resp. falschen Urkunde wie das Gebrauchmachen: Gemeint ist jede Form des Zugänglichmachens gegenüber der zu täuschenden Person[1533].

e) Konkurrenzen

Bereits beim **Betrug** ist angedeutet worden, dass die herrschende Lehre und die Praxis zwischen Betrug und Urkundenfälschung Idealkonkurrenz annehmen[1534]. Die Lehre fordert aber, dort Ausnahmen zu machen, wo es auf eine Doppelbestrafung hinausliefe, ohne dass ein weiteres Rechtsgut betroffen ist[1535].
Sondernormen des Steuer- und des Beamtenrechts gehen Art. 251 vor.

4. Urkundenunterdrückung (Art. 254)

Der Tatbestand der Urkundenunterdrückung dient dem Schutz der Verfügbarkeit der Urkunden[1536].
Das **Tatobjekt** der Urkundenunterdrückung ist die Urkunde, «über die (der Täter) nicht allein verfügen darf»[1537]. Die Lehre ist sich weitgehend einig, dass lediglich echte Urkunden (wenn auch möglicherweise unwahre) unterdrückt werden können[1538].
Die **Tathandlung** besteht in verschiedenen Verhaltensweisen, die den Gebrauch der Urkunde verunmöglichen («beschädigt, vernichtet, beiseiteschafft oder entwendet»).
Der **subjektive Tatbestand** setzt – analog zu Art. 251 – Vorsatz und Schädigungs- bzw. Vorteilsabsicht voraus.

III. Straftaten gegen den öffentlichen Frieden

A. Vorbemerkung

Im ausgehenden Mittelalter war die Überwindung der Fehde und die Säuberung des Landes von sog. «landschädlichen Leuten» (Wegelagerern, Raubrittern, versprengten Landsknechten etc.) ein wichtiges Anliegen. Die Gottes- und Landfrieden[1539] (vgl.

[1533] BSK-Boog 2018, Art. 251 N 162 ff.; Stratenwerth/Wohlers 2013, Art. 251 N 14.
[1534] BGE 129 IV 53; dazu BSK-Boog 2018, Art. 251 N 222; Corboz II 2010, 268; Donatsch/Thommen/Wohlers 2017, 165; Stratenwerth/Bommer 2013, 177.
[1535] Krit. BSK-Boog 2018, Art. 251 N 222; Kohlbacher 1991, 204; **Pieth/Eymann/Zerbes 2014, Fall 7 («Grüner Pullover»), 90 f.**; Schubarth/Albrecht 1990, N 161 und oben S. 179.
[1536] Stratenwerth/Bommer 2013, 151; eine gewisse Unsicherheit besteht im Schrifttum darüber, ob hier auch Allgemeininteressen (so BSK-Boog 2018, Art. 254 N 1) oder bloss Individualinteressen (so aber Donatsch/Thommen/Wohlers 2017, 176) geschützt werden.
[1537] Riedo 2003, 917 ff. (918 f.).
[1538] Stratenwerth/Bommer 2013, 185 f.; Stratenwerth/Wohlers 2013, Art. 254 N 2; a.A. aber PK-Trechsel/Erni 2018, Art. 254 N 2.
[1539] Rüping/Jerouschek 2011, 22.

etwa die Bundesbriefe von 1291 und 1315[1540]) waren für die Schweiz bedeutende Schritte auf dem Wege zur Schaffung einer modernen Friedensordnung[1541].
Demgegenüber weist das Rechtsgut «öffentlicher Friede» kaum mehr Konturen auf, zumal ja praktisch alle Straftatbestände den öffentlichen Frieden im Auge haben. Entsprechend ist der 12. Titel des StGB eher ein Sammelposten unterschiedlichster Tatbestände[1542].

Für unsere Belange werden wir wieder selektiv vorgehen und die Tatbestände des Landfriedensbruchs, der Rassendiskriminierung sowie die strafbaren Vorbereitungshandlungen, die kriminelle Organisation und die Finanzierung des Terrorismus herausgreifen.

B. Landfriedensbruch (Art. 260)

1. Problematik des Tatbestandes

Art. 260 steht in einem prekären Verhältnis zur Meinungsäusserungs-, zur Versammlungs- und zur Demonstrationsfreiheit. Als «Friedensdelikt» möchte der Landfriedensbruch aggressive Massenaufläufe erfassen, die häufig in Gewalt ausarten. Der Tatbestand soll das kollektive Sicherheitsgefühl der Bevölkerung schützen[1543]. Dabei macht er Personen für ihre Mitwirkung an «Zusammenrottungen» verantwortlich, von denen eine aggressive Grundstimmung ausgeht, wenn es zu Gewalt kommt. Es besteht damit das Risiko, dass Personen aufgrund von Straftaten anderer verantwortlich gemacht werden. Zu Recht wird der Tatbestand als Zufalls- oder Verdachtshaftung für *ex post* festgestellte Taten «aus der Menge heraus» kritisiert[1544]. Es geht vor allem darum, Beweisschwierigkeiten bei Massendelikten zu überwinden[1545]. Die Lehre fordert angesichts der verfassungsrechtlichen und auch der strafrechtstheoretischen Bedenken (Verletzung des Schuldprinzips) zu einer restriktiven Auslegung auf[1546]. Die Justiz hat sich unter dem Eindruck von gewalttätigen Demonstrationen, Ausschreitungen von Fussballfans[1547] und Krawallen[1548] zu einer Verschärfung der Praxis hinreissen lassen. Art. 260 ist zu einem Instrument der politischen Justiz geworden: Der Tatbestand erlaubt es, selektiv Organisatoren nicht bewilligter Demonstrationen für De-

---

1540 Carlen 1988, 25 ff.; Morerod/Favrod, in: Kreis 2014, 114 ff.; Pahud de Mortanges 2017, 43 ff.; Pieth StPO 2016, 22 f.; Schib 1980, 44 f., 63.
1541 Pieth Strafrechtsgeschichte 2015, 13 f., 17.
1542 BSK-Fiolka 2018, Vor Art. 258 N 2 ff.; Stratenwerth/Bommer 2013, 190; Donatsch/Thommen/Wohlers 2017, 183.
1543 BSK-Fiolka 2018, Art. 260 N 7; Schubarth/Vest 2007 (Kommentar), Art. 260 N 2.
1544 Vest 1988, 249.
1545 Stratenwerth/Bommer 2013, 198.
1546 BSK-Fiolka 2018, Art. 260 N 8; Vest 1988, 251.
1547 Trunz/Wohlers 2011, 176 ff.
1548 Vgl. die «Globuskrawalle» von 1968 in Zürich (dazu Bühler 1976); die Demonstrationen um den Bau und Betrieb von Atomkraftwerken; die Jugendbewegung um 1981/1982; Demonstrationen im Nachgang zu Reaktorkatastrophen; Anti-WEF Demonstrationen; 1. Mai Demonstrationen (vgl. auch etwa WOZ vom 7.2.2013: «Basler Justiz, der Landfriedensbruch wird vertagt») oder neuerdings etwa die G20-Krawalle in Hamburg (vgl. etwa Spiegel Online vom 28.8.2017: «Polizei verfolgt wegen G20 mehr als 2000 Straftaten»).

likte zu bestrafen, die andere begangen haben, die etwa die Manifestation für ihre Zwecke benutzt haben[1549]: Die Gefahr besteht, dass in der Konkurrenz von Freiheitsrechten und Sicherheitsgefühl sich stets das Letztere durchsetzt[1550]. Dabei geht es hier nicht um die öffentlich-rechtliche Auseinandersetzung der Interessensphären an sich, sondern um deren strafrechtliche Überhöhung.

2. Objektiver Tatbestand

a) Zusammenrottung

Als Zusammenrottung gilt nach Bundesgericht:

> «eine Ansammlung von einer je nach den Umständen mehr oder weniger grossen Zahl von Personen ..., die nach aussen als vereinte Macht erscheint und die ... von einer für die bestehende Friedensordnung bedrohlichen Grundstimmung getragen wird»[1551].

Es kann sich durchaus auch um eine zunächst friedliche Versammlung handeln, deren Stimmung umschlägt. Zur Abgrenzung von der tolerierten Ansammlung von Menschen ist entscheidend, dass «sie vom Willen zur Friedensstörung beherrscht wird»[1552]. Wie der subjektive Tatbestand aber zeigen wird, ist das nicht notgedrungen auf den Willen des Einzelnen, sondern auf den Gesamteindruck bezogen. Eine restriktive Interpretation wird hier *ex ante* eine «bedrohliche Grundstimmung» verlangen müssen.

b) Öffentlich

Öffentlich heisst, dass «sich ihr (der Zusammenrottung) eine unbekannte Zahl beliebiger Personen anschliessen kann»[1553].

c) Mit vereinten Kräften Gewalttätigkeiten begangen

aa) Gewalttätigkeiten

Die Gewalttätigkeiten haben sich vom Begriff der Gewalt, wie er etwa in Art. 181 verwendet wird, abzugrenzen. Wie wir anlässlich der Behandlung der Nötigung festgestellt haben, hat jedes Gewaltdelikt des Strafgesetzbuches einen eigenen Gewaltbegriff[1554]. Im Sexualstrafrecht war auch der bloss psychische Druck erfasst, in Art. 181 war ein physisches Element gefordert worden. Allerdings war dort jede Form von Gewalt gegen Sachen und Personen erfasst. Hier geht es darum, dass die Versammlung

---

1549 Vgl. dazu bereits die verwandte Debatte um das «Vermummungsverbot»: zur Änderung des Baselstädtischen Übertretungsstrafgesetzes (ÜStGes) vom 13.9.1989 § 40 Abs. 4; BGer 1P.403/1990 und 1P.405/1990; BaZ vom 16.5.1990 (Interview Detlef Krauß).
1550 Vest 1988, 251.
1551 BGE 108 IV 33 [34], vgl. auch 103 IV 241; 98 IV 41; 70 IV 213.
1552 Donatsch/Thommen/Wohlers 2017, 191; BSK-Fiolka 2018, Art. 260 N 12; Stratenwerth/Bommer 2013, 198; Stratenwerth/Wohlers 2013, Art. 260 N 2; PK-Trechsel/Vest 2018, Art. 260 N 2.
1553 BGE 108 IV 33 [34]; PK-Trechsel/Vest 2018, Art. 260 N 3.
1554 Schürmann 1986, 4 ff.

ihren friedensbedrohenden Charakter auch tatsächlich bestätigt: Sie muss den **Frieden brechen**. Anders als im Nix-Nuclex-Fall (bei dem die Ausfahrt einer Halle der Basler Mustermesse durch einen Menschenteppich für 15 Minuten gesperrt wurde[1555]) soll hier der «passive Widerstand» nicht ausreichen[1556]. Es muss aus der Menge heraus zu eigentlichen Ausschreitungen, d.h. aktiven aggressiven Einwirkungen auf Personen oder Sachen, gekommen sein[1557]. Dabei ist höchst fraglich, ob eigentlich das Verunreinigen von Hauswänden als «Gewalttätigkeit» ausreicht. Natürlich liegt Sachbeschädigung vor – aber ein Friedensbruch? Bedroht der Farbbeutel den Frieden? Dass in BGE 108 IV 35 der Farbbeutelwurf und ähnliche Handlungen als Gewalttätigkeiten gewertet wurden, geht vor allem darauf zurück, dass Art. 260 Beweiserleichterungen ermöglichen sollte: Ist der Täter nicht zu eruieren, erfolgt der staatliche Zugriff auf die Organisatoren oder notfalls auch auf die Mitläufer oder schlimmstenfalls auf die Zuschauer. Demgegenüber ist ein Minimum an Erheblichkeit zu verlangen[1558]. Zusammenfassend versucht die Lehre den Tatbestand folgendermassen **einzugrenzen**:

– Nur die aktive, aggressive Einwirkung auf Personen oder Sachen ist gemeint,
– es soll eine Bagatellgrenze gelten; die *ratio legis* der Friedensgefährdung legt nahe, nicht jede Sachbeschädigung ausreichen zu lassen,
– die Beteiligten sollen in einer qualifizierten Beziehung zum Geschehen stehen.

bb) mit vereinten Kräften

Das weitere Erfordernis «mit vereinten Kräften» führt zwar zu scheinbaren Einschränkungen.

> «Da der Landfriedensbruch ein Massendelikt ist, genügt es nicht, dass der Eine oder Andere aus einer an sich friedlichen Menge heraus gewalttätig wird. Vielmehr müssen solche Handlungen des einzelnen Teilnehmers als Tat der Menge erscheinen[1559].»

Bei Lichte besehen wird hier aber der Definition der Zusammenrottung kaum etwas Neues hinzugefügt.

d) **Tathandlung: Teilnahme**

Die Tathandlung ist schlicht mit Teilnahme umschrieben. Das heisst, die blosse Anwesenheit reicht[1560]. Das Bundesgericht hat versucht, danach zu unterscheiden, ob jemand durch sein Gehabe derart mit der Menge in Zusammenhang steht, dass er für

---

1555 Helmy 1982, 70; Tages-Anzeiger vom 7.10.1981: «Unter Polizeischutz eröffnet».
1556 Zu Recht haben das StGer BS im Urteil vom 26.2.1982 und das AppGer BS im Urteil vom 16.6.1982, den Vorwurf des Landfriedensbruchs abgewiesen; PK-Trechsel/Vest 2018, Art. 260 N 4.
1557 Stratenwerth/Bommer 2013, 199.
1558 Schubarth/Vest 2007 (Kommentar), Art. 260 N 23; BSK-Fiolka 2018, Art. 260 N 26; vgl. auch BGE 99 IV 212.
1559 BGE 108 IV 33 [35]; vgl. auch BSK-Fiolka 2018, Art. 260 N 32; Schubarth/Vest 2007 (Kommentar), Art. 260 N 24 f.; Stratenwerth/Bommer 2013, 199; PK-Trechsel/Vest 2018, Art. 260 N 5.
1560 PK-Trechsel/Vest 2018, Art. 260 N 6.

einen unbeteiligten Beobachter als deren Bestandteil erscheint[1561]. Medienschaffende und Fotografen in ihrer beruflichen Tätigkeit begehen keinen Landfriedensbruch; sie sind als professionelle Beobachter im öffentlichen Interesse tätig[1562]. Die Lehre diskutiert über Indizien wie Ausrüstung, insb. auch Schutzvorkehren gegen Gewalt. Dabei ist man sich in der Lehre zumindest zunehmend einig, dass reine Defensivausrüstung (Taucherbrille etc.[1563]) nicht ausreicht. Lehre und ältere Praxis waren sich einig, dass es eines aggressiven Verhaltens des Teilnehmers selbst bedurfte (Vermummung, Beschimpfung, Mitführen von Steinen usw.[1564]). Nach der Rechtsprechung muss sich der Teilnehmer aber nicht selbst an der Gewalt beteiligen[1565].
Immerhin bemüht sich die Rechtsprechung um die Abgrenzung von Teilnehmern und blossen Zuschauern[1566].

3. Subjektiver Tatbestand

Eine interessante Entwicklung ist in der Bundesgerichtspraxis zum subjektiven Tatbestand zu beobachten. Bis zu den Entscheiden des Bandes 103 forderte das Bundesgericht, dass der Teilnehmer die Gewalttätigkeiten kenne und «billige».

> «Teilnehmer an der Zusammenrottung ist, wer bewusst und gewollt sich ihr zugesellt und in ihr verbleibt, obschon er die vom Haufen begangene Tat kennt und sie als Tat des Haufens billigt[1567].»

Mit dem Entscheid BGE 108 IV 33 hat das Bundesgericht eine entscheidende Praxisänderung vorgenommen:

> «Subjektiv ist erforderlich, dass der Täter um den Charakter der Ansammlung als einer Zusammenrottung im obgenannten Sinne weiss und sich ihr dennoch anschliesst bzw. in ihr verbleibt. Dagegen muss er nicht auch die Gewalttätigkeiten in seinen Vorsatz einbeziehen. […] Die zu weitgehende und deshalb missverständliche Aussage, die sich in der genannten Form auch nicht auf das daselbst angeführte Schrifttum stützen kann, ist dahin zu präzisieren, dass es genügt, wenn der Täter sich wissentlich und willentlich einer Zusammenrottung, d.h. einer Menschenmenge, die von einer für die Friedensordnung bedrohlichen Grundstimmung getragen wird, anschliesst oder in ihr verbleibt; denn wer solches tut muss mit Gewaltakten rechnen … der Nachweis einer Zustimmung zu ihnen ist nicht geboten»[1568].

1561 BGE 108 IV 33 [36]; dazu Müller Brunner/Schlatter 2013, 11 ff.; Wohlers 2012, 279.
1562 Bähler 2015, 27 ff.; dazu PK-Trechsel/Vest 2018, Art. 260 N 8.
1563 BSK-Fiolka 2018, Art. 260 N 35.
1564 Stratenwerth/Bommer 2013, 200.
1565 BGE 108 IV 33 [36]; Donatsch/Thommen/Wohlers 2017, 193; Stratenwerth/Wohlers 2013, Art. 260 N 3.
1566 Bereits BGE 108 IV 33 [36]; vgl. auch OGer ZH: NZZ vom 20.6.2012, 15: «Freisprüche für Gaffer, strafrechtliche Aufarbeitung Central-Krawalle – Rüge an die Staatsanwaltschaft»; vgl. aber NZZ vom 29.4.2011, 17: «Chaoten und Gaffer sollen wissen, was ihnen droht», Interview mit dem Zürcher Stadtrat Läupi.
1567 BGE 70 IV 213; vgl. auch 103 IV 241; 99 IV 212; 98 IV 41.
1568 BGE 108 IV 33 [36]; vgl. 124 IV 269.

Ja, nicht einmal die Kenntnis von Gewalttaten ist nötig. Die Gewalt hat gewissermassen nichts mit dem Täter zu tun, er haftet für die Gefahr, die er durch seine Teilnahme an der Zusammenrottung mitgeschaffen hat[1569].

Dogmatisch interessant ist, dass mit dem Argument, die Gewalttätigkeit stelle eine **objektive Strafbarkeitsbedingung** dar, die im subjektiven Tatbestand keine Entsprechung finden müsse, eine Vorsatzvermutung eingeführt wird. Man misstraue der Konstruktion der «objektiven Strafbarkeitsbedingung». Sie ist nur dort angebracht, wo objektive Elemente keinerlei Wertung enthalten. Gerade Gewalttätigkeit kann aber schwerlich als unrechtsneutral dargestellt werden[1570].

4. Strafausschlussgrund (Abs. 2)

Teilnehmer, «die sich auf behördliche Aufforderung hin entfernen, bleiben straffrei, wenn sie weder selbst Gewalt angewendet noch zur Gewaltanwendung aufgefordert haben».

Es handelt sich um eine Form des Rücktritts vom vollendeten Delikt[1571]. Vom obligatorischen Strafausschluss profitiert allerdings nicht, wer unter dem Eindruck des unmittelbaren Einschreitens der Polizei die Flucht ergreift[1572].

5. Konkurrenz

Kommt es im Rahmen der Ausschreitungen auch zu Gewalt gegen Beamte (Art. 285), dann liegt gemäss Rechtsprechung Idealkonkurrenz vor[1573].

C. Rassendiskriminierung (Art. 261bis)

1. Hintergrund

Die Bestrebungen seit den 1960er Jahren, den immer wieder aufflammenden Rassismus zu bekämpfen, gehen im Grunde auf drei verschiedene Entwicklungen zurück.

Die Auseinandersetzung mit dem **Faschismus** (insb. dem Nationalsozialismus) hat wohl in den kontinentaleuropäischen Staaten nie grundsätzlich genug stattgefunden. In den Nürnberger Prozessen wurde zwar mit der Führungselite der Nazis abgerechnet. Seitdem haben immer wieder einzelne symbolische Prozesse stattgefunden. Eine allgemeine Auseinandersetzung hat weder bei den Besiegten noch – wie etwa der Barbie-Prozess gezeigt hat – bei den Siegernationen und den Neutralen je grundsätzlich genug stattgefunden. Nationalistisches und auch rassistisches Gedankengut haben auch hier ihre Attraktion nie ganz eingebüsst. Die gerade auch in Frankreich und der Schweiz immer wieder zu hörende Verleugnung der Konzentrationslager (die sog. Auschwitzlüge) ist mehr als blosse Geschichtsfälschung: Sie soll unter Lebenden ein Comeback rassistischer Ideologien vorbereiten (die sog. «Wiederbetätigung»). Über-

---

1569 PK-Trechsel/Vest 2018, Art. 260 N 7.
1570 Vest 1988, 248.
1571 BSK-Fiolka 2018, Art. 260 N 39; Stratenwerth/Bommer 2013, 202.
1572 Donatsch/Thommen/Wohlers 2017, 197; Stratenwerth/Wohlers 2013, Art. 260 N 6.
1573 BGE 108 IV 176; 103 IV 241.

sehen wird allerdings vielfach, dass es weitere historische Fälle von Völkermord und weiteren Verbrechen gegen die Menschlichkeit gegeben hat, die immer wieder beschönigt oder geleugnet werden (vgl. aber gleich zur Auseinandersetzung um die Progrome gegen Armenier in der Türkei um 1915 herum).

Der direkte Anlass zur Gesetzgebung gab eine aus den 1960er Jahren stammende internationale Vereinbarung der UNO[1574]. In viel weiterem Masse ging es aber um die Bewältigung des Kolonialismus und seiner Nachwirkungen, einschliesslich der **Segregation** (insb. in den USA) und der **Apartheidpolitik** in Südafrika[1575]. Die Schweiz hatte allen Grund, sich an der Aufarbeitung der Apartheidpolitik zu beteiligen, da sie diese über Jahrzehnte, am UNO Embargo vorbei, aktiv unterstützt hatte[1576].

Eine Weiterung der **Entkolonialisierung** war die Verschärfung des Nord-Süd-Gefälles. Gleichzeitig intensivierten sich mit der Öffnung des Ostens die **Migrationsbewegungen**. Seit den 1990er Jahren – zumal im Zusammenhang mit der rasant zunehmenden Globalisierung und dem härter werdenden Standortwettbewerb – sind auch bei uns immer aggressiver werdende Abwehrreaktionen gegen Einwanderer aus der Dritten Welt und aus Osteuropa festzustellen. Sie kulminieren in letzter Zeit in fremdenfeindlichen Gewalttätigkeiten, aber auch verbalen Übergriffen auf Asylanten[1577].

Nachdem die Schweiz (endlich) die Menschenrechtspakte der UNO ratifiziert hatte, war es an der Zeit, auch die Rassismuskonvention zu ratifizieren. Die Konvention war bereits 1965 fertiggestellt und 1969 in Kraft gesetzt worden.

2. Konvention von 1965 (CERD)

Das Abkommen verbietet staatliche Diskriminierung, verlangt von den Staaten aber darüber hinaus auch aktives Legiferieren zur Verhinderung von Rassismus unter Privaten (Drittwirkung der Grundrechte; insb. Sicherung des Zugangs zu in der Öffentlichkeit angebotenen Dienstleistungen, Art. 5 lit. f CERD[1578]). Im Zentrum der Konvention steht das Gebot, eine Strafnorm gegen rassendiskriminierende Akte zu schaffen (Art. 4 CERD).

Die Konvention ist allerdings nicht «*self-executing*»; sie bedarf der landesrechtlichen Umsetzung nach Massgabe der konkreten Besonderheiten. Die Konvention einfach in unsere Gesetzgebung hinein zu kopieren wäre sinnlos, weil sie zum Teil viel zu vage Formulierungen aufweist, weil sich Aspekte überschneiden und weil sie nicht der Gesetzgebungstradition unseres Landes angepasst ist. Es bedarf mit anderen Worten eines Übersetzungsvorganges.

1574 United Nations International Convention on the Elimination of All Forms of Racial Discrimination (CERD), adopted 21.12.1965, entered into force 4.1.1969 (für die Schweiz s.u. Fn 1578).
1575 Vgl. Art. 3 CERD; PK-Trechsel/Vest 2018, Art. 261bis N 5.
1576 Botschaft des Bundesrates, BBl 1992 III 269 [316].
1577 Zur Fremdenfeindlichkeit in der Schweiz vgl. insb. die Botschaft des Bundesrates, BBl 1992 III 269 [271]; als Illustration dazu vgl. BGE 140 IV 67; krit. Schleiminger Mettler 2014, 307; dazu auch PK-Trechsel/Vest 2018, Art. 261bis N 46.
1578 Internationales Übereinkommen zur Beseitigung jeder Form von Rassendiskriminierung vom 21.12.1965, i.Kr. seit 29.12.1994 (SR 0.104).

Bei der Übersetzung wird jedes Land einen Ausgleich zwischen dem Schutz der Menschenwürde und Gleichheit einerseits und den übrigen Grundrechten (Meinungsäusserungsfreiheit, Pressefreiheit, Vereins- und Versammlungsfreiheit) andererseits finden müssen[1579]. Die Konvention hält dies in der sog. *«due-regard»*-Klausel ausdrücklich fest[1580]. Trotzdem hat es die Schweiz für nötig erachtet, anlässlich der Ratifikation einen Vorbehalt zu Art. 4 anzubringen, insb. um klarzustellen, dass es der Schweiz schwerfällt, rassistische Vereinigungen zu verbieten, da Vereine nicht eintragungspflichtig sind[1581].

3. Lehrstück der Gesetzgebung?

Das Anliegen der Konvention ist allgemein anerkannt. Ein Handlungsbedarf im Schweizer Recht bestand gerade auch im Strafrecht. Zwar schützten etliche Tatbestände des Besonderen Teils auch vor rassistischen Übergriffen (man denke an die Straftatbestände zum Schutze von Leib und Leben, Freiheit, Vermögen sowie an diverse gemeingefährliche Delikte). Insbesondere aber die Ehrverletzungsdelikte greifen nur selten, weil sie – in der Auslegung des Bundesgerichts – nach wie vor auf den Schutz der sittlichen Integrität von individuellen Einzelpersonen gerichtet sind. Ein gesonderter Schutz kollektiver Interessen ist daher angebracht (gerade zum Schutze vor öffentlicher rassistischer Propaganda).

Das anerkannte Anliegen machte es schwierig, die Vorlage des Bundesrates zu kritisieren. Und doch weist der vorliegende **Text schwere Mängel** auf, die nicht einfach übergangen werden können. Das Gesetz stellt gewissermassen ein Lehrstück dafür dar, wie Strafgesetzgebung nicht betrieben werden sollte[1582]. Die präzise Benennung der Voraussetzungen der Strafbarkeit ist auch dort erforderlich, wo man sich über das Ziel einig ist. Der Schutz der «Menschenwürde an sich»[1583] – um nur ein besonders krasses Beispiel zu nennen – ist weder als konkretes Tatbestandserfordernis noch als Benennung des Rechtsgutes präzise genug. Alle Straftatbestände dienen auf ihre Weise dem Schutze der Menschenwürde. Ein allgemeines Delikt der Verletzung der Menschenwürde ist darüber hinaus unnötig und kontraproduktiv. Das Strafrecht hat die Angriffsrichtung, die Tatbestandsmerkmale einzeln zu benennen. Das ergibt sich aus Art. 1 aber auch aus dem schon mehrfach erwähnten fragmentarischen Charakter des Strafrechts. Ein zu unscharfes Gesetz mag zwar symbolischen Wert haben, die Gerichte werden sich allerdings hüten, die unsicheren Kriterien anzuwenden[1584]. Daher wurde der Vorentwurf zu Recht vom Parlament nicht in dieser Form rezipiert.

1579 Niggli 2007, 43 ff., 251 ff.
1580 Niggli 2007, 262.
1581 Botschaft des Bundesrates, BBl 1992 III 269 [305]; Niggli 2007, 253 f.; PK-Trechsel/Vest 2018, Art. 261bis N 2 f.
1582 Krit. Kunz 1992, 154 ff.; Niggli 2007, 42 f.; Riklin 1995, 36; Stratenwerth/Bommer 2013, 209; PK-Trechsel/Vest 2018, Art. 261bis N 10.
1583 Der Bundesrat hatte 1992 für Art. 261bis Abs. 4 VE allen Ernstes vorgeschlagen, dass strafbar sein soll, wer eine Person oder Gruppe «in ihrer Menschenwürde angreift».
1584 Gegen die Kritik aber Niggli 2007, 49 ff.

4. Rechtsgut und Rechtfertigung

Über das geschützte Rechtsgut herrscht Uneinigkeit. Der Bundesrat und ein Teil der Lehre sieht im Tatbestand vor allem den Schutz des «**öffentlichen Friedens**»[1585], während eine abweichende Meinung die «**Menschenwürde**» in den Vordergrund stellt[1586]. Der Tatbestand versucht indessen ganz **unterschiedliche Anliegen** zu befriedigen[1587]: Zunächst geht es um den Ausdruck der Verachtung gegenüber den Opfern (eine Art Kollektivbeleidigung), sodann wird das Vertrauen in die Rechtsordnung (und damit der alte Landfrieden) bemüht[1588]. Schliesslich möchte man ein für alle Mal jeder Form von «Wiederbetätigung» wehren[1589].

5. Objektiver Tatbestand

Der Tatbestand des Rassismus enthält drei Elemente, die immer wieder vorkommen (die Umschreibung der diskriminierten Gruppe, die Öffentlichkeit des Verhaltens und der Diskriminierungsbegriff). Sie sollen vorweg behandelt werden. Daran muss sich eine Erörterung der verschiedenen Tathandlungen (der einzelnen Diskriminierungsformen) anschliessen.

a) Tatobjekt: diskriminierte Gruppe

Das Gesetz schützt Personen, die «wegen ihrer **Rasse**, **Ethnie oder Religion**» diskriminiert werden. Diese Liste ist im Vergleich zu ausländischen Gesetzen kurz und trotzdem überschneiden sich die Kriterien. Abgesehen davon, dass der **Rassenbegriff** in Verruf gekommen ist, bleibt unklar, wie er sich von der Ethnie unterscheidet. Bundesrat und Lehre verweisen bei der Rasse auf erbliche oder physische Merkmale[1590], während sich die «**Ethnie**» durch sozio-kulturelle Faktoren auszeichnen soll (Sprache, Kultur, Geschichte etc.)[1591]. Sie ist nicht mit der «Nation» gleichzusetzen, es sei denn ausnahmsweise sei Nationalität und ethnische Identität stark übereinstimmend[1592]. Wie der Konflikt zwischen «Tutsis» und «Hutus» in Ostafrika gezeigt hat, können sowohl «Rasse» wie «Ethnie» Gegenstand von Zuschreibung sein. Vielfach sind rassisti-

---

1585 Botschaft des Bundesrates, BBl 1992 III 269 [309 f.]; Kunz 1992, 227 ff.
1586 Donatsch/Thommen/Wohlers 2017, 228 f.; Niggli 2007, 97 ff. (115 f.); Ders. 1999, 89 ff.; BSK-Schleiminger Mettler 2018, Art. 261bis N 8 ff.
1587 Stratenwerth/Bommer 2013, 209.
1588 BGE 130 IV 111, E. 5.1.
1589 In Österreich etwa findet sich die Abwehr der Wiederbetätigung nationalsozialistischer Gruppen in einer gesonderten «Verbotsgesetzgebung» während die allgemeinen Formen von Rassismus im StGB angesprochen werden.
1590 Botschaft des Bundesrates, BBl 1992 III 269 [310]; Niggli 2007, 200 ff.; BSK-Schleiminger Mettler 2018, Art. 261bis N 14; Stratenwerth/Bommer 2013, 210 f.; Stratenwerth/Wohlers 2013, Art. 261bis N 4; PK-Trechsel/Vest 2018, Art. 261bis N 11.
1591 Niggli 2007, 208 ff.; Riklin 1995, 38; BSK-Schleiminger Mettler 2018, Art. 261bis N 15; PK-Trechsel/Vest 2018, Art. 261bis N 12; Stratenwerth/Bommer 2013, 211; Stratenwerth/Wohlers 2013, Art. 261bis N 5.
1592 BSK-Schleiminger Mettler 2018, Art. 261bis N 16; Stratenwerth/Wohlers 2013, Art. 261bis N 5.

sche Äusserungen auch Ausdruck grober Vorurteile[1593]. Zu eng ist die Interpretation des Bundesgerichts, das die Bezeichnung eines algerischen Asylbewerbers als «Sauausländer» und «Drecksasylant» durch einen Basler Polizisten als nicht rassistisch taxierte: zu Recht weisen Schleiminger Mettler und Trechsel/Vest darauf hin, dass die Bezeichnungen mit seiner Herkunft als «Nordafrikaner» in engem Bezug standen[1594]. Der Gesichtspunkt der «Religion» gehörte nicht zu den Vorgaben des CERD, vielmehr wurde die Aufnahme vom Europarat angeregt[1595]. Als **Religion** gilt «jede Überzeugung, die sich auf das Verhältnis zum Göttlichen, zum Transzendentalen bezieht und weltanschauliche Dimensionen hat»[1596]. Alle Religionsgemeinschaften fallen unter den Schutz dieses Begriffes, es sei denn, sie dienten als Deckmantel für eine andere (z.B. eine rein wirtschaftliche) Tätigkeit[1597].

Andere Gesichtspunkte sind nicht erfasst; die Aufzählung ist somit abschliessend[1598].

b) Öffentlich

Der Tatbestand wird nach allen Varianten öffentlich begangen. Daher ist die Definition der öffentlichen Aktivität von erheblicher Bedeutung. Nachdem das Bundesgericht in einer Reihe von Entscheiden, die sich mit der Verbreitung «revisionistischer» Schriften befasst hatten, vor allem auf die Zahl der Empfänger und das konkrete Verbreitungsrisiko abgestellt hatte[1599], änderte es seine Praxis im sog. Waldhüttenfall[1600].

> «Am 26. September 1999 fand in einer Waldhütte eine von X. im Namen der Vereinigung Z. organisierte Veranstaltung statt. X. lud dazu die Mitglieder der genannten Gruppierung sowie einige weiter ihm persönlich bekannte Kollegen schriftlich ein. Er engagierte als Referenten Y., der einen Vortrag zum Thema «die Entstehung der SS und der Waffen-SS» halten sollte. Y., der selbst nicht Mitglied der Vereinigung Z. war, lud seinerseits einige ihm bekannte Personen zur Veranstaltung ein. In die Waldhütte wurde nur eingelassen, wer eine schriftliche Einladung vorweisen konnte. Es waren etwa 40–50 Personen anwesend, die alle der «Skinhead»-Szene angehörten. Y. sprach in der Waldhütte vor diesen Personen zum genannten Thema.»

Das Bundesgericht entschied, dass es weniger auf die Zahl der erreichten Personen ankomme. Es vertrat die Ansicht, der Begriff «öffentlich» müsse in jedem Straftatbestand des Besonderen Teils gesondert aus der Schutzrichtung heraus interpretiert werden.

1593 Donatsch/Thommen/Wohlers 2017, 229 u.H.a. BGE 123 IV 202; vgl. auch Stratenwerth/Bommer 2013, 212; Stratenwerth/Wohlers 2013, Art. 261bis N 4 f. und PK-Trechsel/Vest 2018, Art. 261bis N 12.
1594 S.o. Fn 1577.
1595 PK-Trechsel/Vest 2018, Art. 261bis N 13.
1596 Niggli 2007, 214 ff.; Stratenwerth/Wohlers 2013, Art. 261bis N 6 u.H.a. BGE 119 Ia 178.
1597 So aber in der Einschätzung kantonaler Gerichte die «Scientology-Kirche»: vgl. Niggli 2007, 223; BSK-Schleiminger Mettler 2018, Art. 261bis N 19; Stratenwerth/Bommer 2013, 212; Stratenwerth/Wohlers 2013, Art. 261bis N 6; krit. PK-Trechsel/Vest 2018, Art. 261bis N 13.
1598 Damit fallen als Diskriminierungsperspektiven ausser Betracht: politische Ausrichtung, Geschlecht, Wohnort, Schichtzugehörigkeit etc.
1599 BGE 127 IV 203; 126 IV 176; 126 IV 20; vgl. Niggli 2007, 305 ff.
1600 BGE 130 IV 111; vgl. auch 133 IV 308.

Für Art. 261bis war es der Meinung, dass Rassismus an sich verboten sei und dass der Begriff «öffentlich» lediglich eine **Ausnahme für ausgesprochen Privates** schaffen wolle, da der Staat sich nicht in alle Individualgespräche einmischen solle[1601]. Bei persönlichen Anpöbeleien bleibt im Übrigen die Option der Ehrverletzungsdelikte. Äusserungen (einschliesslich *«tweets»*, *«retweets»* u.ä.) in sozialen Medien werden zunehmend als «öffentlich» eingestuft[1602].

c) Unterschiedliche Diskriminierungsperspektiven

Die Tatbestandsvarianten lassen sich von der Tathandlung her in drei Gruppen einteilen:

- rassistische Propaganda,
- Angriffe auf die Menschenwürde und
- die Leistungsverweigerung.

aa) Rassistische Propaganda

Unter diesem Titel fasst das Gesetz abermals drei Deliktsformen zusammen:

- die rassistische Hetze,
- das Verbreiten von Ideologien und
- Propagandaaktionen.

(1) Rassistische Hetze (Abs. 1)

Hierbei handelt es sich um den Kern des Kriminalisierungserfordernisses gemäss CERD. Entweder wird öffentlich zu **Hass** aufgerufen. Dabei ist eine gewisse Intensität erforderlich[1603]. Oder es wird zu **Diskriminierung** aufgerufen. Hierbei geht es um massive grundrechtsrelevante und herabsetzende Ungleichbehandlungen[1604] («kauft nicht bei Juden»).

(2) Öffentliches Verbreiten von Ideologien (Abs. 2)

Der Begriff der Ideologie ist äusserst vage. Man ist sich allerdings inzwischen einig, dass es nicht um ein ganzes «Lehrgebäude» gehen muss, auch schon plumpe Versatzstücke reichen (so etwa die «Höherwertigkeit der arischen Rasse»)[1605].

1601 BGE 130 IV 111, E. 5.2.1.; dazu Niggli 2007, 308 f., 311; Schleiminger Mettler 2005, 238 ff.; BSK-Schleiminger Mettler 2018, Art. 261bis N 22 ff.; Stratenwerth/Bommer 2013, 212 f.; Stratenwerth/Wohlers 2013, Art. 261bis N 7; PK-Trechsel/Vest 2018, Art. 261bis N 15; krit. aber Schubarth/Vest 2007 (Kommentar), Vor Art. 258 N 20.
1602 Bähler 2014, 1 ff.; NZZOnline vom 26.11.2013: «Facebook gilt als öffentlicher Raum», allerdings zum Thema «Schreckung der Bevölkerung» (Art. 258).
1603 Niggli 2007, 135 ff.; BSK-Schleiminger Mettler 2018, Art. 261bis N 34.
1604 Niggli 2007, 330 ff.; Stratenwerth/Bommer 2013, 213; PK-Trechsel/Vest 2018, Art. 261bis N 18; Schubarth/Vest 2007 (Kommentar), Art. 261bis N 42 ff.
1605 BGE 124 IV 121; dazu Stratenwerth/Bommer 2013, 214.

(3) Propagandaaktionen (Abs. 3)

Strafbar ist jede Form von Organisieren, Fördern oder Teilnahme an Aktionen, die solche Ideologien verbreiten sollen. Dazu gehört das Veranstalten eines Rockkonzerts mit entsprechendem Gedankengut[1606] ebenso wie das Tragen von Hakenkreuzen oder das Zeigen des Hitlergrusses[1607].

Von daher wurden die Erwägungen des Bundesrates zu einem neuen Art. 261ter VE zum Tragen und zur Verbreitung von rechtsextremen Symbolen zu Recht als unnötig abgelehnt, abgesehen davon, dass die Vorschläge nicht durch Klarheit überzeugten[1608].

bb) Angriffe auf die Menschenwürde (Abs. 4)

Abs. 4 vereinigt zwei Untertatbestände ganz unterschiedlicher Ausrichtung:

(1) Kollektivbeleidigung (Abs. 4 Teil 1)

«Wer öffentlich durch Wort, Schrift, Bild, Gebärden, Tätlichkeiten oder in anderer Weise eine Person oder eine Gruppe von Personen wegen ihrer Rasse, Ethnie oder Religion in einer gegen die Menschenwürde verstossenden Weise herabsetzt oder diskriminiert ... ».

Mit Diskriminierung und Herabsetzung sind Varianten des Verhaltens angesprochen, die bereits erörtert worden sind[1609]. Als Beispiele dienen die Aussage «Vielleicht brauchen wir wieder eine Kristallnacht ... diesmal für Moscheen»[1610] oder das Urteil gegen Exponenten der SVP, die ein Inserat zu verantworten hatten, mit dem Text: «Kosovaren schlitzen Schweizer auf»[1611]. Das Element des Verstosses gegen die Menschenwürde trägt kein eigenes Gewicht, es sei denn, es erinnert daran, dass es hier um massive Grobheiten gehen muss[1612]. Problematisch ist aber die Auslegung, die das Bundesgericht dem rassistischen Konnex gibt: Es hatte bei einer Gruppe von «in rechtsradikaler Uniform», mit entsprechenden Emblemen auftretenden, kahlgescho-

---

1606 Auch wenn den zuständigen Behörden – zumal im Kanton St. Gallen – dafür offensichtlich das nötige Sensorium fehlt: NZZ vom 21.2.2017, 9: «Die Strafnorm durchsetzen»; NZZ vom 19.10.2016, 1: «Strafanzeige gegen Neonazi-Bands».
1607 ZWR 2010, 326; Niggli 2007, 382 ff. (zu Propagandaaktionen generell), N 1194 ff. (zu den Beispielen); PK-Trechsel/Vest 2018, Art. 261bis N 25; Schubarth/Vest 2007 (Kommentar), Art. 261bis N 59; unsicher aber BGE 140 IV 102, der bei einem Hitlergruss gegenüber unbeteiligten Dritten erwägt, dass der Täter evtl. deshalb straflos sein könnte, weil er sich «in einem eigenen Bekenntnis» erschöpft (zu Recht krit. PK-Trechsel/Vest 2018, Art. 261bis N 46.
1608 Dazu Ehrenström in: Jusletter vom 18.6.2007; Jositsch/von Rotz 2016, 56 ff.; PK-Trechsel/Vest 2018, Art. 261bis N 45.
1609 Donatsch/Thommen/Wohlers 2017, 232, 237 ff.; Niggli 2007, 133 ff.; Stratenwerth/Bommer 2013, 213; PK-Trechsel/Vest 2018, Art. 261bis N 18 und 22; Schubarth/Vest 2007 (Kommentar), Art. 261bis N 69 ff.
1610 BGer 6B_627/2015.
1611 BGer 6B_610/2016; dazu: NZZ vom 15.4.2017, 16: «Kosovaren-Inserat ist rassistisch».
1612 BSK-Schleiminger Mettler 2018, Art. 261bis N 50; Stratenwerth/Bommer 2013, 216; PK-Trechsel/Vest 2018, Art. 261bis N 34; generell zur Menschenwürde: Niggli 2007, 126 ff., 139 ff., konkret: 398.

renen Schlägern, die aber keine Parolen von sich gaben, den rassistischen Konnex verneint, weil er nicht für den Durchschnittsbürger offensichtlich war[1613].

(2) Revisionismustatbestand (Abs. 4 Teil 2)

Das Gesetz fährt fort: «... oder aus einem dieser Gründe Völkermord oder andere Verbrechen gegen die Menschlichkeit leugnet, gröblich verharmlost oder zu rechtfertigen sucht».

Beim Leugnen, Verharmlosen oder Rechtfertigen von Verbrechen gegen die Menschlichkeit steht die sog. «**Auschwitzlüge**» resp. die Negierung des Massenmordes durch das Naziregime im Vordergrund[1614]. Abermals geht es um eine Kombination von kollektiver Beleidigung der Überlebenden, um den Ausdruck von Verachtung gegenüber den Opfern überhaupt und einer Gefährdung der Friedensordnung heute (Revisionismus, Wiederbetätigung). Der Tatbestand ist allerdings bewusst abstrakt redigiert und erfasst die Leugnung jeglicher Verbrechen gegen die Menschlichkeit. Damit verbunden ist die Frage, **wie gesichert die Fakten** sein müssen: Es wäre fatal, wenn Revisionisten ihr Ziel gerade dadurch erreichen könnten, dass sie den Gerichtssaal zu ihrer Propagandaplattform umfunktionieren könnten. Zu Recht gehen Praxis und herrschende Lehre daher davon aus, dass die Verbrechen gegen die Menschlichkeit historisch belegt sein müssen[1615]. Das ist von der Schweizer Justiz insb. anhand des Völkermordes an den **Armeniern** in der Türkei anfangs des 20. Jahrhunderts klargestellt worden[1616]. Entsprechendes gilt für weitere – völkerrechtlich zweifelsfrei festgestellte – Verbrechen gegen die Menschlichkeit, wie die Ereignisse in Ruanda oder Srebrenica. Demgegenüber eignet sich der Tatbestand nicht dazu, die Auseinandersetzung über noch in Aufarbeitung befindlicher Ereignisse (z.B. die Tötungen anlässlich der Wahlen in Kenia, die Gegenstand eines Verfahrens vor dem Internationalen Strafgerichtshof in Den Haag sind) zu verbieten.

Fraglich ist allerdings, ob Art. 261bis Abs. 4 auf Verbrechen gegen die Menschlichkeit beschränkt bleibt, die **völkerrechtlich festgestellt** sind. Wie der vom EGMR in Sachen Dogu Perinçek gegen die Schweiz ergangene Entscheid[1617] belegt, wird von einem sehr engen Begriff der völkerrechtlichen Feststellung ausgegangen. Zwar ist der Holocaust durch die Nürnberger Prozesse internationalrechtlich als Völkermord eingestuft, bereits den Progromen und Tötungen von Armeniern um 1915 fehle aber diese Anerkennung, da sich in der UNO nur eine Minderheit der Staaten für diese Einstufung

---

1613 BGE 133 IV 308; zu Recht krit. Schleiminger Mettler 2008, N 147 f.; Stratenwerth/Wohlers 2013, Art. 261bis N 13; PK-Trechsel/Vest 2018, Art. 261bis N 47.

1614 BGE 127 IV 203, E. 3; 121 IV 85; Donatsch/Thommen/Wohlers 2017, 239 f.; Niggli 2007, 451 ff.; Stratenwerth/Wohlers 2013, Art. 261bis N 15; PK-Trechsel/Vest 2018, Art. 261bis N 30 und 35; Schubarth/Vest 2007 (Kommentar), Art. 261bis N 84 ff.

1615 BGE 121 IV 76 [85]; vgl. auch Niggli 2007, 444 und 465; BSK-Schleiminger Mettler 2018, Art. 261bis N 64; Stratenwerth/Wohlers 2013, Art. 261bis N 15.

1616 BGE 129 IV 95; BGer 6F_6/2016; 6B_398/2007; fp 3/2008, 156 ff.; BezGer Winterthur, fp 4/2009, 214 ff.; vgl. auch Donatsch/Thommen/Wohlers 2017, 239; Exquis/Niggli 2005, 424 ff.; Niggli 2007, 293 f., 445 ff.; Vest 2000 (AJP), 66 ff.; Ders. 2006, 122 f.

1617 Zu EGMR i.S. Dogu Perinçek v. Schweiz vom 17.12.2013 (Nr. 27510/08): NZZ vom 18.12.2013, 1 und 9.

entscheiden mochte. Damit wird Art. 261bis zum Spielball politischer Mächte im Namen der «Meinungsäusserungsfreiheit».

Richtig ist, dass das Gericht nicht in der Lage ist, Geschichte zu schreiben[1618]. Die Tatsache, dass ein Verbrechen gegen die Menschlichkeit stattgefunden hat, muss somit als allgemeinbekannt feststehen. Damit ist sie auch der Beweisführung vor Gericht entzogen (Art. 139 Abs. 2 StPO[1619]). Allerdings ist der vom EGMR angelegte Begriff der völkerrechtlichen Notorietät **zu eng**. Wenn die Schweizer Öffentlichkeit und Judikatur einhellig davon ausgehen, dass ein Völkermord vorliegt, dürfen die Gerichte ausnahmsweise das Grundrecht der Meinungsäusserungsfreiheit beschränken. Die Grosse Kammer des EGMR hat mit seinem Entscheid, der die Verurteilung der Schweiz bestätigte[1620], wenig zur Klärung der Lage beigetragen: Anders als beim Holocaust sei bei anderen Fällen der Leugnung von Völkermord zusätzlich ein Aufruf zu Diskriminierung und Hass nötig, damit der Tatbestand der Meinungsäusserungsfreiheit vorgehen dürfe[1621]. Damit bestätigt der EGMR, dass die Menschenrechte, wenn es hart auf hart geht, politischen Erwägungen geopfert werden dürfen.

Problematisch ist sodann das besondere **subjektive Erfordernis** bei Abs. 2, nach dem die Leugnung des Völkermordes usw. «aus einem dieser Gründe», d.h. aus einem rassistischen Motiv erfolgen muss: Hier rächt sich, dass in Art. 261bis Dinge zusammengemengt wurden, die nicht zwingend zusammen gehören[1622]. Das rassistische Motiv mag zur «Auschwitzlüge» passen, bei anderen Verbrechen gegen die Menschlichkeit mögen andere Motive im Vordergrund stehen[1623]. Allerdings ist schwer vorstellbar, dass für das Leugnen von Verbrechen gegen die Menschlichkeit eine andere Motivation als eine Diskriminierungsabsicht zu finden ist. Natürlich kann Gewinnstreben ein (Neben-)Zweck sein[1624]. Die Verbreitung solcher Thesen lebt aber immer vom revisionistischen Markt. Daher verdienen die Bemühungen, das subjektive Element eingrenzend zu interpretieren, Unterstützung[1625].

cc) Leistungsverweigerung (Abs. 5)

Nach Abs. 5 ist strafbar, wer «eine von ihm angebotene Leistung, die für die Allgemeinheit bestimmt ist, einer Person oder einer Gruppe von Personen wegen ihrer Rasse, Ethnie oder Religion verweigert». Diese Passage hat die Funktion, der **Segregation** (wie sie noch bis in die 1960er Jahre in den Südstaaten der USA galt) oder der

---

1618 Donatsch/Thommen/Wohlers (2017, 240) und Schubarth/Vest (2007 [Kommentar], Art. 261bis N 93) möchten demgegenüber durchaus der Verteidigung die Möglichkeit geben, die Fakten zu bestreiten.
1619 Pieth StPO 2016, 185 f.
1620 EGMR i.S. Perinçek v. Schweiz vom 15.10.2015 (Nr. 27510/08).
1621 Zu Recht krit. PK-Trechsel/Vest 2018, Art. 261bis N 36 und 46 m.w.H.
1622 Vgl. Donatsch/Thommen/Wohlers 2017, 240; Stratenwerth/Bommer 2013, 217.
1623 Offen gelassen in BGE 126 IV 20; 123 IV 20; aber BezGer Winterthur, fp 4/2009, 216 f.
1624 So aber Donatsch/Thommen/Wohlers 2017, 240 f. und Stratenwerth/Bommer 2013, 217.
1625 Vgl. Niggli 2007, 527 f.; BSK-Schleiminger Mettler 2018, Art. 261bis N 69; PK-Trechsel/Vest 2018, Art. 261bis N 38; Vest 2000 (AJP), 70 ff.

Apartheid (nach südafrikanischem Muster) entgegenzutreten[1626]. Daher ist mit Leistungen, «die für die Allgemeinheit bestimmt» sind, vorab die Nutzung des öffentlichen Raums und solche Leistungen, die dem weiteren Publikum angeboten werden und bei welchen «Leistung und Gegenleistung standardisiert sind»[1627], gemeint. Dementsprechend hat die Botschaft eine Liste typischer Leistungen erstellt: Von Abs. 5 sollen insb. «Arbeitsverhältnisse, Schulen, Verkehrsmittel, Hotels und Restaurants, Theater, Parks, Schwimmbäder»[1628] erfasst sein. Einzelne Autoren fassen den Einzugsbereich von Abs. 5 erheblich weiter: Während nach Donatsch/Thommen/Wohlers und wohl auch Stratenwerth/Bommer prinzipiell «Stellenausschreibungen, Wohnungsangebote und sogar Heiratsannoncen» erfasst sein sollen[1629], gehen Niggli und Schleiminger Mettler noch weiter: Für sie sind alle Leistungen erfasst, die «auf dem öffentlichen Markt angeboten werden»[1630]. Die Überlegung dahinter ist wohl, dass solche Leistungen zwar nicht gegenüber jedermann erbracht werden können, dass aber eine rassistisch motivierte Ablehnung unzulässig sein soll. Zu Recht plädieren demgegenüber Trechsel/Vest für eine Rückbesinnung auf das eigentliche Ziel der Vorschrift: Sie schliessen Verträge, bei denen es auf die persönliche Beziehung ankommt, aus, namentlich Arbeitsvertrag, Wohnungsangebote und erst recht Heiratsannoncen[1631].

6. Subjektiver Tatbestand

Art. 261bis verlangt durchwegs Vorsatz, wobei *dolus eventualis* reicht. Von der Sonderproblematik des Abs. 4 war bereits die Rede (S. 249 f.).

7. Konkurrenzen

In der Praxis wurde insb. das Verhältnis zwischen tätlichen Übergriffen und Rassismus diskutiert. Soweit die rassistische Konnotation des Angriffs feststeht, ist von Idealkonkurrenz auszugehen. In BGE 133 IV 308 wurden – aus Sicht der Lehre unnötigerweise[1632] – die Anforderungen an den rassistischen Bezug hochgeschraubt:

> Trotz NS-Emblemen, Stiefeln, Kurzhaarschnitt und «Rechtsradikalenuniform» der Schläger erschienen dem Bundesgericht die Vorfälle «für einen unbefangenen durchschnittlichen Dritten nicht klar erkennbar als rassistische Akte»[1633].

8. Verfahren

Das Bundesgericht hat sich verschiedentlich mit der Frage beschäftigt, ob die Personen, die von Diskriminierung nach Art. 261bis betroffen sind, als Opfer im Sinne des

---

1626 Botschaft des Bundesrates, BBl 1992 III 269 [314]; Donatsch/Thommen/Wohlers 2017, 241 f.; Stratenwerth/Bommer 2013, 218.
1627 Guyaz 1996, 290; ebenso PK-Trechsel/Vest 2018, Art. 261bis N 41.
1628 Botschaft des Bundesrates, BBl 1992 III 269 [314].
1629 Donatsch/Thommen/Wohlers 2017, 242; Stratenwerth/Bommer 2013, 218.
1630 Niggli 2007, 498 ff.; BSK-Schleiminger Mettler 2018, Art. 261bis N 76.
1631 PK-Trechsel/Vest 2018, Art. 261bis N 41.
1632 Krit. auch Schleiminger Mettler 2008, 147 f.
1633 BGE 133 IV 308, E. 9.3.3.

OHG zu qualifizieren sind. Unter Hinweis darauf, dass nach StPO (Art. 115 StPO) nur unmittelbar Geschädigte Opfer seien, wird diese Stellung – zumal bei der Leugnung von Verbrechen gegen die Menschlichkeit – nur jenen Personen gewährt, die selbst direkter Repression ausgesetzt waren (also etwa ehemaligen KZ-Häftlingen)[1634].

D. Strafbare Vorbereitungshandlungen (Art. 260bis)

1. Kontext

Klassischerweise wird die Schwelle der Strafbarkeit mit dem Versuch überschritten. Selbst bei schweren Delikten wurde traditionellerweise darauf insistiert, dass der Schritt zur Tat objektiv und subjektiv manifest wurde. Bekanntlich ist der «böse Wille» alleine nicht strafbar.

Es gibt allerdings Verhaltensweisen, die auf ein unmittelbar bevorstehendes Delikt hinweisen, noch bevor ein Tatentschluss im eigentlichen Sinne gefasst worden ist, zumal wenn der Deliktstypus feststeht, das konkrete Tatobjekt aber noch nicht bestimmt ist:

> Man denke an den Fall, bei dem in einem Bahnhofschliessfach eine angesägte Schrotflinte, Kabelbinder, Säcke, Handschuhe und Strassenkarten der näheren Umgebung gefunden werden[1635].

Das Risiko bestand in der Vergangenheit, dass die Praxis den Begriff des Versuchs überdehnte, um solche Verhaltensweisen strafrechtlich zu erfassen[1636].

2. Teilrevision «Gewaltdelikte»

Im Rahmen der Teilrevision der sog. «Gewaltdelikte» unter dem Eindruck der Terrorismuswelle der 1970er Jahre schlug die Expertenkommission vor, sowohl bestimmte Vorbereitungshandlungen wie die «kriminelle Gruppe» unter Strafe zu stellen[1637]. Aufgrund der heftigen Kritik am «Gesinnungsstrafrecht» im Rahmen des Vernehmlassungsverfahrens[1638] nahm der Bundesrat die Vorschläge allerdings nicht formell in die Botschaft auf. Immerhin berichtete die Botschaft so detailliert über das zurückgezogene Projekt, dass es dem Parlament leicht fiel, zumindest die «strafbaren Vorbereitungshandlungen» ins Gesetz aufzunehmen[1639].

1634 BGE 131 IV 78; 129 IV 95; krit. Niggli 2007, 151 ff. (171 ff.); BSK-Schleiminger Mettler 2018, Art. 261bis N 88 ff.; Stratenwerth/Bommer 2013, 216; PK-Trechsel/Vest 2018, Art. 261bis N 7; Schubarth/Vest 2007 (Kommentar), Art. 261bis N 23 und 127 ff.
1635 Bsp. inspiriert durch BGE 111 IV 155.
1636 Vgl. etwa BGE 104 IV 175 (Fall Adams).
1637 Botschaft des Bundesrates, BBl 1980 I 1241 [1253 ff.].
1638 Botschaft des Bundesrates, BBl 1980 I 1241 [1252].
1639 Botschaft des Bundesrates, BBl 1980 I 1241 [1255 f.]; vgl. zur Gesetzgebungsgeschichte BSK-Engler 2018, Art. 260bis N 2; Stratenwerth/Bommer 2013, 227.

3. Rechtsgut

An einzelnen Stellen erklärt das Gesetz Vorbereitungshandlungen explizit für strafbar (vgl. bei der Warenfälschung gemäss Art. 155 Ziff. 1 Abs. 2; den Sprengstoffdelikten gemäss Art. 226; den Atomdelikten gemäss Art. 226ter; den Geldfälschungsdelikten nach Art. 240 und auch im Nebenstrafrecht, z.B. in Art. 19 BetmG)[1640]. Damit wird der Schutz der jeweilgen Rechtsgüter antizipiert. Demgegenüber bedient sich Art. 260bis einer anderen Methode: Er umschreibt generell die Bedingungen, unter denen die Vorbereitung verschiedener Katalogtaten strafbar ist. Es erstaunt nicht, dass ein Teil der Lehre die Norm lieber im Allgemeinen Teil gesehen hätte[1641]. Der Bundesrat war demgegenüber der Meinung, dass hier ein genereller Friedenstatbestand geschaffen werde[1642].

4. Voraussetzungen der Strafbarkeit

a) Objektiver Tatbestand

aa) Bezugstaten

Art. 260bis enthält einen **Katalog** von Bezugstaten. Zu den klassischen acht Tatbeständen von 1981 sind inzwischen der Völkermord (Art. 264), die Verbrechen gegen die Menschlichkeit (Art. 264a), die Kriegsverbrechen (Art. 264c–h) sowie die Genitalverstümmelung (Art. 124) und das Verschwindenlassen (Art. 185bis) hinzugekommen[1643].

bb) Strafbares Verhalten

Der Artikel enthält eine ganze Reihe von Kriterien, die die **qualifizierte**, indikative **Vorbereitung** von der schlichten, noch straflosen Vorbereitung abgrenzen sollen. Sie ergänzen sich gegenseitig[1644]. Gemäss Gesetz ist strafbar, wer «planmässig konkrete technische oder organisatorische Vorkehrungen trifft, deren Art und Umfang zeigen, dass er sich anschickt» eine Katalogtat auszuführen.

(1) Planmässig

Das Element «planmässig» möchte dartun, dass mit erheblicher Intensität ein bestimmtes Projekt verfolgt wird. Es reicht nicht irgendeine deliktische Idee, vielmehr muss sich die Planmässigkeit etwa in Observation, im Bereitstellen von Tatmitteln, Absprachen mit Komplizen etc. manifestieren[1645].

[1640] Donatsch/Thommen/Wohlers 2017, 198; Stratenwerth/Bommer 2013, 226.
[1641] Arzt 1983 (Revision StGB), 274; Donatsch/Thommen/Wohlers 2017, 198; a.A. aber BSK-Engler 2018, Art. 260bis N 3.
[1642] Vgl. Botschaft des Bundesrates, BBl 1980 I 1241 [1253 f.].
[1643] Donatsch/Thommen/Wohlers 2017, 198; Stratenwerth/Bommer 2013, 228; PK-Trechsel/Vest 2018, Art. 260bis N 2; Schubarth/Vest 2007 (Kommentar), Art. 260bis N 9 f.
[1644] BSK-Engler 2018, Art. 260bis N 4 f.; Stratenwerth/Bommer 2013, 228.
[1645] Donatsch/Thommen/Wohlers 2017, 201 f.; BSK-Engler 2018, Art. 260bis N 7; Stratenwerth/Bommer 2013, 228; PK-Trechsel/Vest 2018, Art. 260bis N 3 f.

(2) Konkret

Es ist nach wie vor umstritten, wie präzise die Vorstellungen vom geplanten Delikt sein müssen. Während das Bundesgericht es genügen lässt, dass aufgrund des Verhaltens zumindest die Art des Delikts erkennbar ist[1646], müssen Ort, Zeit oder Begehungsweise noch nicht feststehen[1647].

(3) Technische oder organisatorische Vorkehrungen

Unter technischen Vorkehrungen muss man sich vor allem das Bereitstellen der Hilfsmittel zur Deliktsbegehung vorstellen[1648]. Demgegenüber ist der Begriff der organisatorischen Vorkehrungen sehr vage. Im Grunde gehört dazu alles, was den «reibungslosen Ablauf» der Deliktsbegehung sicherstellen soll, insb. die Rollenverteilung[1649].

(4) Art und Umfang zeigen, dass er sich anschickt

Dieser Passus fügt eigentlich nichts Neues hinzu; er erinnert daran, dass sämtliche Elemente als **holistisches** Ganzes zusammengehören. Insgesamt muss deutlich werden, dass die Täter bei der strafbaren Vorbereitung praktisch einen Schritt vor der Ausführung stehen[1650].

b) Subjektiver Tatbestand

Der Tatbestand setzt Vorsatz voraus.

c) Versuch?

Zwar ist Art. 260bis als vollendetes Delikt formuliert. Da er materiell aber Vorbereitungshandlungen umschreibt, ist ein Versuch – d.h. eine noch weitere Vorverlagerung – nicht möglich[1651].

d) Strafbefreiender Rücktritt (Abs. 2)

Nach Abs. 2 kann vom formell vollendeten Delikt zurückgetreten werden indem etwa bereits getroffene Vorbereitungen rückgängig gemacht oder aber Vorbereitungshandlungen nicht zu Ende geführt werden[1652]. Allerdings muss der Rücktritt aus inneren Motiven, d.h. aus eigenem Antrieb erfolgen[1653].

1646 BGE 111 IV 155; dazu Donatsch/Thommen/Wohlers 2017, 200 f.
1647 Zu Recht krit. BSK-Engler 2018, Art. 260bis N 8.
1648 Donatsch/Thommen/Wohlers 2017, 199 f.; BSK-Engler 2018, Art. 260bis N 9; Stratenwerth/Wohlers 2013, Art. 260bis N 2; PK-Trechsel/Vest 2018, Art. 260bis N 3.
1649 Arzt 1983 (Revision StGB), 275; Stratenwerth/Bommer 2013, 229.
1650 BGE 111 IV 155; BSK-Engler 2018, Art. 260bis N 11; Stratenwerth/Bommer 2013, 230; Stratenwerth/Wohlers 2013, Art. 260bis N 2.
1651 BSK-Engler 2018, Art. 260bis N 17; Stratenwerth/Bommer 2013, 231; PK-Trechsel/Vest 2018, Art. 260bis N 8; Schubarth/Vest 2007 (Kommentar), Art. 260bis N 6 ff. und 26.
1652 PK-Trechsel/Vest 2018, Art. 260bis N 9, insb. zu BGE 132 IV 127.
1653 BGE 132 IV 127; Stratenwerth/Bommer 2013, 231; Stratenwerth/Wohlers 2013, Art. 260bis N 4.

E. Kriminelle Organisation (Art. 260ter)

1. Einführung

a) Noch weiter ins Vorfeld zurück

Der Tatbestand der kriminellen Organisation greift noch weiter ins Vorfeld der eigentlichen Tatbegehung zurück als die strafbaren Vorbereitungshandlungen: Es wird bereits unter Strafe gestellt, eine Personengruppe zu unterstützen, die sich zur Begehung schwerer Delikte zusammengefunden hat. International gibt es eine lange Geschichte solcher Vereinigungstatbestände (von der angelsächsischen *«conspiracy»*[1654] über die deutsche kriminelle Vereinigung[1655], die französische *«association de malfaiteurs»*[1656] bis hin zur italienischen *«associazione di tipo mafioso»*[1657]).

Der Hintergrund dieser Normen ist stark von rechtspolitischen Stimmungen beeinflusst. Während die angelsächsische *conspiracy* eine traditionelle, wenn auch – aus unserer Sicht – diffuse Form der Tatbeteiligung darstellt, die sich im *Common Law* etabliert hat, ging es den klassischen deutschen, französischen und italienischen Normen zunächst um die Durchsetzung des Obrigkeitsstaates[1658] gegen jede Form von «Revoluzzern». Die Schweiz hat in einer liberalen Phase der Versuchung widerstanden, solche politischen Delikte ins Strafgesetzbuch aufzunehmen. Einzig im klassischen Staatsschutzrecht (zum Schutze vor Landesverrat und Spionage) bestand schon geraume Zeit (noch erweitert während des Kalten Krieges) der Tatbestand der «rechtswidrigen Vereinigung» (Art. 275ter), auf den mangels praktischer Bedeutung hier nicht weiter einzugehen ist.

b) Gesetzgebungsgeschichte

Unter dem Eindruck terroristischer Aktivitäten der 1970er und 1980er Jahre (insb. Flugzeugentführungen, man denke an die Entführung einer Swissair Maschine 1970[1659] oder einer Lufthansa Maschine 1977[1660] bzw. die bereits mehrfach erwähnten Attentate der deutschen RAF bzw. der italienischen *Brigate Rosse*[1661]) schlug die Expertenkommission zur Revision der «**Gewaltverbrechen**» 1978 die Schaffung eines Tatbestands der «kriminellen Gruppe» vor. Der Vorschlag stiess allerdings im Vernehmlassungsverfahren auf derart heftige Ablehnung, dass der Bundesrat ihn zwar nicht in die Vorlage aufnahm, ihn aber zusammen mit den strafbaren Vorbereitungs-

---

[1654] Daams 2003, 193 ff.
[1655] § 129 D StGB (seit 1951); vgl. aber auch § 129a D StGB.
[1656] Art. 450–1 CPF.
[1657] Art. 416bis CPI.
[1658] Vgl. bereits die Vorläufer im alten Preussen von 1798.
[1659] Vgl. Arzt 2007 (Kommentar), Art. 260ter N 5; Schubarth/Vest 2007 (Kommentar), Art. 260ter N 1; in Erinnerung an die «Entführung einer Swissair-DC-8 nach Zerqa» siehe NZZOnline vom 5.9.2005.
[1660] Entführung der Lufthansa Maschine «Landshut» nach Mogadischu im Oktober 1977 (siehe dazu z.B.: http://archiv.rhein-zeitung.de/on/96/04/30/topnews/lchron.html [29.1.2018]).
[1661] Arzt 2007 (Kommentar), Art. 260ter N 17 ff.

handlungen ausführlich in der Botschaft referierte[1662]. Der Vorschlag war sehr schlicht abgefasst und hatte bereits unter Strafe gestellt, «wer sich mit anderen zu einer Gruppe zusammenfindet, deren Tätigkeit darauf gerichtet ist, folgende strafbare Handlungen vorzunehmen ... » (es folgte, wie bei Art. 260bis, ein Straftatenkatalog).

In der Zwischenzeit hatte der Schweizer Gesetzgeber auf einer anderen «Baustelle» mit einem Vereinigungstatbestand experimentiert: Am 25. Mai 1973 hatte die Schweiz einen Staatsvertrag über die gegenseitige Rechtshilfe mit den USA abgeschlossen (**RVUS**[1663]). Um der Hürde der «beidseitigen Strafbarkeit» bei der Rechtshilfe aus dem Wege zu gehen, wurde in Art. 6 Ziff. 3 RVUS ein Sonderrechtshilfetatbestand der «organisierten Verbrechergruppe» geschaffen. Dabei wurde auf folgende Elemente abgestellt:

> «Als ‹organisierte Verbrechergruppe› im Sinne dieses Kapitels gilt eine Vereinigung oder Gruppe von Personen, die sich auf längere oder unbestimmte Zeit zusammengetan hat, um ganz oder zum Teil mit rechtswidrigen Mitteln Einkünfte oder andere Geldwerte oder wirtschaftliche Gewinne für sich oder andere zu erzielen und ihre rechtswidrige Tätigkeit gegen strafrechtliche Verfolgung abzuschirmen, und zur Erreichung ihrer Zwecke in methodischer und systematischer Weise:
> a) wenigstens bei einem Teil ihrer Tätigkeit Gewaltakte oder andere zur Einschüchterung geeignete beidseitig strafbare Handlungen begeht oder zu begehen droht; und
> b) entweder
> (1) einen Einfluss auf Politik oder Wirtschaft anstrebt, insb. auf politische Körperschaften oder Organisationen, öffentliche Verwaltungen, die Justiz, auf Geschäftsunternehmen, Arbeitgebervereinigungen oder Gewerkschaften oder andere Arbeitnehmervereinigungen; oder
> (2) sich formell oder formlos einer oder mehreren ähnlichen Vereinigungen oder Gruppen anschliesst, von denen mindestens eine die in Ziff. 1 hiervor beschriebene Tätigkeit ausübt.»

Auch wenn der Rechtshilfetatbestand wenig praktische Bedeutung erlangt hat, ist er für die weitere Entwicklung der Gesetzgebung interessant.

Im Nachgang zum sog. Kopp-Skandal[1664] und der überstürzten Gesetzgebung gegen die Geldwäscherei[1665] wurde das rechtliche Arsenal gegen das organisierte Verbrechen auch in der Schweiz (wie in den Nachbarstaaten) ausgebaut: Nunmehr standen der weltweite Betäubungsmittelhandel und andere Formen des organisierten Verbrechens im Vordergrund[1666]. Neben terroristischen Aktivitäten, die nach wie vor Motiv zur Gesetzgebung blieben[1667], traten nun **mafiöse Umtriebe** im Gefolge der beschleunigten Globalisierung nach der Öffnung des Ostens in den Vordergrund (neben Betäu-

---

1662 Botschaft des Bundesrates, BBl 1980 I 1241 [1248 ff.].
1663 Staatsvertrag zwischen der Schweizerischen Eidgenossenschaft und den Vereinigten Staaten von Amerika über gegenseitige Rechtshilfe in Strafsachen vom 25.5.1973, i.Kr. seit 23.1.1977 (SR 0.351.933.6); dazu Pieth 1992 (ZStrR), 257 ff. und Vest 1994, 127.
1664 Vgl. den Bericht der Parlamentarischen Untersuchungskommission vom 22.11.1989, «Vorkommnisse im EJPD».
1665 Vgl. Botschaft des Bundesrates, BBl 1989 II 1061. BSK-Pieth 2018, Vor Art. 305bis N 18; Stratenwerth/Bommer 2013, 406.
1666 Pieth 1995, 225 ff.
1667 Forster 2003, 423 ff.

bungsmittelhandel ist insb. auch an Menschenhandel, illegales Spiel und systematische Erpressung zu denken). In diesem Kontext erliess der Gesetzgeber 1994 das «zweite Paket gegen das organisierte Verbrechen», das einerseits den Tatbestand von Art. 260ter und andererseits die «Einziehung von Vermögenswerten einer kriminellen Organisation» (neu Art. 72) enthielt[1668].

c) **Definition des organisierten Verbrechens**

Gerade weil der Tatbestand (notgedrungen) weit ins Vorfeld eigentlicher Rechtsgutsverletzungen vorgreift, ist die Definition sehr kontrovers. Die Definitionsversuche müssen nach der jeweiligen Perspektive des Betrachters unterschieden werden:

- Es gibt **polizeiliche** Definitionsansätze, bei denen operationelle Motive im Vordergrund stehen.
- Es gibt **kriminologische** Ansätze, die versuchen, das Typische herauszuarbeiten und dabei vor allem auch die Entwicklung einzelner Organisationen und ihre Tätigkeit analysieren.
- Es gibt **juristische** Versuche, die – um den Preis eines gewissen Realitätsverlustes – vor allem nach Klarheit streben[1669].

Nationale[1670] wie internationale[1671] Strafverfolgungsbehörden haben sog. «**Indikatorenkataloge**» ausgearbeitet, das heisst Listen von Elementen, die auf organisiertes Verbrechen hindeuten sollen. Im Einzelnen gibt es ausführlichere oder knappere Varianten[1672].

> «Stellt man die meistgenannten Elemente zusammen, ergibt sich folgende Arbeitsdefinition: Organisiertes Verbrechen liegt dort vor, wo Organisationen in Annäherung an die Funktionsweise internationaler Unternehmen hochgradig arbeitsteilig, stark abgeschottet, planmässig und auf Dauer angelegt sind und durch Begehung von Delikten sowie durch Teilnahme an der legalen Wirtschaft möglichst hohe Gewinne anstreben. Die Organisation bedient sich dabei der Mittel der Gewalt, Einschüchterung, Einflussnahme auf Politik und Wirtschaft. Sie weist regelmässig einen stark hierarchischen Aufbau auf und verfügt über wirksame Durchsetzungsmechanismen für interne Gruppennormen. Ihre Akteure sind dabei weitgehend austauschbar[1673].»

Die Botschaft fährt gleich weiter mit sog. «**dynamischen**» Definitionsversuchen[1674], bei denen die Entwicklung typischer Erscheinungsformen (wie der Mafia, des Medellinkartells oder der Yakuza) in ihrem Kontext diskutiert werden. Jenseits der dort zitierten Quellen ist der kriminologische Diskurs um die Phänomene und die Begriffe

---

1668 Pieth 1995, 225 ff.; Tschigg 2003.
1669 Botschaft des Bundesrates, BBl 1993 III 277 [280 ff.]; vgl. auch Pieth/Freiburghaus 1993; Pieth 1992 (ZStrR), 262.
1670 Z.B. FBI Assistant Director Baker 1990 oder die deutsche Arbeitsgruppe «OK» des Bundes und der Länder, 1990, 16.
1671 Vgl. etwa das Interpol-Kolloquium über organisierte Kriminalität vom 16.–19.5.1988.
1672 Vgl. den Überblick bei Pieth/Freiburghaus 1993, 10 ff.
1673 Botschaft des Bundesrates, BBl 1993 III 277 [281]; vgl. auch Schmid 1995, 3.
1674 Botschaft des Bundesrates, BBl 1993 III 277 [281]; vgl. auch Pieth/Freiburghaus 1993, 18 ff.

inzwischen weitergegangen. Verschiedene Autoren verweisen auf die politische Dimension und Funktion solcher Begriffe[1675]. Sämtliche Autoren tun sich schwer mit der Abgrenzung von illegaler Wirtschaftstätigkeit (einschliesslich prinzipiell legal operierender Unternehmen, die in einem Teilbereich in die Illegalität abgleiten) von mafia-ähnlichen Strukturen[1676].

d) Kritik

Während und auch nach Erlass der Strafnorm ist die Kritik nie verstummt. Die einen Autoren zweifeln, wenn nicht die Existenz, so doch das von den Strafverfolgungsbehörden behauptete Ausmass des Problems an[1677]. Eine weitere Linie der Kritik stösst sich an der konkreten Gesetzgebung[1678] (wobei erstaunt, dass einige der prominentesten Kritiker selbst in den Expertenkommissionen sassen[1679]).

Roulet stösst sich in seiner Dissertation u.a. daran, dass mit dem Element der Geheimhaltung ein schlecht operationalisierbares und auch untypisches Kriterium in den Vordergrund gestellt worden sei. Er hätte sich zumindest eine Anleihe bei der italienischen «*associazione del tipo mafioso*» (Art. 416bis CPI), der die *Omertà* über das Element des «Einschüchterungspotentials» erfasst, gewünscht[1680]. Weitere Kritiker stellen fest, dass der Tatbestand – ausser vielleicht im Rechtshilfebereich[1681] – in der Praxis kaum zur Anwendung gelange[1682].

Bei aller Kritik ist unbestreitbar, dass es an bestimmten Orten auf der Welt handfeste Probleme gibt, insb., dass es Verbrechersyndikate schaffen, den Staat und seine Institutionen so zu unterwandern, dass sie die eigentliche Macht im Staate (und in der Wirtschaft) ausüben[1683]. Gerade für einen Finanzplatz in einer hochglobalisierten Welt wäre es naiv anzunehmen, dass das organisierte Verbrechen kein Problem sei, weil es bei uns nicht sichtbar werde[1684]. Die Schweiz als Dienstleistungsort kann sehr wohl dazu beitragen, dass sich derartige Probleme im Ausland erhalten. Dass sich das Problem auch nicht einfach auf die Geldwäscherei als Thema beschränkt, wird deutlich, wenn man an nicht regulierte Bereiche wie den Immobilienhandel denkt[1685].

1675 Besozzi 2002, 71 ff. (v.a. 83 ff.); Cesoni 2004, 505 ff. (v.a. zu Italien), 689 ff. (insgesamt).
1676 Bereits die Botschaft hatte vor den Fähigkeiten krimineller Organisationen gewarnt, sich in die legale Wirtschaft einzukaufen und die Marktgesetze ausser Kraft zu setzen: Botschaft des Bundesrates, BBl 1993 III 277 [282 f.]; krit. Arzt 2007 (Kommentar), Art. 260ter N 36 ff. und 50 ff.; Besozzi 2002, 88 f.; Cesoni 2004, 509 ff.
1677 Besozzi 2002, 136 ff.; Estermann in NZZ vom 30.8.2002, 15.
1678 Arzt 2007 (Kommentar), Art. 260ter N 11 ff.; Godenzi 2015, 246 ff.; Kunz 1996, 32 ff.; Roulet 1994, 24 ff.; Stratenwerth/Bommer 2013, 233 f.; PK-Trechsel/Vest 2018, Art. 260ter N 2 ff.; Schubarth/Vest 2007 (Kommentar), Art. 260ter N 6 f.
1679 Botschaft des Bundesrates, BBl 1993 III 277 [287].
1680 Roulet 1997, 130 ff.; vgl. zu Art. 416bis CPI auch Cesoni 2004, 538 ff.
1681 BSK-Engler 2018, Art. 260ter N 2.
1682 Estermann in NZZ vom 30.8.2002, 15.
1683 Vgl. etwa Hassemer 1993, 664 ff.
1684 So aber tendenziell Besozzi 2002, 136 ff.
1685 A.A. aber Arzt 2007 (Kommentar), Art. 260ter N 79 ff.

Richtig ist allerdings, dass Gesetzgebung gegen das organisierte Verbrechen auf dem «schmalen Grat zwischen Effizienzbemühungen und rechtsstaatlichen Skrupeln verläuft»[1686]. Es liegt nahe, dass der Tatbestand weniger materiellrechtlich als prozessual eingesetzt wird[1687], um das geheimdienstliche Arsenal der geheimen Zwangsmassnahmen der Strafprozessordnung zu erschliessen[1688]. Dabei besteht das Risiko, dass das scharfe strafprozessuale Arsenal für «Makrodelinquenz» auf Alltagsfälle ausgedehnt wird[1689]. Aus all diesen Gründen ist eine restriktive Auslegung des Gesetzes angebracht[1690]. Dass nicht alle Praktiker darüber glücklich sind, muss in Kauf genommen werden.

2. Tatbestand

a) Objektiver Tatbestand

aa) Organisation

In BGE 132 IV 132 [134] gibt das Bundesgericht folgende Definition:

> «Der Begriff der Verbrechensorganisation ... setzt eine strukturierte Gruppe von mindestens drei, im Allgemeinen mehr, Personen voraus, die mit dem Ziel geschaffen wurde, unabhängig von einer Änderung ihrer Zusammensetzung dauerhaft zu bestehen, und die sich namentlich durch die Unterwerfung ihrer Mitglieder unter Anweisungen, durch systematische Arbeitsteilung, durch Intransparenz und durch in allen Stadien ihrer verbrecherischen Tätigkeit vorherrschende Professionalität auszeichnet. Im Weiteren gehört zum Begriff der kriminellen Organisation die Geheimhaltung von Aufbau und Struktur. Eine im Allgemeinen mit jeglichem strafbaren Verhalten verbundene Verschwiegenheit genügt nicht. Erforderlich ist eine qualifizierte und systematische Verheimlichung, die sich nicht notwendig auf das Bestehen der Organisation selbst, wohl aber auf deren interne Struktur sowie den Kreis ihrer Mitglieder und Helfer erstrecken muss. Zudem muss die Organisation den Zweck verfolgen, Gewaltverbrechen zu begehen oder sich durch verbrecherische Mittel Einkünfte zu verschaffen. Die Bereicherung durch verbrecherische Mittel setzt das Bestreben der Organisation voraus, sich durch die Begehung von Verbrechen, namentlich von Verbrechen gegen das Vermögen und von als Verbrechen erfassten Widerhandlungen gegen das Betäubungsmittelgesetz, rechtswidrige Vermögensvorteile zu verschaffen ... ».

In der Literatur wird vorab die **Mitgliederzahl** diskutiert. Während das Bundesgericht formelhaft «mindestens drei, im Allgemeinen mehr» Personen verlangt[1691], schlägt Arzt mindestens sieben Personen vor. Wer sich fragt, woher die (doch etwas abenteu-

---

1686 Kunz 1996, 37; vgl. auch Stratenwerth/Bommer 2013, 233 f.; PK-Trechsel/Vest 2018, Art. 260ter N 2.

1687 Der Bundesanwalt weist in einem Interview darauf hin, dass die praktische Bedeutung von Art. 260ter weit weniger in Schweizer Strafverfahren (70 Verurteilungen in 20 Jahren) als in der Rechtshilfe zu sehen sei: NZZ am Sonntag vom 4.1.2015, 1 und 8 f.: «Bundesanwalt ändert den Kurs im Kampf gegen Mafia».

1688 Pieth 2013 (plädoyer), 20 f.; Vest 1994, 134 ff.

1689 Vgl. Pieth StPO 2016, 7 ff.

1690 Vgl. auch Tschigg 2003, 30.

1691 BGE 132 IV 132; 129 IV 271; vgl. auch BSK-Engler 2018, Art. 260ter N 6; Roulet 1997, 118 ff.; PK-Trechsel/Vest 2018, Art. 260ter N 4; Schubarth/Vest 2007 (Kommentar), Art. 260ter N 19 ff.

erliche Vorstellung) kommt, dass bereits drei Personen *(tres faciunt collegium?)* reichen sollen, wird im italienischen Art. 416bis Abs. 1 CPI fündig[1692]. Entscheidend ist aber wohl nicht die Mitgliederzahl, sondern die Frage der **Dauerhaftigkeit**, der **hierarchischen Struktur**[1693] und der **Austauschbarkeit der Akteure**[1694]. Diesbezüglich hat das Bundesgericht einen wichtigen Beitrag zur einschränkenden Interpretation geleistet. Von der Bande oder Gruppe unterscheidet sich die Organisation dadurch, dass ihr Bestand von den konkreten Mitgliedern relativ unabhängig ist:

> «Im zu beurteilenden Fall hat die Vorinstanz aufgrund des Umstands, dass sämtliche Gruppenmitglieder familiär eng miteinander verbunden waren und daher ein Austausch der beteiligten Personen familiär wie organisatorisch nur schwer möglich gewesen wäre, zu Recht angenommen, der Zusammenschluss der in den Drogenhandel involvierten Personen sei als Bande im Sinne von Art. 19 Ziff. 2 lit. b BetmG zu würdigen»[1695].

Nicht ausreichend sind somit die klassischen, eher kooperativ strukturierten Straftäterverflechtungen, wie sie sich etwa in East End von London etabliert hatten. Der Kultur der *«whealers and dealers»* fehlt trotz Professionalität das hierarchische Element[1696].

Erfasst wird indessen von Art. 260ter auch die **Terrororganisation**. Sie erfüllt typischerweise die Kriterien, selbst wenn Art. 260ter primär auf mafiöse Strukturen gemünzt ist[1697]. Das Bundesgericht hat indessen klargemacht, dass nicht zu den kriminellen Organisationen gezählt werden:

> «extremistische Parteien, oppositionelle politische Gruppen sowie Organisationen, die mit angemessenen (nicht verbrecherischen) Mitteln um die politische Macht in ihrem Heimatland ringen oder einen Freiheitskampf gegen diktatorische Regimes führen»[1698].

Obwohl Art. 260ter auch Terrororganisationen erfasst, hat der Bundesrat erst 2000 – gestützt auf Art. 84 Abs. 3 und Art. 185 Abs. 3 BV – eine besondere «Al-Qaïda-Verordnung» erlassen[1699]. Inzwischen hat die Bundesversammlung ein Zeitgesetz (gültig vom 1. Januar 2015 bis zum 31. Dezember 2018) erlassen, das sich auf die «Al-Qaïda» und den «Islamischen Staat» sowie verwandte Organisationen bezieht[1700]. Das Gesetz

---

1692 Dazu Cesoni 2004, 538 f.
1693 Botschaft des Bundesrates, BBl 1993 III 277 [297]; BSK-Engler 2018, Art. 260ter N 6.
1694 Botschaft des Bundesrates, BBl 1993 III 277 [297]; De Vries 2002, 293; Roulet 1997, 122 f.; PK-Trechsel/Vest 2018, Art. 260ter N 4; Schubarth/Vest 2007 (Kommentar), Art. 260ter N 12.
1695 BGE 132 IV 132 [137].
1696 Hobbs 1989, 140 ff.; siehe dazu bereits oben S. 199 f.
1697 BGE 132 IV 132; BGer 1C_644/2015; dazu auch EJPD, BJ VE und erl. Bericht Juni 2017, 14 ff., 43 ff.; Forster 2003, 423 ff., 426, 438 f.; **Pieth/Eymann/Zerbes 2014, Fall 19 («Olivenöl»), 241 ff. (247 f.)**.
1698 BGE 131 II 235 [241] m.w.H.
1699 Verordnung über Massnahmen gegenüber Personen und Organisationen mit Verbindungen zu Usama bin Laden, der Gruppierung «Al-Qaïda» oder den Taliban vom 2.10.2000 (SR 946.203), i.Kr. seit 3.10.2000.
1700 Bundesgesetz über das Verbot der Gruppierungen «Al-Qaïda» und «Islamischer Staat» sowie verwandter Organisationen vom 12.12.2014, i.Kr. vom 1.1.2015 – 31.12.2018 (SR 122), gemäss Medienmitteilung des Bundesrates vom 22.11.2017 soll die Verordnung bis Ende

verbietet die betreffenden Organisationen und bestraft nach Art. 2 die Beteiligung und Unterstützung. Dabei werden Propagandaaktionen und das Anwerben explizit genannt. Eine Reihe von Urteilen stützen sich auf dieses Gesetz[1701]. Inzwischen wird aber an einer erweiterten permanenten Rechtsgrundlage gegen den Terrorismus gearbeitet[1702].

bb) Geheimhaltung

Das umstrittenste Tatbestandselement von Art. 260ter ist die Geheimhaltung. Nach Gesetz muss die Organisation «ihren **Aufbau** und ihre **personelle Zusammensetzung** geheim» halten. Gemeint ist damit nicht die typische Diskretion in Verbrecherkreisen[1703], es geht auch nicht darum, die Delikte geheim zu halten, ja nicht einmal die Geheimhaltung der Existenz der Organisation trifft das Wesentliche[1704]: Es geht um die Abschottung gegenüber Aussenstehenden und die Durchsetzung eines rigorosen Schweigegebots nach innen[1705]: Gemeint ist die sizilianische *Omertà*[1706]. Abermals war Art. 416bis (Abs. 3) CPI ein wichtiges Vorbild des Gesetzgebers[1707]. Da die Praxis das Erfordernis für schwer nachweisbar hält, schlägt das BJ in seinem Vorentwurf vom Juni 2017[1708] vor, das Tatbestandselement zu streichen.

cc) Organisationszweck

Die Passage «den Zweck verfolgt, **Gewaltverbrechen** zu begehen **oder** sich mit verbrecherischen Mitteln zu **bereichern**» wurde vom Gesetzgeber anstelle des naheliegenden Deliktskatalogs gewählt. Auch wenn man sie auf Verbrechen im technischen Sinne zuspitzt, ist sie bedenklich weit[1709]. Im Übrigen ist der Bereicherungszweck nicht auf Vermögensdelikte im engeren Sinne eingeschränkt, er erfasst namentlich auch Betäubungsmitteldelikte[1710].

2022 verlängert werden; Botschaft des Bundesrats, BBl 2014 8925; dazu Leu/Parvex 2016, 764 ff.
[1701] BGer 6B_948/2016 (Djihad-Reise); NZZ vom 16.3.2017, 20: «IS-Unterstützer blitzt mit Rekurs ab»; vgl. für einen Fall der Propaganda für «Al-Qaïda»: NZZ vom 29.4.2014, 11: «Werbung für den Terror».
[1702] Dazu unten S. 271 f.
[1703] BGE 132 IV 132.
[1704] Roulet 1997, 125; Stratenwerth/Bommer 2013, 235 f.
[1705] Botschaft des Bundesrates 1993 III 277 [298 f.]; BGE 133 IV 235; 132 IV 132.
[1706] Pieth 1992 (ZStrR), 264; Ders. 1995, 235; krit. Arzt 2007 (Kommentar), Art. 260ter N 136 ff.; Roulet 1997, 27; Vest 1994, 145.
[1707] Cesoni 2004, 538, 544 f.
[1708] EJPD, BJ VE und erl. Bericht Juni 2017, 38 f.; dazu unten S. 272.
[1709] Donatsch/Thommen/Wohlers 2017, 207 f.; BSK-Engler 2018, Art. 260ter N 10 f.; Stratenwerth/Wohlers 2013, Art. 260ter N 3; PK-Trechsel/Vest 2018, Art. 260ter N 7 f.
[1710] BGE 132 IV 132; Stratenwerth/Wohlers 2013, Art. 260ter N 3; Schubarth/Vest 2007 (Kommentar), Art. 260ter N 32.

dd) Tathandlung

Das Gesetz stellt sowohl die **Beteiligung** an der Organisation wie deren **Unterstützung** unter Strafe.

Beteiligter (oder «Mitglied») gemäss Ziff. 1 Abs. 1 ist, wer «funktionell in die kriminelle Organisation eingegliedert» ist[1711]. Eine Leitungsfunktion ist aber nicht notwendig[1712]. Es braucht auch keine folkloristischen Aufnahmerituale[1713]. Über die erforderliche Intensität der Beziehung zur Organisation bestehen allerdings unterschiedliche Auffassungen. Hatte die Botschaft noch verlangt, dass das Mitglied «dem verbrecherischen Organisationszweck unmittelbar dienen» müsse[1714], reicht der Lehre[1715] und der Praxis eine offenere Beziehung: Wer nicht nur Chauffeur, sondern «Mädchen für alles» der Organisation ist, handelt bereits als Mitglied[1716].

Von **Unterstützung** nach Ziff. 1 Abs. 2 spricht man beim Beitrag eines Aussenstehenden[1717], der kausal zum Organisationszweck beiträgt, ohne dass er aber zwingend ein konkretes Delikt fördern muss[1718]. Entscheidend ist die gesetzliche Einschränkung, dass der Täter die Organisation «in ihrer verbrecherischen Tätigkeit» unterstützen muss[1719]. Als Unterstützung kommt insb. die logistische Hilfe, aber auch etwa die Finanzierung in Frage. Dabei kann Täter nach Art. 102 Abs. 2 auch ein Unternehmen sein. Wäre die Finanzierung syrischer Rebellen (einschliesslich des «IS») durch Lafarge-Holcim[1720] nach Schweizer Recht zu beurteilen, müsste neben Art. 260^{quinquies} auch Art. 260ter geprüft werden. Das Bundesgericht hatte sich mit der Frage zu befassen, wo die Untergrenze der Unterstützung zu ziehen sei. Es hat klargestellt, dass blosse Sympathiebekundungen oder auch der Ausdruck von Bewunderung nicht ausreichen[1721]. Demgegenüber reicht das Führen einer Website, die den Terror verherrlicht, weil die Kommunikation unter Gleichgesinnten gefördert werde[1722]. Ebenso reichte schon aufgrund des geltenden Rechts die versuchte Ausreise in den Djihad, weil sich der Täter «im vom IS propagierten Sinn gezielt aktiv» verhielt[1723]. Ebenfalls ausreichend sind Spitzeldienste – selbst wenn sie als solche

---

1711 BGE 128 II 355, E. 2.4.; PK-Trechsel/Vest 2018, Art. 260ter N 9.
1712 Schubarth/Vest 2007 (Kommentar), Art. 260ter N 38.
1713 Roulet 1997, 147.
1714 Botschaft des Bundesrates, BBl 1993 III 277 [301].
1715 Donatsch/Thommen/Wohlers 2017, 209; BSK-Engler 2018, Art. 260ter N 12; Stratenwerth/Bommer 2013, 237; PK-Trechsel/Vest 2018, Art. 260ter N 9; Schubarth/Vest 2007 (Kommentar), Art. 260ter N 39.
1716 BGE 129 IV 271, v.a. E. 2.4.
1717 BGE 132 IV 132, E. 4.1.3.; 128 II 255, E. 2.4.; dazu etwa Schubarth/Vest 2007 (Kommentar), Art. 260ter N 46 ff.
1718 PK-Trechsel/Vest 2018, Art. 260ter N 10; Stratenwerth/Wohlers 2013, Art. 260ter N 5.
1719 Arzt 2007 (Kommentar), Art. 260ter N 154; Roulet 1997, 147.
1720 Lafargeholcim.com: *LafargeHolcim concludes independent investigation into legacy Syria operations and issues summery of investigation findings*, 24.4.2017.
1721 BGE 132 IV 132; PK-Trechsel/Vest 2018, Art. 260ter N 10; vgl. ebenso EJPD, BJ VE und erl. Bericht Juni 2017, 42.
1722 BGer 6B_645/2007.
1723 Vgl. zu BstGer SK.2016.9: PK-Trechsel/Vest 2018, Art. 260ter N 17.

nicht verboten sind[1724]. Ein Grenzfall ist der Politiker, der sich von einer kriminellen Organisation den Wahlkampf finanzieren lässt. Er begibt sich zweifellos in eine Abhängigkeit und damit in die Nähe zur Organisation. Dadurch unterstützt er sie aber noch nicht[1725]. In Italien würde das Verhalten zweifellos anders gewertet (man denke an den Fall Andreotti).

Schwierigkeiten bereitet hatte sowohl bezüglich der Mitgliedschaft wie der Unterstützung in der Praxis der Bezug zur deliktischen Aktivität: Man ist sich einig, dass ein kausaler Beitrag zu einem konkreten Delikt nicht erforderlich ist[1726]. Allerdings hat das BJ, gestützt auf die bundesgerichtliche Rechtsprechung, es – entgegen den Forderungen der KKJPD – abgelehnt, die blosse Zugehörigkeit zu einer kriminellen Organisation unter Strafe zu stellen[1727]. Die Frage ist insb. im Rahmen eines Zigarettenschmuggelfalles aufgekommen. Im sog. «Montecristo»-Verfahren (in dem es um die Organisation von Schmuggel von hunderten von Millionen von Zigaretten von Montenegro in die EU ging, zu einer Zeit, in der der organisierte Schmuggel zu Lasten des Auslandes in der Schweiz noch nicht strafbar war) versuchte die Bundesanwaltschaft die Verbindung des Handels zur italienischen *Camorra* und *Sacra Corona Unita* herzustellen. Es gelang darzutun, dass diese italienischen Organisationen auch nach Schweizer Recht kriminelle Organisationen darstellen. Es gelang aber nicht darzulegen, dass sie die Ableger in der Schweiz kontrollierten und von deren Tätigkeit direkt profitierten[1728]. Der Fall war einer der Auslöser der Revisionsarbeiten[1729].

b) Subjektiver Tatbestand

Der subjektive Tatbestand erfordert keinen Vorsatz auf bestimmte Delikte; immerhin muss der Täter wissen oder in Kauf nehmen, dass «sein Beitrag der verbrecherischen Zweckverfolgung der kriminellen Organisation dienen könnte»[1730]. Die Frage drängt sich aber auf, ob das Bundesstrafgericht im «Montecristo»-Fall nicht übertrieben hohe Anforderungen gestellt hat: Der Täter muss wissen, «dass, wie und welche kriminelle Organisation durch seine Handlungen in ihrer kriminellen Tätigkeit unterstützt wird». Dabei reiche die Vorstellung einer «irgendwie gearteten Beteiligung einer kriminellen Organisation an kriminellen Geschäften» nicht, «selbst wenn sie sich jedem vernünftigen Durchschnittsmenschen aufdrängen würde» (!)[1731].

1724 Stratenwerth/Bommer 2013, 237.
1725 Vgl. Schubarth/Vest 2007 (Kommentar), Art. 260ter N 45 u.H.a. Kunz 1996, 32 ff. und Stratenwerth/Bommer 2013, 237 entgegen Pieth 1992 (ZStrR), 268.
1726 BGer 6B_645/2007 (es reichte das Bereitstellen einer Website zur Unterstützung terroristischer Propaganda).
1727 EJPD, BJ VE und erl. Bericht Juni 2017, 39 ff.
1728 BStGer SK.2011.5, in: TPF 2013, 1.
1729 Vgl. Motion 15.3008 der Kommission für Rechtsfragen des Ständerates; zur Kritik der Praxis auch: NZZ vom 7.4.2016, 15: «Politik will gegen die Mafia aufrüsten» (betreffend Frauenfelder 'Ndrangheta-Zelle); NZZ am Sonntag vom 4.1.2015, 8 f.: «Wir machen keine Abenteuer mehr»; NZZ vom 19.9.2012, 9: «Nur drei bedingte Strafen für Hells Angels».
1730 BGE 128 II 355, E. 2.4.
1731 BStGer SK.2011.5, in: TPF 2013, 1.

3. Rechtfertigung

Die Lehre hat zum Teil versucht, V-Leute bereits auf Tatbestandsebene von der Strafbarkeit auszunehmen (da der V-Mann «im Sinne einer «Gesamtsaldierung» die Organisation nicht unterstützt»[1732]). Das überzeugt aber nicht wirklich, da im objektiven Tatbestand der Tatbeitrag und nicht die letztendliche Motivation geprüft wird. Falls V-Leute gerechtfertigt werden sollen, muss eine explizite Rechtfertigungsnorm im Strafprozessrecht oder im Polizeirecht gefunden werden.

4. Rücktrittsprivileg (Ziff. 2)

Ziff. 2 sieht (ausnahmsweise) eine Privilegierung des Rücktritts vom vollendeten Delikt vor. Im Vordergrund steht die Idee der «goldenen Brücke» zur Straflosigkeit[1733]. Die Motive des Täters sind hier deshalb genauso unerheblich wie die Frage, ob es letztlich gelingt, die Ziele der Organisation zu vereiteln[1734].

5. Auslandstat (Ziff. 3)

Strafbar ist auch, wer die Tat im Ausland begeht, wenn die Organisation ihre verbrecherische Tätigkeit ganz oder teilweise in der Schweiz ausübt oder auszuüben beabsichtigt. Gemäss Art. 24 Abs. 1 lit. a StPO sind die Instanzen des Bundes zuständig, wenn die strafbaren Handlungen im Wesentlichen im Ausland begangen werden[1735].

6. Konkurrenzen

Die Strafbarkeit der **Einzeldelikte** geht vor, wenn sich die Beteiligung des Täters in der Mitwirkung an ihnen erschöpft; geht die Unterstützung der Organisation aber über die Einzeltat hinaus, besteht echte Konkurrenz[1736].
Problematisch ist dagegen die Auffassung, dass zwischen dem Grundtatbestand der **Geldwäscherei** (Art. 305bis Ziff. 1) und Art. 260ter wegen der Verschiedenheit der Rechtsgüter echte Konkurrenz bestehe: Die Rechtsgüter beider Normen sind für sich genommen wenig tragfähig[1737]. Zu Art. 305bis wird in diesem Buch die Meinung vertreten, dem Tatbestand der Geldwäscherei liege ein Blankettrechtsgut zugrunde[1738]. Daher wäre es – mit Blick auf die Strafdrohung – sinnvoll, Art. 260ter vorgehen zu lassen. Einig ist man sich dagegen, dass Art. 305bis Ziff. 2 den Art. 260ter verdrängt[1739].

[1732] So Schubarth/Vest 2007 (Kommentar), Art. 260ter N 53.
[1733] Vest (2007 Handkommentar, Art. 260ter N 57) spricht von einem «kleinen Kronzeugenprivileg».
[1734] Donatsch/Thommen/Wohlers 2017, 212.
[1735] Donatsch/Thommen/Wohlers 2017, 213; vgl. auch Art. 2 Abs. 2 des «Al-Qaïda» und «IS»-Gesetzes.
[1736] BSK-Engler 2018, Art. 260ter N 20; Stratenwerth/Wohlers 2013, Art. 260ter N 8 unter anderem u.H.a. BGE 137 IV 33 [47]; 133 IV 235 [239] und 132 IV 132; entgegen krit. so auch EJPD, BJ VE und erl. Bericht Juni 2017, 45 f.
[1737] Vgl. auch PK-Trechsel/Vest 2018, Art. 260ter N 18; a.A. aber Stratenwerth/Bommer 2013, 240 und Schubarth/Vest 2007 (Kommentar), Art. 260ter N 71.
[1738] S.u. S. 325.
[1739] Stratenwerth/Bommer 2013, 240; Stratenwerth/Wohlers 2013, Art. 260ter N 8; Schubarth/Vest 2007 (Kommentar), Art. 260ter N 72.

F. Finanzierung des Terrorismus (Art. 260^{quinquies})

1. Einführung

Terrorismus ist kein neues Thema. Bereits gegen Ende des 19. Jahrhunderts rissen Anarchisten Staatsoberhäupter wie Angehörige der Zivilbevölkerung in den Tod[1740]. Auch nach dem Zweiten Weltkrieg setzten radikalisierte und marginalisierte Gruppen gewalttätige Mittel gegen Behörden, Wirtschaftsführer und die breite Öffentlichkeit ein. Meist waren die Akte politisch oder religiös motiviert. Vielfach waren sie auch die Konsequenz unbewältigter regionaler Konflikte (etwa im Nahen Osten oder auf dem Balkan). Die Täter haben immer wieder zu spektakulären Mitteln gegriffen, etwa indem sie Exponenten des verhassten Establishments (Politiker oder Unternehmenschefs) entführten und ermordeten, indem sie Flugzeuge entführten und in die Luft sprengten, Bomben legten[1741] oder *in extremis* zu Selbstmordattentaten[1742] schritten. Zugespitzt hat sich der Terrorismus im Angriff auf das World Trade Center (WTC) in New York am 11. September 2001 («9/11») wie auch den Bombenattentaten von London (2005) und Madrid (2004). Seither sind Terrorangriffe auf Hauptstädte des Westens in der Auseinandersetzung mit dem «IS» eskaliert. Entsprechend verschärft wurde auch die Reaktion[1743].

Während die internationale Reaktion auf den Terrorismus seit dem Zweiten Weltkrieg stark segmentiert erfolgte (bei jeder neuen Bedrohungsform wurde eine neue Konvention verfasst[1744]), hat der Westen nach den Angriffen auf das WTC die Strategie gewechselt: In Anlehnung an frühere Ansätze in der Betäubungsmittelbekämpfung wurde beschlossen, terroristischen Vereinigungen mit allen Mitteln den Geldhahn zuzusperren («*go for the money*»[1745]): Bereits am 9. Dezember 1999 hatte die **UNO** das **Übereinkommen** zur Bekämpfung der Finanzierung des Terrorismus verabschiedet. Nach 9/11 verlangte der UNO-Sicherheitsrat in Resolution

---

1740 Zu einem merkwürdigen Bombenattentat im Rahmen eines Arbeitskonfliktes am 1.5.1917 in Chippis (VS): NZZ vom 24.4.2017, 11: «Mysteriöse Bombe erschüttert Chippis».
1741 NZZ vom 12.2.2016, 17: «Der PLO-Deal als Teil eines Abwehrdispositivs»; NZZ vom 20.1.2016, 15: «Jean Zieglers geheime Mission».
1742 NZZ vom 29.11.2014, 61: «Die Perversion des Gottesnamens».
1743 Siehe sogleich unten S. 271 ff.
1744 Convention for the Suppression of Unlawful Seizure of Aircraft of 16 December 1970; Convention for the Suppression of Unlawful Acts Against the Safety of Civil Aviation of 23 September 1971; Protocol for the Suppression of Unlawful Acts of Violence at Airports Serving International Civil Aviation, Supplementary to the Convention for the Suppression of Unlawful Seizure of Aircraft 1970 of 24 February 1988; Convention for the Suppression of Unlawful Acts Against the Safety of Maritime Navigation of 10 March 1988 and its Protocol for the Suppression of Unlawful Acts Against the Safety of Fixed Platforms Located on the Continental Shelf of 10 March 1988; International Convention against the Taking of Hostages of 17 December 1997; International Convention for the Suppression of Terrorist Bombings of 15 December 1997.
1745 Pieth 2006, 1074 ff.; Ders. 2002 (Financing Terrorism), 1 ff. und 115 ff.; Pieth/Eymann 2009, 163 ff.; tatsächlich sind Organisationen, wie der «IS», aufgrund von Verkauf von Öl, geraubten Kulturgütern oder Lösegeldern in der Lage, ihre Kriegskassen zu füllen: NZZ am Sonntag vom 4.1.2015, 18 f.: «Die Finanzierung des Terrors».

1373[1746] von den Mitgliedstaaten die Bestrafung der Finanzierung des Terrorismus. Dabei wurden die Staaten aufgefordert, die UN-Konvention von 1999 zu ratifizieren[1747].

Gleichzeitig baute der UN-Sicherheitsrat sein exekutiv-administratives Sanktionsinstrumentarium aus[1748]: *«Targeted sanctions»*, Listen von vermuteten terroristischen Vereinigungen und Terrorverdächtigen, sollten weltweit zur Sperrung ihrer Vermögenswerte und zu einem Reiseverbot führen[1749]. Die Schweiz ist, wie etwa auch die EU, diesen Anforderungen umgehend nachgekommen[1750]. Die eigentliche Herausforderung an alle Staaten, die die Menschenrechte achten wollten, war aber, dass das UN-Modell kein rationales Verfahren zur Freigabe der Werte vorsah[1751]. Bis vor Kurzem entschied der Sicherheitsrat allein nach politischem Gutdünken über das *«de-listing»*[1752].

Sodann schaltete sich nach 9/11 auch die international führende Institution zur Bekämpfung der Geldwäscherei, die *«Financial Action Task Force on Money Laundering»* (**FATF**)[1753] ein: Diese Task Force, die mit Hilfe von *«soft law»* (Empfehlungen) und Länder-Evaluationen operiert, erliess in kurzer Folge ein generelles Statement zur Terrorismusfinanzierung[1754] und neun *«Special Recommendations»*[1755], die ihrerseits mit Hilfe von *«Interpretive Notes»* und *«Best Practices»* konkretisiert wurden. Sie definierten internationale Sorgfaltspflichtstandards für Finanzinstitute und die Finanzaufseher. Im Zentrum standen – abgesehen von den üblichen Methoden der Finanzierung – auch die Wege des informellen Banking: Physischer Bargeldtransport über die Landesgrenzen, die Rolle von gemeinnützigen Vereinigungen und Stiftungen und Formen des «Untergrund-Banking» (Hawalla-Banking, insb. klassische Verrechnungssysteme, wie sie im Nahen Osten und in Westasien längst etabliert sind).

> Vielfach werden im Verkehr mit arabischen Staaten oder auch Pakistan bereits traditionellerweise sog. Verrechnungssysteme verwendet: Der Absender des Geldes, der es an einem Ort der Erde bei einem Geldwechsler einbezahlt, übermittelt dem Empfänger einen Code, der es

---

1746 UNSC Res. 1371 on Threats to International Peace and Security caused by Terrorist Acts of 28 September 2001.
1747 Botschaft des Bundesrates, BBl 2002 5390 [5439]; Arzt 2007 (Kommentar), Art. 260^{quinquies} N 8; Pieth/Eymann 2009, 172; Schubarth/Vest 2007 (Kommentar), Art. 260^{quinquies} N 1.
1748 Vgl. bereits UNSC Res. 1267; dazu Pieth/Eymann 2009, 172.
1749 Vgl. zu den UNSC Res. 1267 und 1373 (*«smart sanctions»*): Pieth/Eymann 2009, 173; PK-Trechsel/Vest 2018, Art. 260^{quinquies} N 1.
1750 Vgl. etwa die Verordnung über Massnahmen gegenüber Personen und Organisationen mit Verbindungen zu Usama bin Laden, der Gruppierung «Al-Qaïda» oder den Taliban vom 2.10.2000 (Talibanverordnung, SR 946.203); dazu Arzt 2007 (Kommentar), Art. 260^{quinquies} N 14; Schubarth/Vest 2007 (Kommentar), Art. 260^{quinquies} N 1.
1751 Vgl. die Fälle Ali Jusuf und al-Barakaat International Foundation vs Council of the European Communities (T-306/01) und Yassin Abdullah Kadi vs Council of the European Communities (T-315/01) sowie den Schweizer Fall Nada: BGE 133 II 450.
1752 Pieth/Eymann 2009, 174, 177 f.
1753 S.u. S. 319 f.
1754 FATF: «FATF cracks down on Terrorist Financing», 30.10.2001.
1755 FATF Special Recommendations on Terrorist Financing, October 2001 (revised version October 2004).

diesem erlaubt, praktisch zeitgleich im Empfängerland bei einem weiteren Geldwechsler Bargeld zu beziehen. Die beiden Financiers rechnen längerfristig untereinander ab, da sich die Transaktionen in beiden Richtungen tendenziell ausgleichen. Das System bedarf keines traditionellen Bankenplatzes. Es wird vermutlich von Terrororganisationen verwendet, wenn die offiziellen Kanäle verschlossen werden.

Die Gleichstellung von Terrorfinanzierung und Geldwäscherei bereitete anfänglich intellektuell Schwierigkeiten[1756], bald aber wurde die Gleichstellung in **internationalen Texten**[1757] etabliert und national nachvollzogen[1758].

Der **Schweizer Gesetzgeber** setzte sich zunächst mit der Frage auseinander, ob überhaupt erneut legiferiert werden müsse: Art. 260ter deckt nicht nur das organisierte Verbrechen, sondern auch die terroristische Organisation ab und erfasst mit der Tathandlung der Unterstützung auch Beiträge von Aussenstehenden, einschliesslich der Finanzierung. Dass der Bundesrat trotzdem nicht nur eine separate Finanzierungsnorm, sondern ursprünglich auch einen Straftatbestand des Terrorismus vorgelegt hatte, ist daher nicht selbstverständlich[1759]. Die Begründung der Botschaft, nach der der Bundesrat wenig mehr als internationale Sichtbarkeit anstrebte, läuft darauf hinaus, dass zur Demonstration der Kooperationsbereitschaft ein «symbolisches Gesetz» geschaffen werden sollte[1760]. Die Botschaft wie auch Vest weisen darauf hin, dass Art. 260[quinquies] eine Auffangfunktion für Einzeltäter habe[1761]. Das Nebeneinander der beiden Normen ist – wie wir unten[1762] sehen werden – hochproblematisch, zumal die Kriterien der Strafbarkeit erheblich voneinander abweichen. Im Übrigen greift Art. 260[quinquies] noch weiter ins Vorfeld zurück[1763]. Zu Recht gibt Fiolka[1764] zu bedenken, dass die Strafbarkeitslücke doch recht schmal gewesen sei, die Art. 260[quinquies] abdecken sollte. Die Notwendigkeit der 2003 eingeführten Norm ist daher nach wie vor umstritten. Das BJ möchte denn auch in seinem neuesten Entwurf keinen separaten Terrorismustatbestand schaffen; es stellt mit der Erweiterung der Marginalie von

---

[1756] Kersten 2002, 49.
[1757] Vgl. insb. die vierte EU Geldwäscherei Richtlinie (Richtlinie 2015/849 des Europäischen Parlaments und des Rates vom 20.5.2015 zur Verhinderung der Nutzung des Finanzsystems zum Zwecke der Geldwäsche und der Terrorismusfinanzierung, L 141/73 vom 5.6.2015); UN International Convention for the Suppression of the Financing of Terrorism, UN Doc. A/RES/54/109, 9.12.1999; Konvention des Europarates über Geldwäsche, Terrorismusfinanzierung sowie Ermittlung, Beschlagnahme und Einziehung von Erträgen aus Straftaten vom 16.5.2005, SEV-Nr.: 198 (i.Kr. seit 1.5.2008), das Zusatzprotokoll vom 22.10.2015 und die neuen FATF Empfehlungen (FATF 40/2012 und die aktuelle Fassung von 2017), die die Terrorismusthematik und die Geldwäscheproblematik im selben Text integrieren.
[1758] Für die Schweiz: vgl. die Verordnung der Eidgenössischen Finanzmarktaufsicht über die Verhinderung von Geldwäscherei und Terrorismusfinanzierung vom 3.6.2015 (Geldwäschereiverordnung-FINMA, GwV-FINMA, SR 955.033.0), KGGT 2015, dazu unten S. 322 ff.
[1759] Von Anfang an dagegen: Cassani und Pieth in einer Anhörung des Bundesamtes für Justiz, a.A. aber Vest.
[1760] Vgl. Botschaft des Bundesrates, BBl 2002 5390 [5425] sowie Art. 260[quinquies] und [sexies] VE.
[1761] Schubarth/Vest 2007 (Kommentar), Art. 260[quinquies] N 3.
[1762] S.u. S. 270 f.
[1763] Donatsch/Thommen/Wohlers 2017, 217.
[1764] BSK-Fiolka 2018, Art. 260[quinquies] N 11; vgl. auch Stratenwerth/Bommer 2013, 54.

Art. 260ter VE klar, dass er «kriminelle und terroristische Organisationen» erfassen soll[1765].

2. Tatbestand

a) Objektiver Tatbestand

Der objektive Tatbestand ist sehr schlicht gehalten und trägt für sich genommen kaum wertungsmässiges Gewicht, da er alltägliches Verhalten umschreibt[1766]: Der Täter sammelt oder stellt Vermögenswerte zur Verfügung. Der Begriff der **Vermögenswerte** ist mit dem des Einziehungsrechts und der Geldwäschereinorm identisch[1767]. **Sammeln** meint Spenden. Handel zu Marktpreisen ist somit kein Finanzieren[1768]. **Zur Verfügung stellen** soll auch das Verwalten der gesammelten Gelder erfassen[1769]. Auch hier ist festzuhalten, dass ein Unternehmen i.S.v. Art. 102 Abs. 2 Täter sein kann[1770].

b) Subjektiver Tatbestand

Praktisch die gesamte Abgrenzungslast ruht auf dem subjektiven Tatbestand:

aa) Absicht, ein Gewaltverbrechen zu finanzieren

Der subjektive Tatbestand verlangt zunächst die «Absicht, ein Gewaltverbrechen zu finanzieren, mit dem die Bevölkerung eingeschüchtert oder ein Staat oder eine internationale Organisation zu einem Tun oder Unterlassen genötigt werden soll». Diese – sehr unpräzise – Definition des Terrorismus entstammt weitgehend der UNO Konvention (Art. 2 Ziff. 1 lit. b)[1771].

«**Gewaltverbrechen**» ist im Sinne des Begriffes in Art. 260ter zu verstehen. Er bezieht sich auf Verbrechen im technischen Sinne, die physische Übergriffe auf Menschen oder Sachen involvieren[1772].

Terroristische Akte müssen (noch) nicht ausgeführt worden sein. Immerhin wird erwogen, **wie konkret** die Vorstellungen des Täters von der Art der geplanten Delikte sein müssen. Aus dem Wortlaut ergibt sich (anders als bei der vageren Formulierung bei Art. 260ter), dass der Täter die Vorstellung hat, dass seine finanzielle Unterstützung **einem** bestimmten oder zumindest bestimmbaren Gewaltverbrechen zugutekommen soll[1773].

1765 Dazu gleich unten S. 270 f.
1766 Cassani 2003, 296; Stratenwerth/Bommer 2013, 245.
1767 Stratenwerth/Bommer 2013, 246.
1768 Vgl. **Pieth/Eymann/Zerbes 2014, Fall 19 («Olivenöl»), 242**, nach dem Olivenöl aus Palästina zu realen Preisen verkauft wurde, selbst wenn nicht auszuschliessen war, dass der Erlös zum Teil auch an militante Organisationen gelangte; vgl. auch Arzt 2007 (Kommentar), Art. 260^{quinquies} N 17.
1769 Botschaft des Bundesrates, BBl 2002 5390 [5442]; Cassani 2003, 296; Donatsch/Thommen/Wohlers 2017, 218; BSK-Fiolka 2018, Art. 260^{quinquies} N 17; Forster 2003, 443; PK-Trechsel/Vest 2018, Art. 260^{quinquies} N 3; a.A. aber Arzt 2007 (Kommentar), Art. 260^{quinquies} N 23.
1770 Zu Lafarge-Holcim oben Fn 1720.
1771 Krit. zur «Patchworkdefinition»: Pieth 2006, 1079 ff.
1772 BSK-Fiolka 2018, Art. 260^{quinquies} N 25.
1773 So Cassani 2003, 304; **Pieth/Eymann/Zerbes 2014, Fall 19 («Olivenöl»), 246**; PK-Trechsel/Vest 2018, Art. 260^{quinquies} N 4; Schubarth/Vest 2007 (Kommentar), Art. 260^{quinquies} N 14; a.A.

bb) nur dolus directus (Abs. 2)

Abs. 2 enthält eine ganz erhebliche Einschränkung: *dolus eventualis* scheidet aus. Diese Einschränkung, genauso wie die weiteren Abgrenzungen von Terroristen und Freiheitskämpfern in Abs. 3 und 4 (die gleich anschliessend diskutiert werden) machen im Übrigen nur Sinn, wenn Art. 260^{quinquies} das Problem der Finanzierung des Terrorismus prinzipiell zu klären hätte. Der Aufwand lohnt für eine marginale Auffangnorm für Einzeltäter nicht. Art. 260^{quinquies} scheidet somit Fälle aus, in denen der Spender damit rechnen muss, dass vom Geld, das für wohltätige Zwecke gegeben wurde, etwas für den bewaffneten Kampf abgezweigt wird: Häufig «besteuern» Guerilla- oder Terrororganisationen Hilfswerke. Dies soll aber die Hilfe nicht prinzipiell verunmöglichen[1774].

3. Einschränkungen

a) «Legitime Gewaltanwendung» (Abs. 3)?

Abs. 3 enthält eine erstaunliche Ausnahme von der Strafbarkeit:

> «Die Tat gilt nicht als Finanzierung einer terroristischen Straftat, wenn sie auf die Herstellung oder Wiederherstellung demokratischer und rechtsstaatlicher Verhältnisse oder die Ausübung oder Wahrung von Menschenrechten gerichtet ist.»

Das Dilemma, das hier angesprochen wird, wird häufig mit der Formel «*one man's terrorist is another man's freedom fighter*»[1775] paraphrasiert. In der Lehre ist immer wieder befürchtet worden, dass diese Ausnahme, die sich nicht in der UN-Konvention findet, gegen internationales Recht verstossen könnte[1776].
Nun ist die Ausnahme des politischen Deliktes, insb. im Rechtshilferecht, nicht unbekannt. Sie wird aber restriktiv angewandt[1777]: Die auslieferungsrechtliche Praxis des Bundesgerichts zum **politischen Delikt** wird hilfsweise zur Auslegung von Art. 260^{quinquies} Abs. 3 beigezogen[1778]. Dabei hat das Bundesgericht immer wieder darauf abgestellt, ob die Gewalt «in angemessenem Verhältnis zu den angestrebten Zielen» steht[1779]. Wer völkerrechtlich geschützte Personen oder Vertreter der Allgemeinheit angreift oder besonders gefährliche Waffen einsetzt und wohl auch wer sich rücksichtslos gegen die Zivilbevölkerung wendet, kann das Privileg des «politischen Deliktes» nicht beanspruchen[1780]. Anders kann es aber sein, wo der «Tyrannenmord»

---

aber Donatsch/Thommen/Wohlers 2017, 219; Forster 2003, 444; eine offenere Formulierung wählt demgegenüber Arzt 2007 (Kommentar), Art. 260^{quinquies} N 32 ff. und 34.
[1774] Botschaft des Bundesrates, BBl 2002 5390 [5442]; vgl. dazu **Pieth/Eymann/Zerbes 2014, Fall 19 («Olivenöl»), 246.**
[1775] Cassani 2003, 299 f.; Donatsch/Thommen/Wohlers 2017, 220; BSK-Fiolka 2018, Art. 260^{quinquies} N 42 ff.; Forster 2006, 336; Ders. 2003, 423 ff.; Jositsch 2005 (ZStrR), 463 ff.; Stratenwerth/Bommer 2013, 247; Schubarth/Vest 2007 (Kommentar), Art. 260^{quinquies} N 22.
[1776] Vgl. bei BSK-Fiolka 2018, Art. 260^{quinquies} N 45; PK-Trechsel/Vest 2018, Art. 260^{quinquies} N 5.
[1777] Forster 2005, 218 f.
[1778] Forster (2005, 215) spricht von einer «‹Politisierung› des Terrorismusbegriffs».
[1779] BGE 131 II 235; 130 II 337; Cassani 2003, 302; Forster 2005, 221; Jositsch 2005 (ZStrR), 467 f.; Schubarth/Vest 2007 (Kommentar), Art. 260^{quinquies} N 24.
[1780] BGE 142 IV 175 (E. 4.4 und 4.10.1); 131 II 235; Forster 2005, 218 f.; Ders. ZStrR 2006, 331 ff.

beschränkte Gewalt legitimiert oder wo sich die Gewalt überwiegend gegen Sachen richtet (wie etwa bei den Angriffen des ANC auf das Apartheid Regime)[1781]. Das Bundesgericht hat allerdings klar gemacht, dass die Einrede des politischen Deliktes im Auslieferungsrecht nicht mehr anwendbar ist, wenn der Bürgerkrieg formell beendet ist[1782].

b) «Völkerrechtskonforme Gewaltverbrechen» (Abs. 4)

Hier geht es um offene Konflikte. Angesprochen ist sowohl das Kriegsvölkerrecht (*ius ad bellum*, also insb. die Regeln, unter denen es nach Völkerrecht zulässig ist, sich mit bewaffneten Mitteln zur Wehr zu setzen) wie auch das humanitäre Völkerrecht (das *ius in bello*), das von allen Konfliktparteien zu respektieren ist[1783].

c) Rechtfertigung?

Wer durch Erpressung zur Zahlung gezwungen wird, befindet sich im Notstand und hat einen Rechtfertigungsgrund. Allerdings gibt es viele Grenzfälle. Zum einen ist zu klären, ob der Druck die nötige Intensität erreicht (oder ob man lediglich befürchtet, in der *expat-community* das Gesicht zu verlieren, wenn man nicht an die PKK, an die LTTE etc. spendet). Sodann werden Hilfswerke gelegentlich direkt zu Abgaben gezwungen. Bei ihnen fehlt es (anders als unter Umständen beim Spender) durchaus nicht am Vorsatz, aber sie werden zur Abgabe genötigt, damit sie helfen können[1784].

4. Weiteres

Art. 260^{quinquies} unterliegt – aufgrund der internationalen Übereinkommen – dem Universalitätsprinzip im Sinne von Art. 6.

Die prinzipale Haftung des Unternehmens gemäss Art. 102 Abs. 2 findet im Übrigen Anwendung auf Art. 260^{quinquies}, was insb. für Finanzdienstleister von erheblicher Bedeutung sein kann[1785].

5. Konkurrenzen

Beim Kapitel der Konkurrenzen steht ein Thema im Vordergrund: Man erinnere sich, die Notwendigkeit von Art. 260^{quinquies} stand keineswegs ausser Zweifel. Art. 260ter (zumindest in der Variante des «Unterstützens») hätte weitestgehend gereicht. Dass man sich aber derart legislatorisch «in Unkosten» gestürzt und einerseits die Finanzierung des Terrorismus (anders als bei Art. 260ter, wo *dolus eventualis* reicht) auf Fälle des *dolus directus* eingeschränkt hat und dass man andererseits mit Ausnahmen für «legitime

---

1781 BGE 142 IV 175 (E. 4.8.3); BSK-Fiolka 2018, Art. 260^{quinquies} N 44; Forster 2005, 221; **Pieth/Eymann/Zerbes 2014, Fall 19 («Olivenöl»), 244**; Schubarth/Vest 2007 (Kommentar), Art. 260^{quinquies} N 24.
1782 BGE 133 IV 76; 131 II 235.
1783 BSK-Fiolka 2018, Art. 260^{quinquies} N 49 ff.
1784 Vgl. Arzt 2007 (Kommentar), Art. 260^{quinquies} N 21 und 59 ff.
1785 Vgl. Schubarth/Vest 2007 (Kommentar), Art. 260^{quinquies} N 31 f.

Gewalt» ringt, zeigt, dass der Tatbestand nicht für ganz marginale Fälle gedacht sein kann (den Einzeltäter, auf den die Botschaft verweist).
Die fast einhellige Lehre geht trotzdem davon aus, dass Art. 260^{quinquies} zu Art. 260ter **subsidiär** sei[1786] (für Einzeltäter und mindere Organisationsformen[1787]). Vest erwägt gar, echte Konkurrenz anzunehmen[1788]. Die Überlegung, dass man Hilfe in Konfliktzonen nicht verunmöglichen möchte, gilt genauso für die – nach Meinung der Mehrheit – unter Art. 260ter verbleibenden komplexen Organisationen. Entgegen der Annahme der Subsidiarität von Art. 260^{quinquies} ist daher *(favor libertatis)* von einer *lex specialis* auszugehen[1789] oder aber es ist für Art. 260ter wie für Art. 260^{quinquies} gleichermassen eine Ausnahme für «**erlaubtes Risiko**» zugunsten von Fällen von *dolus eventualis*, zumal für Hilfsorganisationen vorzusehen[1790].

G. Reformbestrebungen

1. Die Entwicklung der Praxis

In der Praxis haben Art. 260ter und 260^{quinquies} nur geringe Bedeutung erlangt. Sie dienen als Rechtshilfetatbestände und ermöglichen lokal allenfalls geheime Zwangsmassnahmen. Art. 260ter wurde zunächst auf untypische Fälle angewandt: auf Diktatoren und ihre Entourage, die das veruntreute Geld in die Schweiz brachten[1791]: Inzwischen hat der Gesetzgeber aber eine verwaltungsrechtliche Lösung zur Rückführung von Diktatorengeldern geschaffen[1792]. Art. 260ter wurde auch auf die Unterstützung von Terrororganisationen angewandt[1793]. Bei beiden atypischen Verwendungsformen passt das mafiatypische Merkmal der *Omertà* schlecht. Bereits erwähnt worden ist, dass für die heute wohl gefährlichsten Formen der terroristischen Organisationen («IS» und «Al-Qaïda») erst eine Verordnung[1794] und dann ein Zeitgesetz[1795] erlassen worden sind. Inzwischen ist erkannt worden, dass die Thematik einer dauernden Regelung bedarf. Es kommt hinzu, dass die Schweiz die von ihr unterzeichnete Europaratskonven-

---

[1786] Cassani 2003, 304 f.; Donatsch/Thommen/Wohlers 2017, 221; BSK-Fiolka 2018, Art. 260^{quinquies} N 69; Forster 2003, 446 f.; Jositsch 2005 (ZStrR), 461; PK-Trechsel/Vest 2018, Art. 260^{quinquies} N 8.
[1787] Stratenwerth/Bommer 2013, 248; Stratenwerth/Wohlers 2013, Art. 260^{quinquies} N 1.
[1788] Schubarth/Vest 2007 (Kommentar), Art. 260^{quinquies} N 38.
[1789] **Pieth/Eymann/Zerbes 2014, Fall 19 («Olivenöl»), 249 f.**
[1790] Arzt 2007 (Kommentar), Art. 260^{quinquies} N 55; vgl. auch **Pieth/Eymann/Zerbes 2014, Fall 19 («Olivenöl»), 249.**
[1791] BGE 131 II 169; Dannacher 2012, 14 ff., 107 ff.; Monfrini 2008, 41 ff.; Pieth WiStrR 2016, 95 (Fall Abacha).
[1792] Bundesgesetz über die Sperrung und die Rückerstattung unrechtmässig erworbener Vermögenswerte ausländischer politisch exponierter Personen (SRVG) vom 18.12.2015 (SR 196.1); Botschaft des Bundesrates, BBl 2014 5265; EDA-Direktion für Völkerrecht, Erläuternder Bericht zum Vorentwurf des SRVG, Stand vom 8.5.2013.
[1793] S.o. Fn 1698.
[1794] S.o. Fn 1750.
[1795] S.o. Fn 1700.

tion vom 16. Mai 2005[1796] und das Zusatzprotokoll vom 22. Oktober 2015 (über Djihad-Reisen und terroristische Ausbildung)[1797] umsetzen muss. Das BJ hat entsprechende Vorschläge mit der Überarbeitung von Art. 260ter kombiniert[1798].

2. Art. 260ter VE

Bereits in der neuen Marginalie soll klargestellt werden, dass sich der Art. 260ter sowohl auf kriminelle wie terroristische Organisationen bezieht. Sodann regt das BJ eine erhebliche Vereinfachung an: Es möchte das Kriterium der Geheimhaltung streichen. Der Grundtatbestand wird im Übrigen dem geltenden Recht nachempfunden. Der Tatbestand sieht allerdings zwei Qualifikationsstufen vor: Mit Freiheitsstrafe bis zu 10 Jahren oder Geldstrafe bedroht er die Beteiligung an der Unterstützung von terroristischen Organisationen (wobei die Definition des Grundtatbestands von Art. 260quinquies verwendet wird). Mit Freiheitsstrafe von einem bis zu 20 Jahren bedroht Abs. 3 VE den Täter, der einen bestimmenden Einfluss in der Organisation ausübt. Die Auslandformel des geltenden Rechtes soll übernommen werden[1799].

3. Art. 260sexies VE

Mit einem Sondertatbestand (der vor allem der Umsetzung des Zusatzprotokolls dient) sollen Anwerbung, Ausbildung und Reisen im Hinblick auf eine terroristische Straftat unter Strafe gestellt werden: Während bei der Anwerbung der Organisator strafbar ist, geht es bei der Ausbildung sowohl um den Ausbildner wie den Auszubildenden. Genauso ist bei den Djihad-Reisen sowohl der Reisende wie der Organisator, aber auch der Financier strafbar[1800].

Als problematisch anzusehen ist, dass abermals die Abgrenzung vom alltäglichen Verhalten (Flugreisen) allein aufgrund der subjektiven Einstellung des Täters zu beurteilen ist. Immerhin wurde die Absicht im bisher klarsten Beispielsfall aufgrund von Telefonmitschnitten nachgewiesen[1801].

Zu Recht weisen besonnene Autoren darauf hin, dass die Terrorismusbekämpfung nicht alleine der Sicherheitspolitik (Militär, Geheimdienst, Polizei und Justiz) überlassen bleiben kann. Entscheidend sind präventive Vorkehrungen, die auf die unterliegenden Ursachen zielen[1802] resp. Rekrutierungsbemühungen vereiteln[1803].

[1796] Konvention des Europarates über Geldwäsche, Terrorismusfinanzierung sowie Ermittlung, Beschlagnahme und Einziehung von Erträgen aus Straftaten vom 16.5.2005 (SEV-Nr. 198).
[1797] Zusatzprotokoll zum Übereinkommen des Europarats zur Verhütung des Terrorismus vom 22.10.2015 (SEV-Nr. 217).
[1798] EJPD, BJ VE und erl. Bericht Juni 2017.
[1799] EJPD, BJ VE und erl. Bericht Juni 2017, 36 ff.
[1800] EJPD, BJ VE und erl. Bericht Juni 2017, 46 ff.; für eine Verurteilung aufgrund des IS-Gesetzes vgl. NZZ vom 16.2.2017, 15: «Schuldspruch für Schweizer Konvertitin» (BStGer SK.2017.43).
[1801] BGer 6B_948/2016.
[1802] Bernard 2016, 199.
[1803] Vgl. den im Medienrohstoff des EJPD vom Juni 2017 angekündigte «Nationale Aktionsplan» (NAP) zur Bekämpfung von Radikalisierung und gewalttätigem Extremismus.

IV. Völkermord, Verbrechen gegen die Menschlichkeit und Kriegsverbrechen

A. Entwicklung des Völkerstrafrechts

1. International

Die in diesem Kapitel zu erörternden Straftaten gehören zu den schwersten Delikten überhaupt. Gräueltaten in Kriegen und anderen gewaltsamen Auseinandersetzungen sind dabei ein altes Phänomen. Allerdings haben bis vor Kurzem die Verschränkung von Politik und Recht verhindert, dass sich die Staatengemeinschaft konsequent gegen solche Auswüchse wenden konnte.

Immerhin sind bis Ende des 19. Jahrhunderts Ansätze eines **Kriegsvölkerrechts** (das «Haager Recht» von 1889 und 1907[1804]) entstanden, auf die nach dem Zweiten Weltkrieg die vier Genfer Abkommen vom 12. August 1949 und die Zusatzprotokolle vom 8. Juli 1977[1805] aufbauen konnten[1806]. Beim Kriegsvölkerrecht geht es primär um den Schutz von Angehörigen der feindlichen Partei (sei es von Militärangehörigen vor besonders grausamen Kampfmitteln, von Gefangenen oder von Zivilpersonen)[1807].

Die ad-hoc-Militärtribunale von **Nürnberg**[1808] und **Tokio**[1809] nach dem Zweiten Weltkrieg waren zweifellos ein weiterer wichtiger Schritt zur Entstehung des humanitären Völkerrechts[1810]. Dadurch, aber, dass das Verfahren erst entwickelt und das materielle Recht aus dem Völkergewohnheitsrecht abgeleitet werden musste, fiel es leicht, ihre seriöse Arbeit als «Siegerjustiz» hinzustellen[1811]. Abgesehen von einigen exemplarischen Verfahren[1812] war die Völkergemeinschaft in der Nachkriegszeit nicht zu einer

---

[1804] Abkommen betreffend die Gesetze und Gebräuche des Landkriegs, i.Kr. seit 11.7.1910 (SR 0.515.112); vgl. dazu Botschaft des Bundesrates, BBl 1900 III 1 ff.; Ambos 2011, 105 f.; Donatsch/Thommen/Wohlers 2017, 294 ff.; Gless 2015, N 649; Satzger 2016, 380 ff.; PK-Vest 2018, Art. 264*b* N 2.

[1805] Erstes Genfer Abkommen vom 12.8.1949 zur Verbesserung des Loses der Verwundeten und Kranken der bewaffneten Kräfte im Felde (SR 0.518.12); Zweites Genfer Abkommen vom 12.8.1949 zur Verbesserung des Loses der Verwundeten und Kranken und Schiffbrüchigen der bewaffneten Kräfte zur See (SR 0.518.23); Genfer Abkommen vom 12.8.1949 über die Behandlung der Kriegsgefangenen (SR 0.518.42); Drittes Genfer Abkommen vom 12.8.1949 über den Schutz von Zivilpersonen in Kriegszeiten (SR 0.518.51); Zusatzprotokoll (I) vom 8.6.1977 zu den Genfer Abkommen vom 12.8.1949 über den Schutz der Opfer internationaler bewaffneter Konflikte (SR 0.518.521); Zusatzprotokoll (II) vom 8.6.1977 zu den Genfer Abkommen vom 12.8.1949 über den Schutz der Opfer nicht internationaler bewaffneter Konflikte (SR 0.518.522); Zusatzprotokoll (III) vom 8.6.1977 zu den Genfer Abkommen vom 12.8.1949 über die Annahme eines zusätzlichen Schutzzeichens (SR 0.518.523).

[1806] Dazu unten S. 284 ff.

[1807] PK-Vest 2018, Art. 264*a* N 1.

[1808] Satzger 2016, 296 ff. zum IMG.

[1809] Satzger 2016, 299 zum IMTFE (International Military Tribunal for the Far East).

[1810] Pieth 2012, 276 ff.; PK-Trechsel/Vest 2018, Vor Art. 264 N 1.

[1811] Hinweise bei Gless 2015, N 665 f.

[1812] Zum symbolischen Gehalt des sehr selektiven Völkerstrafrechts: Bommer 2008, 47.

wirklichen Aufarbeitung des Faschismus in der Lage[1813]. Entscheidend für die Kodifizierung des humanitären Völkerrechts war aber immerhin die Verabschiedung der **Genozidkonvention** durch die UN-Generalversammlung am 9. Dezember 1948[1814], die von der Schweiz mit Beitritt zur UNO ratifiziert worden ist.

Während des «Kalten Krieges» arbeitete die «**International Law Commission**» (ILC) der UNO zwar weiter am Thema und es hat auch nicht an schweren Menschenrechtsverletzungen gefehlt (etwa im Korea-, im Vietnam- oder im Algerienkrieg), allerdings blieben die Bemühungen vorerst infolge der weltpolitischen Pattsituation ohne Konsequenzen.

Erst eine Reihe von schweren Konflikten zur Zeit des Falls des «eisernen Vorhanges» und den folgenden Umschichtungen auf dem Balkan, in Afrika und in Südostasien rüttelten die Weltöffentlichkeit wach: Der UN-Sicherheitsrat rief eine Reihe von **ad-hoc-Strafgerichtshöfen** ins Leben (den Internationalen Strafgerichtshof für das ehemalige Jugoslawien [ICTY][1815], den Internationalen Gerichtshof für Ruanda [ICTR][1816], den Spezialgerichtshof für Sierra Leone [SCSL][1817], den Spezialgerichtshof für Timor-Leste[1818] und den Gerichtshof für Kambodscha[1819]). Diese ad-hoc-Gerichtshöfe profitierten von den Vorarbeiten der ILC. Zugleich bereiteten sie den Boden für die Schaffung eines permanenten Internationalen Strafgerichtshofs (des **ICC**) durch das sog. «**Römer Statut**» vom 17. Juli 1998[1820]. Selbst wenn ausgerechnet die Grossmächte sich damit schwer tun, dem Römer Statut beizutreten, zumal sie den Verlust ihrer Souveränität befürchten, hat der ICC rasch an Beliebtheit gewonnen. Sowohl die ad-hoc-Gerichtshöfe[1821] wie der ICC[1822] haben eine wechselhafte Geschichte

---

1813 Die Siegermächte führten zwar einige Nachfolgeprozesse zu Nürnberg durch (vgl. die Zusammenstellung des deutschen Bundesministeriums der Justiz 1994, 331 ff.), Deutschland bekundete aber in der Vergangenheitsbewältigung enorme Schwierigkeiten. KZ-Schergen konnten sich jahrelang unbehelligt frei bewegen (Vormbaum 2011, 229; Der Spiegel 35/2014 vom 25.8.2014: «Die Akte Auschwitz. Schuld ohne Sühne. Warum die letzten SS-Männer davonkommen»; eine Ausnahme stellte der von Generalbundesanwalt Fritz Bauer betriebene «Auschwitzprozess» von 1963–65 in Frankfurt dar, der allerdings zu wenigen langen Strafen und vielen peinlich tiefen Strafen und Freisprüchen geführt hat, vgl. Krauß 1999/2011, 136; Der Spiegel 45/2014 vom 3.11.2014, 108 ff.; Die Zeit 47/2014 vom 13.11.14, 17). Erst in der neuesten Zeit wurden Prozesse gegen über 90 Jahre alte Nebenfiguren geführt (zum Prozess gegen den ehemaligen KZ-Wachmann Demjanjuk: NZZ vom 13.5.2011, 5: «Haftstrafe für John Demjanjuk»; zum Prozess gegen den «Buchhalter von Auschwitz» Oskar Gröning: NZZ vom 29.11.2016, 5: «Spätes Urteil mit Signalwirkung»).

1814 Übereinkommen vom 9.12.1948 über die Verhütung und Bestrafung des Völkermordes (SR 0.311.11).

1815 UN-Sicherheitsratsresolution 827 vom 25.5.1993, UN-Doc. S/RES/827 (1993); zum Ganzen: Pieth Strafrechtsgeschichte 2015, 129 ff.

1816 UN-Sicherheitsratsresolution 955 vom 8.11.1994, UN-Doc. S/RES/955 (1994).

1817 UN-Sicherheitsratsresolution 1315 vom 14.8.2000, UN-Doc. S/RES/1315 (2000).

1818 UN-Sicherheitsratsresolution 1272 vom 25.10.1999, UN-Doc. S/RES/1272 (1999).

1819 UN-Generalversammlung Resolution 57/228 vom 22.5.2003, ARES/57/228B.

1820 Römer Statut des Internationalen Strafgerichtshofs, i.Kr. seit 1.7.2002 (SR 0.312.1).

1821 Vgl. die Probleme in der Aufarbeitung des Völkermordes von Srebrenica: NZZ vom 26.3.2016, 3: «Vierzig Jahre statt lebenslänglich»; NZZ vom 19.2.2013: «Schwierige Zurechnung von Kriegsverbrechen»; NZZ vom 30.6.2012, 6: «Rückschlag für die Anklage des Haager UNO-Tribunals».

1822 NZZ vom 7.4.2016, 4: «Niederlage für die internationale Justiz».

hinter sich. So hat etwa die Afrikanische Union (AU) sich geweigert, den Haftbefehl gegen den sudanesischen Herrscher Al Bashir zu vollziehen[1823]. Die supranationale Strafjustiz leidet daran, dass sie nicht über eine Polizei mit Zwangsbefugnissen verfügt und weil ihre Verfahren noch überaus komplex und zum Teil auch unausgegoren sind[1824]. Um den Eindruck der Einmischung in fremde Souveränität erträglicher zu machen, liegt dem «Römer Statut» das Prinzip der «Komplementarität» zugrunde (Art. 17), nach dem die Kompetenz des ICC zur betreffenden Landeskompetenz so lange subsidiär ist, wie das Land willens und fähig ist, das Verfahren selbst ernsthaft zu führen[1825]. Allerdings muss die Staatengemeinschaft eingreifen können, wenn Völkermörder und Kriegsverbrecher unbehelligt bleiben. Zu Recht wird daher der ICC als «Symbol gegen die Straflosigkeit» bezeichnet[1826]. Immerhin sind ihm auch einige wegweisende Verfahren gelungen[1827].

Die ad-hoc-Tribunale und das Römer Statut verfolgen im Wesentlichen vier materielle Tatbestände[1828]:

- Völkermord,
- Verbrechen gegen die Menschlichkeit,
- Kriegsverbrechen,
- Aggression[1829].

Der letzte Tatbestand wurde erst anlässlich der Überprüfungskonferenz von Kampala 2010 definitiv festgelegt[1830].

2. National

Die Schweiz hat – nicht zuletzt als Depositarstaat der Genfer Konventionen – eine gesteigerte Pflicht zur Solidarität im humanitären Völkerrecht[1831].

Sie ist – mit einiger Verzögerung – zunächst selbst den Genfer Konventionen[1832] und dann der UNO beigetreten. Mit dem Beitritt zur UNO ging auch die Ratifikation der UN-Genozid-Konvention von 1948 einher, die zunächst zur Einführung des Völker-

---

1823 Vgl. Pan-African News Wire, African Union 21st Summit Threatens Withdrawal From the International Criminal Court (ICC).
1824 Pieth 2012, 274.
1825 BSK-Wehrenberg 2013, Vor Art. 264 N 4 und Art. 264 N 7 und 80.
1826 NZZ vom 30.6.2012, 8: «Ein Symbol gegen die Straflosigkeit».
1827 So die Verurteilung von Charles Taylor, dem liberianischen Ex-Präsidenten, der sich im Krieg gegen Sierra Leone vor allem der Kindersoldaten bedient hatte (Financial Times vom 26.4.2012: «Verdict on Taylor to bring closure to Liberia woes»; NZZ vom 27.4.2012: «Charles Taylor als Kriegsverbrecher verurteilt»); vgl. auch das Verfahren gegen Thomas Lubanga, dem kongolesischen Warlord, der ebenfalls Kindersoldaten rekrutiert hatte (NZZ vom 15.3.2012, 5: «Warlord aus Kongo verurteilt»).
1828 Triffterer/Ambos 2016, zu Art. 5 (111 ff.).
1829 Vgl. Art. 5 ff. Römer Statut.
1830 Botschaft des Bundesrats, BBl 2014 2045 [2048].
1831 Pieth 2012, 273 ff.
1832 Die vier Konventionen vom 12.8.1949 wurden am 1.3.1968 (!) in aArt. 109 MStG umgesetzt.

mordtatbestandes (Art. 264) am 15. Dezember 2000 führte[1833]. Es versteht sich, dass die Schweiz vor diesem Datum Schwierigkeiten hatte, Beschuldigte für die Gesamttat des Völkermordes vor Gericht zu stellen oder auch nur auszuliefern. Das war, zumal für Schreibtischtäter, denen man die Anordnung des einzelnen Mordes nicht ohne Weiteres nachweisen konnte, problematisch. Abgesehen von einer fragwürdigen faktischen Überstellung des von den Niederlanden gesuchten mutmasslichen Völkermörders bzw. Kriegsverbrechers Menten[1834], wurde bereits vor Inkrafttreten von Art. 264 durch ein Schweizer Militärgericht der ruandische Bürgermeister Fulgence Niyonteze, gestützt auf aArt. 109 MStG, wegen Verbrechen nach den Genfer Konventionen zu 14 Jahren Zuchthaus verurteilt[1835]. In einem neueren Fall klagte die Genfer Staatsanwaltschaft den ehemaligen Polizeichef von Guatemala, der auch die Schweizer Staatsbürgerschaft besitzt und daher nicht ausgeliefert werden kann, stellvertretend in der Schweiz des zehnfachen Mordes an. Erwin Sperisen wurde sowohl erst- wie zweitinstanzlich zu lebenslänglicher Freiheitsstrafe verurteilt, weil ihm das standrechtliche Erschiessen von Häftlingen zur Last gelegt wurde[1836].

Zügiger ging es dann mit der **Kooperation** der Schweiz mit der entstehenden supranationalen Strafjustiz: 1995 hat sie ein Spezialgesetz zur Kooperation mit den ad-hoc-Gerichten[1837] und 2001 ein weiteres Gesetz zur Kooperation mit dem ICC erlassen[1838]. Das Inkrafttreten des **materiellen Völkerstrafrechts** liess aber noch bis zum 1. Januar 2011 auf sich warten[1839]. Nun wurden im «12. Titel[quater]» ein allgemeiner Teil des Völkerstrafrechts und in den «12. Titel[bis]» und «12. Titel[ter]» die Tatbestände ins StGB aufgenommen. Die Einordnung nach den Friedensdelikten ist vom geschützten Rechtsgut her aber keineswegs zwingend.

B. Allgemeine Bestimmungen (zwölfter Titel[quater])

Der Gesetzgeber hat im neuen Völkerstrafrecht, das am 1. Januar 2011 in Kraft gesetzt wurde, sowohl das humanitäre Völkerrecht wie das Kriegsvölkerrecht kodifiziert. Zu weiten Teilen hat er gemeinsame Bestimmungen erlassen. Sie sind in Art. 264k–n enthalten.

[1833] BG vom 24.3.2000 (!).
[1834] Krit. PK-Trechsel/Capus 2018, Art. 101 N 1a.
[1835] Gless 2015, N 930; Sassòli 2002, 151 ff.; Vest 2000 (SJZ), 258 ff.; PK-Vest 2018, Vor Art. 264 N 4; BSK-Wehrenberg 2013, Vor Art. 264–264m N 6; Ziegler et al. 2009, 298 ff.
[1836] NZZ vom 14.5.2014, 13: «Ein aussergewöhnlicher Mordprozess» (das Urteil ist zurzeit der Drucklegung noch nicht rechtskräftig); NZZ vom 10.10.2017, 15: «Erwin Sperisen, der Medienstar». Im Fall Rifaat al-Assad (der früheren Nr. 2 des syrischen Regimes) steht die Bundesanwaltschaft wegen ihrer Trägheit in Kritik, vgl. NZZ vom 23.11.2017, 13: «Ein sicherer Hafen für Kriegsverbrecher?».
[1837] Bundesgesetz über die Zusammenarbeit mit den internationalen Gerichten zur Verfolgung schwerwiegender Verletzungen des humanitären Völkerrechts (BZIG) vom 21.12.1995 (SR 351.20).
[1838] Bundesgesetz über die Zusammenarbeit mit dem Internationalen Strafgerichtshof (ZISG) vom 22.6.2001 (SR 351.6).
[1839] Krit. Vest/Sager 2009, 424; BSK-Wehrenberg 2013, Vor Art. 264 N 8.

1. Täterschaft und Teilnahme

Es drängt sich, vor der Behandlung der «gemeinsamen Bestimmungen», eine Vorbemerkung zum Recht der Täterschaft und Teilnahme auf. Da das Völkergewohnheitsrecht und das Römer Statut stark angelsächsisch beeinflusst sind[1840], unterscheiden sich die Regeln der Beteiligung von denen des nationalen Schweizer Rechts[1841]. Bekanntlich können nach nationalem Recht auch die Schreibtischtäter Mittäter oder gar mittelbare Täter sein, sie müssen aber an der Tatherrschaft teilhaben[1842].

Immerhin hat sich das internationale Recht mit den vom ICTY entwickelten Grundsätzen des «*joint criminal enterprise*» (JCE)[1843] der Schweizer Praxis angenähert, wenn auch in einer komplexen Dogmatik. Der ICTY unterscheidet drei Formen:

a) «JCE I»

Das JCE ist die Grundform. Es verlangt zum gemeinsamen Tatplan einen signifikanten Tatbeitrag[1844].

b) «JCE II»

Die zweite Form ist vor allem für Lagerkommandanten in Ex-Jugoslawien entwickelt worden: Schreibtischtäter sind auch für spontane Misshandlungen durch ihre Untergebenen verantwortlich, wenn sie Kenntnis von der systematischen Natur des Missbrauchs hatten und das System als solches förderten[1845].

c) «JCE III»

Nach dieser am weitesten reichenden Konstruktion werden Schreibtischtäter selbst für Exzesstaten ihrer Untergebenen haftbar gemacht, wenn die Taten vorhersehbar waren und sie der Hintermann auch in Kauf nahm sowie wenn er die Absicht hatte, das kriminelle Unternehmen als solches zu unterstützen[1846]. Diese letzte Form ist vom ICC bisher nicht übernommen worden[1847]. Diese Figur wäre nach Schweizer Recht unnötig, solange der Mittäter mit dem Exzess des Komplizen im Sinne des *dolus eventualis* rechnet[1848].

[1840] Gless 2015, N 754 ff.; Satzger 2016, 349 ff.
[1841] Donatsch/Thommen/Wohlers 2017, 260 f.
[1842] Anstelle vieler Stratenwerth 2011, 393 f.
[1843] Vgl. insb. das Tadić-Urteil des ICTY (Satzger 2016, 352); krit. Trechsel 2012, 201 ff.
[1844] Gless 2015, N 705 ff. und 759 ff.; Satzger 2016, 351 f.
[1845] Gless 2015, N 767; Satzger 2016, 352.
[1846] Vgl. den Entscheid des ICTY i.S. Zdravko Tolimir vom 12.12.2012 (Trials Chamber) und vom 8.4.2015 (Appeals Chamber).
[1847] Gless 2015, N 768; Satzger 2016, 352 f.
[1848] BGE 126 IV 84 [88]; 108 IV 88.

2. Vorgesetztenhaftung (Art. 264k)

In Anlehnung an die vom Völkergewohnheitsrecht[1849] und vom ICTY entwickelte und im Römer Statut enthaltene[1850] Figur der *command responsibility* wurde in Art. 264k eine Haftung des Vorgesetzten für Straftaten der Untergebenen nach den 12. Titeln[bis] und [ter] begründet[1851].

Als **Vorgesetzte** gelten sowohl militärische wie zivile Inhaber von Befehlsgewalt. Bei den Zivilpersonen wurde primär an Lagerleiter gedacht[1852]. Die Figur passt aber auch auf Geschäftsherren, die Zwangsarbeiter beschäftigen (man denke an die Vorstände der IG-Farben im Nazi-Deutschland[1853]). Entscheidend ist die faktische Befehlsgewalt[1854]. Darin zeigt sich, dass Parallelen zur Geschäftsherrenhaftung im Sinne der unechten Unterlassungsdelikte (Art. 11) bestehen[1855]. Umstritten ist, ob die Verfolgungspflicht auch für Verbrechen vor Antritt des Kommandos gilt[1856].

Das **strafbare Verhalten** besteht entweder im Unterlassen von Massnahmen zur Verhinderung der Tat (Abs. 1) oder Ahndung der Tat (Abs. 2)[1857].

Der Vorgesetzte haftet sowohl für **Vorsatz** wie für **Fahrlässigkeit**. Der Vorsatz gemäss Abs. 1 Satz 1 setzt Wissen voraus. Er muss beim Völkermord aber nicht selbst die Vernichtungsabsicht haben, es reicht, dass er um sie weiss[1858]. Der Vorgesetzte ist darüber hinaus nach Abs. 1 Satz 2 für das fahrlässige Nicht-verhindern der Tat verantwortlich[1859].

Die Haftung nach Art. 264k ist allerdings subsidiär zur individuellen Haftung für die unmittelbare Straftat selbst[1860].

3. Handeln auf Befehl (Art. 264l)

Das Gesetz sagt «der Untergebene, der auf Befehl eines Vorgesetzten oder auf Anordnung von vergleichbarer Bindungswirkung eine Tat nach dem 12. Titel[bis] oder dem 12. Titel[ter] begeht, ist strafbar, wenn er sich der Strafbarkeit der Handlung zur Zeit der Tat bewusst war».

1849 Vgl. etwa Radakovic 2007, 10 f. zum Fall Yamashita (Militärgericht von Tokyo).
1850 Art. 28 Römer Statut.
1851 Vest et al. 2014, Art. 264k N 5; Vest 2002, 273 ff.; vgl. auch das Urteil des ICC i.S. Jean-Pierre Bemba Gombo vom 21.6.2016 (No. ICC-01/05-01/08).
1852 BSK-Fiolka 2018, Art. 264k N 31 ff.; PK-Vest 2018, Art. 264k N 4.
1853 Nürnberger Prozess gegen die IG-Farben: Urteile vom 3.7.1948 (23 Angeklagte).
1854 BSK-Fiolka 2018, Art. 264k N 38.
1855 Vgl. die Fälle Bührle (BGE 96 IV 156 [174]) und von Roll (BGE 122 IV 103).
1856 Bejahend: PK-Trechsel/Vest 2018, Art. 264k N 8.
1857 BSK-Fiolka 2018, Art. 264k N 45 ff. und 58 ff.; Stratenwerth/Bommer 2013, 268; PK-Vest 2018, Art. 264k N 6; Vest et al. 2014, Art. 264k N 94 ff.
1858 BSK-Fiolka 2018, Art. 264k N 68 ff.
1859 BSK-Fiolka 2018, Art. 264k N 72 ff.; PK-Vest 2018, Art. 264k N 7.
1860 PK-Vest 2018, Art. 264k N 11.

Zwei Kommentare drängen sich auf:
Vorab kann es nach dem heutigen Stand der Dogmatik nicht mehr um das Bewusstsein der Strafbarkeit von Straftätern, sondern um die Erkenntnis der Unrechtmässigkeit der Tat gehen[1861].
Sodann gibt es keinen Grund, die Massstäbe gegenüber Art. 21 (Verbotsirrtum) in irgendeiner Weise herabzusetzen[1862]. Dies scheint die neue Norm zu bezwecken[1863]. Richtigerweise insistieren aber der Bundesrat wie die Lehre darauf, dass die Anforderungen «hoch anzusetzen» seien[1864].

4. Weltrechtsprinzip (Art. 264m)

Strafbar ist nach Schweizer Recht auch, wer im Ausland eine Tat nach dem 12. Titel[bis] oder 12. Titel[ter] oder nach Art. 264k begangen hat, vorausgesetzt,

– dass er sich in der Schweiz befindet und
– nicht an einen anderen Staat ausgeliefert wird oder an ein internationales Strafgericht, dessen Zuständigkeit die Schweiz anerkennt, überstellt wird *(aut dedere aut judicare)*.

Ein enger Bezug zur Schweiz[1865] ist zwar nicht erforderlich. Sind Täter oder Opfer aber nicht Schweizer, ist die Einstellung des Verfahrens nach Abs. 2 zulässig, wenn eine ausländische Behörde oder ein internationales Strafgericht die Straftat bereits verfolgt, resp. wenn der Täter sich nicht mehr in der Schweiz befindet und seine Rückkehr nicht zu erwarten ist[1866].
Art. 264m ist kein simpler Fall der stellvertretenden Strafrechtspflege (anders als Art. 7 Abs. 2 lit. b). Es geht um einen weiteren Fall des «autonomen Weltrechtsprinzips» (vgl. bereits Art. 5, 124, 181a, 185 und 185bis): Beidseitige Strafbarkeit ist nicht erforderlich. Nach Abs. 3 gelten das Erledigungs- und Anrechnungsprinzip, es sei denn, der Freispruch, der Erlass oder die Verjährung der Tat im Ausland hatte das Ziel, den Täter in ungerechtfertigter Weise vor Strafe zu verschonen.

5. Immunität (Art. 264n)

Die sog. «relative Immunität» (vgl. die Liste in Art. 264n lit. a–h) steht der Strafverfolgung nicht im Wege. Es bedarf auch keiner besonderen Ermächtigung zur Strafverfolgung[1867]. Die Bestimmungen über die «absolute Immunität» bleiben aber bestehen[1868].

1861 Zu Recht krit.: PK-Vest 2018, Art. 264l N 3; Vest et al. 2014, Art. 264l N 43.
1862 Krit. PK-Vest 2018, Art. 264l N 4.
1863 Stratenwerth/Bommer 2013, 269.
1864 Botschaft des Bundesrates, BBl 2008 3863 [3953]; Donatsch/Thommen/Wohlers 2017, 271; Stratenwerth/Wohlers 2013, Art. 264l N 1; PK-Vest 2018, Art. 264l N 5; Vest et al. 2014, Art. 264l N 78 ff.
1865 So noch das alte MStG in aArt. 10 Abs. 1bis lit. b.
1866 Vgl. auch Art. 8 Abs. 3 StPO.
1867 BSK-Fiolka 2018, Art. 264n N 21 f.
1868 Vgl. die Indemnität des Bundesrats und der Mitglieder des Parlaments nach Art. 162 Abs. 2 BV und Art. 2 Abs. 2 Verantwortlichkeitsgesetz; Donatsch/Thommen/Wohlers 2017, 273 f.,

C. Völkermord und Verbrechen gegen die Menschlichkeit (zwölfter Titel[bis])

1. Völkermord (Art. 264)

Der Tatbestand des Völkermordes erfasst schwerste Angriffe auf den Einzelnen im systematischen Kontext des Angriffs auf eine Gruppe[1869]. Er setzt Art. II der Genozidkonvention von 1948 um[1870].

a) Objektiver Tatbestand

aa) Täter

Die Tat kann zwar von einem Einzelnen begangen werden, sie ist aber typischerweise ein Kollektivdelikt[1871]. Bereits darauf hingewiesen worden ist, dass die ordentlichen Regeln der Täterschaft und Teilnahme des Schweizer Rechtes Anwendung finden. Art. 264k fügt dazu explizite Regeln der Vorgesetztenverantwortung (einschliesslich einer Fahrlässigkeitshaftung) hinzu.

bb) Tatobjekt: die geschützten Gruppen

Das Gesetz zählt zunächst die aus dem Rassismustatbestand her bekannten Gruppen der **Rasse, Religion und Ethnie** auf, fügt aber zugleich die **Staatsangehörigkeit** hinzu, um die Zweifelsfälle, die sich beim Rassismustatbestand ergeben haben[1872], hier zu vermeiden[1873]. Weiter werden in der neuen Gesetzesfassung von 2011 auch die **soziale** und die **politische Zugehörigkeit** erwähnt. Damit werden praktische Zweifelsfragen ausgeräumt.

> Im Rahmen des Genozids der Hutus an den Tutsis in Ruanda wurden neben 800 000 Tutsis auch 200 000 politisch Andersdenkende Hutus ermordet. Diese Taten hätten ohne diesen Zusatz nicht erfasst werden können[1874].
> Der sog. «Auto-Genozid» der Roten Khmer in Kambodscha war ohne diesen Zusatz nur schwer zu erfassen[1875].

cc) Tathandlungen

Der Tatbestand nennt vier Tätigkeiten, die darauf gerichtet sind, die Gruppe in ihrer sozialen Existenz ganz oder teilweise zu vernichten:

301; BSK-Fiolka 2018, Art. 264n N 12; Stratenwerth/Wohlers 2013, Art. 264n N 2; PK-Vest 2018, Art. 264n N 1 f.
[1869] Donatsch/Thommen/Wohlers 2017, 258; Stratenwerth/Bommer 2013, 260; Vest et al. 2014, Art. 264 N 27.
[1870] PK-Vest 2018, Art. 264 N 1.
[1871] Das kollektive Element kommt insb. im subjektiven Tatbestand zum Ausdruck: Donatsch/Thommen/Wohlers 2017, 260; Stratenwerth/Bommer 2013, 362; Vest 1999, 354.
[1872] S.o. S. 245.
[1873] Botschaft des Bundesrates, BBl 1999 5327 [5347 f.]; Donatsch/Thommen/Wohlers 2017, 264; Stratenwerth/Bommer 2013, 260; BSK-Wehrenberg 2013, Art. 264 N 32.
[1874] PK-Vest 2018, Art. 264 N 3 f.; BSK-Wehrenberg 2013, Art. 264 N 37.
[1875] Donatsch/Thommen/Wohlers 2017, 266.

- Mitglieder dieser Gruppen tötet oder schwer in ihrer körperlichen oder geistigen Unversehrtheit schädigt[1876];
- Lebensbedingungen unterwirft, die geeignet sind, die Gruppe ganz oder teilweise zu vernichten (Konzentrationslager oder «ethnische Säuberung»)[1877];
- Massnahmen anordnet oder trifft, die auf die Geburtenverhinderung innerhalb der Gruppe gerichtet sind (z.B. Zwangssterilisation oder -kastration)[1878];
- Kinder gewaltsam in eine andere Gruppe überführt oder überführen lässt[1879].

Unklar ist, ob sich die Tat wiederholen oder, ob mehr als eine Person ihr zum Opfer fallen muss[1880].

b) Subjektiver Tatbestand

Der subjektive Tatbestand setzt zunächst Vorsatz voraus, wobei *dolus eventualis* reicht[1881]. Heikel ist das zusätzliche Erfordernis der Absicht, die Gruppe «als solche» ganz oder teilweise zu vernichten. Einig ist man sich, dass nicht eine eigentliche Absicht erforderlich ist; sicheres Wissen um den Kontext soll genügen[1882]. Allerdings verlangt der aktuelle Gesetzestext von 2011 nun explizit (wie die Konvention), dass der Täter die Gruppe **«als solche»** vernichten will. Diese Einschränkung der Strafbarkeit ist unter dem Eindruck der Kritik der Lehre vorgenommen worden[1883]. Die Einschränkung ist allerdings problematisch, weil sie die Anforderungen an das Verständnis des Gesamtkontextes so hochschraubt, dass die Gefahr besteht, dass unverständige Schergen der Strafbarkeit nach Art. 264 entgehen.

c) Strafdrohung und Verjährung

Die Strafdrohung entspricht der des Mordes. Die Tat ist allerdings nach Art. 101 Abs. 1 lit. a nunmehr unverjährbar[1884].

d) Konkurrenzen

Zu den Einzeldelikten der Liste besteht echte Konkurrenz[1885]. Art. 264 geht Art. 264*a* vor[1886].

1876 Vest et al. 2014, Art. 264 N 148.
1877 Vest et al. 2014, Art. 264 N 163.
1878 Vest et al. 2014, Art. 264 N 179.
1879 Vest et al. 2014, Art. 264 N 187.
1880 Donatsch/Thommen/Wohlers 2017, 267 u.H.a. Corboz II 2010, 398; a.A. aber Botschaft des Bundesrates, BBl 2001 I 391 [498] zu Art. 6 Römer Statut; unklar Stratenwerth/Bommer 2013, 261.
1881 Vest et al. 2014, Art. 264 N 202.
1882 Donatsch/Thommen/Wohlers 2017, 270 f.; Stratenwerth/Bommer 2013, 262; Stratenwerth/Wohlers 2013, Art. 264 N 9; PK-Vest 2018, Art. 264 N 7 f.
1883 Vgl. Donatsch/Thommen/Wohlers 2017, 269 f.; Stratenwerth/Bommer 2013, 262; PK-Vest 2018, Art. 264 N 9, BSK-Wehrenberg 2013, Art. 264 N 52 f.
1884 Vgl. BSK-Wehrenberg 2013, Art. 264 N 74.
1885 Stratenwerth/Wohlers 2013, Art. 264 N 10; Vest et al. 2014, Art. 264 N 326 ff.
1886 PK-Vest 2018, Art. 264 N 16.

2. Verbrechen gegen die Menschlichkeit (Art. 264a)

Der Ursprung des Tatbestandes ergibt sich aus dem Völkergewohnheitsrecht, er war bereits in den «Nürnberger Prinzipien» der ILC enthalten[1887] und ist in die Regeln des ICTY und des ICTR und schliesslich ins Römer Statut (Art. 7) eingegangen. Es handelt sich um eine **Gesamttat**[1888], bei der die einzelnen Tathandlungen im Kontext eines systematischen Angriffs auf die Zivilbevölkerung stehen müssen[1889].

a) Objektiver Tatbestand

aa) Täter

Täter kann wiederum jedes Individuum sein, einschliesslich des Befehlshabers nach Art. 264k.

bb) Angriff

Es handelt sich bei Art. 264a um eine «Gesamttat»[1890]. Die Einzeltaten (Abs. 1 lit. a–j) müssen «im Rahmen eines ausgedehnten oder systematischen Angriffs gegen die Zivilbevölkerung» begangen werden[1891]. Die Verbrechen sind eingebettet in ein planmässiges Vorgehen eines Staates oder einer Organisation[1892]. Gelegentlich wird von einem «funktionalen Begehungszusammenhang» gesprochen[1893]. Ein bewaffneter Konflikt ist nicht notwendig[1894]. Der Satz, dass der Angriff «keine Gewaltanwendung» voraussetze[1895], ist zumindest missverständlich, da die Einzelakte, in denen der Angriff sich manifestiert, extreme Gewalt beinhalten.

cc) Einzeltaten

Abs. 1 lit. a–j zählen im Einzelnen die schweren Bezugstaten auf. Die Begehung einer dieser Taten reicht zusammen mit dem sog. «*Chapeau-Element*» (dem Angriff)[1896] zur Erfüllung des Tatbestands.
Genannt werden[1897]:

– die vorsätzliche Tötung,
– die Ausrottung,

[1887] Donatsch/Thommen/Wohlers 2017, 275.
[1888] BSK-Wehrenberg 2013, Art. 264a N 21.
[1889] BSK-Wehrenberg 2013, Art. 264a N 18 f.
[1890] PK-Trechsel/Vest 2018, Art. 264a N 2 und 4.
[1891] Botschaft des Bundesrates, BBl 2008 3863 [3921].
[1892] Donatsch/Thommen/Wohlers 2017, 276; Gless 2015, N 824; Stratenwerth/Bommer 2013, 263 f.
[1893] PK-Vest 2018, Art. 264a N 9.
[1894] BSK-Wehrenberg 2013, Art. 264a N 20.
[1895] Donatsch/Thommen/Wohlers 2017, 277 u.H.a. Botschaft des Bundesrates, BBl 2008 3863 [3921].
[1896] Zum Begriff: PK-Vest 2018, Art. 264a N 4.
[1897] Vgl. auch Donatsch/Thommen/Wohlers 2017, 279 ff.; Stratenwerth/Wohlers 2013, Art. 264a N 3; PK-Vest 2018, Art. 264a N 12 ff.; BSK-Wehrenberg 2013, Art. 264a N 34 ff.

- die Versklavung,
- die Freiheitsberaubung,
- das Verschwinden lassen[1898],
- die Folter,
- die Verletzung der sexuellen Selbstbestimmung,
- die Vertreibung oder zwangsweise Umsiedlung,
- die Apartheid.

Schliesslich enthält lit. j eine Generalklausel. Wichtig ist angesichts ihrer Unbestimmtheit, dass das Erfordernis der «vergleichbare(n) Schwere» ernst genommen wird.

b) Subjektiver Tatbestand

Der Täter muss die Einzeltaten vorsätzlich begehen (*dolus eventualis* reicht) und er muss wissen, dass seine Handlungen Teil eines Angriffs sind[1899].

c) Qualifikationen und Privilegierung

Wenn die Tat viele Menschen betrifft oder wenn der Täter grausam handelt, kann auf lebenslange Freiheitsstrafe erkannt werden (Abs. 2).

In weniger schweren Fällen kann auf Freiheitsstrafe nicht unter einem Jahr erkannt werden (Abs. 3), während der Regelstrafrahmen Freiheitsstrafe nicht unter fünf Jahren vorsieht (Abs. 1).

1898 Siehe als Einzeltat auch oben Art. 185bis.
1899 Donatsch/Thommen/Wohlers 2017, 290 f.; PK-Vest 2018, Art. 264*a* N 10.

D. Kriegsverbrechen (zwölfter Titel[ter])

Seit der Ratifikation der Genfer Konventionen von 1949 und ihren Zusatzprotokollen[1900] im Jahre 1968 waren Kriegsverbrechen durch aArt. 109 MStG unter Strafe gestellt. aArt. 109 MStG war dabei deshalb unbefriedigend, weil er sich auf eine Generalklausel beschränkte und damit den Anforderungen an das Legalitätsprinzip in keiner Weise gerecht wurde[1901]. Mit der Reform von 2011 wurden die Einzelanforderungen nun in konkrete Tatbestände (Art. 264c–i) gefasst. Art. 264j fügt einen Auffangtatbestand hinzu. Im Vordergrund steht der Schutz von Zivilpersonen der Gegenpartei, von verletzten oder gefangenen Kombattanten sowie das Verbot besonders grausamer oder heimtückischer Formen der Kriegsführung.

1. Anwendungsbereich (Art. 264b)

Art. 264b gilt für schwere Verletzungen des humanitären Völkerrechts im Rahmen von bewaffneten Konflikten[1902]. Zunächst sind internationale Konflikte angesprochen[1903]. Allerdings gelten die Normen des 12. Titel[ter] auch für «nicht internationale Konflikte», «soweit aus der Natur der Straftaten nichts anderes hervorgeht». Mit dieser zweiten Alternative sind Bürgerkriege[1904] und die Aktivitäten von «paramilitärischen Todesschwadronen» usw.[1905] gemeint.

2. Abgrenzung der Zuständigkeit von Zivil- und Militärgerichtsbarkeit

Das neue Recht hat versucht, eine klarere Abgrenzung zwischen Zivil- und Militärjustiz zu finden:

- Angehörige der Schweizer Armee unterstehen in Friedens- wie in Kriegszeiten der Militärjustiz. Das gilt auch für Militärangehörige während eines Auslandeinsatzes.
- Delikte gegen Schweizer Militärangehörige im Ausland unterliegen der Schweizer Militärjustiz.
- Im Übrigen sind zivile Strafgerichte in Friedenszeiten zur Beurteilung von Kriegsverbrechen begangen von Schweizer Zivilpersonen, sowie von Ausländern (ob Zivil- oder Militärpersonen) zuständig, während in Kriegszeiten die Militärjustiz zuständig ist[1906].

[1900] S.o. Fn 1805.
[1901] Vgl. dazu Botschaft des Bundesrates, BBl 2008 3863 [3933]; Donatsch/Thommen/Wohlers 2017, 295.
[1902] BSK-Fiolka/Zehnder 2018, Art. 264b N 2 ff.
[1903] BSK-Fiolka/Zehnder 2018, Art. 264b N 11 ff.
[1904] Stratenwerth/Bommer 2013, 266; PK-Vest 2018, Vor Art. 264b N 5.
[1905] Donatsch/Thommen/Wohlers 2017, 298 f.
[1906] Vgl. Art. 3 Abs. 1 Ziff. 9, Art. 5 Abs. 1 Ziff. 1 lit. d und Ziff. 5, Art. 10 Abs. 1[quater] MStG und Art. 23 Abs. 1 lit. g StPO; dazu: Donatsch/Thommen/Wohlers 2017, 299 f.; BSK-Fiolka/Zehnder 2018, Vor Art. 264b–j N 45 f.; BSK-Wehrenberg 2013, Vor Art. 264–264m N 12.

3. Tatbestände im Überblick

Artikel	Titel	Stichwort[1907]
264c	Schwere Verletzungen der Genfer Konventionen	vgl. auch die Einzeltaten von Art. 264a
264d	Andere Kriegsverbrechen a. Angriffe gegen zivile Personen und Objekte	Gefährdungsdelikt, Angriffe gegen Zivilpersonen und Objekte (Bsp. nicht militärisch indizierte Bombardierung)
264e	b. Ungerechtfertigte medizinische Behandlung, Verletzung der sexuellen Selbstbestimmung und der Menschenwürde	Nicht indizierte Behandlung in psychiatrischer Anstalt, grobe sexuelle Übergriffe etc.
264f	c. Rekrutierung und Verwendung von Kindersoldaten	
264g	d. Verbotene Methoden der Kriegsführung	Einen Angriff führt[1908], Zivilisten als Schutzschild verwendet, Gefangene getötet, Missbrauch der Parlamentärsflagge, Plünderungen[1909] etc.
264h	e. Einsatz verbotener Waffen	Massenvernichtungswaffen, auch verbotene kleinere Waffen mit besonders verheerender Wirkung (Splitterbomben, Dum-Dum-Geschosse)
264i	Bruch eines Waffenstillstandes oder des Friedens. Vergehen gegen einen Parlamentär. Verzögerte Heimschaffung von Kriegsgefangenen	
264j	Andere Verstösse gegen das humanitäre Völkerrecht	Auffangklausel: auf andere Weise eine Vorschrift des humanitären Völkerrechts verletzt

---

[1907] Vgl. für Details: Donatsch/Thommen/Wohlers 2017, 301 ff.; BSK-Keshelava/Zehnder 2018, zu Art. 264c–j; Stratenwerth/Bommer 2013, 266 f.

[1908] An der Überprüfungskonferenz von Kempala 2010 ist das «Römer Statut» um den Tatbestand der «Aggression» ergänzt worden. Da er aber nach wie vor in mehrfacher Weise beschränkt bleibt (ausgehend nur von Staaten, gerichtet gegen Führungspersonen, Möglichkeit des «opt out» des Täterstaats, selbst wenn er Vertragspartei ist), hat die Schweiz vorerst darauf verzichtet, einen nationalen Straftatbestand zu schaffen (vgl. Botschaft des Bundesrats, BBl 2014 2045 ff., 2056 ff.).

[1909] Die Schweizer Bundesanwaltschaft hat in einem Verfahren gegen die Verantwortlichen einer Schweizer Goldveredelungsfirma angenommen, dass sie objektiv den Tatbestand der Plünderung erfüllt habe (mehrere Tonnen Konfliktgold aus Ost-Kongo wurden dem FNI [Front des nationalistes et intégrationnistes], der Kinder zu Soldaten und Minenarbeitern gepresst hatte und für ca. 100 000 Tote verantwortlich ist, abgekauft und veredelt). Der Fall wurde mangels Vorsatz eingestellt (dazu Pieth WiStrR 2016, 16, 233 f.).

Kapitel 3 Straftaten gegen den Staat

I. Straftaten gegen die Existenz des Staates
A. Einführung
1. Problematik

Freiheit und Sicherheit stehen auch auf überindividueller Ebene in einem Spannungsverhältnis. Traditionellerweise schützen Staaten ihre Existenz mit harschen Strafnormen vor Umsturz und vor **Angriffen auf ihre Souveränität**. Die Bedeutung solcher Normen ist stark zeitbedingt. Sie sind typischerweise sehr offen formuliert und greifen weit ins Vorfeld der eigentlichen Delinquenz zurück (mit abstrakten Gefährdungsdelikten und Absichtsdelikten sowie der Umschreibung von Vorbereitungshandlungen als vollendetes Delikt[1910]). Im spezifischen historischen Kontext nehmen sie allerdings eine viel konkretere Bedeutung an:

Vom ausgehenden 19. Jahrhundert bis in die Zwischenkriegszeit war auch das Leben in der Schweiz geprägt von harten sozialen Auseinandersetzungen und der Wirtschaftskrise. Es ist auffällig, dass um die Zeit des **Generalstreiks** herum gleich mehrere Gesetzesvorlagen im Staatsschutzbereich vom Volk mit hohem Nein-Stimmenanteil verworfen wurden[1911]. Die Bevölkerung war offensichtlich nicht bereit, obrigkeitsstaatliche Gängelung zu akzeptieren. Erst am Vorabend des Zweiten Weltkrieges setzte sich der Bundesrat mit Dringlichkeitsrecht durch, das in der Folge ins neue Strafgesetz übernommen wurde (das sog. «Spitzelgesetz» von 1935). Weitere Normen kamen gestützt auf Notrecht hinzu. Obwohl das Arsenal angesichts der **nationalsozialistischen und faschistischen Bedrohung** stark ausgebaut wurde, fanden die neuen Bestimmungen vorerst kaum Anwendung.

Wesentlich intensiver genutzt wurde das strafrechtliche Staatsschutzrecht aber im Nachgang zum Zweiten Weltkrieg, im sog. «**Kalten Krieg**». Die neuen Tatbestände des Hochverrats, des Landesverrats sowie des Nachrichtendienstes wurden auf «politische Wallfahrten», auf die Anschuldigung, die Schweiz verhalte sich nicht neutral, sie sei ein Zentrum amerikanischer Spionage oder bestimmte Personen seien ausgesprochene Antikommunisten angewandt. Es ging so weit, dass Personen für Collagen aus

---

[1910] Donatsch/Thommen/Wohlers 2017, 329; BSK-Isenring 2018, Art. 265 N 3; PK-Trechsel/Vest 2018, Vor Art. 265 N 2.

[1911] Zur Geschichte vgl. Stratenwerth/Bommer 2013, 272 f.: das «Maulkrattengesetz» von 1903, die «Umsturznovelle» von 1922 und das «Ordnungsgesetz» von 1933 wurden alle in Volksabstimmungen wuchtig verworfen; dazu Pieth Strafrechtsgeschichte 2015, 77 ff.

«*open source*»-Material wegen Nachrichtendienstes verurteilt wurden[1912]. Man spricht von «Mosaiktheorie»[1913].

Man möchte annehmen, dass mit der wirtschaftlichen **Globalisierung** und der Öffnung zum Freihandel hin, das klassische rigide Verständnis der Souveränität relativiert wurde. Tatsächlich passen viele der Tatbestände schlecht, weil sie etwa Unternehmen darin behindern, im Ausland rechtliche Konflikte auszutragen[1914]. Gleichzeitig nimmt allerdings die **Wirtschaftsspionage** – sei es durch Staaten oder Private – in einem Masse zu, dass staatliche Hilfe für die Unternehmen notwendig wird. Der klassische «wirtschaftliche Nachrichtendienst», der etwas aus der Mode gekommen war, wird plötzlich wieder modern[1915]. Zugleich erlassen die Nationalstaaten sog. «*blocking statutes*»[1916], um ihre Souveränität vor Übergriffen zu bewahren. Die Schweiz hat ihrerseits erwogen, ein Souveränitätsschutzgesetz zu erlassen[1917]. Allerdings beschloss der Bundesrat am 11. Februar 2015, das Projekt nicht mehr weiter zu verfolgen[1918]. In neuester Zeit schiebt sich – zumal im Austausch von Steuerdaten – eine neue Offenheit in den Vordergrund[1919].

2. Aufbau

Die Staatsschutzdelikte im weiteren Sinne sind im StGB auf vier Titel verteilt:

- Die zentralen Bestimmungen zur Sicherung der Existenz des Staates und der verfassungsmässigen Ordnung finden sich im 13. Titel (Art. 265–278).
- Die Straftaten gegen den Volkswillen, die die demokratische Willensbildung sichern sollen, sind im 14. Titel enthalten (Art. 279–283).
- Die strafbaren Handlungen gegen die öffentliche Gewalt, die Gewalt und Drohung gegen Beamte und die Hinderung einer Amtshandlung, aber auch die Ungehorsamstatbestände umfassen, sind im 15. Titel (Art. 285–294) zu finden.
- Die Tatbestände zur Störung der Beziehungen zum Ausland, die letztlich auch Interessen der Schweiz schützen, sind in Art. 296–302 enthalten.

Das folgende Kapitel befasst sich zentral mit den schwersten Straftaten gegen den Staat, mit dem 13. Titel. Im Zentrum stehen der **Hochverrat** und der **Landesverrat**. Die beiden Deliktsformen haben sich erst in neuerer Zeit, im Preussischen Obrigkeits-

---

[1912] BGE 80 IV 71.
[1913] Insb. bezogen auf den Nachrichtendienst: Donatsch/Thommen/Wohlers 2017, 349 f.; BSK-Husmann 2018, Art. 272 N 8; PK-Trechsel/Vest 2018, Vor Art. 272 N 3; s.u. S. 291 f.
[1914] Insb. Art. 271 und 273 werden etwa bei der Beilegung von Konflikten Schweizer Unternehmen mit US Behörden als enorm hinderlich angesehen.
[1915] Vgl. die Bespitzelung durch die Grossmächte China, Russland und die USA (aufschlussreich sind die Informationen von Whistleblowern wie Manning und Snowden).
[1916] International: vgl. Beckers 2013, 272 und 278.
[1917] NZZ vom 21.2.2013, 9: «Abwehrgesetz gegen die imperialen USA, Bundesrat schickt Entwurf zu einem Souveränitätsschutzgesetz in die Vernehmlassung»; vgl. auch BSK-Husmann 2018, Art. 271 N 22; Pieth WiStrR 2016, 249 ff.
[1918] Medienmitteilung des Bundesrats vom 11.2.2015: «Verzicht auf Zusammenarbeits- und Souveränitätsgesetz»; dazu Pieth WiStrR 2016, 248; PK-Trechsel/Vest 2018, Art. 271 N 8a.
[1919] Vgl. zum «Automatischen Informationsaustausch» (AIA): Betz/Pieth 2016, 357 ff.

staat, aus der «*laesio maiestatis*» herausentwickelt. Während Hochverrat den gewaltsamen Umsturz von innen im Auge hat, thematisiert Landesverrat den Angriff auf die Unabhängigkeit und die Sicherheit des Staates von aussen.

B. Hochverrat (Art. 265)

Art. 265 enthält drei Formen von Hochverrat:

- den Verfassungshochverrat,
- den Behördenhochverrat, und
- den Gebietshochverrat.

Nach allen drei Varianten unternimmt die Täterschaft eine Handlung, «die darauf gerichtet ist, mit Gewalt» den Umsturz zu betreiben. Damit werden bereits Vorbereitungshandlungen zu vollendeten Taten erklärt[1920]. Der **Verfassungshochverrat** zielt darauf ab, die verfassungsmässigen Grundprinzipien von Bund und Kantonen abzuändern. Es geht dabei nicht um Detailfragen. Es wird auch nicht ein formeller Verfassungsbegriff angelegt; im Zentrum stehen ganz fundamentale Konzepte wie die Demokratie, die Gewaltenteilung oder der Föderalismus[1921]. Selbstverständlich scheiden alle legalen Formen der Verfassungsänderung aus. Ja, angesichts der offenen Formulierung des Tatbestandes besteht die Gefahr, dass gewaltsame Demonstrationen in einem aufgeheizten politischen Klima (die vielleicht den Tatbestand des Landfriedensbruchs erfüllen) gleich zu hochverräterischen Aktivitäten hochdefiniert werden (diese Tendenz ist in gewissen autokratischen Staaten zu beobachten wie etwa in der Türkei, aber auch in Spanien).

Beim **Behördenhochverrat** werden die obersten Staatsorgane (insb. Regierung, Parlament und höchste Gerichte) während längerer Zeit mit Gewalt an der Ausübung ihrer Aufgabe gehindert[1922]. Zu denken ist beispielsweise an das (etwa in Libyen beobachtete) Entführen des Staatsoberhauptes. Gewalt gegen subalternere Beamte fällt im Übrigen unter Art. 285[1923].

Der **Gebietshochverrat** zielt auf die gewaltsame Abtrennung von Gebiet der Eidgenossenschaft oder von Kantonen ab[1924]. Auch hier ist es wesentlich, dass Augenmass bewahrt wird: Zwar waren die Ereignisse um die Entstehung des Kantons Jura bisweilen heftig (Sprengung des historischen Gerechtigkeitsbrunnens in Bern), doch sollte trotz einzelner Gewaltakte (überwiegend gegen Sachen) nicht leichthin auf ein Maximaldelikt wie Hochverrat erkannt werden. Das Augenmass hat es erlaubt, die Jurakrise weit eleganter zu überstehen als vergleichbare Verfassungskrisen im Ausland (man denke an Katalonien oder das Baskenland in Spanien oder Korsika in Frankreich)[1925].

1920 BGE 70 IV 139 [143]; Donatsch/Thommen/Wohlers 2017, 329; BSK-Isenring 2018, Art. 265 N 3; Stratenwerth/Bommer 2013, 278.
1921 BSK-Isenring 2018, Art. 265 N 4; PK-Trechsel/Vest 2018, Art. 265 N 2.
1922 Stratenwerth/Bommer 2013, 276.
1923 PK-Trechsel/Vest 2018, Art. 265 N 3.
1924 Stratenwerth/Bommer 2013, 276; PK-Trechsel/Vest 2018, Art. 265 N 4.
1925 Vgl. Pieth Strafrechtsgeschichte 2015, 95 f.; zum Katalonienkonflikt NZZ vom 13.12.2017, 7: «Sie fühlen sich anders».

Subjektiv ist Vorsatz und Absicht, gewaltsam die betreffenden Handlungen zu begehen, erforderlich.

Hochverrat, wie alle Staatsschutzdelikte, untersteht der **Bundesgerichtsbarkeit** nach Art. 23 Abs. 1 lit. h StPO. Art. 4 StGB ist anwendbar.

C. Landesverrat (Art. 266, 266bis und 267)

Bei den Tatbeständen, die unter dem Begriff des Landesverrates zusammengefasst werden, geht es – immer nach der Einteilung des Preussischen Allgemeinen Landrechts[1926] – um Angriffe auf die Souveränität (der Schweiz) von aussen. Während Art. 266 die Unabhängigkeit des Staates schützt, übernimmt Art. 266bis die Funktion eines Auffangtatbestandes für mindere Bedrohungen (hier geht es um die «Sicherheit der Schweiz») und Art. 267 schliesslich, ist ein Geheimnisschutztatbestand.

1. Art. 266

Schutzobjekt von Art. 266 ist die «**Unabhängigkeit** der Eidgenossenschaft»[1927]. Während die Autoren des Gesetzes (des Spitzelgesetzes von 1935, das ins StGB übergeführt wurde) am Vorabend des Zweiten Weltkrieges meinten zu wissen, welchen Bedrohungen zu wehren sei, hat sich der Souveränitätsbegriff unter dem Einfluss der wirtschaftlichen Globalisierung und der zunehmenden internationalen Verflechtung gewandelt. Es geht heute weit weniger um Abschottung als um Kooperation nach international abgestimmten Regeln. Daher sind Formulierungen, wie sie sich in alten Bundesgerichtsentscheiden finden, die Unabhängigkeit bedeute, dass die Schweiz ihre inneren Angelegenheiten frei von äusseren Einmischungen ordnen könne[1928], wohl antiquiert[1929]. Art. 266 enthält zwei Tatbestände:

- die Gefährdung der Unabhängigkeit gemäss Ziff. 1 und
- die landesverräterische Friedensgefährdung nach Ziff. 2.

Gemäss Ziff. 1 sind sowohl die eigentlichen Unabhängigkeitsverletzungen oder Gefährdungen wie die unabhängigkeitsgefährdende Einmischung einer fremden Macht in die inneren Angelegenheiten der eigentliche Erfolg[1930]. Nach diesem Tatbestand wird sogar die **Vorbereitung einer Gefährdung** erfasst (!)[1931]. Gemäss Ziff. 2 ist strafbar, wer mit der Regierung eines fremden Staates oder deren Agenten in Beziehung tritt, um einen Krieg gegen die Eidgenossenschaft herbeizuführen.

Wie weit – zumal die Formeln von Ziff. 1 – greifen, lässt sich an Beispielsfällen aus dem «Kalten Krieg» ermessen[1932]:

[1926] Stratenwerth/Bommer 2013, 275.
[1927] BSK-Isenring 2018, Art. 266 N 6.
[1928] BGE 71 IV 101; 70 IV 139 [141].
[1929] So auch PK-Trechsel/Vest 2018, Art. 266 N 3; vgl. aber noch Lüthi 1954, 298 ff. und Stratenwerth/Bommer 2013, 281.
[1930] Donatsch/Thommen/Wohlers 2017, 321 f.; BSK-Isenring 2018, Art. 266 N 6.
[1931] Krit. Stratenwerth/Bommer 2013, 281; PK-Trechsel/Vest 2018, Art. 266 N 4 f.
[1932] Vgl. insb. zu den Fällen Nicole, Arnold und Bonnard: Lüthi 1954, 299 ff.

In verschiedenen osteuropäischen, aber auch deutschen und französischen Zeitungen publizierte der Journalist **Nicole** 1952 Artikel, in denen die Schweiz der Preisgabe der Neutralität bezichtigt wurde. Er behauptete auch, die «Yankee-Spionage» werde in der Schweiz legalisiert. Es wurde Nicole vorgeworfen, dass er falsche Behauptungen aufgestellt habe, die «auf die Gefährdung der Unabhängigkeit gerichtet sein konnte(n)»[1933].

Subjektiv bedarf es des Vorsatzes, allerdings reicht Gefährdungsvorsatz[1934].

2. Art. 266bis

Art. 266bis wurde 1950 eingeführt[1935]. Er war von Anfang an als eine Art Auffangtatbestand gedacht für Fälle, in denen die landesverräterischen Aktivitäten (hier die **Kontaktnahme** oder unwahre oder **entstellende Behauptungen**) aber doch die **Sicherheit der Schweiz** gefährdet[1936]. Im Wesentlichen ging es darum, «politische Wallfahrten» oder die Verbreitung irreführender Behauptungen unter Strafe zu stellen. Der Fall Nicole diente als Muster. Fälle von kommunistischer Propaganda gegen die Schweiz sollten auch dann erfasst werden, wenn die Gefahr für die Schweiz nicht konkret genug oder gross genug war, um Art. 266 zu erfüllen[1937]. Subjektiv ist Vorsatz erforderlich, im Übrigen verlangt das Gesetz Eventualabsicht, die Sicherheit der Schweiz zu gefährden[1938]. Wie schwierig die Abgrenzung zu legitimer Nutzung verfassungsmässiger Rechte ist, zeigen wiederum die – vereinzelt gebliebenen – Anwendungsfälle während des «Kalten Krieges»:

> **Arnold** hielt am 11. Mai 1951 eine Rede im Vollzugsausschuss der kommunistisch orientierten Internationalen Journalistenorganisation (IJO) in Budapest über die amerikanische «Kriegspropaganda» in der Schweiz. Er behauptete weiter, die USA unterhielten in der Schweiz die Zentrale ihres Nachrichtendienstes – jedenfalls für den europäischen Kontinent. Das Bundesgericht bezeichnete die Aussagen als unwahr[1939].
>
> Insgesamt wurde Arnold vorgeworfen, dass er mit bewusst unwahren Behauptungen den Zweck verfolgt habe, ausländische gegen die Sicherheit der Schweiz gerichtete Bestrebungen hervorzurufen. Art. 266bis sei somit erfüllt[1940].

Diese Fälle sind wohl nur im Kontext einer extrem aufgeheizten Stimmung erklärbar, in der ein (Atom)Krieg zwischen der Nato und den Mitgliedstaaten des Warschauer Paktes nicht ausgeschlossen werden konnte.

1933 Vgl. den Abdruck bei Lüthi 1954, 303; dazu Stratenwerth/Bommer 2013, 282; PK-Trechsel/Vest 2018, Art. 266 N 7.
1934 BGE 70 IV 139 [142]; 73 IV 100 [103] (sogar Eventualgefährdungsvorsatz!); PK-Trechsel/Vest 2018, Art. 266 N 6.
1935 Bundesgesetz betreffend Abänderung des Schweizerischen Strafgesetzbuches vom 5.10.1950 (BBl 1950 III 1); Botschaft des Bundesrates, BBl 1949 I 1249 [1255].
1936 Donatsch/Thommen/Wohlers 2017, 333; BSK-Isenring 2018, Art. 266bis N 2; Stratenwerth/Bommer 2013, 284; PK-Trechsel/Vest 2018, Art. 266bis N 1 ff.
1937 Stratenwerth/Bommer 2013, 285; PK-Trechsel/Vest 2018, Vor Art. 266bis N 1 f.
1938 BSK-Isenring 2018, Art. 266bis N 10.
1939 BGE 79 IV 24.
1940 BGE 79 IV 24 [34 f.].

3. Art. 267

Die Bestimmungen zum Landesverrat werden ergänzt durch eine Strafnorm zum «diplomatischen Landesverrat». Der Tatbestand, der noch kaum angewandt worden ist[1941], enthält eigentlich drei Untertatbestände[1942]: den Verrat eines Geheimnisses, dessen Bewahrung zum Wohle der Eidgenossenschaft geboten ist, die Gefährdung der Interessen der Eidgenossenschaft durch Vernichtung oder Entwendung von Urkunden oder Beweismitteln und schliesslich die «landesverräterische Untreue». Bei der dritten Variante sind Unterhandlungen mit einer auswärtigen Regierung zum Nachteil der Eidgenossenschaft gemeint.

Anwendbar ist ein materieller Geheimnisbegriff[1943]. Erhebliche Unsicherheit besteht zur Frage, ob auch bloss relativ Unbekanntes oder vergessen Gegangenes schützenswert ist[1944]. Dabei sind illegale Geheimnisse nicht schützenswert[1945]. **Inhaltlich** ist der Bereich des geschützten Staatsgeheimnisses **äusserst weit**[1946]. Erfasst ist der Verrat und nicht das Ausspähen[1947]. Journalisten, die Staatsgeheimnisse preisgeben, können sich nicht auf den Quellenschutz berufen[1948]. Abermals enthält das Strafrecht einen Tatbestand, der in seinen Konturen unklar bleibt, was lediglich nicht auffällt, weil er kaum je angewandt wurde. Unter Umständen würde aber die Veröffentlichung geheimer Dokumente auf «Wikileaks» darunterfallen. Ist gar ein Diplomat, der schlecht verhandelt, der diplomatischen Untreue haftbar? Auch das kann wohl kaum gemeint sein, allerdings ergibt sich die Verteidigung nicht ohne Weiteres aus dem Wortlaut.

D. Verbotener Nachrichtendienst (Art. 272–274)

Art. 272–274 befassen sich mit dem Einrichten, Betreiben oder Unterstützen eines illegalen Nachrichtendienstes. Die aus dem sog. «Spitzelgesetz» von 1935 ins StGB übernommenen Tatbestände sind ihrerseits extrem diffus. Legales und illegales Verhalten lassen sich kaum zuverlässig abgrenzen.

Zunächst muss es sich bei den zu sammelnden und übermittelnden **Nachrichten** (jedenfalls bei Art. 272 und 274) gar nicht um Geheimnisse handeln. Darin zeigt sich, dass auch dieser Tatbestand im Grunde darauf ausgerichtet ist, systematisch Vorbereitungshandlungen zu erfassen[1949]. Einen Nachrichtendienst betreibt – nach Ansicht der alten Bundesgerichtspraxis – bereits, wer *open source*-Material sammelt[1950]. Zumal in

---

[1941] PK-Trechsel/Vest 2018, Vor Art. 265 N 3.
[1942] Donatsch/Thommen/Wohlers 2017, 335 ff.; BSK-Isenring 2018, Art. 267 N 2; Stratenwerth/Bommer 2013, 286 ff.; PK-Trechsel/Vest 2018, Art. 267 N 2 ff.
[1943] BSK-Isenring 2018, Art. 267 N 7.
[1944] Stratenwerth/Bommer 2013, 287 f.
[1945] PK-Trechsel/Vest 2018, Art. 267 N 3; vgl. aber bereits oben zum deutschen Fall Ossietzky oben S. 127 f.
[1946] Stratenwerth/Bommer 2013, 287; PK-Trechsel/Vest 2018, Art. 267 N 3.
[1947] Stratenwerth/Bommer 2013, 289.
[1948] BGE 126 IV 236 [251].
[1949] Stratenwerth/Bommer 2013, 292 f.
[1950] Donatsch/Thommen/Wohlers 2017, 349; BSK-Husmann 2018, Art. 272 N 8; PK-Trechsel/Vest 2018, Vor Art. 272 N 3.

einer modernen (Wirtschafts-)Welt, in der *due diligence*-Verpflichtungen selbstverständlich auch über die Landesgrenze hinweg bestehen[1951], kann das Bearbeiten von offen zugänglichen Informationen nicht strafbar sein[1952].

Die Anforderungen an den Nachrichten**dienst** sind ebenfalls minimal: Nach der Zusammenstellung der Bundesgerichtspraxis bei Trechsel/Vest sollen alle möglichen Vorbereitungshandlungen unter dem Begriff des «Einrichten oder Betreiben eines Dienstes» fallen: «Ausbildung, Einreise, Aufbau der Residentur, Ausrüstung, Herstellung von Verbindungen usw.». Auch vorerst inaktive Spione werden erfasst (sog. «Schläfer»)[1953].

Die **Illegalität** liegt allein darin, dass der Nachrichtendienst «zum Nachteil der Schweiz oder ihrer Angehörigen, Einwohner oder Organisationen» sowie dass er für einen fremden Staat betrieben wird[1954].

Im StGB finden sich drei Tatbestände des Nachrichtendienstes:

– der politische Nachrichtendienst gemäss Art. 272,
– der wirtschaftliche Nachrichtendienst nach Art. 273 und
– der militärische Nachrichtendienst nach Art. 274.

Die folgende Darstellung konzentriert sich auf Art. 272 und 273.

1. Politischer Nachrichtendienst (Art. 272)

Art. 272 schützt – wie die Tatbestände des Landesverrats – die Unabhängigkeit der Schweiz. Es handelt sich aber um einen Vorbereitungstatbestand. Er setzt voraus, dass jemand im Interesse eines fremden Staates, einer ausländischen Partei oder einer Organisation des Auslandes, zum Nachteil der Schweiz oder ihrer Angehörigen, Einwohner oder Organisationen, politischen Nachrichtendienst betreibt oder einen solchen Dienst einrichtet bzw. für solche Dienste anwirbt oder ihm Vorschub leistet. Der Begriff des Politischen ist äusserst offen, er umfasst Informationen über die aktuelle politische Lage in der Schweiz genauso wie die Stimmungslage[1955]. Der Tatbestand ist vor allem wiederum im Laufe des «Kalten Krieges» zur Anwendung gelangt:

> Im Korea Krieg wurden die USA von China des Einsatzes biologischer Kampfstoffe beschuldigt. Sie riefen das IKRK an, um nachzuweisen, dass die Behauptungen falsch waren. Der kommunistische «Weltfriedensrat» bat den Lausanner Professor und Hellenisten **Bonnard** um Informationen über das IKRK und dessen Leitung. Bonnard bediente sich öffentlich zugänglicher Quellen (darunter des «Who is who in Switzerland»). Nach Ansicht des Bundesanwalts und des Bundesgerichts fiel seine Darstellung «falsch und tendenziös» aus. Das Bundesgericht betrachtete den «Weltfriedensrat», eine linke Nichtregierungsorganisation, als «Organisation des Auslands» und fügte gleich bei, dass im Übrigen auch Nachrichtendienst für eine intergouvernementale internationale Organisation strafbar sei. Den politischen

---

[1951] Vgl. insb. im Bereich der Korruptions- und Geldwäscheabwehr, s.u. S. 324 f.
[1952] Zu Recht krit. PK-Trechsel/Vest 2018, Vor Art. 271 N 3; unklar demgegenüber Stratenwerth/Bommer 2013, 293 (zu Art. 272).
[1953] PK-Trechsel/Vest 2018, Vor Art. 272 N 5.
[1954] Stratenwerth/Bommer 2013, 296; PK-Trechsel/Vest 2018, Vor Art. 272 N 6 und 7.
[1955] BGE 101 IV 177 [197]; 80 IV 71 [84].

Nachrichtendienst sah das Bundesgericht darin, dass die Führung des IKRK als bürgerlich, antikommunistisch und nicht «neutral» dargestellt wurde[1956].

Eine weitere *cause célèbre* war das Urteil gegen das Ehepaar **Wolf**, das in der Schweiz im Auftrage der DDR eine «Spionagezentrale» einrichtete. Obwohl sie grösstenteils inaktiv waren («Schläfer») und die Wirtschaftsspionage bei der Firma Sulzer eher als «Fingerübungen» anzusehen sind, wurde der Fall als schwer eingestuft[1957], mit der Konsequenz, dass die Strafdrohung von 1–20 Jahren Zuchthaus Anwendung fand[1958].

In neuester Zeit hat die Bundesanwaltschaft aber eine Reihe von Strafuntersuchungen zu politischem Nachrichtendienst einleiten müssen[1959].

2. Wirtschaftlicher Nachrichtendienst (Art. 273)

a) Bedeutung und Rechtsgut

Während das klassische strafrechtliche Staatsschutzrecht (insb. der Hochverrat und der Landesverrat) heute kaum mehr praktische Bedeutung haben, wird Art. 273 immer wieder angewandt. Die aggressiven Auseinandersetzungen der Nationalstaaten im 19. und 20. Jahrhundert sind dank umfangreicher Friedenssicherungsvorkehrungen auf ein Minimum reduziert worden. Internationale Organisationen wie die UNO, die Bretton-Woods-Institutionen, aber auch Wirtschaftsorganisationen wie die WTO und die OECD sowie diverse Freihandelsabkommen (wie «Mercosur») oder aber intensivere Zusammenschlüsse von Staaten, wie die EU, trugen wesentlich zur Friedenssicherung bei.

Art. 273 entstammt zwar dem traditionellen Arsenal des Staatsschutzrechts. Gemäss der Praxis des Bundesgerichts, beeinträchtigen Auskundschaften und Preisgeben von Geschäftsgeheimnissen an eine ausländische Macht neben Privatinteressen die Interessen der nationalen Volkswirtschaft[1960]. Dies mag auf den ersten Blick antiquiert wirken[1961]. Allerdings ist Wirtschaftsspionage auch heute eine Realität. Sie wurde mit elektronischen Mitteln gar noch perfektioniert. Die individualstrafrechtlichen Geheimnistatbestände (Art. 162: Fabrikations- und Geschäftsgeheimnis oder Art. 47 BankG: Bankgeheimnis) sind gegen Übergriffe fremder Staaten (z.B. systematisches Hacking oder den behördlich erzwungenen Verzicht aufs Bankgeheimnis[1962]) oder ausländischer Unternehmen oftmals zu wenig effektiv. Art. 273 hat bei international organisierter Wirtschaftsspionage, wie etwa den Kauf von CDs mit Bankdaten, neue Aktualität erlangt[1963]. In Anwendung von Art. 4 ist schweizerisches Recht auch auf Auslandstaten gegen Schweizer Unternehmen zuständig.

1956 BGE 80 IV 71; vgl. die ausführliche Besprechung in Lüthi 1954, 325 ff.; PK-Trechsel/Vest 2018, Vor Art. 265 N 2, Art. 272 N 8.
1957 BGE 101 IV 177 [178].
1958 Krit. PK-Trechsel/Vest 2018, Art. 272 N 7.
1959 Zum Fall türkischer Spitzel in der Schweiz: NZZ vom 25.3.2017, 15: «Justiz verfolgt türkische Spitzel»; zum Fall Kasachstan: NZZ vom 10.6.2014, 9: «Kasachstan unter Spitzelverdacht».
1960 BGE 101 IV 312.
1961 Vgl. auch Lüthi 1954, 298 ff.
1962 Stratenwerth 1987, 227 ff.
1963 Eicker in: Jusletter vom 30.8.2010; Ders. in: Jusletter vom 30.1.2011.

In BGE 141 IV 155 hatte sich das Bundesgericht mit dem Fall zu befassen, dass der Angestellte einer Schweizer Bank über einen Mittelsmann Daten von deutschen Steuerpflichtigen an deutsche Behörden verkaufte. Während der Bankangestellte einen Antrag auf ein abgekürztes Verfahren stellte, beging der Mittelsmann in der U-Haft Selbstmord. Die Erben bestritten, dass er den Tatbestand von Art. 273 Abs. 2 begangen habe und wandten auch ein, dass die Tat voll und ganz im Ausland begangen worden sei. Das Bundesgericht hielt die Einziehung der noch vorhandenen Werte des Verstorbenen für zulässig, da sie aus Delikt stammten und die Erben keine Gegenleistung im Sinne von Art. 70 Abs. 2 erbracht hätten[1964].

b) Objektiver Tatbestand

aa) Geheimnis

Bei Art. 273 sind Fabrikations- und Geschäftsgeheimnisse geschützt. Allerdings wendet das Bundesgericht einen gegenüber Art. 161 erweiterten Begriff des Wirtschaftsgeheimnisses an[1965]. Es wird der bereits erörterte materielle Geheimnisbegriff angelegt[1966] (der relative Unbekanntheit, Geheimhaltungswille und schutzwürdiges Interesse voraussetzt[1967]). Eine konkrete Schädigung oder Gefährdung privater oder öffentlicher Interessen muss aber nicht nachgewiesen werden. Art. 273 ist ein abstraktes Gefährdungsdelikt[1968]. Das Geheimnis muss einen Bezug zur Schweiz haben. Allerdings hat die Praxis bereits die Nutzung eines schweizerischen Bankkontos ausreichen lassen[1969].

bb) Empfänger

Empfänger des Geheimnisverrats bzw. Auftraggeber der Spionage muss eine fremde amtliche Stelle, eine ausländische Organisation oder ein privates Unternehmen sein.

> In BGE 104 IV 175 (**Stanley Adams**) wurde klargestellt, dass auch eine fremde internationale Organisation (hier die EU) unter den Tatbestand fällt. Der Roche-Mitarbeiter Adams hatte der EG-Kommission verraten, dass die Schweizer Firma Roche vorsätzlich EU-Wettbewerbsrecht verletzte.

cc) Tathandlung

Sowohl **Auskundschaften** (Abs. 1) wie **Zugänglichmachen** (Abs. 2) erfüllen den Tatbestand. In der Praxis wurden häufiger die Verräter im Innern bestraft (so die Bankangestellten, die den französischen Zollbehörden Magnetbänder mit Programmen zur Erlangung von Schweizer Bankkundendaten lieferten[1970]). Die Spione von aussen, z.B.

1964 Vgl. auch BGer 6B_580/2014.
1965 BGE 74 IV 102: Auch Sachverhalte, die nicht in Beziehung zu einer Geschäftstätigkeit im engeren Sinne stehen, sollen erfasst werden.
1966 S.o. S. 127 f.
1967 Vgl. für Details: Bazzi 2015, 53 ff.; Donatsch/Thommen/Wohlers 2017, 355; BSK-Husmann 2018, Art. 273 N 11 ff.; Stratenwerth/Bommer 2013, 300 f.; PK-Trechsel/Vest 2018, Art. 273 N 5 ff.
1968 BGE 111 IV 74 [79]; 104 IV 175 [177].
1969 BGE 141 IV 163 f.; vgl. dazu die detaillierten Hinweise bei PK-Trechsel/Vest 2018, Art. 273 N 9.
1970 BGE 111 IV 74.

allfällige fremde Steuerbeamte, die Bankkunden CDs kaufen, sind zwar nach Schweizer Recht strafbar, aber meist nicht fassbar[1971].

c) Subjektiver Tatbestand

Art. 273 ist ein Vorsatzdelikt. Der Täter muss zwar wissen, dass er eine geheime Tatsache an eine fremde Stelle verrät, dass er dabei zugleich ein Staatsgeheimnis verrät, muss ihm gemäss Rechtsprechung aber nicht bewusst sein[1972].

d) Rechtfertigung

Die Einwilligung des Verletzten soll das Zugänglichmachen nicht in jedem Fall rechtfertigen; jedenfalls dann nicht, wenn auch staatliche Interessen im Spiel seien[1973]. Allerdings verwickeln sich Lehre und Rechtsprechung mit dieser Position in Widersprüche: Sie überhöhen ein Privatgeheimnis zum Staatsgeheimnis und nehmen den privaten Geheimnisherren damit die Verfügungsmacht über ihr Geheimnis. Gerade wo sich ein Unternehmen zu seinem eigenen Schutz an einem ausländischen Straf- oder Zivilverfahren beteiligen will, muss es über seine eigenen Dokumente verfügen können[1974]. Notstand ist kein tauglicher Ausweg, die Einwilligung des Geheimnisherrn müsste bereits den Tatbestand ausschliessen[1975]. Ein Bewilligungsverfahren im Sinne von Art. 271 ist aber bei Art. 273 nicht vorgesehen[1976].
Zulässig ist natürlich gemäss Art. 14 die Weitergabe von Geheimnissen an eine fremde amtliche Stelle im Rahmen der Rechtshilfe in Strafsachen und der Amtshilfe, soweit sie durch eine gesetzliche oder vertragliche Grundlage gedeckt ist[1977].

E. Verbotene Handlungen für einen fremden Staat (Art. 271)

1. Bedeutung

Auch Art. 271 schützt die Souveränität des Nationalstaates. Allerdings ist sein Fokus wesentlich präziser: Er schützt das staatliche Machtmonopol. Verboten sind fremde Amtshandlungen auf Schweizer Territorium. Internationale Kooperation ist zwar erwünscht, allerdings muss sie sich an Regeln halten. Die Rechtsgrundlage für fremde

---

1971 Zum eher hilflosen Versuch, Deutsche Behörden mit der Hilfe von Schweizer Spionen auszuspähen: NZZ vom 17.5.2017, 13: «Die strittige Rolle des Daniel M.»; NZZ am Sonntag vom 14.5.2017, 9: «Geheimdienst handelte gegen Gesetz»: NZZ vom 3.5.2017, 13: «Ein offenbar vielseitig tätiger Spion wirft Fragen auf».
1972 BGE 104 IV 175 [182].
1973 Bazzi 2015, 74 ff.; Donatsch/Thommen/Wohlers 2017, 360; BSK-Husmann 2018, Art. 273 N 19 ff.; PK-Trechsel/Vest 2018, Art. 273 N 14.
1974 **Pieth/Eymann/Zerbes 2014, Fall 20 («Russischer Salat»), 257 ff.**
1975 Anders aber die h.L. vgl. die Hinweise bei PK-Trechsel/Vest 2018, Art. 273 N 14 f.; zum Steuerstreit mit den USA vgl. u.a. Pieth WiStR 2016, 245 ff. m.w.H.
1976 Vgl. auch BSK-Husmann 2018, Art. 273 N 28; Pieth WiStR 2016, 255.
1977 Donatsch/Thommen/Wohlers 2017, 360; Stratenwerth/Bommer 2013, 304; PK-Trechsel/Vest 2018, Art. 273 N 16.

Amtshandlungen in der Schweiz kann sich aus internationalen Verträgen ergeben, im Rechtshilferecht verankert sein oder auf einer Bewilligung beruhen.

2. Grundtatbestand (Ziff. 1)

a) Objektiver Tatbestand

aa) Handlungen, die einer Behörde oder einem Beamten zukommen

Der Begriff der **Amtshandlung** wird von der Praxis weit ausgelegt. Dazu gehören Ermittlungs- und Untersuchungshandlungen sowie Zwangsmassnahmen von Strafverfolgungsbehörden, aber auch Ermittlungen im Zoll-, Steuer- und Finanzaufsichtsbereich. Gemäss Bundesgericht fällt unter den Begriff jede Handlung, die «ihrer Natur nach einer Behörde zukommt»[1978]. Darunter fallen auch Amtshandlungen im weitesten Sinne, wie etwa Trauungen durch einen ausländischen Konsul etc. Der Täter muss nicht Beamter sein[1979]. Problematisch sind sog. interne Untersuchungen von multinationalen Unternehmen[1980]. Wird die interne Untersuchung mit dem Ziel der Weitergabe an ausländische Behörden angestrengt, fällt sie unter Art. 271[1981]. Das Bundesgericht hatte davon Fälle abgeschichtet, die lediglich der Prozessvorbereitung im Ausland dienten[1982]. Die Lehre und einzelne kantonale Gerichte haben die Praxis kritisiert[1983]. Gehen die Informationen nur ans Mutterhaus des Konzerns, ist Empfänger zwar auch eine Organisation des Auslands, die «interne Untersuchung» erfolgt dann aber nicht «*iure imperii*»[1984].

Gemäss Art. 271 Ziff. 1 Abs. 3 ist bereits strafbar, wer «solchen Handlungen **Vorschub leistet**». In der neueren Literatur wird der Ankauf rechtswidrig (d.h. unter Umgehung des Rechtshilfewegs) beschaffter Bankdaten, ja bereits die Ankündigung des Kaufs von Bank-CDs, als «Vorschub leisten» eingestuft[1985].

bb) Weitere Tatbestandselemente

Im Übrigen verlangt der objektive Tatbestand, dass die Handlungen auf **schweizerischem Gebiet** ohne Bewilligung für einen **fremden Staat**, eine **ausländische Partei** oder eine andere **Organisation des Auslandes** vorgenommen werden. Auch bei Art. 271 sollen internationale Organisationen prinzipiell unter den Tatbestand fallen[1986].

> Umstritten war aber, ob Befragungen und Dokumentenerhebung durch die UNO im Rahmen der Untersuchung des **Öl für Lebensmittel** Programmes im Irak unter Art. 271 fielen.

[1978] Vgl. BGE 65 I 44 m.w.H. bei PK-Trechsel/Vest 2018, Art. 271 N 2.
[1979] BGE 114 IV 128.
[1980] Mühlemann 2018.
[1981] PK-Trechsel/Vest 2018, Art. 271 N 3; Pieth WiStrR 2016, 269.
[1982] BGE 114 IV 128; Pieth WiStrR 2016, 251, 270.
[1983] BSK-Husmann 2018, Art. 271 N 59 m.w.H.
[1984] Wohl anders als die Praxis des Bundesgerichtes: PK-Trechsel/Vest 2018, Art. 271 N 3.
[1985] Eicker in: Jusletter vom 30.8.2010; Heine 2010, 528 f.; PK-Trechsel/Vest 2018, Art. 271 N 2; vgl. aber BGer 6B_580/2014.
[1986] BGE 80 IV 71 [86].

Der Bundesrat war der Meinung, die Handlungen seien bewilligungspflichtig, obwohl die Schweiz als Mitglied der UNO an die Sicherheitsresolution, auf die sich die Untersuchung rechtlich abstützte, gebunden war.

Erstaunlich ist demgegenüber, das Zürcher Urteil, nach dem der israelische Sicherheitsbeamte einer El Al Maschine, **Mordechai Rachamin**, der in Zürich Kloten auf palästinensische Attentäter schoss, keine Amtshandlung im Sinne von Art. 271 begangen habe. Dass man ihm Notwehr zubilligte war verständlich, diese Überlegung hätte aber nicht bereits den Tatbestand von Art. 271 ausschliessen müssen, sie wäre auf der Rechtfertigungsebene zum Tragen gekommen[1987].

cc) ohne Bewilligung

Das Anliegen des Tatbestands ist, fremde Amtshandlungen **ohne Bewilligung** der Schweizer Behörden zu verbieten. Art. 31 RVOV[1988] regelt die Zuständigkeit der Bewilligungsbehörden. Es kann eine Einzelfallbewilligung oder eine generelle Bewilligung erteilt werden[1989].

b) **Subjektiver Tatbestand**

Art. 271 ist ein Vorsatzdelikt.

c) **Entführung (Ziff. 2)**

Wer, unter Umgehung des Auslieferungsverfahrens, jemanden entführt, um ihn einer fremden Macht zu überliefern, wird mit Freiheitsstrafe nicht unter einem Jahr bestraft. Gedacht wird an bekannte Fälle wie die Entführung Eichmanns durch Israel oder auch Öçalans durch die Türkei. Es gibt aber auch wesentlich alltäglichere Fälle, wo etwa jemand über die Grenze gelockt wird, um ihn im Nachbarstaat einer fremden Behörde zu überantworten (solche Fälle hat es zwischen der Schweiz und Deutschland oder Deutschland und Frankreich wiederholt gegeben[1990]). Nach wie vor umstritten ist die Geltung des Grundsatzes «*male captus bene iudicatus*». Dürfen auf illegale Weise entführte Personen vor Gericht gestellt werden? Einzelne Rechtsordnungen sehen in der Beschaffung der Person kein Verfahrenshindernis, sind aber bereit, den Entführer zu bestrafen. Für eine völkerrechtlich konsequentere Haltung plädieren Donatsch/Thommen/Wohlers[1991].

[1987] Krit. auch PK-Trechsel/Vest 2018, Art. 271 N 9 (ZR 71/1972, 8 [19 f.]).
[1988] Regierungs- und Verwaltungsorganisationsverordnung (RVOV) vom 25.11.1998 (SR 172.010.1); dazu BSK-Husmann 2018, Art. 271 N 85 ff.; PK-Trechsel/Vest 2018, Art. 271 N 4.
[1989] BSK-Husmann 2018, Art. 271 N 97.
[1990] Zur Praxis vgl. BSK-Husmann 2018, Art. 271 N 123.
[1991] Donatsch/Thommen/Wohlers 2017, 348; vgl. auch BSK-Husmann 2018, Art. 271 N 123 ff. m.w.H.

II. Straftaten gegen die öffentliche Gewalt

Während es bei den vorgängig erörterten Tatbeständen um die Existenz des Staates überhaupt ging[1992], steht bei den Widersetzungs- und Ungehorsamstatbeständen das reibungslose Funktionieren der staatlichen Organe im Vordergrund[1993] und nicht eigentlich der Angriff auf den Beamten selbst[1994].
Die vorliegende Darstellung beschränkt sich auf die Erörterung der Art. 285 und 286 einerseits und Art. 292 und 293 andererseits.
Sowohl bei den Widersetzungs- wie bei den Ungehorsamstatbeständen steht die Frage im Vordergrund, ob der Bürger zu «blindem Gehorsam» verpflichtet ist, oder ob er allenfalls ein Widerstandsrecht hat[1995].

A. Widersetzungstatbestände

1. Einführung

Art. 285 und 286 haben eine Reihe von Elementen gemeinsam:

a) Begriff des Amtsträgers

Das Gesetz spricht von **Beamten, Behörden und Mitgliedern einer Behörde**. Während hier der Amtsträger das Angriffsobjekt ist, wird uns die Definition des Amtsträgers bei den «strafbaren Handlungen gegen die Amts- und Berufspflicht» (Art. 312 ff.) erneut beschäftigen; dabei bestehen gewisse Unterschiede in der Definition, die durchaus problematisch sind[1996].
Beamte und Behördenmitglieder lassen sich sowohl **institutionell** (Vertreter der drei Gewalten: Legislative, Exekutive und Judikative in allen Gebietskörperschaften) wie **funktional** definieren. Art. 110 Abs. 3, der die Legaldefinition des Beamten enthält, stellt vorab auf den funktionalen Begriff ab[1997]. Dabei spielt es keine Rolle, ob der Beamte in einem öffentlich-rechtlichen oder in einem privatrechtlichen Verhältnis zum Staat steht[1998]. Entscheidend ist, dass er eine öffentliche Funktion wahrnimmt[1999]. Es ist zuzugeben, dass ehemals staatliche Aufgaben, die privatisiert worden sind, nicht mehr unter die Definition fallen (echte Privatisierung)[2000]. Allerdings ist – im Kontext der Gesetzgebung zum Bestechungsrecht (Art. 322ter ff.) – klargestellt worden, dass auch die Beschäftigten von Staatsunternehmen und verselbstständigten öffentlich-

---

[1992] Donatsch/Thommen/Wohlers 2017, 326 und 391; Stratenwerth/Bommer 2013, 271.
[1993] PK-Trechsel/Vest 2018, Vor Art. 285 N 1.
[1994] Donatsch/Thommen/Wohlers 2017, 391; BSK-Heimgartner 2018, Vor Art. 285 N 1 f.
[1995] BSK-Heimgartner 2018, Vor Art. 285 N 18 f.; Stratenwerth/Bommer 2013, 344 f.; PK-Trechsel/Vest 2018, Vor Art. 285 N 2 und 21.
[1996] S.u. S. 349 f.
[1997] Donatsch/Thommen/Wohlers 2017, 392; BSK-Heimgartner 2018, Vor Art. 285 N 4; BSK-Oberholzer 2018, Art. 110 Abs. 3 N 12; PK-Trechsel/Vest 2018, Vor Art. 285 N 6.
[1998] Donatsch/Thommen/Wohlers 2017, 392.
[1999] Vgl. dazu auch Zerbes 2014b, 77 ff.
[2000] BSK-Heimgartner 2018, Vor Art. 285 N 7.

rechtlichen Körperschaften (z.B. auch Kantonalbanken[2001]) unter die Definition der funktionalen Staatstätigkeit fallen[2002].

Die Lehre unterscheidet den Beamten vom Behördenmitglied danach, dass der Beamte sich in einem Abhängigkeitsverhältnis zum Gemeinwesen befinde[2003]. Art. 285 f. stellen für ihre Bedürfnisse die Angestellten von Unternehmen des Personen- und Gütertransportes den Beamten gleich (Art. 285 Ziff. 1 Abs. 2; Art. 286 Abs. 2).

Nicht erfasst vom Amtsträgerbegriff der Art. 285 f. sind nach allgemeiner Auffassung ausländische Amtsträger und Vertreter internationaler Organisationen[2004]. Abermals divergiert das Korruptionsrecht an dieser Stelle[2005].

b) Amtshandlung

Eine Amtshandlung im Sinne dieser Tatbestände ist die Tätigkeit von Beamten und Behördenmitgliedern im Rahmen ihrer örtlichen und sachlichen **Zuständigkeit**[2006]. Weniger bedeutend ist demgegenüber, ob sie im Rahmen ihrer Dienstzeit tätig werden (erfasst ist auch die Handlung des Polizisten nach Dienstschluss)[2007].

c) Widerstandsrecht

Der Bürger schuldet in der modernen Demokratie dem Staat **keinen unbedingten Gehorsam**. Zu Recht weisen Trechsel/Vest darauf hin, dass sich die Problematik des Widerstandsrechts bei den Art. 285 und 286 in zugespitzter Form als bei den Ungehorsamstatbeständen stellt, da es hier unmittelbar um Vollstreckung gehe, während bei Art. 291 ff. eine gerichtliche Prüfung praktikabel sei[2008]. Nichtige Verfügungen und offensichtlich fehlerhafte Amtshandlungen[2009] sind nicht zu befolgen. Übertrieben war die Anforderung des Bundesgerichts in BGE 98 IV 41, dass die Erschöpfung der Rechtsmittel auch bei schwerst mangelhaften Amtshandlungen zu verlangen schien[2010]. Während eine Zeitlang darüber Unklarheit herrschte, ob die Rechtmässigkeit der Amtshandlung eine objektive Strafbarkeitsbedingung sei[2011], ist man sich inzwischen einig, dass es sich um ein ordentliches Tatbestandsmerkmal handelt, sodass der Irrtum über die Nichtigkeit nach den ordentlichen Regeln von Art. 13 zu behandeln ist[2012].

2001 A.A. aber zu Art. 285: Donatsch/Thommen/Wohlers 2017, 393 u.H.a. ältere Judikatur.
2002 Vgl. im Übrigen unten S. 349 f.
2003 Donatsch/Thommen/Wohlers 2017, 392; PK-Trechsel/Vest 2018, Vor Art. 285 N 5.
2004 BSK-Heimgartner 2018, Vor Art. 285 N 8; PK-Trechsel/Vest 2018, Vor Art. 285 N 7.
2005 S.u. S. 356 ff. zu Art. 322[septies].
2006 Donatsch/Thommen/Wohlers 2017, 395 f.; BSK-Heimgartner 2018, Vor Art. 285 N 12 f.; PK-Trechsel/Vest 2018, Vor Art. 285 N 11 und 14.
2007 BSK-Heimgartner 2018, Vor Art. 285 N 11; PK-Trechsel/Vest 2018, Vor Art. 285 N 12.
2008 PK-Trechsel/Vest 2018, Vor Art. 285 N 2.
2009 BSK-Heimgartner 2018, Vor Art. 285 N 19 u.H.a. Stratenwerth/Bommer (nunmehr neu: 2013, 345); PK-Trechsel/Vest 2018, Vor Art. 285 N 22.
2010 Krit. BSK-Heimgartner 2018, Vor Art. 285 N 24; Stratenwerth/Bommer 2013, 344 f.; PK-Trechsel/Vest 2018, Vor Art. 285 N 23.
2011 So noch Sidler 1974, 89.
2012 BGE 116 IV 155; BSK-Heimgartner 2018, Vor Art. 285 N 26; PK-Trechsel/Vest 2018, Vor Art. 285 N 24; Bedenken allerdings bei Stratenwerth/Bommer 2013, 348.

2. Gewalt und Drohung gegen Behörden und Beamte (Art. 285)

Der Tatbestand enthält drei Tathandlungen im Grundtatbestand (Ziff. 1) und zwei Qualifikationen (Ziff. 2).

a) Grundtatbestand (Ziff. 1)

aa) Objektiver Tatbestand

Zur Definition des Amtsträgers und der Amtshandlung kann auf die Ausführungen in der Einleitung verwiesen werden. Zu erörtern sind hier die Tathandlungen.

(1) Hinderung einer Amtshandlung durch Gewalt oder Drohung

Der Tatbestand verlangt aktives Handeln, blosser Ungehorsam reicht nicht. Insbesondere ist das blosse Nichtbefolgen behördlicher Anweisungen nicht tatbestandsmässig[2013].

Allerdings reicht «behindern», die Amtshandlung muss nicht im eigentlichen Sinne verhindert werden[2014]. Zu den Elementen «Gewalt» oder «Drohung» kann auf die Ausführungen zum Nötigungstatbestand (Art. 181) verwiesen werden[2015]. Dabei reicht aber nicht jede Bagatelle: Als nicht tatbestandsmässig erachtet wurden das «Herumfuchteln»[2016], das Losreissen, das Festhalten des Beamten und das den Weg versperren[2017]. Ebenfalls nicht tatbestandsmässig ist die Sitzblockade[2018]. Wie bei der Tätlichkeit sind – betrachtet man die Kasuistik – aber auch hier die Massstäbe einem kulturellen Wandel unterworfen.

(2) Nötigung zu einer Amtshandlung

Hier wird der Amtsträger zur Vornahme einer Amtshandlung gezwungen. Allerdings ist – analog zum Nötigungstatbestand – entscheidend, dass der Täter sich rechtswidrig verhält: Wer den Amtsträger durch die Drohung mit einer Aufsichtsbeschwerde zum Handeln veranlasst, handelt rechtens[2019].

(3) Tätlicher Angriff

Der tätliche Angriff erfordert eine physische Einwirkung auf den Amtsträger während der Amtshandlung: Schmerzzufügung ist nicht verlangt, Tätlichkeiten im Sinne von Art. 126 sind bereits tatbestandsmässig[2020].

2013 Stratenwerth/Bommer 2013, 346; Stratenwerth/Wohlers 2013, Art 285 N 3.
2014 Stratenwerth/Bommer 2013, 346; PK-Trechsel/Vest 2018, Art. 285 N 2.
2015 Donatsch/Thommen/Wohlers 2017, 400 f.
2016 PK-Trechsel/Vest 2018, Art. 285 N 9.
2017 PK-Trechsel/Vest 2018, Art. 285 N 3.
2018 PK-Trechsel/Vest 2018, Art. 285 N 4.
2019 Donatsch/Thommen/Wohlers 2017, 401; BSK-Heimgartner 2018, Art. 285 N 13; Stratenwerth/Bommer 2013, 350; PK-Trechsel/Vest 2018, Art. 285 N 7.
2020 So BSK-Heimgartner 2018, Art. 285 N 14 f.; Stratenwerth/Bommer 2013, 351; Stratenwerth/Wohlers 2013, Art. 285 N 5; PK-Trechsel/Vest 2018, Art. 285 N 8; anders aber Donatsch/Wohlers (2011, 390), die keinen körperlichen Kontakt vorauszusetzen scheinen.

bb) Subjektiver Tatbestand

Art. 285 Ziff. 1 ist ein Vorsatzdelikt; *dolus eventualis* reicht.

b) Qualifikationen (Ziff. 2)

aa) Passive Teilnahme an einer Zusammenrottung

Gemäss Abs. 1 ist die Teilnahme an einer (nicht notwendigerweise öffentlichen[2021]) Zusammenrottung[2022], von der aus Gewalt gegen Beamte ausgeht, qualifiziert strafbar[2023].

bb) Aktive Teilnahme an der Gewaltanwendung

Der aktive Teilnehmer, der selbst Gewalt an Personen oder Sachen verübt, untersteht gemäss Abs. 2 einer abermals qualifizierten Strafdrohung[2024].

3. Hinderung einer Amtshandlung (Art. 286)

a) Objektiver Tatbestand

In Abgrenzung zu Art. 285 setzt Art. 286 aktiven Widerstand ohne Gewalt oder Drohung voraus[2025]. Blosses Nicht-Befolgen einer Anordnung reicht nicht. Unklarheit herrschte über die Behandlung von «**passivem Widerstand**»[2026]. Inzwischen setzt sich die Meinung durch, dass rein passives Verhalten nicht gemeint ist[2027]. So ist etwa das blosse Verzögern einer Amtshandlung nicht tatbestandsmässig[2028]. Ebenfalls nicht unter Art. 286 fällt die Warnung vor einer Geschwindigkeitskontrolle, solange sie nicht aktiv behindert wird. Es gibt keine Bürgerpflicht zur Mitwirkung an Verkehrskontrollen[2029]. «Passiver Widerstand» erschöpft sich aber nicht immer in reiner Inaktivität. Unter diesen Umständen kann er durchaus unter Art. 286 fallen[2030]. Abermals reicht das «Behindern», verhindern ist nicht erforderlich[2031].

Umstritten ist die Behandlung der **Flucht**. Vorab klassifiziert das Bundesgericht die Flucht vor einer konkreten Amtshandlung als Tathandlung nach Art. 286. Sodann be-

---

2021 Stratenwerth/Bommer 2013, 352; PK-Trechsel/Vest 2018, Art. 285 N 10.
2022 Vgl. im Übrigen zum Landfriedensbruch, oben S. 238 ff.
2023 Donatsch/Thommen/Wohlers 2017, 403; BSK-Heimgartner 2018, Art. 285 N 17 ff.; Stratenwerth/Wohlers 2013, Art. 285 N 7; PK-Trechsel/Vest 2018, Art. 285 N 10.
2024 Donatsch/Thommen/Wohlers 2017, 403 f.; BSK-Heimgartner 2018, Art. 285 N 21 f.; Stratenwerth/Bommer 2013, 353; Stratenwerth/Wohlers 2013, Art. 285 N 8; PK-Trechsel/Vest 2018, Art. 285 N 11.
2025 PK-Trechsel/Vest 2018, Art. 286 N 3.
2026 Stratenwerth/Bommer 2013, 343, 347; PK-Trechsel/Vest 2018, Art. 286 N 2.
2027 Donatsch/Thommen/Wohlers 2017, 405 f.; BSK-Heimgartner 2018, Art. 286 N 9; PK-Trechsel/Vest 2018, Art. 286 N 2 und 5.
2028 BSK-Heimgartner 2018, Art. 286 N 11.
2029 Donatsch/Thommen/Wohlers 2017, 406; Stratenwerth/Wohlers 2013, Art. 286 N 1.
2030 Vgl. etwa BGE 108 IV 166; Donatsch/Thommen/Wohlers 2017, 400 f.; BSK-Heimgartner 2018, Art. 286 N 9; PK-Trechsel/Vest 2018, Art. 286 N 2.
2031 PK-Trechsel/Vest 2018, Art. 286 N 2.

schränkt es das Privileg der straflosen Selbstbegünstigung auf Art. 305[2032]. Demgegenüber ist die Lehre der Meinung, dass die gleichen Gründe, die bei Art. 305[2033] für die Annahme der Straflosigkeit der Selbstbegünstigung sprechen (vorausgesetzt, dass keine weiterreichenden Handlungen, wie Gewalt, Sachbeschädigung oder Fahrzeugdiebstahl etc., unternommen werden), auch hier Anwendung finden sollten. Es wäre nicht korrekt, Art. 305 durch Art. 286 systematisch auszumanövrieren[2034]. Die Argumentation des Bundesgerichts aus unterschiedlichen Rechtsgütern ist einmal mehr überaus formalistisch[2035].

b) **Subjektiver Tatbestand**

Auch Art. 286 ist ein Vorsatzdelikt.

c) **Konkurrenzen**

Art. 285 geht 286 vor. Zu Art. 305 stehen beide Tatbestände in echter Konkurrenz[2036].

4. **Amtsanmassung (Art. 287)**

Der Tatbestand der Amtsanmassung schützt das Vertrauen der Bürger in das Funktionieren des Staates[2037]. Art. 287 enthält einen abstrakten Gefährdungstatbestand.

a) **Objektiver Tatbestand**

Den objektiven Tatbestand von Art. 287 erfüllt, wer «sich ... die Ausübung eines Amtes oder militärische Befehlsgewalt anmasst». Der Täter gibt vor, Träger eines **Amtes** zu sein, das er in Wahrheit nicht innehat[2038]. Ausgangspunkt des «Amtsbegriffs» ist Art. 110 Abs. 3. Allerdings engen die Lehre und Praxis zu Art. 287 den Anwendungsbereich auf die Anmassung hoheitlicher Befugnisse ein[2039]. Erforderlich ist die «**Ausübung** des Amtes», die blosse Anmassung der Stellung an sich reicht nicht[2040]. Auch Beamte können Amtsanmassung begehen, wenn sie ihre Kompetenzen überschreiten. Allerdings wird die Ausdehnung auf Amtsträger auf die Anmassung von Kompetenzen eines fremden Verwaltungszweigs begrenzt[2041]. Der Täter muss sich nicht explizit als

---

2032 BGE 124 IV 127; 120 IV 136.
2033 S.u. S. 317.
2034 Donatsch/Thommen/Wohlers 2017, 486 f.; BSK-Heimgartner 2018, Art. 286 N 13; Stratenwerth/Bommer 2013, 347 f.; PK-Trechsel/Vest 2018, Art. 286 N 4.
2035 BGE 133 IV 97, E. 6.2.1.
2036 Stratenwerth/Wohlers 2013, Art. 285 N 9, Art. 286 N 3, Art. 305 N 10.
2037 BSK-Heimgartner 2018, Art. 287 N 2.
2038 BSK-Heimgartner 2018, Art. 287 N 4.
2039 Donatsch/Thommen/Wohlers 2017, 408 f.; Stratenwerth/Bommer 2013, 368; PK-Trechsel/Vest 2018, Art. 287 N 3.
2040 Stratenwerth/Bommer 2013, 368.
2041 Donatsch/Thommen/Wohlers 2017, 410; BSK-Heimgartner 2018, Art. 287 N 5 f.; Stratenwerth/Bommer 2013, 368 f.; für eine Zusammenstellung der Lehrmeinungen: PK-Trechsel/Vest 2018, Art. 287 N 4.

«Beamter» ausgeben, sein Erscheinungsbild und seine Handlungen (z.B. Verkleidung) reichen durchaus[2042].

b) Subjektiver Tatbestand

Neben Vorsatz verlangt Art. 287 «**rechtswidrige Absicht**». Ursprünglich wollte man damit die Amtsanmassung zu einem legitimen Zweck (Verbrechensverhinderung, Schadensabwendung) von Strafe ausnehmen[2043]. Dies hätte man wohl grösstenteils auch mit den traditionellen Rechtfertigungsgründen erreichen können (Notstand, Nothilfe)[2044]. Inzwischen wird die Passage über die Rechtfertigungsgründe ausgedehnt. Allerdings darf weder das verfolgte Ziel rechtswidrig sein noch die eingesetzten Mittel gegen fremde Individualinteressen verstossen[2045].

B. Ungehorsamstatbestände

In der vorliegenden Darstellung beschränken wir uns auf die Erörterung von Art. 292 und 293.

1. Ungehorsam gegen amtliche Verfügungen (Art. 292)

Art. 292 ist ein sogenannter Blanketttatbestand[2046]. Er eignet sich zur Durchsetzung verschiedenster verwaltungsrechtlicher, zivilprozessualer, strafprozessualer und auch betreibungsrechtlicher Verfügungen[2047]. Er ist prinzipiell subsidiär zu besonderen Tatbeständen, die der Durchsetzung von Verfügungen dienen[2048]. Der Tatbestand dient grundsätzlich der Durchsetzung staatlicher Autorität.

a) Objektiver Tatbestand

aa) Amtliche Verfügung

Der Tatbestand setzt eine gültige, individualisierte Verfügung einer zuständigen Behörde voraus.
Die Verfügung muss gegen den Täter gerichtet sein. Sie muss, wenn sie ihn nicht explizit nennt[2049], so doch erlauben, den Adressaten zu bestimmen[2050].
Sie enthält ein Verbot oder ein Gebot und ist – schon zu Beweiszwecken – schriftlich festzuhalten[2051]. Sie hat vollstreckbar zu sein[2052] und muss dem Adressaten tatsächlich

---

2042 Pieth/Eymann/Zerbes 2014, Fall 5 («Fasnächtliche Zollbeamte»), 61 ff.
2043 BSK-Heimgartner 2018, Art. 287 N 11; Stratenwerth/Bommer 2013, 369.
2044 Donatsch/Thommen/Wohlers 2017, 411.
2045 BGE 128 IV 164.
2046 PK-Trechsel/Vest 2018, Art. 292 N 1.
2047 Vgl. die detaillierte Kasuistik bei BSK-Riedo/Boner 2018, Art. 292 N 91 ff.
2048 Donatsch/Thommen/Wohlers 2017, 424 f.; BSK-Riedo/Boner 2018, Art. 292 N 19 ff.
2049 BSK-Riedo/Boner 2018, Art. 292 N 73.
2050 Donatsch/Thommen/Wohlers 2017, 426; Stratenwerth/Wohlers 2013, Art. 292 N 2; PK-Trechsel/Vest 2018, Art. 292 N 6.
2051 PK-Trechsel/Vest 2018, Art. 292 N 7 f.
2052 Donatsch/Thommen/Wohlers 2017, 427; BSK-Riedo/Boner 2018, Art. 292 N 189 ff.; PK-Trechsel/Vest 2018, Art. 292 N 11.

zugegangen sein[2053]. Die **Strafandrohung** (einschliesslich des expliziten Hinweises auf die Strafdrohung von Art. 292) muss **in der Verfügung** enthalten sein[2054].
Die Behörde muss zuständig sein und der Strafrichter muss diese, wie die anderen Gültigkeitsvorschriften der Verfügung in freier Kognition überprüfen[2055].
Für erhebliche Unsicherheit hat demgegenüber die Frage gesorgt, ob der Strafrichter in Anwendung von Art. 292 auch die **Rechtmässigkeit** der Verfügung überprüfen darf. Dabei ist man sich (wohl) einig, dass er einerseits die blosse Angemessenheit nicht überprüfen kann und andererseits die Nichtigkeit berücksichtigen muss[2056]. Im Zwischenfeld der Rechtmässigkeit hat das Bundesgericht dem Strafrichter die volle Kognition nur zugestehen wollen, wenn die durchzusetzende Verfügung nicht ihrerseits anfechtbar war. Ein Teil der Lehre, welcher der strafrechtlichen gegenüber der vollstreckungsrechtlichen Funktion von Art. 292 den Vorrang gibt, fordert aber in jedem Fall die volle Kognition für den Strafrichter[2057].

bb) Tatbestandsmässiges Verhalten

Es besteht darin, dass der Täter der Verfügung «nicht Folge leistet».

b) Subjektiver Tatbestand

Auch Art. 292 ist ein Vorsatztatbestand, wobei *dolus eventualis* reicht. Dem Täter müssen die Verfügung und die Strafandrohung nach Art. 292 bekannt sein.

2. Veröffentlichung amtlicher geheimer Verhandlungen (Art. 293)

a) Einführung

Art. 293 ist kein Sonderdelikt für Amtsträger. Vielmehr wird der Tatbestand in der Praxis vor allem auf Journalisten angewandt, die es vorziehen, ihre Quelle im Sinne von Art. 28*a* geheimzuhalten[2058]. Damit muss er unweigerlich in Konflikt mit der Pressefreiheit (Art. 10 EMRK und Art. 17 BV) geraten. In einen weiteren Kontext gestellt, stossen hier das Interesse an der Öffentlichkeit und Transparenz der Staatstätigkeit und die Geheimhaltungsinteressen des Staates aufeinander: Seit der Aufklärung wird die Öffentlichkeit der Staatstätigkeit gefordert[2059]. Sie hat sich im Bereiche der Legislative und der Judikative leidlich durchgesetzt. Der Schritt zur transparenten Ver-

---

2053 BGE 119 IV 238 [240]; Donatsch/Thommen/Wohlers 2017, 427; Stratenwerth/Wohlers 2013, Art. 292 N 3.
2054 BGE 124 IV 297 [312]; BSK-Riedo/Boner 2018, Art. 292 N 177 ff.; Stratenwerth/Wohlers 2013, Art. 292 N 3; PK-Trechsel/Vest 2018, Art. 292 N 10.
2055 PK-Trechsel/Vest 2018, Art. 292 N 12.
2056 BGE 98 IV 106 [110]; Donatsch/Thommen/Wohlers 2017, 428 ff.; Stratenwerth/Bommer 2013, 356 f.; PK-Trechsel/Vest 2018, Art. 292 N 12.
2057 Donatsch/Thommen/Wohlers 2017, 429 f.; Stratenwerth/Bommer 2013, 356 f.; a.A. aber BSK-Riedo/Boner 2018, Art. 292 N 217 ff.
2058 Die Lehre spricht von einer «Sonderstrafnorm für Journalisten»; vgl. Barrelet 1983, 17 ff.; BSK-Fiolka 2018, Art. 293 N 10; PK-Trechsel/Vest 2018, Art. 293 N 1; Schefer 2009, 91.
2059 Schefer 2009, 68 ff.

waltung ist – anders aber in der angelsächsischen Welt[2060] – in der Schweiz erst neueren Datums[2061].
Es versteht sich zum einen, dass diejenige Staatstätigkeit, die mit sensiblen Privatgeheimnissen zu tun hat, im Sinne des Datenschutzrechts vertraulich bleiben muss. Insofern ist das Geheimhaltungsinteresse lediglich ein Reflex des Privatgeheimnisses[2062]. Am anderen Ende der Skala ist anerkannt, dass es ein legitimes Geheimhaltungsinteresse zum Schutze der nationalen Sicherheit gibt[2063]. Zur Diskussion steht hier vor allem die allgemeine Verwaltungstätigkeit: Im Obrigkeitsstaat (so etwa im Preussen des 18. und 19. Jahrhunderts) aber auch in den Schweizer Kantonen bis zum Untergang der alten Eidgenossenschaft war die Vertraulichkeit der Staatstätigkeit in allen Gewalten eine Selbstverständlichkeit[2064]. Noch lange nach dem Zweiten Weltkrieg hat sich in Kontinentaleuropa das Prinzip erhalten, dass Staatstätigkeit vermutungsweise vertraulich sei, es sei denn, sie werde für öffentlich erklärt. Die Verhältnisse haben sich aber in den letzten beiden Jahrzehnten stark gewandelt. Unter dem Eindruck sich verändernder internationaler Standards[2065] erliess auch die Schweiz Öffentlichkeitsgesetze. Nunmehr gilt als Prinzip die **Öffentlichkeit der Verwaltung** (im Bund in Art. 6 BGÖ). Die Ausnahmen werden explizit genannt (im Bund vgl. Art. 7, 8, 9 BGÖ)[2066].
Es war Ausdruck dieser Entwicklung, dass der Bundesrat in seiner Botschaft von 1996[2067] vorschlug, den Art. 293 ersatzlos zu streichen. Die Bundesversammlung beschloss allerdings (knapp) die Beibehaltung von Art. 293[2068]. Als Kompromiss wurde die fakultative Straflosigkeit für «Geheimnisse von geringer Bedeutung» (in Abs. 3) vorgesehen.
Die Kritik am Tatbestand hat sich seither auf die Frage verlagert, ob von einem **formellen** oder **materiellen Geheimnisbegriff** auszugehen ist. Das konstante Festhalten des Bundesgerichts an einem formellen Begriff (geheim ist, was die Verwaltung als geheim erklärt)[2069] ist Ausdruck des überkommenen Vertraulichkeitsdenkens in der Verwaltung. Demgegenüber fordert die Lehre immer beharrlicher den Übergang zu einem materiellen Geheimnisbegriff, der die Abwägung von berechtigten Geheimhaltungsinteressen und überwiegenden Interessen an der Veröffentlichung bereits im Tatbestand (und nicht erst unter dem Titel der Rechtfertigung, etwa der Wahrung berechtigter Interessen) vornimmt[2070]. Die Position der Lehre, die zum Teil auch von

---

2060 Vgl. etwa die angelsächsischen «*Freedom of Information Acts*».
2061 Bundesgesetz über das Öffentlichkeitsprinzip der Verwaltung (Öffentlichkeitsgesetz, BGÖ), i.Kr. seit 1.7.2006 (SR 152.3); Botschaft des Bundesrates, BBl 2003 1963 [2016 ff.].
2062 S. bereits oben S. 118 f.
2063 S. bereits oben S. 119, 291 ff.
2064 Schefer 2009, 74.
2065 CoE, Convention on Access to Official Documents, 18.6.2009; G8, Open Data Charter, June 2013.
2066 Schefer 2009, 93.
2067 Botschaft des Bundesrates, BBl 1996 IV 525.
2068 Vgl. die Verweise in BGE 126 IV 236 [244].
2069 BGE 126 IV 236; 114 IV 34; 107 IV 185; BGer 6B_256/2012; 6B_186/2012.
2070 Zutreffend Schefer 2009, 94.

der kantonalen Praxis geteilt wird[2071], hat Unterstützung durch den EGMR erhalten[2072]:

> «In der ‹SonntagsZeitung› vom 26. Januar 1997 erschienen unter den Überschriften ‹Botschafter Jagmetti beleidigt die Juden› und ‹Mit Bademantel und Bergschuhen in den Fettnapf› zwei von Martin Stoll signierte Artikel. Darin werden mehrere Passagen aus einem laut den Artikeln ‹vertraulichen› Strategiepapier des damaligen Schweizer Botschafters in den USA, Carlo Jagmetti, wiedergegeben.
> Das Eidgenössische Departement für auswärtige Angelegenheiten erstattete im Auftrag des Bundesrates Strafanzeige gegen Unbekannt wegen Verletzung des Amtsgeheimnisses (Art. 320 StGB). Die Bundesanwaltschaft stellte dieses Verfahren mit Verfügung vom 6. März 1998 ein. Gleichzeitig übertrug sie die Strafverfolgung wegen Veröffentlichung amtlicher geheimer Verhandlungen (Art. 293 StGB) dem Kanton Zürich.»[2073]
> Nachdem das Bundesgericht sowohl die Nichtigkeitsbeschwerde wie die Staatsrechtliche Beschwerde[2074] von **Martin Stoll** gegen eine Verurteilung zu einer Busse von CHF 800 wegen Verletzung von Art. 293 StGB abgewiesen hatte, gelangte der Journalist an den EGMR, dessen 4. Kammer ihm vorerst Recht gab[2075]. Dagegen rief die Schweiz die Grosse Kammer des EGMR an, die insgesamt zwar in der Verurteilung von Stoll keine Verletzung der Pressefreiheit sah, weil das Bundesgericht in einem *obiter dictum* eine Güterabwägung vorgenommen hatte[2076]. Man kann also sagen, die Schweiz sei «nochmals auf die Füsse gefallen».

Die Einlassungen des Bundesgerichts an anderer Stelle im Entscheid[2077] und in späteren Entscheiden[2078] überzeugen aber nicht. Zu Recht verlangt daher der überwiegende Teil der Lehre, auch bei Art. 293 sei ein materieller Geheimnisbegriff anzulegen, der eine Abwägung zwischen den Geheimhaltungsinteressen und den Interessen der Öffentlichkeit in jedem Einzelfall erlaube[2079].

Der Streit um den Geheimnisbegriff und die Forderung des EGMR nach einer Interessenabwägung haben zu einer erneuten parlamentarischen Debatte geführt[2080]. Der Ständerat hat allerdings am 29. Mai 2017 beschlossen, Art. 293 nicht – wie vorgeschlagen – abzuschaffen, sondern lediglich Straflosigkeit bei «überwiegendem öffentlichen Interesse» vorzusehen[2081]. Eine ähnliche Lösung hat der EGMR im Fall «Bédat v. Schweiz» gutgeheissen (in einem besonders krassen Fall der Sensationshasche-

---

2071 Auer 2009, 65 ff. zu OGer BE.
2072 Vgl. das Verfahren Stoll v. Schweiz (grosse Kammer) vom 10.12.2007 (Nr. 69698/01).
2073 BGE 126 IV 236 [237].
2074 Vgl. auch BGE 127 I 1.
2075 Vgl. das Urteil der 4. Kammer des EGMR i.S. Stoll v. Schweiz vom 25.4.2006 (Nr. 69698/01).
2076 EGMR (Grosse Kammer) i.S. Stoll v. Schweiz vom 10.12.2007 (Nr. 69698/01), para 138 u.H.a. BGE 126 IV 236 [254, E. 9].
2077 BGE 126 IV 236 [249, E. 4d].
2078 BGer 6B_256/2012; 6B_186/2012.
2079 Donatsch/Thommen/Wohlers 2017, 435 ff.; Meili 2000, 135 ff.; Schefer 2009, 95 ff.; Schwaibold 2008, 180 ff.; Stratenwerth/Bommer 2013, 366; Wermelinger 2006, 181; vgl. auch Born 2016, 73.
2080 Vgl. den Bericht der Kommission für Rechtsfragen des Nationalrats zur parlamentarischen Initiative «Aufhebung von Art. 293 StGB» vom 23.6.2016 (BBl 2016 7329); Born 2016, 72 ff.
2081 NZZ vom 30.5.2017, 13: «Der Maulkorb wird nur leicht gelockert» und NZZ vom 30.5.2017, 11: «Sieg des obrigkeitlichen Denkens».

rei[2082]). Es ist bedauerlich, dass auch diesmal die Bemühungen zur Abschaffung des Tatbestandes gescheitert sind.

b) Objektiver Tatbestand

Zum **Behördenbegriff** gilt, was bereits zu Art. 285 f. gesagt wurde. Dementsprechend ist auch der Generalstabschef der Armee ein öffentlicher Funktionsträger[2083].
Die **Geheimhaltungserklärung** kann sich aus einem Gesetz ergeben (z.B. das «*secret de l'instruction*» nach StPO[2084]). Gemeint sind auch Gesetze im materiellen Sinne (einschliesslich Verordnungen[2085]). Die Behörde ist aber auch befugt, im Rahmen ihrer Kompetenzen Verwaltungshandeln für vertraulich zu erklären. Immerhin schränken die Öffentlichkeitsgesetze nunmehr diese Kompetenz erheblich ein[2086].
Zum **Geheimnisbegriff** ist bereits Stellung genommen worden.
Die **Tathandlung** besteht darin, dass der Täter Vertrauliches «an die Öffentlichkeit bringt», «ohne dazu berechtigt zu sein».

c) Subjektiver Tatbestand

Art. 293 ist ein Vorsatzdelikt.

d) Privilegierung

Abs. 3 ist der Kompromiss, der es erlaubte, den Tatbestand im Gesetz zu lassen[2087]. Die Formel «Geheimnis von geringer Bedeutung» ist aber überaus diffus[2088].

III. Störung der Beziehungen zum Ausland

Der 16. Titel gehört normalerweise nicht zum klassischen Lernstoff des Jusstudiums. Aus gegebenem Anlass ist es aber sinnvoll, kurz auf Art. 296 (**Beleidigung eines fremden Staates**) *einzugehen*:
Immer wieder haben autokratische Herrscher sich gegen heftige Kritik auch im Ausland verwahrt. Während die Schweiz im nationalen Ehrverletzungsrecht die «Majestätsbeleidigung» bewusst abgeschafft hat und Behördenmitgliedern, wie jeder Person, den Ehrenschutz von Art. 173 ff. gewährt, sichert Art. 296 weniger die Ehre eines fremden Staates als die guten Beziehungen der Schweiz zum Ausland. Angriffsobjekt ist technisch die Ehre des fremden Staates und nicht des Vertreters des Staates persönlich. Im Übrigen ist zu den Tatbestandsmerkmalen auf Art. 173–177 zu verweisen

---

[2082] EGMR (Grosse Kammer) i.S. Bédat v. Schweiz vom 29.3.2016 (Nr. 56925/08); dazu PK-Trechsel/Vest 2018, Art. 293 N 12; NZZ vom 7.6.2017, 16: «Sensationsgier zu Recht bestraft».
[2083] BGE 114 IV 34.
[2084] BGer 6B_256/2012.
[2085] BGE 107 IV 185.
[2086] Schefer 2009, 93.
[2087] BGE 126 IV 236 [245].
[2088] Krit. Stratenwerth/Bommer 2013, 366 u.H.a. Meili 2000, 135 f.

(s.o. S. 98 ff.). Auch die Entlastungsbeweise gemäss Art. 173 Ziff. 2 und 3 sind analog anwendbar[2089]. Der Tatbestand ist ein Ermächtigungsdelikt (vgl. aber Art. 302 Abs. 2 und 3).

Der Tatbestand ist lange in Vergessenheit geraten. Vorkommnisse in der neueren Zeit (ein Verfahren, das vom libyschen Diktator Gaddafi angestrengt wurde und der Vorstoss des türkischen Präsidenten Erdogan[2090]) haben Parlamentarier veranlasst, die Abschaffung von Art. 296 zu fordern[2091].

[2089] PK-Trechsel/Vest 2018, Art. 296 N 1 f.
[2090] NZZ vom 28.3.2017, 13: «‹Kill Erdogan› und das Gesetz».
[2091] Parlamentarische Initiative Flach (16.430) vom 27.4.2016; von der Kommission für Rechtsfragen des Nationalrats am 7.4.2017 und von der des Ständerates am 14.8.2017 gutgeheissen; dazu: NZZ vom 8.4.2017, 19: «Majestätsbeleidigung soll nicht strafbar sein».

Kapitel 4   Straftaten gegen die Rechtspflege

Die Tatbestände des 17. Titels (Art. 303–311) vereinigen drei verschiedene Schutzrichtungen: Die falsche Anschuldigung und die Irreführung der Rechtspflege (Art. 303 und 304) dienen der Vermeidung unnötiger Verfolgungsmassnahmen, die Aussagedelikte gemäss Art. 306–309 ahnden die Verletzung prozessualer Wahrheitspflichten, die Begünstigung gemäss Art. 305, aber auch die Spezialtatbestände zum Schutze vor Gefangenenbefreiung (Art. 310, 311 und 319) haben die Hinderung von Massnahmen der Strafrechtspflege (sowohl der Strafverfolgung wie des Strafvollzugs) zum Thema. Die Geldwäscherei wird – von manchen kritisiert – an dieser Stelle als eine Art «Sachbegünstigung» (insb. Vereitelung der Einziehung) eingeordnet.

I. Veranlassung unbegründeter Strafverfolgung

A. Falsche Anschuldigung (Art. 303)

Der weite Strafrahmen (Freiheitsstrafe oder Geldstrafe[2092]) erklärt sich daraus, dass Art. 303 neben dem Interesse der Allgemeinheit an der Integrität und am Funktionieren der Justiz auch Persönlichkeitsrechte der zu Unrecht Beschuldigten schützt[2093]. Es ist nicht ausgeschlossen, dass eine Person aufgrund der falschen Anschuldigung zu Unrecht verurteilt wird und unter Umständen für lange Jahre im Strafvollzug verschwindet.

1. Direkte falsche Anschuldigung (Ziff. 1 Abs. 1)

a) Objektiver Tatbestand

Der objektive Tatbestand setzt voraus, dass ein Nichtschuldiger bei einer Behörde eines Verbrechens oder Vergehens beschuldigt wird.

aa) Behörde

Die Anschuldigung braucht nicht bei der zuständigen Behörde eingereicht zu werden, da die Behörden in der Schweiz verpflichtet sind, falsch eingereichte Beschwerden weiterzuleiten. Uneinig ist man sich, ob auch die Anschuldigung, die gegenüber einer ausländischen Behörde ausgesprochen wird, reicht. Während des «Kalten Krieges» hatte das Bundesgericht die falsche Anschuldigung gegenüber einer Institution des Ostblocks, jemand sei ein US-Agent, nach Art. 303 für strafbar gehalten[2094]. Dem-

---

[2092] Zu Recht krit. PK-Trechsel/Pieth 2018, Art. 303 N 1 und 11.
[2093] Corboz II 2010, 588; BSK-Delnon/Rüdy 2018, Art. 303 N 5; Donatsch/Thommen/Wohlers 2017, 461; Stratenwerth/Bommer 2013, 371; PK-Trechsel/Pieth 2018, Art. 303 N 1.
[2094] BGE 89 IV 204.

gegenüber lehnt die Lehre heute mehrheitlich die Ausdehnung auf den Schutz der fremden Rechtspflege grundsätzlich ab[2095]. Die Individualinteressen werden von den Ehrverletzungs-, Freiheits- und Vermögensdelikten wahrgenommen.

bb) Tathandlung

Strafbar ist die **falsche Tatsachendarstellung** gegenüber der Behörde[2096]. Die Form ist dabei gleichgültig; sie kann auch während eines Verhörs erhoben werden[2097]. Allerdings sollte es sich (vor allem mit Blick auf die Strafdrohung) nicht um blosse Übertreibungen handeln[2098]. Die Anschuldigung muss sich auf eine strafbare Handlung beziehen, bloss ethische Verfehlungen oder Disziplinarverstösse sind nicht gemeint[2099]. Die blosse falsche rechtliche Qualifikation ist sodann unschädlich *(«iura novit curia»)*[2100]. Die Beschuldigung muss sich gegen einen «**Nichtschuldigen**» richten. Vorab muss feststehen, gegen wen sie sich richtet; dabei muss der Beschuldigte nicht unbedingt namentlich genannt werden, es reicht, dass die Person bestimmbar ist[2101] (sonst ist allenfalls Art. 304 anwendbar).

Nach ständiger Rechtsprechung begründet die Tatsache alleine, dass das Verfahren nach Einreichung der Strafanzeige eingestellt oder der Beschuldigte freigesprochen wird, keine falsche Anschuldigung[2102]. Allerdings erfüllt den Tatbestand, wer jemanden einer Tat beschuldigt, obwohl er von diesem Vorwurf bereits vorgängig rechtskräftig **freigesprochen** worden ist. Die Überlegung des Bundesgerichts, dass (unter Vorbehalt eines Wiederaufnahmegrundes) kein weiteres Gericht über eine Sache befinden soll, die bereits rechtskräftig entschieden ist, wird allerdings **auf die blosse Einstellung ausgedehnt**, der eine rechtskraftsähnliche Funktion beigemessen wird[2103]. Diese Praxis ist auf Kritik gestossen, da über Einstellungen (oder gar Nichtanhandnahmen) von der Staatsanwaltschaft regelmässig viel kursorischer als von Gerichten entschieden wird[2104]. Immerhin lässt die Praxis lediglich Einstellungen mangels Beweis und mangels Tatbestands gelten, die Einstellungen aufgrund des Opportunitätsprinzips scheiden aus[2105].

2095 Cassani 1996, Art. 303 N 2; Corboz II 2010, 589; Donatsch/Thommen/Wohlers 2017, 464; Stratenwerth/Bommer 2013, 372; differenzierend: PK-Trechsel/Pieth 2018, Art. 303 N 5; aber BSK-Delnon/Rüdy 2018, Art. 303 N 22.
2096 Stratenwerth/Bommer 2013, 372.
2097 BGE 95 IV 19, E. 1.
2098 Cassani 1996, Art. 303 N 10; Donatsch/Thommen/Wohlers 2017, 463; Stratenwerth/Bommer 2013, 374; anders aber noch: BGE 72 IV 74, E. 2.
2099 BGE 95 IV 19, E. 2.
2100 Stratenwerth/Bommer 2013, 372.
2101 BGE 132 IV 20 [25]; 85 IV 80; Donatsch/Thommen/Wohlers 2017, 462 f.; Stratenwerth/Bommer 2013, 373 f.
2102 BGE 136 IV 170, E. 2.
2103 BGE 136 IV 170; vgl. aber schon 71 IV 74, E. 1; BGer 6P.196/2006, E. 7.
2104 Krit.: Cassani 1996, Art. 303 N 12; BSK-Delnon/Rüdy 2018, Art. 303 N 11; Stratenwerth/Bommer 2013, 374 f.; mit dem Bundesgericht aber: Donatsch/Thommen/Wohlers 2017, 463; PK-Trechsel/Pieth 2018, Art. 303 N 2.
2105 BGE 136 IV 170.

b) Subjektiver Tatbestand

Der subjektive Tatbestand setzt Vorsatz voraus. Bezüglich der Nichtschuld bedarf es aber – wie bei der Verleumdung (Art. 174) – des *dolus directus* («**wider besseres Wissen**»). Zudem muss der Täter in der Absicht handeln, gegen den Nichtschuldigen eine Strafverfolgung herbeizuführen[2106].

2. Indirekte falsche Anschuldigung (Ziff. 1 Abs. 2)

Mit gleicher Strafe wird belegt, wer «in anderer Weise arglistige Veranstaltungen trifft, in der Absicht, eine Strafverfolgung gegen einen Nichtschuldigen herbeizuführen». Gemeint ist etwa das Anbringen **falscher Spuren** oder das Vortäuschen einer falschen Identität anlässlich der Festnahme (der Festgenommene gibt sich als seinen Bruder aus[2107])[2108]. Arglist setzt voraus, dass die Manipulation nicht leicht zu durchschauen ist.

3. Konkurrenzen

Der ausserordentlich weite Strafrahmen[2109] mit einer Maximalstrafdrohung von 20 Jahren Freiheitsstrafe (!) ist nur zu rechtfertigen, wenn Art. 303 alle allfällig tangierten Individualrechtsgüter konsumiert[2110].

B. Irreführung der Rechtspflege (Art. 304)

Art. 304 wird lediglich mit Vergehensstrafe belegt, weil hier allein das Strafverfolgungsinteresse beeinträchtigt wird; unschuldige Dritte sind nicht betroffen. Der Tatbestand enthält zwei Varianten: die Anzeige einer nicht verübten Tat und die Selbstbezichtigung.

1. Anzeige einer nicht begangenen Straftat (Ziff. 1 Abs. 1)

Diese Variante setzt voraus, dass der Täter bei einer Behörde eine nicht verübte Tat anzeigt. Nicht erfasst werden vom Tatbestand die falschen Angaben über eine an sich begangene Straftat[2111]. Problematisch sind Fälle, in denen die Tat fantasievoll «aufgefettet» dargestellt wird (z.B. von einem Informanten, der sich daraus einen grösseren Lohn erhofft). Soweit sich die Justiz bereits mit dem Verdacht beschäftigt, dürfte dies kein Fall für Art. 304 sein. Demgegenüber wird das Funktionieren der Strafverfolgungsbehörden beeinträchtigt, wenn die Vorwürfe in eine neue Richtung weisen und weitere Ermittlungen auslösen[2112]. Interessanterweise hat der Gesetzgeber in Art. 304

[2106] BSK-Delnon/Rüdy 2018, Art. 303 N 27 ff.; Donatsch/Thommen/Wohlers 2017, 466 f.; Stratenwerth/Bommer 2013, 376 f.; PK-Trechsel/Pieth 2018, Art. 303 N 8 f.
[2107] BGE 132 IV 20.
[2108] BSK-Delnon/Rüdy 2018, Art. 303 N 23; Donatsch/Thommen/Wohlers 2017, 467 f.
[2109] PK-Trechsel/Pieth 2018, Art. 303 N 11.
[2110] Wie hier im Ergebnis: Stratenwerth/Bommer 2013, 377; a.A. aber die h.L. (auch wenn praktisch wohl die Konsequenzen minimal sind): vgl. in Bezug auf Art. 141 und 183: BSK-Delnon/Rüdy 2018, Art. 303 N 38 ff. und Donatsch/Thommen/Wohlers 2017, 470.
[2111] Vgl. BGE 75 IV 175 [178]; 72 IV 138 [140].
[2112] Donatsch/Thommen/Wohlers 2017, 472; Stratenwerth/Wohlers 2013, Art. 304 N 2.

die Variante des Vortäuschens eines Delikts (vgl. Art. 303 Ziff. 1 Abs. 2) nicht aufgeführt. Sie ist somit straflos[2113].

2. Selbstbezichtigung (Ziff. 1 Abs. 2)

Wer sich selbst fälschlicherweise bei der Behörde einer strafbaren Handlung beschuldigt, erfüllt ebenfalls Art. 304, weil er die Ressourcen der Justiz unnötig beansprucht. Allerdings fällt das falsche Geständnis nicht unter den Tatbestand, weil hier das Verfahren bereits im Gange ist, obwohl es gelegentlich aufwendige Überprüfungsarbeiten auslösen kann[2114].

3. Subjektiver Tatbestand

Der subjektive Tatbestand setzt zum einen Vorsatz voraus, zum andern verlangt er bezüglich der Unwahrheit sicheres Wissen («wider besseres Wissen»).

II. Verletzung prozessualer Wahrheitspflichten

Während sich Art. 306 auf Beweisaussagen von Parteien im Zivilprozess (und evtl. einer Reihe ihm gleichgestellten Verfahren) bezieht, geht es in Art. 307 um die Falschaussage bestimmter zur Wahrheit verpflichteter Beweispersonen, einschliesslich von Zeugen im Strafverfahren.

A. Falsche Beweisaussage der Partei (Art. 306)

Art. 306 schützt die Justiz vor Beeinträchtigung durch falsche Parteiaussagen; unter Umständen werden indirekt auch private Interessen geschützt[2115].

1. Objektiver Tatbestand

a) Verfahren

Art. 306 spricht von Parteien in einem «**Zivilrechtsverfahren**». Art. 309 fügt eine Reihe weiterer Verfahrenstypen (vor allem Verwaltungsgerichtsverfahren, Verwaltungsverfahren, Schiedsgerichtsverfahren und Verfahren vor internationalen Gerichten, deren Zuständigkeit die Schweiz als verbindlich anerkennt) hinzu, soweit ihnen aufgrund einer gesetzlichen Grundlage die förmliche Beweisaussage einer Partei unter Wahrheitspflicht zur Verfügung steht. Deutlich wird aus dieser Passage, dass Art. 306 auf das jeweilige Verfahrensrecht verweist. In der Praxis dürfte es im Wesentlichen beim Schutz der förmlichen Parteiaussage im Zivilprozess bleiben[2116].

2113 Krit. Donatsch/Thommen/Wohlers 2017, 471; Stratenwerth/Bommer 2013, 378.
2114 Cassani 1996, Art. 304 N 15; BSK-Delnon/Rüdy 2018, Art. 304 N 15; Donatsch/Thommen/Wohlers 2017, 474; Stratenwerth/Bommer 2013, 379; PK-Trechsel/Pieth 2018, Art. 304 N 4.
2115 Cassani 1996, Art. 306 N 1 f.; Corboz II 2010, 655 f.; BSK-Delnon/Rüdy 2018, Art. 306 N 5; Donatsch/Thommen/Wohlers 2017, 525; PK-Trechsel/Pieth 2018, Art. 306 N 1.
2116 Donatsch/Thommen/Wohlers 2017, 525; Stratenwerth/Bommer 2013, 384 f.

b) Beweisaussage einer Partei

Art. 306 ist beschränkt auf die förmliche Beweisaussage der Partei[2117] und erstreckt sich nicht auf die informellen Parteiäusserungen, wie etwa das Plädoyer. Damit Art. 306 anwendbar ist, müssen die vorgeschriebenen prozessualen Formen gewahrt werden. Gemäss Art. 306 ist die Partei überdies auf die Straffolgen aufmerksam zu machen («nach erfolgter richterlicher Ermahnung zur Wahrheit und nach Hinweis auf die Straffolgen einer falschen Beweisaussage zur Sache»).

c) Zur Sache falsch aussagt

Die Tathandlung von Art. 306 ist auf die Beweisaussage «zur Sache» beschränkt. Allerdings können – wie das Bundesgericht zu Art. 307 festgestellt hat[2118] – auch innere (seelische) Vorgänge sachrelevant sein. Ob die Aussage richtig oder falsch ist, wird nach einem objektiven Massstab beurteilt; dabei geht man, wie bei Art. 307, von einer Gesamtbetrachtung aus. Kleinere Übertreibungen oder Auslassungen machen die Aussage nicht insgesamt «falsch».

2. Subjektiver Tatbestand

Dolus eventualis reicht bei Art. 306. Bei Unsicherheiten wird erwartet, dass die Beweisperson sie zu erkennen gibt[2119].

3. Qualifikationen

Gemäss Abs. 2 liegt eine Qualifikation vor, wenn die falsche Aussage mit einem Eid oder einem Handgelübde bekräftigt wird.

B. Falsches Zeugnis, falsches Gutachten, falsche Übersetzung (Art. 307)

1. Objektiver Tatbestand

a) Gerichtliches Verfahren

Der Begriff «gerichtlich» wird nicht so wörtlich genommen: Er wird als Rückverweis auf die entsprechende Prozessordnung verstanden, sodass zumindest im Strafprozess auch Aussagen vor Untersuchungsbehörden (Staatsanwaltschaft) erfasst werden. Art. 309 verweist auf weitere Verfahrensarten, die dem Zivil- und Strafprozess gleichgestellt werden.

b) Beweismittelqualität

Der Tatbestand ist zunächst auf **Zeugen** anwendbar. Entscheidend ist, dass die Formvorschriften eingehalten werden. Es gilt zunächst ein formeller Zeugenbegriff: Wer nicht zeugnisfähig ist, kann auch das Delikt von Art. 307 nicht begehen. «Verdächtige

---

2117 Vgl. Art. 192 ZPO; vgl. dazu ZPO Komm-Weibel/Naegeli 2016, Art. 191–192 N 11.
2118 BGE 93 IV 58.
2119 Stratenwerth/Bommer 2013, 385.

Zeugen» oder Jugendliche werden im Strafprozess als Auskunftspersonen einvernommen und sind nicht Art. 307 unterstellt[2120]. Wer zu Unrecht als Zeuge einvernommen worden ist, aber eigentlich materiell in die Beschuldigtenkategorie gehörte, ist nicht «Zeuge» im Sinne von Art. 307, selbst wenn er formell als Zeuge einvernommen worden ist: Die Aussage ist ohnedies nicht verwertbar[2121]. Hier macht sich ein materieller Beschuldigtenbegriff bemerkbar[2122]. Ebenfalls unverwertbar und keine Basis für Strafbarkeit nach Art. 307 gibt eine Zeugenaussage ab, bei der die gesetzlichen Aufklärungspflichten missachtet worden sind[2123].

Die Prozessrollen der Sachverständigen [2124] sowie der Dolmetscher und Übersetzer werden ebenfalls von den einzelnen Prozessordnungen umschrieben.

c) **Tathandlung**

Beim Zeugen steht die Passage des Gesetzes «zur Sache falsch aussagt» im Vordergrund. Es geht bei der Aussage zur Sache um Aussagen, die nicht allein die Person betreffen. Sie können aber durchaus «innere Tatsachen» betreffen[2125].

Problematisch ist die Tatsache, dass **unerhebliche Falschaussagen** nach Art. 307 Abs. 3 lediglich zu einer Strafmilderung führen. Über Unerhebliches soll gar nicht Beweis geführt werden[2126]. Sodann ist die gängige Definition des Bundesgerichts so eng, dass die Milderung kaum je Anwendung findet: Nur wenn sie den Prozessausgang überhaupt nicht beeinflussen kann, ist die Aussage unerheblich. Das bedeutet, dass in der Praxis auch offensichtlich falsche Aussagen unter Art. 307 Abs. 1 subsumiert werden[2127]. Donatsch/Thommen/Wohlers schlagen demgegenüber vor, Art. 307 Abs. 3 bereits anzuwenden, wenn die Aussage konkret für das Urteil nicht von Bedeutung war[2128].

Zum Tatbestandselement «falsch» gilt, was bereits zu Art. 306 zu sagen war. Abermals ist eine Gesamtbetrachtung nach objektiven Kriterien vorzunehmen[2129].

Bezüglich **Sachverständigen** und **Übersetzern** gelten leicht modifizierte Kriterien: Hier wird auf den falschen Befund oder das falsche Gutachten bzw. auf die falsche Übersetzung abgestellt.

2. Subjektiver Tatbestand

Art. 307 ist ein Vorsatzdelikt; Eventualvorsatz reicht allerdings. Strafbar ist bereits, wer mit der Unwahrheit seiner Aussage, seines Gutachtens, seiner Übersetzung rechnet.

2120 Vgl. Art. 178 StPO; dazu Pieth StPO 2016, 208 ff.
2121 Pieth StPO 2016, 87 f.
2122 Donatsch/Thommen/Wohlers 2017, 532 f.; Pieth StPO 2016, 86 ff., 200 f.
2123 Pieth StPO 2016, 207.
2124 Pieth StPO 2016, 212 ff.
2125 Siehe bereits oben S. 313 zu Art. 306; Donatsch/Thommen/Wohlers 2017, 535.
2126 Art. 139 Abs. 2 StPO; Pieth StPO 2016, 188 f.
2127 BGE 106 IV 194, E. 5.
2128 Donatsch/Thommen/Wohlers 2017, 535 f.; vgl. auch Stratenwerth/Bommer 2013, 391 f.
2129 BSK-Delnon/Rüdy 2018, Art. 307 N 22 ff.; Stratenwerth/Bommer 2013, 390.

3. Versuch?

In Lehre und Praxis ist vielfach diskutiert worden, ob die Aussage vor dem Abschluss der Einvernahme, die die Vollendung der Tat markiert[2130], allenfalls als Versuch strafbar ist[2131]. Zu Recht lehnt das Bundesgericht dies ab, da es die Aussage als Gesamtakt betrachtet[2132].

4. Rücktritt von der vollendeten Tat (Art. 308 Abs. 1)

Art. 308 sieht Strafmilderungen vor. Dabei ist Abs. 1 als Sonderfall eines Rücktritts von der vollendeten Tat beachtlich. Allerdings muss der Rücktritt aus eigenem Antrieb und noch bevor durch die Falschaussage ein Rechtsnachteil für den Betroffenen entstanden ist, erfolgen.

III. Behinderung der Strafrechtspflege

A. Begünstigung (Art. 305)

Art. 305 stützt die Strafrechtspflege im breitesten Sinne: Der Tatbestand erfasst sowohl die «Verfolgungs-» wie die «Vollzugsbegünstigung»[2133]. Allerdings geht es ihm nicht bloss um die Durchsetzung des Strafanspruchs, vielmehr möchte der Tatbestand der Verfolgungsbegünstigung generell die Funktionsfähigkeit der Strafrechtspflege sicherstellen[2134]. Das hat zur Folge, dass es auch strafbar wäre, einen Unschuldigen vor der Justiz zu schützen[2135](!). Das mag einleuchten, wenn die Justiz bereits eine Fahndung oder ein Verfahren gegen eine bestimmte Person eingeleitet hat oder wenn mit einer solchen ganz konkret zu rechnen ist. Es führt allerdings zu weit, vom Umfeld eines jeden, der potentiell (und womöglich unschuldig) ins Visier der Justiz geraten könnte, zu erwarten, dass er auf allfällige Unterstützungsleistungen verzichtet. Es kann nicht die Aufgabe der Allgemeinheit oder auch von Bezugspersonen sein, die Absichten der Justiz zu antizipieren. Im Übrigen bestehen Anzeigepflichten lediglich bei besonderen Garantenstellungen (z.B. von Strafverfolgungsbehörden).

Art. 305 schützt im Übrigen – mit Ausnahme der in Absatz 1bis (u.V.a. Art. 101) genannten schwersten Tatbestände – nur die schweizerische Strafrechtspflege[2136].

2130 BGE 85 IV 30.
2131 Donatsch/Thommen/Wohlers 2017, 537 f.; Stratenwerth/Bommer 2013, 390; PK-Trechsel/Pieth 2018, Art. 307 N 16.
2132 BGE 107 IV 130 [132]; 95 IV 75; 85 IV 30; 80 IV 122.
2133 Stratenwerth/Wohlers 2013, Art. 305 N 2 ff.
2134 Donatsch/Thommen/Wohlers 2017, 476 f.
2135 BGE 69 IV 118 [120]; Stratenwerth/Bommer 2013, 398.
2136 BGE 104 IV 238.

1. Verfolgungsbegünstigung (Abs. 1, Variante 1)

Im Sinne des eben Bemerkten muss ein Verfahren eingeleitet worden sein oder die Einleitung unmittelbar und erwartbar bevorstehen: Die Tat kann auch darin bestehen, die Einleitung zu verhindern[2137].

Entziehen im Sinne von Art. 305 meint, «dass der Täter den Begünstigten mindestens für eine gewisse Zeit dem behördlichen Zugriff entzieht»[2138]. In Frage kommt beherbergen, finanziell unterstützen, die Verfolgung jedenfalls für geraume Zeit verzögern[2139]. Bagatellen scheiden aus:

> So hat das Bundesgericht Begünstigung verneint bei einem Pfarrerehepaar in Südbünden, das einen Flüchtigen in die Wohnung eingelassen hatte, an einer kleinen Mahlzeit teilnehmen und während weniger Stunden dort verweilen liess[2140].
>
> Ebenso hat das Bundesgericht Begünstigung abgelehnt in einem Fall, in dem jemand fluchtbereiten Tatverdächtigen ihre – ohne Weiteres ersetzbaren – persönlichen Effekten aus einem Hotelzimmer holte, das unter Polizeibeobachtung stand[2141].

Entgegen einer Tendenz des Bundesgerichts, Art. 305 in ein abstraktes Gefährdungsdelikt umzudeuten, stellen Donatsch/Thommen/Wohlers klar, dass mindestens die Erschwerung der Ermittlung oder Verfolgung tatsächlich erfolgt sein muss[2142].

Das Delikt kann durch unechtes Unterlassen begangen werden. Allerdings bedarf es dazu einer Garantenpflicht[2143].

2. Vollzugsbegünstigung (Abs. 1 Variante 2)

Das Gesetz spricht in Abs. 1 Variante 2 davon, dass der Täter jemanden «dem Strafvollzug oder dem Vollzug einer der in den Artikeln 59–61, 63 f. vorgesehenen Massnahmen entzieht». Abs. 1bis dehnt den Schutz – in einem bescheidenen Mass – auf die Vereitelung des Auslandsvollzugs für schwerste Straftaten aus, die unverjährbar erklärt wurden.

3. Subjektiver Tatbestand

Art. 305 ist ein Vorsatztatbestand. Er verlangt, dass der Täter sich des bevorstehenden oder laufenden Verfahrens bzw. Vollzugs bewusst ist und dass er den Willen hat, den Begünstigten zu unterstützen.

[2137] Stratenwerth/Bommer 2013, 397; Stratenwerth/Wohlers 2013, Art. 305 N 2.
[2138] BGE 117 IV 467, E. 3.
[2139] BGE 106 IV 189; 103 IV 98; Stratenwerth/Bommer 2013, 400.
[2140] BGE 117 IV 467, E. 4.
[2141] BGE 129 IV 138.
[2142] Krit. zu BGE 114 IV 36 [39]: Donatsch/Thommen/Wohlers 2017, 477 f. m.w.H.
[2143] BGE 109 IV 46 (ein Polizeibeamter sorgt dafür, dass eine Strafanzeige nicht weitergeleitet wird); abgelehnt aber in BGE 117 IV 467, E. 3 sowie in 106 IV 276; vgl. auch Stratenwerth/Bommer 2013, 401 f.

4. Selbstbegünstigung

Die Selbstbegünstigung ist straflos[2144]. Bei Begünstigung Nahestehender kann der Richter von Bestrafung Umgang nehmen (Abs. 2). Die Begünstigung ist auch dann, wenn der Begünstigte jemanden anstiftet, ihn zu begünstigen, straflos. Von der Straflosigkeit miterfasst ist auch die Mitbegünstigung Dritter[2145].

Die ständige Praxis hat allerdings Strafbarkeit anderer Delikte angenommen, die typische Begleiterscheinungen der Selbstbegünstigung sind[2146]. Das versteht sich bei Sachbeschädigung (etwa bei einem Ausbruch) oder bei Fahrzeugdiebstahl von selbst. Problematisch ist aber das Verhältnis zwischen Begünstigung und Hinderung einer Amtshandlung (Art. 286). Wie bereits oben ausgeführt[2147], wird damit das Selbstbegünstigungsprivileg unterlaufen. Das hat sich deutlich gezeigt in BGE 124 IV 127, wo sich der Flüchtende der Ausweiskontrolle eines Polizeibeamten entzogen hatte und nach Art. 286 bestraft wurde. Demgegenüber verdient die in BGE 133 IV 97 vorgenommene «Präzisierung der Rechtsprechung» Unterstützung, nach der Art. 286 nur bei Verhinderung einer ganz konkreten Amtshandlung anwendbar bleibt[2148].

IV. Geldwäscherei

A. Einleitung

Vorab ist erklärungsbedürftig, wie ein erst gut 25 Jahre altes Konzept in kürzester Zeit den Berufsalltag der gesamten Finanzbranche bestimmen kann.

1. Vorgeschichte: Betäubungsmittelhandel

Im Nachgang zum Vietnamkrieg erfuhren die internationalen Drogenmärkte, zumal wegen der drastisch ansteigenden Nachfrage aus den USA, eine erhebliche Expansion weltweit. Die US-Behörden reagierten mit verschärfter Prohibition und die Kontrolle über den Handel ging zunehmend auf risikofreudigere Akteure über: Die stark ansteigenden Preise zogen vor allem das organisierte Verbrechen an. Die wechselseitige «Aufschaukelung» von Prohibition und Aufrüstung der Verbrechensakteure führte rasch zu einer Militarisierung der Bekämpfung des Betäubungsmittelhandels (*«war on drugs»)*[2149]. Angesichts der geringen Effizienz dieser Politik wurde bewusst eine Strategieerweiterung eingeleitet: Die *«President's Commission on Organized Crime»*[2150]

[2144] Cassani 1996, Art. 305 N 24; Corboz II 2010, 602; BSK-Delnon/Rüdy 2018, Art. 305 N 38; Donatsch/Thommen/Wohlers 2017, 484 ff.; Stratenwerth/Bommer 2013, 402; PK-Trechsel/Pieth 2018, Art. 305 N 13.
[2145] BGE 102 IV 29; 101 IV 314.
[2146] Z.B. BGE 115 IV 230.
[2147] S.o. S. 301.
[2148] BGE 133 IV 97, E. 6.2.3; vgl. zur Konkurrenz von Art. 305 und 319 den Fall Kiko des OGer ZH: NZZ vom 14.10.2017, 21: «Die Flucht war eine Dummheit».
[2149] Pieth 1991, 51 ff.
[2150] President's Commission on Organized Crime, Washington October 1984.

schlug vor, die Papierspur des Geldes[2151] bis zu den zentralen «*crime enterpreneurs*»[2152] zu verfolgen. Abgesehen von dem bereits seit 1961 kriminalisierten Finanzieren des Drogenhandels[2153] wurde nun auf ein altes, seit der bürgerlichen Revolution verpöntes Instrument (die «*confiscatio generalis*»[2154]) zurückgegriffen. Verbrechen sollten sich nicht lohnen, daher waren die Erträge aus Straftaten einzuziehen. Gleichzeitig wollte man auch verhindern, dass mit diesen Mitteln weitere Verbrechen begangen würden. Interessanterweise wurde in den Entwürfen des UN-Betäubungsmittelübereinkommens[2155] (dem sog. CMO[2156]) lediglich die Einziehung erwähnt. Die Strafbarkeit der Vereitelung der Einziehung bzw. des Verbergens der verbrecherischen Erträge wurde in letzter Minute (gestützt auf US und britische Vorbilder) eingeführt (Art. 3 UN-Übereinkommen).

2. Was ist Geldwäscherei?

Abstrakt ist die Antwort schnell gegeben: Die Spur der deliktischen Werte von der ursprünglichen Tat wird **verschleiert** und den Werten wird mittels **Legendenbildung** eine scheinbar legale Herkunft bescheinigt[2157]. Die US-Zollbehörde hatte bereits 1989 ein praxisnahes Modell vorgelegt, das drei typische Phasen unterscheidet: die Platzierung von Bargeld im Buchgeldkreislauf («**placement**»), das «Verwirrspiel» («**layering**») und schliesslich die «**integration**» der Werte in die legale Wirtschaft[2158]. Das klassische Mittel, Verwirrung zu stiften ist das Schaffen von sog. «Strukturen» (insb. die Kombination der Gründung von Sitzgesellschaften mit dem Anlegen des Geldes an sog. «off-shore-Finanzplätzen» mit starkem Bankgeheimnis und geringer Neigung zur Rechtshilfe, vielfach noch ergänzt durch das Treuhand- oder besser noch das Anwaltsgeheimnis des Organisators der Struktur). Dieser *modus operandi* wurde in den «Panama Papers» und vergleichbaren *Leaks* vielfach beobachtet. Zentral ist dabei die Rolle der Anwälte (auch Schweizer Anwälte), die weltweit Strukturen einrichten.

[2151] Botschaft des Bundesrates, BBl 1989 II 1061; Ackermann 1992, 5; Bernasconi 1986, 20; Cassani 1996, Art. 305bis N 1; Graber 1990, 55; BSK-Pieth 2018, Vor Art. 305bis N 9; PK-Trechsel/Pieth 2018, Art. 305bis N 1 f.
[2152] Levi/Gilmore 2002, 92 f.
[2153] Art. 36 Ziff. 2 lit. a [ii] UN Single Convention on Narcotic Drugs vom 30.3.1961; und Art. 19 Ziff. 1 Abs. 7 BetmG.
[2154] Eser 1969, 14 f.; zur Geschichte der Einziehung: Pieth Strafrechtsgeschichte 2015, 126 ff.
[2155] UN Convention Against Illicit Traffic in Narcotic Drugs and Psychotropic Substances vom 19.12.1988.
[2156] Comprehensive Multi-Disciplinary Outline of Future Activities in Drug Abuse Control, 1988.
[2157] BSK-Pieth 2018, Vor Art. 305bis N 9; PK-Trechsel/Pieth 2018, Art. 305bis N 4.
[2158] Report of the US-Customs to the Subgroup «Statistics and Methods» of the FATF, Paris 1989.

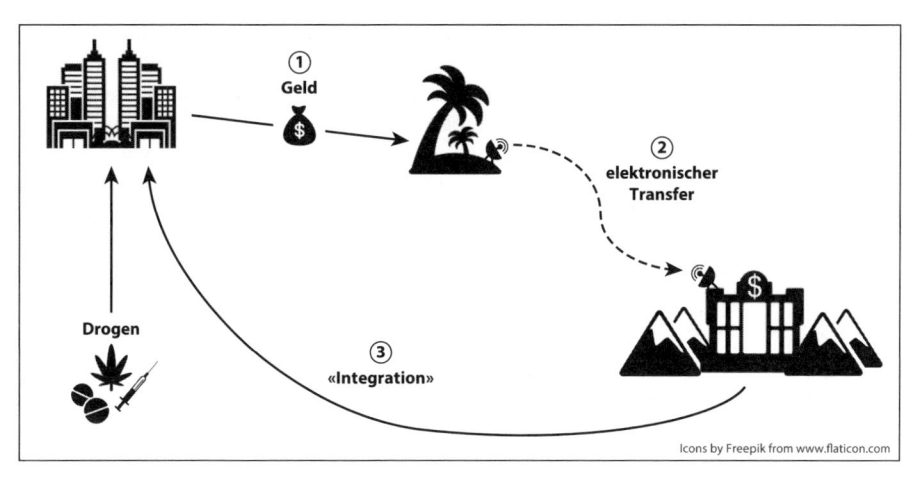

Schema Money Laundering[2159]

3. Internationale Harmonisierung

Angesichts von Zweifeln an der raschen Umsetzung der neuen Strategie durch die UN, beschloss die G7 1989, eine «Task Force» auf hohem Niveau einzuberufen, die mit politischem Druck die wichtigsten Finanzzentren zu einem einheitlichen Vorgehen gegen die (Drogen-)Geldwäsche motivieren sollte.

> Die Staatengemeinschaft nutzte zu diesem Zweck die Einweihung des französischen Prestigebauwerks «*Arche de la Défense*» in Paris (daher «*Sommet de l'Arche*») zur Gründung der «*Groupe Action Financière Internationale*» (GAFI) oder «*Financial Action Task Force on Money Laundering*» (**FATF**)[2160]. Die ursprünglichen zwölf Mitglieder dieser ad-hoc-Gruppe schufen nach dem Patchwork-Prinzip in kürzester Zeit die sog. 40 Empfehlungen. Schon bald begannen sie, die Umsetzung durch die Mitgliedstaaten in einem sog. «*peer-evaluation-system*» zu überprüfen (ab 1992). Dabei sollte das ursprüngliche «*soft law*»-Instrument («*monitoring*» oder «*evaluation*»[2161]) sehr bald Zähne entwickeln: «Unkooperative» Finanzplätze wurden kurzerhand auf eine schwarze Liste gesetzt und ihnen wurde mit dem Abbruch der finanziellen Beziehungen durch die gesamte Gruppe gedroht[2162].
> In der Folge dehnte die FATF die Vortaten sukzessive vom Drogenhandel auf schwere Kriminalität überhaupt und 2012 auf einen eingehenden Katalog von **Taten** aus[2163]. Sodann wurden laufend weitere **Berufskategorien** erfasst. Um es für die betroffenen Finanzintermediäre akzeptabler zu machen, wurde ihr Einbezug in die Geldwäscheabwehr mit ihrer besonderen Beobachtungsposition *(«gatekeeper-theory»)* begründet[2164]. Schliesslich wurden die Standards

---

2159 Vgl. Pieth WiStrR 2016, 190.
2160 BSK-Pieth 2018, Vor Art. 305bis N 12; Pieth 2006 (Beck Handbuch), 45.
2161 Pieth 2006 (Beck Handbuch), 44.
2162 Der sog. NCCT-Prozess (für «*Non-Co-operative Countries and Territories*»), vgl. zu den Kriterien FATF Criteria for Defining Non-Cooperative Countries or Territories, 14.2.2000 und zur ersten Liste FATF «List of Non Cooperative Countries and Territories as of 21.6.2002», Verweise bei Pieth 2006 (Beck Handbuch), 49.
2163 FATF 40/2017, 112 f.: «Designated Categories of Offences»; Pieth 2006 (Beck Handbuch), 46.
2164 FATF 40/2017, 12 f.; BSK-Pieth 2018, Vor Art. 305bis N 14; Pieth 2006 (Beck Handbuch), 46 f.

auch **geografisch** weiter verbreitet, sei es durch Aufnahme neuer Mitglieder in die FATF oder durch Schaffung regionaler Satellitenorganisationen nach dem Vorbild der FATF[2165].

In einer nächsten Etappe wurden die Standards von *soft law* in **verbindliches Recht** übergeführt (international etwa durch das Europaratsabkommen[2166], durch EU-Recht[2167] oder durch neue UN-Konventionen[2168]), national gaben sich fast alle Staaten der Welt strafrechtliche und finanzaufsichtsrechtliche Regeln nach dem Modell der FATF-Empfehlungen.

Nach 9/11 wurde – für manche Beobachter überraschend[2169] – das Geldwäscherei-Abwehrdispositiv auch auf die Finanzierung des **Terrorismus** ausgedehnt[2170]. In ähnlicher Weise «unlogisch» ist auch die neueste Ausweitung des Standards auf Steuerstraftaten[2171]. 2012 hat die FATF die Regeln in einer **Neufassung** der bisher immer wieder nachgeführten 40 Empfehlungen insgesamt konsolidiert. Dieser Text ist 2017 erneut aktualisiert worden[2172].

4. Schweizerische Gesetzgebungsgeschichte

Die Schweiz hat die entsprechenden Regeln nur zum Teil aus eigenem Antrieb erlassen, was auch die Skepsis gegenüber der Geldwäschethematik erklären mag.

Immerhin geht eine erste relevante Rechtsschicht auf die Zeit vor der UN-Konvention von 1988 zurück: Im Anschluss an den sog. **Texon Skandal** von 1977, bei dem eine der Grossbanken merken musste, dass ihr – mangels zureichender Organisation – entgangen war, dass Angestellte eine «Bank in der Bank» auf eigene Rechnung unterhielten[2173], wurden die «anonymen Konten» abgeschafft: Unter dem Druck der Bankaufseher stattete sich die Bankiervereinigung mit einem Selbstregulierungsinstrument aus, der «Vereinbarung über die Standesregeln zur Sorgfaltspflicht der Banken» (der sog. VSB, in der neuesten Fassung von 2016). Die VSB setzt unter dem Druck von Konventionalstrafen, die von einem Schiedsgericht ausgesprochen werden können, die Identifikation von Kunden und wirtschaftlich Berechtigten durch. Das Instrument hat seinerseits sowohl die internationalen Texte wie auch die staatlichen Regularien mitbeeinflusst[2174].

2165 Details: BSK-Pieth 2018, Vor Art. 305bis N 15; Pieth 2006 (Beck Handbuch), 45.

2166 CoE: Convention on Laundering, Search, Seizure and Confiscation of the Proceeds from Crime and on the Financing of Terrorism, SEV-Nr.: 198, 16.5.2005; dazu oben S. 265 ff.

2167 EU Richtlinie 2015/849 des Europäischen Parlaments und des Rates vom 20.5.2015 zur Verhinderung der Nutzung des Finanzsystems zum Zwecke der Geldwäsche und der Terrorismusfinanzierung, zur Änderung der Verordnung (EU) Nr. 648/2012 des Europäischen Parlaments und des Rates und zur Aufhebung der Richtlinie 2005/60/EG des Europäischen Parlaments und des Rates und der Richtlinie 2006/70/EG der Kommission (L 141/73).

2168 UN Convention against Transnational Organized Crime (UNTOC), Palermo December 2000; UN International Convention for the Suppression of the Financing of Terrorism, 9.12.1999; dazu oben S. 265.

2169 Zur Kritik: Ackermann 2013, 423; Arzt 2011, 272 f.; Baumann 2012, 120 ff.; Behnisch 2013, 873; Cassani 2013, 22; Dies. 2015, 78 ff.; Holenstein 2013, 255; Nadelhofer do Canto 2008, 86; Schwob 2011, 283; Strasser 2010, 616; Waldburger/Fuchs 2014, 111 ff.

2170 FATF Special Recommendations on Terrorist Financing, 30.10.2001.

2171 Zu FATF 40/2017, 112 f.: krit. Behnisch/Opel 2012, 88; BSK-Pieth 2018, Vor Art. 305bis N 22; Schwob 2011, 281 ff.

2172 FATF 40/2017.

2173 Bernasconi 1988, 7 ff.; Schild-Trappe 1999, 214.

2174 Vgl. etwa das Basel Statement of Principles, erlassen durch das «Basel Committee on Banking Supervision» 1988; dazu BSK-Pieth 2018, Art. 305ter N 1.

Es muss allerdings zugegeben werden: Schweizer Finanzinstitute und Intermediäre haben sich in den 1980er Jahren zur Drogengeldwäsche hergegeben[2175]. Es verwundert nicht, dass die Schweiz, als sich der «war on drugs» zuspitzte, nicht nur von Seiten der USA unter erheblichen politischen Druck geriet. Besonders pikant war, dass der Ehemann der für die Gesetzgebung verantwortlichen Bundesrätin, Elisabeth Kopp, im Verwaltungsrat einer der Drogengeldwäsche verdächtigten Unternehmung sass. Als der Verdacht von einer Mitarbeiterin (auf Geheiss der Bundesrätin) dem Ehemann hinterbracht wurde[2176], löste dies eine eigentliche Staatskrise aus. Nicht nur musste die Bundesrätin zurücktreten, es wurde eine parlamentarische Untersuchungskommission (PUK) eingesetzt[2177] und die strafrechtliche **Geldwäschegesetzgebung** musste 1989 **notfallmässig** durchs Parlament gepeitscht werden[2178].

Nach 1990 wurden in kurzer Folge weitere Gesetze erlassen: Zunächst das «**zweite Paket gegen das organisierte Verbrechen**» (mit dem Tatbestand der kriminellen Organisation, dem neuen Einziehungsrecht und dem Melderecht des Financiers[2179]), dann die Revision des Rechtshilferechtes[2180] und kurz darauf das finanzaufsichtsrechtliche Geldwäschereidispositiv (insb. das Geldwäschereigesetz [GwG[2181]] und eine Vielzahl von Verordnungen und Reglementen zum Thema). Nach 9/11 wurde das gesamte Normensystem abermals erweitert, sowohl um den Straftatbestand von Art. 260^{quinquies} wie um Sondernormen im GwG und den Verordnungen. Zu weiteren Regulierungsschüben kam es erst mit der Vereinheitlichung der Finanzmarktaufsicht und der Verzahnung des GwG mit dem neuen FINMAG[2182] und dann mit Erlass der konsolidierten FATF Empfehlungen von 2012: Das gesamte Schweizer Geldwäscheabwehrdispositiv wurde in der Folge überarbeitet und bis zum 1. Januar 2016 in seiner neuen Fassung in Kraft gesetzt[2183].

5. Kritik

Die Geldwäschegesetzgebung wurde von Anfang an als *lex americana* empfunden[2184]. Sodann wurde kritisiert, dass der Geldwäschenorm kein wirkliches Rechtsgut zugrunde liege, dass es sich vielmehr um eine Neuschöpfung aus polizei-taktischem

---

2175 Vgl. etwa die Pizza Connection: Becker 2010, 54 ff.; Graber 1990, 36 ff.; Schild-Trappe 1999, 216.
2176 BGE 116 IV 65 [67].
2177 PUK-Bericht 1989; Botschaft des Bundesrates, BBl 1989 II 1061.
2178 BSK-Pieth 2018, Art. 305bis N 18; Stratenwerth/Bommer 2013, 406.
2179 Dazu BSK-Pieth 2018, Vor Art. 305bis N 20; PK-Trechsel/Pieth 2018, Art. 305bis N 5b.
2180 Botschaft des Bundesrates, BBl 1995 III 1.
2181 Bundesgesetz über die Bekämpfung der Geldwäscherei und der Terrorismusfinanzierung im Finanzsektor (Geldwäschereigesetz, GwG) vom 10.10.1997 (SR 955.0).
2182 Bundesgesetz über die Eidgenössische Finanzmarktaufsicht (FINMAG) vom 22.6.2007 (SR 956.1).
2183 Revidiertes GwG vom 10.10.1997 (Stand 1.1.2016, SR 955.0); GwV-FINMA vom 3.6.2015 (SR 955.033.0); GwV vom 11.11.2015 (SR 955.01); GwV-ESBK vom 24.6.2015 (SR 955.021); VSB 16.
2184 PK-Trechsel/Affolter-Eijsten 2013, Art. 305bis N 5.

Kalkül handle[2185], die zudem die Finanzintermediäre als Gehilfen der Strafverfolgung rekrutiere[2186].
Die strafrechtstheoretischen Einwände gehen eher dahin, dass die Formulierung der Tatbestände für erhebliche Rechtsunsicherheit gesorgt habe[2187]. Zum Teil wird die Gesetzgebung aber auch schlicht als Modeerscheinung abgetan[2188].
Es trifft sicher zu, dass die Geldwäschethematik unterschiedliche politische «Agenden» bedient. Wenn sie offiziell der Bekämpfung des organisierten Verbrechens dient, lassen Massnahmen wie Bargeldkontrolle oder aggregierte Statistiken von Finanzflüssen annehmen, dass ein weltweites Kontrollinteresse vielleicht genauso wichtig ist wie Kriminalitätsbekämpfung[2189] und dass es den Schöpfern des Systems nur beschränkt um diese Art von Effizienz ging.
Es wurde allerdings übersehen, dass die Schweiz die internationale Kritik und ihre Isolation durchaus selbst verschuldet hat: Die Schweiz ist einer der bedeutendsten Finanzplätze der Welt; insb. im *private banking* hält er einen Marktanteil von über 25%[2190]. Unter dem legalen Geld finden sich immer wieder Werte kriminellen Ursprungs[2191]. Zudem hat die Schweiz erst vor Kurzem einsehen müssen, dass systematischer Steuerbetrug kein überzeugendes Geschäftsmodell ist. Entsprechend nimmt – als Folge der Geldwäschereibestimmungen – die Zahl der Verdachtsmeldungen stetig zu.

6. Finanzaufsichtsrecht

Die Geldwäsche-Abwehr erfolgt nur am Rande mit strafrechtlichen Mitteln: im Zentrum steht das verwaltungsrechtliche Finanzaufsichtsrecht: Es wird in dieser Darstellung nur gestreift. Allerdings ist das Finanzaufsichtsrecht mittelbar strafrechtlich von Bedeutung, weil es den Begriff des Organisationsversagens bei der strafrechtlichen Unternehmenshaftung nach Art. 102 Abs. 2 sowie die Garantenpflicht bei der Geldwäscherei durch Unterlassen konkretisiert.

a) Definition der Finanzintermediäre

Dem verwaltungsrechtlichen Abwehrdispositiv sind die in Art. 2 GwG aufgezählten Berufsgruppen unterstellt. Die Liste reflektiert die allmähliche Erweiterung durch die FATF. Über die Banken hinaus werden sog. *«non-bank financial institutions»* (NBFI) und zunehmend auch *«non-financial institutions»* (NFI), insb. Anwälte und Notare, vom Geldwäscherecht erfasst, soweit sie als Geschäftsanwälte jenseits der klassischen Anwaltstätigkeit in der Vermögensanlage aktiv sind[2192]. Was im Prinzip anerkannt ist,

---

2185 Vgl. die Hinweise bei BSK-Pieth 2018, Vor Art. 305bis N 2 und 52; Pieth 1992 (Bekämpfung der Geldwäscherei), 8 ff.
2186 Dietzi 1992, 67 ff. (Banken als «Sherlock Holmes»).
2187 Stratenwerth/Bommer 2013, 407.
2188 Arzt 1997 (Das missglückte Strafgesetz), 26.
2189 Pieth 2006 (Beck Handbuch), 38 f.
2190 Für Details vgl. KGGT 2015, 121 ff.
2191 Vgl. KGGT 2015, 4 ff.; Balleyguier 2005, 16 f.; Pieth WiStrR 2016, 195.
2192 BGE 112 Ib 606 und unten S. 334 ff.

erweist sich im Detail aber als hochproblematisch: Reine Geschäftsanwälte dürfen sich nicht auf das Anwaltsgeheimnis berufen (Art. 9 Abs. 2 GwG *e contrario*). Allerdings haben die «Panama Papers» gezeigt, dass Schweizer Anwälte tausendfach unter dem Deckmantel des Anwaltsgeheimnisses an offshore-Orten Sitzgesellschaften zur Anlage von Kundengeldern eröffnet haben[2193]. Inzwischen hat die FATF die Praxis aber hart kritisiert[2194]. Nach wie vor umstritten ist die Unterstellung der Rohstoffhändler, jedenfalls soweit sie auf eigene Rechnung tätig sind[2195]. «Händlerinnen und Händler» (d.h. neben den Rohstoffhändlern auch Kunst-, Antiquitäten-, Diamanten- und Immobilienhändler) sind durch die auf den 1. Januar 2016 in Kraft getretenen Bestimmungen des GwG und der GwV (Art. 8a GwG, Art. 13 ff. GwV) den Geldwäscheabwehrregeln unterstellt «wenn sie im Rahmen eines Handelsgeschäftes mehr als 100 000 Franken in bar entgegennehmen». Sie können diese Konsequenz vermeiden, wenn sie die Zahlung über einen Finanzintermediären abwickeln.

b)   Aufsichtsinstanzen

Das Aufsichtssystem ist mit der Einführung der einheitlichen Finanzmarktaufsicht bei der FINMA stark vereinfacht worden[2196]. Die spezialgesetzliche Aufsicht (ist nun mit Ausnahme der Spielbanken[2197]) bei der FINMA konzentriert (Banken, Versicherungen, Effekten- und Devisenhändler etc.[2198]). Die übrigen Berufsgruppen können sich einer Selbstregulierungsorganisation (SRO) anschliessen, die sektorspezifische Regeln erlässt; die FINMA übt lediglich eine Art Oberaufsicht aus[2199]. Wer sich, schliesslich, keiner SRO anschliesst, obwohl die Voraussetzungen der Unterstellung unter das GwG gegeben sind, wird als «DUFI»[2200] der direkten Aufsicht der FINMA unterstellt[2201].

2193 Die Praxis wird verteidigt etwa von Graber 2000, 23 ff.
2194 FATF, Evaluation der Schweiz 2016, 9 und 135.
2195 Die von der (inzwischen durch die GwV 2015 ersetzte) Verordnung über die berufsmässige Ausübung der Finanzintermediation (VBF) vom 18.11.2009 (SR 955.071) abgesegnete Praxis, nur solche Händler zu erfassen, die für Dritte handeln, widerspricht nicht nur dem Wortlaut des GwG (vgl. Art. 2 Abs. 3 lit. c GwG), sondern auch dessen ratio (Differenzgeschäfte werden als Finanztransaktionen gewertet, während echte Handelsgeschäfte wie die Lieferung von Heizöl als Warengeschäft nicht unter das GwG fallen würde). A.A aber Schmid/Lötscher 2002, 1266; vgl. BSK-Pieth 2018, Vor Art. 305bis N 36.
2196 Die FINMA ist gemäss Art. 1 Abs. 1 lit. f FINMAG für die Umsetzung des GwG verantwortlich; BSK-Pieth 2018, Vor Art. 305bis N 39.
2197 Eidgenössische Spielbankenkommission (ESBK), vgl. das Bundesgesetz über Glücksspiele und Spielbanken (Spielbankengesetz, SBG) vom 18.12.1998 (SR 935.52) sowie die Verordnung der Eidgenössischen Spielbankenkommission über die Sorgfaltspflichten der Spielbanken zur Bekämpfung der Geldwäscherei und der Terrorismusfinanzierung (Geldwäschereiverordnung ESBK, GwV-ESBK) vom 24.6.2015 (SR 955.021).
2198 Zum FINMAG s.o. Fn 2182; vgl. auch Art. 2 Abs. 2 lit. a–d^{ter} GwG; BSK-Pieth 2018, Vor Art. 305bis N 39.
2199 Art. 18 ff. GwG; dazu Basse-Simonsohn 2008, 76; Capus 2002, 696; BSK-Pieth 2018, Vor Art. 305bis N 39.
2200 Der FINMA direkt unterstellte Finanzintermediäre.
2201 Art. 14, 18 Abs. 1 lit. f, Art. 19a ff. GwG; Art. 44 ff. GwV-FINMA; BSK-Pieth 2018, Vor Art. 305bis N 39.

c) Pflichten

Die Pflichten der Finanzintermediäre haben sich im Grunde seit 1990 weder international noch national grundlegend geändert. Die Rechtsgrundlagen sind allerdings differenzierter und komplexer geworden. Fünf Hauptpflichten stehen seit den Anfängen im Vordergrund:

- Die **Identifikation des Kunden**[2202]. Dabei gilt es, den eigentlichen Kunden vom allfälligen **wirtschaftlich Berechtigten** zu unterscheiden. Ist ein solcher erkennbar, muss seine Identität abgeklärt werden. Bei Unternehmen, zumal Sitzgesellschaften, sind Sonderregeln zu beachten, weil sie häufig zu Geldwäschezwecken missbraucht werden. Aufgrund der neuen FATF-Bestimmungen müssen zudem die wirtschaftlich Berechtigten (bzw. nach einem neuen Begriff die «Kontrollinhaber») operativ tätiger juristischer Personen identifiziert werden, wenn sie direkt oder indirekt mindestens 25% des Kapitals oder der Stimmen kontrollieren[2203]. Die VSB 16 enthält eine Vielzahl von Detailvorschriften, die von der Geldwäscheverordnung der FINMA als wegleitend anerkannt werden. Trotzdem tut sich das Bundesgericht mit der Anerkennung von Selbstregulierungsinstrumenten schwer[2204].
- Zusätzliche Aufmerksamkeit bei «**unüblichen Transaktionen oder Transaktionsstrukturen**»: Sind die wirtschaftlichen Hintergründe oder der Zweck der Transaktion unklar, muss der Financier weitere Auskünfte (bei Kunden und allenfalls bei Dritten) einholen[2205]. Zumal bei «*politically exposed persons*» (PEP's) muss die Quelle der Mittel abgeklärt werden[2206].
- Werden die Unklarheiten auch mit Hilfe dieser Abklärungen nicht behoben, hat der Finanzintermediär **Verdachtsmeldung** an die Meldestelle Geldwäscherei (MROS) zu erstatten. Wird *bona fide* gemeldet, ist der Meldende von Haftung befreit. Es ist ihm allerdings verboten, den Kunden zu informieren[2207]. Die Meldestellen sind in der sog. *Egmont-Gruppe* zusammengeschlossen. Sie sind befugt, im Rahmen der Amtshilfe, Informationen auszutauschen[2208]. Nach Art. 10a GwG unterliegen die Finanzintermediäre einem strengen Informationsverbot (Verbot des *tipping off*). Gegenüber der Regelung vor 2016 ist jetzt allerdings die Pflicht zur Vermögenssperre flexibilisiert worden (Art. 10 GwG).
- Die Identifikations- und *due diligence*-Dossiers sind gemäss Art. 7 Abs. 3 GwG zehn Jahre lang **aufzubewahren**[2209].

[2202] FATF 40/2017, Rec. 10 f.; Art. 3 ff. GwG; VSB 2016.
[2203] Art. 2a Abs. 3 GwG, Art. 2 lit. f GwV-FINMA.
[2204] BGE 125 IV 139 und unten S. 335 f.
[2205] FATF 40/2017, Rec. 10, Interpretive Note to Rec. 10, 58 ff.; Art. 6 GwG; Art. 13 ff. GwV-FINMA.
[2206] FATF 40/2017, Rec. 12, Interpretive Note to Rec. 12, 67; Art. 2a GwG.
[2207] FATF 40/2017, Rec. 21 (b), 17; Art. 9 GwG (ausgenommen von der Meldepflicht sind nach Abs. 2 die Anwälte und Notare, soweit ihre Tätigkeit dem Berufsgeheimnis unterstellt ist); BSK-Pieth 2018, Vor Art. 305bis N 44.
[2208] Vgl. Art. 30–32 GwG; Ackermann 2013, 455.
[2209] FATF 40/2017, Rec. 11 verlangt lediglich ein Minimum von fünf Jahren.

– Finanzintermediäre haben Geldwäsche-Abwehrprogramme und entsprechende **Fachstellen** einzurichten[2210].

Das System der Pflichten ist zwar seit 1990 stabil. Allerdings hat sich der Zugang der Behörden wie des Privatsektors im Laufe der Zeit vom «*rule based*» zum «*risk based approach*» gewandelt. Es ist inzwischen allgemein anerkannt, dass die Abklärungsintensität bei Routinevorgängen gesenkt werden kann, dass aber die Aufmerksamkeit der Finanzintermediäre bei komplexen, unüblichen oder riskanten Transaktionen bzw. Kunden eskaliert werden muss[2211].

Die Entwicklung der sog. «*customer due diligence*» erfolgte in intensiver Kooperation der Finanzaufseher mit der Branche. Sowohl auf internationaler Ebene[2212], wie national[2213] haben die Finanzintermediäre wesentlich zur Ausdifferenzierung der Standards beigetragen (man spricht von **Ko-Regulierung**[2214]).

7. Strafrecht: Rechtsgut?

Formal ist die Geldwäscherei nach Schweizer Strafrecht ein **Rechtspflegedelikt**[2215], das im Anschluss an die Begünstigung eingeordnet ist («Sachbegünstigung»). Diese Einordnung ist keineswegs zwingend. Sodann ist die «Rechtspflege» im Grunde ein **Blankettrechtsgut**[2216]: Der Geldwäschereitatbestand dockt sich an alle Verbrechenstatbestände an und verstärkt in durchaus ähnlicher Weise wie die Hehlerei bei Verwertungstaten ihre Durchsetzungskraft (hier beim Betäubungsmittelhandel, Vermögensdelikten oder Korruption). Voraussetzung ist einzig, dass die schwere Straftat illegalen Ertrag generiert. Entgegen der herrschenden Lehre und Praxis ist daher von einer echten Konkurrenz von Vortat und Geldwäscherei Abstand zu nehmen[2217].

Nach Ansicht des Bundesgerichts dient der Geldwäschereitatbestand aber auch dem Schutz von geschädigten Interessen (als «Schutznorm» i.S.v. Art. 41 OR[2218]).

2210 Art. 8 GwG; Art. 24 ff. GwV-FINMA.
2211 Zum *risk based approach*: FATF 40/2017, Interpretive Note to Rec. 10, 58 ff.; Wolfsberg Statement, Guidance on a Risk-Based Approach, Managing Money Laundering Risk, 2006; zum Verzicht, bzw. zu vereinfachten Sorgfaltspflichten vgl. Art. 11 und 12, zu besonderen Sorgfaltspflichten vgl. Art. 13 ff. GwV-FINMA; BSK-Pieth 2018, Vor Art. 305[bis] N 42; Pieth WiStrR 2016, 199 f.; Pini 2007, 3 ff.
2212 Wolfsberg AML Principles for Private Banking 2012; dazu Pieth/Aiolfi 2003, 359 ff.
2213 VSB 2016.
2214 S.u. zur Korruption S. 347 f.
2215 Krit. auch Stratenwerth/Bommer 2013, 397.
2216 BSK-Pieth 2018, Vor Art. 305bis N 52; Pieth 2001 (FS Schmid), 452; a.A. wohl Stratenwerth/Bommer 2013, 416 f.
2217 S.u. S. 334.
2218 BGE 134 III 529; 133 III 323; 129 V 322; vgl. dazu auch Ackermann 2013, 423; Cassani 2001, 406; Pieth WiStrR 2016, 203; PK-Trechsel/Pieth 2018, Art. 305bis N 6.

B. Tatbestand der Geldwäscherei (Art. 305bis)

1. Grundtatbestand (Ziff. 1)

a) Objektiver Tatbestand

aa) Täter

Gemäss Art. 102 Abs. 2 ist Geldwäscherei ein Fall der prinzipalen **Verbandshaftung**. Dabei ergeben sich die zumutbaren organisatorischen Massnahmen gemäss Abs. 2 aus den oben[2219] erörterten finanzaufsichtsrechtlichen Bestimmungen und anerkannten Praxisregeln der Branche (insb. der VSB)[2220]. Zu Recht weisen Cassani und Jean-Richard-dit-Bressel darauf hin, dass Geldwäscherei als Vortat **im** Unternehmen begangen werden muss, damit Art. 102 Abs. 2 greift[2221]. Aus diesem Grund gelangten das Solothurner OGer und das Bundesgericht auch zu einem Freispruch im bekannten Postfinanzfall[2222]. Angesichts der absurden Tatlage muss die fehlende Verurteilung eines Angestellten aber auf einen Anklagemangel zurückzuführen sein[2223].

Umstritten ist die Frage, ob auch der **Vortäter** Geldwäscher sein kann. Üblicherweise wird das Thema im Rahmen der Konkurrenzen abgehandelt[2224]. Das Bundesgericht hat denn auch keine Probleme damit, – wegen der unterschiedlichen Rechtsgüter – echte Konkurrenz zwischen Vortat und Geldwäscherei anzunehmen[2225]. Demgegenüber verneint eine ganze Reihe von Kritikern, gestützt auf die Selbstbegünstigungsausnahme von Art. 305, bereits die Tatbestandsmässigkeit[2226]. Das Bundesgericht hat offensichtlich dem Druck der FATF zur Pönalisierung der «Eigen-Geldwäsche» nachgegeben.

bb) Tatobjekt: Vermögenswerte, die aus Verbrechen oder qualifiziertem Steuervergehen herrühren

(1) Vermögenswerte

Da Art. 305bis primär die Einziehungsvereitelung im Auge hat, verwendet er als Tatobjekt den Vermögensbegriff von Art. 70 Abs. 1 (der Vermögenseinziehung). Er ist äusserst weit zu verstehen[2227]; er umfasst alle Gegenstände und Rechte, denen überhaupt

---

2219 S.o. S. 322 ff.
2220 Vgl. BSK-Pieth 2018, Art. 305bis N 4 ff. m.w.H.; zur Struktur der Unternehmenshaftung, insb. bei Geldwäscherei vgl. Pieth WiStrR 2016, 67 ff., v.a. 70 ff.
2221 Cassani 2009, 53 ff.; Jean-Richard 2013, 279 ff., 284 f., 307 ff.
2222 Entscheid des Amtsgerichtspräsidenten Solothurn-Lebern vom 19.4.2011; Urteil des OGer SO vom 19.11.2015 (STBER.2011.32); BGE 142 IV 333.
2223 Krit. Pieth WiStrR 2016, 72, 214.
2224 Stratenwerth/Bommer 2013, 417.
2225 BGE 124 IV 274 [276]; 122 IV 211 [217]; 120 IV 323 [324]; vgl. auch Donatsch/Thommen/Wohlers 2017, 494; Stratenwerth/Bommer 2013, 417.
2226 Ackermann 1998, Art. 305bis N 115; Arzt 1995, 131; Cassani 1996, zu Art. 305bis N 47 ff.; Egger-Tanner 1999, 21 ff.; Graber 1990, 111; BSK-Pieth 2018, Art. 305bis N 2 und 70; Pieth WiStrR 2016, 203 f.; PK-Trechsel/Pieth 2018, Art. 305bis N 7 und 33; ebenso BezGer ZH vom 18.9.2008, fp 3/2009, 159.
2227 Botschaft des Bundesrates, BBl 1989 II 1061 [1082].

ein wirtschaftlicher Wert zukommt. Er würde wohl auch verbrecherisch erworbene Rohmaterialien (z.B. Gold) erfassen[2228].

(2) aus Verbrechen

Verbrechen ist als *terminus technicus* im Sinne von Art. 10 Abs. 2 zu verstehen. Qualifikationen können die Einteilung bekanntlich verändern[2229]. Dabei gilt die abstrakte Methode der Einteilung.

(a) Grenzfälle
Bestechung als Vortat

Während die passive Bestechung längst als Verbrechen eingestuft ist, ist die **aktive Bestechung** erst mit der Reform von 1990 auf Verbrechensniveau angehoben worden. Ebenfalls 1990 wurde mit Art. 322^{septies} (Abs. 1) die aktive Auslandsbestechung als Verbrechen strafbar erklärt, die Entsprechung auf der Passivseite (Abs. 2) folgte 2006. Allerdings blieb zunächst offen, ob auch Erträge aus bloss indirekten Verhältnissen, d.h. aus bemakeltem Grundvertrag, einziehungs- und damit geldwäschefähig sind. BGE 137 IV 79 hat die Frage geklärt: Werte aus einem Vertrag, dessen Eingehung durch Korruption ermöglicht oder begünstigt worden ist, sind Geldwäscheobjekt[2230].

Kriminelle Organisation als Vortat?

Umstritten ist nach wie vor, ob Vermögenswerte, welche der Verfügungsmacht einer kriminellen Organisation unterliegen (die nach Art. 72 auch legalen Ursprungs sein können), Gegenstand von Art. 305bis sein können. Dafür spricht, dass deren Einziehung vereitelt werden kann[2231], dagegen, dass die Werte gerade nicht Deliktserträge zu sein brauchen[2232]. Das Bundesgericht verlangt den Nachweis der verbrecherischen Herkunft[2233], allerdings dürfen keine höheren Anforderungen als bei anderen Fällen der Geldwäscherei verlangt werden[2234]. Es spricht zwar einiges dafür, Konkordanz zwischen Art. 72 und Art. 305bis herzustellen; dafür bedürfte es aber wohl einer Gesetzesrevision (wie beim Steuerbetrug).

Steuerdelikte als Vortat zur Geldwäscherei

In der Schweizer Literatur war zunächst umstritten, ob Steuerdelikte überhaupt Vortaten zur Geldwäscherei sein können: Eingewandt wurde, dass hinterzogene Werte zunächst legal seien und dass die Falschdeklaration das gesamte Vermögen erfasse (Ge-

---

2228 SonntagsZeitung vom 26.10.2014, 18 f.: «Schweizer Geschäfte mit dem Gold der Drogenbarone»; vgl. aber oben S. 322 f.
2229 BSK-Pieth 2018, Art. 305bis N 13 (vgl. etwa Art. 158 Ziff. 1 Abs. 2).
2230 Dazu BSK-Pieth 2018, Art. 305bis N 20; PK-Trechsel/Pieth 2018, Art. 305bis N 10.
2231 Frank in: Jusletter vom 15.3.2010.
2232 Ackermann/D'Addario Di Paolo 2010, 177 ff.
2233 BGE 138 IV 1 [8 f.] = Pra 2012 Nr. 81.
2234 BGE 138 IV 1; dazu Pieth WiStrR 2016, 207; PK-Trechsel/Pieth 2018, Art. 305bis N 19a.

samtkontamination). Weiter wurde geltend gemacht, Art. 70 sei subsidiär zur steuerrechtlichen Abschöpfung[2235].
Mit den Empfehlungen der FATF von 2012 sah der Bundesrat aber keine Alternative mehr[2236]. Allerdings folgte ihm das Parlament bei der vorgeschlagenen Aufwertung der schwersten Steuerdelikte zu Verbrechen nicht und riskierte damit den auf den 1. Januar 2016 vollzogenen Systembruch (Übergang vom «Schwellenkonzept» zum «Enumerationsprinzip»): In Art. 305bis Ziff. 1 ist nun neben Verbrechen auch von «qualifizierten Steuervergehen» die Rede.

Hinterziehung direkter Steuern

Art. 305bis Ziff. 1bis verweist zunächst auf Art. 186 DBG und Art. 59 Abs. 1 erstes Lemma StHG. Zugleich schränkt das Gesetz aber die relevante Vortat auf hinterzogene Steuern pro Steuerperiode von mehr als 300 000 Franken ein. Dem eiligen Leser fällt allerdings nicht auf, dass die Vortaten bei der Hinterziehung direkter Steuern eine Urkundenfälschung voraussetzen, weil das DBG und das StHG dem «Abgabebetrugsmodell» folgen[2237].

Hinterziehung indirekter Steuern

Bereits seit 2009 bestand mit Art. 14 Abs. 4 VStrR («qualifizierter Abgabebetrug») ein Verbrechenstatbestand, der sich als Vortat der Geldwäscherei eignete. Im Rahmen der Revision 2014/16 wurde er zwar erweitert («qualifizierter Betrug in Abgaben- oder Zollangelegenheiten»), das Grundkonzept blieb aber erhalten: Während Steuerbetrug bei direkten Steuern eine Urkundenfälschung voraussetzt, reicht bei indirekten Steuern Arglist i.S.v. Art. 146 als Qualifikationsmerkmal («Arglistmodell»)[2238].

(b) Modalitäten

Damit man von der Herkunft aus Verbrechen sprechen kann, muss die Vortat begangen worden sein[2239]. Geldwäscherei ist eine Verwertungstat.
Sobald die Vortat verjährt ist, ist strafbare Geldwäscherei sodann nicht mehr möglich[2240].

2235 Zur Kritik: Ackermann 2013, 423; Arzt 2011, 272 f.; Baumann 2012, 120 ff.; Behnisch 2013, 873; Cassani 2013, 22; Dies. 2015, 78 ff.; Holenstein 2013, 255; Nadelhofer do Canto 2008, 86; Schwob 2011, 283; Strasser 2010, 616; Waldburger/Fuchs 2014, 111 ff.
2236 Botschaft des Bundesrates, BBl 2014 605 [622 ff.].
2237 Krit. Ferrara/Salmina 2016, 29 ff.; Kläser in: Jusletter vom 13.11.2017; PK-Trechsel/Pieth 2018, Art. 305bis N 10.
2238 Ferrara/Salmina 2016, 47; Pieth WiStrR 2016, 204 ff.; PK-Trechsel/Pieth 2018, Art. 305bis N 10.
2239 Mindestens missverständlich: BGE 120 IV 323; Ackermann (1998, Art. 305bis N 151) lässt Versuch genügen; krit. De Capitani 1998, 97 ff.; BSK-Pieth 2018, Art. 305bis N 24.
2240 BGE 129 IV 238; 126 IV 255; Cassani 1996, Art. 305bis N 13; Donatsch/Thommen/Wohlers 2017, 495 f.; Kistler 1994, 87; Schmid 1991, 116; PK-Trechsel/Affolter-Eijsten 2013, Art. 305bis N 10.

(c) Beweisprobleme

Der Tatbestand setzt voraus, dass die Werte objektiv mit einem Verbrechen in Verbindung gebracht werden können. Das dürfte vor allem bei transnationalen Delikten erhebliche Schwierigkeiten bereiten[2241]. Es muss feststehen, dass die Vermögenswerte aus einem Verbrechen stammen; um welches Verbrechen genau es sich dabei handelt muss allerdings nicht im Detail feststehen[2242]. Ausnahmsweise kann eine besonders komplexe Struktur (der *modus operandi*) gar auf den Ursprung der Werte aus einer Vortat hindeuten[2243].

(3) Herrührt

Das Gesetz verwendet hier eine andere Formulierung als das Einziehungsrecht (vgl. Art. 70 Abs. 1, der von «erlangt» spricht). In der Sache ist aber dasselbe gemeint. Erhebliche Probleme bereiten indessen die **Surrogate**[2244]. Die Botschaft hatte versucht, zu einer einschränkenden Interpretation zu mahnen, indem sie darauf hinwies, dass eine extensive Interpretation dazu führen könnte, in kürzester Zeit wesentliche Teile unserer Ökonomie als kontaminiert anzusehen[2245]. Leider hat die Revision der Einziehungsbestimmungen von 1994 die erhoffte Klärung nicht erbracht[2246]. Die wohl herrschende Lehre und Praxis beziehen sowohl bei der Einziehung wie der Geldwäscherei prinzipiell Surrogate ein[2247]. Einzelne Autoren sehen im Prinzip des «guten Glaubens» eine gewisse Einschränkung[2248]. Andere versuchen über normative Kriterien eine Beschränkung zu erzielen: Die Werte gelten jedenfalls so lange als kontaminiert, als sie noch wirtschaftlich den Tatbeteiligten zuzurechnen sind[2249]. Stratenwerth/Bommer halten sämtliche Einschränkungsversuche für eher hilflos, nachdem sie in den Vorauflagen die Ausdehnung auf Surrogate abgelehnt hatten[2250].

Weitere Probleme wirft die Frage der **Teilkontamination** auf: Wenn nur ein Teil der vermengten Werte aus Verbrechen stammt, gibt es im Grunde drei Möglichkeiten: Entweder werden sämtliche Werte als (teil-)bemakelt behandelt. Unter Umständen kann hierbei mit einer Proportionalitäts-Lösung die Radikalität des Ansatzes etwas abgedämpft werden[2251]. Wirklich überzeugt diese Lösung indessen nicht, genauso wenig wie jene, die davon ausgeht, dass die bemakelten Werte sozusagen «oben aufschwim-

---

2241 Ackermann 2013, 450; Stratenwerth/Bommer 2013, 409; zur Illustration dienen die heiklen Fälle von Potentatengeldern, die inzwischen zu einer verwaltungsrechtlichen Sondergesetzgebung geführt haben.
2242 Cassani 1996, Art. 305bis N 10; BSK-Pieth 2018, Art. 305bis N 36.
2243 Pieth WiStrR 2016, 208.
2244 BSK-Pieth 2018, Art. 305bis N 28 ff.; Stratenwerth/Bommer 2013, 409.
2245 Botschaft des Bundesrates, BBl 1989 II 1061 [1083]; vgl. auch BGer 6B_369/2007.
2246 Botschaft des Bundesrates, BBl 1993 III 277 [308]; krit. Stratenwerth/Bommer 2013, 409 f.
2247 Arzt 1997, 27 ff.; Cassani 1996, Art. 305bis N 25; Egger-Tanner 1999, 97 f.; Kistler 1994, 88 ff.; Schmid 1991, 111; PK-Trechsel/Pieth 2018, Art. 305bis N 14.
2248 Schmid 1991, 111; krit. Stratenwerth/Bommer 2013, 410.
2249 Ackermann 2013, 430; Ders. 1998, Art. 305bis N 217; Vest 2004, 54; dazu BSK-Pieth 2018, Art. 305bis N 31 ff.; Pieth WiStrR 2016, 208 f.
2250 Stratenwerth/Bommer 2013, 410.
2251 Krit. Delnon/Hubacher 2016, 334 f.

men», also immer zuerst abgeschöpft werden. Zu überzeugen vermag einzig eine Lösung, nach der die bemakelten Werte «auf den Boden absinken» und dem Gefäss solange Werte entnommen werden können, bis man zweifelsfrei auf bemakelte Werte stösst[2252].

Wo die illegalen Erträge auch nicht mehr in Surrogatsform vorhanden sind, kann das Gericht auf eine **Ersatzforderung** erkennen. Sie wird auf dem Betreibungswege durchgesetzt. Die Ersatzforderung wird zwar im Kontext des Einziehungsrechts geregelt (Art. 71 schiebt sich vor Art. 70), allerdings stammen die Ersatzwerte (z.B. das Haus des Drogenhändlers, der die Drogenerlöse verbraucht hat) nicht mehr aus einer Vortat. Damit spätestens bricht die Einziehungskette und die Kette der Geldwäscheobjekte ab[2253].

cc) Strafbares Verhalten

(1) Vereitelung der Einziehung, der Herkunftsermittlung und der Auffindung

Die Botschaft hat klargestellt, dass es bei einem Rechtspflegedelikt nur um die Vereitelung offizieller Strafverfolgungsinteressen gehen kann[2254]. Das Bundesgericht hat jedoch noch weiter präzisiert: Es behandelt die drei Vereitelungsperspektiven (Vereitelung der Einziehung, Herkunftsermittlung und Auffindung) als *pars pro toto*: Nur was einziehbar ist, ist relevant[2255].

(2) geeignet, die Einziehung zu vereiteln

Botschaft und Lehre haben die Geldwäscherei als abstraktes oder halb-abstraktes Gefährdungsdelikt bezeichnet[2256]. Zugleich ist man sich einig, dass «Fallgruppen typischer Vereitelungshandlungen»[2257] gebildet werden sollen. Bei aller Kritik[2258] lässt sich das inzwischen entstandene Richterrecht durchaus nach rationalen Kriterien ordnen[2259]:

Keine Einziehungsvereitelung ist:

– die blosse Einzahlung deliktischer Gelder auf das eigene Inlandskonto[2260];

2252 Delnon/Hubacher 2016, 348 f.; Pieth WiStrR 2016, 209; PK-Trechsel/Pieth 2018, Art. 305bis N 14.

2253 Botschaft des Bundesrates, BBl 2014 605 [626]; Ackermann 2013, 423; Cassani 1996, Art. 305bis N 24; Pieth WiStrR 2016, 210; PK-Trechsel/Pieth 2018, Art. 305bis N 14.

2254 Botschaft des Bundesrates, BBl 1989 II 1061 [1083].

2255 BGE 129 IV 238 [244]; vgl. auch BSK-Pieth 2018, Art. 305bis N 37; Donatsch/Thommen/Wohlers 2017, 502; Matteotti/Many 2015, N 5; PK-Trechsel/Pieth 2018, Art. 305bis N 16; krit. Stratenwerth/Bommer 2013, 411.

2256 Ackermann 1998, Art. 305bis N 246.

2257 Botschaft des Bundesrates, BBl 1989 II 1061 [1083].

2258 Stratenwerth/Bommer 2013, 412.

2259 Ackermann 2013, 432 ff. (detailliert); ähnlich Suter/Remund 2015, 58; vgl. auch Donatsch/Thommen/Wohlers 2017, 501 f.; BSK-Pieth 2018, Art. 305bis N 38 ff. und 43 ff.; Pieth WiStrR 2016, 210 ff.; PK-Trechsel/Pieth 2018, Art. 305bis N 18.

2260 BezGer ZH vom 20.9.2005; 28.2.2005; BSK-Pieth 2018, Art. 305bis N 43 und 49 m.w.H.

- die Überweisung auf ein anderes Schweizer Bankkonto (die blosse Verlängerung der Papierspur)[2261];
- die blosse Annahme, der Besitz und das Aufbewahren an sich[2262].

Einziehungsvereitelung ist dagegen **angenommen** worden bei:

- der Unterbrechung der Papierspur (Auszahlung in bar);
- der Überweisung ins Ausland[2263];
- dem Dazwischenschieben von Intermediären, zumal von Sitzgesellschaften, Strohleuten etc.[2264].

Dass die Vernichtung oder der Verbrauch von Werten «natürlich» auch die Einziehung vereitle[2265], ist bloss bei formaler Betrachtungsweise korrekt[2266]: Wenn es vor allem darum geht, den Deliktsertrag auch *pro futuro* aus dem Verkehr zu ziehen, reicht das rein rückwärtsorientierte Interesse an der Einziehung, die Abschöpfung ungerechtfertigter Bereicherung, alleine nicht zur Annahme der Einziehungsvereitelung aus[2267].

Ein Sonderthema ist die Geldwäscherei durch Annahme von **Verteidigerhonoraren**[2268]. Gelegentlich können Verteidiger nicht ausschliessen, dass ihre Anzahlung mit deliktischen Werten erfolgt. Das ist zwar ein Problem, das sich traditionellerweise schon bei der Hehlerei gestellt hat, mit dem neuen Tatbestand hat es aber eine viel grössere Bedeutung erlangt. Natürlich könnte man vom Verteidiger verlangen, dass er beim geringsten Verdacht das Mandat niederlegt, mit der Konsequenz, dass der Staat unter Umständen eine Pflichtverteidigung anordnen müsste[2269]. In der Literatur wird allgemein auf den verfassungsrechtlichen Anspruch auf eine (Wahl-)Verteidigung verwiesen[2270]. Ein anderer Ansatz sucht eine praxisgerechte Lösung mit Hilfe der Sozialadäquanz oder gar der «harmlosen Gehilfenschaft»[2271].

2261 Ackermann 2013, 434.
2262 BGE 127 IV 20; 124 IV 274; Ackermann 1998, Art. 305bis N 271 ff.; Arzt 1989, 188; Cassani 1996, Art. 305bis N 38; Donatsch/Thommen/Wohlers 2017, 503; Graber 1990, 134 f.; Schmid 1991, 117.
2263 Ackermann 2013, 433; BSK-Pieth 2018, Art. 305[bis] N 49 m.w.H.
2264 BSK-Pieth 2018, Art. 305[bis] N 48 m.w.H.
2265 Stratenwerth/Bommer 2013, 412.
2266 So aber BGer 6B_209/2010, E. 6.
2267 Vgl. zu diesem Thema auch Ackermann 2013, 437; Ders. 1998, Art. 305[bis] N 239; Cassani 1996, Art. 305[bis] N 34; Donatsch/Thommen/Wohlers 2017, 503 f.; Egger-Tanner 1999, 127; BSK-Pieth 2018, Art. 305[bis] N 45.
2268 Vgl. BGH in NJW 2001, 2891; BSK-Pieth 2018, Art. 305[bis] N 53 ff.; Donatsch/Thommen/ Wohlers 2017, 504 f.; Giannini 2005, 136 ff., 225 ff.; Lee 2006; Nadelhofer 2006, 345 ff.; PK-Trechsel/Pieth 2018, Art. 305[bis] N 19; Wohlers 2002, 197 ff.; Wohlers/Giannini 2005, 34 ff.
2269 PK-Trechsel/Affolter-Eijsten 2013, Art. 305bis N 19.
2270 Donatsch/Thommen/Wohlers 2017, 505; Lee 2006, 56 ff., 93 ff.; Wohlers 2002, 204 ff.
2271 Donatsch/Thommen/Wohlers 2017, 504; Lee 2006, 101 ff., 213 ff.

(3) Unterlassen?

Die Frage hat sich gestellt, ob Geldwäscherei auch durch Unterlassen begangen werden kann. Für besondere Aufregung gesorgt hat BGE 136 IV 188, der zur Verurteilung von fünf leitenden Angestellten einer Bankfiliale geführt hat: Sie hatten trotz erheblicher Bedenken über auffällige Vermögensvermehrungen auf Konten brasilianischer Fiskalagenten weder hausintern weitere Abklärungen vorgenommen noch für eine Verdachtsmeldung gesorgt. Die Werte konnten infolge der unterlassenen Meldung abfliessen. Darin war die Erfüllung des objektiven Tatbestandes in Eventualdolus zu sehen[2272]. Die Haftung erfolgte hier aus eigentäterschaftlichem Unterlassen und nicht aufgrund von Geschäftsherrenhaftung[2273].

Die Praxis hat inzwischen klargestellt, dass Art. 3–10 GwG eine Garantenpflicht des Finanzintermediärs begründen[2274]. Die Handlungspflicht könnte sich bei *Compliance Officers* besonders zuspitzen. Allerdings wirft Ackermann zu Recht die Frage auf, ob es sich bei den Compliance Abteilungen nicht um Stabsstellen handelt und ob sie wirklich die erforderliche Tatmacht innehaben[2275].

b) Subjektiver Tatbestand

Art. 305bis verwendet die bereits von der Hehlerei bekannte Formel, nach der der Täter um die Herkunft der Vermögenswerte aus Verbrechen «**weiss oder annehmen muss**». Wie immer reicht eine «Parallelwertung in der Laiensphäre»[2276]. Unter Umständen muss gar aus dem *modus operandi* auf den verbrecherischen Ursprung der Werte geschlossen werden: Aus einer typischen Struktur mit komplexen Gesellschaftsformen, Strohleuten, off-shore Konten, evtl. verstärkt durch das Anwaltsgeheimnis kann willkürfrei auf die Herkunft aus Verbrechen geschlossen werden[2277].

Dabei muss der Täter die genauen Umstände der Vortat nicht kennen, es reicht, dass er davon ausgeht, dass es sich um ein Verbrechen handelt[2278].

2. Schwere Fälle (Ziff. 2)

Für den Regelfall sieht das Gesetz eine Strafdrohung von Freiheitsstrafe bis zu drei Jahren oder Geldstrafe vor. In schweren Fällen ist die Strafe Freiheitsstrafe bis zu fünf Jahren oder Geldstrafe. Mit der Freiheitsstrafe wird ausnahmsweise eine Geldstrafe bis zu

---

2272 Ackermann 2013, 117 ff., 127 ff.; Pieth WiStrR 2016, 212 f.; Stratenwerth/Bommer 2013, 412.
2273 Ackermann 2012, 152 ff.
2274 BGer 6B_908/2009.
2275 Ackermann 2013, 132 f.; differenzierend Godenzi/Wohlers 2012, 223 ff.
2276 Stratenwerth 2011, 188.
2277 BGer 6P.125/2005, E. 11.2; Ackermann 2013, 452; vgl. BSK-Pieth 2018, Art. 305bis N 59a m.w.H.; Pieth WiStrR 2016, 213 f.; zum objektiven Tatbestand s.o. S. 329.
2278 BGE 138 IV 1; 122 IV 211; 119 IV 242; Ackermann 1998, Art. 305bis N 407; Cassani 1996, Art. 305bis N 51; Donatsch/Thommen/Wohlers 2017, 505; BSK-Pieth 2018, Art. 305bis N 59; Stratenwerth/Bommer 2013, 413; PK-Trechsel/Pieth 2018, Art. 305bis N 21.

500 Tagessätzen verbunden. Diese ausserordentliche Erhöhung der Geldstrafe ist angesichts des Einziehungsrechts wenig verständlich[2279].

Das Gesetz enthält in Ziff. 2 eine **Generalklausel**[2280] und drei obligatorische Regelbeispiele des «schweren Falls»:

a) Als Mitglied einer Verbrechensorganisation (lit. a)

Trotz der leichten Differenz in der Wortwahl ist der Begriff der Verbrechensorganisation mit demjenigen der kriminellen Organisation von Art. 260ter gleichzusetzen. Obwohl Geldwäscherei eigentlich eine typische Hilfsfunktion des organisierten Verbrechens ist, hat das Parlament den zwingenden Bezug zum organisierten Verbrechen im Grundtatbestand nicht aufgenommen[2281].

b) Bandenmässigkeit (lit. b)

Es ist auf die Ausführungen zum Vermögensstrafrecht zu verweisen (vgl. Art. 139 Ziff. 3, Art. 140 Ziff. 3)[2282].

c) Gewerbsmässigkeit (lit. c)

Auch hierbei handelt es sich, zumindest auf den ersten Blick, um einen Klassiker[2283]. Das Gesetz verlangt aber – wie bei Art. 19 Ziff. 2 lit. c BetmG – zusätzlich einen «grossen Umsatz» oder einen «erheblichen Gewinn». Das Bundesgericht hat die Begriffe zahlenmässig festgelegt (grosser Umsatz: ab CHF 100 000[2284]; grosser Gewinn: ab CHF 10 000[2285]). Allerdings muss der Täter nach dem Konzept der Gewerbsmässigkeit aus den deliktischen Handlungen regelmässige Einnahmen erzielen. Im Fall Parmalat wurde dies trotz deliktischem Millionenumsatz verneint, weil kein nennenswerter Ertrag angefallen sei[2286].

3. Auslandsvortat (Ziff. 3)

Als internationaler Finanzplatz ist die Schweiz häufig mit illegal erworbenen Geldern aus dem Ausland konfrontiert. Gemäss Ziff. 3 wird der Täter daher auch bestraft, «wenn die Haupttat im Ausland begangen wurde und diese am Begehungsort strafbar ist». Aus Schweizer Sicht muss auch die Auslandsvortat ein Verbrechen nach Schweizer Recht sein. Die in Ziff. 3 verwendete Formel der beidseitigen Strafbarkeit[2287] verlangt allerdings nicht, dass auch der ausländische Staat die Tat als Vortat der Geld-

---

2279 Zu Recht krit. Stratenwerth/Bommer 2013, 414; vgl. auch BSK-Pieth 2018, Art. 305bis N 63.
2280 Zur Generalklausel: PK-Trechsel/Pieth 2018, Art. 305bis N 27.
2281 Donatsch/Thommen/Wohlers 2017, 493 f.; Stratenwerth/Bommer 2013, 406.
2282 S.o. S. 149.
2283 S.o. S. 149.
2284 BGE 129 IV 188; vgl. bereits Graber 1990, 153.
2285 BGE 129 IV 253.
2286 BStGer SK.2011.22 = TPF 2014.1.
2287 BGE 136 IV 179; Donatsch/Thommen/Wohlers 2017, 497 f. (abstrakte Betrachtungsweise).

wäscherei einstuft. Es reicht, dass das Verhalten auch am Begehungsort strafbar war[2288].

4. Konkurrenzen

Bereits im Rahmen der Tatbestandsmässigkeit[2289] wurde angedeutet, dass die Strafbarkeit der Eigen-Geldwäsche problematisch ist. Auch wenn die FATF darauf insistiert, dass der Vortäter zugleich Geldwäscher sein kann und wenn das Bundesgericht wegen der Unterschiedlichkeit der Rechtsgüter von Vortat und Geldwäscherei echte Konkurrenz annimmt[2290], ist es problematisch, den Strafrahmen zu erweitern, weil sich der Vortäter auch an der Verwertung beteiligt. Zu Recht wurde dieses Ergebnis bei der Hehlerei vermieden[2291]. Dass dort ein einheitliches Rechtsgut vorliegt, ist zwar richtig, allerdings ist das Rechtsgut der Geldwäscherei nach der hier vertretenen Meinung relativ zufällig gewählt[2292]. Zudem verstärkt es als **Blankett-Rechtsgut** jeden Verbrechenstatbestand, aus dessen Verhalten Vermögenswerte hervorgehen. Die Vortat sollte – wenn die Geldwäscherei nicht bereits aus Gründen der Selbstbegünstigung ausgeschieden ist[2293] – daher der Geldwäscherei vorgehen[2294].

C. Mangelnde Sorgfalt bei Finanzgeschäften (Art. 305ter Abs. 1)

1. Einführung

Die ersten Entwürfe der Geldwäschereibestimmungen sahen (wie in anderen Ländern, z.B. Luxemburg) eine Haftung für fahrlässige oder «grobfahrlässige» Geldwäscherei vor. Eine solche Bestimmung wurde in der Folge als für den Schweizer Kontext fremd empfunden[2295]. An ihre Stelle trat ein abstraktes Gefährdungsdelikt, das die grundsätzlichste der finanzaufsichtsrechtlichen Bestimmungen – die Pflicht zur Identifikation des Kunden («know your customer», KYC) – durchsetzen sollte[2296]. Erklärungsbedürftig ist, dass diese Norm nicht im Verwaltungsrecht verankert wurde. Das hing ursprünglich damit zusammen, dass eine einheitliche Finanzmarktaufsicht nicht bestand und vorerst auch kein verwaltungsrechtliches Geldwäschegesetz verfasst wurde. Art. 305ter Abs. 1 ist mit anderen Worten «ersatzweises Verwaltungsrecht»[2297]. Wenig

---

2288 BGE 136 IV 179; krit. Ackermann 1998, Art. 305bis N 481; Arzt 1989, 198; Cassani 1996, Art. 305bis N 15; Graber 1990, 163 f.; Kistler 1994, 87; Stratenwerth/Bommer 2013, 416; PK-Trechsel/Pieth 2018, Art. 305bis N 28.
2289 S.o. S. 326.
2290 BGE 124 IV 274; 122 IV 211; 120 IV 323; scheinbar gleicher Meinung Donatsch/Thommen/Wohlers 2017, 494; Stratenwerth/Bommer 2013, 417.
2291 S.o. S. 200 f.
2292 Vgl. auch Stratenwerth/Bommer 2013, 406 f.
2293 Ackermann 1998, Art. 305bis N 115 ff.; Arzt 1995, 131; Ders. 1989, 190 f.; Cassani 1996, Art. 305bis N 47 ff.; Graber 1990, 11; Schmid 1991, 123; PK-Trechsel/Pieth 2018, Art. 305bis N 33.
2294 BSK-Pieth 2018, Art. 305bis N 2 und 70 f.; Pieth WiStrR 2016, 216 f.
2295 Stratenwerth/Bommer 2013, 418 u.H.a. den VE Bernasconi.
2296 Cassani 1996, Art. 305ter N 2; Donatsch/Thommen/Wohlers 2017, 513; PK-Trechsel/Pieth 2018, Art. 305ter N 1.
2297 BSK-Pieth 2018, Art. 305ter N 4; Pieth 1992 (Bekämpfung der Geldwäscherei), 22.

konsequent ist einerseits, dass die Norm auch nach Erlass des GwG und später auch noch nach Vereinheitlichung der Finanzmarktaufsicht beibehalten wurde und andererseits, dass ihr Anwendungsbereich auf einen blossen Teilbereich der «*customer due diligence*» beschränkt blieb[2298]. Insgesamt bleibt die Absicherung der aufsichtsrechtlichen Pflichten[2299] sehr uneinheitlich. Die Identifikationspflicht ist gleich dreifach abgesichert: durch Art. 305ter Abs. 1, durch das Aufsichtsrecht und durch eine privatrechtliche Konventionalstrafe von bis zu 10 Millionen Franken gemäss VSB 16. Nicht zu Unrecht spricht man von einem «*overkill*»[2300]. Demgegenüber sind die zusätzlichen Abklärungspflichten gemäss Art. 6 GwG und die Meldepflicht nach Art. 9 GwG aufsichtsrechtlich und verwaltungsstrafrechtlich sanktioniert (vgl. Art. 37 GwG). Allerdings begründen alle diese Pflichten (Art. 3–10 GwG) – wie bemerkt – eine Garantenpflicht, die zur Haftung für vorsätzliche Geldwäscherei durch Unterlassen führen kann[2301].

2. Objektiver Tatbestand

a) Täter

Art. 305ter Abs. 1 ist ein echtes **Sonderdelikt**. Allerdings bereitet die Umschreibung der Täterqualität einige Schwierigkeiten. Täter kann gemäss Gesetz nur sein, «wer berufsmässig fremde Vermögenswerte annimmt, aufbewahrt, anlegen oder übertragen hilft». Gemäss Botschaft[2302] gehören dazu neben den Banken, Treuhändern, Anlageberatern, Finanzverwaltern, «*money changers*» auch die Edelmetallhändler und Geschäftsanwälte[2303].

Von Art. 2 GwG wurde erhofft, dass es grössere Klarheit in die diffuse Umschreibung bringen würde. Leider hat auch dieses Gesetz die Erwartungen enttäuscht. Das liegt vor allem daran, dass zu Beginn der Geldwäschereigesetzgebung, um 1989, keine Neigung erkennbar war, den Kreis der Berufe, die als Finanzintermediäre gelten sollten, näher zu definieren. Die Professionen wehrten sich auch gegen die Unterstellung[2304]. Erst mit der Vereinheitlichung der Finanzmarktaufsicht wäre man zu einer Definition bereit gewesen. Allerdings hat die FINMA das inzwischen entstandene Gesetzgebungspuzzle geerbt und weitgehend auch belassen. Immerhin sind zwei Änderungen vorgenommen worden: Auf den 1. Januar 2010 setzte der Bundesrat eine Verordnung über die «berufsmässige Ausübung der Finanzintermediation» (VBF) in Kraft, die zwar inzwischen auf den 1. Januar 2016 durch die GwV[2305] ersetzt worden ist, die al-

---

2298 Sie erfasst insb. Defizite bei der Abklärung der Hintergründe dubioser Transaktionen oder Verletzungen der Meldepflicht nicht; diese Defizite werden aufsichtsrechtlich geahndet: Donatsch/Thommen/Wohlers 2017, 519; BSK-Pieth 2018, Art. 305ter N 28.
2299 S.o. S. 324 f.
2300 Pieth WiStrR 2016, 217.
2301 S.o. S. 332.
2302 Botschaft des Bundesrates, BBl 1989 II 1061 [1088].
2303 PK-Trechsel/Pieth 2018, Art. 305ter N 2.
2304 Zum Teil mit Erfolg: vgl. etwa den Rohmaterialsektor (s.o. S. 323). Im Zuge der Auseinandersetzungen ging die Kontrollstelle Geldwäscherei des eidgenössischen Finanzdepartementes in der FINMA auf.
2305 S.o. Fn 2195.

lerdings zum ersten Mal ernsthaft den Begriff «Finanzintermediär» definieren wollte. Zum andern ist – wie erwähnt[2306] – auf den 1. Januar 2016 auch eine Sonderregelung für Händlerinnen und Händler in Kraft getreten, die Bargeld über 100 000 Franken pro Geschäft annehmen (Art. 8a GwG, Art. 13 ff. GwV)[2307].
Geschäftsanwälte, d.h. Anwälte (und Notare), die sich – jenseits der klassischen Anwaltstätigkeiten (man denke an Erbgänge oder Gesellschaftsgründungen) – als Finanzintermediäre betätigen, unterstehen dem GwG[2308]. Typischerweise sind sie einer SRO angeschlossen.
Art. 305ter fehlt auf der Liste von Art. 102 Abs. 2. Anstelle der prinzipalen untersteht dieser Tatbestand somit der subsidiären Unternehmenshaftung gemäss Art. 102 Abs. 1.

b) Strafbares Verhalten

Uneinigkeit bestand in der Lehre darüber, ob es sich bei Art. 305ter Abs. 1 um ein echtes Unterlassungsdelikt[2309] oder ein Betätigungsdelikt[2310] handelt. Das hängt davon ab, ob man den Passus «wer ... fremde Vermögenswerte annimmt, aufbewahrt, anlegen oder übertragen hilft» als Teil der Täterdefinition oder des strafbaren Verhaltens einstuft. Praktisch ist die Frage kaum von Belang[2311]. Entscheidend ist vielmehr, dass der Täter «es unterlässt, mit der nach den Umständen gebotenen Sorgfalt die Identität des wirtschaftlich Berechtigten festzustellen».
Der **wirtschaftlich Berechtigte** ist hier als «*pars pro toto*» gedacht. Im Allgemeinen ist der Kunde auch der Berechtigte. Gemäss Art. 4 Abs. 2 GwG ist eine gesonderte Abklärung des wirtschaftlich Berechtigten nur ausnahmsweise erforderlich. Art. 27 ff. der VSB 16 geben an, welche Anhaltspunkte die Abklärung nahelegen. Art. 20 ff. der VSB 16 befassen sich spezifisch mit den «Kontrollinhabern» juristischer Personen. Nicht zufällig spricht die Botschaft vom «wahren Geschäftspartner»[2312].
Der aus den Fahrlässigkeitsbestimmungen entstammende Hinweis auf die «gebotene Sorgfalt» soll gemäss Botschaft je nach Branche eine adäquate Lösung erlauben[2313]. Die Formel dient dazu, das Verhältnismässigkeitsprinzip[2314] resp. die Zumutbarkeit[2315] sicherzustellen. Die verwaltungsrechtlichen Bestimmungen verweisen verschiedentlich auf das Recht der SRO. Das Bundesgericht hat sich allerdings anfänglich damit schwergetan, die VSB als verbindlich anzusehen[2316]. Inzwischen dürfte sie

---

2306 S.o. S. 323.
2307 PK-Trechsel/Pieth 2018, Art. 305ter N 2a u.V.a. Botschaft des Bundesrates, BBl 2014 605 [629 ff.] und für den Kunstmarkt auch Roth 2015 und die Basel Art Trade Guidelines 2012.
2308 BGE 112 Ib 606.
2309 So die Botschaft des Bundesrates, BBl 1989 II 1061 [1089]; Graber 1990, 186 f.
2310 Cassani 1996, Art. 305ter N 11; Donatsch/Thommen/Wohlers 2017, 514; Stratenwerth/Bommer 2013, 421.
2311 BSK-Pieth 2018, Art. 305[ter] N 16.
2312 Botschaft des Bundesrates, BBl 2989 II 1061 [1089].
2313 Botschaft des Bundesrates, BBl 1989 II 1061 [1089].
2314 BSK-Pieth 2018, Art. 305ter N 22.
2315 Stratenwerth/Bommer 2013, 422; PK-Trechsel/Pieth 2018, Art. 305ter N 10.
2316 BGE 125 IV 139.

schon deshalb als verbindlich gelten, weil die FINMA in ihren Rundschreiben (vgl. 2008/10) die VSB als Mindeststandard der Selbstregulierung anerkennt[2317]. Gestützt auf die FATF-Empfehlungen[2318] haben die einzelnen Finanzplätze, darunter die Schweiz, detaillierte Regeln zur Identifikation des Kunden, einschliesslich von Unternehmen, zumal von Sitzgesellschaften, aber auch generell von wirtschaftlich Berechtigten, einschliesslich operativ tätigen juristischen Personen, entwickelt. Dabei kommt es nicht so sehr auf die Einhaltung blosser Formalien, sondern darauf an, ob der «wirtschaftlich Berechtigte» effektiv identifiziert wurde[2319]. Man spricht von einem «materiellen Identifikationsbegriff»[2320]. Inwiefern der Finanzintermediär die Angaben des Kunden bzw. des wirtschaftlich Berechtigten überprüfen muss, bleibt unklar: Eine Verifikationspflicht trifft ihn aufgrund seiner aufsichtsrechtlichen Abklärungspflichten (sich einfach plump anlügen zu lassen, wie sich das in den «Panama Papers» manifestiert hat, stellt einen Aufsichtsverstoss dar). Immerhin hat das Bundesgericht in BGE 136 IV 127 aus Art. 305ter Abs. 1 eine Dokumentationspflicht bezüglich der Identifikation abgeleitet[2321].

3. Subjektiver Tatbestand

Art. 305ter Abs. 1 ist ein Vorsatzdelikt, auch wenn die Botschaft, wegen der Pflichtverstösse, von einer «Quasi-Fahrlässigkeit» spricht[2322]. Wie immer muss sich der Vorsatz auf sämtliche objektiven Tatbestandsmerkmale beziehen.

4. Verjährung und Konkurrenzen

Art. 305ter Abs. 1 ist ein Dauerdelikt. Die Verjährung beginnt mit dem Tag zu laufen, an dem die Geschäftsbeziehung endet[2323].
Die Lehre geht davon aus, dass Art. 305bis dem 305ter Abs. 1 vorgeht[2324]. Allerdings hat das Bundesstrafgericht in einem Fall, aufgrund der besonderen Fallkonstellation, echte Konkurrenz angenommen[2325].

D. Melderecht (Art. 305ter Abs. 2)

Aufgrund der Geldwäschereigesetzgebung von 1990 befand sich der Finanzintermediär in einem Dilemma (oder gar Trilemma): Führte er die Kundenbeziehung, riskierte er Verurteilung wegen Geldwäscherei. Brach er sie ab und bezahlte er die Werte

---

2317 Vgl. BSK-Pieth 2018, Art. 305ter N 20 ff.; PK-Trechsel/Pieth 2018, Art. 305ter N 12; Stratenwerth/Bommer 2013, 422.
2318 FATF 40/2017, Interpretive Note to Rec. 10, 58.
2319 BGE 129 IV 329.
2320 PK-Trechsel/Pieth 2018, Art. 305ter N 14.
2321 Vgl. auch PK-Trechsel/Pieth 2018, Art. 305[ter] N 14; Pieth WiStrR 2016, 219.
2322 Botschaft des Bundesrates, BBl 1989 II 1061 [1088]; BGE 125 IV 139 [147]; vgl. auch Graber 1990, 204.
2323 BGE 134 IV 307.
2324 BSK-Pieth 2018 Art. 305ter N 36.
2325 BStGer SK.2010.10, E. 3.4.

an den Kunden aus, riskierte er aber ebenfalls Strafbarkeit wegen Geldwäscherei. Wenn er seinen Kunden anzeigte, musste er dagegen mit Strafbarkeit wegen Bankgeheimnisverletzung (Art. 47 BankG) rechnen. Bis 1997 vertrat die Schweiz aber die Ansicht, dass eine Meldepflicht nicht notwendig sei. Als Notanker führte der Gesetzgeber daher 1994, als speziellen Rechtfertigungsgrund, das «Melderecht» gemäss Art. 305ter Abs. 2 ein.

Mit der Einführung der **Meldepflicht nach Art. 9 GwG** und des Haftungsausschlusses gemäss Art. 11 GwG wird Art. 305ter Abs. 2 StGB praktisch obsolet. Zwar stellt die Meldepflicht – im internationalen Vergleich – mit dem Kriterium des «begründeten Verdachts» relativ hohe Anforderungen. Demgegenüber ist das Melderecht niederschwelliger. Zudem war die Meldepflicht ursprünglich nur nach Annahme der Geschäftsbeziehungen anwendbar. Nach der Kritik der FATF im Länderexamen der Schweiz vom 25.6.1998 verpflichtete die Eidgenössische Bankenkommission (EBK) aber in ihrer damaligen Verordnung (Art. 24 GwV-EBK von 2002[2326]) die ihr unterstellten Finanzintermediäre, bereits im Anbahnungsverhältnis (Verhandlungen zur Geschäftsaufnahme) offensichtlich begründeten Verdacht auf Geldwäsche oder Terrorfinanzierung sofort zu melden[2327]. Die neue GwV-FINMA bemüht sich um Klarstellung (Art. 31 Abs. 1):

> «Hat ein Finanzintermediär keinen begründeten Verdacht nach Art. 9 Abs. 1 Buchstabe a GwG oder keinen Grund nach Art. 9 Abs. 1 Buchstabe c GwG, hat er aber Wahrnehmungen gemacht, die darauf schliessen lassen, dass Vermögenswerte aus einem Verbrechen oder einem qualifizierten Steuervergehen herrühren oder der Terrorismusfinanzierung dienen, so kann er diese gestützt auf das Melderecht von Art. 305ter Abs. 2 StGB der Meldestelle für Geldwäscherei melden».

2326 Verordnung der Eidgenössischen Bankenkommission zur Verhinderung von Geldwäscherei (Geldwäschereiverordnung EBK) vom 18.12.2002 (aufgehoben am 1.1.2011), AS 2003 554.
2327 BSK-Pieth 2018, Art. 305ter N 43 m.w.H.

Kapitel 5 Amts- und Berufspflichten

I. Überblick

Der 18. und 19. Titel des StGB vereinigen Tatbestände gegen verschiedene Formen des Missbrauchs der amtlichen oder beruflichen Stellung. Bei den Tatbeständen des Amtsmissbrauchs und der ungetreuen Amtsführung (Art. 312–314) steht die Zweckentfremdung staatlich verliehener Macht im Vordergrund. Art. 317 und 318 (zusammen mit Art. 110 Abs. 5) enthalten Urkundensonderdelikte. Art. 320–321ter haben die – bereits oben[2328] erörterten – Geheimnisverletzungstatbestände zum Gegenstand. Der 19. Titel (Art. 322ter–322^{decies}), schliesslich, befasst sich mit dem Bestechungsrecht. Auch hier geht es um Missbrauch der amtlichen Stellung[2329], allerdings wird hier auch die aktive Bestechung durch den *extraneus* spiegelbildlich angesprochen.

Insgesamt dienen die Tatbestände der Sicherstellung der seriösen Beamtenschaft, zum Teil auch dem Schutz des Bürgers vor konkretem Missbrauch[2330]. Die Berufsgeheimnisverletzung (vgl. Art. 321 f.) ist wegen der sachlichen Nähe zur Amtsgeheimnisverletzung ebenfalls im 18. Titel eingereiht. Bei einzelnen Tatbeständen (zumal im Bestechungsrecht) ist das Rechtsgut abstrakter gefasst: Hier geht es um das Vertrauen in die Sachlichkeit amtlicher Tätigkeit überhaupt[2331].

II. Missbrauch des Amtes

Im Rahmen der Amtsmissbrauchstatbestände im weiteren Sinne geht es bei den Artikeln 312 und 313 um den Missbrauch hoheitlicher Machtbefugnisse, während der Tatbestand der ungetreuen **Amtsführung** (Art. 314) Missbräuche «bei einem **Rechtsgeschäft**» anspricht. In der Praxis wird die Abgrenzung aber nicht immer beachtet.

A. Amtsmissbrauch (Art. 312)

1. Objektiver Tatbestand

a) Täter

Wie bereits bei Art. 285 ff. und 322ter wird der Amtsträgerbegriff aus dem Beamtenbegriff nach Art. 110 Abs. 3 sowie dem offeneren Element des «Mitglieds einer Be-

---

[2328] S.o. S. 128 ff.
[2329] BGE 72 IV 179 [184].
[2330] So beim Tatbestand des Amtsmissbrauchs: BSK-Heimgartner 2018, Art. 312 N 4.
[2331] PK-Trechsel/Jean-Richard 2018, Vor Art. 322ter N 1 m.w.H.

hörde» zusammengesetzt[2332]. Es kann auf die dortigen Ausführungen verwiesen werden[2333].

b) Tathandlung

Der Tatbestand setzt voraus, dass der Täter seine Amtsgewalt missbraucht.

aa) Amtsgewalt

Die Amtsgewalt ist auf die spezifisch **hoheitlichen** Befugnisse bezogen. Gemäss Bundesgericht wird vorausgesetzt, dass der Amtsträger «kraft hoheitlicher Gewalt verfüge oder zwinge, wo es nicht geschehen dürfte»[2334]. Damit scheiden blosse Amtspflichtverletzungen aus. Ebenfalls nicht gemeint sind private Handlungen des Amtsträgers. Selbst der Missbrauch von aufgrund der amtlichen Stellung erlangtem Wissen für private Zwecke ist kein Fall für Art. 312[2335].

bb) Missbrauch

Unter den Missbrauchsbegriff fällt zum einen der Einsatz der Amtsgewalt für **sachfremde Zwecke**, eben dort, wo es nicht geschehen dürfte[2336]. Zum anderen ist aber auch der **unverhältnismässige Zwang** im Rahmen legitimer Zweckverfolgung tatbestandsmässig[2337]. Umstritten war in der Vergangenheit, ob übermässiger Zwang oder Gewaltanwendung, die deutlich über das rechtlich zugelassene Mass hinausgingen, überhaupt noch unter die Ausübung der Amtsgewalt fallen[2338]. Da andernfalls gerade die schwerwiegendsten Exzesse aus dem Anwendungsbereich von Art. 312 herausfallen würden[2339], müssen auch alle jene Formen von Übermass erfasst werden, die durch die dienstliche Machtstellung bloss ermöglicht worden sind[2340]. So klar dieser Grundsatz erscheint, gibt es nach wie vor Zweifelsfälle, in denen auch die Lehre unterschiedlicher Meinung ist:

> So halten Donatsch/Thommen/Wohlers den BGE 108 IV 48 für korrekt, der die Ohrfeige eines Polizeibeamten gegen eine von ihm angehaltene Frau, die ihn beschimpft hatte, nicht für einen Fall des Amtsmissbrauchs hält, da die Ohrfeige nicht der Fluchtverhinderung gedient habe[2341]. Gerade nach der neueren Auffassung müsste man aber annehmen, dass die

---

2332 BSK-Heimgartner 2018, Art. 312 N 5; Stratenwerth/Bommer 2013, 437 ff.; PK-Trechsel/Vest 2018, Art. 312 N 2.
2333 S.u. S. 298 f.
2334 BGE 101 IV 407 [410].
2335 BSK-Heimgartner 2018, Art. 312 N 15; es kann sich aber um eine Amtsgeheimnisverletzung handeln (vgl. NZZ vom 12.4.2017, 19: «Kriminalpolizist in Untersuchungshaft»).
2336 BSK-Heimgartner 2018, Art. 312 N 10; Stratenwerth/Bommer 2013, 439; PK-Trechsel/Vest 2018, Art. 312 N 6.
2337 Donatsch/Thommen/Wohlers 2017, 551; BSK-Heimgartner 2018, Art. 312 N 11; Stratenwerth/Bommer 2013, 440; PK-Trechsel/Vest 2018, Art. 312 N 6.
2338 BGE 99 IV 13.
2339 Donatsch/Thommen/Wohlers 2017, 550 f.; Stratenwerth/Bommer 2013, 439 f.; PK-Trechsel/Vest 2018, Art. 312 N 5.
2340 BGE 127 IV 209 [212]; für einen aktuellen Beispielsfall vgl. BGer 6B_195/2016 (Schläge, Fesselung und Freiheitsberaubung eines Anzeigeerstatters [!]).
2341 Donatsch/Thommen/Wohlers 2017, 553.

Auseinandersetzung aufs engste mit dem **Polizeieinsatz** verbunden war und es sich nicht um einen blossen Privatkonflikt gehandelt hatte. Der Polizist hat als Amtsträger seine Befugnisse überschritten.

Der Tatbestand kann etwa durch blosses Unterlassen begangen werden, falls der Amtsträger entgegen seiner Garantenpflicht eine unrechtmässig gewordene Zwangsmassnahme nicht aufhebt[2342].

2. Subjektiver Tatbestand

Der subjektive Tatbestand setzt einerseits Vorsatz voraus. Andererseits muss der Täter in der Absicht handeln, sich oder einem anderen einen unrechtmässigen Vorteil zu verschaffen oder einem anderen einen Nachteil zuzufügen. Der Vorteil muss nicht materieller Natur sein. Aufgefallen ist einigen Autoren, dass der Nachteil nicht «unrechtmässig» sein muss[2343]. Das hat zur Folge, dass bereits der mit dem unrechtmässigen Zwang an sich verbundene Nachteil ausreicht.

3. Konkurrenzen

Insb. das Verhältnis zur Bestechlichkeit (Art. 322^{quater}) ist verschiedentlich diskutiert worden. Falls tatsächlich beide Bestimmungen Anwendung finden (d.h. ein Missbrauch der Amts**gewalt** vorliegt[2344]), ist nach übereinstimmender Meinung echte Konkurrenz anzunehmen[2345].

B. Ungetreue Amtsführung (Art. 314)

Nach Art. 314 missbraucht der Amtsträger sein Amt für seinen privaten Vorteil. Die Bestimmung ist als Gegenstück zur ungetreuen Geschäftsbesorgung (Art. 158)[2346] gedacht, weist aber einige Unterschiede auf. Gemeinsam haben beide Bestimmungen, dass sie sehr unscharf formuliert sind[2347].

1. Objektiver Tatbestand

a) Täter

Es handelt sich abermals um ein Sonderdelikt, das nur Amtsträger begehen können. Zur Definition des Beamten resp. des Mitglieds einer Behörde siehe unten[2348]. Der Amtsträger muss innerhalb seiner Kompetenz zur rechtsgeschäftlichen Vertretung handeln[2349].

2342 BSK-Heimgartner 2018, Art. 312 N 18; PK-Trechsel/Vest 2018, Art. 312 N 2.
2343 Donatsch/Thommen/Wohlers 2017, 554; Stratenwerth/Bommer 2013, 441; a.A. PK-Trechsel/Vest 2018, Art. 312 N 7.
2344 BSK-Heimgartner 2018, Art. 312 N 27.
2345 Donatsch/Thommen/Wohlers 2017, 554; Stratenwerth/Bommer 2013, 441; PK-Trechsel/Vest 2018, Art. 312 N 10.
2346 BSK-Niggli 2013, Art. 314 N 6; PK-Trechsel/Vest 2018, Art. 314 N 1.
2347 Stratenwerth/Bommer 2013, 443 ff.
2348 S.u. S. 349 f.
2349 BSK-Niggli 2013, Art. 314 N 11.

Umstritten ist, ob die bloss faktische Entscheidungskompetenz genügt, wie das Bundesgericht angenommen hat[2350]. In der Lehre wird dies zum Teil abgelehnt[2351]. Natürlich haben reine *extranei*, selbst wenn sie Empfehlungen abgeben, keine «Entscheidungskompetenz». Wer indessen innerhalb der Verwaltung einen Entscheid vorbereitet, der dann vom Vorgesetzten mehr oder weniger unbesehen abgezeichnet wird, hat durchaus relevanten Einfluss auf die Entscheidung[2352] (aus diesem Grund ist auch der den Entscheid vorbereitende Beamte bestechbar[2353]).

b) Bei einem Rechtsgeschäft

Art. 314 deckt den rechtsgeschäftlichen Teil der öffentlichen Verwaltungstätigkeit ab. In der Rechtsprechung werden aber gelegentlich hoheitliche und rechtsgeschäftliche Tätigkeit vermengt, etwa wenn das Erteilen einer Baubewilligung oder eine Steuerveranlagung als «Rechtsgeschäft» bezeichnet werden[2354]. Die **öffentliche Vergabe** von Aufträgen wird von der Praxis traditionellerweise der rechtsgeschäftlichen Tätigkeit zugeordnet[2355]. Allerdings wird deutlich, dass der Zuschlag im modernen Vergaberecht auf hoheitlichen Verfügungen beruht, die in Verwaltungsverfahren anfechtbar sind[2356]. Erst aufgrund des Zuschlags wird der entsprechende Vertrag geschlossen[2357], d.h. die Abweichung des Vertrags vom Zuschlag könnte allenfalls noch Gegenstand von Art. 314 sein.

c) Tathandlung und Erfolg

Strafbar ist es, bei einem Rechtsgeschäft die vom Amtsträger zu wahrenden öffentlichen Interessen zu schädigen.

Der pauschale Verweis auf die «**öffentlichen Interessen**» ist äusserst problematisch[2358]. Die Interessenverletzung kann sowohl in einem Handeln wie in einem Unterlassen bestehen[2359]. Als Erfolg wird eine **Schädigung** der öffentlichen Interessen vorausgesetzt. Gemäss Praxis ist der Schadensbegriff weiter als bei den Vermögensdelikten, er soll auch ideelle Interessen umfassen[2360].

2350 BGE 114 IV 133.
2351 Zu Recht krit. Donatsch/Thommen/Wohlers 2017, 558; BSK-Niggli 2013, Art. 314 N 11; PK-Trechsel/Vest 2018, Art. 314 N 2.
2352 Vgl. BGer 6B_921/2008 (Bereichsleiter der SUVA, der im Rahmen eines erheblichen Immobilienportfolios Geschäfte vorbereitete).
2353 S.u. S. 352 f.
2354 Krit. Donatsch/Thommen/Wohlers 2017, 558 f.; Stratenwerth/Bommer 2013, 444; PK-Trechsel/Vest 2018, Art. 314 N 2.
2355 Vgl. die Hinweise bei Donatsch/Thommen/Wohlers 2017, 559.
2356 Vgl. Art. 29 Bundesgesetz über das öffentliche Beschaffungswesen (BöB) vom 16.12.1994 (SR 172.056.1).
2357 Art. 22 BöB.
2358 BSK-Niggli 2013, Art. 314 N 25.
2359 Donatsch/Thommen/Wohlers 2017, 559; BSK-Niggli 2013, Art. 314 N 15; Jositsch 2013, 1005 f.; Stratenwerth/Bommer 2013, 444; PK-Trechsel/Vest 2018, Art. 314 N 3.
2360 BGE 101 IV 411; krit. Corboz II 2010, 711 f.; Donatsch/Thommen/Wohlers 2017, 560; BSK-Niggli 2018, Art. 314 N 27; Stratenwerth/Bommer 2013, 445; PK-Trechsel/Vest 2018, Art. 314 N 3.

2. Subjektiver Tatbestand

Abermals ist zum einen Vorsatz erforderlich (der Täter muss sich insb. bewusst sein, dass sein Verhalten öffentliche Interessen schädigt), zum anderen setzt der Tatbestand die Absicht voraus, sich oder einem andern einen unrechtmässigen Vorteil zu verschaffen. Abermals ist der Vorteilsbegriff weit und umfasst auch immaterielle Vorteile.

3. Konkurrenzen

Nach herrschender Lehre geht hier die Bestechlichkeit nach Art. 322^{quater} vor, allerdings entfaltet Art. 314 mit seiner obligatorischen Kombination von Freiheitsstrafe und Geldstrafe eine Sperrwirkung[2361]. Art. 158 ist subsidiär zu Art. 314 anwendbar[2362].

III. Bestechung und Bestechlichkeit (Art. 322ter – 322^{decies})

A. Einführung

1. «Geben und nehmen»

«Geben und nehmen» ist zweifellos ein Fundamentalprinzip menschlicher Interaktion. Beschönigen hilft nichts: Freundschaften sind nicht immer so selbstlos wie es scheint. Das Kosten-Nutzen-Kalkül erobert bisweilen auch den Privatraum. Im Wirtschaftsleben ist *do ut des* oder *quid pro quo* ohnehin selbstverständlich. Im Übrigen, was soll daran anstössig sein, dass wir jemanden mit Anreizen motivieren, das zu tun, was wir gerne von ihm hätten?
Weiter ist es normal, dass wir im Wirtschaftsleben Agenten beauftragen, die für uns Informationen beschaffen, das Terrain für einen Verkaufsabschluss vorbereiten oder *upstream* bzw. *downstream* in der Lieferkette Verträge abschliessen. Intransparenz ist dabei geradezu das Funktionsprinzip: Geschäftsgeheimnisse, Know-how und Beziehungen verleihen uns notwendige Konkurrenzvorteile.
Wenn Korruption gegenwärtig in aller Munde ist[2363], handelt es sich dabei nicht einfach um eine Neuauflage moralisierender Kriminalpolitik[2364]? Wann ist «geben und nehmen» problematisch?
«Do ut des» ist nicht an sich fragwürdig. **Problematisch** wird es aber, wenn Amtsträger durch private Vorteile zur Verletzung ihrer Amtspflicht, oder wenn Angestellte oder Beauftragte zur Verletzung ihrer privatrechtlichen Dienstpflichten veranlasst werden. Bereits der Eindruck der Käuflichkeit kann zudem problematisch sein, wenn etwa die verliehene öffentliche oder private Funktion zur persönlichen Bereicherung benutzt wird. Es geht mit anderen Worten nicht um falsche Prüderie (*«Corruption is what sex was in Victorian England»*), sondern um die Sachlichkeit der Amtstätigkeit oder auch etwa privater Vergabeverfahren.

2361 BGE 117 IV 286 [288]; Corboz II 2010, 714 f.; Donatsch/Thommen/Wohlers 2017, 562; BSK-Niggli 2013, Art. 314 N 38; Stratenwerth/Bommer 2013, 445; PK-Trechsel/Vest 2018, Art. 314 N 6.
2362 S.o. S. 198.
2363 Heimann/Pieth 2018.
2364 Killias (1998, 239 ff.) spricht von Korruption als moderner «Inkarnation des Bösen».

2. Schädigungspotential

Ist Korruption denn schädlich? Zweifellos lassen sich Beispielsfälle finden, in denen Korruption eine verständliche Notmassnahme war, um den Alltag in schwierigen Ländern zu meistern, sei es für den Bestechenden, um sich vor erpresserischen Forderungen zu schützen, oder den Bestochenen, um seine fehlende Entlöhnung zu kompensieren. Daher wurde bisweilen auch vom «Öl, das die Maschine am Laufen halte» gesprochen[2365].

Die Schädlichkeit der Korruption ist wohl in **Entwicklungsländern** am offensichtlichsten. Dabei gilt es, die sog. *«grand corruption»* von der *«petty corruption»* zu unterscheiden[2366]. Das klassische Szenario der *«grand corruption»* ist das noch instabile post-koloniale Land, in dem multinationale Unternehmen – sei es aus den ehemaligen Kolonialmächten oder auch neuen Akteuren (wie den USA, Russland oder China) – die neuen Herrschaftseliten dafür bestechen, dass sie präferenziellen Zugang zu Rohstoffen oder zu Infrastrukturaufträgen gewähren[2367]. Zum einen führt dieses *«rent seeking»*-Verhalten[2368] zu einem Verlust essentieller Einnahmequellen, zum anderen erlauben die disproportional hohen Einnahmen den Angehörigen der Elite, autokratische Regimes zu unterhalten und Parteigänger zu kaufen. Es wird deutlich, dass Korruption – sowohl seitens des Bestechenden wie des Bestochenen – ein Mittel des Machtmissbrauchs ist. *In extremis* wird das Geld zum Erwerb von Waffen und zur Bezahlung von Söldnern eingesetzt. Was dieses Szenario für rohstoffreiche, aber strukturarme sog. *«failing states»* (z.B. den Kongo) bedeutet, muss kaum weiter ausgeführt werden[2369]. Nur geringfügig weniger problematisch ist die grassierende Bestechung in Entwicklungsstaaten für das Erziehungs- oder Gesundheitswesen. Durch die Fehlallokation von Mitteln erreichen die essentiellen Güter ihr Zielpublikum nicht. Die alltägliche «kleine Korruption» kann, wenn sie systemisch ist, zu einer Zusatzsteuer für Haushalte im Alltag werden[2370]. Vielfach (wie etwa in Indien) sind die kleinen Beträge, die im Alltag erhoben werden, lediglich ein Teil eines komplexen Gefüges des Ämterkaufs und des entsprechenden Abzahlens der Schuld an höherrangige Beamte[2371].

Dass Bestechung aber nicht ein reines Problem der Entwicklungsstaaten ist, zeigen die verbreiteten Missstände in Süd- und Osteuropa[2372]. Auch in der **Schweiz** gibt es Formen der Korruption. Urteile gegen Beamte des «Wirtschaftswesens»[2373], Pensionskas-

---

2365 Hinweise bei Balmelli 1996, 13; vgl. z.B. Neugebauer 1978, 132 f.; dazu auch Pieth 2007 (Handbuch der Korruptionsprävention), 566.
2366 Moody-Stuart 1997, 4 ff.
2367 Pieth 2013 (Korruptionsstrafrecht), 682.
2368 Pieth 2013 (Korruptionsstrafrecht), 684.
2369 Betz/Pieth 2016, 366 ff.
2370 Der mexikanische Rechnungshof schätzt die informelle «Zusatzsteuer» auf 25% eines durchschnittlichen Jahreseinkommens.
2371 Rose-Ackerman 1978, 85 ff.
2372 Zur italienischen *«Mani pulite»* Aktion vgl. Gianni Barbacetto et al., Mani Pulite. La vera storia, 20 anni dopo, Milano 2012.
2373 BezGer ZH vom 21.8.1995, SJZ 92/1996, 13 ff. (Huber).

senverwalter[2374] oder Richter[2375] mögen Einzelfälle gewesen sein. Häufiger scheint – zumal im Bauwesen – die «Vetternwirtschaft» zu sein[2376]. Auch in entwickelten Staaten kann Korruption zu erheblichen Verlusten für die Steuerzahler führen (z.B. bei Manipulationen bei der Ausschreibung teurer öffentlicher Bauten, wie Tunnels oder Brücken). Im Zentrum steht allerdings sowohl im Norden wie im Süden der immaterielle Schaden der Korruption: Sie untergräbt das Vertrauen in den Rechtsstaat und in die Demokratie[2377].

3. Begriff und Rechtsgut

Bereits aus diesen unterschiedlichen Risikoszenarien ergibt sich, dass Korruption ein sehr weiter und diffuser **Begriff** ist. Im Englischen wird er in dieser offenen Form oft synonym mit «*graft*» gebraucht: Dieser Begriff umfasst sämtliche Formen der privaten Appropriation von staatlichen Mitteln, das heisst ungetreue Amtsführung, Veruntreuung im Amt, Bestechlichkeit, Erpressung etc. Ebenso breit, aber in eine etwas andere Richtung geht der weite Begriff, wenn er auch Patronage, Nepotismus, Handel mit Einfluss und eben generell «Vetternwirtschaft» umfasst. Im strafrechtlich relevanten Kern geht es bei der Korruption aber um Bestechung und Bestechlichkeit, dabei ist die Amtsträgerbestechung und die Privatbestechung zu unterscheiden. Die folgende Darstellung der Tatbestände des StGB muss auch die eigentliche Korruption von der schwächeren Form (der Vorteilsgewährung resp. Vorteilsannahme) unterscheiden. Daneben gibt es eine Reihe von Sonderbestimmungen[2378].

Das **Rechtsgut** der eigentlichen Bestechungstatbestände hat sich im Laufe des letzten Jahrhunderts gewandelt. Ursprünglich stand der Treubruch des Beamten im Zentrum und die aktive Bestechung war lediglich eine – verselbständigte – leichter wiegende Form der Teilnahme des *extraneus*. Seit der grundsätzlichen Reform des Schweizer Korruptionsrechts um 2000 werden die aktive und die passive Bestechung – wie in den meisten anderen Staaten – von den Voraussetzungen wie auch der Strafdrohung her symmetrisch definiert[2379]. Nunmehr wurde der Fokus des Rechtsguts von der Amtspflichtsverletzung auf die «**Objektivität und Sachlichkeit amtlicher Tätigkeit**» überhaupt erweitert[2380].

2374 OGer ZH (SB 130234); BGE 141 IV 329; dazu Pieth WiStrR 2016, 167; PK-Trechsel/Jean-Richard 2018, Art. 322ter N 6, 322[quater] N 6.
2375 Vgl. die Affäre Cuomo/Verda, bekannt als «Ticinogate» (vgl. BaZ vom 7.12.2000, 11; BaZ vom 18.6.2001, 6).
2376 Bircher/Scherler 2001; Cesoni 2000, 150 f.
2377 BSK-Pieth 2018, Vor Art. 322ter N 11 und 13; Pieth 2013 (Korruptionsstrafrecht), 685, 688.
2378 Zur Bestechung bei Zwangsvollstreckung (Art. 168), Wahlbestechung (Art. 281) und dem Heilmittelgesetz (Art. 33 HMG) vgl. Pieth 2013 (Korruptionsstrafrecht), 711 ff.
2379 Krit. aber Arzt 2001, 44 f.
2380 Botschaft des Bundesrates, BBl 1999 5497 [5525]; dazu auch BGE 141 IV 335; Balmelli 1996, 60 ff.; Donatsch/Thommen/Wohlers 2017, 622; Jositsch 2004, 307; Pieth WiStrR 2016, 172; PK-Trechsel/Jean-Richard 2018, Vor Art. 322ter N 1.

4. Vom Tabu zum Alltagsthema

Korruption ist so alt wie die Menschheit. In Politik und Wirtschaft war sie seit je eine alternative Form der Herrschaftsausübung zur Gewalt. Im Kleinen war sie eine Überlebensstrategie. Weshalb hat die kollektive Entrüstung den traditionellen Fatalismus verdrängen können? Der Einstellungswandel ist mit einer einfachen moralischen Kampagne nicht zureichend erklärt[2381]. Es hat vielmehr handfeste ökonomische Gründe, dass Korruption sowohl im nationalen wie internationalen Bereich ernst genommen wird. Mit der Entkolonisierung, vor allem aber nach der Öffnung des Ostens von 1990, hat sich das **Tempo der wirtschaftlichen Globalisierung** international stark erhöht. Zumal der Fall des «eisernen Vorhanges» den Wirtschaftsmächten vor Augen geführt hat, dass nunmehr die vorher «blockabhängigen» Märkte in Osteuropa, aber auch etwa in Afrika, zur Neuverteilung anstanden. Die Staaten wollten sich nicht mehr der Irrationalität der alltäglichen Korruption (die besseren «Beziehungen» konnten darüber entscheiden, bei wem Tausende von Arbeitsplätzen geschaffen oder vernichtet werden) ausgeliefert sehen. Kurz: Auslöser der Anti-Korruptionsbewegung war zunächst das Interesse am **fairen Wettbewerb** auf den globalisierten Weltmärkten[2382]. Dieses Interesse strahlte auf die Freihandelsvereinbarungen aus und äusserte sich in einem verstärkten Harmonisierungsdruck auch auf das lokale Anti-Korruptionsrecht (z.B. im Rahmen der OAS, EU oder des Europarates). Gesamthaft fügte sich die Anti-Korruptionsbewegung in die Architektur des international vereinheitlichten Wirtschaftsstrafrechts ein (etwa die Abkommen gegen den Betäubungsmittelhandel, das organisierte Verbrechen, den Terrorismus und die Geldwäscherei). In kürzester Zeit entstanden regionale[2383], spezialisierte[2384] und globale Anti-Korruptionsübereinkommen[2385]. Weltweit wurden neue Gesetze erlassen. Die Umsetzung und Anwendung wurde in den verschiedenen internationalen Organisationen durch sog. Landesprüfungen *(«monitoring»)* überprüft[2386]. Nichtregierungsorganisationen, allen voran Transparency International, schafften es, das Thema allgegenwärtig werden zu lassen.

[2381] So scheint es aber Killias (1998, 239 ff.) zu sehen.
[2382] BSK-Pieth 2018, Vor Art. 322ter N 1; Pieth 2013 (Korruptionsstrafrecht), 685 f.; Ders. 2014 (OECD Kommentar), 8 ff.
[2383] Vgl. die Abkommen des Europarates (Strafrechtsübereinkommen über Korruption, ETS Nr. 173, 27.1.1999; Zivilrechtsübereinkommen über Korruption, ETS Nr. 174, 4.11.1999), der EU (Convention on the Fight Against Corruption Involving Officials of the European Communities or Officials of Member States of the EU, 25.6.1997), der OAS (Inter-American Convention Against Corruption, 29.3.1996), das Afrikanische Übereinkommen (African Union Convention on Preventing and Combating Corruption, 11.7.2003).
[2384] Insb. das Übereinkommen der OECD von 1997 (OECD Convention on Combating Bribery of Foreign Public Officials in International Business Transactions, adopted on 21.11.1997).
[2385] UNCAC: United Nations Convention against Corruption (adopted 31.10.2003).
[2386] OECD: Berichte der Working Group on Bribery (Art. 12 OECD Convention 1997); Europarat: Berichte der GRECO (Groupe d'Etats contre la corruption); UN-Monitoring: Conference of the States Parties to the UNCAC, Implementation Review Group (Art. 63 UNCAC); OAS-Monitoring: Mechanism for Follow-Up on the Implementation of the Inter-American Convention Against Corruption (MESICIC).

Unternehmensverbände[2387] und die sog. «*compliance-industry*»[2388] nahmen sich des Themas an. Schliesslich wurde die – ursprünglich wirtschaftliche – Motivation ausgeweitet: Das Interesse an der **nachhaltigen Entwicklung** im Süden dient der Anhebung der Lebensqualität und der Armutsbekämpfung in den Entwicklungs- und Transitionsstaaten. Entwicklungszusammenarbeit soll aber auch ganz offensichtlich – indirekt, durch Stärkung der Handelspartner – die eigenen Exporte fördern. Von dieser doppelten Ratio getragen ist denn auch die intensive Verfolgung der Anti-Korruptionspolitik der Entwicklungsbanken. Sie überprüfen inzwischen ihre gesamte operationelle Tätigkeit auf Korruptionskriterien hin (man spricht von «*mainstreaming*» oder Anti-Korruptions-Agenda). Die Entwicklungsbanken sprechen aber auch Verwaltungssanktionen gegen fehlbare Unternehmen (zumal Bieter im Vergabeverfahren) aus[2389]. Sie haben zudem auf weltweiter Ebene die gegenseitige Anerkennung ihrer Sanktionen vereinbart *(cross-debarment)*[2390].

5. Musterfall der Ko-Regulierung

Weder reine Selbstregulierung noch traditionelles Völkerrecht *(hard law)* erlaubten es, mit der nötigen Flexibilität und Geschwindigkeit auf die sich ändernde Wirtschaftslage zu reagieren[2391]. Im Bereiche der Geldwäscheabwehr[2392] machte die Staatengemeinschaft vor, wie eine Verschränkung von Konventionsrecht und *soft law*-Instrumenten (Task Forces, die Empfehlungen ausarbeiten und ihre nationale Umsetzung überprüfen) funktionieren konnte. Die OECD und später auch der Europarat sowie in gewissem Masse die UNO folgten diesem Modell der Rechtssetzung und Rechtsdurchsetzung mittels einer **Verschränkung von *hard* und *soft law***.

Hinzu trat sehr schnell eine weitere Dichotomie: **staatliche Regulierung versus Selbstregulierung**. Da diese Regulierungsebenen für sich genommen nicht die erwarteten Resultate erbrachten, spielte sich international bald eine Form der Ko-Regulierung ein: Der Privatsektor reagierte auf weitreichende und oft diffuse staatliche Vorgaben, zumal im Bereiche der Unternehmenshaftung. Unternehmensverbände und sog. «*Multistakeholdergroups*» definierten die Details der Anti-Korruptions-Compliance[2393]. Daraufhin meldeten sich die internationalen Organisationen mit Mindeststandards und «*best practices*» zurück[2394] und Richter definierten ihrerseits Erwartungen an die gute Organisation von Unternehmen[2395]. Die sog. «*compliance-industry*» kodifizierte das Richterrecht weltweit und verkaufte den Unternehmen angepasste

---

2387 Insb. auch die internationale Handelskammer (ICC): ICC Rules on Combating Corruption, 17.10.2011 edition (first published 1977).
2388 Hinweise bei Pieth 2011 (Harmonising).
2389 Vgl. World Bank Group Sanctions Regime: An Overview (2010).
2390 Agreement for Mutual Enforcement of Debarment Decisions, 9.4.2010.
2391 S.u. S. 346.
2392 Vgl. die Hinweise bei Pieth 2003, 267 ff.
2393 Pieth 2007, 81 ff.
2394 Z.B. die OECD Rec. 2009, Annexes I und II.
2395 Vgl. etwa zu den USA: FCPA Resource Guide 2012.

«*Compliance*-Pakete»[2396]. Insgesamt wird dieses Wechselspiel als **Ko-Regulierung** bezeichnet, die Mitwirkung der Regelunterworfenen an der Regulierung als «*Governance-at-a-distance*»[2397].
In neuester Zeit wird die Kooperation des Privatsektors unter sich resp. mit staatlichen Akteuren weiter professionalisiert. Zum Thema «*collective action*» haben sich im Bereich der Korruptionsprävention sowohl eine Theorie wie weitgehende praktische Ansätze entwickelt[2398]. Als Beispiel diene der «*High Level Reporting Mechanism*»[2399]: Aufgrund von Vorstössen der Industrie werden an heiklen Märkten (Bsp. Kolumbien, Ukraine, Russland) Wirtschafts-Ombudsstellen geschaffen, bei denen sich Unternehmer beschweren können, wenn sie zur Bestechung genötigt werden. Durch den Schutz des Kollektivs sind sie weniger anfällig auf Retorsionsmassnahmen.

6. Gesetzgebungsgeschichte

Nach einer Reihe von Korruptionsaffären in der Schweiz setzte der Bundesrat 1995 eine Arbeitsgruppe «Sicherheitsprüfungen und Korruption» ein[2400]. Neben einer Musterregelung für die Geschenkannahme in der Verwaltung[2401] wurde – insb. unter dem Eindruck des eben ausgehandelten OECD-Übereinkommens von 1997 – ein Gutachten für ein Gesamtkonzept des Korruptionsstrafrechts in Auftrag gegeben[2402]. Im Anschluss an das Vernehmlassungsverfahren erstellte der Bundesrat seine Botschaft von 1999[2403]. Das entsprechende Gesetz vom 22. Dezember 1999 trat am 1. Mai 2000 in Kraft[2404]. Im Zentrum der Reform standen eine vollständige Überarbeitung des bisherigen nationalen Rechts und die Integration des Tatbestandes der Bestechung fremder Amtsträger.
Bereits 2004/2005 wurde das Gesetz erneut ergänzt, um das Europaratsübereinkommen und ein Zusatzübereinkommen[2405] zu integrieren. Es wurde die Privatbestechung neu gefasst, die passive Bestechung fremder Amtsträger aufgenommen und der Katalog der Unternehmenshaftung um die aktive Privatbestechung erweitert. 2007 legte der Bundesrat die Botschaft zur Ratifikation des UN-Übereinkommens von 2003 vor[2406].
Schliesslich gab der Bundesrat am 15. Mai 2013 eine weitere Vorlage in die Vernehmlassung, die die Privatbestechung zum Offizialdelikt erheben und ins StGB einfügen sollte. Es geht dabei vor allem um die Erfassung von internationalen Sportdachver-

---

2396 Pieth WiStrR 2016, 77 ff.
2397 Black 2001, 103 ff. (die Fantasie, dass Regulierte zu Regulierenden werden); Pieth 2002 (FS Lüderssen), 325.
2398 Vgl. die Übersicht bei Pieth 2012 (Collective Action), 3 ff.
2399 Heimann 2012, 209 ff.
2400 Vgl. BSK-Pieth 2018, Vor Art. 322ter N 23 f.
2401 Schlussbericht 1996.
2402 Gutachten Pieth/Balmelli 1997.
2403 Botschaft des Bundesrates, BBl 1999 5497.
2404 Vgl. zur Gesetzgebungsgeschichte auch Jositsch 2004, 279 ff.
2405 Botschaft des Bundesrates, BBl 2004 6983.
2406 Botschaft des Bundesrates, BBl 2007 7349.

bänden mit Sitz in der Schweiz[2407]. Auch dieser Gesetzgebungsakt ist inzwischen vollzogen. Das neue Privatbestechungsrecht ist am 1. Juli 2016 in Kraft getreten[2408].

B. Bestechung Schweizerischer Amtsträger (Art. 322ter)

1. Objektiver Tatbestand

a) Täter

Neben Individualtätern können **auch Unternehmen** für Bestechung haftbar gemacht werden, dabei findet die prinzipale Haftung gemäss Art. 102 Abs. 2 Anwendung. Abgesehen von den klassischen Fragestellungen des Unternehmensstrafrechts[2409] (dem Unternehmensbegriff, der Katalogtaten und dem hinreichenden Bezug zum Unternehmenszweck) steht das Organisationsversagen im Zentrum[2410]. Gerade zur Verhinderung von Korruptionsstraftaten im Unternehmen haben sich detaillierte (präventive) Regulierungen (Compliance Normen) herausgebildet. Zum Teil beruhen sie auf internationalen Vorgaben[2411], auf staatlichem Recht[2412] oder aber Industrieregulierungen[2413] und hausinterne Regularien von Unternehmen *(compliance programs)*. Sie geben Auskunft darüber, was unter den von Art. 102 Abs. 2 thematisierten «alle erforderlichen und zumutbaren organisatorischen Vorkehren» zu verstehen ist.

b) Amtsträger (Art. 110 Abs. 3 und Art. 322ter)

«Amtsträger» hat sich als Überbegriff für Beamte gemäss Art. 110 Abs. 3 und Behördenmitglieder und Funktionsträger gemäss Art. 322ter ff. eingebürgert.

aa) Beamte

Bereits zu Art. 285 ist der Beamtenbegriff angesprochen worden. Es ist dort[2414] darauf hingewiesen worden, dass gewisse Differenzen zum Bestechungsrecht bestehen. Art. 110 Abs. 3 enthält einen **institutionellen** und einen **funktionalen** Beamtenbegriff.

2407 Medienmitteilung des Bundesrates vom 15.5.2013: «Privatbestechung effizienter bekämpfen» sowie Erläuternder Bericht über die Änderung des Strafgesetzbuchs und des Militärstrafgesetzes (Korruptionsstrafrecht) vom 15.5.2013; dazu NZZOnline vom 15.5.2013: «Härtere Strafen gegen Korruption, ein Offizialdelikt statt ein Kavaliersdelikt»; NZZ vom 16.5.2013, 12: «Schärferes Geschütz gegen Bestechung im Sport»; dazu u. S. 359 f.
2408 Art. 322^{octies} und ^{novies}; Botschaft des Bundesrates, BBl 2014 3591; dazu Jositsch/Drzalic 2016, 352 ff.; PK-Betz 2018, Art. 322^{octies} N 1.
2409 Vgl. Forster 2006, 229 f.; Geiger 2006, 125 ff.; Heine 2003, 38 f.; BSK-Niggli/Gfeller 2013, Art. 102 N 305 ff.; BSK-Pieth 2018, Art. 322ter N 2 f.; Pieth 2013 (Korruptionsstrafrecht), 690.
2410 Jean-Richard 2013; Pieth 2004, 604 ff.; Ders. WiStrR 2016, 67 ff., v.a. 73 f.
2411 Z.B. OECD, Recommendation of the Council for Further Combating Bribery of Foreign Public Officials in International Business Transactions, adopted on 26.11.2009, Annex II: Good Practice Guidance on Internal Controls, Ethics, and Compliance.
2412 A Resource Guide to the U.S. Foreign Corrupt Practices Act by the Criminal Division of the U.S. Securities and Exchange Commission, 14.11.2012.
2413 Vgl. dazu Moosmayer 2010; Pieth 2013 (Korruptionsstrafrecht), 717 ff.; Ders. 2011; Wilkinson 2010.
2414 S.o. S. 298 f.

Der institutionelle Begriff erfasst die drei Gewalten in allen Gebietskörperschaften. Der eigentliche Überbegriff ist aber der funktionale Begriff. Von ihm werden alle Personen in einem Arbeits- oder Auftragsverhältnis zum Gemeinwesen erfasst, die eine öffentliche Aufgabe wahrnehmen, unbekümmert darum, ob sie öffentlich-rechtlich oder privatrechtlich beschäftigt sind. Die Botschaft[2415] erwähnt zum Beispiel die Ingenieure, die die öffentliche Ausschreibung einer Infrastrukturbaute vorbereiten: Art. 322^{decies} Abs. 2 stellt explizit klar, dass «Private, die öffentliche Aufgaben erfüllen» funktionale Amtsträger sind.

Sowohl national[2416] wie international[2417] ist man sich einig, dass staatliche und gemischtwirtschaftliche Unternehmen unter den erweiterten Amtsträgerbegriff fallen. Einige Zweifelsfragen ergeben sich im Zwischenbereich zwischen öffentlicher Funktion und echter Privatisierung. Die Vertreter von Institutionen, die vom Staat aufgegeben wurden, weil sich die Auffassungen über den «*service public*» geändert haben, sind nicht mehr erfasst. Allerdings bleiben die verselbstständigten öffentlichen Anstalten (Universitäten, Kantonalbanken, die SUVA etc.[2418]) im öffentlichen Bereich.

Probleme bereitet haben – zumal bei transnationaler Bestechung – Staatsbetriebe, die ohne Privilegien in voller Konkurrenz zur Privatwirtschaft stehen (rein fiskalische Staatsbetriebe). Die OECD-Konvention erlaubt in einem engen Rahmen Ausnahmen für solche unechten Staatsbetriebe, sodass sie als privat gelten[2419].

bb) Mitglieder einer Behörde

Weiter fallen unter den Amtsträgerbegriff «richterliche und andere Behörden», die als Organe für ein Gemeinwesen tätig sind. Schliesslich stellt ihnen Art. 322ter Schiedsrichter, Sachverständige, amtlich bestellte Übersetzer und Dolmetscher und Angehörige der Armee gleich[2420].

c) **Tathandlung**

Art. 322ter setzt eine sog. «Unrechtsvereinbarung», ein «*do ut des*» voraus: Sie besteht aus einem nicht gebührenden **Vorteil**, der für eine pflichtwidrige **Gegenleistung** versprochen oder gegeben wird. Die beiden Komponenten müssen mit einem Äquivalenzverhältnis verbunden sein.

2415 Botschaft des Bundesrates, BBl 1999 5497 [5526]; vgl. auch BSK-Pieth 2018, Art. 322ter N 12.
2416 BStGer RR.2010.184; BSK-Pieth 2018, Art. 322ter N 6 f.
2417 Zerbes 2014b, 77 ff.; BSK-Pieth 2018, Art. 322^{septies} N 14.
2418 Vgl. BGE 141 IV 329 (BVK); 135 IV 198 (SUVA); BSK-Pieth 2018, Art. 322ter N 13a ff.; PK-Trechsel/Jean-Richard 2018, Vor Art. 322ter N 3.
2419 Vgl. den Fall Siemens-Enelpower (Italien): BGH 2 StR 587/07; oder ABB-Mexico: *United States* v. *ABB Inc.*, No. 4:10-cr-664 (Southern District of Texas 2010) und *United States* v. *John Joseph O'Shea*, No. 4:09-cr-629 (Southern District of Texas 2009); dazu aber Zerbes 2014b, 83 f.; vgl. auch BSK-Pieth 2018, Art. 322^{septies} N 14; Pieth WiStrR 2016, 176.
2420 Zur Spezialfrage Vorteilsannahme durch Parlamentarier: Pieth WiStrR 2016, 183.

aa) Leistung

(1) nicht gebührender Vorteil

Sowohl materielle wie immaterielle Vorteile sollen gemeint sein[2421]. «**Nicht gebührend**» wird in der Lehre zum Teil mit «ohne Anspruch» übersetzt[2422]. Nach einer anderen Auffassung fallen darunter nur Vorteile, die unrechtmässig waren[2423]. Zweifelsfrei werden geschuldete Leistungen (Taxen, Gebühren, Vergütungen) nicht vom Gesetz erfasst. Darüber hinaus sind gemäss Art. 322^{decies} Abs. 1 lit. a «dienstrechtlich erlaubte oder vertraglich vom Dritten genehmigte Vorteile» keine «nicht gebührende Vorteile». Ebenso werden geringfügige, «sozial übliche Vorteile» vom Gesetz nicht erfasst (Art. 322^{decies} Abs. 1 lit. b)[2424]. Nach der hier vertretenen Ansicht ist die Entgegennahme von Vorteilen, die nicht verboten sind, zulässig[2425].

Nach einer Phase der Unsicherheit unter dem alten Recht wurde nun – im Einklang mit dem internationalen Recht – festgelegt, dass prinzipiell auch Vorteile an **Dritte** (selbst an solche, die nicht Sympathiepersonen des Amtsträgers sind und damit eine indirekte Selbstbegünstigung vorläge) erfasst werden[2426]. Nicht unter das Bestechungsrecht fallen aber Vorteile direkt zugunsten der öffentlichen Hand (sei es im Rahmen der CSR, z.B. den Bau einer öffentlichen Schule oder die illegalen Zahlungen an den irakischen Staat im Rahmen des Oil-for-Food Programmes[2427]). Unsicher aber war dieser Grundsatz noch im Fall der Erkenntlichkeit zugunsten des Polizeivereins für die glimpfliche Behandlung im Rahmen einer Ermittlung, da potentiell mit Beeinflussung künftiger Amtshandlungen gerechnet wurde[2428].

(2) anbietet, verspricht oder gewährt

Die Tat ist bereits mit dem **Angebot** vollendet. Es muss aber vom Adressaten empfangen worden sein. Nicht notwendig ist dagegen, dass der Amtsträger darauf eingeht[2429]. Das international harmonisierte Recht verlangt, dass auch die **indirekten Formen** des Versprechens oder Gewährens erfasst werden. Wer einen Agenten anstellt, der die Bestechungshandlungen vornimmt, ist vom Tatbestand genauso erfasst, wie der, der die Tat eigenhändig begeht.

2421 Krit. Balmelli 1996, 129 ff., 138 ff.; ebenso Arzethauser 2001, 118; Kaiser 1999, 129.
2422 Jositsch 2004, 333; Stratenwerth/Wohlers 2013, Art. 322ter N 4.
2423 BSK-Pieth 2018, Art. 322ter N 30; PK-Trechsel/Jean-Richard 2018, Vor Art. 322ter N 6.
2424 Während der Blumenstrauss für die Krankenschwester, die Weinflasche für den Postboten unproblematisch sind, verändert sich der Massstab nicht nach Massgabe der Grösse des Auftrags: PK-Trechsel/Jean-Richard 2018, Art. 322^{sexies} N 4; vgl. auch Pieth WiStrR 2016, 177.
2425 BSK-Pieth 2018, Art. 322ter N 30; Pieth 2013 (Korruptionsstrafrecht), 693.
2426 BSK-Pieth 2018, Art. 322ter N 31 f.; Pieth 2013 (Korruptionsstrafrecht), 693; krit. Stratenwerth/Bommer 2013, 471; zum alten Recht aber Balmelli 1996, 150 ff.
2427 Zerbes 2014b, 123.
2428 BGer 6P.39/2004; PK-Trechsel/Jean-Richard 2018, Art. 322^{quinquies} N 2.
2429 BSK-Pieth 2018, Art. 322ter N 34 f.; krit. Stratenwerth/Bommer 2013, 471.

So ist die Logistikfirma Panalpina vom US Department of Justice beschuldigt worden, in Nigeria systematisch für Ölunternehmen sog. *«facilitation payments»* und auch echte Bestechungszahlungen an Zollbeamte getätigt zu haben, um die Abfertigung für ihre Kunden zu beschleunigen resp. um Abgaben einzusparen[2430].

Vielfach ist es allerdings in der Praxis schwierig abzuschätzen, ob Intermediäre aus eigener Initiative (und gegen den Willen des Auftraggebers) oder unter expliziter Anweisung resp. zumindest in der Erwartung des Auftraggebers, bestechen.

So hatte die Firma Glencore im Rahmen des UN-Oil-for-Food-Programmes im Irak ihren Intermediären verboten, Bestechungszahlungen zu leisten, resp. Embargoverletzungen zu begehen. Trotzdem sind illegale Zahlungen im Umfang von bis zu 10% des Auftragsvolumens an die Irakische Regierung geleistet worden[2431]. Erst ein Strafverfahren in der Schweiz unter Einbezug der Firma hätte ergeben, ob sich deren Vertreter der Zahlungen bewusst waren.

Häufig lässt der Prinzipal zu, dass der Intermediär über disproportional hohe Kommissionen verfügt. Wenn die Kommissionen in keinem Verhältnis zur erwarteten Gegenleistung stehen, liegt der Verdacht nahe, dass erwartet wird, dass «alles vorgekehrt wird, was nötig ist», um einen Geschäftsabschluss herbeizuführen oder einen Auftrag auszuführen. Auch hier würde wohl erst etwa eine Hausdurchsuchung oder die Einsichtnahme in den internen E-Mail-Verkehr des Unternehmens weiteren Aufschluss geben[2432].

bb) Gegenleistung

Der Bestechende erhofft sich von seinem Versprechen bzw. seiner Leistung, den Amtsträger zu einer pflichtwidrigen Amtshandlung zu motivieren.

Die **Amtshandlung** muss dabei nicht streng genommen in seiner Kompetenz liegen. Bereits der präferentielle Zugang zu den Mitteln der Verwaltungstätigkeit (z.B. die Verwendung des Stempels seines Nachbarn in der Mittagspause) reicht. Zudem wird auch die Tätigkeit jenes Beamten erfasst, der den Entscheid bloss vorbereitet (er hat vielfach die faktische Entscheidungskompetenz und sein Vorgesetzter zeichnet häufig nur noch ab[2433]).

Die **Pflichtwidrigkeit** erfasst auch Ermessensentscheide. Unter dem alten Recht wurde von der Praxis zunächst klargestellt, dass eigentliche Ermessensfehler (Ermessensüberschreitung, -unterschreitung und Willkür) als Pflichtwidrigkeit gelten[2434]. Das neue Recht stellt fest, dass auch (inhaltlich korrekte) Entscheide, die aus **unsachlichen Motiven,** resp. in Verletzung der Verfahrensregeln im Austausch gegen Privatvorteile ergehen, unter die Norm fallen[2435]. Nicht in den Ermessensbereich fällt aber

---

2430 *United States v. Panalpina World Transport (Holding) Ltd.*, No. 4:10-cr-769 (Southern District of Texas 2010).
2431 Volcker/Goldstone/Pieth 27.10.2005, 143 ff., 196 ff.
2432 Für Details vgl. Pieth WiStrR 2016, 178 f., 184 f.; Zerbes 2014b, 148 f.
2433 BSK-Pieth 2018, Art. 322ter N 38 ff. m.w.H.
2434 Balmelli 1996, 189 ff.; Kaiser 1999, 222 f.; Pieth 1996 (FS Rehberg), 241.
2435 Vgl. bereits zum alten Recht OGer BE vom 10.11.1943: ZBJV 1946, 126; BezGer ZH vom 21.8.1995, SJZ 92/1996, 13 (15); zum neuen Recht BSK-Pieth 2018, Art. 322ter N 45

das gebundene Verwaltungshandeln. Soweit Zahlungen für Gegenleistungen erbracht werden, die dem Leistenden zustehen (sog. «*facilitation payments*») kommt allenfalls (bei Schweizern, nicht aber bei fremden Amtsträgern) Vorteilsgewährung nach Art. 322^{quinquies} in Frage.

Wie das deutsche Recht (§ 334 D StGB) erfasst das neue Recht der eigentlichen Korruptionstatbestände (anders als die anschliessend zu erörternde blosse Vorteilszuwendung) auch Vorteile, die im Anschluss an die pflichtwidrige Amtshandlung gewährt werden («**Belohnungen**»). Dabei muss aber feststehen, dass ein Bezug zur spezifischen Amtshandlung besteht. Von einer nachträglichen Zuwendung für «völlig korrektes Verhalten des Amtsträgers» zu sprechen, ist in diesem Kontext schwer nachzuvollziehen[2436].

cc) Äquivalenzverhältnis

Der in Aussicht gestellte Vorteil muss im Zusammenhang mit der amtlichen Tätigkeit des Empfängers für die pflichtwidrige Tätigkeit angeboten resp. gewährt worden sein[2437]. In dieser Formel manifestiert sich die klassische «**Unrechtsvereinbarung**», die Klammer zwischen der Leistung und der (erhofften) Gegenleistung. Allerdings hat das Bundesgericht bereits zum alten Recht die Anforderungen gelockert: Es lässt genügen, dass ein ausreichender Bezug zwischen der Leistung und einem oder mehreren «mindestens **generisch bestimmbaren**» Amtshandlungen besteht[2438]. In der Praxis wird auf die zeitliche Nähe von Leistung und Gegenleistung, die Häufigkeit der Kontakte der Parteien und die Höhe der Leistungen abgestellt[2439].

2. Subjektiver Tatbestand

Bestechung ist ein Vorsatzdelikt. Das Wissen muss sich auch auf den Äquivalenzzusammenhang beziehen. Bei der nachträglichen Leistung muss der Täter wissen, für welche Amtshandlungen er den Amtsträger belohnt[2440].

3. Rechtfertigung oder Schuldausschluss wegen Nötigung?

Häufig werden Bestechende von Amtsträgern zur Leistung gedrängt. Explizit oder – vielleicht häufiger implizit – wird dem Antragssteller, Bieter usw. klargemacht, dass er seine Konzession, seinen Auftrag oder seine Zahlung nicht erhalten werde, ohne eine entsprechende Bestechungszahlung.

---

m.w.H.; Pieth WiStrR 2016, 179; PK-Trechsel/Jean-Richard 2018, Art. 322ter N 2; krit. Stratenwerth/Bommer 2013, 471 f.
2436 So aber Stratenwerth/Bommer 2013, 472.
2437 PK-Trechsel/Jean-Richard (2018, Art. 322ter N 3) schlagen vor, statt vom Äquivalenzverhältnis von «funktionalem Zusammenhang» zu sprechen, da keine Gleichwertigkeit der Leistungen gefordert wird.
2438 BGE 133 IV 93; 118 IV 309 [316].
2439 Botschaft des Bundesrates, BBl 1999 5497 [5533]; BSK-Pieth 2018, Art. 322ter N 47; vgl. auch Jositsch 2000, 55; Kaiser 1999, 253; Perrin 2008, 200 ff.
2440 BSK-Pieth 2018, Art. 322ter N 49.

Nun wird man aber gerade im Geschäftsverkehr eine gewisse Resistenz erwarten dürfen[2441]. Auch im Rahmen des international harmonisierten Rechts gilt, dass blosse «*solicitation*» keine «*defense*» sei. Erst «*duress*» (Notstand im engeren Sinne) lässt eine Rechtfertigung oder zumindest Entschuldigung zu[2442]. Von Nötigung oder Erpressung ist wohl auch nach Schweizer Recht erst zu sprechen, wenn die ökonomische Grundlage des Unternehmens am betreffenden Markt überhaupt gefährdet wird, wie das in gewissen schwierigen Weltregionen durchaus der Fall sein kann[2443]. Dass man auf den einzelnen Auftrag verzichten muss, wenn man nicht zu bestechen bereit ist, reicht aber nicht. In der Schweiz bestehen ohnedies andere Möglichkeiten, die Situation zu eskalieren (Anzeige an Vorgesetzte oder an die Behörden).

C. Bestechlichkeit (Art. 322^{quater})

Der Tatbestand der passiven Bestechung ist im neuen Recht spiegelbildlich zur aktiven Bestechung abgefasst. Es kann daher auf die Ausführungen zu Art. 322ter verwiesen werden[2444].

D. Vorteilsgewährung und Annahme (Art. 322^{quinquies} und 322^{sexies})

1. Kriminalpolitische Notwendigkeit

Die Notwendigkeit eines Auffangtatbestandes für Fälle, bei denen die Leistung (das Versprechen oder Gewähren eines nicht gebührenden Vorteils) zwar erstellt, aber nicht restlos geklärt ist, wofür der Amtsträger die ihm nicht zustehende Leistung erhält, war lange umstritten[2445]. Um 2000 haben alle deutschsprachigen Länder einen Tatbestand des «**Anfütterns**» eingeführt; die Formulierungen weichen nur geringfügig voneinander ab. Für die Schweiz war ausschlaggebend, dass im Fall Huber sechsstellige Zahlungen ergingen, die zwar einen Bezug zum Amt hatten, bei denen aber (noch) nicht feststand, für welche Gegenleistungen (z.B. welche Wirtshausbewilligungen) sie erbracht wurden[2446].

2. Gelockerte Unrechtsvereinbarung

Die Tatbestände von Art. 322^{quinquies} und 322^{sexies} schwächen zwar den Äquivalenzbezug ab, sie heben ihn aber nicht völlig auf[2447]. An die Stelle der konkreten Amtshandlung tritt der generelle Bezug zur Amtsführung («**im Hinblick auf die Amtsführung**»). Damit wird verlangt, dass der Amtsträger den Vorteil für seine Amtstätigkeit und nicht wegen einer Privatbeziehung erhält[2448].

2441 Anders aber offensichtlich Arzt (2010, 18 ff.) im Kontext des Siemens Falles.
2442 OECD Rec. 2009, Annex I, A).
2443 Pieth 2013 (Korruptionsstrafrecht), 696 f.
2444 Vgl. auch PK-Trechsel/Jean-Richard 2018, zu Art. 322^{quater}.
2445 Krit. Arzt 2001, 46 f.; Cassani 1997, 46 f.; Jositsch 2000, 57 ff.; Stratenwerth/Bommer 2013, 476.
2446 ZR 1999, 187 ff.; Pieth 2013 (Korruptionsstrafrecht), 698 f.
2447 A.A. Jositsch 2005, 248; Stratenwerth/Bommer 2013, 476 f.
2448 BSK-Pieth 2018, Art. 322^{quinquies} N 9 f.; Pieth WiStrR 2016, 181.

Fraglich war etwa beim Fall des Bündner Regierungsrates, der sich von einem griechischen Reeder (der daran war, seine ausländerrechtliche Situation im Kanton zu klären) in ein Luxushotel in St. Moritz einladen und dessen Gattin sich einen Pelzmantel schenken liess, ob die amtliche oder private Beziehung im Vordergrund stand. Das Bundesgericht war der Ansicht, die private Freundschaft habe überwogen[2449].

Zweifellos «ins Amt einschlug» etwa die von einem Elektrokonzern finanzierte Spanienreise des Solothurner Regierungsrats im Vorfeld von wichtigen Entscheiden im Energiesektor[2450]. Unverständlich ist sodann der Entscheid des Berner Obergerichts, der kein Problem darin sah, dass ein Produzent von Kampfjets im Vorfeld der aktuellen Rüstungsbeschaffung Chefbeamte des VBS und hohe Militärs mit Gattinnen zu einer teuren Operngala nach Südfrankreich einlud. Die Teilnehmenden seien ja nicht selbst am Entscheid beteiligt, lautete die Begründung für den Freispruch des Gerichtes. Abgesehen davon, dass die Empfänger sehr wohl an der Vorbereitung beteiligt sein könnten, ist genau das gemeint mit «nicht gebührenden Vorteilen», die «im Hinblick auf die Amtsführung» gewährt werden: Nicht irgendwer wird hier eingeladen, sondern Personen des Amtes, das den Entscheid über die Flugzeugbeschaffung vorbereitet[2451].

3. Drittbegünstigung, Belohnung?

Im Rahmen der Reform von 2014/16 wurde – unter internationalem Druck – klargestellt, dass bei Art. 322^{quinquies} und 322^{sexies} nun auch die Begünstigung unabhängiger Dritter erfasst ist[2452].

Nach wie vor unklar bleibt, ob dem Bundesrat[2453] und der Praxis[2454] Recht zu geben ist, dass «im Hinblick auf die Amtsführung» im Sinne der Künftigkeit zu deuten ist; ob damit bei der Vorteilsvergabe, bzw. Vorteilsannahme, die reine Belohnung ausscheidet. BGE 135 IV 198 führt diesen Standpunkt im SUVA-Fall *ad absurdum*, wo die Übergabe von CHF 45 000 und einer Rolex Uhr an einen Chefbeamten im Nachgang zu den Geschäftsabschlüssen nicht unter Art. 322^{quinquies} bzw. 322^{sexies} fallen sollte. Allerdings dürfte bereits die Grösse des Geschenks darauf hindeuten, dass künftiges Wohlverhalten eingekauft wurde, wenn nicht gar vergangene Pflichtwidrigkeit[2455].

2449 BGer 1P.59/2003; vgl. auch Pieth 2013 (Korruptionsstrafrecht), 699.
2450 Der Freispruch von 1984 erfolgte noch unter dem alten Recht: vgl. PK-Trechsel/Jean-Richard 2018, Art. 322^{sexies} N 4.
2451 Krit. zu OGer BE, fp 2/2009, 95 (98): BSK-Pieth 2018, Art. 322^{quinquies} N 9 ff.; Pieth WiStrR 2016, 181 f.; PK-Trechsel/Jean-Richard 2018, Art. 322^{sexies} N 4.
2452 Botschaft des Bundesrates, BBl 2014 3591 [3603]; Erläuternder Bericht über die Änderung des Strafgesetzbuchs und des Militärstrafgesetzes (Korruptionsstrafrecht) vom 15.5.2013, 12 u.V.a. die Evaluation des Europarats (GRECO) sowie Stimmen in der Schweizer Literatur (Jositsch 2004, 370 ff.; Queloz/Borghi/Cesoni 2000, 373); dazu BSK-Pieth 2018, Art. 322^{quinquies} N 6; Pilloud 2012, 8; Stratenwerth/Wohlers 2013, Art. 322^{quinquies} N 1.
2453 Botschaft des Bundesrates, BBl 1999 5497 [5509].
2454 BGE 135 IV 198.
2455 Krit. Pieth WiStrR 2016, 182; PK-Trechsel/Jean-Richard 2018, Art. 322^{sexies} N 2.

E. Bestechung fremder Amtsträger (Art. 322^{septies})

Bis 1997 herrschte im internationalen Handel eine eher fatalistische Haltung gegenüber der Korruption vor. Es traf (und trifft) zu, dass es Weltgegenden gibt, in denen die Korruption grassiert[2456] und in denen ohne Bestechung bislang kaum ein Geschäft zu machen war. Wie bereits oben[2457] angedeutet, veränderte sich die Einstellung gegenüber der Korruption vor allem unter dem Eindruck der beschleunigten wirtschaftlichen Globalisierung nach der Öffnung des Ostens. Auch wenn die Initiative zur Bekämpfung der Bestechung fremder Amtsträger ursprünglich von den USA ausging[2458], sahen die wichtigsten Exportnationen die ökonomische Logik dieses Vorgehens ein. Genauso wie sich seit dem 19. Jahrhundert ein vereinheitlichtes Handelsrecht durchsetzt, gehören die Bestimmungen gegen die Korruption inzwischen zu einem Dispositiv, das den weltweiten Handel auf Mindestgrundsätze verpflichten möchte[2459]. Es ist verfehlt, dies als «imperialistisch» zu brandmarken[2460]; im Gegenteil, es handelt sich um einen Akt der Verantwortungsübernahme[2461]. Der Begriff Solidarität wäre angebrachter[2462]. Der internationale Standard ist insb. im OECD-Übereinkommen von 1997 enthalten[2463], dem auch die Schweiz beigetreten ist[2464]. Diese Konvention beschränkte sich vorerst – entsprechend ihrem Verständnis der transnationalen Wirtschaftskorruption als einer Form des unlauteren Wettbewerbs – auf die aktive Bestechung fremder Amtsträger. In der Reform von 2004/2006 ist, unter Bezugnahme auf die Europaratskonvention, die passive Bestechung fremder Amtsträger (Art. 322^{septies} Abs. 2) hinzugekommen.

Es ist zuzugeben, dass die Rechtsharmonisierung, wenn man sie bis zur Anwendung weiterdenkt, ein Langzeitprojekt ist: Durch Ratifikation der Konvention verpflichten sich die Mitgliedsstaaten, präventive und repressive Massnahmen zu erlassen und sie anzuwenden. Die internationalen Organisationen überprüfen die Anwendung mit Hilfe von Landesevaluationen[2465]. Eine supranationale Gerichtsbarkeit besteht nicht, immerhin müssen sich die Länder gegenüber der OECD auch zu konkreten Fällen erklären[2466]. *In extremis* können die Vertragsparteien Handelssanktionen ergreifen. Im Übrigen verfügen Unternehmen selbst über die Möglichkeit, gemeinsam gegen Erpressungsversuche aufzutreten und kollektiv (*«collective action»*) Verhaltensänderungen herbeizuführen[2467].

2456 Vgl. den TI Corruption Perceptions Index 2016.
2457 S.o. S. 346 f.
2458 Vgl. die Foreign Corrupt Practices Act von 1977: Pub. L. No. 95–213, 91 Stat. 1494.
2459 Zerbes 2014b, 66 ff.
2460 So aber Schünemann 2003, 308 f.; ähnlich Arzt 2010, 18 ff. und Stratenwerth 2009, 122 f.
2461 Pieth 2013 (Korruptionsstrafrecht), 702; vgl. auch Ders. 1997, 773.
2462 Pieth 2012, 273 ff.; vgl. die detaillierte Auseinandersetzung mit der Kritik bei Pieth WiStrR 2016, 173 f.; PK-Trechsel/Pieth 2018, Art. 322^{septies} N 4b.
2463 OECD 1997; dazu Pieth/Low/Bonucci 2014.
2464 Botschaft des Bundesrates, BBl 1999 5497 [5514].
2465 Für die OECD vgl. insb. Bonucci 2014, zu Art. 12.
2466 Zum *Tour de Table* Prozess: Pieth 2014, 42 ff.
2467 Pieth WiStrR 2016, 170 f.

1. Aktive Bestechung fremder Amtsträger (Abs. 1)

a) Täterschaft

Zunächst kann auf das zu Art. 322ter Gesagte verwiesen werden (s.o. S. 349). Probleme bereitet bei der **Unternehmenshaftung** nach Art. 102 Abs. 2 insb. die Frage, welche Verhaltensweisen von Mitarbeitern, Agenten und Tochterunternehmen im Ausland dem Mutterhaus zugerechnet werden können. Zu bedenken ist insbesondere, dass die Unternehmenshaftung zwei Ansatzpunkte für die **territoriale** Anknüpfung offeriert: zum einen die Bezugstat selbst (man denke an die Anordnung der Auslandsbestechung aus dem Mutterhaus in der Schweiz oder an die Vorteilsüberweisung für den fremden Amtsträger auf ein Schweizer Bankkonto durch ein hiesiges Unternehmen), zum anderen ist Schweizer Recht anwendbar, wenn das Organisationsversagen in der Schweiz aufgetreten ist[2468], selbst wenn die Bestechung im Ausland erfolgte. Im Übrigen ist das **aktive Personalitätsprinzip** nach Art. 7 (aArt. 6) sowohl auf Individuen wie auf Unternehmen anwendbar[2469].

b) Fremder Amtsträger

aa) Amtsträgerbegriff

Das Schweizer Recht (Art. 110 Abs. 3, Art. 322^{septies} und 322^{decies} Abs. 2) entspricht dem internationalen Standard. Entscheidend ist, dass neben (oder über) dem institutionellen Amtsträgerbegriff ein funktionaler Begriff Anwendung findet[2470]: Alle, auch Private, die öffentliche Funktionen erfüllen, gelten als Amtsträger. Dazu gehören – wie bereits zu Art. 322ter ausgeführt – auch Staatsunternehmen[2471].

Zu den fremden Amtsträgern gehören sodann auch die Funktionäre von **internationalen Organisationen**. Dabei ist man sich einig, dass lediglich die intergouvernementalen Organisationen gemeint sind (und nicht etwa Nichtregierungsorganisationen oder Sportdachverbände)[2472].

bb) Autonomer Begriff

Für die Belange der OECD-Konvention (d.h. die Strafbarkeit der aktiven Auslandsbestechung) sind die Mitgliedsstaaten verpflichtet, einen autonomen Begriff des Amtsträgers einzuführen: Er kann von der Definition im Land des Amtsträgers selbst abweichen (resp. die Einschätzung des «verletzten Staates» ist allenfalls auf der Tatebene prozessrelevant)[2473].

[2468] Cassani 2010, 33 f.; BSK-Pieth 2018, Art. 322^{septies} N 9; Lenz/Mäder 2013, 33 ff.; Pieth WiStrR 2016, 39 ff.; Villard 2017, 406 ff.

[2469] Lenz/Mäder 2013, 38; Pieth WiStrR 2016, 41.

[2470] BSK-Pieth 2018, Art. 322^{septies} N 11 ff.

[2471] BSK-Pieth 2018, Art. 322^{septies} N 14; problematisch daher der ABB-Gazprom Bestechungsentscheid des BStGer (SK.2015.17 und SK.2016.17 [Weiterzug]): PK-Trechsel/Pieth 2018, Art. 322^{septies} N 5.

[2472] Botschaft des Bundesrates, BBl 2004 6983 [7002, 7004]; BSK-Pieth 2018, Art. 322^{septies} N 15 f.; PK-Trechsel/Pieth 2018, Art. 322^{septies} N 2; Zerbes 2014b, 96 ff., 99 ff.

[2473] OECD Official Commentaries 1997, N 12–19; Pieth 2013 (Korruptionsstrafrecht), 703 f.; PK-Trechsel/Pieth 2018, Art. 322^{septies} N 1; Zerbes 2014b, 74 f.; unrichtig aber Schubarth 2010, 224.

c) Tathandlung

aa) Leistung

Prinzipiell kann auf die Ausführungen zu Art. 322ter verwiesen werden. Da auch hier die indirekte Bestechung dem Prinzipal zugerechnet wird, ist es (zumal für die Unternehmenshaftung) von erheblicher Bedeutung, dass **Intermediäre** seriös ausgewählt, unterwiesen und beaufsichtigt werden (die *cura in eligendo, instruendo et custodiendo*[2474]). Typischerweise werden sich die Auftraggeber Kontrollrechte *(audit rights)* über die Agenten sowie ein Kündigungsrecht bei gravierendem Fehlverhalten ausbedingen[2475].

> Die unzureichenden organisatorischen Massnahmen zur Überprüfung von Consultants und Angestellten wurde **Alstom Network Schweiz AG** zum Verhängnis, als es dem Unternehmen nicht gelang, Korruptionsfälle in verschiedenen Ländern (insb. Lettland, Tunesien und Malaysia) zu verhindern. Das Unternehmen wurde wegen Verletzung von Art. 322^{septies} i.V.m. Art. 102 Abs. 2 zunächst zu einer Busse von CHF 2.5 Mio. und zu CHF 36.4 Mio. Ersatzforderung per Strafbefehl verurteilt. Im Übrigen wurde das Verfahren gegen das Mutterhaus, Alstom SA, unter der Auflage einer Zahlung von CHF 1 Mio. an das IKRK eingestellt[2476].
>
> Im Fall **Siemens Industrial Turbomachinery** (SIT) hat die Bundesanwaltschaft eine Turbinenherstellerin gegen Leistung einer Ersatzforderung an die Staatskasse in der Höhe von USD 10.6 Mio. und einer symbolischen Wiedergutmachung an das IKRK in der Höhe von CHF 125 000 nach Art. 53 eingestellt. Auch hier wurde dem Unternehmen vorgeworfen, Intermediäre (die in Russland und Polen im Rahmen eines Pipelineprojektes Aufträge zu vermitteln hatten) reichlich mit Kommissionszahlungen versorgt zu haben (insgesamt über USD 3.7 Mio.), ohne den Compliance-Regeln real Nachachtung zu verschaffen. Infolge der Desorganisation gelang es dem Unternehmen nicht, Bestechungszahlungen zu verhindern[2477].

bb) Gegenleistung

Nach Art. 1 OECD-Konvention und dem offiziellen Kommentar ist es zulässig, die Strafbarkeit auf (intendierte) Pflichtverletzungen zu begrenzen, vorausgesetzt, dass Amtsträger auch bei Ermessensentscheiden zur Unparteilichkeit verpflichtet werden[2478].

Sog. «*Facilitation Payments*» (kleine Zahlungen für gebundenes Verwaltungshandeln) sind zwar lokal verboten und international unerwünscht[2479], sie müssen aber nach OECD-Konvention nicht aus der Distanz mit den Mitteln des Strafrechts bekämpft werden[2480].

[2474] BSK-Niggli/Gfeller 2013, Art. 102 N 266 ff.
[2475] S.o. S. 351 f.
[2476] Nadelhofer do Canto 2012, 129 ff.; PK-Trechsel/Pieth 2018, Art. 322^{septies} N 5.
[2477] PK-Trechsel/Pieth 2018, Art. 322^{septies} N 5.
[2478] OECD Official Commentaries 1997, N 3; Zerbes 2014b, 169 ff.
[2479] OECD Rec. 2009, VI.; vgl. auch die Industriestandards: ICC Rules on Combating Corruption, 17.10.2011 edition (first published 1977).
[2480] Pieth 2013 (Korruptionsstrafrecht), 705 f.

Man denke etwa an die Lieferung eines Generators nach Sibirien, der auf der Eisenbahnstrecke aufgehalten wird. Die Eisenbahner haben kein Ermessen, ob sie ihn durchlassen. Dass die Logistikfirma Euro 200 bezahlt, damit es weitergeht, ist kein Thema für unsere Gerichte.

Entsprechend findet sich bei Art. 322^{septies} kein Pendant zur Vorteilsvergabe[2481].

2. Passive Bestechung fremder Amtsträger (Abs. 2)

Die Einführung der Strafbarkeit der passiven Bestechung fremder Amtsträger geht auf die Umsetzung der Europarats- und UN-Konvention zurück (2004/2006). Sie ist problematisch, zum einen weil sie übersieht, dass Abs. 1 einen autonomen Amtsträgerbegriff verwendet, während zum anderen Abs. 2 zwingend auf das Landesrecht des verletzten Staates verweisen muss. Im Übrigen ist der Tatbestand angesichts der Immunität fremder Amtsträger wenig relevant. Im Grunde hat die Schweiz – ohne viel zu reflektieren – einfach internationales Recht umgesetzt[2482].

F. Privatbestechung

1. Gesetzgebungsgeschichte

Privatbestechung (zumal Bestechung im Geschäftsverkehr) wurde traditionellerweise als Sonderfall des **unlauteren Wettbewerbs** angesehen: Ein *extraneus* beeinflusst den abhängigen *intraneus* (Angestellten oder Beauftragten) die Interessen des Prinzipals zu verletzen (man spricht daher von einer Dreieckskonstruktion[2483]). Die Privatbestechung war denn auch bis vor Kurzem im UWG geregelt (erst in Art. 13e UWG 1943, dann in Art. 4b UWG 1986, ab 2006 in Art. 4a UWG)[2484]. Als Antragsdelikt fand sie kaum Anwendung[2485]. Ein Bedürfnis, dies zu ändern bestand seitens der Wirtschaft bis vor Kurzem ganz offensichtlich nicht[2486].

Die Situation änderte sich aufgrund einer eher kuriosen Entwicklung: Die Schweiz ist Sitz von mehr als 60 **Sportdachverbänden** und verwandten Institutionen[2487]. Grosse Sportverbände wie die FIFA, die UEFA oder das IOC, die alle in der Schweiz niedergelassen sind und überwiegend sehr schlichte Gouvernanzstrukturen aufweisen[2488], sind zunehmend auf Kritik gestossen, da ihre Funktionäre in Verdacht geraten sind,

---

[2481] PK-Trechsel/Pieth 2018, Art. 322^{septies} N 3; das wird aber nicht immer verstanden: Jositsch 2004, 400, 407 f. und 666 sowie Perrin 2008, 190 ff.
[2482] Krit. BSK-Pieth 2018, Art. 322^{septies} N 32 ff.; Pieth 2013 (Korruptionsstrafrecht), 705 f.; Ders. bereits 2004, 10 f.; PK-Trechsel/Pieth 2018, Art. 322^{septies} N 4.
[2483] Botschaft des Bundesrates, BBl 2014 3591 [3609]; zur Konstruktion: Donatsch/Thommen/Wohlers 2017, 655; Heine 2002, 533 ff.; Jositsch 2004, 436; Ders. 2006, 832; PK-Betz 2018, Art. 322^{octies} N 10.
[2484] PK-Betz 2018, Art. 322^{octies} N 2 unter anderem u.V.a. Heine 2002, 533 ff. und Spitz 2016, Art. 4a N 5 ff.
[2485] Botschaft des Bundesrates, BBl 2014 3591 [3597]; PK-Betz 2018, Art. 322^{octies} N 3.
[2486] Vernehmlassung 1996 zum Gutachten Pieth/Balmelli.
[2487] Pieth/Zerbes 2016, 624.
[2488] Pieth, Governing FIFA, Concept Paper and Report, 19.11.2011; Independent Governance Committee, FIFA Governance Reform Project, First Report, March 2012; Second Report, February 2013; Bericht des Bundesrats vom 7.11.2012; Pieth 2014; Ders. 2015b, 135 ff.

sich für Vergabeentscheide bestechen zu lassen[2489]. Die eidgenössischen Räte nutzten die Notwendigkeit, Vertreter von Sportdachverbänden dem Bestechungsrecht zu unterstellen, um mit einer «grossen Lösung» gleich den gesamten Privatsektor zu regulieren[2490]: Das Privatbestechungsrecht sollte von der Umklammerung durch das Wettbewerbsrecht befreit, ins StGB eingeordnet und der Offizialmaxime unterworfen werden[2491]. Obwohl das nicht der einzige Weg gewesen wäre, das Problem zu lösen[2492], hat das Parlament die Privatbestechung neu geregelt. Die neuen Art. 322^{octies} und 322^{novies} sind auf den 1. Juli 2016 in Kraft gesetzt worden, wenn auch mit einer problematischen Abweichung für «leichte Fälle», auf die zurückzukommen ist.

2. Rechtsgut?

Weshalb die Privatbestechung strafbar sein soll, ist nach wie vor unklar. Der Bundesrat versteckt sich hinter einer Auswahlsendung:

> «Nebst den finanziellen Interessen des Arbeitgebers oder des Auftraggebers kann die Bestechung Privater auch finanzielle Interessen Dritter sowie öffentliche Rechtsgüter beeinträchtigen, z.B. der öffentlichen Gesundheit und Sicherheit schaden, wenn Geschäftstätigkeiten in diesem Bereich mit Korruption behaftet sind. Ganz allgemein schadet die Privatbestechung einer funktionierenden Wirtschaft und zerstört das Vertrauen der Wirtschaftsakteure in einen freien und unverfälschten Markt.»[2493]

Die Tatsache, dass die Schutzgüter in alle Richtungen gehen, unterstreicht die Unsicherheit[2494]. Eines steht fest: Zur Erfassung von Sportfunktionären wäre diese Reform nicht nötig gewesen[2495]. Nachvollziehen könnte man allenfalls den Schutz finanzieller Interessen: Privatbestechung wäre ein Vermögensgefährdungsdelikt, sozusagen ein Auffangtatbestand für Fälle, in denen der Schaden nicht nachweisbar ist[2496].

3. Tatbestände

Die Tatbestände sind der Amtsträgerbestechung nachempfunden[2497]. Strafbar ist nach Art. 322^{octies} der *extraneus*, der «einem Arbeitnehmer, einem Gesellschafter, einem Beauftragten oder einer anderen Hilfsperson eines Dritten im privaten Sektor im Zusammenhang mit dessen dienstlicher oder geschäftlicher Tätigkeit für eine pflichtwidrige oder eine im Ermessen stehende Handlung oder Unterlassung zu dessen Gunsten oder zu Gunsten eines Dritten einen nicht gebührenden Vorteil anbietet, verspricht oder gewährt». Die Bestechlichkeit gemäss Art. 322^{novies} ist analog formuliert.

2489 Jositsch/Drzalic 2016, 349 f.
2490 Jositsch/Drzalic 2016, 349 ff.
2491 Pieth 2017a, 241 ff.
2492 Krit. Pieth in: Jusletter vom 11.3.2011; Ders. 2013 (Korruptionsstrafrecht), 707; Pieth/Zerbes 2016, 624.
2493 Botschaft des Bundesrates, BBl 2014 3591 [3598].
2494 Krit. Pieth 2017a, 242; CR CP II-Queloz/Sadik 2017, Art. 322^{octies} N 15 ff.
2495 Krit. auch Pieth/Zerbes 2016, 624.
2496 Dazu auch PK-Betz 2018, Art. 322^{octies} N 7.
2497 Pieth 2017a, 242 f.

Mit Blick darauf, dass der *extraneus* häufig für ein Unternehmen handeln wird, ist die starke Unternehmenshaftung nach Art. 102 Abs. 2 auch auf die aktive Privatbestechung (von Art. 322^{octies}) ausgedehnt worden.
Der Tatbestand erfährt allerdings dadurch eine Einschränkung, dass der **intraneus** im privaten Sektor tätig sein muss[2498]. Die Tathandlungen entsprechen der Amtsträgerbestechung. Art. 322^{decies} Abs. 1 bezieht sich auch auf die Privatbestechung: Der Prinzipal (im Gesetz als «Dritter» bezeichnet) kann die Annahme des Vorteils genehmigen (z.B. Trinkgeld). Betz fragt sich, ob die Genehmigung auch nachträglich erfolgen kann[2499]. Mit Pflichtwidrigkeit wird in diesem Zusammenhang vor allem die Verletzung arbeits-, auftrags- und gesellschaftsrechtlicher Bestimmungen gemeint[2500]. Auch hier gilt, dass der konkrete Nachweis einer Unrechtsvereinbarung nicht erforderlich ist[2501]. Erfasst werden explizit auch Leistungen an Dritte sowie Belohnungen[2502]. Ein Pendant zur Vorteilsgewährung bzw. -annahme kennt die Privatbestechung aber nicht. Sie ist auch (als Vergehen) nicht Vortat zur Geldwäscherei. Allerdings ist die Privatbestechung nicht auf schweizerische Arbeitnehmer und Beauftragte etc. beschränkt[2503].

4. Der «leichte Fall»

Seit der Reform ist die Privatbestechung ein Offizialdelikt. Allerdings hat das Parlament in letzter Minute eine Ausnahme für leichte Fälle eingebaut (vgl. Art. 322^{octies} und 322^{novies} jeweils Abs. 2): Sie sind weiterhin nur auf Antrag verfolgbar[2504]. Damit ist eine schwierige Abgrenzungsproblematik ins Gesetz gelangt. Die Abgrenzung ist insb. deshalb problematisch, weil mit Art. 322^{decies} Abs. 1 lit. b die Vergabe von «geringfügigen, sozialüblichen Vorteilen» zwingend straflos ist, da sie gar keine Bestechung darstellt. Sodann konkurrieren die neuen Ausnahmen für leichte Fälle mit Art. 52, nach dem die zuständige Behörde von Strafverfolgung, Überweisung ans Gericht oder Bestrafung absieht, wenn Schuld- und Tatfolgen geringfügig sind.
Einzelne Autoren versuchen – gestützt auf die Voten der Räte – eine weitere Ebene leichter, aber doch weniger leichter Fälle oberhalb des Niveaus von Art. 322^{decies} und 52 einzuziehen: etwa bei «wenigen tausend Franken»[2505].
Weiter möchte man die Anwendung des «leichten Falles» nach Abs. 2 ausschliessen, wenn

– die Sicherheit und Gesundheit durch die Tat betroffen ist,
– mehrfache, wiederholte oder bandenmässige Tatbegehung vorliegt, oder
– Urkundendelikte begangen wurden[2506].

2498 PK-Betz 2018, Art. 322^{octies} N 12.
2499 Krit. PK-Betz 2018, Art. 322^{octies} N 14.
2500 Spitz 2016, Art. 4a N 70.
2501 PK-Betz 2018, Art. 322^{octies} N 16.
2502 PK-Betz 2018, Art. 322^{octies} N 18 u.V.a. Spitz 2016, Art. 4a N 73.
2503 Botschaft des Bundesrates, BBl 2014 3591 [3609]; Pieth WiStR 2016, 187; PK-Betz 2018, Art. 322^{octies} N 19.
2504 PK-Betz 2018, Art. 322^{octies} N 8.
2505 Blattner 2017, 39 ff., 44.
2506 Vgl. auch Jositsch/Drzalic 2016, 355.

Zu Recht weist Blattner darauf hin, dass diese Abgrenzungskriterien untauglich sind[2507].

G. Verjährungsrechtliche Fragen

Bestechung war einer der klassischen Anwendungsfälle des inzwischen aufgehobenen «Fortsetzungszusammenhangs»: Der Fall «Gruber» bei dem vom Bundesgericht angenommen wurde, ein Ofeninspektor habe über 22 Jahre hinweg einen «Gesamtvorsatz» auf Bestechlichkeit aufrechterhalten, gilt als ein Musterfall des Missbrauchs des Fortsetzungszusammenhangs[2508]. Die Verjährung begann für die gesamten 22 Jahre mit der letzten Handlung zu laufen[2509]. Auch wenn man die Konstruktion verabschiedet[2510] und wenn man prinzipiell davon ausgeht, dass Bestechung sich in Einzelhandlungen vollzieht[2511], gibt es gerade bei der Bestechung Fälle, in denen gestützt auf die konkreten Umstände eine andauernde Abhängigkeit oder eine Kettenbestechung angenommen werden muss (Bestechung hat vielfach gerade das Ziel, Amtsträger dauernd abhängig zu machen)[2512]. Allerdings muss die «verjährungsrechtliche Einheit» – unter dem Stichwort «tatbestandliche Handlungseinheit» – nunmehr konkret aus den Umständen des Falles heraus begründet werden[2513].

2507 Blattner 2017, 4 f.
2508 BGE 72 IV 179; vgl. Pieth 1996, 61.
2509 Vgl. auch Gless/Geth 2009, 182 ff.
2510 BGE 131 IV 83; 116 IV 121 und diverse weitere Entscheide.
2511 BGE 131 IV 107; 118 IV 309 [318]; BStGer SK.2005.9.
2512 Balmelli 1996, 243 ff.; Jositsch 2004, 416 ff.; Kaiser 1999, 296 ff.; Pieth 1996, 57 ff.
2513 BGE 131 IV 83; ZR 1999, 187 ff.; dazu BSK-Pieth 2018, Art. 322ter N 54; detailliert: Gless/Geth 2009, 182 ff.; PK-Trechsel/Jean-Richard 2018, Vor Art. 322ter N 8.

Stichwortverzeichnis

A

Abhängigkeit 192
Abhören und Aufnehmen fremder Gespräche 123
Absicht unrechtmässiger Bereicherung 149
Absichtsurkunden 228
Affekt 19
Amt 302
Amts- und Berufspflichten 339
Amtsgeheimnis 118, 128
Amtshandlung 299
Amtsmissbrauch 339
Amtsträger 349
– Begriff 298
– fremder 357
Aneignungsabsicht 148
Aneignungsdelikte 137
Aneignungswille 137, 139
Angriff 53
– Verbrechen gegen die Menschlichkeit 282
Anvertraut 142
Anwalt 130
Apartheid 251
Apartheidpolitik 243
Äquivalenzverhältnis 353
Arglist 168, 170
Arglistige Täuschung 169
Armenier 249
Arzt 130
Atomenergie 218
Auschwitzlüge 249
Auslandstat
– Kriminelle Organisation 264
Auslandsvortat
– Geldwäscherei 333
Ausnutzen der Notlage zu sexuellen Zwecken 82

Aussetzung 49
Ausspähung 117

B

Bandenmässigkeit 149, 333
Beamte(r) 129, 296, 298, 300, 339, 341, 349
Begünstigung 315
Behinderung der Nothilfe 52
Behörde 118, 129, 296, 298, 307, 309, 341
Behördenbegriff 307
– Siehe auch Amtsträger
Behördenhochverrat 288
Beischlaf 88
Belohnung 355
Bereicherungsabsicht 141
– Betrug 178
– ungetreue Geschäftsbesorgung 197
Berufsgeheimnis 130
– in der medizinischen Forschung 132
Beschimpfung 114
Besonderes Gewaltverhältnis 82
Bestechlichkeit 343, 354
Bestechung 343
– fremder Amtsträger 356
– aktive 357
– passive 359
– Privat 359
Betrug 136, 167, 188
Bettelbetrug 177
Bewaffnet
– Diebstahl 150
– Raub 153
Beweggründe
– achtenswerte 21
– selbstsüchtige 21
Beweiszeichen 229
Bild- und Datenträger 230

363

Blankettrechtsgut 334
Brandstiftung 213
Bruch fremden Gewahrsams 147
Brutalotatbestand 48
Bundesgerichtsbarkeit
– Staatsschutzdelikte 289

C

Check- und Kreditkartenmissbrauch 183
Computerbetrug 180
Computerdelikte 160
Computersabotage 163
Conspiracy 255

D

Daten 55, 163, 165, 181, 200, 230
Datenbeschädigung 163
Datenbetrug 161
Datendiebstahl 161, 165, 184
Debitkarten 184
Diebstahl 136, 145, 152
Drittbegünstigung 355
Drogenprostitution 83
Drohung
– Gewalt und Drohung gegen Behörden und Beamte 300

E

E-Mails 122, 166, 231
Ehrbegriff (strafrechtlich) 100
Ehre 98
Eigenmächtige Heilbehandlung 38
Eigentum 134, 137
Einfache Körperverletzung 36
Einfache Lügen 171
Einziehungsvereitelung 330
Enteignung 139
Entführung 63, 297
Entkolonialisierung 243
Entlastungsbeweis 104, 109
Entreissdiebstahl 152
Epidemiengesetz 221
Erlaubtes Risiko 27, 271
Erlöshehlerei 201

Erpressung 188
Ethnie 245, 280
Exhibitionismus 97

F

Fabrikationsgeheimnis 118, 128
Facilitation Payments 358
Fahrlässige Tötung 26
Fairer Wettbewerb 346
Falschaussage 314
Falschbeurkundung 234
Falsche Anschuldigung 309
Falsche Beweisaussage 312
Falsches Zeugnis 313
Fälschung von Daten-Urkunde 161
Falsum 168
Familie 209
FATF 266
Festnahme 62
Feuersbrunst 213
– fahrlässige Verursachung 216
Finanzierung des Terrorismus 265
FINMA 323
Flucht
– Hinderung einer Amtshandlung 301
Football-Hooliganism 34
Freiheitsberaubung 62
Fremd, Fremdheit der Sache 139
Fremder Amtsträger 357
Fristenlösung 31
Funktionaler Beamtenbegriff 129, 349

G

Garantiefunktion 227
Gebietshochverrat 288
Geburt 10
Gefahrensatz 27
Gefährliche Körperverletzung 39
Gefangenhalten 62
Geheime Verhandlungen 304
Geheimnis 115, 294, 305
Geheimnisbegriff 130, 305
– formeller 127
– materieller 129
Geiselnahme 65, 188

Geistlicher 130
Geld 224
Geldfälschung 224
Geldverfälschung 225
Geldwäscherei 317
Gemeine Gesinnung 222
Gemeingefahr 211
Gemeinsame Tatbegehung 89
Gemischte Werturteile 108
Genitalverstümmelung 43
Gentechnikgesetz 220
Gentechnologie 220
Geringfügige Vermögensdelikte 202
Geschäftsgeheimnis 118, 128
Gesundheitsschädigung 36
Gewahrsam 134, 146
Gewalt 57, 62, 85, 151, 189, 239, 300
Gewaltdarstellungen 53
Gewaltdelikte
– Teilrevision 252
Gewalttätigkeiten 239
Gewaltverbrechen
– Finanzierung des Terrorismus 268
– Revision 255
Gewerbsmässigkeit 149, 179, 191, 333
Grausamkeit 88
Gutglaubensbeweis 111

H

Hacker 162
Hacking 161
Handeln auf Befehl 278
Hausfriedensbruch 117, 119
Hehlerei 198
Herrschaftsmöglichkeit 146
Herrschaftswille 147
Herrühren
– Geldwäscherei 329
Herz-Kreislauftod 11
Hexenverfolgung 28
Hilfeleistungspflicht 51
Hinderung einer Amtshandlung 301
Hirntod 11
HIV-Ansteckung/-Infektion 41, 221
Hochverrat 288

Honour-killings 17
Humor 99

I

ICC 274
Identifikation des Kunden 324
Ideologien 247
Immunität 279
In Umlauf setzen falschen Geldes 226
Indikationenlösung 32
Institutioneller Beamtenbegriff 349
Integration
– Geldwäscherei 318
Interessen der Völkergemeinschaft 209
Intermediäre 358
Internationaler Strafgerichtshof 274
Irreführung der Rechtspflege 311
Irrtum 172
Ius ad bellum 270
Ius in bello 270

J

Joint Criminal Enterprise 277
Journalist (Abklärungspflichten) 112
Jugendgewalt 33
Jugendprostitution 93
Jugendschutzrecht 76
Juristisch-wirtschaftlicher Vermögens-
 begriff 174

K

Kapitalmarktdelikte 203
Katalog von Bezugstaten 253
Kernenergie 217
Kinder 77, 95
Kindstötung 26
Ko-Regulierung 325, 347
Körperschädigung 37
Körperverletzung 33
– einfache 36
– gefährliche 39
– lebensgefährliche 41
– privilegierte 39
Korruption 343, 349, 356
Kreditkarten 183

Stichwortverzeichnis

Kriegsverbrechen 283
Kriegsvölkerrecht 273
Kriminelle Gruppe 252
Kriminelle Organisation 255, 327

L

Landesverrat 289
Landfrieden 237
Landfriedensbruch 238
Landschädliche Leute 237
Layering 318
Leben 10
Lebensgefährdung 48, 216
Lebensgefährliche Körperverletzung 41
Leistungsverweigerung
– Rassendiskriminierung 250
Lösegeldentführung 66
Lügengebäude 171

M

Mafia 257
Makrokriminalität 191
Mangelnde Sorgfalt bei Finanzgeschäften 334
Materieller Geheimnisbegriff 127, 129
Medizinische Eingriffe 38
Meldepflicht 338
Melderecht 337
Menschenhandel 67, 92
Menschenwürde 245
Militärgerichtsbarkeit 284
Missbrauch des Amtes 339
Missbrauchstatbestand 198
Mitglieder einer Behörde 298
Mord 15
Mordmerkmale 15
Motivationszusammenhang 173, 190
Motivirrtum 178
Multistakeholdergroups 347

N

Nachwucher 194
Nötigung 57, 151, 189
Notlage 82

O

Objektive Strafbarkeitsbedingung 185, 242
OECD-Übereinkommen 348
Öffentlich
– Rassendiskriminierung 246
Öffentliche Gewalt 298
Öffentliche Ordnung 209
Öffentlicher Frieden 245
Öffentlichkeit der Verwaltung 305
Omertà 258
Opferselbstverantwortung 168, 170

P

Pädophilie 77
Passive Sterbehilfe 23
Passiver Widerstand
– Hinderung einer Amtshandlung 301
Pathogene Organismen 220
Patientenverfügung 25
Patientenwillen 25
Perpetuierung 199
Perpetuierungsfunktion 227
Pflichtwidrigkeit
– Amtshandlung 352
Phishing-Mails 231
Pille danach 31
Placement
– Geldwäscherei 318
Politiker 108
Politischer Nachrichtendienst 292
Politisches Delikt 269
Pornografie 93
– harte 95
– weiche 95
Privatbestechung 359
Prostitution 90
Provokation 115
Prozessbetrug 173

Q

Qualifizierte Nötigung 151
Qualifizierter Raub 153

R

Radioaktivität 217
Raserfällen 14
Rasse 245, 280
Rassendiskriminierung 242
Raub 136, 150, 153, 188
Räuberische Erpressung 188, 191
Räuberischer Diebstahl 153
Raufhandel 52
Recht am eigenen Bild 124
Rechtfertigung
– Verletzung des Berufsgeheimnisses 131
– Wirtschaftlicher Nachrichtendienst 295
Rechtsgut
– Bestechung 345
– Geldwäscherei 325
– Rassendiskriminierung 245
– strafbare Vorbereitungshandlungen 253
Rechtspflege 309
Rechtswidrigkeit
– Erpressung 190
– Freiheitsberaubung 63
– Nötigung 60
Regeln der Baukunde 219
Religion 245, 280
Restitutionsvereitelung 199
Retorsion 115
Risikostrafrecht 46
Risk based approach 325
Römer Statut 274
Ruanda 249
Rücktritt
– Landfriedensbruch 242
– strafbare Vorbereitungshandlungen 254
Rücktrittsprivileg
– Kriminelle Organisation 264

S

Sachbeschädigung 158, 216
Sachentziehung 154
Sachverständige 314
Sachveruntreuung 142
Sachwerttheorie 141
Schaden 175
Schadensbegriff
– Brandstiftung 214
Schadensberechnung 175
Schadensfeuer 213
Schändung 89
Schneeballsystem 167
Schriftgeheimnis 122
Schrifturkunde 227
Schutzalter 77
Schwangerschaftsabbruch 27
Schwarzpeter-Klausel 226
Seelische Belastung 19
Segregation 243, 250
Selbstbegünstigung 317
Selbstbezichtigung 312
Selbstregulierung 347
Selbstregulierungsorganisation (SRO) 323
Selbstsüchtige Beweggründe 21
Selbsttötung 20
Sexualdelikte 75
Sexuelle Belästigung 96
Sexuelle Freiheit 83
Sexuelle Handlungen mit Abhängigen 81
Sexuelle Handlungen mit Kindern 78
Sexuelle Nötigung 85
Skrupellos 16
Skrupellosigkeit 49
Soft law 347
Sonderdelikt
– mangelnde Sorgfalt bei Finanzgeschäften 335
Sorgerecht 64
Sozialversicherungsbetrug 186
Soziale Zweckverfehlung 176
Spendenbetrug 177
Sprayer 158
Srebrenica 249
Staat 209
– Straftaten gegen den Staat 286
Staatsangehörigkeit 280

Staatsgeheimnis 118
Stalking 57
Sterbehilfe
– aktive 22
– passive 23
Sterbehilfeorganisationen 24
Stoffgleichheit 179
Strafbare Vorbereitungshandlungen 252
Subsidiär 271
Subsidiarität 187, 271
Substanztheorie
– der Warenfälschung 140
Surrogate 329

T

Tätlicher Angriff
– auf Amtsträger 300
Tätlichkeit 44
Tatsachenbehauptungen 107
Terrorismus 265
Tod 11
Totschlag 19
Tötung auf Verlangen 20
Träger eines Amtes
– Hinderung einer Amtshandlung 302
Transaktionen
– unübliche 324
Transplantation von Organen 11
Treubruchtatbestand 195
Trittbrettfahrer 66

U

Üble Nachrede 105
Unechte Urkunde 232
Unerfahrenheit 192
– Wucher 192
Ungehorsam gegen amtliche Verfügungen 303
Ungetreue Amtsführung 341
Ungetreue Geschäftsbesorgung 136, 194
UNO 265
Unrechtmässige Aneignung 135, 137
Unrechtsvereinbarung 354
Unterlassene Nothilfe 51
Unternehmen 349

Unwahre Urkunde 232
Urkunde 227
Urkundenbegriff 227
Urkundendelikte 227
Urkundenfälschung 232
Urkundenunterdrückung 237

V

Verbandshaftung 326
Verbotene Handlungen für einen fremden Staat 295
Verbotener Nachrichtendienst 291
Verbrechen gegen die Menschlichkeit 250
Verbreiten menschlicher Krankheiten 221
Verdachtsmeldung 324
Verfassungshochverrat 288
Verfolgungsbegünstigung 316
Vergewaltigung 87
Verjährung
– Ehrverletzungsdelikte 115
Verleumdung 114
Vermögen 134
Vermögensbegriff 174
Vermögensgefährdung 178
Vermögensschaden 174, 190
Vermögensverfügung 172, 190
Verschwindenlassen 69
Versicherungsbetrug 215
Verteidigerhonorar 331
Veruntreuung 136, 142
Virentatbestand 164
Völkermord 249, 280
Vollzugsbegünstigung 316
Vorbereitung 253
Vorgesetztenhaftung 278
Vorsätzliche Tötung 14
Vorteil
– nicht gebührender 351
Vorteilsgewährung 354

W

Wahrheitsbeweis 111
Warenfälschung 186

Wegnahme 146, 155
Weltrechtsprinzip 225, 279
Werturteile 108
Wertveruntreuung 143
Widerstandsrecht 299
Willensbetätigung 141
Wirtschaftlich Berechtigter 336
Wirtschaftlich fremd
– Vermögenswerte 144, 156
Wirtschaftlicher Nachrichtendienst 119, 293
Wirtschaftsspionage 287
Wucher 167, 192

Z

Zahlungsunfähig 184
Zahlungsunwillig 184
Zeitdiebstahl 161
Zeugen 313
Zueignung 140
Zufallsurkunde 228
Zusammenrottung 239
Zwangsehe 59
Zwangsheirat 61
Zwangslage 192
Zweck-Mittel-Relation 190

helbi

Mark Pieth

Wirtschaftsstrafrecht

HLV

Helbing Lichtenhahn Verlag

2016
358 Seiten, gebunden
CHF 68.–
Lieferbar
ISBN 978-3-7190-3655-3
www.helbing.ch/3655

Ein Muss für Masterstudierende und Praktiker.